기출이
답이다

IBK 기업은행

7개년 기출복원문제 + 기출유형분석 + 무료NCS특강

시대에듀

2024 하반기 시대에듀 All-New 기출이 답이다
IBK기업은행 필기시험 7개년 기출 + 무료NCS특강

Always with you

사람의 인연은 길에서 우연하게 만나거나 함께 살아가는 것만을 의미하지는 않습니다.
책을 펴내는 출판사와 그 책을 읽는 독자의 만남도 소중한 인연입니다.
시대에듀는 항상 독자의 마음을 헤아리기 위해 노력하고 있습니다. 늘 독자와 함께하겠습니다.

합격의 공식 ▶
시대에듀

자격증 · 공무원 · 금융/보험 · 면허증 · 언어/외국어 · 검정고시/독학사 · 기업체/취업
이 시대의 모든 합격! 시대에듀에서 합격하세요!
www.youtube.com ➜ 시대에듀 ➜ 구독

머리말 PREFACE

IBK기업은행은 '글로벌 경쟁력을 갖춘 초일류 금융그룹'을 비전으로 기술력과 미래 가능성 중심의 여신관행 혁신, 모험자본 공급 확대, 성장단계별 맞춤형 지원체계 구축 등을 통해 혁신 금융의 기반을 확립하여 새로운 미래를 만들고자 한다.

IBK기업은행은 인재를 채용하기 위해 필기시험을 시행하여 지원자가 업무에 필요한 역량을 갖추고 있는지 평가한다. 신규직원 필기시험은 NCS 직업기초능력, 직무수행능력으로 구성되어 있다.

이에 시대에듀에서는 IBK기업은행 필기시험을 준비하는 수험생들이 시험에 효과적으로 대비할 수 있도록 다음과 같은 특징을 가진 본서를 출간하게 되었다.

도서의 특징

❶ 기출유형 뜯어보기를 수록하여 출제유형별 유형분석과 풀이전략을 학습하도록 하였다.

❷ 2024년 상반기~2018년 하반기 시행된 IBK기업은행 기출복원문제를 수록하여 최근 출제유형을 파악할 수 있도록 하였다.

❸ 2024~2023년 시행된 주요 금융권 NCS 기출복원문제를 수록하여 변화하는 출제경향에 완벽히 대비할 수 있도록 하였다.

끝으로 본서가 IBK기업은행 필기시험을 준비하는 여러분 모두에게 합격의 기쁨을 전달하기를 진심으로 기원한다.

SDC(Sidae Data Center) 씀

IBK기업은행 이야기

◇ **미션**

> 최고의 서비스를 혁신적으로 제공하는
> 글로벌 초일류 금융그룹

◇ **경영방향**

가치금융
관련된 모두의 가치를 높임

튼튼한 은행	반듯한 금융

시장선도	내실경영	고객신뢰	사회책임
• 中小 성장지원 강화	• 선제적 리스크 관리	• 고객 최우선 경영	• 포용적 금융
• 미래성장동력 확보	• 지속적 균형성장	• 금융소비자 보호	• 금융접근 편의성 제고
• 기술 생태계 활성화	• 최고의 디지털 경쟁력	• 내부통제 고도화	• 기업시민 역할 수행
• 그룹 시너지 제고	• 실질적 글로벌 성과	• 금융사고 제로	• 글로벌 ESG 실천

행복하고 보람 있는 조직

공정한 인사	균등한 기회	역량 있는 인재	일과 삶의 균형	신뢰와 화합	활기찬 조직

◇ 핵심가치

고객과 함께
늘 고객과 함께 성장하겠다는 IBK의 약속

신뢰와 책임

신뢰와 책임으로
언제나 바른 길을 가겠다는
IBK의 마음가짐

열정과 혁신

열정과 창의적 사고로
혁신을 추구하는
IBK의 일하는 방식

소통과 팀웍

서로 소통하며
팀웍을 중요하게 생각하는
IBK 문화를 구현

◇ 인재육성

글로벌 역량을 갖춘 핵심인재 육성

다양한 분야의 전문인력 육성

자기주도의 경력개발 지원

국내 최고의 연수시설 및 Infra 구축

IBK기업은행 이야기

◇ **Symbol Mark**

◇ **CI 의미**

1

사각형이 기울어진 것은 정적인 형태에서 벗어나 앞으로 나가고자 하는 역동성과 진취성을 표현

• Young IBK의 정신 중 바로 '도전정신'을 의미

2

사각형 내부는 IBK를 도형화하여 디자인한 것

• 기업은행이 고객과 함께 하늘을 열어가는 큰 새의 날개처럼 밝은 미래를 열어간다는 약속을 의미
• 파란색의 하늘과 구름은 기존 CI의 장점을 보존한 것으로 성공, 희망, 미래를 의미하며, Young IBK의 정신 중 바로 '창의'를 의미

3

'I'자는 바로 고객 자신을 의미

• 지금까지의 고객 개념이 3인칭이었다면 이제부터는 바로 "나"인 1인칭이라는 신개념 창조
• 모든 것에 우선하는 바로 "나", 즉 고객을 최우선으로 하겠다는 IBK의 철학을 상징
• 국민 4천 8백만 명의 눈높이에 맞춰 '나를 위해 존재하는 은행', '나의 성공을 약속하는 은행'으로 거듭나겠다는 의미

4

가운데의 'B'자는 하늘 높이 날면서 먼 곳까지도 두루 살피는 큰 새를 형상화한 것으로 'Win-Wing'이라는 애칭을 보유

• "Win-Wing"(심벌의 가운데에 있는 날개)
• "Win"은 고객의 성공, 희망, 미래를 열어가는 '성공 날개'가 되겠다는 IBK의 약속을 상징
• "Wing"은 Global Leading Bank로서 고객과 함께 힘차게 비상하겠다는 기업은행의 약속을 상징
• "Win-Wing"의 가운데 붉은색 삼각형은 끊임없는 고객과 은행의 교류와 발전, 전진을 의미하며, Young IBK의 정신 중 바로 '열정'을 상징

◇ **브랜드 슬로건**

'금융으로 만나는 새로운 세상'은 IBK의 전문성을 바탕으로
변함없이 고객과 함께, 꿈을 실현하여, 더 나은 세상으로 바꾸어 나가겠다는 의지를 표현

방법   **지향점**

금융으로	만나는	새로운 세상
60년간 쌓아온 전문성을 바탕으로	변함없이 고객과 함께	꿈을 실현하여 더 나은 세상으로 바꿉니다.

◇ **IBK 대표 캐릭터**

▶ 기은센   ▶ 기운찬 가족

신입행원 채용 안내

◇ **지원방법**

IBK기업은행 채용 전용 홈페이지(ibk.incruit.com)에 지원서 등록

◇ **지원자격**

❶ 연령/성별/학력 제한 없음

❷ 해외여행에 결격사유가 없는 자로 남성의 경우 병역필 또는 면제자

❸ IBK기업은행 인사규정 「채용의 제한」 대상자가 아닌 자

◇ **채용절차**

서류심사   필기시험   실기시험   면접시험   최종합격자 발표

◇ **채용일정**

채용공고	접수기간	서류발표	필기전형	필기발표
2024.03.12	2024.03.12~03.27	2024.04.11	2024.04.27	2024.05.02
2023.09.05	2023.09.05~09.19	2023.10.06	2023.10.21	2023.10.31
2023.03.21	2023.03.21~04.04	2023.04.20	2023.05.13	2023.05.18
2022.09.07	2022.09.07~09.27	2022.10.18	2022.11.05	2022.11.05
2022.03.10	2022.03.10~03.29	2022.04.15	2022.04.30	2022.05.06

❖ 자세한 채용절차는 직무별 채용방침에 따라 변경될 수 있으니 반드시 채용공고를 확인하기 바랍니다.

2024년 상반기 기출분석

◇ **영역별 출제비중**

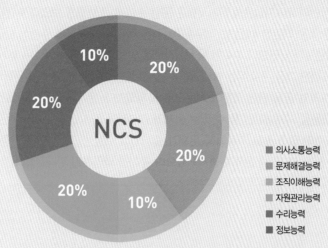

구분	출제유형
의사소통능력	• PSAT형으로 출제됨 • 공문을 기반으로 한 지문이 출제됨 • 은행 상품 내지 약관을 기반으로 한 지문이 출제됨
문제해결능력	• 코드를 정하는 문제가 출제됨 • 은행 상품 가입 여부 또는 금리를 구하는 문제가 출제됨 • 정책을 제시하고 수혜 대상이 되는 계층을 고르는 문제가 출제됨
조직이해능력	• 조직 체계를 파악하여 업무의 우선순위를 파악하는 문제가 출제됨 • 조직도를 바탕으로 제시된 업무를 다루는 부서를 고르는 문제가 출제됨
자원관리능력	• 최단경로 및 최소비용을 고르는 문제가 출제됨 • 점수를 계산하거나 근무시간 등의 순위를 구하는 문제가 출제됨 • 우선순위를 매겨 업무를 배분하거나 성능이 좋은 제품을 찾는 문제가 출제됨
수리능력	• 제시된 자료를 보고 평균값을 구하는 문제가 출제됨 • 제시된 자료를 보고 해석하거나 추론한 내용으로 옳은 것을 고르는 문제가 출제됨
정보능력	• 큐브형 도식을 이용한 알고리즘 문제가 출제됨 • 알고리즘을 제시하여 도식대로 풀어낸 값을 구하는 문제가 출제됨

◇ **영역별 출제특징**

2024년 상반기 기출분석

총평

2024년 상반기 IBK기업은행 필기시험은 문항 수에서 큰 변화를 보였다. 지원 분야에 상관없이 NCS 직업기초능력은 객관식 40문항, 직무수행능력은 객관식 30문항과 주관식 5문항이 출제되었다. 난도 자체는 예년보다 낮았으나 부족한 응시시간으로 인해 정답률이 낮았다는 후기가 지배적이었다. 시간이 짧게 느껴진 가장 큰 이유는 NCS였다. 의사소통능력의 경우, 일반 비문학이 아닌 당행 관련 사업과 상품 그리고 금융 관련 공문이 지문으로 출제되었다. 문제해결능력에서도 은행상품 또는 주택정책 등의 내용을 이해해야만 풀 수 있는 문제가 대부분을 차지했다. 수리능력은 어렵지 않게 출제되었지만 응용수리 없이 전부 자료해석 문제가 출제되어 수험생들의 부담을 가중시켰다. 정보능력은 이전과 비슷하게 알고리즘 문제가 출제되었으며 규칙을 파악하기 까다로웠다는 의견이 많았다.

◇ **핵심전략**

NCS의 비중이 늘어나고 직무수행능력이 차지하는 비중이 줄어들었기 때문에 빠르게 문제를 풀어나가는 것이 핵심이다. 의사소통능력에서는 단순한 비문학 지문이 아닌 설명문이 출제되기 때문에 선택지를 먼저 읽고 필요한 내용을 위주로 지문을 읽어나감으로써 풀이 시간을 절약해야 한다.

직무수행능력은 평이한 난도로 출제되지만 해당 내용을 확실하게 알아야 풀 수 있는 문제가 대부분을 차지한다. 따라서 지원하는 분야의 출제 범위를 정확하게 파악하고 기초 이론 중심의 학습이 필요하다. 주관식 역시 어렵지 않은 수준으로 구성되지만, 계산기 사용이 불가하므로 시간을 적절하게 분배하는 것이 중요하다.

◇ **필기시험**

구분	출제영역		문항 수			시간
	NCS 직업기초능력	직무수행능력	영역	객관식	주관식	
금융일반	의사소통능력, 문제해결능력, 조직이해능력, 자원관리능력, 수리능력, 정보능력	경제, 경영, 시사	NCS	40문항	–	120분
			직무수행	30문항	5문항	
디지털		데이터베이스, 빅데이터, AI, 블록체인, 시사	NCS	40문항	–	
			직무수행	30문항	5문항	

※ 상기 필기시험의 영역 및 문항 수, 시간은 2024년 상반기 채용공고를 기준으로 합니다.

◇ 최신 기출 키워드

출제영역		키워드	
NCS 직업기초능력	의사소통능력	• 조세 • 외환법령 • 금융상품 및 금융규제 • 기준금리 • 한국은행 vs 기획재정부	
	문제해결능력	• 제품 일련번호 • 금리 • 대출 가능 여부 • 청년주택	
	조직이해능력	• 기업은행 업무 분장	
	자원관리능력	• 근태 자료 • 추가수당 및 야근시간 • 최단경로 · 최소비용으로 출장비 계산 • 최단시간 교통수단 • 최고성능 자동차(연비, 가격, 고객만족도, 선호도 등) • 직원별 순위에 따른 부서 배치 및 업무 배분 • 물품 배송 비용 및 생산 비용	
	수리능력	• 증감률 및 이익률	
	정보능력	• 큐브형 도식	• 알고리즘 스텝
직무수행능력	경제, 경영, 시사	• 은행원의 원칙 • 매출원가 • 우월전략 • 내쉬균형 • 이표채 가격 • 공유자원 • 순현재가치법(NPV)	• 생산가능곡선(PPC) • ELD, ELW, ISA, CMA • 화폐수량설 • 국제피셔효과 • 당기순이익 • 탄소배출권 • 효용함수
	데이터베이스, 빅데이터, AI, 블록체인, 시사	• 칼럼 제거 전후 정규형 • 자연어 이해 의미 • 데이터 유형 • 통계적 추출법 • SVM	• 자바, 파이톤 알고리즘 • 스케줄링 • 선점, 비선점 • 데이터 분석법 • NULL 포함된 데이터 SQL 쿼리문

주요 금융권 적중 문제

IBK기업은행

05 다음은 IBK기업은행의 새희망홀씨에 대한 자료이다. 상품에 대한 설명으로 적절하지 않은 것은?

〈새희망홀씨〉

- 상품특징 : 소득금액 확인서류로 증빙된 소득뿐만 아니라 국민연금납부액, 건강보험료납부액 등에 의한 환산인정소득(한국주택금융공사 보금자리론 소득추정방식 준용) 기준으로 대출한도 산출 가능
- 대출신청자격 : 개인신용평가시스템(CSS)에 의해 대출적격자로 판정된 국내거주 국민으로서 연간소득 3천5백만 원 이하(다만, 개인신용평점 하위 20% 이하인 경우에는 연간소득 4천5백만 원 이하)이고 다음 각 항목 중 하나에 해당하는 고객
  ① 증빙소득서류 제출자(직업 및 소득 확인서류 등으로 증빙된 소득)
  ② 국민연금보험료 또는 지역건강보험료(세대주에 한함) 3개월 이상 정상 납부액 기준으로 소득금액이 산출되는 고객
- 대출한도 : 무보증대출 최대 3천만 원
  ※ 대출한도는 소득금액 또는 환산인정소득금액에 따라 차등 적용
- 대출기간 및 상환방법
  – 대출기간 : 최저 1년 이상 최장 7년 이내(거치기간 설정불가)
  – 상환방법 : 원금균등 또는 원리금균등 분할상환
- 원리금상환방법 : 원금은 약정된 분할상환납입일에 균등분할상환하고, 이자는 원금상환방법과 동일한 월단위로 후취
- 대출금리 : 예 2022.7.19현재, 신용등급 3등급, 대출기간 2년 미만

구분	적용기준	적용금리

지역농협 6급

46 N은행에 근무하는 직원 4명은 함께 5인승 택시를 타고 A지점으로 가고자 한다. 다음 〈조건〉에 따라 택시에 탑승할 때, 항상 참인 것은?

조건

- 직원은 각각 부장, 과장, 대리, 사원의 직책을 갖고 있다.
- 직원은 각각 흰색, 검은색, 노란색, 연두색 신발을 신었다.
- 직원은 각각 기획팀, 연구팀, 디자인팀, 홍보팀 소속이다.
- 대리와 사원은 옆으로 붙어 앉지 않는다.
- 과장 옆에는 직원이 앉지 않는다.
- 부장은 홍보팀이고 검은색 신발을 신었다.
- 디자인팀 직원은 조수석에 앉았고 노란색 신발을 신었다.
- 사원은 기획팀 소속이다.

① 택시 운전기사 바로 뒤에는 사원이 앉는다.
② 부장은 조수석에 앉는다.
③ 과장은 노란색 신발을 신었다.
④ 부장 옆에는 과장이 앉는다.
⑤ 사원은 흰색 신발을 신었다.

하나은행

수리능력 ▶ 거리 · 속력 · 시간

Hard

06 길이 258m인 터널을 완전히 통과하는 데 18초 걸리는 A열차가 있다. 이 열차가 길이 144m인 터널을 완전히 건너는 데 걸리는 시간이 16초인 B열차와 서로 마주보는 방향으로 달려 완전히 지나는 데 걸린 시간이 9초였다. B열차의 길이가 80m라면 A열차의 길이는?

① 320m　　　　　　　　　② 330m

③ 340m　　　　　　　　　④ 350m

문제해결능력 ▶ 문제처리

※ 다음은 호텔별 연회장 대여 현황에 대한 자료이다. 이를 보고 이어지는 질문에 답하시오. [3~4]

<호텔별 연회장 대여 현황>

건물	연회장	대여료	수용 가능 인원	회사로부터 거리	비고
A호텔	연꽃실	140만 원	200명	6km	2시간 이상 대여 시 추가비용 40만 원
B호텔	백합실	150만 원	300명	2.5km	1시간 초과 대여 불가능
C호텔	매화실	150만 원	200명	4km	이동수단 제공
	튤립실	180만 원	300명	4km	이동수단 제공
D호텔	장미실	150만 원	250명	4km	–

Easy

03 총무팀에 근무하고 있는 이대리는 김부장에게 다음과 같은 지시를 받았다. 이대리가 연회장 예약을 위해 지불해야 하는 예약금은?

KB국민은행

직무심화지식 ▶ 금융영업

08 B씨와 그의 동료들은 다음과 같은 〈조건〉으로 조합 예탁금 · 적금 상품에 가입 후 납입하였다. 납부해야 할 세금이 가장 많은 사람부터 적은 사람 순으로 바르게 나열한 것은?(단, 조합 적금은 모두 비과세 저축용 상품으로 가정한다)

조건

- A씨 : 집 근처에 C은행이 있고 해외에서 근무하며, 출자금 5만 원을 납입하고 출자금통장을 만들었다. 2020년 2월 1일부터 2년 동안 매월 1일에 20만 원씩 납입하는 조합 적금에 가입했다.
- B씨 : 기존 조합원의 자격을 가지고 있으며 출자금통장을 보유하고 있다. 2020년 1월부터 1년 동안 매월 1일에 10만 원씩 납입하는 조합 적금에 가입했다.
- C씨 : 농사를 짓고 있으며 근처 B은행에서 출자금 3만 원을 내고 출자금통장을 만들었다. 2021년 1월부터 1년 동안 매월 1일에 40만 원씩 납입하는 조합 적금에 가입했다.

① A－B－C　　　　　　　② A－C－B

③ B－C－A　　　　　　　④ C－B－A

도서 200% 활용하기

기출유형 뜯어보기

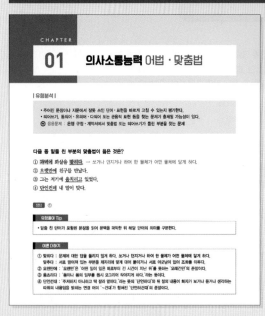

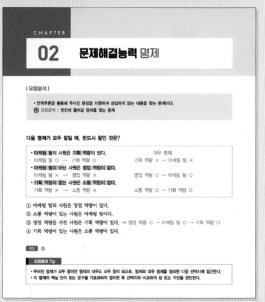

▶ 출제영역별 유형분석과 풀이전략을 수록하여 IBK기업은행 필기시험을 완벽히 준비할 수 있도록 하였다.

7개년 기출복원문제

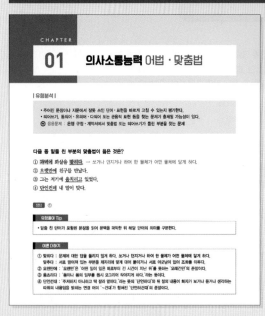

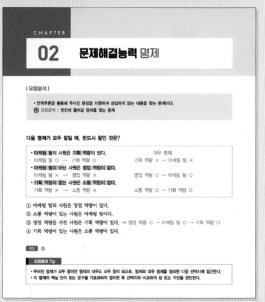

▶ 2024년 상반기~2018년 하반기 시행된 기출복원문제로 출제유형을 한눈에 파악할 수 있도록 하였다.

주요 금융권 NCS 기출복원문제

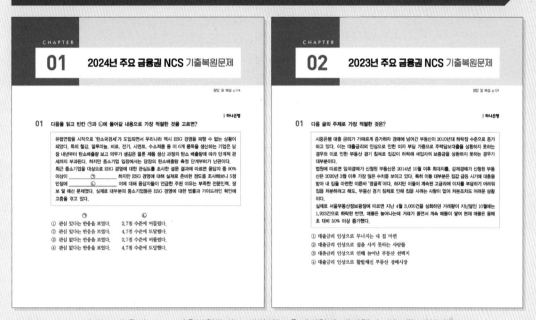

▶ 2024~2023년 주요 금융권 NCS 기출복원문제로 변화하는 출제경향에 대비할 수 있도록 하였다.

정답 및 해설

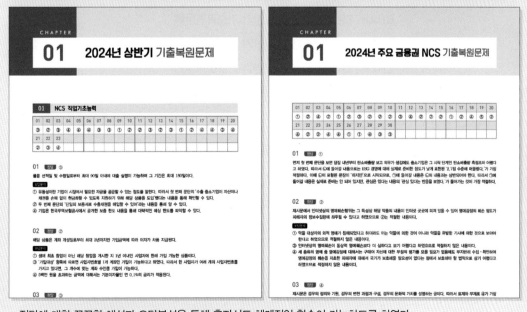

▶ 정답에 대한 꼼꼼한 해설과 오답분석을 통해 혼자서도 체계적인 학습이 가능하도록 하였다.

이 책의 차례

PART

I

기출유형 뜯어보기

01 의사소통능력 어법 · 맞춤법

| 유형분석 |

- 주어진 문장이나 지문에서 잘못 쓰인 단어 · 표현을 바르게 고칠 수 있는지 평가한다.
- 띄어쓰기, 동의어 · 유의어 · 다의어 또는 관용적 표현 등을 찾는 문제가 출제될 가능성이 있다.
- ⊕ 응용문제 : 은행 규정 · 계약서에서 맞춤법 또는 띄어쓰기가 틀린 부분을 찾는 문제

다음 중 밑줄 친 부분의 맞춤법이 옳은 것은?

① 과녁에 화살을 <u>맞히다</u>. → 쏘거나 던지거나 하여 한 물체가 어떤 물체에 닿게 하다.

② <u>오랫만에</u> 친구를 만났다.

③ 그는 저기에 <u>움치리고</u> 있었다.

④ <u>단언컨데</u> 내 말이 맞다.

정답 ①

유형풀이 Tip

- 밑줄 친 단어가 포함된 문장을 읽어 문맥을 파악한 뒤 해당 단어의 의미를 구분한다.

이론 더하기

① 맞히다 : 문제에 대한 답을 틀리지 않게 하다. 쏘거나 던지거나 하여 한 물체가 어떤 물체에 닿게 하다.
　맞추다 : 서로 떨어져 있는 부분을 제자리에 맞게 대어 붙이거나 서로 어긋남이 없이 조화를 이루다.
② 오랫만에 : '오랫만'은 '어떤 일이 있은 때로부터 긴 시간이 지난 뒤'를 뜻하는 '오래간만'의 준말이다.
③ 움츠리다 : '몸이나 몸의 일부를 몹시 오그리어 작아지게 하다.'라는 뜻이다.
④ 단언컨대 : '주저하지 아니하고 딱 잘라 말하다.'라는 뜻의 '단언하다'와 뒤 절의 내용이 화자가 보거나 듣거나 생각하는
　따위의 내용임을 밝히는 연결 어미 '~건대'가 합쳐진 '단언하건대'의 준말이다.

01 의사소통능력 내용일치

| 유형분석 |

- 주어진 지문을 읽고 일치하는 / 일치하지 않는 선택지를 고르는 전형적인 독해 문제이다.
- 대체로 길고 복잡한 지문이 제시되는 경우가 많아 문제를 해결하는 데 시간이 많이 소요된다.
- ⊕ 응용문제 : 은행 금융상품 약정을 읽고 이해하는 문제, 고객 문의에 적절한 답변을 선택하는 문제

다음 글의 내용으로 적절하지 않은 것은?

'갑'이라는 사람이 있다고 하자. ❶ 이때 사회가 갑에게 강제적 힘을 행사하는 것이 정당화되는 근거는 무엇일까? 그것은 갑이 다른 사람에게 미치는 해악을 방지하려는 데 있다. ❸ 특정 행위가 갑에게 도움이 될 것이라든가, 이 행위가 갑을 더욱 행복하게 할 것이라든가 또는 이 행위가 현명하다든가 혹은 옳은 것이라든가 하는 이유를 들면서 갑에게 이 행위를 강제하는 것은 정당하지 않다. 이러한 이유는 갑에게 권고하거나 이치를 이해시키거나 무엇인가를 간청하거나 할 때는 충분한 이유가 된다. 그러나 갑에게 강제를 가하는 이유 혹은 어떤 처벌을 가할 이유는 되지 않는다. 이와 같은 사회적 간섭이 정당화되기 위해서는 갑이 행하려는 행위가 다른 어떤 이에게 해악을 끼칠 것이라는 점이 충분히 예측되어야 한다. ❷ 한 사람이 행하고자 하는 행위 중에서 그가 사회에 대해서 책임을 져야 할 유일한 부분은 다른 사람에게 관계되는 부분이다.

① 개인에 대한 사회의 간섭은 어떤 조건이 필요하다.
② 한 사람의 행위는 타인에 대한 행위와 자신에 대한 행위로 구분된다.
③ 사회가 타당하다고 판단하여 개인에게 어떤 행위를 강요하는 것은 옳지 않다.
④ 사회는 개인의 해악에 관심이 있지만, 그 해악을 방지할 강제성의 근거는 가지고 있지 않다.

→ 일곱 번째 문장에 따르면 개인(갑)의 행위가 타인에게 해악을 끼칠 것이 예측되면 사회적 간섭이 정당화된다.

정답 ④

유형풀이 Tip

- 먼저 선택지의 키워드를 체크한 후, 지문의 내용과 비교하며 내용의 일치 유무를 신속하게 판단한다.

01 의사소통능력 나열하기

| 유형분석 |

- 글의 논리적인 전개 구조를 파악할 수 있는지 평가한다.
- 글의 세부 내용보다 전반적인 흐름과 맥락에 집중하며 문제를 해결하는 것이 효율적이다.
- ⊕ 응용문제 : 첫 문단을 제시한 후 이어질 내용을 순서대로 나열하는 문제

다음 문장을 논리적 순서대로 바르게 나열한 것은?

(가) 사전에 아무런 정보도 없이 판매자의 일방적인 설명만 듣고 물건을 구입하면 후회할 수도 있다.
→ (나)를 뒷받침하며 결론을 강조

(나) 따라서 소비를 하기 전에 많은 정보를 수집하여 구입하려는 재화로부터 예상되는 편익을 정확하게 조사하여야 한다. → 글의 결론

(다) 그러나 일상적으로 사용하는 일부 재화를 제외하고는 그 재화를 사용해 보기 전까지 효용을 제대로 알 수 없다. → (마)에 대한 반론

(라) 예를 들면 처음 가는 음식점에서 주문한 음식을 실제로 먹어 보기 전까지는 음식 맛이 어떤지 알 수 없다. → (다)에 대한 부연 설명

(마) 우리가 어떤 재화를 구입하는 이유는 그 재화를 사용함으로써 효용을 얻기 위함이다. → 글의 주제

① (가) – (나) – (라) – (다) – (마)
② (가) – (마) – (나) – (다) – (라)
③ (마) – (나) – (가) – (라) – (다)
④ (마) – (다) – (라) – (나) – (가)

정답 ④

유형풀이 Tip

- 각 문단에 위치한 지시어와 접속어를 살펴본다. 문두에 접속어가 오는 경우 글의 첫 번째 문단이 될 수 없다.
- 각 문단의 첫 문장과 마지막 문장에 집중하면서 글의 순서를 하나씩 맞춰나간다.
- 신택지를 참고하여 문단의 순서를 생각해 보는 것도 시간을 단축하는 좋은 방법이 될 수 있다.

01 의사소통능력 추론하기

| 유형분석 |

- 문맥을 통해 글에 명시적으로 드러나 있지 않은 내용을 유추할 수 있는지 평가한다.
- 일반적인 독해 문제와는 달리 선택지의 내용이 애매모호한 경우가 많으므로 꼼꼼히 살펴보아야 한다.
- ⊕ 응용문제 : 글 뒤에 이어질 내용을 찾는 문제, 글을 뒷받침할 수 있는 근거를 찾는 문제

다음 글의 합리주의 이론에 근거하여 추론할 수 있는 내용으로 적절하지 않은 것은?

어린이의 언어습득을 설명하는 이론에는 두 가지가 있다. 하나는 경험주의적인 혹은 행동주의적인 이론이고, 다른 하나는 합리주의적인 이론이다.

경험주의 이론에 의하면 어린이가 언어를 습득하는 것은 어떤 선천적인 능력에 의한 것이 아니라 경험적인 훈련에 의해서 오로지 후천적으로만 이루어진다.

한편, 다른 이론에 따르면 어린이가 언어를 습득하는 것은 거의 전적으로 타고난 특수한 언어학습 능력과 일반 언어 구조에 대한 추상적인 선험적 지식에 의한 것이다.

① 인간은 언어습득 능력을 가지고 태어난다.
② 일정한 나이가 되면 모든 어린이가 예외 없이 언어를 통달하게 된다.
③ 많은 현실적 악조건에도 불구하고 어린이는 완전한 언어능력을 갖출 수 있게 된다.
④ 어린이는 백지상태에서 출발하여 반복연습과 시행착오, 교정에 의해서 언어라는 습관을 형성한다.
　　→ 반복연습과 시행착오, 교정은 후천적인 경험적 훈련으로, 경험주의 이론에서 강조하는 것이다.

정답 ④

유형풀이 Tip

- 개인의 주관적인 판단이 개입되지 않도록 유의하며 문제를 해결해야 한다.
- 지문의 주제·중심 내용을 파악한 후 선택지의 키워드를 체크한다. 그리고 나서 지문에서 도출할 수 있는 내용을 선택지에서 찾아 소거해 나간다.

02 문제해결능력 명제

| 유형분석 |

- 연역추론을 활용해 주어진 문장을 치환하여 성립하지 않는 내용을 찾는 문제이다.
- ⊕ 응용문제 : 빈칸에 들어갈 명제를 찾는 문제

다음 명제가 모두 참일 때, 반드시 참인 것은?

	대우 명제
• 마케팅 팀의 사원은 기획 역량이 있다. 마케팅 팀 ○ → 기획 역량 ○	기획 역량 × → 마케팅 팀 ×
• 마케팅 팀이 아닌 사원은 영업 역량이 없다. 마케팅 팀 × → 영업 역량 ×	영업 역량 ○ → 마케팅 팀 ○
• 기획 역량이 없는 사원은 소통 역량이 없다. 기획 역량 × → 소통 역량 ×	소통 역량 ○ → 기획 역량 ○

① 마케팅 팀의 사원은 영업 역량이 있다.
② 소통 역량이 있는 사원은 마케팅 팀이다.
③ 영업 역량을 가진 사원은 기획 역량이 있다. ⇒ 영업 역량 ○ → 마케팅 팀 ○ → 기획 역량 ○
④ 기획 역량이 있는 사원은 소통 역량이 있다.

정답 ③

유형풀이 Tip

- 주어진 명제가 모두 참이면 명제의 대우도 모두 참이 되므로, 명제와 대우 명제를 정리한 다음 선택지에 접근한다.
- 각 명제의 핵심 단어 또는 문구를 기호화하여 정리한 후 선택지와 비교하여 참 또는 거짓을 판단한다.

02 문제해결능력 참·거짓

| 유형분석 |

- 주어진 문장을 토대로 논리적으로 추론하여 참 또는 거짓을 구분하는 문제이다.
- ⊕ 응용문제 : 거짓을 말하는 범인을 찾는 문제

다음 A~E 5명 중 단 **1명만 거짓**을 말하고 있을 때, 범인은 누구인가?

- A : C가 범인입니다.
- B : A는 거짓말을 하고 있습니다. ㄱ
　　　　　　　　　　　　모순
- C : B는 거짓말을 하고 있습니다. ┘
　⇒ 거짓인 경우 : B - 진실 → A - 거짓 → 1명만 거짓을 말한다는 조건에 위배
　　∴ C는 진실, B는 거짓을 말함
- D : 저는 범인이 아닙니다.
- E : A가 범인입니다.

① A, B
② A, C → 범인
③ B, C
④ C, D

정답 ②

유형풀이 Tip

- 모순이 되는 발언을 한 2명의 진술을 대조하며, 가능한 경우의 수를 모두 찾아 비교한다.
- 범인의 숫자가 맞는지, 진실 또는 거짓을 말한 인원수가 조건과 맞는지 등 주어진 조건과 비교하며 문제를 해결한다.

02 문제해결능력 문제처리

| 유형분석 |

- 주어진 상황과 정보를 종합적으로 활용하여 풀어가는 문제이다.
- 비용, 시간, 순서, 해석 등 다양한 주제를 다루고 있어 유형을 한 가지로 단일화하기 어렵다.

S통신, L통신, K통신 3사는 A ~ G카드와의 제휴를 통해 전월에 일정 금액 이상 카드 사용 시 통신비를 할인해 주고 있다. 통신비의 최대 할인금액과 할인조건이 다음과 같을 때, 이에 대한 내용으로 옳은 것은?

〈제휴카드별 통신비 최대 할인금액 및 할인조건〉

구분	통신사	최대 할인금액	할인조건
A카드	S통신	20,000원	• 전월 카드 사용 100만 원 이상 시 2만 원 할인 • 전월 카드 사용 50만 원 이상 시 1만 원 할인
	L통신	9,000원	• 전월 카드 사용 30만 원 이상 시 할인
	K통신	8,000원	• 전월 카드 사용 30만 원 이상 시 할인
B카드	S통신	20,000원	• 전월 카드 사용 100만 원 이상 시 2만 원 할인 • 전월 카드 사용 50만 원 이상 시 1만 원 할인
	L통신	9,000원	• 전월 카드 사용 30만 원 이상 시 할인
	K통신	9,000원	• 전월 카드 사용 50만 원 이상 시 9천 원 할인 • 전월 카드 사용 30만 원 이상 시 6천 원 할인
C카드	S통신	❶ 22,000원	• 전월 카드 사용 100만 원 이상 시 2.2만 원 할인 • 전월 카드 사용 50만 원 이상 시 1만 원 할인 • 전월 카드 ❹ 1회 사용 시 5천 원 할인
D카드	L통신	❷ 9,000원	• 전월 카드 사용 ❷ 30만 원 이상 시 할인
	K통신	9,000원	• 전월 카드 사용 30만 원 이상 시 할인
E카드	K통신	8,000원	• 전월 카드 사용 30만 원 이상 시 할인
F카드	K통신	❸ 15,000원	• 전월 카드 사용 ❸ 50만 원 이상 시 할인
G카드	L통신	15,000원	• 전월 카드 사용 70만 원 이상 시 1.5만 원 할인 • 전월 카드 사용 ❷ 30만 원 이상 시 1만 원 할인

① S통신을 이용할 경우 가장 많은 통신비를 할인받을 수 있는 제휴카드는 A카드이다.
　　→ C카드 : 22,000원
② 전월에 33만 원을 사용했을 경우 L통신에 대한 할인금액은 G카드보다 D카드가 더 많다.
　　→ G카드 : 1만 원 > D카드 : 9천 원
③ 전월에 52만 원을 사용했을 경우 K통신에 대한 할인금액이 가장 많은 제휴카드는 F카드이다.
　　→ F카드 : 15,000원
④ S통신의 모든 제휴카드는 전월 실적이 50만 원 이상이어야 통신비 할인이 가능하다.
　　→ C카드 : 전월 카드 1회 사용 시 5천 원 할인

 정답　③

유형풀이 Tip

- 문제에서 묻는 것을 정확히 파악한 후 필요한 상황과 정보를 찾아 이를 활용하여 문제를 해결한다.
- 선택지별로 필요한 정보가 무엇인지 빠르게 파악하고, 자료에서 필요한 부분을 체크하여 실수를 방지해야 한다.

02 문제해결능력 환경분석

| 유형분석 |

- 상황에 대한 환경분석 결과를 통해 주요 과제 또는 목표를 도출하는 문제이다.
- 주로 3C 분석 또는 SWOT 분석을 활용한 문제들이 출제되고 있으므로 해당 분석 도구에 대한 사전학습이 요구된다.

금융기업에 지원하여 최종 면접을 앞둔 K씨는 성공적인 PT 면접을 위해 기업 관련 정보를 파악하고 그에 따른 효과적인 전략을 알아보고자 한다. K씨의 SWOT 분석 결과가 다음과 같을 때, 분석 결과에 대응하는 전략과 그 내용이 바르게 연결되지 않은 것은?

<SWOT 분석 결과>

강점(Strength)	약점(Weakness)
• 우수한 역량의 인적자원 보유 • 글로벌 네트워크 기반 다수의 해외 지점 보유 • 다년간 축적된 풍부한 거래 실적	• 고객 니즈 대응에 필요한 특정 분야별 전문성 미흡 • 핀테크 기업 증가에 따른 경영 리스크
기회(Opportunity)	위협(Threat)
• 융·복합화를 통한 정부의 일자리 창출 사업 • 해외 사업을 위한 협업 수요 확대 • 수요자 맞춤식 서비스 요구 증대	• 타사와의 경쟁 심화 • 정부의 정책적 지원 감소 • 금융기업에 대한 일부 부정적 인식 존재

① SO전략 : 우수한 인적자원을 활용한 금융시스템의 융·복합 사업 추진

② WO전략 : 분야별 전문 인력 충원을 통한 고객 맞춤형 서비스 제공 확대

③ ST전략 : 글로벌 네트워크를 통한 해외 시장 진출 → SO전략

④ WT전략 : 리스크 관리를 통한 시장 우위 선점

유형풀이 Tip

- 강점(Strength)과 약점(Weakness)은 기업의 내부환경에 대한 요인이며, 기회(Opportunity)와 위협(Threat)은 기업의 외부환경에 대한 요인임을 염두에 두어야 한다.
- 문제에 제시된 분석 결과를 종합적으로 판단하여 각 선택지의 전략 과제와 일치 여부를 판단해야 한다.

이론 더하기

- SWOT 분석

  기업의 내부환경과 외부환경을 분석하여 강점(Strength), 약점(Weakness), 기회(Opportunity), 위협(Threat) 요인을 규정하고 이를 토대로 경영전략을 수립하는 기법으로, 미국의 경영컨설턴트인 알버트 험프리(Albert Humphrey)에 의해 고안되었다. SWOT 분석의 가장 큰 장점은 기업의 내·외부환경 변화를 동시에 파악할 수 있다는 것이다. 기업의 내부환경을 분석하여 강점과 약점을 찾아내며, 외부환경 분석을 통해서는 기회와 위협을 찾아낸다. SWOT 분석은 외부로부터의 기회는 최대한 살리고 위협은 회피하는 방향으로 자신의 강점은 최대한 활용하고 약점은 보완한다는 논리에 기초를 두고 있다. SWOT 분석에 의한 경영전략은 다음과 같이 정리할 수 있다.

Strength 강점 기업 내부환경에서의 강점	S	W	Weakness 약점 기업 내부환경에서의 약점
Opportunity 기회 기업 외부환경으로부터의 기회	O	T	Threat 위협 기업 외부환경으로부터의 위협

- 3C 분석

자사(Company)	고객(Customer)	경쟁사(Competitor)
• 자사의 핵심역량은 무엇인가? • 자사의 장단점은 무엇인가? • 자사의 다른 사업과 연계되는가?	• 주 고객군은 누구인가? • 그들은 무엇에 열광하는가? • 그들의 정보 습득/교환은 어디에서 일어나는가?	• 경쟁사는 어떤 회사가 있는가? • 경쟁사의 핵심역량은 무엇인가? • 잠재적인 경쟁사는 어디인가?

03 조직이해능력 경영전략

| 유형분석 |

- 제시된 상황에 나타난 경영전략의 특징을 구분하고 판단할 수 있는지 평가한다.
- ⊕ 응용문제 : 본원적 경쟁전략의 구조 및 전략별 특징 관련 문제

마이클 포터(M. Porter)는 경쟁우위 전략으로 차별화 전략, 집중화 전략, 원가우위 전략을 제시하였다. 다음 사례에 나타난 전략의 특징으로 옳은 것은?

> A사의 제품은 일반적으로 경쟁사에 비해 가격이 비싸다. 하지만 소비자들은 A사 제품의 품질, 디자인, 브랜드 이미지에 대해 기꺼이 높은 가격을 지불하고 제품을 구매하기 때문에 경쟁사들보다 영업이익률이 높다.
> ↳ 경쟁사와 차별화하여 이익을 올리는 '차별화 전략'

① 한정된 영역에 경영자원을 집중한다. → 집중화 전략
② 비용우위를 통한 가격 정책으로 매출을 올린다. → 원가우위 전략
③ 광고는 브랜드 이미지를 위한 경쟁의 수단으로 작용한다.
　 ↳ 회사의 브랜드 이미지를 상승시킬 수 있는 주요 전략
④ 제품을 더 저렴하게 제공하는 경쟁사가 등장하면 고객을 잃게 된다. → 원가우위 전략

정답 ③

유형풀이 Tip

- 경영전략 형태 및 특징을 구분하여 알아두어야 한다.

이론 더하기

마이클 포터(M. Porter)의 본원적 경쟁전략
1) 차별화 전략
　 조직이 생산품이나 서비스를 차별화하여 고객에게 가치 있고 독특하게 인식되도록 하는 전략으로, 이를 활용하기 위해서는 연구개발이나 광고를 통하여 기술, 품질, 서비스, 브랜드 이미지를 개선할 필요가 있다.
2) 원가우위 전략
　 원가절감을 통해 해당 산업에서 우위를 점하는 전략으로, 이를 위해서는 대량생산을 통해 단위 원가를 낮추거나 새로운 생산기술을 개발할 필요가 있다.
3) 집중화 전략
　 특정 시장이나 고객에게 한정된 전략으로, 특정 산업을 대상으로 한다. 즉, 경쟁 조직들이 소홀히 하고 있는 한정된 시장을 원가우위나 차별화 전략을 써서 집중 공략하는 방법이다.

03 조직이해능력 조직문화

| 유형분석 |

• 조직문화 유형별 특징을 이해하고 구분할 수 있는지 평가한다.
⊕ 응용문제 : 조직문화 구성요소를 구분하는 문제

맥킨지 7-S 모델(McKinsey 7-S Model)은 조직문화가 어떻게 구성되는지 이해하는 데 유용하다. 이에 대한 설명으로 적절하지 않은 것은?

① 리더십 스타일(Style)은 관리자에 따라 민주적, 독선적, 방임적 등 다양하게 나타날 수 있다.

② 제도·절차(System)는 성과관리, 보상제도, 경영정보시스템 등 관리제도나 절차 등을 수반한다.

③ 조직구조(Structure)는 구성원들이 보유하고 있는 능력, 스킬, 욕구, 태도 등을 의미한다.
　　　　　　　　　↳ 구성원(Staff)

④ 전략(Strategy)에 따라 사업의 방향성이 달라질 수 있으며, 자원배분 과정도 결정될 수 있다.

　정답　③

▌유형풀이 Tip

• 조직문화 유형 및 특징을 사전에 학습해 두어야 한다.

▌이론 더하기

맥킨지 7-S 모델(McKinsey 7-S Model)

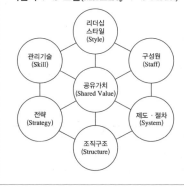

1) 공유가치(Shared Value) : 모든 조직구성원들이 공유하는 기업의 핵심 이념이나 가치관, 목적 등
2) 전략(Strategy) : 조직의 장기적 계획 및 목표를 달성하기 위한 수단, 방법
3) 제도·절차(System) : 조직의 관리체계나 운영절차, 제도 등
4) 조직구조(Structure) : 전략을 실행해가기 위한 틀, 조직도
5) 리더십 스타일(Style) : 조직을 이끄는 관리자의 경영 방식
6) 관리기술(Skill) : 전략을 실행하는 데 필요한 구체적 요소
7) 구성원(Staff) : 조직 내 인력 구성으로, 구성원들의 단순한 인력 구성 현황이라기보다 구성원들이 보유하고 있는 능력, 스킬, 욕구, 태도 등을 의미

03 조직이해능력 조직구조

| 유형분석 |

- 조직구조 유형별 특징을 이해하고 구분할 수 있는지 평가한다.
- ⊕ 응용문제 : 기계적 조직과 유기적 조직을 구분하는 문제

다음과 같은 조직도 형태를 가지고 있는 기업의 조직구조 특징으로 옳지 않은 것은?
↳ 기능적 조직구조

〈조직도〉

① 환경이 안정적이다.
② 일상적인 기술을 중요시한다.
③ 조직 내부 효율성을 중요시한다.
④ 급변하는 환경 변화에 효과적으로 대응한다. → 사업별 조직구조

정답 ④

유형풀이 Tip

- 조직구조 형태 및 특징을 구분하여 알아두어야 한다.

이론 더하기

기능적 조직구조와 사업별 조직구조

기능적 조직구조	사업별 조직구조
안정적인 환경	급변하는 환경에 효과적으로 대저함
일상적인 기술과 조직의 내부 효율성을 중시함	제품·지역·고객별 차이에 신속하게 적응함
기업의 규모가 작을 때에는 관련 있는 업무를 결합함	분권화된 의사결정이 가능함

| 유형분석 |

- 업무상 지시사항을 제대로 이해하고 파악할 수 있는지 평가한다.
- ⊕ 응용문제 : 여러 가지 업무를 제시하고 처리 순서를 나열하는 문제

다음 글에 나타난 **업무 지시사항**에 대한 판단으로 적절하지 않은 것은?

A대리님, ❸ 금요일 오후 2시부터 인·적성검사 합격자 10명의 1차 면접이 진행될 예정입니다. 지금 미팅이 끝난 직후 5층 회의실 사용 예약을 해주시고, 2명씩 5개 조로 구성하여 ❶ 10분씩 면접을 진행할 예정이니 지금 드리는 지원 서류를 참고하시어 ❷ 수요일 오전까지 5개 조를 구성한 보고서를 저에게 주세요. 그리고 2명의 면접 위원님께 목요일 오전 면접 진행 일정에 대해 말씀드려 미리 시간 조정을 완료해 주시기 바랍니다.

① 면접은 10분씩 진행된다.
② A대리는 수요일 오전까지 보고서를 제출해야 한다.
③ 면접은 금요일 오후에 10명을 대상으로 실시된다.
④ 인·적성검사 합격자는 본인이 몇 조인지 알 수 있다. → 제시문을 통해 알 수 없는 내용

정답 ④

유형풀이 Tip

- 선택지에 나타난 키워드를 중심으로 글을 읽고, 선택지를 소거하며 문제를 해결한다.

이론 더하기

부서별 업무

구분	업무
총무부	주주총회 및 이사회 개최 관련 업무, 의전 및 비서 업무, 집기비품·소모품의 구입 및 관리 등
인사부	조직기구의 개편 및 조정, 업무분장 조정, 인력수급 계획 및 관리, 직무 및 정원의 조정·종합 등
기획부	경영 계획 및 전략 수립, 전사 기획업무 종합 및 조정, 중장기 사업계획의 종합 및 조정 등
회계부	재무상태 및 경영실적 보고, 결산 관련 업무, 재무제표 분석 및 보고, 세금 업무 자문 및 지원 등
영업부	판매 계획 및 판매예산의 편성, 시장조사, 광고 선전, 견적 및 계약, 제품의 재고 조절 등

04 자원관리능력 시간계획

│유형분석│

- 시간 자원과 관련된 다양한 정보를 활용하여 풀어가는 문제이다.
- 대체로 교통편 정보나 국가별 시차 정보가 제공되며, 이를 근거로 '현지 도착시간 또는 약속된 시간 내에 도착하기 위한 방안'을 고르는 문제가 출제된다.

프랑스 파리 지부에 있는 K부장은 서울에 있는 국내 본사로 인사 발령을 받아서 다음 달 2일 9시 30분에 파리에서 인천으로 가는 비행기를 예약했다. 파리에서 인천까지 비행시간은 총 13시간이 걸린다고 할 때, K부장이 인천에 도착할 때 현지 시각은 몇 시인가?(단, 한국은 파리보다 7시간이 더 빠르다)

① 3일 2시 30분
② 3일 3시 30분
③ 3일 4시 30분
④ 3일 5시 30분

파리 : 2일 9시 30분 → +7시간 → 서울 : 2일 16시 30분
∴ 2일 16시 30분 +13시간(∵ 비행시간)=3일 5시 30분

정답 ④

유형풀이 Tip

- 문제에서 묻는 것을 정확히 파악한 후 제시된 상황과 정보를 활용하여 문제를 풀어간다.
- 추가 조건이나 제한사항은 문제를 해결하는 데 중요한 변수가 될 수 있으므로 유의한다.

CHAPTER

04 자원관리능력 비용계산

| 유형분석 |

- 예산 자원과 관련된 다양한 정보를 활용하여 풀어가는 문제이다.
- 대체로 한정된 예산 내에서 수행할 수 있는 업무 및 예산 가격을 묻는 문제가 출제된다.

다음은 I대리가 부산 출장 시 이용할 수 있는 교통편에 대한 정보이다. I대리가 출장 시 이용할 하나의 교통편을 선택하여 모바일로 왕복 티켓을 예매하고자 할 때, 가장 저렴한 교통편은 무엇인가?

〈부산 출장 시 이용 가능한 교통편 정보〉

구분	교통편	금액	기타
버스	일반버스	24,000원	–
	우등버스	32,000원	모바일 예매 1% 할인
기차	무궁화호	28,000원	왕복 예매 시 15% 할인
	새마을호	36,000원	왕복 예매 시 20% 할인
	KTX	58,000원	1+1 이벤트(편도 금액으로 왕복 예매 가능)

① 일반버스　　　　　　　　　② 우등버스
③ 무궁화호　　　　　　　　　④ 새마을호

- 일반버스 : 24,000원×2=48,000원
- 우등버스 : 32,000원×2×0.99=63,360원
- 무궁화호 : 28,000원×2×0.85=47,600원 → 가장 저렴한 교통편
- 새마을호 : 36,000원×2×0.8=57,600원

정답 ③

유형풀이 Tip

- 할인 정보 등 추가 사항을 고려하여 문제를 해결하기 위한 정보를 선별한다.

04 자원관리능력 품목확정

| 유형분석 |

- 물적 자원과 관련된 다양한 정보를 활용하여 풀어가는 문제이다.
- 주로 제품·공정도·시설 등에 대한 가격·특징·시간 정보가 제시되며, 이를 종합적으로 고려하는 문제가 출제된다.

비품 담당자인 귀하는 지폐계수기 구매 사업을 진행해야 한다. 구매 가능한 지폐 계수기는 A~D제품 4개이고, 제품별 비교평가 결과 및 구매 지침이 다음과 같을 때, 선정해야 할 제품은?(단, 모든 구매 지침을 만족하는 제품 중 가장 저렴한 제품을 선택한다)

〈지폐계수기 비교평가 결과〉

구분	위폐 감별	분당 계수 속도	투입구 용량	외화 계수 여부	가격	A/S
A제품	UV	1,400장	250장	불가능	20만 원	방문
B제품	IR	1,500장	250장	가능	25만 원	1일 소요
C제품	UV/IR	1,500장	250장	가능	35만 원	방문
D제품	UV	1,500장	250장	가능	22만 원	방문

〈구매 지침〉

- 위폐 감별 방식은 UV 방식이나 IR 방식이어야 한다. → A, B, C, D제품
- 방문 A/S가 가능해야 하나 불가능한 경우 수리 기일이 3일 이내여야 한다. → A, B, C, D제품
- 원화와 규격이 다른 외화 또한 계수가 가능해야 한다. → B, C, D제품
- 투입구 용량이 크고, 계수 속도가 가능한 한 빠른 것이 좋다. → B, C, D제품
  ↳ 가장 저렴한 제품

① A제품   ② B제품
③ C제품   ④ D제품

정답 ④

유형풀이 Tip

- 문제에서 제시한 물적자원의 정보를 조건에 맞게 선별하면서 풀어간다.

04 자원관리능력 인원선발

| 유형분석 |

- 인적 자원과 관련된 다양한 정보를 활용하여 풀어가는 문제이다.
- 주로 근무명단, 휴무일, 업무 할당 등의 주제로 다양한 정보를 활용하여 종합적으로 풀어가는 문제가 출제된다.

금융기업 인사부에 근무 중인 귀하는 고객 신용정보 조사를 위해 계약직 한 명을 채용하려고 한다. 지원 자격이 다음과 같을 때, 지원자 중 업무에 가장 적절한 사람은?(단, 채용공고일은 2024. 04. 15이다)

〈지원 자격〉

1. 학력 : 고졸 이상
2. 전공 : 제한 없음
3. 기타 : 1) 금융기관 퇴직자 중 1960년 이전 출생자
　　　　 2) 신용부문 근무경력 10년 이상인 자 → ① 이도영 · ④ 홍도경
　　　　　　 ※ 검사역 경력 및 민원처리 업무 경력 우대
　　　　 3) 채용공고일 현재 퇴직일로부터 2년을 초과하지 아니한 자 → ① 이도영 · ④ 홍도경
　　　　 4) 퇴직일로부터 최근 3년 이내 감봉 이상의 징계를 받은 사실이 없는 자 → ④ 홍도경
　　　　 5) 신원이 확실하고 업무수행 및 당사 채용에 결격사유가 없는 자

성명(출생연도)	경력 사항	근무 기간	비고
① 이도영(1958)	Y은행 여신관리부	1995. 04. 10 ~ 2022. 08. 21	2014. 11 1개월 감봉
② 김춘재(1959)	M보험사 마케팅부	1997. 03. 03 ~ 2022. 07. 07	-
③ 박영진(1947)	C신용조합 영업부	1977. 11. 12 ~ 2019. 10. 27	2010. 03 견책 처분
④ 홍도경(1956)	P은행 신용부서	1987. 09. 08 ~ 2022. 04. 28	-

정답 ④

유형풀이 Tip

- 주어진 자격 혹은 규정을 근거로 하여 선택지를 하나씩 검토하며 소거해 나간다.

05 수리능력 거리 · 속력 · 시간

| 유형분석 |

- 거리 · 속력 · 시간 공식을 활용하여 문제를 해결할 수 있는지 평가한다.
- 시간차를 두고 출발하는 경우, 마주 보고 걷거나 둘레를 도는 경우 등 추가적인 조건을 꼼꼼히 살펴보아야 한다.
- ⊕ 응용문제 : 기차와 터널의 길이를 구하는 문제, 물과 같이 속력이 있는 장소가 조건으로 주어진 문제

시속 300km/h ⓐ로 달리는 KTX 열차가 있다. **목적지까지 400km** ⓑ **떨어져 있으며, 정차해야 하는 역이 7개** ⓒ **있다. 각 정차역에서 10분간 대기 후 출발** ⓓ한다고 할 때, 목적지에 도착하는 데까지 소요되는 시간은?(단, 일정한 속도로 달리는 것으로 가정한다)

① 1시간 10분
② 1시간 20분
③ 2시간 20분
④ 2시간 30분

ⓐ 열차의 속력 : 300km/h, ⓑ 목적지까지의 거리 : 400km

→ 목적지까지 달리는 시간 : $\frac{400}{300}=1\frac{1}{3}=1$시간 20분

ⓒ · ⓓ 정차시간 : $10\times7=1$시간 10분

∴ 1시간 20분+1시간 10분=2시간 30분

정답 ④

유형풀이 Tip

- 문제에서 요구하는 답을 미지수로 하여 방정식을 세우고, $(시간)=\dfrac{(거리)}{(속력)}$ 공식을 통해 필요한 값을 계산한다.

이론 더하기

- $(거리)=(속력)\times(시간),\ (속력)=\dfrac{(거리)}{(시간)},\ (시간)=\dfrac{(거리)}{(속력)}$

CHAPTER

05 수리능력 농도

| 유형분석 |

- 농도 공식을 활용하여 문제를 해결할 수 있는지 평가한다.
- 소금물 대신 설탕물로 출제될 수 있으며, 정수나 분수뿐 아니라 비율 등 다양한 조건이 제시될 가능성이 있다.
- ⊕ 응용문제 : 증발된 소금물 문제, 농도가 다른 소금물 간 계산 문제

농도 8%의 소금물 400g ⓐ에 농도 3%의 소금물 ⓑ 몇 g을 넣으면 농도 5%의 소금물 ⓒ이 되는가?

① 600g

② 650g

③ 700g

④ 750g

ⓐ 농도 8%인 소금물 400g에 들어있는 소금의 양 : $\dfrac{8}{100} \times 400$g

ⓑ 농도 3%인 소금물의 양 : xg

→ 농도 3%인 소금물 xg에 들어있는 소금의 양 : $\dfrac{3}{100} x$g

ⓒ 농도 5%인 소금물 $(400+x)$g에 들어있는 소금의 양 : $\dfrac{5}{100}(400+x)$g

$$\dfrac{8}{100} \times 400 + \dfrac{3}{100} x = \dfrac{5}{100}(400+x)$$

$$\therefore\ x = 600$$

정답 ①

유형풀이 Tip

- 정수와 분수가 같이 제시되므로, 통분이나 약분을 통해 최대한 수를 간소화시켜 계산 실수를 줄일 수 있도록 한다.
- 항상 미지수를 정하고 그 값을 계산하여 답을 구해야 하는 것은 아니다. 문제에서 원하는 값은 정확한 미지수를 구하지 않아도 풀이 과정 속에서 제시되는 경우가 있으므로, 문제에서 묻는 것을 명확히 해야 한다.

이론 더하기

- (농도)$=\dfrac{(용질의 양)}{(용액의 양)} \times 100$, (소금물의 양)=(물의 양)+(소금의 양)

05 수리능력 경우의 수

| 유형분석 |

- 합의 법칙과 곱의 법칙을 구분하여 활용할 수 있는지 평가한다.
- ⊕ 응용문제 : 벤 다이어그램을 활용한 문제

10명의 학생 중에서 1명의 회장ⓐ과 2명의 부회장ⓑ을 뽑는 경우의 수는?

① 330가지
② 340가지
③ 350가지
④ 360가지

ⓐ 10명의 학생 중에서 1명의 회장을 뽑는 경우의 수 : $_{10}C_1 = 10$가지

ⓑ 나머지 9명의 학생 중 2명의 부회장을 뽑는 경우의 수 : $_9C_2 = \dfrac{9 \times 8}{2 \times 1} = 36$가지

∴ $10 \times 36 = 360$가지

정답 ④

유형풀이 Tip

- 두 개 이상의 사건이 동시에 일어나는 연속적인 사건인 경우 곱의 법칙을 활용한다.

이론 더하기

1) 합의 법칙
   ① 서로 다른 경우의 수를 각각 독립적으로 선택할 때 전체 경우의 수를 계산하는 방법이다.
   ② '또는', '~이거나'라는 말이 나오면 합의 법칙을 사용한다.
   ③ 두 사건 A, B가 동시에 일어나지 않을 때, A가 일어나는 경우의 수를 p, B가 일어나는 경우의 수를 q라고 하면, 사건 A 또는 B가 일어나는 경우의 수는 $p+q$이다.
2) 곱의 법칙
   ① 서로 연속적인 사건이 발생할 때 각 사건이 일어날 확률을 곱하여 전체 경우의 수를 계산하는 방법이다.
   ② '그리고', '동시에'라는 말이 나오면 곱의 법칙을 사용한다.
   ③ A가 일어나는 경우의 수를 p, B가 일어나는 경우의 수를 q라고 하면, 사건 A와 B가 동시에 일어나는 경우의 수는 $p \times q$이다.

CHAPTER

05 수리능력 확률

| 유형분석 |

- 조건부 확률과 독립 사건을 구분하여 문제를 해결할 수 있는지 평가한다.
- ⊕ 응용문제 : 최단 경로 수 구하는 문제, 여사건 또는 조건부 확률 문제

남자 4명, 여자 4명으로 이루어진 팀에서 2명의 팀장ⓐ을 뽑으려고 한다. 이때 팀장 2명이 모두 남자 ⓑ로만 구성될 확률은?

① $\frac{3}{14}$

② $\frac{2}{7}$

③ $\frac{5}{14}$

④ $\frac{3}{7}$

ⓐ 8명 중 팀장 2명을 뽑는 경우의 수 : $_8C_2=28$가지
ⓑ 남자 4명 중 팀장 2명을 뽑는 경우의 수 : $_4C_2=6$가지

$\therefore \frac{6}{28}=\frac{3}{14}$

정답 ①

유형풀이 Tip

- 한 개의 사건이 다른 한 사건의 조건하에 일어날 경우 조건부 확률을 활용한다.

이론 더하기

1) 여사건 확률
   ① '적어도'라는 말이 나오면 주로 사용한다.
   ② 사건 A가 일어날 확률이 p일 때, 사건 A가 일어나지 않을 확률은 $(1-p)$이다.
2) 조건부 확률
   ① 확률이 0이 아닌 두 사건 A, B에 대하여 사건 A가 일어났다는 조건하에 사건 B가 일어날 확률로, A 중에서 B인 확률을 의미한다.
   ② $P(B \mid A)=\dfrac{P(A\cap B)}{P(A)}$ 또는 $P_A(B)$로 나타낸다.

05 수리능력 자료추론

| 유형분석 |

- 주어진 수치를 토대로 비율·증감폭·증감률·수익(손해)율 등을 계산할 수 있는지 평가한다.
- 경영·경제·산업 등 최신 이슈 관련 수치가 막대 그래프, 꺾은선 그래프 등 다양한 형태로 제시된다.
- ⊕ 응용문제 : 자료의 일부 수치가 비워진 문제, 표의 내용을 그래프로 변환하는 문제

다음은 지난해 주요 자영업 10가지 업종에 대한 자료이다. 이에 대한 설명으로 옳은 것은?(단, 변화율은 증감률의 절댓값으로 비교한다)

〈주요 자영업 업종별 지표〉

(단위 : 명, %)

구분	창업자 수	폐업자 수	월평균 매출액 증감률	월평균 대출액 증감률	월평균 고용인원
병원 및 의료서비스	1,828	556	❷ 6.5	12.8	15
변호사	284	123	1.8	1.2	4
학원	682	402	−3.7	5.8	8
음식점	❶ 3,784	1,902	1.3	11.2	6
PC방	335	183	❹ −8.4	1.1	2
여행사	❸ 243	184	−6.6	0.4	3
카페	❶ 5,740	3,820	2.4	❷ 15.4	5
숙박업	1,254	886	−0.7	7.8	2
소매업	❶ 2,592	1,384	❹ 0.5	4.8	3
농사	562	❸ 122	4.1	2.4	❸ 1
합계	17,304	9,562	−	−	

① 창업자 수 상위 3위 업종의 창업자 수의 총합은 전체 창업자 수의 절반 이상이다.

$$\frac{5,740+3,784+2,592}{17,304}\times100 ≒ 70\%$$

② 월평균 매출액 증가율이 가장 높은 업종은 월평균 대출액 증가율 또한 가장 높다.

　병원 및 의료서비스(6.5%)　　　　　　　　　　카페(15.4%)

③ 월평균 고용인원이 가장 적은 업종은 창업자 수와 폐업자 수도 가장 적다.

　　농사(1명)　　　　　　　여행사(243명)　농사(122명)

④ 월평균 매출액 변화율이 가장 높은 업종과 가장 낮은 업종의 변화율의 차이는 6.0%p이다.

　　　　　　PC방(−8.4%)　　　　소매업(0.5%)　　　　　　　8.4−0.5=7.9%p

정답 ①

유형풀이 Tip

- 각 선택지의 진위 여부를 파악하는 문제이므로, 수치 계산이 필요 없는 선택지부터 소거해 나간다.
- 선택지별로 필요한 정보가 무엇인지 빠르게 파악하고, 자료에서 필요한 부분을 체크하여 계산해야 한다.

이론 더하기

- 백분율(%) : $\frac{(비교량)}{(기준량)}\times100$
- 증감률(%) : $\frac{(비교값)-(기준값)}{(기준값)}\times100$
- 증감량 : (비교대상의 값 A)−(또 다른 비교대상의 값 B)

05 수리능력 금융상품 활용

| 유형분석 |

- 금융상품을 정확하게 이해하고 문제에서 요구하는 답을 도출해 낼 수 있는지 평가한다.
- 단리식, 복리식, 이율, 우대금리, 중도해지, 만기해지 등 부가적인 조건에 유의해야 한다.
- ⊕ 응용문제 : 상품별 이자・만기액 등을 계산한 후 고객에게 가장 적합한 상품을 선택하는 문제

I은행은 적금 상품 '더 커지는 적금'을 새롭게 출시하였다. B씨는 이 적금의 모든 우대금리 조건을 만족하여 이번 달부터 이 상품에 가입하려고 한다. 만기 시 B씨가 얻을 수 있는 이자 금액은 얼마인가?
(단, $1.024^{\frac{1}{12}} = 1.0019$ 로 계산하고, 금액은 백의 자리에서 반올림한다)

〈더 커지는 적금〉

- 가입기간 : 12개월
- 가입금액 : 매월 초 200,000원 납입
- 적용금리 : 기본금리(연 2.1%)+우대금리(최대 연 0.3%p)
    ⇒ 모든 우대금리 조건 만족 → 적용금리 : 2.1+0.3=2.4%
- 저축방법 : 정기적립식, 연복리식
- 우대금리 조건
    − 당행 입출금 통장 보유 시 : +0.1%p
    − 연 500만 원 이상의 당행 예금상품 보유 시 : +0.1%p
    − 급여통장 지정 시 : +0.1%p
    − 이체실적 20만 원 이상 시 : +0.1%p

---

① 131,000원   ② 132,000원
③ 138,000원   ④ 141,000원

- n개월 후 연복리 이자 : (월납입금)$\times \dfrac{(1+r)^{\frac{n+1}{12}}-(1+r)^{\frac{1}{12}}}{(1+r)^{\frac{1}{12}}-1}$ −(적립원금) (단, r : 적용금리)

- B씨의 연복리 적금 이자 금액 : $200{,}000 \times \dfrac{(1.024)^{\frac{13}{12}}-(1.024)^{\frac{1}{12}}}{(1.024)^{\frac{1}{12}}-1} - 200{,}000 \times 12$

$$= 200{,}000 \times 1.0019 \times \frac{1.024-1}{0.0019} - 2{,}400{,}000$$

$$\fallingdotseq 2{,}531{,}000 - 2{,}400{,}000 = 131{,}000원$$

유형풀이 Tip

• 금융상품의 이자액을 묻는 문제이므로 주어진 이자지급방식과 이자율을 확인한 후 그에 맞는 계산 공식에 해당하는 값들을 대입하여 문제를 해결해야 한다.
• 금융상품의 단리·복리 등 공식을 반드시 숙지해 두어야 한다.

이론 더하기

1) 단리
   ① 개념 : 원금에만 이자가 발생
   ② 계산 : 이율이 r%인 상품에 원금 a를 총 n번 이자가 붙는 동안 예치한 경우 $a(1+nr)$
2) 복리
   ① 개념 : 원금과 이자에 모두 이자가 발생
   ② 계산 : 이율이 r%인 상품에 원금 a를 총 n번 이자가 붙는 동안 예치한 경우 $a(1+r)^n$
3) 이율
   ① (월이율)$=\dfrac{(연이율)}{12}$

   ② 계산
   원금 a원, 연이율 r%, 예치기간 n개월일 때,
   • 월단리 예금의 원리금 합계 : $a\left(1+\dfrac{r}{12}n\right)$

   • 월복리 예금의 원리금 합계 : $a\left(1+\dfrac{r}{12}\right)^n$

4) 기간
   ① n개월$=\dfrac{n}{12}$년

   ② 계산
   원금 a원, 연이율 r%, 예치기간 n개월일 때,
   • 연단리 예금의 원리금 합계 : $a\left(1+\dfrac{n}{12}r\right)$

   • 연복리 예금의 원리금 합계 : $a(1+r)^{\frac{n}{12}}$

5) 적금의 원리금 합계
   월초 a원, 연이율 r%일 때,
   • 단리 적금의 n개월 후 원리금 합계 : $an+a\times\dfrac{n(n+1)}{2}\times\dfrac{r}{12}$

   • 월복리 적금의 n개월 후 원리금 합계 : $\dfrac{a\left(1+\dfrac{r}{12}\right)\left\{\left(1+\dfrac{r}{12}\right)^n-1\right\}}{\dfrac{r}{12}}$

   • 연복리 적금의 n개월 후 원리금 합계 : $\dfrac{a(1+r)\left\{(1+r)^{\frac{n}{12}}-1\right\}}{(1+r)^{\frac{1}{12}}-1}$

06 정보능력 엑셀 함수

| 유형분석 |

- 주어진 상황에 사용할 적절한 엑셀 함수가 무엇인지 묻는 문제이다.
- 주로 업무 수행 중에 많이 활용되는 대표적인 엑셀 함수가 출제된다.
- ⊕ 응용문제 : 엑셀 시트를 제시하여 각 셀에 들어갈 함수식을 고르는 문제

다음 엑셀 시트에서 [E10] 셀 ⓒ에 수식 「=INDEX ⓐ (E2:E9,MATCH ⓑ (0,D2:D9,0))」를 입력했을 때, [E10] 셀에 표시되는 결괏값으로 옳은 것은?

	A	B	C	D	E
1	부서	직위	사원명	근무연수	근무월수
2	재무팀	사원	이수연	2	11
3	교육사업팀	과장	조민정	3	5
4	신사업팀	사원	최지혁	1	3
5	교육컨텐츠팀	사원	김다연	0	2
6	교육사업팀	부장	민경희	8	10
7	기구설계팀	대리	김형준	2	1
8	교육사업팀	부장	문윤식	7	3
9	재무팀	대리	한영혜	3	0
10					ⓒ

① 0   ② 1

③ 2   ④ 3

ⓐ 「=INDEX(배열로 입력된 셀의 범위,배열이나 참조의 행 번호,배열이나 참조의 열 번호)」

ⓑ 「=MATCH(찾으려고 하는 값,연속된 셀 범위,되돌릴 값을 표시하는 숫자)」

ⓒ 「=INDEX(E2:E9,MATCH(0,D2:D9,0)」를 입력하면 근무연수가 0인 사람의 근무월수가 셀에 표시된다. 따라서 결괏값은 2이다.

정답 ③

유형풀이 Tip

- 제시된 조건의 엑셀 함수를 파악한 후, 함수를 적용하여 값을 구한다.
- 엑셀 함수에 대한 기본적인 공식을 반드시 숙지해 두어야 한다.

06 정보능력 프로그래밍 언어(코딩)

| 유형분석 |

• 주어진 정보를 통해 결괏값이 무엇인지 묻는 문제이다.
• 주로 C언어 연산자를 적용하여 나오는 값을 구하는 문제가 출제된다.
⊕ 응용문제 : 정보를 제공하지 않고 기본적인 C언어 지식을 통해 결괏값을 구하는 문제

다음 프로그램의 실행 결괏값으로 옳은 것은?

```
#include 〈stdio.h〉

int main(){
        int i=4;
        int k=2;
        switch(i) {
                case 0:
                case 1:
                case 2:
                case 3:k=0;
                case 4:k+=5;    → i가 4이기 때문에 case 4부터 시작한다.
                case 5:k-=20;      k는 2이고, k+=5를 하면 7이 된다.
                default:k++;       case 5에서 k-=20을 하면 -13이 되고,
        }                          default에서 1이 증가하여 결괏값은 -12가 된다.
        printf("%d",k);
}
```

① 12   ② -12
③ 10   ④ -10

정답 ②

유형풀이 Tip

• 문제에 제시된 C언어 연산자를 파악한 후 연산자를 적용하여 값을 구한다.
• C언어에 대한 기본적인 지식을 익혀 두면 코딩 및 풀이 시간을 단축할 수 있다.

배우기만 하고 생각하지 않으면 얻는 것이 없고,

생각만 하고 배우지 않으면 위태롭다.

－ 공자 －

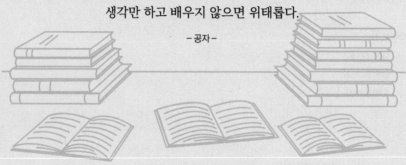

PART

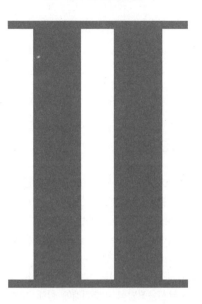

기출복원문제

01 2024년 상반기 기출복원문제

정답 및 해설 p.002

01 NCS 직업기초능력

01 다음 글의 내용으로 적절하지 않은 것은?

> 기업은행은 수출 중소기업이 자산이나 채권을 손해 없이 현금화할 수 있도록 지원하기 위해 한국무역보험공사의 수출신용보증(포괄매입) 상품을 도입하겠다고 알렸다.
>
> 기존의 수출자가 수출채권 매입 보증을 위해 수입자별로 신용보증서 발급이 필요했던 방식과 달리, 이번 수출신용보증 상품은 단일의 보증서로 수출채권을 매입할 수 있어 조기 현금화가 가능한 것이 특징이다.
>
> 이 상품은 180일 이내에서 대출기간 설정이 가능하며, 물품의 선적일 및 수령일 등 기준일자로부터 90일 이내에 대출을 실행하는 무신용장방식 수출거래에 한해 가능하다.
>
> 또한 각 기업은 한국무역보험공사에서 공개한 보증 한도 내용을 토대로 은행에서의 예상 한도를 산출할 수 있어 신속한 보증 가능 여부 확인이 가능하다.
>
> 기업은행은 이번 상품 도입을 통해 담보력이 부족한 신생 기업과 수출 판매망 확대를 구상하는 기업의 안정적 자금 확보에 큰 도움이 되길 바란다고 전했다.

① 수출 중소기업은 수출신용보증 상품을 통해 유동성 확보를 할 수 있다.
② 하나의 신용보증서로 여러 수입자의 수출채권 매입 보증이 가능하다.
③ 물품 선적일 및 수령일로부터 최대 90일 이내에서 대출 기간 설정이 가능하다.
④ 기업은 은행 방문 전 수출신용보증 상품 이용 가능 예상 한도를 알 수 있다.

02 다음은 IBK기업은행의 예금상품인 'IBK 내사업처음통장'에 대한 상품설명서이다. 이에 대한 설명으로 옳은 것은?

<IBK 내사업처음통장>

구분	상세내용
상품특징	• 계좌 개설일로부터 최대 3년까지 잔액 500만 원 이하 금액에 대해 연 3.0% 이자율 제공 (500만 원 초과 금액에 대해 연 0.1% 고시이자율 적용)
가입금액	• 제한없음
가입대상	• 사업자등록증상의 사업개시일로부터 1년 이내 법인 및 개인사업자 • 사업자번호별 1개 계좌만 가입 가능
계약기간	• 제한없음
이자지급식 주기	• 예금의 이자는 매년 3월, 6월, 9월, 12월 3번째 주 토요일에 계산하여 그 다음 일에 원금에 더함
이자지급방법	• 예금이자는 최초입금일(또는 지난 원가일)부터 원가일(또는 지급일) 전날까지를 이자계산으로 하고 매일 최종잔액을 평균하여 해당이자율을 적용 및 계산
기타	• 법인은 영업점 창구에서 가입 가능 • 공동명의, 임의단체 가입 불가 • 양수도 불가
기본이자율	• 연 0.1%
우대금리	• 통장 개설일로부터 3년 응당 도래일까지 잔액에 따른 우대이자율 제공 　－500만 원 이하 : 연 3.0%(기본이자율 포함) 　－500만 원 초과 : 연 0.1%(기본이자율 적용) • 해당 기본이자율과 우대이자율은 변경될 수 있으며, 변경일로부터 변경이자율이 적용됨

① 생애 최초 창업을 시작한 사업자가 사업개시일로부터 1년 이내에 한해 가입 가능한 상품이다.

② 계좌 개설일로부터 3년이 경과하면 가입금액에 상관없이 이자지급이 제한된다.

③ 한 사업자가 가입 가능한 계좌 수는 1개이다.

④ 5백만 원을 초과하는 금액에 대해서는 우대금리 연 0.1%p를 포함해 연 3.1%의 우대금리를 제공한다.

03 다음 제시된 문단을 논리적 순서대로 바르게 나열한 것은?

주요국 다국적기업에 글로벌 최저한세 제도가 도입되면서 국책은행들은 자문 용역을 발주하는 등 대책을 강구하는데 몰두하고 있다.

(가) 해당 제도가 적용되는 기업은 연결 재무제표상 매출액이 7억 5,000만 유로 이상인 곳으로 약 200여 개가 대상이며, 2025년부터 법인세가 부과될 방침이다.

(나) 하지만 기획재정부는 2026년까지 전환기 적용면제 특례 규정을 적용하여 매출액·이익, 이익 대비 법인세 비중, 초과이익 요건 중 하나 이상을 충족한 기업에는 비록 올해부터 시행되는 제도이나 추가세액 납부 의무를 2026년까지 면제해주겠다고 밝혔다.

(다) 글로벌 최저한세 제도란 우리나라에 모회사를 두는 다국적 기업의 해외 자회사가 현지 최저한 세율인 15%에 미치지 못하는 세금을 납부하면 지주사 등 모기업에서 추가 세액을 납부하도록 하는 것이다.

---

① (가) - (나) - (다)

② (가) - (다) - (나)

③ (다) - (가) - (나)

④ (다) - (나) - (가)

04 다음 글을 읽고 추론할 수 있는 내용으로 적절하지 않은 것은?

> 청약철회권이란 고객이 예금성 상품을 제외한 금융사의 보험, 대출, 고난도 펀드 등 금융상품에 계약한 후 일정 기간 이내에는 손실 없이 해당 청약을 철회할 수 있는 권리로, 도입 3년 3개월만인 지금 그 환불액이 16조 원에 다다라 논란이 되고 있다.
>
> 이처럼 소비자들의 계약 취소가 폭증하고 있는 원인으로는 소비자들이 금융사들로부터 해당 상품에 대한 충분한 설명이나 정보를 제공받지 못한 채 가입해 뒤늦게 해당 계약을 취소한 것으로 판단되고 있다.
>
> 실제로 금융감독원에서 제공한 '59개 국내 금융회사 금융상품 청약철회 신청 및 처리 현황'에 따르면 지난 2021년 3월부터 지금까지 총 3년 3개월 동안 청약철회 신청 건수는 총 558만 1049건이며, 해당 청약철회 신청은 모두 받아들여졌다.
>
> 또한 청약철회 신청은 2021년 133만 건, 2022년 144만 건, 2023년 179만 건으로 매년 증가하고 있는데 이는 소비자들의 권리 의식이 높아진 영향도 있겠지만, 상품 판매 과정에서의 금융사들의 설명의 부재가 가장 큰 영향으로 보인다.
>
> 특히 청약철회 환불액 중 은행권이 약 81.4%로 그 금액은 12조 9,701억 원 수준이었으며, 그 가운데서도 카카오뱅크, 케이뱅크, 토스뱅크 등 인터넷 전문은행 3사의 환불 규모는 전체 은행권 건수 대비 59.8%, 금액 대비 49.3%로 압도적으로 높았다.

① 청약철회권이 금융사의 모든 상품에 적용되는 권한은 아니다.

② 금융사들이 상품 판매 시 충분한 설명을 제공한다면 청약철회 신청은 감소할 것이다.

③ 2021년 3월부터 진행된 청약철회 신청은 모두 청약철회 신청 기간 내에 이루어졌다.

④ 전체 은행권의 계약 취소 환불액 중 절반 이상이 인터넷 전문은행 3사에서 발생했다.

※ 다음은 IBK기업은행의 공정거래자율준수에 대한 자료이다. 이어지는 질문에 답하시오. **[5~6]**

<공정거래자율준수>

1. 공정거래 자율준수 프로그램 운영 원칙
(1) 협력회사에 대한 원칙
- 협력회사와 상호존중을 바탕으로 공정하게 거래한다.
- 협력회사에 부당하게 유리 또는 불리한 취급을 하거나 경제상 이익을 요구하지 않는다.
- 부당한 요구나 원하지 않는 거래조건을 협력회사에게 강제하지 않는다.
- 협력회사의 기술, 지적재산권을 부당하게 요구하거나 침해하지 않는다.
(2) 고객에 대한 원칙
- 고객의 입장에서 오인성이 없도록 금융상품 정보를 바르게 전달한다.
- 법적 기준에 맞게 표시 · 광고한다.
- 공정한 약관을 사용하고 누구나 접근가능 하도록 명시한다.
(3) 경쟁사에 대한 원칙
- 경쟁사와 자유롭고 공정한 경쟁을 한다.
- 불공정한 방법으로 경쟁사의 기술을 이용하거나 이익을 침해하지 않는다.
- 담합을 하지 않는다.
- 부당한 방법으로 경쟁사의 고객을 유인하지 않는다.

2. 교육시스템

구분	부서자체교육	부서입점교육	상담	집합교육
주기	분기 1회	수시	수시	반기 1회
교육시간	1시간	1시간	–	2시간
교육대상	전직원	전직원	전직원	법위반 가능성이 높은 부서 임직원
교육내용	• 공정경쟁제도의 도입 목적과 체계의 이해 • 공정거래 관련 법규 및 사례 • 자율준수편람	• 자율준수 체크리스트 내용이해 • 관련업무 분야별 사례 • 감독 및 규제기관 동향	• 실무관련 의문사항 상담 및 처리방향 지도 • 공정거래 관련 법규 및 최신사례 설명	• 내/외부전문가 강의 • 공정경쟁 현안내용 전달 • 공정거래 위반 의심 사례 발생 시 업무처리 방향 지도

05 다음 중 제시된 자료를 보고 추론할 수 있는 내용으로 가장 적절한 것은?

① 자사의 거래조건을 협력회사가 원하지 않을 경우 수정하여야 한다.

② 고객 입장에서 혼란을 줄 수 있는 정보는 기재하지 않아야 한다.

③ 경쟁사를 이용하고 있는 고객에게 자사의 상품을 이용하도록 유도해서는 안 된다.

④ 법위반 가능성이 높은 부서 임직원은 정기 교육을 연간 6회 받는다.

06 다음 중 제시된 자료의 내용으로 적절하지 않은 것은?

① 협력회사만이 유리하거나 자사만이 유리한 거래는 지양하여야 한다.

② 협력회사의 기술이나 지적재산권의 사용이 필요할 때는 정당한 대가를 지불하여야 한다.

③ 이득을 취하기 위해 경쟁사와 미리 의논하거나 합의하여서는 안 된다.

④ 불공정거래가 의심이 될 때에는 상담을 통하여 처리방향을 지도받아야 한다.

※ 다음은 기존주택 전세임대주택에 대한 자료이다. 이어지는 질문에 답하시오. [7~8]

〈기존주택 전세임대주택〉

구분	내용
임대기간	• 2년(최대 20년 거주 가능하며, 최초 임대기간 경과 후 2년 단위로 최대 9회 재계약) • 신혼부부Ⅱ에 해당하는 경우, 2회 재계약으로 최대 6년 거주 가능하며, 자녀가 있는 경우 2회 추가 계약을 통해 최대 10년 거주 가능
면적	• 국민주택규모(전용 85m² 이하)이며, 다음과 같은 경우 예외로 한다. – 1인 가구일 경우 60m² 이하 – 공고일 기준 태아 포함 세 명 이상의 다자녀 가구일 경우 85m² 초과 가능
종류	단독주택, 다가구주택, 공동주택, 주거용 오피스텔

지원한도액

• 기존주택, 신혼부부Ⅰ, 신혼부부Ⅱ로 구분하여 차등 적용

구분	기존주택	신혼부부Ⅰ	신혼부부Ⅱ
지원한도액	1억 3,000만 원 / 호	1억 4,500만 원 / 호	2억 4,000만 원 / 호
실지원금액	최대 1억 2,350만 원 / 호 (지원한도액의 95%)	최대 1억 3,775만 원 / 호 (지원한도액의 95%)	최대 1억 9,200만 원 / 호 (지원한도액의 80%)
입주자부담금	지원한도액 범위 내 전세보증금의 5% 해당액은 입주자 부담 (단, 신혼부부Ⅱ의 경우 지원한도액 범위 내 전세보증금의 20% 부담)		
보증금한도액	최대 3억 2,500만 원 / 호 (지원한도액의 250%)	최대 3억 6,250만 원 / 호 (지원한도액의 250%)	최대 6억 원 / 호 (지원한도액의 250%)

신청자격

• 기존주택, 신혼부부Ⅰ, 신혼부부Ⅱ로 구분하여 차등 적용
 – 기존주택 유형

우선순위	대상
1순위	생계·의료 수급자, 한부모가족, 주거지원 시급가구, 만 65세 이상 고령자, 가구당 월평균소득 70% 이하 장애인
2순위	가구당 월평균소득 50% 이하, 가구당 월평균소득 100% 이하 장애인

 – 신혼부부Ⅰ·Ⅱ 유형

우선순위	대상
1순위	공고일 기준 임신 및 출산·입양 등으로 미성년 자녀가 있는 신혼부부 및 예비신혼부부, 만 6세 이하 자녀가 있는 한부모가족
2순위	자녀가 없는 신혼부부 및 예비신혼부부
3순위	만 6세 이하 자녀가 있는 혼인가구

소득 및 자산보유기준

• 소득기준 및 자산기준을 초과할 경우 신청자격이 주어지지 않는다.
 – 소득기준 : 전년도 도시근로자 가구당 월평균소득

구분	50%	70%	100%
1인 가구	1,741,482원	2,438,075원	3,482,964원
2인 가구	2,707,856원	3,790,998원	5,415,712원
3인 가구	3,599,325원	5,039,054원	7,198,649원
4인 가구	4,124,234원	5,773,927원	8,248,467원
5인 가구	4,387,536원	6,142,550원	8,775,071원

구분		내용
	– 자산기준	
소득 및 자산보유기준	총자산	기존주택	세대구성원 전원이 보유하고 있는 총자산가액 합산기준 2억 4,100만 원 이하
		신혼부부	세대구성원 전원이 보유하고 있는 총자산가액 합산기준 3억 4,500만 원 이하
	자동차		세대구성원 전원이 보유하고 있는 개별 자동차가액 3,708만 원 이하 (단, 자동차를 보유하지 않는 경우 해당 항목은 자산 산정에서 제외한다)

07 다음 〈보기〉의 기존주택 전세임대주택 신청자 중 유형에 관계없이 우선순위 2순위에 해당하는 사람은?

보기

〈기존주택 전세임대주택 신청자〉

신청자	유형	가구 구성	가구당 월평균소득	비고
A	신혼부부 I	3인 가구	1,876,735원	만 5세, 만 3세 자녀가 있는 한부모가족
B	기존주택	1인 가구	2,257,385원	만 70세의 고령자
C	신혼부부 II	2인 가구	4,437,586원	자녀가 없는 예비신혼부부
D	신혼부부 I	4인 가구	6,678,032원	만 4세, 만 2세 자녀가 있는 혼인가구

① A
② B
③ C
④ D

08 다음은 기존주택 전세임대주택의 신청자격이 주어지지 않은 사람의 정보이다. 신청자격이 주어지지 않은 이유로 가장 적절한 것은?

- 만 12세, 만 8세의 자녀가 있는 4인 혼인가구
- 월평균소득 4,057,786원인 기존주택 유형
- 총자산가액 3억 5,000만원
- 자가용이 없어 대중교통 이용 중

① 한부모가족이 아니다.
② 가구당 월평균소득 3,790,998원을 초과하였다.
③ 총자산가액 2억 4,100만 원을 초과하였다.
④ 자동차를 보유하지 않아 정확한 자산 산정이 불가능하다.

※ 다음은 탄력적 근로시간제와 초과수당 산정방법에 대한 자료이다. 이어지는 질문에 답하시오. [9~10]

〈탄력적 근로시간제〉

- 탄력적 근로시간제는 법정 근로시간을 채우기만 하면 근로자의 출·퇴근시간의 제약 없이 근무를 허용하는 제도이다.
- 탄력적 근로시간제는 2주 이내 유형과 3개월 이내 유형이 있으며 다음과 같이 적용한다.

유형	내용
2주 이내	• 2주 이내의 단위기간을 평균하여 1주 평균 근무시간이 40시간을 초과하지 않는 범위에서 특정 주에 40시간, 특정일에 8시간을 초과하여 근무한다. • 특정 주의 근무시간은 48시간을 초과할 수 없다. • 일일 최대 12시간을 초과하여 근무할 수 없다.
3개월 이내	• 3개월 이내 일정한 기간(1개월, 3개월 등)을 단위기간으로 운용하며, 단위기간을 평균하여 1주 평균 근무시간이 40시간을 초과하지 않는 범위에서 특정 주에 40시간, 특정일에 8시간을 초과하여 근무한다. • 특정 주의 근무시간은 48시간을 초과할 수 없다. • 일일 최대 12시간을 초과하여 근무할 수 없다.

- 탄력적 근로시간제를 통해 오후 6시를 초과하여 근무할 경우 초과수당을 지급한다.

예 2주 이내 유형을 적용할 때, 다음과 같이 근무시간을 조정할 수 있다.

주차	월	화	수	목	금	총 근무시간
1주	8	10	8	12	9	47
2주	9	11	5	4	4	33
단위기간 평균 근무시간			$\frac{47+33}{2}=40$시간			

2주차 수요일에 오후 3시부터 오후 8시까지 근무한다면 2시간에 해당하는 초과수당을 지급한다.

〈초과수당 산정방법〉

- 사용자는 근로자가 오후 6시를 초과하여 근무할 경우 통상시급의 50%를 가산하여 초과로 근무한 시간만큼 지급한다.
- 통상시급은 [(월 기본급)+(월 고정수당)+{(연간 상여금)÷12)}]÷209로 산정한다.

09 다음은 직원 A ~ D 4명이 탄력적 근로시간제의 2주 이내 유형을 적용하여 근무한 근무시간표이다. 2월 16일에 근무한 시간이 두 번째로 긴 사람은?

〈A ~ D 근무시간〉

(단위 : 시간)

근무일 직원	1주					2주				
	2/5	2/6	2/7	2/8	2/9	2/12	2/13	2/14	2/15	2/16
A	7	10	9	8	10	6	5	8	7	
B	5	6	7	7	9	12	10	10	9	
C	8	7	7	7	11	10	9	10	5	
D	6	6	10	9	8	7	8	6	9	

① A ② B
③ C ④ D

10 E가 탄력적 근로시간제를 적용하여 오전 11시부터 9시간 동안 근무하였을 때, 다음 〈조건〉에 따라 E가 받게 되는 초과수당은?

조건
• 점심시간(휴게시간)은 오후 1시부터 2시까지로 근무시간에 포함되지 않는다.
• E의 월 기본급은 275만 원이다.
• E의 월 고정수당은 20만 원이며, 연간 상여금은 144만 원이다.

① 약 64,286원 ② 약 66,101원
③ 약 68,745원 ④ 약 71,072원

※ 다음은 차량 점수 산정 방식 및 판매 차량 항목별 정보에 대한 자료이다. 이어지는 질문에 답하시오.
[11~12]

〈차량 점수 산정 방식〉

- 점수를 부여하는 항목은 연비, 가격, 배기가스 배출량, 고객만족도, 승차감이며, 각 항목에 대한 점수를 산정하는 방법은 다음과 같다(각 항목의 점수는 20점 만점이다).
  - 연비 : 연비에 해당하는 km 수치만큼 점수를 부여하며, 20km/L 이상이면 만점으로 한다.
    예 어떤 자동차의 연비가 16.7km/L일 때, 연비 점수는 16.7점을 부여한다
  - 가격 : 2,000만 원을 기준으로 100만 원을 초과할 때마다 0.1점을 만점에서 차감하여 부여하며, 2,100만 원 미만일 경우 만점으로 한다(단, 100만 원 단위 미만은 버림한다).
    예 어떤 자동차의 가격이 2,875만 원일 때, 100만 원 단위 미만은 버림하므로 가격 점수는 $20 - 0.1 \times \dfrac{2,800 - 2,000}{100} = 19.2$점을 부여한다.
  - 배기가스 배출량 : 100g/km를 기준으로 1g 늘어날 때마다 0.2점을 차감하여 부여하며, 배기가스 배출량이 101g/km 미만일 경우 만점으로 한다.
    예 어떤 자동차의 배기가스 배출량이 136g/km일 때, 배기가스 배출량 점수는 $20 - 0.2 \times (136 - 100) = 12.8$점을 부여한다.
  - 고객만족도 : 등급에 따라 다음과 같은 점수를 부여한다

구분	A$^+$	A	B$^+$	B	C$^+$	C	D$^+$	D
점수	20점	17.5점	15점	12.5점	10점	7.5점	5점	2.5점

  - 승차감 : 등급에 따라 다음과 같은 점수를 부여한다.

구분	A$^+$	A	B$^+$	B	C$^+$	C	D$^+$	D
점수	20점	17.5점	15점	12.5점	10점	7.5점	5점	2.5점

〈판매 차량 항목별 정보〉

구분	연비	가격	배기가스 배출량	고객만족도	승차감
L	18.4km/L	3,950만 원	151g/km	B	B$^+$
R	20.5m/L	4,020만 원	132g/km	A$^+$	B
S	17.6m/L	3,700만 원	98g/km	B$^+$	A$^+$
T	13.9m/L	2,050만 원	182g/km	C$^+$	C

11 다음 중 판매 차량의 항목별 점수를 합산하였을 때, 차량 점수가 높은 순서대로 차량 모델을 바르게 나열한 것은?

① S-L-R-T
② S-R-L-T
③ T-R-L-S
④ T-S-L-R

12 A씨는 가격을 고려하지 않고 차를 구입하고자 한다. 다음과 같이 점수 산정 방식을 수정하여 점수가 가장 높은 차를 구매할 때, 어떤 차를 구입해야 하는가?

- 연비 : 40점 만점으로 연비에 해당하는 km 수치의 2배를 점수로 부여하며, 20km/L 이상이면 만점으로 한다.
- 배기가스 배출량 : 기존 산정 방식을 유지한다.
- 고객만족도 : 등급에 따라 다음과 같은 점수를 부여한다.

구분	A+	A	B+	B	C+	C	D+	D
점수	10점	9점	8점	7점	6점	5점	4점	3점

- 승차감 : 등급에 따라 다음과 같은 점수를 부여한다.

구분	A+	A	B+	B	C+	C	D+	D
점수	30점	27.5점	25점	22.5점	20점	17.5점	15점	12.5점

① L
② R
③ S
④ T

※ 다음은 P씨가 X지점에서 Y지점으로 출장을 가기 위해 조사한 이동경로 및 교통편에 대한 자료이다.
이어지는 질문에 답하시오. [13~15]

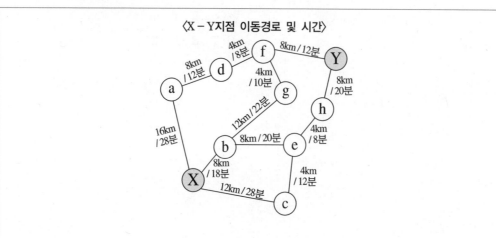

〈X – Y지점 이동경로 및 시간〉

〈X – Y지점 운행 버스 비용〉

버스명	기본운임	이동경로	비고
A4876	2,000원	X – a – d – f – Y	25km 초과 시 1km당 500원 추가
A5013	3,000원	X – b – g – f – Y	30km 초과 시 1km당 1,000원 추가
B3679	3,000원	X – b – e – h – Y	25km 초과 시 1km당 1,000원 추가
B8005	4,000원	X – c – e – h – Y	25km 초과 시 1km당 500원 추가

13 P씨가 이동경로가 가장 짧은 경로를 선택하고자 할 때, 그 거리는?

① 24km

② 28km

③ 32km

④ 36km

14 P씨가 이동경비가 가장 적은 경로를 선택하고자 할 때, 그 비용은?

① 3,000원

② 4,000원

③ 5,000원

④ 6,000원

15 P씨가 이동시간이 가장 짧은 경로를 선택하고자 할 때, 그 버스는?

① A4876   ② A5013
③ B3679   ④ B8005

16 다음은 여러 과일의 평균 무게 및 수확량과 운반 거리에 대한 자료이다. 〈조건〉의 화물차로 수확한 과일을 옮길 때, 총운임이 가장 많은 과일은?(단, 과일 한 종류당 하나의 트럭으로만 옮긴다)

<과일별 평균 무게 및 수확량>

구분	사과	귤	배	토마토
평균 무게	250g	5g	750g	200g
수확량	2,000개	700,000개	4,000개	7,500개
운반 거리	75km	30km	40km	60km

조건
- 0.5t 이하, 20km 이하 운반 시 기본운임 35,000원을 적용한다.
- 운반하고자 하는 무게가 0.5t 단위로 증가할 때마다 20,000원을 추가로 지불해야 한다.
  (0.5t 이하 : 0원, 0.5t 초과 1t 이하 : +20,000원, 1t 초과 1.5t 이하 : +40,000원, …)
- 운반하고자 하는 거리가 10km 단위로 증가할 때마다 10,000원을 추가로 지불해야 한다.
  (20km 이하 : 0원, 20km 초과 30km 이하 : +10,000원, 30km 초과 40km 이하 : +20,000원, …)

예 화물의 총무게가 1.3t이고, 운반거리가 33km일 때, 총운임은 다음과 같이 산정한다.
  기본운임 : 35,000원
  추가 운임 : 화물의 무게가 1t 초과 1.5t 이하이므로 40,000원, 운반 거리가 30km 초과 40km 이하이므로 20,000원이 추가된다.
  따라서 총운임은 35,000+40,000+20,000=95,000원이다.

① 사과   ② 귤
③ 배   ④ 토마토

17 다음은 I은행의 중기근로자우대적금 상품에 대한 정보 및 O사 직원들의 가입 시점 근속연수에 대한 자료이다. O사 직원 모두 중기근로자우대적금에 가입하였을 때, O사 직원들의 만기 시 평균 적용 금리는?(단, 모든 직원은 당행 급여이체 실적을 충족하였으며, 만기 때까지 중도 해지는 없었다)

〈중기근로자우대적금〉

구분	내용
계약기간	1년
고시금리	연 3.5%
이자지급방식	만기일시지급, 단리식
가입대상	실명의 개인(개인사업자 제외) 1인 1계좌
적립한도	월 1만 원 이상 100만 원 이하(만 원 단위)
적립방법	자유적립
우대금리	계약기간 동안 아래 조건을 충족하고 만기 해지 시 우대금리 제공 ① 중소기업 근로자로 확인된 경우, 가입 시점 근속연수에 따라 차등 적용 　－5년 미만 : 연 0.5%p 　－5년 이상 10년 미만 : 연 0.8%p 　－10년 이상 15년 미만 : 연 1%p 　－15년 이상 : 연 1.2%p ② 당행 급여이체 실적(월 50만 원 이상) 6개월 이상인 경우 : 연 1%p

〈O사 직원 가입 시점 근속연수〉

직원	근속연수	직원	근속연수
A	4년	G	8년
B	17년	H	8년
C	9년	I	20년
D	25년	J	1년
E	3년	K	13년
F	1년	L	12년

① 약 5.15%   ② 약 5.21%

③ 약 5.27%   ④ 약 5.33%

18 다음은 I은행의 2019 ~ 2023년 인터넷뱅킹 이용 실적 및 이용 금액에 대한 자료이다. 이에 대한 설명으로 옳지 않은 것은?

〈인터넷뱅킹 이용 실적〉

(단위 : 만 건)

구분	2019년	2020년	2021년	2022년	2023년
계(이체+대출)	248	260	278	300	334
모바일뱅킹	177	190	214	238	272
이체	247.9	259.7	277.5	299.3	333.1
대출	0.1	0.3	0.5	0.7	0.9

〈인터넷뱅킹 이용 금액〉

(단위 : 억 원)

구분	2019년	2020년	2021년	2022년	2023년
계(이체+대출)	96,164	121,535	167,213	171,762	197,914
모바일뱅킹	19,330	27,710	40,633	44,658	57,395
이체	95,677	120,398	165,445	169,368	195,151
대출	487	1,137	1,768	2,394	2,763

① 2020 ~ 2023년 동안 전년 대비 전체 인터넷뱅킹 이용 실적과 이용 금액 모두 매년 증가하였다.

② 2019 ~ 2023년 동안 전체 인터넷뱅킹 이용 실적 중 모바일뱅킹 이용 실적은 매년 70% 이상이었다.

③ 2019 ~ 2023년 동안 전체 인터넷뱅킹 이용 금액 중 모바일뱅킹 이용 금액은 매년 30% 미만이었다.

④ 2020 ~ 2023년 동안 전년 대비 인터넷뱅킹 대출 이용 실적 건수당 대출 금액은 매년 증가하였다.

19 다음은 2023년 7 ~ 12월의 미국, 중국, 일본의 환율에 대한 자료이다. 이에 대한 설명으로 옳은 것은?

〈2023년 7 ~ 12월 미국·중국·일본 환율〉

구분	2023년 7월	2023년 8월	2023년 9월	2023년 10월	2023년 11월	2023년 12월
미국 (원/달러)	1,308	1,346	1,357	1,375	1,331	1,329
중국 (원/위안)	188	191	192	193	190	192
일본 (원/엔)	9.27	9.3	9.19	9.2	8.88	9.23

① 2023년 8 ~ 12월 동안 미국의 전월 대비 환율은 꾸준히 상승하였다.

② 2023년 8 ~ 12월 동안 중국과 일본의 전월 대비 환율의 증감 추이는 같다.

③ 2023년 7 ~ 12월 동안 위안화 대비 엔화는 항상 20엔/위안 이상이다.

④ 2023년 7월 대비 12월의 환율 증가율이 가장 큰 국가는 미국이다.

※ 다음은 고객코드를 조회하는 시스템에 대한 순서도이다. 이어지는 질문에 답하시오. [20~21]

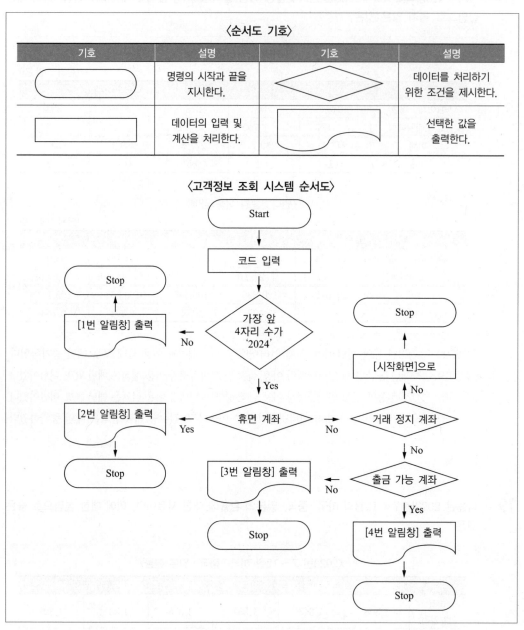

〈순서도 기호〉

기호	설명	기호	설명
	명령의 시작과 끝을 지시한다.		데이터를 처리하기 위한 조건을 제시한다.
	데이터의 입력 및 계산을 처리한다.		선택한 값을 출력한다.

〈고객정보 조회 시스템 순서도〉

Start

코드 입력

Stop

[1번 알림창] 출력 ← No — 가장 앞 4자리 수가 '2024'

↓ Yes

[2번 알림창] 출력 ← Yes — 휴면 계좌 — No → 거래 정지 계좌 — No → [시작화면]으로 → Stop

Stop

[3번 알림창] 출력 ← No — 출금 가능 계좌

Stop

↓ Yes

[4번 알림창] 출력

Stop

20 고객코드 '2024001'의 정보가 다음과 같을 때, 위 순서도를 통해 조회하여 출력되는 값은?

> • 휴면 계좌로 전환되지 않았다.
> • 거래 정지 계좌가 아니다.
> • 출금 가능 계좌이다.

① 1번 알림창   ② 2번 알림창
③ 3번 알림창   ④ 4번 알림창

21 고객코드 '2024120'의 정보가 다음과 같을 때, 위 순서도를 통해 조회하여 출력되는 값은?

> • 휴면 계좌로 전환되었다.
> • 거래 정지 계좌이다.
> • 출금 불가능한 계좌이다.

① 1번 알림창   ② 2번 알림창
③ 3번 알림창   ④ 4번 알림창

※ 다음은 ATM 출금 가능 금액을 조회하는 시스템에 대한 순서도이다. 이어지는 질문에 답하시오.
[22~23]

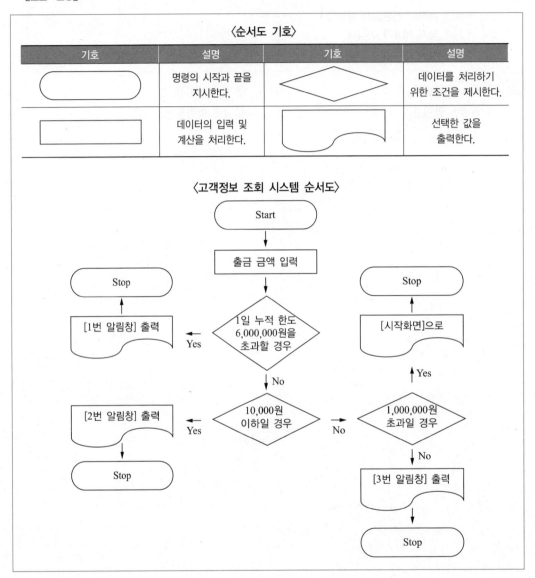

〈순서도 기호〉

기호	설명	기호	설명
	명령의 시작과 끝을 지시한다.		데이터를 처리하기 위한 조건을 제시한다.
	데이터의 입력 및 계산을 처리한다.		선택한 값을 출력한다.

〈고객정보 조회 시스템 순서도〉

22 A씨가 9,000원을 출금하고자 출금 금액을 입력하였을 때 출력되는 결과는?(단, A씨는 1일 누적 한도를 초과하지 않았다)

① 시작화면 ② 1번 알림창
③ 2번 알림창 ④ 3번 알림창

23 1일 출금 금액이 5,000,000원인 B씨가 1,000,000원을 추가로 출금하고자 출금 금액을 입력하였을 때 출력되는 결과는?

① 시작화면 ② 1번 알림창
③ 2번 알림창 ④ 3번 알림창

| 금융일반 - 객관식 |

01 다음 중 공유자원에 해당하는 것으로 볼 수 있는 것은?

① 깨끗한 물   ② 소방 서비스
③ 의류   ④ 치안

02 다음 중 우월전략에 대한 설명으로 옳지 않은 것은?

① 전략형 게임에서 상대방의 전략과 관계없이 자신의 몫을 더욱 크게 만드는 전략을 말한다.
② 우월전략 균형은 내쉬균형이라고 하며, 유일한 균형이 된다.
③ 우월전략 균형은 항상 파레토 최적의 상태를 나타낸다.
④ 모든 게임에서 우월전략이 존재하는 것은 아니다.

03 다음을 참고하여 매출원가를 구하면?

> • 기초재고액 : 2,000만 원
> • 당기순매입액 : 1,000만 원
> • 기말재고액 : 2,000만 원

① 1,000만 원   ② 3,000만 원
③ 4,000만 원   ④ 5,000만 원

04 다음 중 신규시장에 신제품을 출시하여 시장을 개척하는 전략은?

① 다각화전략   ② 시장침투전략

③ 신제품 개발전략   ④ 신시장 개척전략

05 다음 중 내쉬균형에 대한 설명으로 옳지 않은 것은?

① 게임이론에서 모든 참여자가 자신의 선택을 최적화하여 상호 작용하는 상태를 의미한다.

② 2인 게임에서 서로 상대의 최선반응을 최선반응으로 대응할 경우, 한 쪽의 전략은 폐기된다.

③ 한 참여자가 다른 참여자의 선택에 따라 자신의 선택을 조정하면 새로운 균형이 형성된다.

④ 내쉬균형과 모두의 이익은 상충될 수 있다.

06 다음 중 시장개발 전략을 통해 얻을 수 있는 긍정적 효과로 볼 수 없는 것은?

① 고객과의 관계 구축을 통해 고객 충성도를 높일 수 있다.

② 많은 비용을 투자하여 높은 가격으로 제품 및 서비스를 판매할 수 있다.

③ 제품 및 서비스에 대한 소비자 수요를 확대하여 수익을 증대시킬 수 있다.

④ 제품 및 서비스를 홍보하는데 모든 자원을 활용하여 효율성을 높일 수 있다.

07 다음과 같은 상황에서 은행원에게 요구되는 원칙으로 옳은 것은?

• 소비자의 고객정보를 명확히 파악한다.

• 소비자에게 적합한 상품을 권유한다.

• 소비자에게 부적합한 상품은 권유하지 않는다.

---

① 적합성 원칙   ② 적정성 원칙

③ 청약철회 원칙   ④ 설명 의무 원칙

08 다음 중 공유자원의 특징에 대한 설명으로 옳지 않은 것은?

① 누구나 이용할 수 있다는 특성으로 인해 과잉 소비가 발생할 수 있다.
② 공유지의 비극이란 유한한 공유자원의 가치가 하락하는 것을 의미한다.
③ 소비의 대가를 지불하지 않은 사람이 소비하지 못하도록 배제할 수 없다.
④ 한 사람의 소비로 인해 다른 소비자가 소비할 수 있는 가능성이 제한을 받게 된다.

09 다음 중 수요의 변화로 인해 시장 균형점이 이동하는 경우로 볼 수 없는 것은?

① 소득의 변화
② 대체재 가격의 변화
③ 인구의 변화
④ 원자재 가격의 변화

10 다음 중 순현재가치법에 대한 설명으로 옳지 않은 것은?

① 순현재가치가 1보다 크면 수익성이 있다고 볼 수 있다.
② 사업규모가 서로 다른 사업의 경우 수익성 비교에 어려움이 있다.
③ 할인율은 해당 자산(사업)으로부터 기대되는 최소한의 수익률을 의미한다.
④ 미래 현금흐름을 현재가치로 할인하고 현금유출의 현재가치를 차감하여 순현재가치를 구한다.

11 다음에서 설명하는 금융상품은?

> • 증권사가 투자자로부터 예탁금을 받아 안정성이 높은 국공채나 양도성예금증서, 단기 회사채 등의 금융상품을 운용하여 수익을 내는 금융상품이다.
> • 증권사가 운용 주체가 되며, 예탁금은 한국예탁결제원에 별도로 예치한다.
> • 유형으로 RP형, MMW형, MMF형이 있다.

① ELD
② ELW
③ ISA
④ CMA

12 다음 중 전환사채에 대한 설명으로 옳지 않은 것은?

① 일반사채보다 표면이자율이 낮다.

② 채권자는 직접 주주총회에 참석해서 발언하거나 의결권을 행사할 수 있다.

③ 사채를 주식으로 전환할 경우, 자본잉여금이 증가하여 증자와 같은 재무구조개선 효과가 있다.

④ 전환사채는 회사채의 한 종류로 발행 당시에는 사채이나 일정기간 내 채권자가 전환권을 행사하면 주식으로 전환된다.

13 다음 중 자사주 소각에 대한 설명으로 옳지 않은 것은?

① 대표적인 주주환원 정책 중 하나이다.

② 경영권 방어, 자금 확보에 유용한 전략으로 활용된다.

③ 자사주를 소각하면 기업의 부채비율이 높아질 수 있다.

④ 상장사가 자사주를 소각할 경우 기존 주주의 지분가치는 상승한다.

14 다음 중 유상증자를 실시한 경우 재무상태표에 미치는 영향으로 옳지 않은 것은?

① 순자산이 증가한다.

② 주당순이익이 증가한다.

③ 자기자본 이익률이 감소한다.

④ 자본금 및 자본잉여금이 증가한다.

15 다음을 참고하여 A기업의 적정주가를 구하면?

- A기업 동종업계 평균 PER : 12
- A기업 당기순이익 : 3,000,000,000원
- A기업 주식 수 : 10,000,000주

① 2,490원   ② 3,000원

③ 3,600원   ④ 3,900원

01 다음을 참고하여 영업수익을 구하면?

- 생산량(전량 판매) : 오렌지 2톤, 사과 1톤
- 톤당 가격 : 오렌지 1,000,000만 원, 사과 2,500,000원
- 생산비용 : 1,500,000원
- 운송비용 : 500,000원

(원)

02 다음 중 화폐수량설에 대한 설명으로 옳은 것을 모두 고르면?

㉠ 고전학파의 이론으로 물가와 화폐공급은 비례한다고 본다.
㉡ 통화량, 화폐유통속도, 물가수준, 거래량을 통해 계산할 수 있다.
㉢ 화폐수요는 이자율과 산출량에 의해 결정된다.
㉣ 노동시장이 항상 완전고용 상태임을 가정한다.

(   )

03 다음 중 리카도의 비교우위론에 대한 설명으로 옳은 것을 모두 고르면?

㉠ 국제무역에서 절대열위에 있는 재화라도 생산의 기회비용을 고려할 때 상대적 우위를 가질 수 있다고 본다.
㉡ 한 나라의 모든 재화가 절대우위에 있는 경우에는 무역의 발생을 설명할 수 없다.
㉢ 국가 간 생산요소의 이동이 없고, 운송비용을 고려하지 않는다.
㉣ 비교우위에 있는 상품을 특화하여 교역할 경우 모든 국가가 이익을 발생시킬 수 있다고 본다.

(   )

01 다음 중 SVM(Support Vector Machine)에 대한 설명으로 옳지 않은 것은?

① 모형 구축 시간이 짧다.

② 고차원 데이터에서도 작동한다.

③ 회귀분석, 분류, 이상치 탐색에도 사용되는 머신러닝 분야 중 하나이다.

④ 데이터 마이닝 기법 및 인공지능에 쓰이는 대표적인 알고리즘 중 하나이다.

02 다음 중 HRN 스케줄링 방식에 대한 설명으로 옳지 않은 것은?

① 선점 방식으로 이루어진다.

② 대기 시간이 긴 프로세스의 경우 우선순위가 높아진다.

③ 우선순위를 Ready – Queue에서 대기한 시간까지 고려하여 결정한다.

④ SJF 스케줄링 방식에서 발생할 수 있는 기아 상태를 해결하기 위해 고안된 방식이다.

03 선점 스케줄링 방식과 비선점 스케줄링 방식의 차이에 대한 설명으로 옳지 않은 것은?

① 비선점형 스케줄링 방식은 모든 프로세스를 공정하게 처리한다.

② 비선점형 스케줄링 방식은 우선순위가 높은 프로세스를 빠르게 처리할 수 있다.

③ 선점형 스케줄링 방식은 우선순위가 높은 프로세스들이 지속적으로 들어오는 경우 시간지연이 발생한다.

④ 선점형 스케줄링 방식은 어떤 프로세스가 CPU를 할당받아 실행 중이여도 운영체제가 CPU를 강제로 빼앗을 수 있는 스케줄링 방식이다.

04 다음 중 데이터베이스의 정규화 과정에 대한 설명으로 옳지 않은 것은?

① 제2정규형은 2NF를 만족하여야 한다.

② 제1정규형의 모든 값은 단일한 값을 가진다.

③ 일반적으로 제3정규형까지 적용한 것을 '정규화되었다'고 한다.

④ 테이블 간의 정보는 서로 중복되지 않아야 하므로 정규화를 통해 중복성을 제거한다.

05 다음 중 자연어 이해(NLU)에 대한 설명으로 옳지 않은 것은?

① 자연어 처리(NLP)와 같은 의미이다.

② NLU 기술의 예로 자동 언어 번역이 있다.

③ 자연어 이해는 인간과 컴퓨터 사이의 의사소통 격차를 해소할 수 있다.

④ 인공지능 분야에서 자연어로 된 입력을 이해하고 처리하는 과정을 말한다.

06 다음 중 데이터 샘플링에 대한 설명으로 옳지 않은 것은?

① 단순 랜덤은 가장 기초적인 샘플링으로 데이터를 빠르고 직접적으로 표현하는 경우 유용하다.

② 계통 샘플링은 첫 하나의 샘플을 임의로 고르고, 일정한 간격으로 다음 샘플을 고르는 방법이다.

③ 다단계 샘플링은 원하는 샘플 크기에 도달할 때까지 여러 단계의 샘플링 과정을 수행하는 과정이다.

④ 유층 샘플링은 전체 모집단을 여러 군집으로 나눈 후 일부 군집을 무작위로 선택하고, 선택한 군집에서 다시 일부를 무작위로 선택하는 방법이다.

07 다음 중 데이터 분석 기술에 대한 설명으로 옳지 않은 것은?

① 공간분석은 공간적 차원과 관련된 속성들을 시각화하는 분석이나.

② 시각화는 가장 낮은 수준의 분석이지만 복잡한 분석보다 더 효과적일 수 있다.

③ 통계분석은 대용량의 자료로부터 정보를 요약하고 미래에 대한 예측을 목표로 유용한 지식을 추출하는 방법이다.

④ 탐색적 자료 분석은 다양한 차원과 값을 조합해가며 특이점이나 의미 있는 사실을 도출하고 분석의 최종 목적을 달성해가는 과정이다.

01 Users 테이블에서 다음과 같은 쿼리문을 입력하였을 때 출력되는 값은?

Users			쿼리문
id	code	address	
1	76	Seoul	SELECT code
2	99	Incheon	FROM Users
3	104	NULL	WHERE address IS NULL;
4	178	Busan	
5	NULL	Daegu	
6	285	Jeju	

(   )

02 다음 Java 프로그램에 '1450'을 입력하였을 때 출력되는 값은?

```java
import java.util.Scanner;

public class Main
{
    public static void main(String[] args) {
        Scanner scan = new Scanner(System.in);
        int total = scan.nextInt();
        int minCoinCnt = 0;
        int coins[] = {500, 100, 50, 10};

        for (int coin : coins){
            minCoinCnt += (total/coin);
            total %= coin;
        }

        System.out.println("result = " + minCoinCnt);
    }
}
```

(   )

정답 및 해설 p.014

01   NCS 직업기초능력

| 금융일반 |

※ 다음은 IBK 탄소제로적금에 대한 정보이다. 이어지는 질문에 답하시오. [1~2]

<IBK 탄소제로적금>

구분	세부내용
상품특징	• 거주세대의 전기사용량 절약 여부에 따라 금리혜택을 제공하는 적금상품
가입금액	• 신규금액 : 최소 1만 원 이상 • 납입한도 : 매월 100만 원 이하(천 원 단위)
계약기간	• 1년제
가입대상	• 실명의 개인(개인사업자 제외) • 1인 1계좌
이자지급방법	• 만기일시지급식, 단리
약정이율	• 연 3.0%

우대금리	• 최고 연 4.0%p
	• 계약기간 동안 아래 조건을 충족하고 만기해지 시 우대이자율 제공
	  ① 에너지 절감 : 적금가입월부터 10개월 동안 적금가입월의 전기사용량(kWh) 대비 월별 전기사용량 (kWh) 절감횟수가 다음에 해당하는 경우("아파트아이" 회원가입을 통해 등록된 주소에 대한 관리비 명세서의 전기사용량(kWh)만 인정되며 주소가 변경될 경우 "아파트아이"에서 주소변경을 완료해야 만 변경된 주소의 실적이 반영 가능하며, 주소 변경은 연 3회로 제한한다)
	    – 3회 이상 : 연 1.0%p
	    – 5회 이상 : 연 2.0%p
	  ② 최초거래고객 : 가입 시 아래 요건 중 1가지 충족 시, 연 1.0%p
	    – 실명등록일로부터 3개월 이내
	    – 가입일 직전월 기준 6개월간 총수신평잔 '0'원
	  ③ 지로 / 공과금 자동이체 : 본인 명의 입출금식 통장에서 지로 / 공과금 자동이체 실적이 3개월 이상인 경우, 연 1.0%p

중도해지이율	• 만기일 이전에 해지할 경우 입금액마다 입금일부터 해지일 전일까지의 기간에 대하여 가입일 당시 IBK 적립식중금채의 중도해지금리를 적용
	• 납입기간 경과비율
	  – 10% 미만 : 가입일 현재 계약기간별 고시금리×5%
	  – 10% 이상 20% 미만 : 가입일 현재 계약기간별 고시금리×10%
	  – 20% 이상 40% 미만 : 가입일 현재 계약기간별 고시금리×20%
	  – 40% 이상 60% 미만 : 가입일 현재 계약기간별 고시금리×40%
	  – 60% 이상 80% 미만 : 가입일 현재 계약기간별 고시금리×60%
	  – 80% 이상 : 가입일 현재 계약기간별 고시금리×80%
	  ※ 모든 구간 최저금리 연 0.1% 적용

만기후이율	• 만기일 당시 IBK 적립식중금채의 만기 후 금리를 적용
	  – 만기 후 1개월 이내 : 만기일 당시 IBK 적립식중금채의 계약기간별 고시금리×50%
	  – 만기 후 1개월 초과 6개월 이내 : 만기일 당시 IBK 적립식중금채의 계약기간별 고시금리×30%
	  – 만기 후 6개월 초과 : 만기일 당시 IBK 적립식중금채의 계약기간별 고시금리×20%

01 다음 중 위 자료에 대한 내용으로 적절하지 않은 것은?

① 신규 금액을 제외하고 최대 납입 가능한 금액은 1,200만 원이다.

② 계약기간 동안에 주소변경을 하기 위해서는 아파트아이 계정이 필요하다.

③ 자신이 세대주가 아닐 경우, 지로 / 공과금 자동이체 우대금리를 적용받기 위해서는 세대주 명의의 입출금식 통장을 개설하여야 한다.

④ 최대 이율을 적용받는 사람이 납입기간 50%를 경과하고 중도해지 할 경우 적용받는 금리는 이전보다 5.8%p 적다.

02 다음은 IBK 탄소제로적금에 가입한 A고객의 가입 정보이다. 제시된 자료를 근거로 할 때, A고객이 지급받을 이자는 총 얼마인가?(단, A고객은 "아파트아이"에 회원가입하여 주소를 등록하였고, 계약기간동안 주소변경은 하지 않았으며, 만기일 당시 IBK 적립식중금채의 고시금리는 연 3.0%이다)

〈A고객의 가입 정보〉

• 가입상품 : IBK 탄소제로적금
• 가입금액
  – 최초 납입금액 : 30만 원
  – 추가 납입금액 : 70만 원(2022.11.1)
• 계약기간 : 1년(2022.5.1 ~ 2023.4.30)
• 우대금리 관련 사항
  ① 월별 전기사용량

연도/월	22/5	22/6	22/7	22/8	22/9	22/10
전기사용량(kWh)	448	436	478	481	442	430
연도/월	22/11	22/12	23/1	23/2	23/3	23/4
전기사용량(kWh)	452	466	485	447	440	447

  ② 최초거래고객 : 실명등록일(2022.3.25)
  ③ 지로 / 공과금 자동이체 : 본인 명의 입출금식 통장으로 월 아파트관리비 총 5회 자동이체
• 적금 실제 해지일 : 23.10.31

① 64,500원   ② 50,000원

③ 45,500원   ④ 43,500원

※ 다음은 김대리가 자택에서 사무실로 출근할 때 이동 수단별 걸리는 시간에 대한 자료이다. 이어지는 질문에 답하시오. [3~4]

<표 제목>〈김대리의 이동 수단별 소요 시간〉

이동 수단	버스	지하철	자가용
자택에서 인근 정류장 / 역까지 걸리는 시간	도보 1분	도보 3분	–
인근 정류장 / 역에서 사무실까지 걸리는 시간	도보 3분	도보 2분	–
이동 수단별 이동시간	정류장당 4분	지하철역당 2분	19분
비고	환승이 불필요하며, 탑승 후 4번째로 도착하는 정거장에서 하차	탑승 후 2번째로 도착하는 역에서 1회 환승하여 4번째로 도착하는 역에서 하차(환승으로 2분 추가)	도착 후 주차로 인해 2분 추가

03 다음 중 김대리가 자택에서 사무실까지 지하철을 이용하여 출근할 때 걸리는 시간은?

① 15분

② 17분

③ 19분

④ 21분

04 다음 중 김대리의 자택에서 사무실까지의 편도 이동시간이 가장 짧은 이동 수단을 순서대로 바르게 나열한 것은?

① 버스 – 지하철 – 자가용

② 지하철 – 버스 – 자가용

③ 지하철 – 자가용 – 버스

④ 자가용 – 버스 – 지하철

05 다음은 개발부에서 근무하는 K사원의 4월 근태기록이다. 규정을 참고할 때, K사원이 받을 시간외 근무수당은 얼마인가?(단, 정규 근로 시간은 09:00 ~ 18:00이다)

〈시간외근무 규정〉

- 시간외근무(조기출근 포함)는 1일 4시간, 월 57시간을 초과할 수 없다.
- 시간외근무수당은 1일 1시간 이상 시간외근무를 한 경우에 발생하며, 1시간을 공제한 후 매분 단위까지 합산하여 계산한다(단, 월 단위 계산 시 1시간 미만은 절사함).
- 시간외근무수당 지급단가 : 사원(7,000원), 대리(8,000원), 과장(10,000원)

〈K사원의 4월 근태기록(출근시간 / 퇴근시간)〉

- 4월 1일부터 4월 15일까지의 시간외근무시간은 12시간 50분(1일 1시간 공제 적용)이다.

18일(월)	19일(화)	20일(수)	21일(목)	22일(금)
09:00 / 19:10	09:00 / 18:00	08:00 / 18:20	08:30 / 19:10	09:00 / 18:00
25일(월)	26일(화)	27일(수)	28일(목)	29일(금)
08:00 / 19:30	08:30 / 20:40	08:30 / 19:40	09:00 / 18:00	09:00 / 18:00

※ 주말 특근은 고려하지 않음

---

① 112,000원
② 119,000원
③ 126,000원
④ 133,000원

※ 다음은 보조배터리를 생산하는 I사의 시리얼넘버에 대한 자료이다. 이어지는 질문에 답하시오. [6~7]

〈시리얼넘버 부여 방식〉

시리얼넘버는 [제품분류] – [배터리 형태][배터리 용량][최대 출력] – [고속충전 규격] – [생산날짜] 순서로 부여한다.

〈시리얼넘버 세부사항〉

제품분류	배터리 형태	배터리 용량	최대 출력
NBP : 일반형 보조배터리 CBP : 케이스 보조배터리 PBP : 설치형 보조배터리	LC : 유선 분리형 LO : 유선 일체형 DK : 도킹형 WL : 무선형 LW : 유선+무선	4 : 40,000mAH 이상 3 : 30,000mAH 이상 2 : 20,000mAH 이상 1 : 10,000mAH 이상	A : 100W 이상 B : 60W 이상 C : 30W 이상 D : 20W 이상 E : 10W 이상
고속충전 규격	생산날짜		
P31 : USB-PD3.1 P30 : USB-PD3.0 P20 : USB-PD2.0	B3 : 2023년 B2 : 2022년 ... A1 : 2011년	1 : 1월 2 : 2월 ... 0 : 10월 A : 11월 B : 12월	01 : 1일 02 : 2일 ... 30 : 30일 31 : 31일

06 다음 〈보기〉 중 시리얼넘버가 잘못 부여된 제품은 모두 몇 개인가?

> **보기**
>
> - NBP-LC4A-P20-B2102
> - CBP-WK4A-P31-B0803
> - NBP-LC3B-P31-B3230
> - CNP-LW4E-P20-A7A29
> - PBP-WL3D-P31-B0515
>
> - CBP-LO3E-P30-A9002
> - PBP-DK1E-P21-A8B12
> - PBP-DK2D-P30-B0331
> - NBP-LO3B-P31-B2203
> - CBP-LC4A-P31-B3104

① 2개   ② 3개

③ 4개   ④ 5개

07 I사 고객지원부서에 재직중인 S주임은 보조배터리를 구매한 A고객으로부터 다음과 같이 전화를 받았다. 해당 제품을 회사 데이터베이스에서 검색하기 위해 시리얼번호를 입력할 때, A고객 제품의 시리얼번호로 옳은 것은?

> S주임 : 안녕하세요. K사 고객지원팀 S입니다. 무엇을 도와드릴까요?
> A고객 : 안녕하세요. 지난번에 구매한 보조배터리가 작동을 하지 않아서요.
> S주임 : 네, 고객님. 해당 제품 확인을 위해 시리얼번호를 알려주시기 바랍니다.
> A고객 : 제품을 들고 다니면서 시리얼번호가 적혀 있는 부분이 지워졌네요. 어떻게 하면 되죠?
> S주임 : 고객님 혹시 구매하셨을 때 동봉된 제품 설명서 가지고 계실까요?
> A고객 : 네, 가지고 있어요.
> S주임 : 제품 설명서 맨 뒤에 제품 정보가 적혀있는데요, 순서대로 불러주시기 바랍니다.
> A고객 : 설치형 보조배터리에 70W, 24,000mAH의 도킹형 배터리이고, 규격은 USB-PD3.0이고, 생산날짜는 2022년 10월 12일이네요.
> S주임 : 확인 감사합니다. 고객님 잠시만 기다려주세요.

① PBP-DK2B-P30-B1012   ② PBP-DK2B-P30-B2012

③ PBP-DK3B-P30-B1012   ④ PBP-DK3B-P30-B2012

08 다음은 A ~ M 13개 은행의 2022 ~ 2023년 매출액 및 영업이익을 비교 정리한 자료이다. 이에 대한 설명으로 옳은 것은?

〈은행별 매출액 및 영업이익〉

(단위 : 백만 원)

구분	전체 매출 순위		2023년		2022년	
	2023년	2022년	매출액	영업이익	매출액	영업이익
A은행	12	30	29,313,199	1,545,969	17,133,742	381,790
B은행	196	205	2,464,004	339,704	2,295,414	292,786
C은행	41	49	14,688,241	270,070	12,709,341	374,836
D은행	35	40	16,672,315	1,958,961	14,656,536	1,733,685
E은행	80	84	8,141,461	−1,948,376	6,549,092	44,020
F은행	33	36	16,992,875	1,491,949	15,397,591	1,473,910
G은행	29	32	17,826,443	1,168,411	16,346,500	1,159,449
H은행	19	22	23,556,006	1,574,204	20,450,040	1,351,586
I은행	16	18	25,923,541	−35,507	25,924,261	−1,102,292
J은행	308	275	1,499,130	267,892	1,621,639	260,634
K은행	185	170	2,778,583	426,609	2,968,890	418,814
L은행	46	42	13,051,317	208,696	13,873,438	−364,683
M은행	54	51	11,692,591	365,820	11,926,330	496,358

① 2022년 대비 2023년에 전체 매출 순위가 올라간 은행은 총 8곳이다.

② A은행을 제외하고 2022년 대비 2023년에 매출액이 가장 많이 오른 은행은 D은행이다.

③ 2023년에 영업이익이 마이너스인 은행 수는 2022년에 영업이익이 마이너스인 은행 수보다 많다.

④ A ~ M은행을 서로 비교할 때, C은행은 2022년도 매출액의 순위와 영업이익의 순위가 같다.

09 A전자에서 근무하는 B주임은 I은행으로부터 만기환급금 안내를 받았다. B주임이 가입한 상품의 정보가 다음과 같을 때, B주임이 안내받을 만기환급금은?

〈상품 정보〉

• 상품명 : I은행 함께 적금
• 가입자 : B본인
• 가입기간 : 40개월
• 가입금액 : 매월 초 300,000원 납입
• 적용 금리 : 연 3.0%
• 이자지급방식 : 만기일시지급, 단리식

① 1,374.5만 원
② 1,325만 원
③ 1,261.5만 원
④ 1,168만 원

| 디지털 |

※ 다음은 'IBK W소확행통장'에 대한 설명이다. 이어지는 질문에 답하시오. [1~2]

<IBK W소확행통장>

구분	세부내용
상품특징	• 레저업종(BC 가맹점기준)에서 기업은행카드 사용 시 사용건수 또는 이용대금에 따라 금리우대
가입금액	• 신규금액 : 최소 1만 원 이상 • 납입한도 : 매월 100만 원 이하(1만 원 단위)
계약기간	• 1년제, 2년제, 3년제
기본금리	• 12개월 이상 24개월 미만 : 연 3.40% • 24개월 이상 36개월 미만 : 연 3.50% • 36개월 이상 : 연 3.65%

우대금리	• 최대 연 2.40%p • 당행 BC카드(체크·신용 모두 포함) 보유 및 자동이체로 1회 이상(금액제한 없음) 납입하고, 연평균하여 아래 요건을 충족한 경우 만기해지 시 해당 우대금리 제공(2가지 중 1가지만 충족해도 해당 우대금리 제공)

우대조건			
'금액' 조건	또는	'건수' 조건	제공 우대금리
(온누리상품권 구매금액 + 레저업종 카드사용금액)		(레저업종 카드사용 건수)	
20만원 이상		5건 이상	연 1.00%p
50만원 이상		15건 이상	연 1.70%p
100만원 이상		30건 이상	연 2.40%p

※ BC카드 가맹점 분류 기준에 따라 아래 나열된 경우를 '레저업종'으로 인정 : 헬스클럽, 골프연습장, 수영장, 볼링장, 당구장, 테니스장, 스키장(통상 헬스클럽 기준으로 요가필라테스, 기타업종으로 VR, 스크린야구 등 업종이 포함될 수도 있음)
※ BC카드 레저업종 실적인정 기준(다음 3가지 항목을 모두 충족한 경우 유효한 카드 실적으로 인정)
  1) 당행계좌를 결제계좌로 등록한 당행 개인카드(체크·신용)를 사용
  2) 상기 명시된 국내 레저업종 가맹점에서 직접 결제한 경우(단, 카카오페이, 네이버페이 등 일부 간편결제 및 PG·소셜커머스를 통한 결제 등 가맹점 직접 결제가 아닌 경우 실적인정 불가)
  3) 당일자, 당일가맹점 사용실적은 최대 1회(금액은 최대금액 1건) 인정

중도해지이율	• 만기일 이전에 해지할 경우 입금액마다 입금일부터 해지일 전일까지의 기간에 대하여 가입일 당시 IBK 적립식중금채의 중도해지금리를 적용
	• 납입기간 경과비율
	  − 10% 미만 : 가입일 현재 계약기간별 고시금리×5%
	  − 10% 이상 20% 미만 : 가입일 현재 계약기간별 고시금리×10%
	  − 20% 이상 40% 미만 : 가입일 현재 계약기간별 고시금리×20%
	  − 40% 이상 60% 미만 : 가입일 현재 계약기간별 고시금리×40%
	  − 60% 이상 80% 미만 : 가입일 현재 계약기간별 고시금리×60%
	  − 80% 이상 : 가입일 현재 계약기간별 고시금리×80%
	  ※ 모든 구간 최저금리 연 0.1% 적용

만기후이율	• 만기일 당시 IBK 적립식중금채의 만기 후 금리를 적용
	  − 만기 후 1개월 이내 : 만기일 당시 IBK 적립식중금채의 계약기간별 고시금리×50%
	  − 만기 후 1개월 초과 6개월 이내 : 만기일 당시 IBK 적립식중금채의 계약기간별 고시금리×30%
	  − 만기 후 6개월 초과 : 만기일 당시 IBK 적립식중금채의 계약기간별 고시금리×20%

01 다음 중 위 자료에 대한 설명으로 옳지 않은 것은?

① 만기해지 시 위 상품에서 적용 가능한 최고금리와 최저금리의 차이는 2.65%p이다.

② 온누리상품권을 구입하는 것보다는 레저업종에 카드를 사용하는 것이 우대금리에 적용에 더 유리하다.

③ 당일에 동일 가맹점에서 레저업종에 100만 원 이상 사용 시에는 한 번에 결제하는 것보다 나눠서 결제하는 것이 우대금리 적용에 더 유리하다.

④ 1년제 상품 만기 후 1개월 이내 해지 시 적용되는 만기후이율은 만기 후 6개월 초과 후 해지 시 적용되는 만기후이율의 2.5배이다.

PART 2

기출복원문제

02 다음은 IBK W소확행통장에 가입한 A고객의 가입정보이다. 위 자료를 근거로 할 때, A고객이 지급받을 이자는 총 얼마인가?(단, 10원 미만은 절사한다)

〈A고객의 가입정보〉

- 가입상품 : IBK W소확행통장
- 최초 납입금액 : 50만 원
- 추가 납입금액
  - 100만 원(21.8.1)
  - 100만 원(22.2.1)
- 계약기간 : 2년제(20.8.1 ~ 22.7.31)
- 결제내역
  - 매 짝수 월 초 30만 원 헬스클럽 결제
  - 매월 초 20만 원 골프연습장 결제
  - 매 연말 본인 명의 온누리상품권 100만 원 구매
  - 매 연초 가족 명의 온누리상품권 100만 원 구매
  - 매년 3, 6, 9, 12월 월말 수영장 이용료 30만 원 결제
  (단, A고객은 모든 결제 건을 보유하고 있는 당행 BC신용카드로 결제하고, 자동이체로 납입하였다)
- 해지일 : 22.10.31

---

① 65,000원 ② 70,270원

③ 135,250원 ④ 136,560원

03 I사의 인력 등급별 임금이 다음과 같을 때, 〈조건〉에 따라 I사가 2주 동안 근무한 근로자에게 지급해야 할 임금의 총액은?

〈인력 등급별 임금〉

구분	초급	중급	특급
시간당 기본임금	45,000원	70,000원	95,000원
주중 초과근무수당	시간당 기본임금의 1.5배		시간당 기본임금의 1.7배

※ 기본 1일 근무시간은 8시간이며, 주말 및 공휴일에는 근무하지 않음
※ 각 근로자들이 주중 근무일 동안 결근 없이 근무한 경우, 주당 1일(8시간)의 임금에 해당하는 금액을 주휴수당으로 각 근로자에게 추가로 지급함
※ 주중에 근로자가 기본 근무시간을 초과로 근무하는 경우, 초과한 근무한 시간에 대하여 시간당 주중 초과근무수당을 지급함

> **조건**
> • I사는 초급인력 5명, 중급인력 3명, 특급인력 2명을 고용하였다.
> • 모든 인력은 결근 없이 근무하였다.
> • I사는 월요일부터 그다음 주 일요일까지 2주 동안 모든 인력을 투입하였으며, 근무기간 동안 공휴일은 없다.
> • 초급인력 1명, 중급인력 2명, 특급인력 1명은 근무기간 동안 2일은 2시간씩 초과로 근무하였다.

① 47,800,000원
② 55,010,500원
③ 61,756,000원
④ 71,080,000원

※ 다음은 I사에서 전 직원들에게 사원코드를 부여하는 방식을 나타낸 자료이다. 이어지는 질문에 답하시오. [4~5]

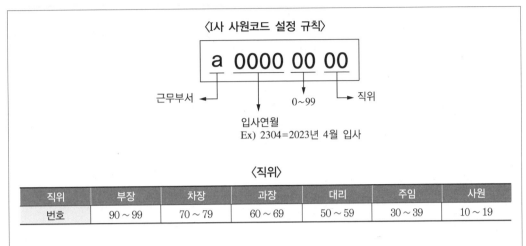

〈I사 사원코드 설정 규칙〉

a 0000 00 00

근무부서 ← | 입사연월 Ex) 2304=2023년 4월 입사 | 0~99 | 직위

〈직위〉

직위	부장	차장	과장	대리	주임	사원
번호	90 ~ 99	70 ~ 79	60 ~ 69	50 ~ 59	30 ~ 39	10 ~ 19

〈근무부서〉

근무부서	총무	연구개발	고객지원	정보보안	영업 / 마케팅
번호	a	t	c	i	s

※ 승진, 부서 이동의 정보 변동이 있을 경우 사원코드가 재발급되며, 무작위 난수 또한 다시 설정됨
※ 부서이동, 육아휴직의 경우 입사연월의 변동은 없음
※ 퇴사 후 재입사의 경우 입사연월은 재입사일로 설정됨

04 다음 중 I사에 근무하고 있는 직원의 정보와 사원코드가 바르게 연결되지 않은 것은?

	사원코드	직원 정보
①	a05073875	총무부 차장, 2005년 7월 입사
②	t22071717	연구개발부 사원, 2022년 7월 입사
③	c23038710	고객지원부 사원, 2023년 3월 입사
④	i02128789	정보보안부 부장, 2002년 12월 입사

05 2008년 3월에 입사한 연구개발팀 A과장이 오는 2023년 8월 고객지원팀 과장으로 부서를 옮겼다. 이때 A과장이 새로 발급받은 사원코드로 가능한 것은?

① t08030666　　　　　　② t23080369
③ c08036719　　　　　　④ c08031062

06 다음은 I은행의 여비 규정이다. 대구로 출장을 다녀 온 B과장의 지출내역을 토대로 여비를 정산했을 때, B과장은 총 얼마를 받는가?

제1조(여비의 종류)

여비는 운임·숙박비·식비·일비 등으로 구분한다.

1. 운임 : 여행 목적지로 이동하기 위해 교통수단을 이용함에 있어 소요되는 비용을 충당하기 위한 여비
2. 숙박비 : 여행 중 숙박에 소요되는 비용을 충당하기 위한 여비
3. 식비 : 여행 중 식사에 소요되는 비용을 충당하기 위한 여비
4. 일비 : 여행 중 출장지에서 소요되는 교통비 등 각종 비용을 충당하기 위한 여비

제2조(운임의 지급)

1. 운임은 철도운임·선박운임·항공운임으로 구분한다.
2. 국내운임은 [별표 1]에 따라 지급한다.

제3조(일비·숙박비·식비의 지급)

1. 국내 여행자의 일비·숙박비·식비는 국내 여비 지급표에 따라 지급한다.
2. 일비는 여행일수에 따라 지급한다.
3. 숙박비는 숙박하는 밤의 수에 따라 지급한다. 다만, 출장 기간이 2일 이상인 경우의 지급액은 출장기간 전체의 총액 한도 내 실비로 계산한다.
4. 식비는 여행일수에 따라 지급한다.

〈국내 여비 지급표〉

철도운임	선박운임	항공운임	일비(1인당)	숙박비(1박당)	식비(1일당)
실비 (일반실)	실비 (2등급)	실비	20,000원	실비 (상한액 40,000원)	20,000원

〈B과장의 지출내역〉

(단위 : 원)

구분	1일 차	2일 차	3일 차	4일 차
KTX운임(일반실)	43,000	–	–	43,000
대구 시내 버스요금	5,000	4,000	–	2,000
대구 시내 택시요금	–	–	10,000	6,000
식비	15,000	45,000	35,000	15,000
숙박비	45,000	30,000	35,000	–

① 286,000원

② 304,000원

③ 328,000원

④ 356,000원

07 I씨는 미국에서 사업을 하고 있는 지인으로부터 투자 제의를 받았다. 투자성이 높다고 판단한 I씨는 5월 3일에 지인에게 1,000만 원을 달러로 환전하여 송금하였다. 이후 5월 20일에 지인으로부터 원금과 투자수익 10%를 달러로 돌려받고 당일 원화로 환전하였다. I씨는 원화 기준으로 원금 대비 몇 %의 투자수익을 달성하였는가?(단, 매매기준율로 환전하며 기타 수수료는 발생하지 않고, 환전 시 소수점은 절사한다)

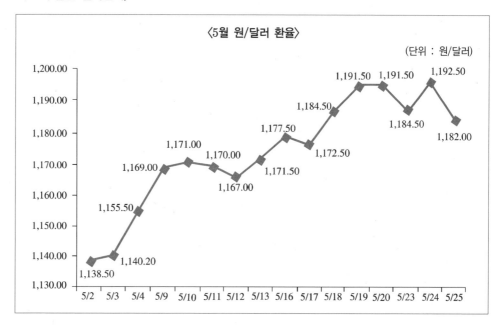

① 약 10%

② 약 13%

③ 약 15%

④ 약 18%

| 금융일반 - 객관식 |

01 다음 중 소비자물가지수(CPI)에 대한 설명으로 옳지 않은 것은?

① 소비자가 구입하는 상품이나 서비스의 가격변동을 나타내는 지수이다.

② 우리나라는 한국은행이 CPI를 조사한다.

③ 일반적으로 CPI는 물가 상승을 과대평가하는 경향이 있다.

④ GDP디플레이터와 함께 한국은행이 통화정책을 결정하는 기초지수이다.

02 다음 중 이자율탄력성과 정책 효과의 관계에 대한 설명으로 옳은 것은?

① 투자의 이자율탄력성이 클수록 재정정책의 효과는 작아진다.

② 투자의 이자율탄력성이 작을수록 금융정책의 효과는 커진다.

③ 화폐수요의 이자율탄력성이 클수록 재정정책의 효과는 작아진다.

④ 화폐수요의 이자율탄력성이 작을수록 금융정책의 효과는 작아진다.

03 다음 중 랜덤워크 이론에 부합하는 설명으로 옳은 것은?

① 주가는 기업가치에 수렴하므로 기업가치를 분석하면 주가를 알 수 있다.

② 기업가치를 포함한 모든 정보는 주가에 포함되어 있다.

③ 주식시장에서 주식은 가치가 아닌 가격으로 거래되는 것이다.

④ 주가는 예측할 수 없으며, 주식시장에서 초과수익률은 기대할 수 없다.

04 다음 중 묶어팔기 판매 전략의 전제조건에 해당하지 않는 것은?

① 제품의 수량이 모두 동일하다.

② 고객의 수요가 서로 다르다.

③ 고객의 희망 수요 정보를 사전에 파악할 수 없다.

④ 기업이 여러 가지 제품을 함께 판매한다.

05 다음 중 코즈의 정리에 대한 설명으로 옳은 것은?

① 자원에 대한 재산권이 확립된 경우 재산권이 누구에게 귀속되는지가 중요하다.

② 협상을 할 때 비용이 존재하는 것으로 가정한다.

③ 외부성이 존재하더라도 재산권이 명확하면 효율적인 자원배분이 가능하다.

④ 소유권 귀속에 따른 소득효과가 발생한다.

06 다음 중 공유지의 비극에 대한 설명으로 옳지 않은 것은?

① 개인의 이익에 따라 행동할 때 개방적 자원의 고갈을 일으키는 상황을 설명한다.

② 공유지는 공공 및 사유 재산에 해당하지 않고, 구성원들이 공동으로 소유한 재산으로 본다.

③ 공유자원은 경합성이 작고, 배제성이 크다.

④ 지구온난화, 기후변화에 따른 식량문제 등에 적용될 수 있다.

07 다음 중 공정가치모형에 대한 설명으로 옳지 않은 것은?

① 모든 투자부동산을 대상으로 한다.

② 투자부동산은 처분 전까지 투자자산으로 적용한다.

③ 평가손익은 당기손익으로 반영한다.

④ 감가상각은 별도로 고려하지 않는다.

08 다음 중 유형자산의 장부가액을 재평가모형으로 계산할 때 필요하지 않은 항목은?

① 감가상각누계액

② 취득원가

③ 손상차손누계액

④ 재평가일의 공정가액

09 다음 중 고든의 성장모형에서 가정하는 내용으로 옳지 않은 것은?

① 성장에 필요한 자금은 기업내부에서 조달한다.
② 기업의 이익과 배당은 일정한 성장률로 영속적으로 성장한다.
③ 요구수익률은 일정하나 성장률보다 작다.
④ 기업의 내부유보율과 배당성향은 일정하다.

10 다음 중 통화의 유동성 지표에 해당하지 않는 것은?

① 본원통화   ② 협의통화
③ 광의통화   ④ 시중통화

11 다음 중 인덱스펀드의 장점으로 볼 수 없는 것은?

① 손실이 제한적이다.
② 수수료가 저렴하다.
③ 진입장벽이 낮다.
④ 환매 리스크가 낮다.

12 다음 중 효율성 임금이론에 대한 설명으로 옳지 않은 것은?

① 근로자의 임금 크기가 생산성을 결정하는 요인이 된다는 이론이다.
② 시장의 평균 임금수준보다 높은 임금을 유지할 경우 노동시장의 역선택이 발생한다.
③ 효율성 임금을 통해 근로자의 근로의욕을 높일 수 있으나, 동시에 실업자를 발생시킬 수도 있다.
④ 효율성 임금 이론은 크게 영양 이론, 도덕적 해이 이론, 이직이론, 역선택 이론으로 나눌 수 있다.

13 다음 중 빅맥지수에 대한 설명으로 옳지 않은 것은?

① 세계에서 판매되는 맥도날드 빅맥 햄버거 가격을 기준으로 국가별 물가수준을 비교하는 지수이다.

② 빅맥지수가 낮을수록 달러화에 비해 해당 국가 통화가 상대적으로 저평가되어 있음을 의미한다.

③ 국가별 세금, 시장점유율, 식습관 등을 고려하지 않기 때문에 정확한 물가수준을 비교하는 데에는 한계가 있다.

④ 1980년대 미국의 뉴욕타임스지에서 처음으로 사용되었다.

14 다음 중 연방준비제도(FED)에 대한 설명으로 옳지 않은 것은?

① 연방준비제도이사회를 통해 운영된다.

② 미국 달러의 발행권을 갖고 있다.

③ 지급 준비율 변경, 주식 거래에 대한 신용 규제, 정기예금 금리 규제 등의 역할을 한다.

④ 12개의 국립은행인 연방준비은행을 가지고 있다.

15 다음 중 필립스 곡선에 대한 설명으로 옳지 않은 것은?

① 실업률과 임금 상승률의 관계를 나타낸다.

② 케인스 학파는 필립스 곡선이 안정적일 경우, 적절한 재정 및 통화 정책을 통해 후생을 극대화시킬 수 있다고 주장하였다.

③ 기대인플레이션이 상승하면 실업률은 자연실업률 수준으로 돌아간다고 본다.

④ 실제실업률은 취업자와 실업자의 수가 변하지 않는 균형 노동시장 상태에서의 실업률을 말한다.

16 다음 중 변동환율제도에 대한 설명으로 옳지 않은 것은?

① 자국의 통화 가치가 외국환시장에 따라 변화하는 환율제도를 의미한다.

② 경상수지 적자가 발생할 경우, 통화의 평가절상을 통해 만회할 수 있다.

③ 통화의 가격이 자동적으로 조절되기 때문에 경제 상황에 따른 변동성을 줄일 수 있다.

④ 현재 대부분의 국가는 관리변동환율제도를 채택하고 있다.

17 다음 중 밴드웨건 효과에 대한 설명으로 옳지 않은 것은?

① 자신을 타인과 구분된 다른 존재로 인식하고자 하는 심리에 기인한다.

② 다른 단어로 편승효과, 모방 소비라고도 한다.

③ 유행을 따라 상품을 구입하는 현상이 이에 해당한다.

④ 기업이 광고를 통해 적극적인 마케팅을 진행하는 것은 밴드웨건 효과를 노린 전략이다.

18 다음 중 총공급곡선의 이동요인에 대한 설명으로 옳지 않은 것은?

① 원자재 가격이 상승하면 총공급곡선은 우측으로 이동한다.

② 신기술이 개발되면 총공급곡선은 우측으로 이동한다.

③ 자연실업률이 하락하면 총공급곡선이 우측으로 이동한다.

④ 기대인플레이션이 하락하면 총공급곡선이 우측으로 이동한다.

19 다음 중 통화승수를 계산할 때 필요한 항목에 해당하지 않는 것은?

① 민간 현금보유액   ② 예금

③ 시장이자율   ④ 지급준비금

20 다음 중 마샬 – 러너 조건에 대한 설명으로 옳지 않은 것은?

① 자국과 외국의 수입수요탄력성의 합이 1보다 크다고 가정한다.

② 자국의 물가 및 소득, 외국의 물가 및 소득은 외생변수로 변하지 않는다고 가정한다.

③ 자국 통화가 8% 평가절하 되면, 자국 통화로 표시한 수입 가격은 8% 상승한다.

④ 자국 통화의 평가절하를 통해 무역수지를 개선하려면 수출증가량과 수입감소량의 합이 평가절하 폭보다 작아야 한다.

01 다음 〈보기〉를 참고할 때, 마을버스의 최적 운행 대수는?

> **보기**
>
> - 지자체가 운영하는 S운수는 A와 B지역을 대상으로 마을버스를 운행할 예정이다.
> - 마을버스에 대한 A지역 주민의 수요함수 : $P_a = 8 - Q$
> - 마을버스에 대한 B지역 주민의 수요함수 : $P_b = 6 - 2Q$
> - 한계비용$(MC) = 5$

(대)

02 다음 표를 참고할 때, 2022년의 총수요곡선의 이동 방향, 총수요량, 물가수준이 각각 어떻게 변하는지 차례대로 〈보기〉에서 고르면?

(단위 : 원)

구분	2021년	2022년
가계소비	20,000	18,000
기업투자	15,000	15,000
정부지출	20,000	25,000
수출	100,000	110,000
수입	80,000	90,000

> **보기**
>
> ㉠ 우측이동   ㉡ 좌측이동
> ㉢ 증가   ㉣ 감소
> ㉤ 상승   ㉥ 하락

(   )

01 다음 중 블록체인(Block Chain) 기술에 대한 설명으로 옳지 않은 것은?

① 개방형 블록체인은 중앙기관이나 중개기관의 개입 없이 다수의 참여자(Peer)가 공개 기반으로 연결되는 분산화된 구조를 이룬다.

② 프라이빗(Private) 블록체인은 퍼블릭(Public) 블록체인보다 처리 속도가 빠르다.

③ 블록체인은 기존 데이터의 수정이 간편하고 자유로우며, 저장 공간 또한 많이 차지하지 않는다.

④ 블록체인은 분산기반을 통해 비용을 절감하는 등 금융 업무의 효율성을 크게 개선함으로써 금융 구조의 혁신을 촉진할 수 있는 기술이다.

02 다음 〈보기〉 중 중앙처리장치(CPU) 스케줄링 기법에 대한 설명으로 옳지 않은 것을 모두 고르면?

> 보기
>
> ㉠ 스케줄링은 선점형과 비선점형으로 구분되는데, 선점형 스케줄링은 프로세스에 이미 할당된 CPU를 강제로 빼앗을 수 없다.
> ㉡ FCFS 방식은 CPU 스케줄링 알고리즘 중에 제일 간단한 알고리즘으로, 준비 상태 큐에 도착한 순서에 따라 차례로 CPU를 할당한다.
> ㉢ SJF 방식은 시간이 오래 걸리는 작업이 앞에 있고 간단한 작업이 뒤에 있으면 순서를 바꾸어 실행하며, 스케줄링 알고리즘 중에 평균 대기 시간이 최소가 되는 방식이다.
> ㉣ HRN 방식은 작업을 위해 기다린 시간과 CPU 사용 시간을 고려해 스케줄링하는 방식으로, 대기 중인 프로세스 중 우선순위가 가장 낮은 것부터 높은 순서로 선택한다.
> ㉤ SRT 방식은 현재 실행 중인 프로세스의 남은 시간과 준비 상태 큐에 새로 도착한 프로세스의 실행 시간을 비교해 가장 긴 실행 시간을 요구하는 프로세스에 CPU를 할당한다.
> ㉥ 라운드 로빈(RR) 방식은 준비 상태 큐에 먼저 도착한 프로세스에 먼저 CPU를 할당하지만, 각 프로세스는 시간 할당량 동안만 실행된 후 실행이 완료되지 않으면 다음 프로세스에 CPU를 넘겨주고 준비 상대 큐의 가장 뒤로 배치된다.
> ㉦ 다단계 피드백 큐(MFQ) 방식은 프로세스를 특정 그룹으로 분류할 수 있을 경우 그룹에 따라 각기 다른 여러 개의 준비 상태 큐를 사용하는 방식으로, 각각의 큐는 자신의 스케줄링을 수행하며, 큐와 큐 사이에서 우선순위를 부여한다.

① ㉠, ㉣, ㉥   ② ㉡, ㉢, ㉦

③ ㉠, ㉣, ㉤, ㉦   ④ ㉡, ㉢, ㉤, ㉥

03 다음 〈보기〉 중 개체 – 관계 다이어그램(ERD; Entity Relationship Diagram)에 대한 설명으로 옳지 않은 것을 모두 고르면?

> **보기**
>
> ㉠ ERD는 데이터베이스의 도식화 기법으로서 데이터베이스의 구조를 시각적으로 이해하는 데 도움을 준다.
> ㉡ ERD에서 개체(Entity)는 데이터베이스에서 정보를 저장하려는 대상으로서 식별 가능한 물리적 또는 추상적 개체를 뜻한다.
> ㉢ ERD에서 속성(Attribute)은 2개 이상의 의미 있는 정보로 묶인 단위로서 파일 구조에서의 '레코드(Record)'에 대응된다.
> ㉣ ERD에서 관계(Relationship)는 개체와 개체 사이의 의미 있는 연관성, 즉 대응 관계를 가리킨다.
> ㉤ ERD에서 개체는 타원으로, 속성은 마름모로, 관계는 사각형으로 표현한다.
> ㉥ ERD의 표기 규칙에 따라 "A가게에는 B라는 상품이 1개 또는 없을 수도 있다."라는
> `A가게 ┼───┤<  B상품` 로 표현된다.

① ㉠, ㉡, ㉢

② ㉠, ㉣, ㉤

③ ㉡, ㉣, ㉥

④ ㉢, ㉤, ㉥

04 다음은 I종합병원에서 위암 검사를 받은 사람들의 검사 전의 예측과 검사 후의 실제 결과를 혼동행렬로 시각화한 자료이며, 〈보기〉는 혼동행렬의 예측 정확성을 평가하는 지표들에 대한 설명이다. 주어진 자료를 바탕으로 ㉠ ~ ㉣의 값을 바르게 계산한 것은?

〈2023년 I종합병원 내원객들의 위암 검사 전후의 혼동행렬〉

실젯값＼예측값	위암환자가 맞을 것이다 (Positive)	위암 환자가 아닐 것이다 (Negative)
위암 환자가 맞다 (Positive)	400명	100명
위암 환자가 아니다 (Negative)	600명	900명

- 진양성(TP) : 실제 위암 환자를 위암 환자일 것이라고 옳게(True) 예측함
- 위음성(FN) : 실제 위암 환자인데도 위암 환자가 아닐 것이라고 틀리게(False) 예측함
- 위양성(FP) : 실제 위암 환자가 아닌데도 위암 환자일 것이라고 틀리게(False) 예측함
- 진음성(TN) : 실제 위암 환자가 아니며 위암 환자가 아닐 것이라고 옳게(True) 예측함

보기

㉠ 정확도(Accuracy) : 전체 샘플 중 얼마나 올바르게 예측했는지, 즉 예측한 전체 건수 중에서 사실에 적중한 것의 비율을 뜻한다.

㉡ 정밀도(Precision) : 양성(Positive)으로 예측한 결과 중에서 실제 양성인 비율, 즉 양성이라고 예측한 것 중에서 적중한 비율을 뜻한다.

㉢ 재현율(Recall) : 실제 양성(Positive) 중에서 얼마나 많은 것을 양성으로 예측했는지, 즉 실제로 양성일 때 예측 결과도 양성인 비율을 뜻한다.

㉣ 특이도(Specificity) : 실제 음성(Negative) 중에서 얼마나 많은 것을 음성으로 예측했는지, 즉 음성을 대상으로 예측한 것 중에서 적중한 비율을 뜻한다.

	㉠	㉡	㉢	㉣
①	0.65	0.3	0.8	0.7
②	0.65	0.4	0.8	0.6
③	0.75	0.3	0.7	0.6
④	0.75	0.4	0.7	0.7

01 다음 〈보기〉 중 모듈과 모듈 사이의 응집도 및 결합도에 대한 설명으로 옳지 않은 것을 모두 고르면?

> **보기**
> ⊙ 응집도가 높을수록 모듈의 품질이 좋아진다.
> ⊙ 결합도가 낮을수록 모듈의 품질이 좋아진다.
> ⓒ 응집력의 정도로 응집도를 구분할 때 응집력이 가장 약한 것은 기능적 응집도이다.
> ⓔ 결합력의 정도로 결합도를 구분할 때 결합력이 가장 강한 것은 데이터(자료) 결합도이다.
> ⓜ 결합력이 높을수록 모듈의 독립성 또한 높아지는 결합도와는 달리 응집도는 응집력이 낮을수록 모듈의 독립성이 향상된다.

(   )

02 다음 〈보기〉 중 리눅스(Linux)에 대한 설명으로 옳은 것을 모두 고르면?

> **보기**
> ⊙ 리눅스는 프로그램 소스 코드가 무료로 공개되어 있기 때문에 사용자는 자신이 원하는 대로 특정 기능을 추가할 수 있다.
> ⊙ 리눅스는 전 세계의 프로그래머들이 지속적인 개발에 참여하기 때문에 성능과 안정성 면에서 유닉스를 능가하거나 대등한 평가를 받는다.
> ⓒ 리눅스의 구성 요소인 커널(Kernel)은 셸(Shell)과 사용자를 연결하는 인터페이스로서, 명령어를 이해·실행하는 도구이다.
> ⓔ CLI(Command Line Interface) 체제를 기반으로 한 리눅스의 경우 누구나 간단하고 손쉽게 운영·관리할 수 있다.
> ⓜ 리눅스는 유닉스와 대부분 호환이 가능하며, 데스크톱의 용도 외에도 모바일 기기, 임베디드 기기, 사물인터넷 디바이스 등 다양한 분야에서 활용되고 있다.

(   )

03 2023년 상반기 기출복원문제

정답 및 해설 p.027

01 NCS 직업기초능력

| 금융일반 |

01 다음 제시된 문단을 읽고, 이어질 문단을 논리적 순서대로 바르게 나열한 것은?

> I은행은 지난 5월 '대국민 폰 순환 캠페인'을 진행하였는데, 이는 지구 환경보호를 위해 자원 순환의 중요도를 알리자는 목적의 캠페인으로 이밖에도 H중공업 협력사에 ESG 컨설팅 지원 업무협약을 체결하는 한편, ESG 기부특화 개인카드인 'I-나눔 카드'의 상품도 출시하였다.

> (가) 하지만 문제는 I은행의 ESG 경영이 환경보호인 E와 사회적 책임인 S에만 치중하고 있다는 것이다. 실제로 지난해 한국ESG기준원에 따르면 E와 S분야는 상승하거나 높은 등급을 유지하였지만, 지배구조인 G분야는 오히려 하락하였음을 확인할 수 있다.
>
> (나) 여기서 ESG란 비재무적 평가의 기준으로, 기업의 환경보호와 사회적 및 윤리적 책임 등과 같은 현대 기업의 피할 수 없는 과제와 같은 것이며 I은행의 이 같은 경영 행보는 사회적으로 크게 환영받고 있다. 이처럼 최근 I은행은 환경과 사회적 가치를 추구하는 ESG(환경, 사회, 지배구조) 경영 홍보에 많은 노력을 기울이고 있으며, 올해에는 탄소중립 국제인증 획득을 추진해 녹색금융을 가속화하겠다고 밝혔다.
>
> (다) 게다가 해당 사건의 피해보상은 2023년인 지금도 진행 중인 것으로 알려져, I은행의 ESG 경영을 위한 노력은 더 많이 필요할 것으로 보인다.
>
> (라) 특히 G분야 중 지배기업구조와 소비자 금융보호 측면에서 부정적 평가를 받았는데, 이는 2019년 대규모 환매 중단이 발생하면서 금융권 전체에 2,500억 원이 넘는 피해를 떠안긴 디스커버리 펀드 사태의 영향으로 판단된다.

① (가) - (나) - (라) - (다)

② (나) - (가) - (다) - (라)

③ (나) - (가) - (라) - (다)

④ (나) - (다) - (가) - (라)

02 다음은 IBK기업은행의 정기예금 상품인 '1석7조통장'에 대한 자료이다. 이에 대한 내용으로 옳은 것은?

〈1석7조통장〉

구분	세부내용
상품특징	우대조건 없는 간편한 구조의 비대면 전용상품
가입금액	100만 원 이상
가입대상	실명의 개인(단, 개인사업자 제외)
계약기간	6개월 이상 3년 이하(월 단위)
이자지급식주기	만기일시지급식 : 만기(후) 또는 중도해지 요청 시 이자를 지급
상품혜택 및 부가서비스	(1) 사이버문화강좌 무료수강 • 접속사이트 : 홈페이지 → 금융서비스 → 제휴서비스 → 사이버문화센터 • 콘텐츠 : 외국어, 자녀교육, 컴퓨터 활용, 건강생활, 자기계발 등 • 제공조건 : 이 상품을 가입하여 활동좌를 보유한 경우 • 제공기간 : 이 통장 가입일로부터 1년간 제공 (2) 만기자동해지서비스 : 만기일 이전에 만기자동해지서비스를 신청한 계좌에 한해 만기일에 본인 명의 입출금식 계좌로 세후 원리금을 자동입금

약정이율	계약기간	금리(%)
	6개월 이상 12개월 미만	3.55
	12개월 이상 24개월 미만	3.62
	24개월 이상 36개월 미만	3.78
	36개월	3.87

중도해지이율	만기일 이전에 해지할 경우 입금액마다 입금일부터 해지일 전일까지의 기간에 대하여 신규가입일 당시 영업점 및 인터넷 홈페이지에 실세금리정기예금의 중도해지금리를 적용 • 납입기간 경과비율 10% 미만 : 가입일 현재 계약기간별 고시금리×5% • 납입기간 경과비율 10% 이상 20% 미만 : 가입일 현재 계약기간별 고시금리×10% • 납입기간 경과비율 20% 이상 40% 미만 : 가입일 현재 계약기간별 고시금리×20% • 납입기간 경과비율 40% 이상 60% 미만 : 가입일 현재 계약기간별 고시금리×40% • 납입기간 경과비율 60% 이상 80% 미만 : 가입일 현재 계약기간별 고시금리×60% • 납입기간 경과비율 80% 이상 : 가입일 현재 계약기간별 고시금리×80%
만기후이율	만기일 당시 영업점 및 인터넷 홈페이지에 고시한 정기예금의 만기후금리를 적용 • 만기 후 1개월 이내 : 만기일 당시 계약기간별 고시금리×50% • 만기 후 1개월 초과 6개월 이내 : 만기일 당시 계약기간별 고시금리×30% • 만기 후 6개월 초과 : 만기일 당시 계약기간별 고시금리×20%

① 해당 상품의 계약기간과 상품 가입으로 제공받는 혜택의 제공기간은 동일하다.

② 해당 상품은 만기 후 별도의 해지가 필요 없는 상품이다.

③ 해당 상품의 이율은 계약기간에 한해서만 차등 적용된다.

④ 만기후이율과 만기후금리는 그 기간이 길어질수록 감소한다.

03 다음은 IBK기업은행의 적금 상품인 'IBK 부모급여우대적금'에 대한 자료이다. 자료를 바탕으로 〈보기〉의 고객 문의에 대한 직원의 답변 중 적절하지 않은 것은?

〈IBK 부모급여우대적금〉

구분	세부내용
상품설명	부모 또는 자녀가 부모급여 / 아동수당을 수급하고 주택청약합저축에 신규가입하면 우대금리를 제공하는 적금상품
가입금액	• 신규금액 : 최소 1만 원 이상 • 납입한도 : 매월 50만 원 이하(만 원 단위)
가입대상	실명의 개인(단, 개인사업자 및 외국인 비거주자 제외)
가입방법	영업점, 텔레마킹, i−ONE뱅크(스마트폰 앱)
계약기간	1년
이자지급	만기일시지급식
약정이율	연 2.5%(세전)
우대금리	• 계약기간 동안 아래 조건을 충족한 고객이 만기 해지하는 경우, 최대 연 4.0%p 제공(부모와 자녀의 가족등록을 통한 실적 합산 가능) − 부모급여 / 아동수당을 6개월 이상 입금받는 경우(매월 25일 '부모, 아동, 보육, 가족, 가정, 여성, 복지'의 용어로 10만 원 이상 입금되는 경우에 한함) : 연 2.0%p − 자사 주택청약종합저축에 신규 가입하고 만기시점까지 보유한 경우(부모 or 자녀 명의 가입 시) : 연 1.0%p − 한부모가족 지원대상자로 한부모가족 증명서를 제출한 경우 : 연 1.0%p
가족실적합산	• 가족등록 − 적금 가입자 기준으로 부모−자녀 관계만 1 : 1로 가족(1명) 등록 가능 − 등록하는 가족 1명은 'IBK 부모급여우대적금' 가입 필수 아님 − 가족관계 확인서류를 지참하고 영업점을 방문하여 등록 가능 • 실적합산 : 가족등록 후 계약기간 중 충족된 실적은 합산하여 우대금리 제공

직원 : 안녕하세요, 고객님! 상담원 A입니다. 무엇을 도와드릴까요?

고객 : 아, 네 안녕하세요. 저 다름이 아니라 제가 출산을 해서 부모급여를 수급하고 있거든요. 그런데 해당상품과 관련한 적금상품이 있다고 들어서요.

직원 : 네, 고객님! 'IBK 부모급여우대적금'을 찾으시는 것 같아요. 해당 상품은 ⊙ 부모급여 또는 아동수당을 수급하는 고객님 중 저희 은행 주택청약종합저축에 신규 가입하는 고객님을 대상으로 제공하는 적금상품입니다.

고객 : 어떻게 가입할 수 있죠? 인터넷 홈페이지에서 해도 되나요?

직원 : 죄송합니다. 현재는 ⓛ 인터넷 홈페이지를 통한 가입은 어렵고요, 고객님께서 직접 영업점으로 방문하는 대면방식과 전화 혹은 스마트폰 앱을 통한 비대면방식으로 가입을 도와드리고 있습니다.

고객 : 아, 그렇군요. 그럼 가입 가능한 금액이나 금리는 어떻게 되죠?

직원 : 네, 고객님! ⓒ 가입 가능한 금액은 월 최소 1만 원에서 최대 50만 원으로, 연 최대 600만 원까지 가능합니다. 금리는 연 2.5%가 기본 금리로 책정되어 있고요, 우대조건 충족 시에 최대 연 4.0%p가 제공되어 최고 6.5%의 금리로 해당 상품을 만나보실 수 있으며 우대조건은 다음과 같습니다.

… (중략) …

가입자 본인이 우대조건을 충족하지 못하시더라도, ⓔ 가족관계 확인서류를 지참하고 영업점을 방문하시면 가족등록을 할 수 있고, 계약기간 중 충족된 실적을 합산하여 우대금리를 제공해 드리고 있습니다.

① ⊙

② ⓛ

③ ⓒ

④ ⓔ

04 다음은 IBK기업은행의 예금 상품인 'IBK 중기근로자급여파킹통장'에 대한 자료이다. 이에 대한 설명으로 옳은 것은?

〈IBK 중기근로자급여파킹통장〉

구분	세부내용
상품특징	매일 최종 잔액 300만 원 이하 금액에 대해 연 3.0% 금리 제공
상품내용	• 직전 월(1일 ~ 말일까지)에 50만 원 이상 급여이체 실적조건 충족 시, 당월(1일 ~ 말일까지)에 우대혜택(우대금리 / 수수료 면제 / 환율우대) 제공 – 우대금리 : 이 통장은 매일 최종잔액이 300만 원 이하 금액인 경우 고시금리가 아닌 은행 홈페이지 등에 게시한 우대금리 제공 – 수수료 면제 : 전자금융 이체수수료, 당행 자동화기기 타행이체수수료, 타행 자동화기기 출금수수료, 타행 자동이체수수료(단, 최초 가입일부터 익월 말까지 조건 없이 수수료 면제) – 환율우대 : 주요 외국통화(USD, JPY, EUR) 환율 80%를 우대
가입금액	제한없음
가입대상	중소기업에서 근무하는 실명의 개인(단, 개인사업자는 제외), 1인당 1계좌
가입기간	제한없음
이자지급식주기	매월 2번째 토요일 결산 후 익일에 지급

	잔액	금리(%)	전월급여 이체입금여부
약정이율	300만 원 이하	0.1	NO
	300만 원 이하	3.0	YES
	300만 원 초과	0.1	NO
	300만 원 초과	0.1	YES

우대금리	• 300만 원 이하 : 연 3.0%p(세전), 매일 최종잔액 기준으로 고시금리가 아닌 해당 이율 적용 • 300만 원 초과 : 고시금리 적용
금리안내	연 1.1%(세전)

① 우대금리를 적용받아 실질적으로 지급받을 수 있는 최대 연 이자는 10만 원이다.

② 월 급여가 50만 원 미만일 경우 해당 상품을 이용할 수 없다.

③ 월 급여가 300만 원을 초과할 경우 해당 상품에 가입할 수는 있으나, 우대금리를 적용받을 수 없다.

④ 해당 상품의 최초 가입일부터 익월 말까지는 실적조건 충족 여부에 관계없이 우대혜택을 모두 제공받을 수 있다.

05 A씨는 영업비밀 보호를 위해 자신의 컴퓨터 속 각 문서의 암호를 다음 규칙에 따라 만들었다. 파일 이름이 다음과 같을 때, 이 파일의 암호는 무엇인가?

<규칙>

1. 비밀번호 중 첫 번째 자리에는 파일 이름의 첫 문자가 한글일 경우 @, 영어일 경우 #, 숫자일 경우 *로 특수문자를 입력한다.
   → 고슴Dochi=@, haRAMY801=#, 1app루=*
2. 두 번째 자리에는 파일 이름의 총 자리 개수를 입력한다.
   → 고슴Dochi=@7, haRAMY801=#9, 1app루=*5
3. 세 번째 자리부터는 파일 이름 내에 숫자를 순서대로 입력한다. 숫자가 없을 경우 0을 두 번 입력한다.
   → 고슴Dochi=@700, haRAMY801=#9801, 1app루=*51
4. 그 다음 자리에는 파일 이름 중 한글이 있을 경우 초성만 순서대로 입력한다. 없다면 입력하지 않는다.
   → 고슴Dochi=@700ㄱㅅ, haRAMY801=#9801, 1app루=*51ㄹ
5. 그 다음 자리에는 파일 이름 중 영어가 있다면 뒤에 덧붙여 순서대로 입력하되, a, e, i, o, u만 'a=1, e=2, I=3, o=4, u=5'로 변형하여 입력한다(대문자·소문자 구분 없이 모두 소문자로 입력한다).
   → 고슴Dochi=@700ㄱㅅd4ch3, haRAMY801=#9801h1r1my, 1app루=*51ㄹ1pp

---

2022매운전골Cset3인기준recipe8

① @23202238ㅁㅇㅈㄱㅇㄱㅈcs2trecipe

② @23202238ㅁㅇㅈㄱㅇㄱㅈcs2tr2c3p2

③ *23202238ㅁㅇㅈㄱㅇㄱㅈcs2tr2c3p2

④ *23202238ㅁㅇㅈㄱㅇㄱㅈcsetrecipe

06 다음은 IBK기업은행에서 판매하고 있는 직장인우대MY통장 상품에 대한 설명의 일부이다. 어느 날 이 상품에 가입하려는 A ~ D의 조건이 〈보기〉와 같을 때, 가입예정자 중 우대금리가 가장 높은 사람은?

〈직장인우대MY통장〉

- 계약기간 : 1년(12개월)
- 신규금액 : 최소 1만 원 이상
- 납입한도 : 매월 1만 원 ~ 20만 원(만 원 단위)
- 가입대상 : 실명의 개인(1인 1계좌)
  ※ 개인사업자 제외
- 이자지급주기 : 만기 지급
- 이자지급방법 : 만기일시지급식
- 금리 : 연 3.55%
- 우대금리 : 최대 연 1.8%p

계약기간 동안 아래 조건을 충족한 고객이 만기해지 하는 경우 제공(2022.10.24. 기준 세전)

우대조건	우대금리
가입시점에 직장인으로 확인되는 경우	연 0.3%p
당행 실명등록일로부터 3개월 이내 신규가입하는 경우, 또는 상품가입 직전월 기준 6개월 이상 총 수신평잔이 0원인 경우	연 0.3%p
계약기간 동안 6개월 이상 급여이체 실적(50만 원 이상)이 있는 경우	연 0.5%p
계약기간 동안 당행 신용(체크)카드 이용실적이 300만 원 이상인 경우 (단, 이용실적은 매출표 접수기준으로 결제계좌가 당행인 경우에 한하며 현금서비스 실적은 제외)	연 0.2%p

- 원금 및 이자지급제한
  - 계좌에 압류, 가압류, 질권설정 등이 등록된 경우 원금 및 이자 지급 제한
  - 예금 잔액 증명서 발급 당일에는 입금·출금·이체 등 잔액 변동 불가

보기

〈직장인우대MY통장 가입예정자 정보〉

가입예정자	비고
A	• K사 사원 재직 확인(월 실수령 225만 원 이상) • 당행 계좌로 30개월 분 급여 이체 내역 확인 • 당행 신용카드로 매월 20만 원 미만 고정 지출 내역 확인
B	• 15일 후 N사 신입사원으로 입사 예정(월 실수령 200만 원 이상) • 12개월 이상 잔고 0원인 계좌 확인 • 급여계좌 당행으로 설정 예정 • 당행 신용카드로 매월 30만 원 이상 고정 지출 내역 확인
C	• P사 과장 재직 확인(월 실수령 275만 원 이상) • 타행 계좌로 100개월 분 급여 이체 내역 확인 • 당행 신용카드로 매월 50만 원 이상 고정 지출 내역 확인

D	• O사 과장 재직 확인(월 실수령 330만 원 이상) • 당행 계좌로 120개월 분 급여 이체 내역 확인 • 당행 계좌 압류 상태 확인 • 당행 신용카드 및 체크카드 미발급
※ 가입 이후 급여계좌 및 급여 여부, 신용카드 및 체크카드의 발급 여부 및 실적은 변동되지 않는 것으로 가정함	

① A   ② B

③ C   ④ D

07 I은행 직원 10명은 A ~ E와 V ~ Z 두 팀으로 나누어 사내교육을 받고자 한다. 〈조건〉이 다음과 같을 때, 같은 날 사내교육을 받는 직원끼리 바르게 짝지은 것은?(단, 사내교육은 당일로 끝마친다)

> **조건**
> • 모든 직원은 월요일 ~ 금요일 중으로 사내교육에 참석해야 한다.
> • 하루에 참석할 수 있는 인원은 2명이며, 각 팀당 1명씩 참석해야 한다.
> • A, C, E는 화요일, W, Y는 목요일에 연차휴가를 신청하였다.
> • B, D는 월요일, V는 수요일, X, Z는 금요일에 은행 주간 업무 건으로 사내교육에 참석할 수 없다.
> • A, B는 수요일 ~ 금요일, X, Y는 월요일 ~ 수요일에 출장업무 건으로 사내교육에 참석할 수 없다.
> • D, X는 같은 날 사내교육에 참석할 수 없다.
> • E는 금요일, W는 월요일에 사내교육에 참석하기로 하였다.

① A, Y   ② B, Z

③ C, X   ④ E, W

※ 다음은 2022년 1 ~ 3분기 A국의 일부 산업별 명목 GDP 및 국민총소득을 나타낸 자료이다. 이어지는 질문에 답하시오. [8~9]

〈2022년 1 ~ 3분기 A국 일부 산업별 명목 GDP 및 국민총소득(GNI)〉

(단위 : 십억 원)

구분	2022년 1분기	2022년 2분기	2022년 3분기
농림어업	6,792.7	9,360.4	8,149.0
제조업	133,669.9	142,678.5	143,102.1
건설업	20,731.4	28,163.2	28,113.2
서비스업	301,111.9	303,933.9	315,549.4
명목 GDP	509,565.8	540,700.8	546,304.5
국민총소득(GNI)	515,495.5	542,408.3	555,165.9

* 명목 GDP : 당해 생산된 재화의 단위 가격에 생산량을 곱하여 산출한 경제 지표임
** 국민총소득(GNI) : 국민이 얻은 모든 소득의 합계이며 일반적으로 명목 GDP와 국외 순수취 요소 소득의 합계임

08 다음 중 자료에 대한 설명으로 옳지 않은 것은?

① 모든 분기에서 명목 GDP 비중이 가장 큰 산업은 서비스업이다.

② 제조업의 생산량이 꾸준히 감소하였다면 생산된 재화의 단위 가격은 증가하였다.

③ 건설업의 생산 단가가 일정하였다면 생산량은 증가하였다가 감소하였다.

④ 국외 순수취 요소 소득은 꾸준히 증가하였다.

09 농림어업, 제조업, 건설업, 서비스업의 명목 GDP 변화 추세를 그래프로 변환하였을 때 적절하지 않은 것은?

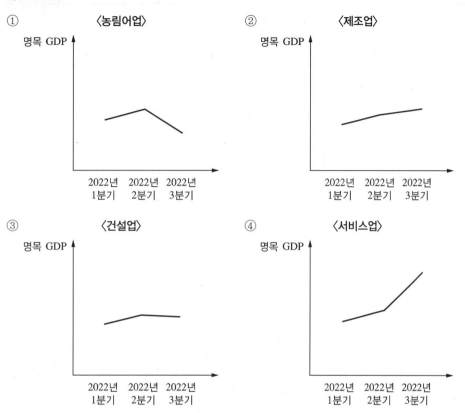

① 〈농림어업〉

② 〈제조업〉

③ 〈건설업〉

④ 〈서비스업〉

01 다음은 IBK기업은행의 은행여신거래기본약관 중 일부이다. 내용을 바탕으로 Q고객의 질문에 대한 A직원의 대답으로 적절하지 않은 것은?

〈은행여신거래기본약관〉

제7조(기한전의 채무변제 의무)

① 고객에 관하여 다음 각 호에서 정한 사유 중 하나라도 발생한 경우에는 은행으로부터의 독촉·통지 등이 없어도 고객은 당연히 은행에 대한 모든 채무의 기한의 이익을 상실하여(지급보증거래에 있어서의 사전구상채무 발생을 포함합니다. 이하 같습니다) 곧 이를 갚아야할 의무를 집니다.

1. 제 예치금 기타 은행에 대한 채권에 대하여 가압류·압류명령이나 체납처분 압류통지가 발송된 때 또는 기타의 방법에 의한 강제집행 개시나 체납처분 착수가 있는 때. 다만, 담보재산이 존재하는 채무의 경우에는 채권 회수에 중대한 지장이 있는 때에만 가압류를 사유로 기한의 이익을 상실합니다.

2. 고객이 제공한 담보재산(제1호의 제 예치금 기타 은행에 대한 채권은 제외)에 대하여 압류명령이나 체납처분 압류통지가 발송된 때 또는 기타의 방법에 의한 강제집행개시나 체납처분 착수가 있는 때

3. 채무불이행자명부 등재신청이 있는 때

4. 어음교환소의 거래정지처분이 있는 때

5. 개인회생절차 또는 파산절차의 신청이 있는 때

6. 도피, 기타의 사유로 지급을 정지한 것으로 인정된 때

② 고객에 관하여 다음 각 호에서 정한 사유 중 하나라도 발생한 경우에는 고객은 당연히 당해채무 의 기한의 이익을 상실하여 곧 이를 갚아야 할 의무를 집니다. 다만, 은행은 기한의 이익 상실일 7영업일 전까지 다음 각 호의 채무이행 지체사실과 대출 잔액 전부에 대하여 연체료가 부과될 수 있다는 사실을 고객에게 서면으로 통지하여야 하며, 기한의 이익 상실일 7영업일 전까지 통 지하지 않은 경우에는 고객은 실제 통지가 도달한 날부터 7영업일이 경과한 날에 기한의 이익을 상실하여 곧 이를 갚아야 할 의무를 집니다.

1. 이자를 지급하여야 할 때부터 1개월(주택담보대출의 경우 2개월)간 지체한 때

2. 분할상환금 또는 분할상환원리금의 지급을 2회(주택담보대출의 경우 3회)이상 연속하여 지체한 때

---

① Q : 제가 타 은행에서의 채무를 기한 내 변제하지 못해서 가압류를 당했는데요, 기존에 있던 담보재산으로 채무 충당이 가능하더라고요. 그럼 IBK기업은행의 채무는 기존에 정해진 기한에 맞춰 변제를 진행해도 되나요?

A : 네, 고객님! 제 예치금 기타 은행에 대한 채권에 대하여 가압류·압류명령 등에 의해 강제집행 개시 또는 체납처분 착수가 진행될 경우 기존 모든 채무에 대한 기한의 이익을 상실하는게 원칙이나, 고객님처럼 담보재산이 있는 채무로 해당 채권 회수에 중대한 지장이 없는 것으로 판단되어질 경우 기존 채무의 변제 일정은 이전과 동일하게 진행하시면 됩니다.

② Q : 제가 지인과 금전거래 중 불미스러운 일이 발생해서 지인이 저를 채무불이행자명부에 등재 신청을 접수했더라고요, 아직 등재는 되지 않은 상태이고 지인과 원만하게 해결하기 위해 노력중입니다. 아직 등재되기 전이니 IBK기업은행의 제 채무 변제에는 영향이 없겠죠?

A : 죄송합니다, 고객님. 채무불이행자명부에 등재되지 않더라도 등재신청만으로 기존의 모든 채무의 기한의 이익은 상실하게 되어, 즉시 이를 상환하셔야 할 의무가 생깁니다.

③ Q : 제가 경제적 상황이 어려워져 이자를 1개월 지체하게 되었더니 은행으로부터 기한의 이익 상실이라는 우편을 받았거든요. 그럼 이제 기존에 정한 기한이 아닌, 즉시 대출금을 상환해야 하나요?

A : 네, 고객님. 은행여신거래기본약관 제7조에 따라서 '이자를 지급하여야 할 때부터 1개월간 지체할 경우' 기한의 이익을 상실하게 되어 대출 잔액을 갚아야 할 의무가 생깁니다. 또한 기존에 대출한 전액의 연체료도 함께 부과됩니다.

④ Q : 제가 사업이 어려워져 분할상환원금을 두 달 전부터 이번 달까지 3회째 연속하여 지체하게 되었네요. 그런데 아직 기한의 이익을 상실했다는 내용의 우편은 2주 째 전달받지 못했거든요. 그럼 이전과 동일한 일정에 맞춰 채무 변제를 진행하면 되는 거겠죠?

A : 아니요, 죄송합니다. 고객님. 영업점에서 착오가 있었는지 아직 해당 내용이 전달되지 않은 것으로 판단됩니다. 이 경우 추후 고객님께 서면이 통지될 텐데, 그럼 실제 고객님이 해당 내용을 통지받은 날부터 7영업일이 경과한 날에 기존 채무의 기한의 이익을 상실하게 되시는데요, 그럼 그때 기존의 기한과는 상관없이 즉시 상환해야 할 의무가 생기게 됩니다.

02 다음은 IBK기업은행의 적금 상품인 'IBK D-day적금'에 대한 자료이다. 이에 대한 내용으로 옳지 않은 것은?

<IBK D-day적금>

구분	세부내용
상품특징	D-day시점(만기시점)의 목표달성 및 최초고객 여부에 따른 우대금리를 제공, 1인당 3계좌까지 가입가능
상품내용	일상생활의 Event(생일, 결혼기념일, 입학, 졸업, 출산, 이사 등)에 맞춰 D-day(필요시기) 및 목표금액을 고객이 직접 설정하는 '셀프 – 가이드' 상품
가입금액	최소 1만 원 이상 월 20만 원 이내(천 원 단위), 자유적립식
가입대상	실명의 개인(단, 개인사업자 및 외국인비거주자 제외)
계약기간	1개월 이상 1년 이하(일 단위)
이자지급식주기	만기일시지급식 : 만기(후) 또는 중도해지 요청 시 이자 지급

약정이율	계약기간	금리(%)
	1개월 이상 6개월 미만	3.45
	6개월 이상 12개월 미만	3.65
	12개월	3.85

우대금리	(1) 목표금액 축하금리 : 연 1.0%p • 당행 입출금식 계좌에서 자동이체를 통해 3회 이상 납입하고 만기일 전일까지 목표금액 이상 납입하는 경우 (2) 최초 거래고객 우대금리 : 연 0.5%p(다음 요건 중 1가지 이상 충족) • 실명등록일로부터 3개일 이내 • 가입 직전월 기준 6개월간 총 수신 평균잔액 '0'원
중도해지이율	만기일 이전에 해지할 경우 입금액마다 입금일부터 해지일 전일까지의 기간에 대하여 가입일 당시 정기적금의 중도해지금리를 적용 • 납입기간 경과비율 10% 미만 : 가입일 현재 계약기간별 고시금리×5% • 납입기간 경과비율 10% 이상 20% 미만 : 가입일 현재 계약기간별 고시금리×10% • 납입기간 경과비율 20% 이상 40% 미만 : 가입일 현재 계약기간별 고시금리×20% • 납입기간 경과비율 40% 이상 60% 미만 : 가입일 현재 계약기간별 고시금리×40% • 납입기간 경과비율 60% 이상 80% 미만 : 가입일 현재 계약기간별 고시금리×60% • 납입기간 경과비율 80% 이상 : 가입일 현재 계약기간별 고시금리×80%
만기후이율	만기일 이후에 해지할 경우 만기일 당시 정기적금의 만기후금리를 따름 • 만기 후 1개월 이내 : 만기일 당시 계약기간별 고시금리×50% • 만기 후 1개월 초과 6개월 이내 : 만기일 당시 계약기간별 고시금리×30% • 만기 후 6개월 초과 : 만기일 당시 계약기간별 고시금리×20%

① 해당 상품의 1인당 최대 적립금액은 월 60만 원이다.

② 해당 상품은 국내에 거주 중인 외국인도 가입이 가능하다.

③ 해당 상품의 최고금리는 연 5.35%이다.

④ 중도해지이율은 우대금리를 적용받지 않지만, 만기후이율은 우대금리를 적용받는다.

03 다음 글의 내용으로 가장 적절한 것은?

> IBK기업은행은 비금융 서비스 강화의 일환으로, 알스퀘어의 '상업용 부동산 전반 통합 서비스'를 기업인터넷뱅킹에서 제공하기로 결정하였다.
>
> 이는 기업고객이 사무실, 지식산업센터 등 업무공간이 필요할 경우 기업인터넷뱅킹 홈페이지를 통해 제공받을 수 있는 서비스로, 홈페이지 내 '경영지원' → 'RSQUARE 부동산 서비스' 탭에서 연결된 사이트를 통해서 진행된다.
>
> 고객이 해당 사이트에 원하는 입주 조건과 인테리어 상담 희망 여부 등 업무공간에 대한 전반적인 내용을 정해진 양식에 맞춰 기재하면, 이를 토대로 알스퀘어가 고객 상담을 통해 맞춤 서비스를 제공하는 절차로 진행된다.
>
> 고객이 IBK기업은행의 상업용 부동산 서비스를 통해 업무공간을 구할 경우, 오피스 중개 임차인 수수료가 면제되고, 등기이전, 근저당, 전세권 등 법무대행비 지원 혜택도 받을 수 있으며, 추가로 알스퀘어 포인트도 지급받을 수 있다.
>
> 이번에 선보인 상업용 부동산 서비스는 지난 4월 기업은행과 알스퀘어가 맺은 업무협약(MOU)의 후속 조치로, 양사는 이후에도 상호 협력을 통해 서비스 제공 영역을 확대할 것이라 밝혔다. 또한 기업은행은 이번 서비스의 제공이 사업장을 필요로 하는 기업고객의 업무 편의성 및 만족도 모두를 높일 수 있을 것으로 기대된다며, 이후에도 더 많은 기업고객의 수요를 충족시킬 수 있도록 다양한 비금융서비스를 발굴하여 인터넷뱅킹의 디지털 플랫폼화를 가속화하겠다고 밝혔다.

① '상업용 부동산 전반 통합 서비스'는 비대면으로 진행하는 서비스이다.

② '상업용 부동산 전반 통합 서비스'는 IBK기업은행 이용 고객 모두에게 제공되는 서비스이다.

③ '상업용 부동산 전반 통합 서비스'는 고객이 사이트 내 제공되는 상업용 부동산 매물의 조건과 이미지를 보고 매물을 선택하는 방식으로 진행된다.

④ '상업용 부동산 전반 통합 서비스'로 업무공간을 임대할 경우, 임대 중개 수수료 전액이 면제된다.

04 I사의 총무팀, 개발팀, 영업팀, 홍보팀, 고객지원팀은 5층짜리 건물에서 각각 다른 층을 사용하고 있다. 각 팀의 탕비실에는 이온음료, 탄산음료, 에너지음료, 캔 커피가 구비되어 있는데, 총무팀에서 각 팀에 채워 넣을 음료를 일괄적으로 구매하고자 한다. 다음 〈조건〉에 따라 각 음료를 구매하려고 할 때, 주문해야 할 최소 개수를 바르게 연결한 것은?

〈팀별 탕비실 내 음료 보유 현황〉

(단위 : 캔)

구분	총무팀	개발팀	영업팀	홍보팀	고객지원팀
이온음료	3	10	10	10	8
탄산음료	10	2	16	7	8
에너지음료	10	1	12	8	7
캔 커피	2	3	1	10	12

• 이온음료, 탄산음료, 에너지음료, 캔 커피는 각각 최소 6캔, 12캔, 10캔, 30캔이 구비되어 있어야 하며, 최소 수량 미달 시 음료를 구매한다.
• 각 팀은 구매 시 각 음료의 최소 구비 수량의 1.5배를 구매한다.
• 모든 음료는 낱개로 구매할 수 없으며 묶음 단위로 구매해야 한다.
• 이온음료, 탄산음료, 에너지음료, 캔 커피는 각각 6캔, 6캔, 6캔, 30캔을 묶음으로 판매하고 있다.

	이온음료	탄산음료	에너지음료	캔 커피
①	12캔	72캔	48캔	240캔
②	12캔	72캔	42캔	240캔
③	12캔	66캔	42캔	210캔
④	18캔	66캔	48캔	210캔

05 다음은 IBK기업은행에서 운영하고 있는 'i-ONE 직장인스마트론 대출' 상품에 대한 설명의 일부이다. 대출을 받고자 하는 A~D씨 조건이 〈보기〉와 같을 때, 대출이 가능한 사람은?

- 계약기간 : 일시상환 / 수시상환(마이너스 대출) 1년
  매월 원리금균등분할상환 : 최대 15년 이내 연 단위 선택(일부 대상 고객에 한함)
  ※ 신용등급, 연 소득에 따라 일시상환 / 수시상환 선택이 제한될 수 있음
- 이자 계산 방법 : 1년을 365일(윤년은 366일)로 보고 1일 단위로 계산
- 이자 지급 방법 : 이자 납입일을 정하여 매월 이자 납입
- 대출 한도 : 최소 1백만 원 ~ 최대 150백만 원
  ※ 개인 신용 평점, 은행 내부 신용 등급, 기존 신용 대출 금액, 현금서비스 등에 따라 고객별로 다를 수 있음
- 대출금리(2023년 2월, 대출금액 1억 5천만 원, 대출기간 1년, 일시상환 기준)

구분	고정금리	변동금리
기준금리(+)	3.761	3.760
가산금리(+)	1.474 ~ 6.056	1.492 ~ 6.073
감면금리(−)	0.000 ~ 0.200	0.000 ~ 0.200
대출금리	최저 5.035 ~ 최고 9.500	최저 5.034 ~ 최고 9.374

※ 00시 ~ 06시 중 대출 실행 시 일자별 금리 변동으로 인해 안내금리와 실행시점의 금리가 다를 수 있음
- 대출대상 : 다음 조건을 모두 충족하는 고객
  1. 현 직장에 6개월 이상 재직 중인 고객
  2. 개인 CB점수 KCB 520점 이상이고, NICE 600점 이상인 고객
  ※ 당행에 휴대폰 번호가 정상 등록되어 있어야 하며, 은행 내부 신용 등급 등의 사유에 따라 거절될 수 있음
- 대출 신청 시기 : 영업일(휴·공휴일 제외) 01:00 ~ 24:00까지 가능
- 대출금 지급 : 신청 당일 고객 지정계좌로 지급
- 유의사항 : 본 상품은 최대 3건(동일인당)까지 실행이 가능하니, 대출 신청 시 유의하시기 바랍니다.

> **보기**
>
> 〈i-ONE 직장인스마트론 대출 신청자 현황(23.02.06)〉

신청자	비고
A	• L사 재직 중(21년 6월 입사) • KCB 점수 500점, NICE 점수 550점 • 당행에 본인 명의의 휴대폰 번호 등록
B	• 10일 전 S사 퇴사 • KCB 점수 700점, NICE 점수 734점 • 당행에 본인 명의의 휴대폰 번호 등록
C	• H사 재직 중(22년 7월 입사) • KCB 점수 820점, NICE 점수 857점 • 당행에 본인 명의의 휴대폰 번호 미등록
D	• J사 재직 중(22년 6월 입사) • KCB 점수 650점, NICE 점수 697점 • 당행에 본인 명의의 휴대폰 번호 등록

① A
② B
③ C
④ D

※ 다음은 공무원 가족 국외여비 지급 기준표이다. 이어지는 질문에 답하시오. [6~7]

〈공무원 가족 국외여비 지급 기준표〉

지급 사유	지급액
1. 부임 또는 전근하는 경우 소속 장관의 허가를 받아 가족을 근무지로부터 새로운 근무지까지 동반해야 할 때	가. 12세 이상의 가족에 대해서는 본인이 여행하는 때와 같은 등급의 철도운임·선박운임·항공운임 및 자동차 운임 및 준비금의 전액과 일비·숙박비 및 식비의 3분의 2에 상당하는 금액 나. 12세 미만의 가족에 대해서는 본인이 여행하는 때와 같은 등급의 철도운임·선박운임·항공운임 및 자동차 운임 및 준비금의 전액과 일비·숙박비 및 식비의 3분의 1에 상당하는 금액
2. 외국 근무 중 소속 장관의 허가를 받아 한 차례에 한정하여 가족을 그 근무지로 불러오거나 본국으로 귀국시킬 때	
3. 외국에서 4년 이상 계속 근무한 공무원이 소속 장관의 명에 따라 본국에서 재교육을 받기 위하여 배우자와 18세 미만 자녀와 함께 일시 귀국할 때 (단, 4년마다 한 차례로 한정한다)	
4. 주재국의 급격한 정세변화로 인하여 동반 가족을 철수시킬 때	
5. 외국 근무 중 소속 장관의 허가를 받아 배우자를 동반한 공무여행을 할 때	
6. 소속 장관의 허가를 받아 본인을 대신하여 가족 중 1명 또는 본인과 동반하여 배우자가 일시 귀국할 때	
7. 근무조건이 매우 불리하다고 외교부장관이 인정하는 지역에서 근무 중인 공무원이 소속 장관의 허가를 받아 연간 한 차례만 가족 동반으로 다른 지역에서 휴양을 할 때 또는 의료검진을 받을 때	본인이 여행하는 때와 같은 등급의 철도운임·선박운임·항공운임 및 자동차 운임 전액
8. 근무조건이 매우 불리하다고 외교부장관이 인정하는 고산지역에서 근무 중인 공무원이 소속 장관의 허가를 받아 연간 23일의 범위에서 분기별로 한 차례 가족동반으로 저지대(低地帶)에서 요양을 할 때	

* 가족은 본인을 포함한 구성원을 지칭함
** 취업 후 독립하여 생계를 유지하는 자녀 및 26세 이상 자녀는 특수한 경우를 제외하고 지급하지 아니함

06 다음 중 운임 비용 전액을 국외여비로 받을 수 있는 상황은?(단, 모든 상황은 소속 장관의 허가를 받았으며 예외는 없다)

① 출장지역에서 내전으로 인해 근무환경에 위협을 받아 급하게 귀국하는 공무원 A씨

② 근무지인 노르웨이로 6살 딸을 불러오려는 공무원 B씨

③ 배우자 지인의 상(喪)으로 베이징에서 배우자와 급하게 귀국하려는 공무원 C씨

④ 해발 5,500m 지역에서 근무하다 1분기 휴가 때 가족과 함께 14일간 바닷가에서 쉬려는 공무원 D씨

07 해외로 발령받은 4명의 공무원은 소속 장관의 허가하에 가족을 동반하여 I항공을 이용해 근무지로 가고자 한다. 〈보기〉를 참고할 때, 공무원과 지급받을 국외여비가 바르게 연결되지 않은 것은?(단, 천 원 단위에서 올림한다)

〈I항공 운임 및 기내식 비용〉

구분	운임 비용	기내식 비용
S CLASS	성인 : 1,200,000원 소인 : 성인의 80%	기내식 무료 제공
A CLASS	성인 : 900,000원 소인 : 성인의 80%	성인 : 15,000원 소인 : 무료 제공
B CLASS	성인 : 750,000원 소인 : 성인의 80%	20,000원 (소인 구분 없음)
C CLASS	700,000원	20,000원 (소인 구분 없음)

※ C CLASS의 운임 비용은 성인과 소인의 구분이 없음
※ 소인은 18세 미만의 청소년을 지칭함
※ 8세 미만의 어린이는 모든 CLASS에서 운임 비용을 받지 않음

보기

구분	동반가족 (공무원 본인 포함)	CLASS 신청사항	기내식 신청 여부
H부장	5인 (16세, 10세, 7세 자녀 있음)	A CLASS	신청
J과장	4인 (23세, 21세 자녀 있음 / 독립하지 않음)	S CLASS	신청
L대리	2인	B CLASS	미신청
K주임	4인 (6세, 4세 자녀 있음)	C CLASS	신청

    공무원   지급 국외여비
① H부장   1,940,000원
② J과장   3,200,000원
③ L대리   1,000,000원
④ K주임   1,440,000원

| 금융일반 - 객관식 |

01 다음 중 마이클 포터의 5포스 모델의 5가지 요소에 해당하지 않는 것은?

① 산업 내 경쟁   ② 구매자의 구매력

③ 소비자의 교섭력   ④ 대체재의 위협

02 다음 〈보기〉의 내용을 참고할 때, A기업이 B기업을 합병한 이후의 PER은?

> **보기**
> • A기업 : 발행주식수 3,000,000주, 당기순이익 50억 원, 주가 20,000원
> • B기업 : 발행주식수 2,000,000주, 당기순이익 30억 원, 주가 20,000원

① 10   ② 11.5

③ 12   ④ 12.5

03 다음 중 증자 이후의 주가 변동에 대한 설명으로 옳지 않은 것은?

① 신규 사업 진출을 위한 목적으로 유상증자를 한 경우, 주가는 상승하는 경향을 보인다.

② 재무구조 개선을 위한 목적으로 유상증자를 한 경우, 주가는 상승하는 경향을 보인다.

③ 공장 증설을 목적으로 유상증자를 한 경우, 주가는 상승하는 경향을 보인다.

④ 자본금 확대를 목적으로 무상증자를 한 경우, 주가는 상승하는 경향을 보인다.

04 다음 〈보기〉의 내용을 참고할 때, A기업의 배당 이후 PER은?

> **보기**
> • A기업 : 발행주식수 10,000,000주, 당기순이익 30억 원, 주가 20,000원
> • 주당 100원의 현금배당 실시

① 70   ② 100

③ 200   ④ 300

05 다음 중 배당성향 모형에 대한 설명으로 옳지 않은 것은?

① 배당성향은 배당금을 순이익으로 나눈 값으로 구한다.

② 배당성향이 낮아지면 사내유보율이 낮아지고 자본금은 늘어날 수 있다.

③ 배당성향이 높아지면 기업 재무 상태에 부정적인 영향을 미칠 수 있다.

④ 당기순이익이 클수록 배당성향은 높아지는 경향을 나타낸다.

06 다음 〈보기〉의 내용을 참고할 때, A기업의 주당 배당금은?

> **보기**
> • A기업 주가 : 20,000원
> • 배당수익률 : 10%

① 1,000원   ② 1,500원

③ 2,000원   ④ 3,000원

07 다음 중 유상증자에 대한 설명으로 옳지 않은 것은?

① 유상증자의 대상은 기존 주주 또는 새로운 투자자 모두 가능하다.

② 유상증자의 종류는 주주배정, 일반공모, 제3자배정이 있다.

③ 유상증자를 하게 되면 주당순이익이 낮아지게 되어 주가에 부정적 영향을 미칠 수 있다.

④ 유상증자 신주배정 기준일이 정해질 때, 신주발행 공고를 진행한다.

08 다음 중 〈보기〉의 내용을 참고할 때, A기업의 변동된 자본금은?

> **보기**
> • A기업 : 발행주식수 10,000,000주, 액면가 500원, 주가 5,000원
> • 유상증자 : 신주발행 5,000,000주, 발행가액 2,000원

① 150억 원   ② 350억 원

③ 450억 원   ④ 600억 원

09 다음 중 공모주 청약 이후 주가가 낮게 형성되는 이유로 가장 적절한 것은?

① 수요예측 경쟁률이 높은 경우

② 기관투자자의 주식시장 매수세가 활발한 경우

③ 기업가치 대비 공모가를 높게 책정한 경우

④ 최대주주의 지분율이 높아 유통주식수가 많지 않은 경우

10 다음 중 포트폴리오 성과평가 지표로 볼 수 없는 것은?

① 총위험   ② 체계적 위험

③ 비체계적 위험   ④ 수익률

11 다음 〈보기〉의 내용을 참고할 때, A가 소유한 휴대폰의 현행 원가는?

> **보기**
>
> • A는 70만 원에 구매하여 사용하던 휴대폰을 교체하고자 휴대폰 판매점을 방문하였다.
> • 휴대폰 판매원은 최신형 휴대폰을 보여줬으며, 해당 휴대폰의 가격은 150만 원이다.
> • 휴대폰 판매원은 사용하던 휴대폰을 자신에게 판매하면 40만 원을 지급할 수 있다고 하였다.

① 40만 원   ② 70만 원

③ 110만 원   ④ 150만 원

12 다음 〈보기〉의 내용을 참고할 때, 엥겔지수는?

> **보기**
>
> • 독립적인 소비지출 : 100만 원
> • 한계소비성향 : 0.6
> • 가처분소득 : 300만 원
> • 식비지출 : 70만 원

① 0.2   ② 0.25

③ 0.3   ④ 0.35

13 다음 〈보기〉의 내용을 참고할 때, 가장 효율적인 투자안은?(단, 법인세율은 동일하다)

> **보기**
>
> • A투자안 : 자기자본비용 100, 자기자본 200, 타인자본비용 200, 타인자본 200
> • B투자안 : 자기자본비용 200, 자기자본 300, 타인자본비용 100, 타인자본 200
> • C투자안 : 자기자본비용 200, 자기자본 200, 타인자본비용 100, 타인자본 300
> • D투자안 : 자기자본비용 100, 자기자본 300, 타인자본비용 100, 타인자본 200

① A투자안   ② B투자안
③ C투자안   ④ D투자안

14 다음 중 확실성등가를 활용하여 위험 프리미엄을 계산하는 공식으로 옳은 것은?

① (기댓값)×(확실성등가)
② (기댓값)÷(확실성등가)
③ (기댓값)−(확실성등가)
④ (기댓값)+(확실성등가)

15 다음 중 기간 간 이자율에 따른 유동성 프리미엄에 대한 설명으로 옳지 않은 것은?

① 만기가 서로 다른 채권의 이자율은 시간 흐름에 따라 함께 움직인다.
② 투자자가 단기채권을 보유하기 위해서는 장기채권보다 프리미엄을 더 얹어야 한다.
③ 향후 단기이자율이 급격히 하락할 것으로 예상되는 경우, 수익률곡선은 우하향 한다.
④ 유동성 프리미엄은 기간에 정비례한다.

16 다음 중 대손충당금에 대한 설명으로 옳은 것은?

① 국제회계기준은 회사별로 동일한 대손충당금 적립률을 요구한다.
② 대출채권의 디폴트 위험을 재무상태표에 나타낸 것을 말한다.
③ 대출채권의 디폴트 위험을 손익계산서에 나타낸 것을 말한다.
④ 미래의 손실을 예측하여 당기비용으로 처리한다.

17 다음 〈보기〉 중 옳은 설명을 모두 고르면?

> **보기**
>
> ㉠ 역사적원가는 자산 및 부채 금액을 취득 또는 발생시점의 취득대가 또는 대가의 공정가치로 본다.
> ㉡ 역사적원가는 취득 이후 자산가치가 변동할 경우 변동가치로 계속 수정하여 기록한다.
> ㉢ 공정가치는 측정일 현재 기준 자산을 매도하거나 부채를 이전할 때 받을 수 있는 금액을 의미한다.
> ㉣ 공정가치는 가격을 직접 관측하여야 하며, 별도의 가치평가방법을 사용하지 않는다.

① ㉠, ㉡   ② ㉠, ㉢
③ ㉡, ㉢   ④ ㉡, ㉣

18 다음 중 사용가치의 사례로 볼 수 없는 것은?

① 가방은 물건을 담아 편리하게 이동하기 위해 사용된다.
② 의료 서비스는 다른 서비스에 비해 높은 비용을 지불한다.
③ 성능이 좋은 노트북은 직장인에게 인기가 많다.
④ 인간은 물이 없으면 살 수 없다.

19 다음 〈보기〉의 내용을 참고할 때, 재고자산의 감모손실은?

> **보기**
>
> • 장부재고수량 : 4,000개
> • 실제재고수량 : 2,000개
> • 재고 1단위당 장부상 단가 : 5,000원

① 1,000만 원   ② 2,000만 원
③ 3,000만 원   ④ 5,000만 원

20 다음 중 재고자산 평가 방법에 해당하지 않는 것은?

① 선입선출법   ② 개별법
③ 평균법   ④ 순이익조정법

| 금융일반 - 주관식 |

01 다음 〈보기〉의 내용을 참고할 때, 화재로 인한 손실액은?

> **보기**
>
> • A사의 공장에 지난달 화재가 발생하여 보관 중이던 제품 중 50%가 손실되었다.
> • 올해 기초재고액은 1,100,000원, 화재 전까지 매입액은 700,000원, 매출액은 1,000,000원이다.
> • A사의 평균 매출총이익률은 20%이다.

(원)

02 다음 빈칸 A, B에 들어갈 용어로 옳은 것을 〈보기〉에서 순서대로 고르면?

> • 미국 실리콘밸리은행(SVB) 파산으로 부실우려가 높아진 미국 내 주요 은행들에 대해 ___A___ 을/를 늘려야 한다는 지적이 최근 나오고 있다.
> • 미국 기준금리 인상의 선행지표는 실업률, ___B___, WTI지수 등이 있으며, ___B___ 이/가 상승하는 모습을 보이면 향후 기준금리가 인상을 예상할 수 있다.

> **보기**
>
> ㉠ 대손충당금   ㉡ 소비자물가지수(CPI)
> ㉢ 대손상각비   ㉣ 생산자물가지수(PPI)
> ㉤ GDP 디플레이터

(A :   , B :   )

01 다음 C 프로그램의 실행 결과로 옳은 것은?

```
#include 〈stdio.h〉
int main( )
{
    int sum = 0;
    int x;
    for(x = 1;x < =100;x++)
        sum+=x;
    printf("1 + 2 + ... + 100 = %d\n", sum);
        return 0;
}
```

① 5010   ② 5020

③ 5040   ④ 5050

02 다음 〈보기〉를 실행하는 SQL문장으로 옳은 것은?

> **보기**
>
> 주문(Purchase) 테이블에서 품명(ITEM)이 사과인 모든 행을 삭제하시오.

① KILL FROM Purchase WHEN ITEM="사과"

② KILL FROM Purchase WHERE ITEM="사과"

③ DELETE ITEM="사과"FROM Purchase

④ DELETE FROM Purchase WHERE ITEM="사과"

03 다음 중 가상기억장치 관리 기법인 페이지 대체 알고리즘에 대한 설명으로 적절하지 않은 것은?

① FIFO : 가장 처음에 기록된 페이지를 교체

② LFU : 사용 횟수가 가장 적은 페이지를 교체

③ MRU : 사용 빈도가 가장 많은 페이지를 교체

④ LRU : 최근 쓰이지 않은 페이지를 교체

04 다음 워크시트에서 성별이 '남'인 직원들의 근속연수 합계를 구하는 수식으로 옳지 않은 것은?

	A	B	C	D	E	F
1	사원번호	이름	생년월일	성별	직위	근속연수
2	E5478	이재홍	1980-02-03	남	부장	8
3	A4625	박언영	1985-04-09	여	대리	4
4	B1235	황준하	1986-08-20	남	대리	3
5	F7894	박혜선	1983-12-13	여	과장	6
6	B4578	이애리	1990-05-06	여	사원	1
7	E4562	김성민	1986-03-08	남	대리	4
8	A1269	정태호	1991-06-12	남	사원	2
9	C4567	김선정	1990-11-12	여	사원	1

① =SUMIFS(F2:F9,D2:D9,남)

② =DSUM(A1:F9,F1,D1:D2)

③ =DSUM(A1:F9,6,D1:D2)

④ =SUMIF(D2:D9,D2,F2:F9)

01 다음 글에서 알 수 있는 CPU 스케줄링 방식을 〈보기〉에서 고르면?

> 어떤 프로세스가 CPU를 할당받으면 그 프로세스가 종료되거나 입력 및 출력 요구가 발생할 때까지
> 계속 실행되도록 보장한다. 순차적으로 처리되는 공정성이 있고 다음에 처리해야 할 프로세스와 관
> 계없이 응답시간을 예상할 수 있으며 일괄처리(Batch Processing)에 적합하다. CPU 사용 시간이
> 긴 하나의 프로세스가 CPU 사용 시간이 짧은 여러 프로세스를 오랫동안 대기시킬 수 있으므로, 처
> 리율이 떨어질 수 있다는 단점이 있다. 선입선출 스케줄링(FCFS; First – Come First – Served),
> 최단작업 우선 스케줄링(SJF; Shortest – Job First) 등이 이 스케줄링에 속한다.

보기

㉠ 선점형 스케줄링   ㉡ 비선점형 스케줄링
㉢ 라운드 로빈 스케줄링   ㉣ FCFS 스케줄링

(   )

02 어느 상점에서 뽑기 이벤트를 진행하고자 한다. 뽑기에 당첨될 확률이 5%라고 할 때, 50개의 뽑기
종이가 들어있는 뽑기에서 당첨자가 5명이 나올 확률을 포아송 확률 분포함수를 이용하여 추정한
값은?

(약   %)

정답 및 해설 p.027

01 NCS 직업기초능력

| 금융일반 |

01 I사에서 근무하는 B과장은 30개월 전에 가입하였던 적금을 불가피한 사정으로 해지하려고 한다. 가입한 상품의 정보가 다음과 같을 때, B과장이 받게 될 환급금은?

〈상품 정보〉

- 상품명 : I은행 함께 적금
- 가입 기간 : 6년
- 가입 금액 : 1,500만 원
- 이자 지급 방식 : 만기일시지급, 단리식
- 기본 금리 : 연 2.5%
- 중도해지이율(연 %, 세전)
  − 12개월 미만 : 0.2
  − 18개월 미만 : 0.3
  − 24개월 미만 : (기본금리)×40%
  − 36개월 미만 : (기본금리)×60%

① 15,050,000원   ② 15,562,500원

③ 15,737,500원   ④ 15,975,000원

개인이 자신의 정보를 적극적으로 관리·통제하는 것은 물론 이러한 정보를 신용이나 자산관리 등에 능동적으로 활용하는 일련의 과정을 말한다. 마이데이터는 흩어진 개인 신용정보를 한 곳에 모아 보여주고 재무현황·소비 습관을 분석해 금융상품을 추천하는 등 자산관리와 신용관리를 지원한다.

마이데이터는 데이터 활용체계를 기관 중심에서 정보주체 중심으로 전환하는 것이라 할 수 있다. 즉, 개인이 자신의 정보를 스스로 통제·관리하면서, 해당 정보들이 본인의 의사에 맞춰 활용될 수 있도록 개인의 정보주권을 보장하는 것을 목적으로 한다. 또 금융기관·통신사 등에 수집돼 있는 자신의 개인정보를 다른 기업·기관 등으로 이동시키는 지원 역할을 하는 산업은 '마이데이터 산업' 또는 '본인신용정보 관리업'이라 한다. 우리나라에서는 2021년 12월 1일부터 마이데이터 시범 서비스가 시작됐으며, 2022년 1월 5일부터 전면 시행되었다.

각 개인은 마이데이터를 통해 각종 기업이나 기관 등에 흩어져 있는 자신의 정보를 한 곳에서 한꺼번에 확인할 수 있고, 자발적으로 개인정보를 제공하면 이를 활용해 맞춤 상품이나 서비스를 추천받을 수 있다. 예컨대 소비자가 금융기관 등에 자신의 신용정보를 마이데이터 업체에 전달하라고 요구하면 업체는 관련 정보를 취합해 고객에게 제공한다. 여기에는 은행 입출금 및 대출 내역, 신용카드 사용 내역, 통신료 납부 내역 등 사실상 개인의 모든 금융정보가 그 대상이 된다. 따라서 이러한 정보들을 바탕으로 개인의 재무 현황 분석 등에 활용할 수 있다.

한편, 2022년 1월 5일부터 마이데이터가 본격 시행되면서 금융 소비자는 기존 '스크린 스크레이핑(Screen Scraping)' 방식보다 안전한 애플리케이션 프로그래밍 인터페이스(API) 방식을 통해 개인신용정보 서비스를 제공받을 수 있게 된다. 스크린 스크레이핑 방식은 사업자들이 고객을 대신해 금융사 사이트에 접속하고 화면을 읽어내는 방식인 반면, API 방식은 애플리케이션(스마트폰, 카카오톡 서버 등 서로 다른 프로그램)을 통해 요청과 응답을 주고받는 체계를 말한다.

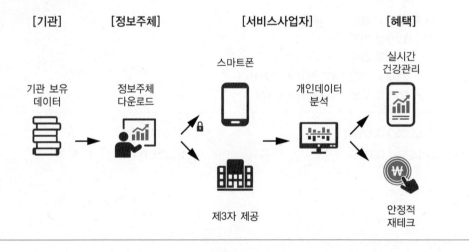

02 다음 중 마이데이터에 대한 설명을 읽고 바르게 이해한 사람은?

① 김사원 : 마이데이터는 여러 기관에 흩어져 저장되어 있는 내 신용 정보들을 내 스마트폰에 직접
            저장하여 관리할 수 있게 해주는 서비스야.

② 이주임 : 마이데이터 서비스가 실시된 2022년 1월 5일 이후에는 금융기관들이 보유한 신용정보
            를 마이데이터 업체도 항상 동일하게 보유하고 있어.

③ 박대리 : 내가 금융사들의 데이터를 불러올 때, 사업자는 중간에 개입하지 않아.

④ 강과장 : 마이데이터 서비스에 포함되는 정보는 각 개인이 실행한 신용거래 관련 내용뿐이야.

03 다음은 I은행에서 제공하는 마이데이터 서비스 관련 내용이다. 본문의 내용으로 볼 때, 타 기관
데이터베이스에 저장된 개인의 정보를 API 방식으로 보여주는 서비스가 아닌 것은?

> 'i – 자산관리'는 은행, 보험, 증권, 카드에 흩어져 있는 개인신용정보를 하나로 모아서 분석·제공
> 하는 개인자산관리 서비스다. 만 19세 이상 개인이라면 이용 가능한데, 개인화된 자산관리, 중소근
> 로자 특화서비스, 생활금융 서비스까지 3가지 기능으로 구성되어 있다.
> 개인화된 자산관리에서는 모든 금융권의 마이데이터 분석을 통해 나의 자산(MY자산), 나의 소비내
> 역(MY지출), 종합적인 자산현황(MY리포트)을 제공한다. 또 분석된 데이터를 기반으로 보유 펀드
> 와 투자 성향을 분석해 예·적금과 펀드로 구성된 포트폴리오를 추천받을 수 있다. MZ세대를 겨냥
> 한 짠테크 저축 서비스인 '안쓰기 챌린지'도 제공한다.
> 중소기업 근로자 특화 서비스로는 신용관리와 커리어관리 서비스를 제공한다. KCB와 제휴를 통해
> 신용점수 조회 후 소득자료를 제출해 신용점수를 관리할 수 있고 'i-ONE JOB'을 통해 나의 모든
> 경력, 연봉 비교, 맞춤 일자리 정보도 얻을 수 있다.
> 생활금융 서비스에는 부동산 서비스와 정부지원금 안내 서비스를 담았다. 부동산 114와 제휴를 통
> 해 전국 부동산 시세 조회와 청약 컨설팅을 제공하고, 거주 지역, 직업, 월소득, 가구원의 정보를
> 입력하면 자신이 받을 수 있는 정부·지자체 지원금도 바로 확인할 수 있다. 정부지원금 안내 서비
> 스는 공공마이데이터가 출시된 올해 초부터 운영 중이다.

① 소비내역(MY지출)   ② 자산현황(MY리포트)
③ 부동산 서비스   ④ 중소기업 근로자 커리어관리 서비스

※ 다음은 IBK 늘푸른하늘통장에 대한 설명이다. 이어지는 질문에 답하시오. [4~5]

〈IBK 늘푸른하늘통장(거치식)〉

미세먼지 개선을 위한 '실천'을 통해 금리우대 혜택을 제공받는 거치식 상품

구분	내용
가입대상	실명의 개인(단, 개인사업자 제외), 1인 다수계좌 가입 가능
계약기간	1년제
가입금액	100만 원 이상(원 단위)
이자지급시기	만기일시지급식 : 만기(후) 또는 중도해지 요청 시 이자를 지급
부가서비스	상해보험 무료서비스 • 보장내용(제공조건 충족일 익월 1일부터 1년간 제공) <table><tr><th>담보구분</th><th>보장금액</th></tr><tr><td>일반 상해사망</td><td>3,000,000원</td></tr><tr><td>교통 상해사망</td><td>3,000,000원</td></tr></table>※ 교통 상해사망의 경우, 일반 상해사망 보험금과 교통 상해사망 보험금이 지급됨 • 제공조건 : 계약금액 1,000만 원 이상 가입한 경우 • 제공기간 : 이 통장 시행일로부터 1년간 제공하며 연장될 수 있습니다.
약정 이율	연 4.50%
우대금리	**환경개선 "실천" 우대금리 : 연 0.25%p** **(계약기간 동안 3가지 중 1가지 이상 충족 시, 우대금리 적용)** • 대중교통 이용 – 계약기간동안 당행 입출금식 계좌와 연결된 후불교통카드 사용실적 발생월수가 3개월 이상인 경우 (매출표 접수 기준) • 친환경 차량 이용 – 전기차, 수소차, LPG차, 하이브리드 차량 이용하는 경우 – 확인서류 : 차량등록증, 자동차보험가입내역서, 차량매매계약서 및 차량 임대계약서 등 친환경 차량 이용을 확인할 수 있는 객관적인 서류 ※ 보험가입내역서 및 계약서는 계약자와 예금주 동일인일 경우 인정 • 노후 경유차 폐차 및 저감장치 부착 – 노후 경유차 폐차 및 저감장치 부착하는 경우 – 확인서류 : 조기폐차 보조금 지급대상 확인서, 차량등록증(저감장치 부착확인) 등 노후 경유차 제한 조치 이행을 확인할 수 있는 객관적인 서류
중도해지 이율	가입일 당시 영업점 및 인터넷 홈페이지에 고시한 중금채(복리채)의 중도해지금리를 적용합니다. • 납입기간 경과비율 10% 미만 : 가입일 현재 계약기간별 고시금리×5% • 납입기간 경과비율 10% 이상 20% 미만 : 가입일 현재 계약기간별 고시금리×10% • 납입기간 경과비율 20% 이상 40% 미만 : 가입일 현재 계약기간별 고시금리×20% • 납입기간 경과비율 40% 이상 60% 미만 : 가입일 현재 계약기간별 고시금리×40% • 납입기간 경과비율 60% 이상 80% 미만 : 가입일 현재 계약기간별 고시금리×60% • 납입기간 경과비율 80% 이상 : 가입일 현재 계약기간별 고시금리×80% (*모든 구간 최저금리 연 0.1% 적용)
만기 후 이율	만기일 이후에 해지할 경우 만기일 당시 중금채(복리채)의 만기 후 금리를 따릅니다. • 만기 후 1개월 이내 : 만기일 당시 계약기간별 고시금리×50% • 만기 후 1개월 초과 6개월 이내 : 만기일 당시 계약기간별 고시금리×30% • 만기 후 6개월 초과 : 만기일 당시 계약기간별 고시금리×20%

04 다음 중 IBK 늘푸른하늘통장 거치식 상품에 대한 내용으로 옳은 것은?

① 제공하는 우대금리를 적용받으려면 친환경 차량을 보유하고 있어야 한다.
② 계약한 모든 사람이 상해보험에도 동시에 가입되는 상품이다.
③ 만기 이후에도 일정 기간 동안에는 약정 이율에 따른 이자를 지급하는 상품이다.
④ 평상시 대중교통을 이용하는 사람은 별도로 서류제출을 하지 않아도 우대금리를 받을 수 있다.

05 다음 A ~ D씨 모두 동일한 금액으로 IBK 늘푸른하늘통장을 개설한다고 가정할 때, 만기 후 가장 많은 원리금을 받을 수 있는 사람은?

① 배기가스 저감장치가 부착된 경유 화물차로 영업하는 개인사업자 A씨
② 회사에서 제공하는 기사가 운전하는 전기자동차를 이용해 매일 출퇴근하는 기업 임원 B씨
③ 지하철로 매일 등하교 하는 대학생 C씨
④ 1년전 노후 경유차를 폐차하고 가솔린차로 교체한 주부 D씨

06 다음 기사를 읽고 추론한 내용 중 박스 포스(BOX POS)에 대한 설명으로 가장 적절한 것은?

I은행의 무선 결제 단말시스템 박스 포스(BOX POS)가 소자본으로 사업을 시작하는 창업자에게 인기를 얻고 있다. 특히 단말기 실물 없이도 신용·체크카드, 간편 결제, 모바일 상품권 등 다양한 결제 수단을 활용할 수 있는 만능 스마트폰 앱(App)이라는 평가를 받으며 디지털 결제 활성화에 기여하고 있다.

일반 포스기는 비용, 시간 등을 지불하고 복잡한 서류 절차를 거쳐야 사용 가능하다는 불편함이 있지만 박스 포스는 회원가입 후 전화인증 및 간편한 기본 서류제출을 통해 법정 카드수수료를 제외한 설치비와 통신비, 유지비용 등을 모두 무료로 이용할 수 있다. 특히 창업을 시작하는 사업자 및 기존에 일반 포스기기를 쓰는 사업자도 박스 포스를 함께 사용할 수 있다.

박스 포스는 사업자들에게 디지털 영수증이 발급되는 만능 결제기로 불리며 만족도를 높이고 있다. 박스 포스는 판매자가 있는 현장에서 직접 배달·이동 결제가 가능하고, 언제·어디서나 24시간 결제가 되는 과정에서 장소와 시간에 구애받지 않는다는 편리성까지 더해져 서비스 도입 이후 8만 명이 넘는 사업자들이 이용하는 등 활용도가 높아지고 있다.

박스 포스는 결제 환경개선에도 도움을 주고 있다. 1인 여성기업 교육으로 8년간 코칭 서비스를 운영하고 있는 휴먼트리코칭센터(HUMAN TREE)의 박승현 원장은 "그동안 단말기 없이 회사를 운영했는데, 비대면 사회 영향 탓인지 1대 1 코칭 수요가 증가함에 따라 단말기 구매가 불가피해졌고 설치부터 사용까지 모두 무료라는 박스 포스를 이용하면서 다양한 결제를 받을 수 있었다"며 "나처럼 1인 기업이나 소자본 창업을 시작하는 대표들은 이동의 편리함과 비용 부담에 대한 어려움이 모두 해소가 되어 박스 포스에 큰 매력적으로 느낄 것"이라고 말했다.

학원 및 공부방 창업을 하는 사업자들도 박스 포스(BOX POS) 사용이 이어지고 있다. 고양시에서 공부방을 운영하고 있는 이윤정 대표는 "박스 포스의 원격 결제로 부모들에게 직접 결제를 받을 수 있기 때문에 아이들에게 전달되었던 실물 카드를 요즘 보기 어렵고, 학부모가 원하는 제로페이 등 다양한 결제 수단이 지원되는 등 박스 포스를 도입하여 편리하게 이용하고 있다"라고 말했다.

한편, I은행 측은 "박스 포스가 지난 2021년 서비스 도입 후 이용자가 꾸준하게 증가하고 있으며, 2023년에는 마케팅을 강화할 계획이다"라고 밝혔다.

① 박스 포스는 인증이 필요없는 결제 단말 시스템이다.
② 박스 포스를 결제 단말로 활용하면 일체의 비용이 발생하지 않는다.
③ 고객을 직접 대면하지 않고 결제를 받을 수 있다.
④ 사용가능한 결제 수단에 제한이 없다.

01 다음 기사에 언급된 신규 시스템 도입으로 기대되는 효과가 아닌 것은?

> I은행이 중소기업 지원 수십년 노하우를 결집해 기업여신 자동심사 시스템을 도입한다. 또한 이 시스템은 금융권에서 주목하고 있는 비재무 데이터를 활용해 기업의 미래 성장성까지 반영할 수 있어 더욱 눈길을 끈다.
>
> I은행의 '기업여신 자동심사 시스템(I Auto-Evaluation)'은 빅데이터 등 최신 신용정보를 활용해 기업의 신용 상태를 진단하고 기술력이나 미래 성장성을 반영한 기업별 맞춤형 여신한도를 산출, 대출 승인 의사를 결정하는 통합시스템이다. 따라서 앞으로는 보다 신속하고 표준화된 여신심사가 가능할 것으로 예상된다. 무엇보다 타 금융기관과 차별성을 갖는 지점은 기업의 미래 성장성을 채무상환능력에 반영한다는 점이다. 기업이 미래에 벌어들일 수익을 정밀한 모형으로 측정해 대출한도에 반영하는 것이다.
>
> 그동안 기업여신 심사는 재무제표 외에도 경기동향, 업종특성 등 외적 요소를 파악해야 하기 때문에 인적심사에 의존해 왔다. 그래서 경험이나 정보수집 능력 등에 따라 담당 인원별로 심사역량의 개인별 격차가 존재했다. I은행 관계자는 "여신심사의 효율성과 표준화를 목표로 130여 명의 여신심사 전문 인력이 참여해 시스템이 개발됐다."며 "중소기업의 금융접근성이 향상되고, 합리적이고 일관성 있는 의사결정으로 은행과 고객 모두에게 이익이 될 것이다."라고 밝혔다.
>
> 기업여신 자동심사 시스템은 총 자산 10억 원 이상 중기업에 대한 운전 및 시설자금 취급 시에 적용될 예정이며, 2022년 5월 말 기준 약 213조원에 달하는 중소기업 대출자산 중 약 87.6% 가량이 해당된다고 볼 수 있다.
>
> 그동안 I은행은 우수한 기술력을 가진 중소기업이 운용 자금을 확보할 수 있도록 기술신용평가(TCB) 등의 수단을 활용하고 있었다. 하지만 아직까지 활성화된 시장이라고 보긴 어려웠다. 이는 기술력의 평가가 그만큼 전문적인 영역이며, 이를 토대로 보증을 지원하는 기술보증기금이나 신용보증기금처럼 정책공공기관이 아니라면 금융기관 입장에서도 구체적인 승인 기준 마련이 어려웠기 때문이다.
>
> I은행 관계자는 "향후 본 시스템이 안정적으로 운영될 수 있도록 관리하는 한편, 시스템 고도화 등 지속적인 업그레이드를 추진할 계획이다."라고 밝혔다.

① 역량이 뛰어난 심사 담당자의 능력을 최대로 활용할 수 있게 된다.
② 아직 실현되지 않은 잠재 가치가 대출한도에 영향을 미치게 된다.
③ 모든 기업들이 동일한 기준으로 심사를 받게 된다.
④ 금융기관이 공공기관에 의존하지 않고도 기술가치평가를 대출심사에 반영하게 된다.

※ 다음은 I은행의 직장인우대MY통장에 대한 설명이다. 이어지는 질문에 답하시오. **[2~3]**

〈직장인우대MY통장(적립식중금채)〉

자산관리가 필요한 직장인을 우대하는 적립식 상품

구분	내용
가입대상	실명의 개인(1인 1계좌) ※ 개인사업자 제외
계약기간	1년제
가입금액	신규금액 : 최소 1만 원 이상 납입한도 : 매월 20만 원 이하(만 원 단위) ※ 총 적립금액 : 240만 원
이자지급방식	만기일시지급식, 단리식
약정 이율	연 3.20%
우대금리	최대 연 1.8%p • 계약기간 동안 아래 조건 충족한 고객이 만기해지하는 경우 각각 제공 [직장인 우대금리] : 연 0.3%p • 가입시점에 직장인으로 확인되는 경우 _표 1_ [최초고객 우대금리] : 연 0.3%p • 당행 실명등록일로부터 3개월 이내 신규 또는 상품가입 직전월 기준 6개월 총 수신평잔 0원 [주거래 우대금리] : 연 0.7%p • 급여이체 실적보유 : 연 0.5%p – 계약기간 동안 6개월 이상 급여이체 실적(50만 원 이상)이 있는 경우 • 카드결제 실적보유 : 연 0.2%p – 계약기간 동안 당행 신용(체크)카드 이용실적이 3백만 원 이상인 경우 (단, 이용실적은 매출표 접수기준으로 결제계좌가 당행인 경우 한함. 현금서비스 실적은 제외) [마이데이터 동의] : 연 0.5%p • 만기일 전일까지 계약기간 中 i-ONE 자산관리 內 마이데이터 동의이력 보유 (단, 만기일 전일까지 마이데이터 동의이력 보유만 인정)
중도해지 이율	가입 당시 영업점 및 인터넷 홈페이지에 고시한 IBK적립식중금채의 중도해지금리를 적용 (단, 모든 구간 최저금리 연 0.1% 적용) • 납입기간 경과비율 10% 미만 : 가입일 현재 계약기간별 고시금리×5% • 납입기간 경과비율 10% 이상 20% 미만 : 가입일 현재 계약기간별 고시금리×10% • 납입기간 경과비율 20% 이상 40% 미만 : 가입일 현재 계약기간별 고시금리×20% • 납입기간 경과비율 40% 이상 60% 미만 : 가입일 현재 계약기간별 고시금리×40% • 납입기간 경과비율 60% 이상 80% 미만 : 가입일 현재 계약기간별 고시금리×60% • 납입기간 경과비율 80% 이상 : 가입일 현재 계약기간별 고시금리×80%

표 1:

가입채널	직장인 자격확인 방법
영업점 창구	재직확인서류* 징구 또는 급여이체 실적 보유 (직전 3개월 內 급여이체 50만 원 이상 1건 이상 있을 경우) * 건강보험자격득실확인서, 재직증명서에 한함(1개월 이내 발급분)
i-ONE Bank	국민건강보험공단의 재직정보를 검증하여 '직장가입자'로 확인되는 경우 (스크래핑 방식 활용)

만기 후 이율	만기일 당시 영업점 및 인터넷 홈페이지에 고시한 IBK적립식중금채의 만기 후 이자율 적용
	• 만기 후 1개월 이내 : 만기일 당시 계약기간별 고시금리×50%
	• 만기 후 1개월 초과 6개월 이내 : 만기일 당시 계약기간별 고시금리×30%
	• 만기 후 6개월 초과 : 만기일 당시 계약기간별 고시금리×20%

02 다음 중 직장인우대MY통장에 대한 설명으로 적절하지 않은 것은?

① 가입기간 동안 적립할 수 있는 금액에 제한이 있다.

② 직장인 우대금리를 적용받으려면 반드시 재직 여부를 검증할 수 있는 서류를 제출해야 한다.

③ 만기일 전날 마이데이터 제공 동의를 철회하게 되면, 마이데이터 동의 우대금리를 적용받을 수 없다.

④ 만기 후 해지하지 않고 오래 보유할 경우 시간이 지남에 따라 점차 이율이 낮아진다.

03 A씨는 2년째 회사의 급여를 받고 있는 I은행계좌에 연동하여 적금을 가입하고자 하였다. A씨의 상황이 아래와 같은 때, A씨가 만기해지 시점에 받게 되는 이자는?

> A씨는 2020년 1월 1일에 i-ONE Bank 모바일 앱을 통해 직장인우대MY통장을 개설하였고, 이후 매월 1일마다 10만 원씩을 납입하였다. A씨의 월급여는 300만 원이며, 월 50만 원의 고정지출인 교통비, 통신비, 아파트관리비는 I은행의 신용카드로 지불하고 있다. 마이데이터 동의를 해달라는 안내를 수시로 받고 있지만, I은행이 타사의 내 정보를 마음대로 들여다보지 않을까 하는 우려에 어떤 기관에서도 마이데이터 사용에 동의하지 않고 있다.

① 24,700원   ② 27,300원

③ 29,250원   ④ 32,500원

04 다음 기사에 언급된 '벤처대출'에 대한 설명으로 가장 적절한 것은?

> 금리인상 등으로 투자심리가 급격히 위축되면서 벤처업계가 자금조달에 심각한 어려움을 겪고 있는 가운데 정부가 15조 원 규모의 성장지원 펀드를 조성해 자금을 공급하고, I은행을 통해 '실리콘밸리식 대출'도 지원하기로 했다. 24일 김위원장은 서울 마포구에 위치한 창업지원기관 '마포프론트원'에서 벤처기업인, 벤처투자업계, 금융권과 함께 간담회를 개최하고 이같은 정부 지원방안을 공개했다. 김위원장은 "벤처기업은 우리경제 성장잠재력 확충과 고용 창출의 중심"이라며 "최근과 같은 '투자 혹한기'에 경쟁력과 혁신성을 가진 기업들이 창업과 성장을 지속할 수 있어야 한다."라고 강조했다. 그는 이어 "금융위와 정책금융기관은 성장잠재력 있는 혁신적 벤처기업에 대한 지원과 민간자금공급의 마중물 역할을 강화할 것"이라고 밝혔다.
>
> 이날 간담회에서 금융위는 혁신성장펀드를 5년간 총 15조 원 규모로 조성해 반도체, 인공지능(AI) 등 신산업 분야의 중소·벤처기업을 지원하고 벤처기업이 유니콘기업으로 성장하는데 필요한 자금을 지원하겠다고 밝혔다.
>
> 혁신성장펀드는 오는 2023년부터 2027년까지 5년간 매년 3조 원씩 15조 원 규모로 조성된다. 정부 지원은 이중 10%인 1조 5,000억 원(연간 3000억 원) 규모다. 투자분야는 반도체, AI, 항공우주 등 신산업·전략산업분야 등 혁신산업 분야와 창업·벤처기업의 유니콘기업 등을 지원하는 성장지원 분야로 나뉜다.
>
> 정부는 투자기준에 민간 의견을 적극 반영하고, 경쟁 공모를 통해 민간의 모펀드 운용 참여를 확대하는 등 민간 자율성을 최대한 활용해 펀드를 운용한다는 방침이다. 정책금융기관(산은, 기은, 신보)에서는 재무제표와 담보가치에서 벗어나 성장성 중심의 심사를 통해 창업·벤처기업에 자금을 공급하는 6조 3,000억 원 규모의 프로그램을 신설한다.
>
> 아울러 I은행은 벤처기업의 자금난 해결을 위해 일반 대출에 '0% 금리'의 신주인수권부사채를 결합한 실리콘밸리은행식 벤처대출을 도입한다. 이를 통해 벤처기업들이 초기 투자유치 이후 후속투자를 받기까지 자금이 부족한 기간에 시중금리보다 낮은 금리로 대출을 이용할 수 있도록 한다는 계획이다.
>
> 벤처대출은 초기투자 유치 이후 후속투자 유치전까지 자금이 필요한 기업이 대상이다. 우수 벤처캐피탈(VC)·액셀러레이터(AC)로부터 추천받은 기업이 주요 대출 대상이 된다. 신속하게 필요자금을 조달하면서 금리부담을 낮추고 싶은 기업이나, 더 높은 기업가치를 위해 후속투자 유치를 미루고 싶은 기업 등이 해당 대출을 이용하면 유리하다.
>
> 기업은행은 기술력·성장잠재력 중심의 심사를 실시해 담보가 부족하거나 신용등급이 다소 낮더라도 대출지원을 한다는 계획이다. 한도는 최근 1년 이내 투자유치금액의 50% 수준이며 창업 3년 이내 기업은 100%까지 대출을 받을 수 있다. 금리는 일반대출(정상금리)에 신주인수권부사채(0% 금리)를 혼합하는 방식이다. 결합비중에 따라 금리는 달라질 수 있다.
>
> 김위원장은 정부의 이 같은 지원책과 함께 금융업계에도 벤처업계에 더욱 적극적인 자금공급과 창업기업의 보육·육성을 위한 인프라를 구축해 달라고 당부했다. 그는 이어 "관련 예산확보와 법률 개정이 원활히 이루어질 수 있도록 국회논의에 적극 협력하고 벤처업계, 중기부 등 관계부처와 지속적으로 소통해 추가적인 지원방안도 검토하겠다."라고 약속했다.

① 벤처캐피탈이나 액셀러레이터로부터의 추천이 반드시 필요하다.

② 과거 투자유치실적에 따라 대출한도가 결정된다.

③ 자금난에 시달리는 기업을 위해 전액 정부지원으로 조성된 펀드가 대출금의 원천이다.

④ 조건을 갖춘 기업들은 0% 금리로 대출을 받을 수 있다.

05 다음 중 중앙은행 디지털 화폐(CBDC)에 대한 설명으로 가장 적절한 것은?

> 중앙은행 디지털 화폐(CBDC)는 중앙은행을 뜻하는 'Central Bank'와 디지털 화폐(Digital Currency)를 합친 용어로, 실물 명목화폐를 대체하거나 보완하기 위해 각국 중앙은행이 발행한 디지털 화폐를 뜻한다. 여기서 디지털 화폐는 내장된 칩 속에 돈의 액수가 기록돼 있어, 물품이나 서비스 구매 시 사용액만큼 차감되는 전자화폐를 가리킨다.
>
> CBDC는 블록체인이나 분산원장기술 등을 이용해 전자적 형태로 저장한다는 점에서 암호화폐와 유사하지만, 중앙은행이 보증한다는 점에서 비트코인 등의 민간 암호화폐보다 안정성이 높다. 또 국가가 보증하기 때문에 일반 지폐처럼 가치 변동이 거의 없다는 점에서, 실시간으로 가격 변동이 큰 암호화폐와 차이가 있다. CBDC는 전자적 형태로 발행되므로 현금과 달리 거래의 익명성을 제한할 수 있으며, 정책 목적에 따라 이자 지급·보유한도 설정·이용시간 조절이 가능하다는 장점이 있다.
>
> 한편, 2019년 페이스북의 암호화폐인 리브라가 공개되면서 이에 위기를 느낀 각국 중앙은행은 디지털 화폐 개발 경쟁에 본격적으로 뛰어들기 시작했다. 특히 중국 중앙은행인 인민은행은 달러 중심의 국제 금융질서를 재편한다는 목적으로 2014년부터 디지털 화폐를 연구하기 시작해 이 분야에서 상당히 앞서 있으며, 스웨덴은 2020년부터 디지털 화폐 'e-크로나' 테스트를 본격 가동하고 있다. 여기에 유럽중앙은행(ECB)과 영란은행(BOE)·일본은행(BOJ)·캐나다은행·스웨덴 중앙은행·스위스국립은행은 2020년 1월 CBDC에 대해 공동으로 연구하는 그룹을 만들기로 한 바 있다. 특히 2020년부터 전 세계로 확산된 코로나19 사태로 현금 사용이 줄고 온라인 결제가 급증하면서, 많은 국가들이 디지털 화폐 개발에 관심을 기울이는 추세다. 한국은행도 여러 시중은행과 CBDC 테스트를 하고 있다.
>
> 글로벌 금융기관도 도입 테스트를 활발하게 하고 있다. 국제결제은행(BIS)은 지난 8월 15일부터 9월 23일까지 파일럿테스트를 했다. 국제은행간통신협회(SWIFT·스위프트)는 내년에 중앙·시중은행 14곳이 중앙 허브에 이어지는 시스템을 갖추고 진전된 시험을 계획 중이다.

① 실물 화폐와는 명목 가치가 다르다.
② 저장의 형태 측면에서 민간 암호화폐와는 큰 차이가 있다.
③ 현금을 은행에 입금하면 그로 인해 늘어난 잔고도 여기에 포함된다.
④ 관련 연구에 민간 기관들이 참여하고 있다.

06 다음은 IBK D-day적금 상품의 특약이다. 이에 대한 설명으로 옳지 않은 것은?

〈IBK D-day 특약적금〉

제1조(약관의 적용)
IBK D-day적금(이하 '이 적금'이라 한다) 거래는 이 특약을 적용하고 이 특약에서 정하지 아니한
사항은 '적립식예금약관', '예금거래기본약관'을 적용합니다.

제3조(가입대상)
이 적금의 가입대상은 실명의 개인(개인사업자 및 외국인비거주자 제외)으로 동일인당 최대 3계좌
까지 가입할 수 있습니다.

제4조(계약기간)
이 적금의 계약기간은 6개월 이상 12개월 이하 일단위로 거래할 수 있습니다.

제5조(월 적립금액)
이 적금의 월 적립금액은 계좌당 최소 1만 원 이상 월 20만 원 이하 1천 원 단위로 거래할 수 있습니다.

제6조(목표금액)
이 적금은 만기일까지 적립하고자 하는 목표금액을 신규시점에 별도로 설정합니다. 목표금액은 (월
적립금액 한도 20만 원×만기까지의 개월 수)의 값 이내로 설정해야 하며, 만기 시점에 목표금액이
상 적립여부에 따라 우대금리를 제공합니다.

제8조(우대금리)
이 적금은 계약기간 중 다음 각 호의 요건을 충족하고 만기 해지하는 경우 해당 우대금리를 제공합
니다.
1. 당행 입출금식 계좌에서 이 적금으로 자동이체를 통해 3회 이상 납입하고 만기일 전일까지 목표
   금액 이상 납입하는 경우 연 1.0%p
2. 가입시점에 아래 2가지 조건 중 1가지 이상 충족하는 최초 거래 고객인 경우 연 0.5%p
   - 실명등록일로부터 3개월 이내
   - 가입일 직전월 기준 6개월간 총수신평잔 '0'원

제11조(만기자동해지)
이 적금은 만기자동해지를 신청한 경우 만기일에 자동 해지하여 세후 원리금을 고객이 지정한 본인
명의 입출금식 계좌로 이체합니다. 다만, 질권설정 또는 압류 등 출금제한이 등록된 계좌는 자동해
지가 불가합니다.

제12조(제한사항)
이 통장은 비대면채널 전용상품으로 영업점 창구를 통해서 가입할 수 없으며, 실물통장이 발급되지
않습니다.

---

① 이 적금에 가입하고자 하는 개인사업자는 최대 3계좌를 가입할 수 있다.
② 월 55,000원을 적립하는 방식으로 가입이 가능하다.
③ 최대 1.5%p의 우대금리를 적용받을 수 있다.
④ 압류된 계좌의 경우, 만기가 되어도 자동해지가 되지 않는다.

| 금융일반 - 객관식 |

01 다음 중 재고자산에 대한 설명으로 옳은 것은?(단, 재고자산감모손실 및 재고자산평가손실은 없다)

① 선입선출법 적용 시 물가가 지속적으로 상승한다면, 계속기록법에 의한 기말재고자산금액이 실지재고조사법에 의한 기말재고자산 금액보다 작다.

② 선입선출법 적용 시 물가가 지속적으로 상승한다면, 계속기록법에 의한 기말재고자산금액이 실지재고조사법에 의한 기말재고자산 금액보다 크다.

③ 재고자산 매입 시 부담한 매입운임은 운반비로 구분하여 비용처리한다.

④ 부동산 매매기업이 정상적인 영업과정에서 판매를 목적으로 보유하는 건물은 재고자산으로 구분한다.

02 다음 중 재무제표의 표시에 대한 설명으로 옳지 않은 것은?

① 재무제표가 한국채택국제회계기준의 요구사항을 모두 충족한 경우가 아니라면 한국채택국제회계기준을 준수하여 작성되었다고 기재하여서는 안 된다.

② 기업이 재무상태표에 유동자산과 비유동자산으로 구분하여 표시하는 경우, 이연법인세자산은 유동자산으로 분류하지 아니한다.

③ 비용을 기능별로 분류하는 기업은 감가상각비, 기타 상각비와 종업원급여비용을 포함하여 비용의 성격에 대한 추가 정보를 공시한다.

④ 수익과 비용의 어느 항목은 포괄손익계산서 또는 주석에 특별손익항목으로 별도 표시한다.

03 다음 중 가중평균자본비용(WACC)에 대한 설명으로 옳지 않은 것은?

① 가중평균자본비용(WACC)은 기업의 자본비용을 시장가치 기준에 따라 총자본 중에서 차지하는 가중치로 가중 평균한 것이다.

② 일반적으로 기업의 자본비용은 가중평균자본비용을 의미한다.

③ 가중치를 시장가치 기준의 구성 비율이 아닌 장부가치 기준의 구성 비율로 하는 이유는 주주와 채권자의 현재 청구권에 대한 요구수익률을 측정하기 위해서이다.

④ 기업자산에 대한 요구수익률은 자본을 제공한 채권자와 주주가 평균적으로 요구하는 수익률을 의미한다.

04 다음 중 ABC 재고관리에 대한 설명으로 옳은 것은?

① A등급에는 재고가치가 낮은 품목들이 속한다.

② A등급 품목은 로트 크기를 크게 유지한다.

③ 가격, 사용량 등을 기준으로 등급을 구분한다.

④ 등급 분석을 위해 롱테일(Long Tail) 법칙을 활용한다.

05 다음 〈보기〉의 설명 중 기사에서 언급되고 있는 은행의 핵심 수익성 지표인 순이자마진(NIM; Net Interest Margin)에 대한 설명으로 옳지 않은 것을 모두 고르면?

> 지난 11일 금융권에 따르면 금리하락 추세에 은행들의 수익성 악화가 불가피해지면서 NIM 전망치가 기존 전망보다 나빠질 것으로 예상된다. 앞서 올해 1분기 은행 NIM은 1 ~ 2bp(1bp=0.01%p) 하락해 지난해 하반기 대비 하락폭이 크게 감소해 안정세를 보이고, 2분기부터는 정상궤도에 진입할 것으로 전망됐었다. 실제로 지난 1월 은행권 예대금리차도 지난해 12월 수준을 유지했다.
> 그러나 최근 미국 금리인하 이후 금리하락 분위기에 의해 기존 NIM 전망치가 바뀔 여지가 발생하고 있다. IBK투자증권에 따르면 은행권은 1분기 하락폭이 다소 확대돼 3 ~ 4bp 하락 가능 전망이며, 향후 금리 추이에 따라 2분기도 하락할 가능성이 생겼다. IBK투자증권 연구원은 "물론 바이러스에 의한 경기 영향을 가늠하기 쉽지 않아 금리 변동성이 심해진 상태인 점을 감안하면 2분기 NIM 전망도 쉽지 않은 시점이지만 한국은행의 금리인하 또는 인하 이전에 시장금리 하락 가능성이 높아진 것은 사실"이라고 말했다.
> 한 시중은행 관계자는 "지난해 한국은행이 두 차례 기준금리를 인하하면서 시장금리 하락의 영향으로 시중은행들의 NIM 역시 일제히 하락할 수밖에 없었다."면서 "올해 역시 추가적인 금리인하가 예상되고 있기 때문에 NIM 하락이 불가피한 상황으로 전망하고 있다."라고 말했다. 이와 관련해 한국금융연구원은 '2020년 은행산업의 경영환경과 주요 과제' 보고서를 통해 "글로벌 무역분쟁, 중동지역 긴장 고조, 신종 코로나바이러스 감염증 등 글로벌 정치・경제 불확실성이 계속될 것으로 예상된다."라고 전제했다. 이어서 "국내경제의 저성장・저금리 기조 지속으로 취약기업의 부실리스크가 증가하고, 대출자산 성장 둔화 등에 따른 은행의 NIM도 축소될 것"이라고 전망하기도 했다.

보기

ㄱ. 순이자마진은 이자수익자산 운용수익에서 이자비용부채 조달 비용을 뺀 값이다.

ㄴ. 국내경제의 경기침체가 장기화되면 은행의 순이자마진은 개선될 수 있다.

ㄷ. 순이자마진은 이자자산순수익을 이자수익자산의 평잔으로 나누어 산출한다.

ㄹ. 중앙은행의 기준금리 인하는 은행의 수익성 지표인 순이자마진을 악화시킬 수 있다.

① ㄱ, ㄴ   ② ㄱ, ㄷ

③ ㄴ, ㄷ   ④ ㄴ, ㄹ

06 다음 재무상태표를 바탕으로 계산한 경영비율 중 적절하지 않은 것은?

〈2022년 7월 31일 현재 재무상태표〉

(단위 : 원)

유동자산	100억	부채	100억
현금	50억	유동부채	50억
매출채권	30억	비유동부채	50억
재고자산	20억		
비유동자산	100억	자본	100억
유형자산	60억	자본금	40억
무형자산	40억	자본잉여금	30억
		이익잉여금	30억
		(당기순이익 10억 포함)	
자산총계	200억	부채와 자본총계	200억

① 유동비율은 50%이다.

② 당좌비율은 160%이다.

③ 자기자본비율은 50%이다.

④ 총자산순이익률(ROA)은 5%이다.

07 다음 두 사례에 공통으로 나타난 전략으로 가장 적절한 것은?

[사례 1]
L사는 오랫동안 꾸준히 사랑받아온 아이스크림 수박바의 형태를 위아래 거꾸로 바꾸어 출시하면서 기존 수박바의 아랫부분을 좋아하던 소비자들의 큰 관심을 받고 있다. 이뿐만 아니라 대표 아이스크림인 죠스바를 떠먹는 형태로 새로 출시하여 큰 인기를 끌고 있다.

[사례 2]
드라마와 뮤지컬로 제작된 인기 만화 ○○이 게임캐릭터로 등장해 인기를 끌고 있다. 이처럼 최근 하나의 콘텐츠가 다양한 상품으로 파생되는 '원 소스 멀티 유즈(One Source Multi-use)' 전략이 등장하고 있다.

① 레드오션(Red Ocean)

② 블루오션(Blue Ocean)

③ 퍼플오션(Purple Ocean)

④ 그린오션(Green Ocean)

08 광희와 태일이는 뉴스 헤드라인을 본 후 다음과 같은 대화를 나누었다. 대화에서 빈칸 A와 B에 들어갈 내용으로 가장 적절한 것은?

[뉴스 헤드라인]
- 연방공개시장위원회의 비둘기파적 결과와 애플 및 보잉의 양호한 실적에 힘입어 뉴욕증시가 큰 폭으로 올랐습니다.
- 무역전쟁을 일으킨 트럼프가 중국과 워싱턴 매파 사이에서 진퇴양난인 상황입니다.
- 비둘기파 옐런의 '가상화폐에는 매였다.'라는 발언에 비트코인 등 가상화폐 시세가 추락하고 있습니다.

광희 : 정치 뉴스에서는 그 많은 새 가운데 유독 매랑 비둘기를 얘기하는지 모르겠어. 독수리나 꿩, 까치 등 종류가 다양한데 말이야.

태일 : 아, 그건 매와 비둘기의 모습에서 유래된 말이래. 매가 자기보다 몸집이 작은 새나 닭 등을 잡아먹다 보니까 성격이 난폭하잖아. 그래서 강경하고 보수적인 사람들을 매파라 하는 거지. 또 비둘기는 흔히 평화의 상징으로 불리잖아. 이처럼 부드러운 온건파를 비둘기파라고 부른대.

광희 : 그렇구나. 또다른 예도 있어?

태일 : 어 있어! 예를 들어 지금처럼 코로나19로 경기가 안 좋을 때는 경기 부양을 위해 금리를 인하하여 시중에 돈을 풀어야 한다고 주장하는 사람들을 ___A___ 파라고 하고, 반대로 경기가 과열 조짐을 보이면 기준금리를 올려 시중에 풀려 있는 통화를 거둬들이고 물가를 안정시키자는 주장을 하는 사람들을 ___B___ 파라고 해. 또 금리정책에 확실한 입장을 표명하지 않고 경제상황에 따라 때로는 금리 인상, 때로는 금리 인하, 혹은 금리 동결 등을 주장하는 이들과 곧 임기가 만료되어 남은 임기 동안 정책에 관심도 없고 일관성도 없는 이들도 각종 조류로 비유하고 있어.

	A	B
①	매	비둘기
②	매	올빼미
③	비둘기	매
④	비둘기	올빼미

09 다음 상황에서 나타나는 효과로 가장 적절한 것은?

전 세계적으로 전자상거래가 활발해짐에 따라 소비자들은 오프라인 매장보다 온라인 매장을 더 선호하게 되었다. 실시간으로 거래금액을 비교할 수 있는 온라인 매장에서는 오프라인 매장과 비교할 수 없을 만큼 가격경쟁이 치열하므로 다양한 제품을 더 저렴한 가격에 구매할 수 있다. 이에 따라 소비자들은 식료품 등 신선도가 중요한 제품을 제외하고는 오프라인 매장보다 온라인 매장을 이용하는 추세이다. 특히 2019년 이후 우리나라의 소비자물가는 마이너스를 기록하였고, 실제로 온라인 쇼핑 시장의 확대로 연평균 물가상승률이 떨어지고 있다는 연구 결과도 나타났다.

① 구글 효과
② 아마존 효과
③ 플라이휠 효과
④ 블랙스완 효과

10 다음 기사를 읽고 밑줄 친 부분에 해당하는 마케팅 전략으로 가장 적절한 것은?

'인기메뉴 평균 14% 할인… '맥런치' 재출시 3주 만에 100만 개 판매'

한국맥도날드는 '맥런치'를 3년 만에 재출시했다. 맥런치는 고객들이 가장 선호하는 대표 버거 세트를 매일 오전 10시 30분부터 오후 2시까지 할인된 가격으로 제공하는 밸류 플랫폼이다. 맥런치는 빅맥, 맥스파이시 상하이 버거, 1955 버거, 베이컨 토마토 디럭스, 맥치킨 모짜렐라, 슈슈 버거, 쿼터파운더 치즈 7종으로 구성해 취향에 맞게 폭넓게 즐길 수 있도록 했다. 정가 대비 평균 약 14% 할인된 가격으로 세트 메뉴를 만나볼 수 있어 누구나 푸짐한 점심을 부담 없이 즐길 수 있다.

① 판매경로정책
② 대량판매전략
③ SNS마케팅
④ 타임마케팅

11 다음은 ㈜종로의 매출 및 매입 관련 자료이다. x1년의 매출총이익률을 이용하여 구한 x2년의 기말 재고자산 가액은?

〈㈜종로 매출 및 매입〉

(단위 : 원)

구분	x1년	x2년
매출액	400,000	500,000
매출에누리 및 환입	40,000	20,000
기초재고	100,000	110,000
당기매입	280,000	400,000
매입에누리 및 환출	0	10,000
기말재고	110,000	×××

① 140,000원   ② 150,000원

③ 160,000원   ④ 162,500원

12 다음 중 기업이 임직원에게 자기 회사의 주식을 일정 수량, 일정 가격으로 매수할 수 있는 권리를 부여하는 제도는?

① 사이드카(Side Car)

② 스톡옵션(Stock Option)

③ 트레이딩칼라(Trading Collar)

④ 서킷브레이커(Circuit Breaker)

13 다음 프로그램의 출력이 소수점까지 바르게 출력되기 위해 ⓐ에 들어갈 자료형은?

```
#include 〈stdio.h〉
int main( ) {
  float a;
  int b=3, c=2;
  a=((ⓐ)b/c;
  printf("%f", a);
}
```

① void   ② static

③ float   ④ int

01 다음 〈보기〉 중 고정된 패스워드 대신 무작위로 생성되는 일회용 패스워드를 이용하는 사용자 인증 방식은?

> **보기**
>
> ㉠ 공인인증서 　　　　　　　　　　㉡ 전자서명
>
> ㉢ OTP 　　　　　　　　　　　　　㉣ 블록체인
>
> ㉤ 보안카드

(　　　　　　　　　　　　　　　　　　　)

02 I회사는 2022년 초 주당 액면금액이 ₩150인 I회사의 보통주 20주를 주당 ₩180에 취득하였고, 총거래원가 ₩150을 지급하였다. I회사는 동 주식을 기타포괄손익 – 공정가치 측정 금융자산으로 분류하였고 2022년 말 동 주식의 공정가치는 주당 ₩240이다. 다음 중 동 금융자산과 관련하여 2022년 인식할 기타포괄이익은?

(₩　　　　　　　　　　　　　　　　　　)

03 다음 〈보기〉 중 저량(Stock)변수에 해당하는 것을 모두 고르면?

> **보기**
>
> ㉠ GDP 　　　　　　　　　　　　㉡ 국제수지
>
> ㉢ 외환보유액 　　　　　　　　　　㉣ 인구수
>
> ㉤ 생산량 　　　　　　　　　　　　㉥ 재무상태표
>
> ㉦ 손익계산서 　　　　　　　　　　㉧ 통화량

(　　　　　　　　　　　　　　　　　　　)

04 다음 〈보기〉 중 환율(원/달러)이 상승하는 상황을 모두 고르면?

> **보기**
>
> ㉠ 국내 실질이자율의 상승
> ㉡ 미국인들의 소득 증가
> ㉢ 국내 물가수준의 하락
> ㉣ 미국 투자자의 국내 주식 매각
> ㉤ 국내 기업의 미국 현지공장 설립

(   )

05 다음은 I사의 당기 재고자산 관련 자료이다. 가중평균 소매재고법에 따른 당기 매출원가는?

(단위 : 원)

구분	원가	매가
기초재고	1,800	2,000
매입	6,400	8,000
매출	?	6,000
기말재고	?	4,000

(원)

| 디지털 - 객관식 |

01 다음 〈조건〉에 따라 페이지 기반 메모리 관리시스템에서 LRU(Least Recently Used) 페이지 교체 알고리즘을 구현하였다. 주어진 참조열의 모든 참조가 끝났을 경우 최종 스택(Stack)의 내용으로 옳은 것은?

> **조건**
> • LRU 구현 시 스택을 사용한다.
> • 프로세스에 할당된 페이지 프레임은 4개이다.
> • 메모리 참조열 : 1 2 3 4 5 3 4 2 5 4 6 7 2 4

①
스택 top	7
	6
	4
스택 bottom	5

②
스택 top	2
	7
	6
스택 bottom	4

③
스택 top	5
	4
	6
스택 bottom	2

④
스택 top	4
	2
	7
스택 bottom	6

02 다음 중 데이터베이스에서 정보 부재를 명시적으로 표시하기 위해 사용하는 특수한 데이터 값은?

① 샵(#)
② 영(Zero)
③ 공백(Blank)
④ 널(Null)

03 다음 중 SQL에서 데이터 검색을 할 경우 검색된 결과값의 중복 레코드를 제거하기 위해 사용되는 옵션은?

① CASCADE
② DISTINCT
③ ALL
④ *

04 다음 순서도가 의미하는 알고리즘에 대한 설명으로 적절하지 않은 것은?(단, N은 양의 정수이다)

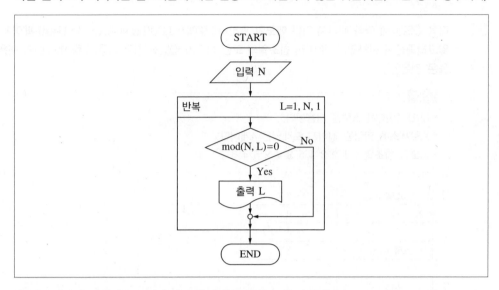

① 알고리즘이 반복되는 동안 L값이 출력되는 횟수는 총 N회이다.
② 출력되는 L값은 입력 값과 관계없이 1개 이상이다.
③ N값이 1보다 클 때, 출력된 L값의 합은 항상 N보다 크다.
④ mod(N, L)는 N을 L로 나눈 나머지 값을 출력한다.

05 다음 중 시스템의 보안 취약점을 활용한 공격 방법에 대한 설명으로 적절하지 않은 것은?

① Sniffing 공격은 네트워크상에서 자신이 아닌 다른 상대방의 패킷을 엿보는 공격이다.
② Exploit 공격은 공격자가 패킷을 전송할 때 출발지와 목적지의 IP 주소를 같게 하여 공격 대상
   시스템에 전송하는 공격이다.
③ SQL Injection 공격은 웹 서비스가 예외적인 문자열을 적절히 필터링하지 못하도록 SQL문을
   변경하거나 조작하는 공격이다.
④ XSS(Cross Site Scripting) 공격은 공격자에 의해 작성된 악의적인 스크립트가 게시물을 열람하
   는 다른 사용자에게 전달되어 실행되는 취약점을 이용한 공격이다.

01 TCP / IP 프로토콜 중 전송계층인 TCP에 대한 설명으로 적절한 것을 〈보기〉에서 모두 고르면?

> **보기**
> ㉠ 비연결형 서비스를 지원한다.
> ㉡ UDP보다 데이터 전송 신뢰도가 낮다.
> ㉢ 송신할 데이터를 패킷 단위로 전송한다.
> ㉣ 수신 측에서 잘못 전송된 패킷에 대해 재전송을 요구한다.

( )

02 다음 프로그램의 실행 결과는?

```
public class test {
public static void main(String[ ] args) {
int i=0;
int c=0;

while (i < 10) {
i++;
c*=i;
}
System.out.println(sum);
}
}
```

( )

05 2022년 상반기 기출복원문제

정답 및 해설 p.046

01 NCS 직업기초능력

01 다음 글을 읽고 가질 수 있는 질문으로 가장 적절한 것은?

> 인간의 신경조직을 수학적으로 모델링하여 컴퓨터가 인간처럼 기억·학습·판단할 수 있도록 구현한 것이 인공 신경망 기술이다. 신경 조직의 기본 단위는 뉴런인데, 인공 신경망에서는 뉴런의 기능을 수학적으로 모델링한 퍼셉트론을 기본 단위로 사용한다.
>
> 퍼셉트론은 입력값들을 받아들이는 여러 개의 입력 단자와 이 값을 처리하는 부분, 처리된 값을 내보내는 한 개의 출력단자로 구성되어 있다. 퍼셉트론은 각각의 입력단자에 할당된 가중치를 입력값에 곱한 값들을 모두 합하여 가중합을 구한 후, 고정된 임계치보다 가중합이 작으면 0, 그렇지 않으면 1과 같은 방식으로 출력값을 내보낸다.
>
> 이러한 퍼셉트론은 출력값에 따라 두 가지로만 구분하여 입력값들을 판정할 수 있을 뿐이다. 이에 비해 복잡한 판정을 할 수 있는 인공신경망은 다수의 퍼셉트론을 여러 계층으로 배열하여 한 계층에서 출력된 신호가 다음 계층에 있는 모든 퍼셉트론의 입력 단자에 입력값으로 입력되는 구조로 이루어진다. 이러한 인공신경망에서 가장 처음에 입력값을 받아들이는 퍼셉트론들을 입력층, 가장 마지막에 있는 퍼셉트론들을 출력층이라고 한다.
>
> 어떤 사진 속 물체의 색깔과 형태로부터 그 물체가 사과인지 아닌지를 구별할 수 있도록 인공신경망을 학습시키는 경우를 생각해 보자. 먼저 학습을 위한 입력값들 즉 학습데이터를 만들어야 한다. 학습데이터를 만들기 위해서는 사과 사진을 준비하고 사진에 나타난 특징인 색깔과 형태를 수치화해야 한다. 이 경우 색깔과 형태라는 두 범주를 수치화하여 하나의 학습데이터로 묶은 다음, '정답'에 해당하는 값과 함께 학습데이터를 인공 신경망에 제공한다. 이때 같은 범주에 속하는 입력값은 동일한 입력단자를 통해 들어가도록 해야 한다. 그리고 사과 사진에 대한 학습데이터를 만들 때에 정답인 '사과이다'에 해당하는 값을 '1'로 설정하였다면 출력값 '0'은 '사과가 아니다.'를 의미하게 된다.

① 인공신경망 기술에서 뉴런에 대응될 수 있는 기본 단위는 무엇일까?
② 퍼셉트론이 출력값을 도출하는 방법은 무엇일까?
③ 퍼셉트론은 0과 1의 출력값만을 도출할 수 있음에도 인공신경망은 복잡한 판단을 할 수 있을까?
④ 앞으로 인공신경망을 활용할 수 있는 분야는 어떤 것들이 있을까?

02 다음은 상반기 및 하반기에 보도되었던 I사의 채용관련 자료 중 일부이다. 이에 대한 내용으로 적절하지 않은 것은?

I사, 올해 상반기 신규직원 458명 채용

I사는 '코로나19' 사태로 위축된 채용시장에 활기를 불어넣고 사회적 가치를 실현하기 위해 상반기 신규직원 458명을 채용한다고 밝혔다.

채용인원 458명 중 일반채용 393명, 사회형평적 채용 65명(장애인 15명, 국가유공자 50명)을 채용할 계획으로, 원서접수는 4.2.(목)부터 4.16.(목)까지이며, 이후 서류심사, 필기, 면접시험을 거쳐 선발된 최종합격자는 7월 20일 임용될 예정이다.

전년도 채용과 달라지는 점은 모집 지역이 6개 지역본부에서 14개 지역으로 세분화되고, 기존 자격 기준인 모집지역에서 3년 이상 거주 또는 최종학력 소재지 응시 자격을 없앴다는 것이다. 또 근무조건을 모집지역 5년 이상 근무하는 것으로 하여 지원자 본인은 생활권을 고려하여 지원해야 할 것으로 보인다.

I사는 현재 코로나19 사태와 관련, 안전한 채용을 위해 고사장 사전・사후 방역은 물론 마스크 착용, 발열 확인 등 안전 대책방안을 수립하여 철저히 대비하여 추진할 것이나, 앞으로의 코로나19 확산추이 및 정부의 지침에 따라서는 필기시험 및 면접 일정은 변경될 수도 있다고 보도했다.

I사, 올해 하반기 신규직원 465명 채용

I사는 '코로나19'로 위축된 채용시장에 활기를 불어넣고 은행의 직무 역량에 맞는 전문성 있는 신규직원 465명을 채용한다고 밝혔다.

채용인원 465명 중 일반채용 345명, 사회형평적 채용 120명(고졸 70명, 국가유공자 50명)을 채용할 계획으로, 원서접수는 8.13.(목)부터 8.27.(목)까지이며 상반기와 달리 채용 지원서를 온라인 접수로만 진행하기로 하였다. 또한 하반기 채용에서는 사회배려계층인 한부모가정과 북한이탈주민까지 우대가점 대상을 확대하였다. 이후 서류심사, 필기, 면접시험을 거쳐 선발된 최종합격자는 12월에 임용될 예정이다.

모집지역은 상반기 채용과 동일하게 14개 지역이며, 근무조건 또한 모집지역 내에서 5년 이상 근무하는 것으로 이 역시 상반기와 동일하다.

I사는 '코로나19' 감염을 대비하여 상반기 신규직원 채용을 안전하게 치른 경험을 바탕으로 고사장 사전・사후 방역은 물론 마스크 착용, 발열확인 등 철저한 안전 대책방안을 수립하여 대비할 것이라고 밝혔다.

① 상반기 대비 하반기의 전체 채용인원은 증가하였지만, 일반 채용인원은 감소하였다.
② 국가유공자 채용인원은 상반기와 하반기가 동일하다.
③ 하반기보다는 상반기에 사회적 가치 실현에 더 중점을 두었다.
④ 하반기 지원 역시 지원자 본인의 생활권을 고려하여 지원해야 할 것이다.

다음을 읽고 〈보기〉의 의뢰인이 사용하면 좋을 기술 유형과 그 기술에 대한 설명이 바르게 연결된 것은?

> 인터넷 뱅킹이나 전자상거래를 할 때 온라인상에서 사용자 인증은 필수적이다. 정당한 사용자인지를 인증받는 흔한 방법은 아이디(ID)와 비밀번호를 입력하는 것으로, 사용자가 특정한 정보를 알고 있는지 확인하는 방식이다. 그러나 이러한 방식은 고정된 정보를 반복적으로 사용하기 때문에 정보가 노출될 수 있다. 이러한 문제점을 보완하기 위해 개발된 인증 기법이 OTP(One-Time Password; 일회용 비밀번호) 기술이다. OTP 기술은 사용자가 금융거래 인증을 받고자 할 때마다 해당 기관에서 발급한 OTP 발생기를 통해 새로운 비밀번호를 생성하여 인증받는 방식이다.
> OTP 기술은 크게 비동기화 방식과 동기화 방식으로 나눌 수 있다. 비동기화 방식은 OTP 발생기와 인증 서버 사이에 동기화된 값이 없는 방식으로, 인증 서버의 질의에 사용자가 응답하는 방식이다. OTP 기술 도입 초기에 사용된 질의 응답 방식은 인증 서버가 임의의 6자리 수, 즉 질의 값을 제시하면 사용자는 그 수를 OTP 발생기에 입력하고, OTP 발생기는 질의 값과 다른 응답 값을 생성한다. 사용자는 그 값을 로그인 서버에 입력하고 인증 서버는 입력된 값을 확인한다. 이 방식은 사용자가 OTP 발생기에 질의 값을 직접 입력해 응답 값을 구해야 하는 번거로움이 있기 때문에 사용이 불편하다.
> 이와 달리 동기화 방식은 OTP 발생기와 인증 서버 사이에 동기화된 값을 설정하고 이에 따라 비밀번호를 생성하는 방식으로, 이벤트 동기화 방식이 있다. 이벤트 동기화 방식은 기초 값과 카운트 값을 바탕으로 OTP 발생기는 비밀번호를, 인증 서버는 인증값을 생성하는 방식이다. 기초 값이란 사용자의 신상정보와 해당 금융기관의 정보 등이 반영된 고유한 값이며, 카운트 값이란 비밀번호를 생성한 횟수이다. 사용자가 인증을 받아야 할 경우 이벤트 동기화 방식의 OTP 발생기는 기초 값과 카운트 값을 바탕으로 비밀번호를 생성하게 되며, 생성된 비밀번호를 사용자가 로그인 서버에 입력하면 된다. 이때 OTP 발생기는 비밀번호를 생성할 때마다 카운트 값을 증가시킨다. 인증 서버 역시 기초 값과 카운트 값으로 인증값을 생성하여 로그인 서버로 입력된 OTP 발생기의 비밀번호와 비교하는 것이다. 이때 인증에 성공하면 인증 서버는 카운트 값을 증가시켜서 저장해두었다가 다음 번 인증에 반영한다. 그러나 이 방식은 OTP 발생기에서 비밀번호를 생성만 하고 인증하지 않으면 OTP 발생기와 인증 서버 간에 카운트 값이 달라지는 문제점이 있다.

보기

> 의뢰인 : 안녕하세요. 저희 I은행에서는 OTP 기기를 사용해서 고객님들의 본인 인증을 받고 있습니다. 그런데 기존에 사용하던 OTP 기술은 고객님들이 비밀번호를 발급받으시고 인증을 받지 않으시는 경우가 종종 있어 인증 서버에 문제가 자주 발생하여 저희 은행이 피해를 보고 있습니다. 그래서 이번에 다른 유형의 OTP를 사용해보면 어떨까 하는데, 사용하면 좋을 OTP 기술의 유형을 추천해 주실 수 있을까요?

① 비동기화 방식 OTP : OTP 발생기는 비밀번호를, 서버는 인증값을 각각 생성한다.
② 비동기화 방식 OTP : OTP 발생기와 인증 서버 사이에 동기화된 값이 없다.
③ 이벤트 동기화 방식 : 인증 서버는 인증값, OTP 발생기는 비밀번호를 생성한다.
④ 이벤트 동기화 방식 : 사용자가 직접 응답 값을 구해야 하는 번거로움이 있다.

04 다음은 부동산금융사업과 관련한 리츠에 대한 자료이다. 〈보기〉 중 자료의 (가) ~ (다)에 들어갈 내용으로 옳지 않은 것은?

- (가)

  리츠(REITs; Real Estate Investment Trusts)란 주식 또는 증권을 발행해 다수의 투자자로부터 자금을 모집하고, 이를 부동산에 투자하여 얻은 운용수익을 투자자에게 90% 이상 배당하는 부동산투자회사를 말한다. 리츠는 1960년 미국에서의 최초 도입을 시작으로 2000년 이후 유럽 및 아시아로 급속히 확산되었다. 우리나라는 1997년 외환위기 이후 기업들의 보유 부동산 유동화를 통한 기업구조조정을 촉진하고, 일반 국민에게 부동산에 대한 간접투자 기회를 제공하기 위해 2001년 부동산투자회사법 제정과 함께 도입되었다.

- (나)

  - 공개시장에서 리츠 관련 정보가 투자자에게 용이하게 접근 가능하도록 유통됨으로써 부동산 시장의 투명성 제고
  - 주식 매입을 통해 부동산에 간접 투자한 경우 부동산 직접 관리에 따른 관리비용 부담 감소
  - 여러 종류의 부동산에 투자함으로써 단일 부동산에 내재되어 있는 위험을 희석할 수 있으며 분산투자 가능
  - 리츠 주식은 상장되어 거래되므로 자본조달이 용이하며 또한 투자 원금의 회수 기회를 신속히 제공 받을 수 있음

- (다)

  - 자기관리 리츠 : 부동산 투자를 전문으로 하는 영속적인 상법상의 주식회사로서, 자산운용 전문인력을 포함한 임직원을 상근으로 두고 자산의 투자·운용을 직접 수행하는 실체회사
  - 위탁관리 리츠 : 자산의 투자·운용을 자산관리회사(AMC)에 위탁하는 회사로서, 상근 임직원이 필요 없는 서류상 회사
  - 기업 구조조정 리츠 : 구조조정용 부동산 투자를 전문적으로 하는 서류상 회사로, 위탁관리 리츠와 마찬가지로 자산의 투자·운용을 자산관리회사(AMC)에 위탁하는 회사

종류	자기관리 리츠	위탁관리 리츠	기업 구조조정 리츠
영업 개시	국토교통부 영업인가		
투자 대상	일반 부동산, 개발 사업		기업 구조조정 부동산
회사 형태	실체회사(상근 임직원)	명목회사(상근 없음)	
최저 자본금	70억 원	50억 원	

보기

ㄱ. 리츠의 도입 배경　　　　　　　　ㄴ. 리츠의 정의
ㄷ. 리츠의 장·단점　　　　　　　　　ㄹ. 리츠 유형 비교

① ㄱ　　　　　　　　　　　　　　② ㄴ
③ ㄷ　　　　　　　　　　　　　　④ ㄹ

※ 다음은 IBK 평생한가족통장[적금_정액적립식]에 대한 자료이다. 이어지는 질문에 답하시오. **[5~6]**

IBK 평생한가족통장[적금_정액적립식]

상품종류	정액적립식
가입금액	1만 원 이상 월 200만 원 이하
가입기간	1년, 2년, 3년
가입대상	실명의 개인

기본금리			
	구분	계약기간	금리
	약정이율	12개월 이상 24개월 미만	2.45%
		24개월 이상 36개월 미만	2.60%
		36개월	2.70%

우대금리

- 적용금리＝고시금리＋고객별 우대금리＋주거래 우대금리
- 고객별 우대금리 : 최고 연 0.1%p

구분	내용	우대금리
최초거래 고객	가입일 당시 최초 실명 등록을 한 고객	연 0.1%p
재예치 고객	상품 출시일 이후 당행 예, 적금 만기해지일로부터 1개월 이내에 IBK 평생한가족통장(적립식 또는 거치식)을 가입한 고객	연 0.1%p
장기거래 고객	당행에 실명 등록한 날로부터 3년이 경과한 고객	연 0.1%p

- 주거래 우대금리 : 최고 연 0.3%p
  – 제공조건 : 계약기간 중 다음 주거래 실적 조건 6개 중 2개 이상을 충족하고 만기해지 하는 경우 주거래 우대금리 제공
  [주거래 실적 조건]
  ① 급여이체 실적(월 50만 원 이상) 또는 연금수급[*] 실적이 3개월 이상인 경우
     [*] 4대 연금(국민연금, 공무원연금, 군인연금, 사학연금), 장해연금(근로복지공단), 기초(노령)연금만 인정
  ② 이통장(적립식, 거치식) 만기해지일 직전원로부터 3개월 동안 당행 입출금식[*] 상품 평잔이 1백만 원 이상인 경우
     [*] I PLAN급여통장, IBK급여통장, 新IBK급여통장, 新서민섬김통장(입출식), IBK생활비통장, IBK평생한가족통장(입출식)에 한함
  ③ (新)IBK아파트관리비 자동이체 또는 지로공과금 자동이체 월 3건 이상 실적이 3개월 이상 있는 경우(단, 현금서비스 이용실적은 제외됨)
  ④ 당행 신용(체크)카드 월 30만 원 이상 이용실적이 3개월 이상 있는 경우(단, 현금서비스 이용실적은 제외됨)
  ⑤ 당행 개인대출을 보유한 이력이 있는 경우
  ⑥ 당행 본인 적립식 상품(적금, 펀드, 주택청약, 적립식중금채)에 월 10만 원 이상 자동이체 실적이 있는 경우

특별중도해지 금리	다음의 사유로 인해 중도해지 하는 경우 관련 증빙서류(발생 전·후 3개월 이내)를 제출한 고객에 한하여 가입일 당시 은행이 고시한 가계우대정기적금의 경과기간에 해당하는 고시금리를 적용	
	구분	**증빙서류(예시)**
	대학교 입학(본인, 자녀)	합격통지서
	취업 또는 창업(본인, 자녀)	취업(취업통지서), 창업(사업자등록증 등)
	결혼(본인, 자녀)	청첩장, 예식장 계약서
	출산(본인)	주민등록등본(또는 출생증명서 등)
	주택구입(본인)	매매계약서 등
	사망(본인)	사망진단서, 기본증명서
	※ 자녀의 경우에는 가족관계확인서류(주민등록등본, 가족관계증명서) 추가 징수	
이자지급방법	만기일시지급식 : 만기(후) 또는 중도해지 요청 시 이자를 지급	
중도해지이율	만기일 이전에 해지할 경우 입금액마다 입금일부터 해지일전일까지의 기간에 대하여 가입일 당시 가계우 대정기적금의 중도해지금리를 적용합니다. • 납입기간 경과비율 10% 미만 : 가입일 현재 계약기간별 고시금리×5% • 납입기간 경과비율 10% 이상 20% 미만 : 가입일 현재 계약기간별 고시금리×10% • 납입기간 경과비율 20% 이상 40% 미만 : 가입일 현재 계약기간별 고시금리×20% • 납입기간 경과비율 40% 이상 60% 미만 : 가입일 현재 계약기간별 고시금리×40% • 납입기간 경과비율 60% 이상 80% 미만 : 가입일 현재 계약기간별 고시금리×60% • 납입기간 경과비율 80% 이상 : 가입일 현재 계약기간별 고시금리×80% ※ 모든 구간 최저금리 연 0.1% 적용	
만기 후 이율	만기일 당시 가계우대정기적금의 만기후금리를 적용합니다. • 만기 후 1개월 이내 : 만기일 당시 정기적금 계약기간별 고시금리×50% • 만기 후 1개월 초과 6개월 이내 : 만기일 당시 정기적금 계약기간별 고시금리×30% • 만기 후 6개월 초과 : 만기일 당시 정기적금 계약기간별 고시금리×20%	

05 다음 중 IBK 평생한가족통장[적금_정액적립식]에 대한 설명으로 가장 적절한 것은?

① 기업은행 거래 고객만 가입이 가능하다.

② 1년부터 3년까지 월 단위로 가입이 가능하다.

③ 기본금리 이외에 조건에 맞는 고객별 우대금리, 주거래 우대금리를 추가로 받을 수 있다.

④ 자녀의 결혼으로 인해 중도해지 하는 경우 결혼 전·후 3개월 이내에 청첩장과 예식장 계약서를 제출하면 가계우대정기적금의 경과 기간에 해당하는 금리를 적용받을 수 있다.

06 2022년 8월 A씨는 3년 만기 IBK 평생한가족통장[적금_정액적립식]에 가입하였다. A씨에 대한 정보가 다음과 같을 때, 만기 시 A씨의 적용 금리는?

> • 2019년 3월부터 기업은행 통장으로 급여를 받고 있다.
> • 2019년 7월 기업은행 3년 만기 예금을 가입했다.
> • 2020년 B은행에서 전세 대출을 받았다.

① 2.7% ② 2.8%

③ 2.9% ④ 3.1%

07 다음은 한국의 금융소득 상위 1%에 대한 자료이다. 이에 대한 설명으로 옳은 것을 〈보기〉에서 모두 고르면?(단, 모든 계산은 소수점 둘째 자리에서 반올림한다)

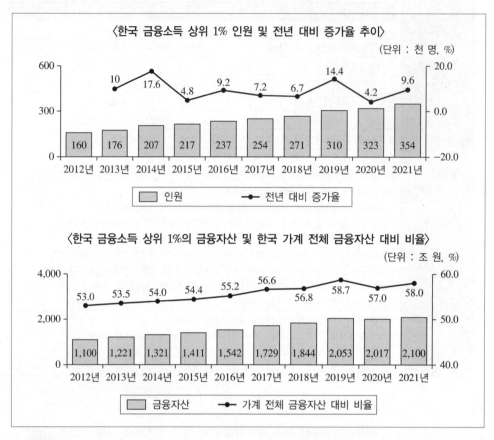

〈한국 금융소득 상위 1% 인원 및 전년 대비 증가율 추이〉

〈한국 금융소득 상위 1%의 금융자산 및 한국 가계 전체 금융자산 대비 비율〉

㉠ 2021년 한국 금융소득 상위 1% 인원은 2012년 대비 2.2배 증가했다.
㉡ 2021년 한국 가계 전체 금융자산은 2012년 대비 1.7배 증가했다.
㉢ 2021년의 한국 금융소득 상위 1%의 금융자산은 2012년 대비 1.9배 증가했으므로 2012년 대비 2021년에 상위 1%의 금융자산이 가계 전체 금융자산에 비해 더 많은 비율로 증가했다.

① ㉠
② ㉡
③ ㉠, ㉢
④ ㉠, ㉡, ㉢

08 다음은 2017 ~ 2021년 부동산 금융자금 현황을 나타낸 자료이다. 이에 대한 설명으로 옳은 것을 〈보기〉에서 모두 고르면?

〈부동산 금융자금 현황〉

(단위 : 조 원)

구분	총계	전년 대비 증가율(%)	GDP	GDP 대비 총계(%)
2017년	1,797	9.7	1,835	97.9
2018년	1,921	6.9	1,898	101.2
2019년	2,068	7.6	1,924	107.5
2020년	2,283	10.4	1,933	118.1
2021년	2,566	12.4	2,054	124.7

보기

ㄱ. 부동산 금융자금은 계속해서 상승하고 있다.
ㄴ. 2016년 부동산 금융자금은 약 1,500조 원이다.
ㄷ. 2018년에 GDP 대비 부동산 금융자금의 규모가 100%를 넘어섰다.
ㄹ. 집값이 매년 급격히 상승하고 있다.

① ㄱ, ㄴ   ② ㄱ, ㄷ
③ ㄴ, ㄷ   ④ ㄷ, ㄹ

09 I은행에 근무 중인 K사원은 국내 금융 시장에 대한 보고서를 작성하면서 I은행에 대한 SWOT 분석을 진행하였다. 다음 중 K사원이 작성한 SWOT 분석의 위협 요인에 들어갈 내용으로 적절하지 않은 것은?

강점(Strength)	약점(Weakness)
• 지속적 혁신에 대한 경영자의 긍정적 마인드 • 고객만족도 1위의 높은 고객 충성도 • 다양한 투자 상품 개발	• 해외 투자 경험 부족으로 취약한 글로벌 경쟁력 • 소매 금융에 비해 부족한 기업 금융
기회(Opportunity)	위협(Threat)
• 국내 유동자금의 증가 • 해외 금융시장 진출 확대 • 정부의 규제 완화 정책	

① 정부의 정책 노선 혼란 등으로 인한 시장의 불확실성 증가
② 경기 침체 장기화
③ 부족한 리스크 관리 능력
④ 금융업의 경계 파괴에 따른 경쟁 심화

10 I공연기획사는 2022년 봄부터 시작할 지젤 발레 공연 티켓을 Q소셜커머스에서 판매할 예정이다. Q소셜커머스에서 보낸 다음 판매자료를 토대로 아침 회의 시간에 나눈 대화로 적절하지 않은 것은?

<2021년 판매결과 보고>

공연명	정가	할인율	판매기간	판매량
백조의 호수	80,000원	67%	2021. 02. 05 ~ 2021. 02. 10	1,787장
세레나데&봄의 제전	60,000원	55%	2021. 03. 10 ~ 2021. 04. 10	1,200장
라 바야데르	55,000원	60%	2021. 06. 27 ~ 2021. 08. 28	1,356장
한여름 밤의 꿈	65,000원	65%	2021. 09. 10 ~ 2021. 09. 20	1,300장
호두까기 인형	87,000원	50%	2021. 12. 02 ~ 2021. 12. 08	1,405장

※ 할인된 티켓 가격의 10%가 티켓 수수료로 추가됨
※ 2021년 2월 초에는 설 연휴가 있었음

① A사원 : 기본 50% 이상 할인을 하는 건 할인율이 너무 큰 것 같아요.

② B팀장 : 표가 잘 안 팔려서 싸게 판다는 이미지를 줘 공연의 전체적인 질이 낮다는 부정적 인식을 줄 수도 있지 않을까요?

③ C주임 : 연휴 시기와 티켓판매 일정을 어떻게 고려하느냐에 따라 판매량을 많이 올릴 수 있겠네요.

④ D사원 : 세레나데&봄의 제전의 경우 총 수익금이 3,700만 원 이상이겠어요.

※ 다음 글을 읽고 이어지는 질문에 답하시오. [11~12]

- 사업자는 30만 원 이상 거래금액에 대하여 그 대금을 현금(대금 일부를 현금으로 지급한 경우도 포함)으로 받은 경우, 세금계산서를 발급하는 경우를 제외하고는 소비자가 요청하지 않아도 현금영수증을 발급하여야 한다. 물론 30만 원 미만의 거래금액도 소비자의 요청이 있으면, 현금영수증을 발급하여야 한다.
- 사업자가 현금영수증 발급 의무를 위반하였을 경우에는 미발급 금액의 50%를 과태료로 부과한다. 사업자가 현금영수증을 발급하지 않은 경우, 소비자가 거래 사실과 거래금액이 확인되는 계약서 등 증빙서류를 첨부하여 현금 지급일로부터 1개월 이내에 신고하면, 미발급 금액에 대한 과태료의 20%를 포상금으로 지급한다.
- 소비자가 현금영수증 발급을 원하지 않는 경우에 사업자는 국세청에서 지정한 코드로 발급할 수 있으며, 이 경우 현금영수증 발급으로 인정한다.

※ 단, 글에 제시된 업종의 사업자는 현금영수증 발급 의무자임

11 부동산중개인을 통해 2022년 4월 1일 집을 산 A씨는 중개료 70만 원에 대해 30만 원은 신용카드로, 40만 원은 현금으로 결제하였으나 부동산중개인은 현금영수증을 발급하지 않았다. A씨는 같은 해 4월 29일 부동산중개인을 현금영수증 발급 의무 위반으로 신고하였다. 이때, A씨가 받을 신고 포상금은 얼마인가?

① 4만 원　　　　　　　　　　　② 6만 원
③ 8만 원　　　　　　　　　　　④ 10만 원

12 2022년 5월 7일 법무서비스 대금 100만 원을 현금으로 지불하면서 B씨가 현금영수증 발급을 원하지 않는다고 말하자 업주는 국세청의 지정코드로 자진 발급하였다. 마음이 변한 B씨는 업주가 현금영수증 당연 발급 의무를 위반했다며 2022년 5월 14일 관련 증빙서류를 첨부하여 신고했다. 이때, B씨가 받을 신고 포상금은 얼마인가?

① 받을 수 없다.　　　　　　　　② 5만 원
③ 10만 원　　　　　　　　　　　④ 20만 원

13 I사의 입사 동기인 6급 A사원과 B사원은 남원시로 2박 3일 출장을 갔다. 교통편은 왕복으로 고속 버스를 이용하여 총 105,200원을 지출했으며, A와 B사원은 출장 첫째 날은 6만 원, 둘째 날은 4만 원인 숙박시설을 공동으로 이용했다. A와 B사원이 받을 국내 출장여비 총액은 얼마인가?

〈I사 국내여비 정액표〉

구분 \ 대상		가군	나군	다군
운임	항공운임	실비(1등석 / 비지니스)	실비(2등석 / 이코노미)	
	철도운임	실비(특실)		실비(일반실)
	선박운임	실비(1등급)	실비(2등급)	
	자동차운임	실비		
일비(1일당)		2만 원		
식비(1일당)		2만 5천 원	2만 원	
숙박비(1박당)		실비	실비 (상한액 : 서울특별시 7만 원, 광역시 6만 원, 그 밖의 지역 5만 원)	

※ 비고
1. 가군은 임원과 I사 연구원 원장(이하 이 규칙에서 '원장'이라 한다), 「직제규정 시행규칙」 별표 5의 2의 1그룹에 속하는 직원을, 나군은 1급 직원, 선임연구위원 및 선임전문연구위원을, 다군은 2급 이하 직원과 그 밖의 연구직 직원을 말한다.
2. 자동차운임은 이용하는 대중교통의 실제 요금으로 한다. 이 경우 자가용 승용차를 이용한 경우에는 대중교통 요금에 해당하는 금액을 지급한다.
3. 운임의 할인(관계 법령 따른 국가유공자·장애인 할인, 지역별 우대할인, 공단과 체결한 계약에 따른 할인 등을 말한다)이 가능한 경우에는 할인된 요금에 해당하는 금액으로 지급한다.
4. 다음 각 목의 어느 하나에 해당하는 임직원에 대해서는 위 표에도 불구하고 1박당 그 각 목에서 정하는 금액을 숙박료로 지급한다.
   가. 친지 집 등에 숙박하여 숙박료를 지출하지 않은 경우 : 20,000원
   나. 2명 이상이 공동 숙박하고 총 숙박비가 [1인 기준금액×(출장인원 수-1)] 이하로 지출된 경우 : 다음 계산식에 따른 금액. 이 경우 기준금액은 서울특별시는 7만 원, 광역시는 6만 원, 그 밖의 지역은 5만 원으로 하며, 소수점은 올림한다.

   $$개인당 지급 기준 = \left(총 출장인원 - \frac{총 숙박비}{1인 기준금액} \right) \times 20,000원$$

5. 교육목적의 출장인 경우에 일비는 다음 각 목의 구분에 따라 지급한다.
   가. 숙박하는 경우 : 등록일·입교일과 수료일만 지급
   나. 숙박하지 아니하는 경우 : 교육 전 기간(등록일·입교일 및 수료일을 포함한다)에 대하여 지급

① 213,200원
② 333,200원
③ 378,200원
④ 443,200원

14 K씨는 A정류장에서 버스를 타고 N정류장까지 버스로 이동할 계획이고 정류장 사이 이동시간은 1분이 걸린다. 다음 중 버스 도착시간 스마트폰 어플의 정류장 상황을 참고하여 K씨가 가장 빠르게 도착 지점에 도달할 수 있는 방법은?(단, 환승 시 타고 내리는 시간은 무시한다)

〈버스 정류장 지도〉

```
A  →  B  →  C  →  D  →  E  →  F  →  G
                  ↓↑
H  →  I  →  J  →  K  →  L  →  M  →  N
```

〈버스 노선표〉

01번 : A ~ D ~ G
02번 : H ~ K ~ D ~ G
03번 : A ~ D ~ K ~ N
04번 : A ~ D ~ F
05번 : H ~ K ~ N
06번 : A ~ D ~ K ~ N
07번 : H ~ K ~ N
08번 : H ~ K ~ D ~ G

〈버스 도착시간 스마트폰 어플〉

A정류장 버스 도착시간	H정류장 버스 도착시간	D정류장 버스 도착시간	K정류장 버스 도착시간
01번 : 3분 20초 03번 : 10분 30초 04번 : 5분 5초 06번 : 2분 50초	02번 : 2분 40초 05번 : 3분 15초 07번 : 7분 20초 08번 : 4분 10초	01번 : 6분 20초 02번 : 6분 40초 03번 : 13분 30초 04번 : 8분 5초 06번 : 5분 50초 08번 : 8분 10초	02번 : 5분 40초 03번 : 11분 30초 05번 : 6분 15초 06번 : 6분 50초 07번 : 10분 20초 08번 : 7분 10초

※ 단, 어플의 버스 도착시간은 해당 정류장에 도착하였을 때 확인한 시간임

① A정류장에서 03번 버스를 타고 계속 끝까지 탑승하고 간다.
② A정류장에서 01번 버스를 타고 D정류장에서 06번 버스로 환승을 한다.
③ A정류장에서 06번 버스를 타고 K정류장에서 05번 버스로 환승을 한다.
④ A정류장에서 04번 버스를 타고 D정류장에서 03번 버스로 환승을 한다.

15 다음 중 〈보기〉의 A ~ D 중에서 아래 조직도를 바르게 이해한 사람을 모두 고르면?

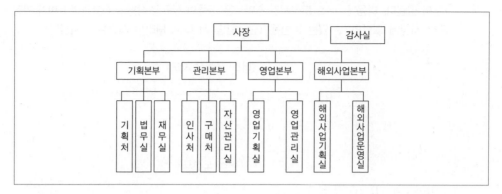

> **보기**
>
> • A : 조직도를 보면 4개 본부, 3개의 처, 8개의 실로 구성돼 있어.
> • B : 사장 직속으로 4개의 본부가 있고, 그중 한 본부에서는 인사를 전담하고 있네.
> • C : 감사실은 사장 직속이지만 별도로 분리되어 있구나.
> • D : 해외사업기획실과 해외사업운영실은 둘 다 해외사업과 관련이 있으니까 해외사업본부에 소속되어 있는 것이 맞아.

① A, B   ② A, C

③ A, D   ④ B, C

| 금융일반 – 객관식 |

01 총투자금액 10억 원을 A, B, C, D 네 개의 증권에 각각 10%, 20%, 30%, 40% 비중으로 분산 투자하려고 한다. A, B, C, D증권의 기대수익률은 차례대로 20%, 15%, 10%, 5%이다. 이 포트폴리오의 기대수익률은 얼마인가?

① 6% ② 8%
③ 10% ④ 12%

02 다음 중 옵션에 대한 설명으로 옳지 않은 것은?

① 풋옵션은 정해진 가격으로 기초자산을 팔 수 있는 권리가 부여된 옵션이다.
② 미국식 옵션은 만기시점 이전이라도 유리할 경우 행사가 가능한 옵션이다.
③ 콜옵션은 기초자산의 가격이 낮을수록 유리하다.
④ 풋옵션은 행사가격이 높을수록 유리하다.

03 다음 중 기업 회계에 대한 설명으로 옳지 않은 것은?

① 재무상태표 등식에서 알 수 있듯이 자산과 부채의 합은 수익과 비용의 합과 같다.
② 재무상태표의 왼쪽에는 자산, 오른쪽에는 부채와 자본을 기록한다.
③ 손익계산서는 일정 기간 동안 수익과 비용을 표시한 것이다.
④ 매출채권은 재무상태표의 구성항목에 해당하며, 매출원가는 포괄손익계산서의 구성항목에 해당한다.

04 (주)I는 자기자본 300억 원, 부채 200억 원으로 구성된 회사이다. 이때, 자기자본비용은 20%, 부채의 평균이자율은 10%라고 할 때, 이 기업 총자산의 가중평균자본비용(WACC)은 얼마인가?

① 10% ② 12%
③ 14% ④ 16%

05 다음 중 현금흐름표에 대한 설명으로 옳지 않은 것은?

① 현금흐름표는 일정기간 동안의 현금의 유입과 유출을 알려주는 동적인 재무제표이다.

② 현금흐름표는 기업의 지급능력, 유동성 및 재무적 탄력성을 평가하는 데 유용한 정보를 제공한다.

③ 재고자산에 대한 회계처리, 대손상각 등의 원가배분의 임의성을 배제할 수 있다는 점에서 현금기준이 순운전자본기준보다 더 유용하다.

④ 현행 기업회계기준상 현금흐름표 작성방법으로 간접법만 인정된다.

06 다음 중 경영지표를 계산하는 방식으로 적절하지 않은 것은?

① 주당순이익＝당기순이익÷발행주식수

② 매출액증가율＝{(당기매출액－전기매출액)÷전기매출액}×100

③ 주가수익비율(PER)＝주가÷주당순자산

④ 토빈의 Q비율＝기업의 시장가치÷자본의 대체비용

07 다음은 (주)I의 2021년 회계연도의 회계정보이다. 2021년 중 유상증자로 500억 원이 들어오고 배당으로 300억 원의 주식이 주주들에게 지급되었다고 할 경우 (주)I의 당기순이익은?

구분	자산	자본
2021년 초	1,000억 원	800억 원
2021년 말	2,500억 원	1,500억 원

① 0원   ② 100억 원

③ 200억 원   ④ 500억 원

08 시장에서 어떤 상품의 가격이 상승하면서 동시에 거래량이 증가하였다. 다음 중 이러한 변화를 가져올 수 있는 요인은?(단, 이 재화는 정상재이다)

① 이 상품의 생산과 관련된 기술의 진보

② 이 상품과 보완관계에 있는 상품의 가격 하락

③ 이 상품과 대체관계에 있는 상품의 가격 하락

④ 이 상품의 생산에 투입되는 노동자들의 임금 하락

09 다음 (가) ~ (라)에 들어갈 내용이 바르게 연결된 것은?

> 최근 한국금융시장의 불안으로 원화가 당분간 지속적으로 약세 현상을 보일 것이라는 평가를 받고 있다. 그 결과 외환시장에서 외화에 대한 (가)곡선이 (나)로 이동하여, 외화에 대한 거래량을 (다)시키고, 외화 가격을 (라)시킬 것이다.

	(가)	(나)	(다)	(라)
①	수요	오른쪽	증가	상승
②	수요	오른쪽	증가	하락
③	공급	왼쪽	감소	상승
④	공급	오른쪽	증가	하락

10 다음 중 경기가 불황임에도 불구하고 물가가 상승하는 현상을 무엇이라고 하는가?

① 애그플레이션

② 하이퍼인플레이션

③ 에코플레이션

④ 스태그플레이션

11 인천공항에 막 도착한 A씨는 미국에서 사먹던 빅맥 1개의 가격인 5달러를 원화로 환전한 6,500원을 들고 햄버거 가게로 갔다. 여기서 A씨는 똑같은 빅맥 1개를 구입하고도 1,300원이 남았다. 다음 〈보기〉 중 적절한 것을 모두 고르면?

> **보기**
> ㄱ. 한국의 빅맥 가격을 달러로 환산하면 4달러이다.
> ㄴ. 구매력 평가설에 의하면 원화의 대미 달러 환율은 1,300원이다.
> ㄷ. 빅맥 가격을 기준으로 한 대미 실질환율은 1,040원이다.
> ㄹ. 빅맥 가격을 기준으로 볼 때, 현재의 명목환율은 원화의 구매력을 과소평가하고 있다.

① ㄱ, ㄴ

② ㄱ, ㄷ

③ ㄱ, ㄹ

④ ㄴ, ㄷ

12 다음은 A기업과 B기업의 광고 여부에 따른 보수행렬을 나타낸다. 내쉬균형에서 A기업과 B기업의 이윤은 각각 얼마인가?[단, 괄호 안의 숫자는 (A이윤, B이윤)이다]

구분		B기업의 광고 전략	
		광고를 함	광고를 하지 않음
A기업의 광고 전략	광고를 함	(55, 75)	(235, 45)
	광고를 하지 않음	(25, 115)	(165, 85)

① (165, 85) ② (55, 75)
③ (25, 115) ④ (235, 45)

13 I지역에 환경오염 물질을 배출하는 공장 A, B, C가 있다. 환경오염에 대한 경각심이 화두로 떠오르자 I지역은 공장 A, B, C에게 각각 50단위의 오염배출권을 부여하고 이 배출권을 공장들끼리 자유롭게 판매 및 구매할 수 있도록 하였다. 이때, B공장과 C공장이 A공장의 오염배출권을 구매하려는 가격대는 얼마인가?(단, 오염배출권 한 개당 배출 가능한 오염물의 양은 1단위이다)

공장	오염배출량 단위당 감축비용(만 원)	배출량(단위)
A	20	50
B	30	60
C	40	70

① 10 ~ 20만 원 ② 20 ~ 30만 원
③ 30 ~ 40만 원 ④ 50 ~ 60만 원

14 다음 중 현재가치를 기준으로 채권에 투자한 원금을 회수하는 데 걸리는 시간을 의미하는 것은?

① 컨벡시티 ② 채권 스프레드
③ 듀레이션 ④ 이표채

15 다음 중 포트폴리오 위험에 대한 설명으로 옳지 않은 것은?

① 포트폴리오 구성 종목 수가 증가할수록 체계적 위험이 감소한다.
② 개별 자산들이 포트폴리오 위험에 공헌하는 정도는 개별자산과 포트폴리오 수익률과의 공분산에 각 개별자산에 대한 투자비율을 곱한 만큼이다.
③ 위험자산으로 구성된 포트폴리오의 구성 주식수가 무한대가 된다고 해서 총위험이 0이 되지 않는다.
④ 두 자산으로 구성된 최소분산포트폴리오에서 한 자산에 대한 투자비율은 0보다 작을 수 있다.

| 금융일반 - 주관식 |

01 다음 자료에 대해 적절한 설명을 〈보기〉에서 모두 고르면?

> • 초코기업과 파이기업은 사업 분야가 유사하다. 초코기업과 파이기업이 합병하면 시너지효과가 생겨 초코기업에게 파이기업의 가치는 실제 가치의 1.5배가 되므로 초코기업은 파이기업을 인수할 의향이 있다.
>
> • 초코기업은 '파이기업의 주주가 이미 자기 기업의 실제 가치를 정확히 알고 있다.'는 사실을 파악하고 있다. 그러나 초코기업은 파이기업의 실제 가치가 정확히 얼마인지는 아직 모르고 단지 각각 1/3의 확률로 0원, 1만 원, 2만 원 중 하나일 것으로만 추측하고 있다.
>
> • 초코기업은 인수를 통해 이득을 극대화하고자 한다. 파이기업의 주주는 ㉠ <u>초코기업이 제시한 인수 금액</u>이 자사의 실제 가치보다 크거나 같으면 인수에 동의한다.

> 보기
>
> ㄱ. ㉠이 1만 원이고 파이기업의 실제 가치가 2만 원이면 인수가 성사된다.
> ㄴ. ㉠이 1만 원이면 초코기업이 생각하는 인수 확률은 2/3이다.
> ㄷ. ㉠이 1만 원이면 초코기업이 기대하는 이득은 0.5만 원이다.
> ㄹ. 초코기업이 합리적이라면 파이기업의 실제 가치가 얼마든지 ㉠은 0원이다.

(   )

02 다음 〈보기〉 중 금융자산에 해당하는 계정을 고르면?

> 보기
>
> 가. 매입채무   나. 차입금
> 다. 미지급금   라. 현금
> 마. 사채   바. 타사의 지분증권

(   )

03 두 개의 지역 A와 B로 나누어진 K시는 도심공원을 건설할 계획이다. 두 지역에 거주하는 지역주민의 공원에 대한 수요곡선과 공원 건설의 한계비용곡선이 다음과 같을 때 사회적으로 최적인 (Socially Optimal) 도심공원의 면적은?(단, P_A는 A지역 주민이 지불하고자 하는 가격, P_B는 B지역 주민이 지불하고자 하는 가격, Q는 공원면적, MC는 한계비용이다)

- A지역 주민의 수요곡선 : $P_A = 10 - Q$
- B지역 주민의 수요곡선 : $P_B = 10 - \dfrac{1}{2}Q$
- 한계비용곡선 : $MC = 5$

(   )

04 법정지불준비율이 0.2이고, 은행시스템 전체의 지불준비금은 300만 원이다. 은행시스템 전체로 볼 때 요구불예금의 크기는?(단, 초과지불준비금은 없고, 현금통화비율은 0이다)

(만 원)

01 다음 중 DMA 명령어 사이클에 대한 설명으로 옳지 않은 것은?

① 간접 사이클은 피연산 데이터가 있는 기억 장치의 유효주소를 계산하는 과정이다.
② 인터럽트 사이클은 요청된 서비스 프로그램을 수행하여 완료할 때까지의 과정이다.
③ 실행 사이클은 연산자 코드의 내용에 따라 연산을 수행하는 과정이다.
④ 패치 사이클은 주기억 장치로부터 명령어를 꺼내어 디코딩하는 과정이다.

02 다음 중 사이클 스틸(Cycle Steal)에 대한 설명으로 옳지 않은 것은?

① DMA가 기억장치 버스를 점유하여 CPU의 기억장치 액세스를 잠시 중지시키는 기능이다.
② CPU가 메이저 사이클을 반복하고 있는 상태에서 DMA 제어기가 하나의 워드(Word) 전송을 위해 일시적으로 CPU 사이클을 훔쳐서 사용하는 것이다.
③ 기억장치와 입출력 장치 사이에서 직접적인 전송이 이루어진다.
④ 사이클 스틸은 CPU의 상태를 보존할 필요가 없지만 인터럽트는 CPU의 상태를 보존해야 한다.

03 다음 중 RAID(Redundant Array of Independent Disks)에 대한 설명으로 옳지 않은 것은?

① 하드디스크, CD-ROM, 스캐너 등을 연결해 주는 기술
② 단순히 하드디스크의 모음뿐만 아니라 자동으로 복제해 백업 정책을 구현해 주는 기술
③ 서버(Server)에서 대용량의 하드디스크를 이용하는 경우에 필요로 하는 기술
④ 여러 개의 하드디스크를 모아서 하나의 하드디스크처럼 보이게 하는 기술

04 다음 중 채널(Channel)에 대한 설명으로 옳지 않은 것은?

① DMA와 달리 여러 개의 블록을 입출력할 수 있다.
② 시스템의 입출력 처리능력을 향상시키는 기능을 한다.
③ 멀티플렉서 채널은 저속인 여러 장치를 동시에 제어하는 데 적합하다.
④ 입출력 동작을 수행하는 데 있어서 CPU의 지속적인 개입이 필요하다.

05 다음 중 컴퓨터에서 사용하는 캐시메모리에 대한 설명으로 옳은 것은?

① 캐시메모리에 있는 데이터와 메인 메모리에 있는 데이터가 항상 일치하지는 않는다.
② 주기억장치와 하드디스크의 속도 차이를 극복하기 위하여 사용한다.
③ 주기억장치보다 큰 프로그램을 불러와 실행할 때 유용하다.
④ 캐시메모리는 접근속도가 빠른 동적 램(DRAM)을 사용한다.

01 다음 그림과 같은 논리 회로에서 A의 값이 1010, B의 값이 1110일 때 출력 Y의 값은?

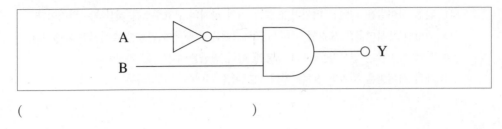

(   )

02 다음 〈보기〉에 해당하는 디스크 스케줄링 기법은?

> 보기
>
> 입출력 헤드가 디스크의 양쪽 끝을 왕복하면서 동작시키지만 움직이고 있는 방향 쪽으로 더 이상의 트랙 요청이 있는가를 검사하여 그 방향으로 더 이상의 트랙 요청이 없으면 그 쪽 끝까지 가지 않고, 그 자리에서 방향을 바꾸어 다른 한 쪽으로 움직여 나가게 된다.

(   )

정답 및 해설 p.055

01 NCS 직업기초능력

01 다음 보도자료를 읽고 'IBK Biz-Plus 적금'에 대한 설명으로 가장 적절한 것은?

> IBK기업은행은 개인사업자와 법인 고객을 대상으로 최대 1.0% 우대금리를 제공하는 'IBK Biz-Plus 적금'을 판매한다고 10일 밝혔다.
>
> 우대금리는 계약 기간에 따라 최대 0.6%, 창업기업·장기거래기업·적금 재예치기업 중 한 가지 조건을 충족하면 0.1%, 대출거래기업·비대면 채널 가입·만기 월수 4분의 3 이상 자동이체 입금·목표 자금 달성(개인사업자 2천 만 원, 법인 1억 원) 조건 중 한 가지 조건을 충족할 때마다 각 0.1%씩 최대 0.3% 적용받을 수 있다.
>
> 정기적립식과 자유적립식으로 가입 가능하고 최초 계약 기간은 6개월에서 5년 이하 월 단위로 정할 수 있다. 자유적립식은 만기 시 1년 단위로 최고 9회까지 자동 연장할 수 있어 최장 10년까지 운용 가능하다. 만기 전 자금이 필요할 경우 정기적립식은 최소 잔액 1만 원을 유지하면 분할 해지 가능하고, 자유적립식은 재예치 이후 최소 잔액 1만 원을 유지하면 재예치 원리금 내에서 중도인출할 수 있다.
>
> 정기적립식은 월 1만 원 이상, 자유적립식은 월 1만 원부터 2천만 원 이내에서 가입 가능하다. 판매 한도는 총 2조 원으로 올 연말까지 판매하고 한도가 미리 소진되면 판매 종료한다. 상품출시를 기념해 9월 30일까지 월부금 5백만 원 이상 가입 고객을 대상으로 특별우대금리 0.2%를 추가로 제공하는 이벤트를 진행한다. 3년 만기 상품은 최대 연 2.6%, 5년 만기는 최대 연 3.0% 금리를 제공받는다.
>
> 기업은행 관계자는 "계약기간이 길수록 우대금리를 높여 금리상승에 따라 적금을 갈아타는 불편을 최소화하고 분할 해지와 중도 인출을 통해 자금관리의 편의성을 높였다."라고 밝혔다.

① 3년 만기 상품의 경우 최대 연 3.0% 금리를 제공받게 된다.

② 정기적립식은 최소 잔액 없이 분할 해지가 가능하다.

③ 자유적립식은 만기 시 2년 단위로 자동 연장 가능하다.

④ 정기적립식과 자유적립식 모두 월 1만 원부터 가입 가능하다.

02 다음은 신문 기사를 읽고 직원들이 나눈 대화이다. 대화 중 기사의 내용을 정확하게 파악하지 못한 사람은?

	○○일보	
○○일보 제1358호	○○년 ○○월 ○일 안내전화 02-000-0000	www.sdxxx.com

거치기간 1년 못 넘기고, 초기부터 원금·이자 나눠 갚아야…

주택담보대출을 받을 때보다 깐깐한 소득심사를 하는 가계부채 관리대책이 수도권부터 전면 시행된다. 비수도권은 3개월 후부터 적용할 방침이다.

새 여신심사 가이드라인은 상환능력 범위에서 처음부터 나눠 갚도록 유도하는 내용이 골자다. 지금까지는 돈 빌리는 사람이 금리를 '고정형 또는 변동형', 상환방식을 '거치형 또는 일시납입형' 등으로 고를 수 있었고, 이에 따라 대출금리가 결정됐다. 이 때문에 집값이 오를 줄 알고 주택을 담보로 돈을 빌린 뒤 이자만 내다가 만기에 원금을 한꺼번에 갚는 방식을 많이 택했다.

새 가이드라인은 집의 담보 가치나 소득에 비해 빌리는 돈이 많거나 소득 증빙을 제대로 못한 경우에는 대출 후 1년 이내부터 빚을 나눠 갚도록 하는 내용을 담고 있다. 집을 사면서 그 집을 담보로 돈을 빌리는 사람도 초기부터 빚을 나눠 갚도록 하는 원칙이 적용된 것이다. 물론 명확한 대출 상환계획이 있는 등 일부 예외에 해당하면 거치식 대출을 받을 수 있다. 아파트 중도금 대출 등 집단대출도 이번 가이드라인 적용에서 예외로 인정된다.

또한 변동금리 제한도 많아진다. 상승가능금리(스트레스금리)를 추가로 고려했을 때 일정 한도를 넘어서는 대출은 고정금리로 유도하거나 아예 대출한도를 넘지 못하게 한다.

어떤 형태의 대출이 가능할지를 알아보려면 은행영업점 창구나 온라인에서 상담을 받으면 된다.

은행권에서는 무작정 대출받기가 어려워지는 것은 아니라고 설명한다. 은행 관계자는 "변동과 고정의 금리차가 거의 없어 대출 시 다소 불편할지는 몰라도 못 받는 경우는 거의 없을 것"이라며 "실수요자들이 대출받기 어려워지는 부작용은 발생하지 않을 것"이라고 설명했다.

그럼에도 새 여신심사 가이드라인 시행을 앞두고 주택담보대출 증가세는 확연히 둔화한 것으로 나타났다.

… 생략 …

---

① G과장 : 최근 저금리 기조로 인해서 가계부채가 상당히 많이 늘었다고 하던데, 새로운 여신심사 가이드라인을 적용하면 가계부채 감소에 도움이 되겠군요.

② K차장 : 말도 말게나. 주택담보대출을 받을 때 만기일시상환으로 설정하면 이자만 내면 되었는데 말이야.

③ Y과장 : 맞습니다. 담보가치나 소득에 비해 많은 대출을 하거나 혹은 소득 증빙을 제대로 못하면 1년 이내부터 원금을 상환해야 하니 대출을 받으려는 사람도 줄어들 것 같습니다.

④ Q대리 : 네, 이제는 주택담보대출을 신청할 때 까다로운 심사 기준으로 인해서 대출받기가 어려워진다니 실수요자들이 피해를 입을까 걱정됩니다.

03 다음 글의 내용으로 적절하지 않은 것은?

주식회사는 오늘날 회사기업의 전형이라고 할 수 있다. 이는 주식회사가 다른 유형의 회사보다 뛰어난 자본조달력을 가지고 있기 때문인데, 주식회사의 자본조달은 자본금, 주식, 유한책임이라는 주식회사의 본질적 요소와 관련된다.

주식회사의 자본금은 회사설립의 기초가 되는 것으로, 주식 발행을 통해 조성된다. 현행 상법에서는 주식회사를 설립할 때 최소 자본금에 대한 제한을 두지 않고 있으며, 자본금을 정관의 기재 사항으로도 규정하지 않고 있다. 대신 수권주식총수를 정관에 기재하게 하여 자본금의 최대한도를 표시하도록 하고 있다. 수권주식총수란 회사가 발행할 주식총수로, 수권주식총수를 통해 자본금의 최대한도인 수권자본금을 알 수 있다. 주식회사를 설립할 때는 수권주식총수 중 일부의 주식만을 발행해도 되는데 발행하는 주식은 모두 인수되어야 한다. 여기서 주식을 인수한다는 것은 출자자를 누구로 하는지, 그 출자자가 인수하려는 주식이 몇 주인지를 확정하는 것을 말한다. 회사가 발행하는 주식을 출자자가 인수하고 해당 금액을 납입하면 그 금액의 총합이 바로 주식회사의 자본금이 된다. 회사가 수권주식총수 가운데 아직 발행하지 않은 주식은 추후 이사회의 결의만으로 발행할 수 있는데, 이는 주식회사가 필요에 따라 자본금을 쉽게 조달할 수 있도록 하기 위한 것이다.

주식은 자본금을 구성하는 단위로, 주식회사는 주식 발행을 통해 다수의 사람들로부터 대량의 자금을 끌어모을 수 있다. 주식은 주식시장에서 자유롭게 양도되는데 1주의 액면주식은 둘 이상으로 나뉘어 타인에게 양도될 수 없다. 주식회사가 액면가액을 표시한 액면주식을 발행할 때, 액면주식은 그 금액이 균일하여야 하며 1주의 금액은 100원 이상이어야 한다. 주식회사가 발행한 액면주식의 총액은 주식회사설립 시에 출자자가 주식을 인수하여 납입한 금액의 총합과 같다.

① 주식회사는 자금을 모으기 위해 주식을 발행한다.
② 1주의 액면주식은 더 이상 나눌 수 없는 단위이며 최소 100원 이상이어야 한다.
③ 현행 상법에서 규정하고 있는 최소 자본금을 만족해야 주식회사를 설립할 수 있다.
④ 주식회사설립 시에 발행하는 주식은 반드시 전부 인수되어야 한다.

04 다음은 한국은행 금융통화위원회의 구성 및 운영에 대한 규정이다. 이에 대한 설명으로 옳지 않은 것은?

〈한국은행 금융통화위원회 규정〉

• 금융통화위원회의 구성

금융통화위원회는 한국은행의 통화신용정책에 관한 주요 사항을 심의·의결하는 정책결정기구로서 한국은행 총재 및 부총재를 포함하여 총 7인의 위원으로 구성된다.

한국은행 총재는 금융통화위원회 의장을 겸임하며 국무회의 심의를 거쳐 대통령이 임명한다. 부총재는 총재의 추천에 의해 대통령이 임명하며, 다른 5인의 위원은 각각 기획재정부 장관, 한국은행 총재, 금융위원회 위원장, 대한상공회의소 회장, 전국은행연합회 회장 등의 추천을 받아 대통령이 임명한다.

총재의 임기는 4년이고 부총재는 3년으로 각각 1차에 한하여 연임할 수 있으며, 나머지 금통위원의 임기는 4년으로 연임할 수 있다.

• 금융통화위원회의 운영

한국은행 총재는 금융통화위원회를 대표하는 의장으로서 회의를 주재한다. 금융통화위원회의 본회의는 의장이 필요하다고 인정하는 때, 또는 위원 2인 이상의 요구가 있을 때 의장이 소집할 수 있는데 현재는 매월 둘째 주, 넷째 주 목요일에 정기회의가 개최되고 있다. 본회의에 상정되는 안건을 심의·의결하기 위해서는 통상 7인의 금통위원 중 5인 이상의 출석과 출석위원 과반수의 찬성이 필요하며 금융통화위원회가 의결을 한 때에는 의결서를 작성한다. 한편 본회의의 논의 내용에 대해서는 의사록을 작성하고 의사록 내용 중 통화신용정책에 관한 사항에 대해서는 외부에 공개한다.

본회의 이외의 회의로는 상정 안건과 관련한 논의 등을 위한 간담회, 금융경제동향 등에 관하여 관련 부서의 보고를 듣고 서로 의견을 교환하기 위한 협의회 등이 있다. 한편, 대국회 보고를 위한 통화신용정책보고서나 연차보고서, 금융안정보고서, 한국은행의 예산 등과 같은 중요사안에 대해서는 별도로 심의위원회를 구성하여 보다 면밀한 검토가 이루어지도록 하고 있다.

---

① 면밀한 검토가 필요한 사안에 대해서는 본회의 외에 별도 위원회가 구성되기도 한다.

② 금융통화위원회 의장은 한국은행 총재이다.

③ 총재, 부총재를 제외한 금융통화위원은 총재가 임명한다.

④ 정기회의 개최를 위해서는 의장을 제외한 금융통화위원 최소 2인의 요구가 필요하다.

05 다음은 I은행의 계좌번호 생성 방법이다. 이를 참고할 때, 적절하지 않은 것은?

<계좌번호 생성 방법>

000 - 00 - 000000

• 1~3번째 자리 : 지점번호
• 4~5번째 자리 : 계정과목
• 6~10번째 자리 : 일련번호(지점 내 발급 순서)
• 11번째 자리 : 체크기호(난수)

[지점번호]

지점	번호	지점	번호	지점	번호
국회	736	영등포	123	동대문	427
당산	486	삼성역	318	종로	553
여의도	583	신사동	271	보광동	110
신길동	954	청담동	152	신용산	294

[계정과목]

계정과목	보통예금	저축예금	적금	당좌예금	가계종합	기업자유
번호	01	02	04	05	06	07

① 271-04-540616 : I은행의 신사동지점에서 발행된 계좌번호이다.

② 553-01-480157 : 입금과 인출을 자유롭게 할 수 있는 통장을 개설하였다.

③ 954-04-126541 : 일정한 금액을 주기적으로 불입하는 조건으로 개설했다.

④ 294-05-004325 : 신용산지점에서 4,325번째 개설된 당좌예금이다.

※ 다음은 기업은행의 체크카드에 대한 자료이다. 이어지는 질문에 답하시오. [6~7]

<기업은행 체크카드>

- 발급대상
  - 만 17세 이상으로 기업은행 요구불예금을 보유한 개인 고객
  - 만 14세 이상 ~ 만 17세 미만 고객은 기업은행 영업점 방문 시 비교통카드에 한해 발급 가능합니다(인 터넷 발급 불가).
  - 특수채권 잔액 보유 또는 은행연합회 신용관리대상 등 일부 고객은 후불교통기능이 탑재된 기업은행 체크카드의 발급이 제한될 수 있습니다.

- 카드이용
  - 국내 신용카드 가맹점에서 결제계좌 잔액 범위 내에서 사용(즉시 결제), 후불교통카드 기능 탑재, 소액 신용결제 서비스

- 이용제한
  - 기업은행 오프라인 시간 및 전산가동 중단 시 이용이 제한될 수 있습니다(매월 세 번째 일요일 00:00 ~ 06:00).
  - 체크카드 소액신용결제서비스 신청 시 기업은행 전산가동 중단 시간대 이용은 전체 체크신용한도 범위 내 신용 승인됩니다.
  - 기업은행 전산가동 중단 시 또는 예금 잔액을 즉시 확인할 수 없어 매출승인이 불가능한 가맹점에서의 사용은 제한될 수 있습니다.

- 체크카드 국내 직불 이용한도

구분	1회	1일	월간	비고
기본 부여한도	600만 원	600만 원	2,000만 원	체크카드 발급 시 자동 부여
최고한도	2,000만 원	2,000만 원	5,000만 원	영업점 / 인터넷 / 모바일 앱 / 고객센터에서 신청
특별승인한도	1억 원	1억 원	1억 원	영업점 / 고객센터에서 신청(신청 후 30일 이내)

- 후불교통 기능 탑재(교통카드로 신청 시)
  - 버스, 지하철 등 대중교통 이용이 가능합니다.
  - 보증금 : 내국인 면제(단, 외국인의 경우 보증금 3만 원)
  - 대중교통 이용대금은 월 2회 지정된 결제일에 체크카드 결제계좌에서 자동 출금되며, 정상 출금되지 않은 경우 2영업일 이후 교통기능 사용이 불가할 수 있습니다.
  - 체크카드 후불교통 이용대금 출금일

이용일	1일 ~ 15일	16일 ~ 말일
출금일	15일+3영업일	말일+3영업일

06 다음 중 기업은행의 체크카드에 대한 설명으로 옳은 것은?

① 월간 기업은행 체크카드의 최고한도는 2,000만 원이다.

② 매월 두 번째 일요일 00:00 ~ 06:00에는 체크카드 이용이 제한될 수 있다.

③ 체크카드의 기본 부여한도는 체크카드 발급 시 자동 부여된다.

④ 체크카드의 후불교통 기능을 이용하기 위해서는 외국인의 경우 보증금 5만 원이 필요하다.

07 다음 10월 달력을 참고할 때, 기업은행 체크카드 이용고객의 9월 16일부터 9월 말일까지 사용한 후불교통 이용대금의 출금일과 10월 1일부터 10월 15일까지 사용한 후불교통 이용대금의 출금일로 적절한 것은?(단, 영업일은 주말 및 공휴일을 제외한 은행 영업 기간을 의미하며, 1영업일은 기준일의 다음 날이다. 예 11일＋1영업일＝12일)

〈10월 달력〉

일	월	화	수	목	금	토
9/30	1	2	3 개천절	4	5	6
7	8	9 한글날	10	11	12	13
14	15	16	17	18	19	20
21	22	23	24	25	26	27
28	29	30	31			

	9월 16일 ~ 말일	10월 1일 ~ 15일
①	10월 4일	10월 18일
②	10월 3일	10월 17일
③	10월 4일	10월 19일
④	10월 3일	10월 18일

08 다음은 환율 변동에 대비하기 위해 진행한 회의 내용이다. 이를 참고할 때, 적절하지 않은 언급을 한 사람은?

> **상황 보고자 :** 우리 회사는 오늘 3월 25일에 미국 회사에 LCD 패널 100만 달러어치를 수출하기로 계약하고 대금을 2개월 후인 5월 25일에 받기로 하였습니다. 환율 변동성이 커진 최근의 경제 상황에 대비하기 위해 우리 금융대응팀에서 여러 경제적인 요인을 분석하여 3월 25일부터의 환율 및 달러 선물가격의 변동을 다음과 같이 예측했습니다. 3월 25일 현재 원/달러 환율은 1,250원/US\$이고, 5월물 달러 선물의 가격은 1,260원/US\$입니다.

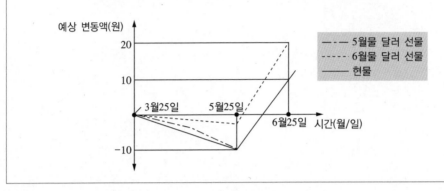

① 김대리 : 달러 현물가격의 추이로 볼 때 5월 25일에 현물로 대금을 받는다면 손실이 발생할 것이 분명하네요.

② 최과장 : 5월 25일에 거래되는 5월물 달러 선물 100만 달러어치를 팔기로 계약한다면 현물로 받은 대금의 손실을 보전할 수 있을 것 같습니다.

③ 이차장 : 전례가 있으니 미국 회사의 동의를 얻어 대금을 받는 날짜를 1개월 더 늦춰 6월 25일로 연기한다면 굳이 5월물 달러 선물을 계약할 필요가 없을 것 같습니다.

④ 박대리 : 현재 6월물 달러 선물 가격은 1,280원입니다. 따라서 대금을 받는 날짜를 1개월 더 연기하고, 6월 25일에 거래되는 6월물 달러 선물 100만 달러어치를 팔기로 계약하면 추가 이익이 발생해 회사에 도움이 될 것 같습니다.

※ 다음은 I은행의 출장여비 지급 기준에 대한 자료이다. 이어지는 질문에 답하시오. [9~10]

<출장여비 지급 기준>

항공	숙박(1박)	교통비	일비	식비
실비	• 1 · 2급 : 실비 • 3급 : 80,000원 • 4 · 5급 · 6급 : 50,000원	• 서울 · 경기지역 : 1일 10,000원 • 나머지 지역 : 1일 15,000원	30,000원/일	20,000원/일

※ 2급 이상 차이 나는 등급과 출장에 동행하게 된 경우, 높은 등급이 묵는 호텔에서 묵을 수 있는 금액을 지원함

1급	이사장
2급	이사
3급	부장
4급	차장
5급	과장
6급	대리

※ 부장, 차장, 과장, 주임의 출장비는 이사장, 이사>부장>차장>과장>대리의 순으로 차등함(부장부터 일비 만 원 씩 감소)

09 다음 중 I은행 출장여비에 대한 설명으로 옳은 것은?

① 외국으로 비행기를 타고 출장을 가는 B과장이 같은 객실에서 묵는다면 총 비용은 항상 같다.

② 서울 · 경기지역으로 C차장이 1박 2일 출장을 간다면 출장비는 20만 원 이상이다.

③ 같은 조건으로 이사장과 이사가 출장을 간다면 이사장이 이사보다 출장비를 많이 받는다.

④ 이사장과 출장을 가게 된 A대리는 이사장과 같은 호텔, 같은 등급의 객실에서 묵을 수 있다.

10 부장과 차장이 함께 9박 10일로 제주도로 출장을 가게 되었다. 부장과 동일한 출장비를 제공하기 위하여 차장의 호텔을 한 단계 업그레이드 할 때 차장이 원래 묵을 수 있는 숙박비보다 얼마가 이득인가?

① 230,000원   ② 250,000원

③ 270,000원   ④ 290,000원

※ 다음은 임대주택 신청자의 신청 번호에 대한 자료이다. 이어지는 질문에 답하시오. [11~13]

임대주택 신청자의 신청 번호는 14자리로 이루어져 있다.

AA	BB	CCCC	DDD	E	FF
임대주택 구분	임대주택 신청연도	(예정)입주신청일	임대기간	공급면적	신청자 월평균소득 대비 비율

임대주택 구분	임대주택 신청연도	(예정)입주신청일
11 : 대학생 전형 12 : (신청일 기준 대학졸업후 2년 이내) 사회초년생 전형 21 : (예비)신혼부부 전형 22 : (만 9세 이하 자녀가 있는)한부모 전형 30 : (만 65세 이상)고령자 전형	15 : 2015년 16 : 2016년 17 : 2017년 18 : 2018년 19 : 2019년 20 : 2020년 21 : 2021년	EF월 GH일 입주예정인 경우 EFGH로 입력 * 임대주택 입주신청일은 임대주택 신청연도에 한해 가능함

임대기간	공급면적	신청자 월평균소득 대비 비율
RT0 : 2년 미만 RT2 : 2년 RT3 : 3년 RT4 : 4년 RT5 : 5년	N : 16m^2 B : 23m^2 E : 30m^2 X : 36m^2	GH : 80% 이하 VE : 100% 이하 QW : 120% 이하 CR : 150% 이하 FL : 180% 이하

* 임대기간이 2년 이상일 경우 6개월간 임대료가 면제됨

11 다음 중 2019년도 신청 및 10월 10일 입주 예정인 월평균소득 대비 비율이 100% 이하이고 대학생의 임대기간이 3년인 공급면적 30m^2 임대주택의 신청 번호로 옳은 것은?

① 11191001RT3EVE
② 11191010RT3EVE
③ 12191001RT3EVE
④ 12191010RT3EVE

12 다음 중 임대주택을 신청한 A씨의 신청 번호로 옳은 것은?

올해로 만 65세인 A씨는 월평균소득 대비 65% 비율로 임대주택 신청 대상자라는 통지를 받았다. 그는 현재 전세 거주 중으로 계약만료일은 다음 달인 2018년 5월 22일이다. 이에 그는 계약만료일 5일 전으로 입주신청을 하였다. 그는 최대 임대기간으로 신청하였으며, 1인 가족으로 신청이 가능한 면적 16m^2 또는 23m^2 중 더 큰 면적으로 신청하였다.

① 30180517RT5BGH
② 30180522RT5BGH
③ 30180527RT5BGH
④ 30190517RT5BGH

13 다음 중 임대료 면제 혜택을 받을 수 있는 신청자는 모두 몇 명인가?

> 대학생과 사회초년생을 제외한 2018년도 이후 신청자 중에서 6개월간 임대료 면제 혜택 대상인 월평균소득 대비 비율 120% 이하인 신청자에게 추가로 2개월간 임대료 면제 혜택을 제공하려고 한다.

〈신청자 신청 번호〉

11180502RT4NGH	21191212RT0EQW	22201228RT2EVE	12190124RT2BQW
30150822RT2EFL	21160214RT2XCR	11160727RT0NCR	22150227RT2BFL
30171124RT2BQW	30180317RT3NGH	11200319RT3EVE	22200630RT2XQW
30190516RT2BCR	21180405RT3EVE	21190628RT2XGH	12200728RT5NVE

① 2명
③ 4명
② 3명
④ 5명

14 다음 자료를 참고할 때, 전세 보증금이 1억 원인 전세 세입자가 월세 보증금 1천만 원에 전월세 전환율 한도 수준까지의 월세 전환을 원할 경우, 월 임대료 지불액은 얼마인가?

> 나날이 치솟는 전세 보증금! 집주인이 2년 만에 전세 보증금을 올려달라고 하는데 사실 월급쟁이로 생활비를 쓰고 남은 돈을 저축하자면 그 목돈을 마련하지 못해 전세자금 대출을 알아보곤 한다. 그럴 때 생각해 볼 수 있는 것이 반전세나 월세 전환이다. 이렇게 되면 임대인들도 보증금 몇 천만 원에서 나오는 이자보다 월세가 매달 나오는 것이 좋다 보니 먼저 요구하기도 한다. 바로 그것이 '전월세 전환율'이다.
> 전월세 전환율은 {월세×12(개월)/(전세 보증금−월세 보증금)}×100으로 구할 수 있다.
> 그렇다면 전월세 전환율 비율의 제한은 어떻게 형성되는 걸까?
> 우리나라는 「주택임대차보호법」 하에서 산정률 제한을 두고 있다. 보통 10%, 기준금리 4배수 중 낮은 비율의 범위를 초과할 수 없다고 규정하고 있기 때문에 현재 기준 금리가 1.5%로 인상되어 6%가 제한선이 된다.

① 450,000원
③ 500,000원
② 470,000원
④ 525,000원

15 수인이는 베트남 여행을 위해 인천국제공항에서 환전하기로 하였다. 다음은 I환전소의 당일 환율 및 수수료를 나타낸 자료이다. 수인이가 한국 돈으로 베트남 현금 1,670만 동을 환전한다고 할 때, 수수료까지 포함하여 필요한 돈은 얼마인가?(단, 수수료 계산과정에서 구한 값은 소수점 첫째 자리와 1원 단위는 버림한다)

〈I환전소 환율 및 수수료〉

• 베트남 환율 : 483원/만 동
• 수수료 : 0.5%
• 우대사항 : 50만 원 이상 환전 시 70만 원까지 수수료 0.4%로 인하 적용
　　　　　　100만 원 이상 환전 시 총 금액 수수료 0.4%로 인하 적용

---

① 808,840원
② 808,940원
③ 809,840원
④ 809,940원

금융일반 – 객관식

01 채권은 원금과 일정한 이자를 받을 권리가 있는 유가증권을 의미한다. 이러한 채권을 보유함으로 인해 발생하는 위험 중 거래 일방이 일시적인 자금 부족으로 정해진 결제 시점에 결제 의무를 이행하지 못 함으로써 거래상대방의 자금조달계획 등에 악영향을 미치게 되는 위험을 무엇이라고 하는가?

① 재투자수익률 위험
② 수의상환위험
③ 유동성 위험
④ 채무불이행 위험

02 모든 금융기관은 신용평점제도를 채택하고 있으며 이것은 자체적으로 만든 기업신용평가등급표의 평가 항목을 기준으로 점수화하면서 구체화한다. 이러한 기업신용평가등급표의 평가 요소는 양적 평가 요소와 질적 평가 요소로 구성되어 있는데 다음 중 양적 평가 요소에 해당하는 것은 무엇인가?

① 진입장벽
② 시장점유율
③ 재무비율 평가 항목
④ 경영자의 경영능력

03 다음은 (주)한국의 주식을 기초자산으로 하는 옵션의 시세를 나타낸 자료이다. 이에 대한 설명으로 옳지 않은 것은?[단, (주)한국의 현재주가는 370.00이다]

〈옵션 시세표〉

콜옵션	행사가격	풋옵션
1월물		1월물
4.34	375.00	13.65
5.17	372.50	12.05
6.12	370.00	10.40
7.23	367.50	9.23
8.50	365.00	7.99

① 행사가 375.00의 콜옵션은 외가격 옵션이다.
② 행사가 367.50의 풋옵션은 외가격 옵션이다.
③ 행사가 370.00의 콜옵션의 내재가치는 0이다.
④ 행사가 365.00의 콜옵션의 시간가치는 5이다.

04 다음은 (주)서울의 2021년 재고자산 관련 자료이다. (주)서울의 2021년 말 재무상태표상 재고자산 가액은?

〈(주)서울 2021년 재고자산〉

- 2021년 말 (주)서울은 창고에 ₩200,000 상당의 재고자산을 보관하고 있다.
- (주)서울은 2021년 12월 15일 미국의 A사로부터 재고자산 ₩50,000을 선적지인도조건으로 매입하였다. 해당 상품은 2021년 12월 27일 선적되었고, 2022년 1월 5일 도착하였다.
- (주)서울은 2021년 12월 20일 일본의 J사로부터 재고자산 ₩40,000의 주문을 받아, 도착지인도조건으로 계약하였다. 해당 상품은 2021년 12월 28일 선적되었고, 2022년 1월 2일 도착하였다.
- (주)서울은 2021년 12월 중 개당 ₩20,000의 시송품을 고객 10명에게 각각 인도하였고, 2021년 말 현재 구입의사를 밝힌 고객은 7명이다.
- (주)서울은 2021년 12월 중 ₩30,000의 재고자산을 고객 1명에게 판매하였고 해당 재고는 고객의 통제 하에 있으나, 해당 고객의 일시적인 사정으로 인해 2021년 말 현재 동 상품을 (주)서울의 창고에 보관중이다.

---

① ₩230,000

② ₩260,000

③ ₩280,000

④ ₩320,000

05 다음 글에서 설명하는 현상을 방지할 수 있는 대책으로 적절하지 않은 것은?

1913년 프랑스의 농업엔지니어 막스밀리앙 링겔만이 말(馬)의 능력을 연구하다가 특이한 현상을 발견했다. 상식적으로는 말 한 마리가 수레를 끌 때 100의 힘이 발휘됐다면, 두 마리가 끌 때는 힘의 합이 200이어야 한다. 그런데 그에 못 미쳤다. 두 마리일 때 말이 전력을 다하지 않았다.

사람을 대상으로 한 줄다리기 실험에서도 비슷한 현상이 나타났다. 밧줄을 혼자서 당길 때 100의 힘이 발휘됐다면, 둘이 당길 때는 각각 93%의 힘 밖에 쓰지 않았다. 셋일 땐 83%, 여덟 명일 땐 49%에 불과했다. 숫자가 늘어날수록 자기 힘을 아꼈다. 박수치는 실험 등 여러 형태의 실험에서도 마찬가지였다.

이처럼 집단 속에 참여하는 개인의 수가 늘어갈수록 성과에 대한 1인당 공헌도가 오히려 떨어지는 현상을 '링겔만 효과(Ringelmann Effect)'라고 부른다. 쉽게 말하면 혼자 일할 때보다 여럿이 함께 일할 때 개인의 노력과 효율이 감소한다는 얘기다.

집단 속에서 함께 일하면 개인의 공헌도가 분명히 드러나지도 않고, 과업의 결과에 대해서도 책임소재가 불분명해지기에 나타나는 현상이어서 '사회적 태만(Social Loafing)'이라고도 말한다.

업무 효율을 최대한 끌어올려야 할 경영자로서는 집단의 방패막 뒤에서 태만하게 지내고, 익명의 커튼 뒤로 숨어 책임을 회피하려는 부정적 심리를 차단할 필요가 있다.

---

① 집단의 크기를 최적화한다.

② 업무를 개인별로 할당한다.

③ 성과 배분의 의사결정 권한을 집단관리자에게 일임한다.

④ 집단을 평가할 때, 구성원 개개인의 평가점수도 공개한다.

06 무역에서 보편적으로 사용하는 거래 조건의 해석에 대한 국제통일규칙을 인코텀즈(INCOTERMS)라고 한다. 다음 〈보기〉 중 인코텀즈에 대한 설명으로 적절하지 않은 것을 모두 고르면?

> **보기**
>
> 가. 강행법규에 해당한다.
> 나. 국제상업회의소(ICC)에서 5년마다 개정한다.
> 다. 은행이나 운송인에 대하여는 다루지 않는다.
> 라. 국제 거래뿐 아니라 국내 거래에서도 사용 가능하다.

① 나   ② 가, 나
③ 나, 다   ④ 다, 라

07 (주)A는 지난 분기 매출액 2,000억 원을 달성하였고 그중 매입액은 700억 원을 차지하였다. 그렇다면 지난 분기 (주)A의 부가가치 비율은?

① 50%   ② 55%
③ 60%   ④ 65%

08 유동비율 $= \dfrac{(A)}{\text{유동부채}} \times 100$, 자기자본수익률(ROE) $= (1 + \text{부채비율}) \times (B)$일 때, A와 B에 들어갈 내용이 바르게 짝지어진 것은?

	A	B
①	유동자산	매출액순이익률
②	유형자산	총자본회전율
③	유동자산	총자본순이익률
④	재고자산	총자본회전율

09 다음 기사에서 설명하는 개념을 알맞게 표현한 것은?

> C사가 싱가포르 온라인동영상서비스(OTT) 업체 '훅(Hooq)'을 인수했다. 이커머스 시장에서 점유율을 높인 데 이어 스트리밍 서비스로 사업영역을 확대하면서 지금까지 벤치마킹해 온 미국 아마존 사업모델과 같은 종합 플랫폼 업체로 거듭날지 주목된다.
>
> … 중략 …
>
> 이번 계약으로 C사가 자체 스트리밍 서비스를 제공하게 되면서 플랫폼 업체로서 사업영역 확장이 본격적으로 진행될 것으로 보인다. 최근 글로벌 이커머스 업체들이 쇼핑뿐만 아니라 콘텐츠 사업을 통해 플랫폼 기업으로 변모하는 양상을 보이고 있다. 아마존은 '아마존 프라임 비디오' 서비스를 제공하고 있다. 자체 오리지널 콘텐츠 제작에도 나서면서 OTT 업계를 주도하는 넷플릭스를 견제하는 분위기다. 블룸버그는 "한국 정부가 국내 OTT 업체를 글로벌 기업으로 육성하고자 콘텐츠 투자를 촉진해 성장지원을 약속했다."며 한국의 OTT 산업 성장에 대한 기대치가 높다는 점을 설명했다.

① 수직적 통합　　　　　　　　　② 수평적 통합
③ 다각화　　　　　　　　　　　　④ 기능별 제휴

10 기말실사의 결과 재고자산이 ₩1,000,000인 경우, 다음의 추가 자료를 고려하여 재무상태표에 보고될 재고자산은?

> • 거래처에 시용 판매한 시송품 원가 ₩1,500,000 중 상대방이 70%에 대한 매입 의사를 밝혀왔다.
> • 회사는 F.O.B 도착지 인도조건으로 판매하여 현재 운송 중인 상품의 원가 ₩550,000이 있다.
> • 타 회사에 판매를 위탁한 적송품의 원가 ₩1,000,000 중 현재 타 회사는 50%를 판매하였다.

① ₩1,450,000　　　　　　　　　② ₩1,950,000
③ ₩2,050,000　　　　　　　　　④ ₩2,500,000

11 다음 중 자기자본에 해당하지 않는 것은?

① 자본금　　　　　　　　　　　　② 자본잉여금
③ 이익잉여금　　　　　　　　　　④ 차입금

12 다음 〈보기〉는 부채에 해당하는 계정과목들이다. 이 중 비유동부채에 해당하는 것은 모두 몇 개인가?

> **보기**
>
> • 매입채무   • 예수금
> • 미지급금   • 장기차입금
> • 임대보증금   • 선수수익
> • 단기차입금   • 선수금
> • 장기미지급금   • 유동성장기부채

① 1개   ② 3개
③ 5개   ④ 7개

13 다음 〈보기〉 중 정부실패(Government Failure)의 원인이 되는 것을 모두 고르면?

> **보기**
>
> 가. 이익집단의 개입
> 나. 정책당국의 제한된 정보
> 다. 정책당국의 인지시차 존재
> 라. 민간부문의 통제 불가능성
> 마. 정책 실행 시차의 부재

① 가, 나, 라   ② 나, 다, 마
③ 가, 나, 다, 라   ④ 가, 나, 라, 마

※ 다음 기사를 읽고 이어지는 질문에 답하시오. [14~15]

> 정부가 데이터 기반 정책 수립을 위해 전국의 의료기관을 대상으로 관련 설문조사를 진행한다.
>
> 보건복지부는 16일부터 4주간 전국 총 570개소 의료기관을 대상으로 '보건의료정보화 실태조사'를 실시한다고 밝혔다.
>
> 복지부는 이번에 처음으로 실시되는 실태조사에 대해 "정보통신기술과 보건의료 분야의 융합이 증가하고, 올해 데이터 3법이 시행에 따라, 디지털 뉴딜 시대의 보건의료정보정책 수립의 기초 통계자료로 이용하고자 한다."라고 그 배경을 밝혔다.
>
> 전국 총 570개소 의료기관이 대상이며 16일부터 총 4주간 실시된다. 특히 상급종합병원 42개소와 종합병원 311개소는 전수조사가 실시되고, 병원급은 계통적 표본추출을 통해 1,431개소 중 217개소를 선정해 조사한다.
>
> 설문은 △정보화 기반 △정보화 현황 △진료 활용체계 △연구 활용체계로 구분해 조사하고, 상급종합병원 및 300병상 이상 종합병원은 총 94문항, 300병상 미만 종합병원과 병원은 총 46문항으로 구성됐다.
>
> 조사는 이메일·방문 조사 등을 통해 진행되며, 조사결과는 기본 및 심층 분석을 거쳐 내년에 보건의료정보화 실태조사 결과 보고서를 발간할 예정이다.

14 밑줄 친 '계통적 표본추출'은 '체계적 표출(Systematic Sampling)'이라고도 한다. 다음 중 이 표본추출방법에 대한 설명으로 가장 적절한 것은?

① 비확률 표본추출방법의 일종이다.

② 조사자의 주관이 개입되어 조사결과의 일반화가 불가능하다.

③ 전체 표본에서 무작위로 시작점을 선택 후, 매 n번째 구성요소를 추출하는 방식이다.

④ 모집단을 여러 소집단으로 나누고, 각 소집단들로부터 표본을 무작위 추출하는 방식이다.

15 다음 중 표본추출 과정을 바르게 나열한 것은?

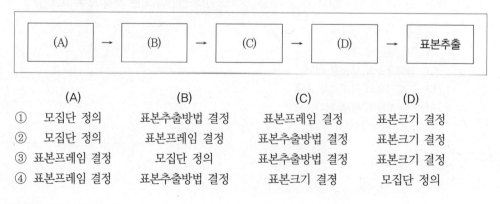

	(A)	(B)	(C)	(D)
①	모집단 정의	표본추출방법 결정	표본프레임 결정	표본크기 결정
②	모집단 정의	표본프레임 결정	표본추출방법 결정	표본크기 결정
③	표본프레임 결정	모집단 정의	표본추출방법 결정	표본크기 결정
④	표본프레임 결정	표본추출방법 결정	표본크기 결정	모집단 정의

01 다음 자료를 통해 (주)한국의 20X1년의 기말 재고자산 가액을 구하면?

〈(주)한국의 20X1년 매출 및 매입관련 자료〉	
기초재고	₩250,000
당기 총매입	₩370,000
매입에누리	₩30,000
당기 총매출	₩630,000
매출에누리	₩20,000
매출환입	₩10,000
매출원가율	80%

(₩   )

02 20×1년 초 (주)한국은 상환의무 없는 정부보조금 2,500원을 수령하여 10,000원의 영업용 차량(내용연수 5년, 잔존가치 0원, 정액법으로 감가상각)을 구입하였다. 정부보조금은 자산의 장부금액에서 차감하는 방법으로 회계처리할 때, 20×1년 포괄손익계산서에 인식할 감가상각비를 구하면?

(원)

03 다음 중 GE/맥킨지 매트릭스에서 시장 지위를 유지하며 집중 투자를 고려해야 하는 위치는?

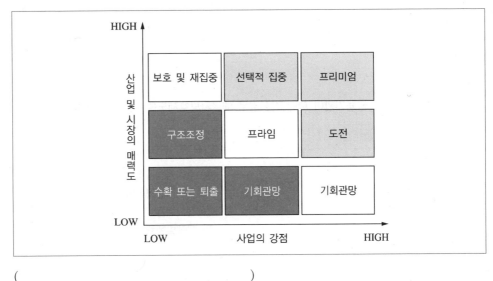

(   )

04 다음 〈보기〉 중 마이클 포터의 가치사슬모형에서 지원적 활동(Support Activities)에 해당하는 것을 모두 고르면?

> **보기**
>
> ㉠ 기업 하부구조   ㉡ 내부 물류
> ㉢ 제조 및 생산   ㉣ 인적자원관리
> ㉤ 기술개발   ㉥ 외부 물류
> ㉦ 마케팅 및 영업   ㉧ 서비스
> ㉨ 조달 활동

(   )

05 다음 〈보기〉 중 금융기관이 파산했을 경우 예금자보호제도를 적용받지 못하는 금융상품을 모두 고르면?

> **보기**
>
> ㉠ 보통예금   ㉡ 주택청약종합저축
> ㉢ 금융투자상품   ㉣ 실적배당형신탁
> ㉤ 정기적금   ㉥ 정기예금
> ㉦ 연금보험   ㉧ 은행발행채권

(   )

01 다음 중 마이데이터(Mydata)의 특징으로 적절하지 않은 것은?

① 여러 기관에 있는 자신의 정보를 한 번에 확인할 수 있다.

② 특정 업체에 자신의 정보를 제공할 수 있다.

③ 개인의 정보 주권을 보장하는 것이 목적이다.

④ 금융정보를 제외한 정보가 대상이 된다.

02 다음 글에서 설명하고 있는 것은?

빠른 온라인 인증을 위한 기술로 ID나 비밀번호를 입력하지 않고, 생체인식 기술을 통해 개인 인증을 할 수 있는 기술이다.

① RPA   ② FIDO

③ 오픈API   ④ Mashup

03 다음 글에서 설명하는 기술은?

이 장치는 병렬성(Parallelism)이 뛰어나다는 점에서 인간의 뇌 구조와 유사하여, 인공지능이 인간의 뇌와 같이 사고할 수 있도록 하는 일종의 비(非)지도 기계학습인 딥 러닝(Deep Learning)에 많이 활용되고 있다.

① CPU   ② AI

③ HDD   ④ GPU

04 다음 프로시저를 이용하여 [D2:G5] 영역의 내용만 지우려고 한다. (A)에 들어갈 코드로 가장 적절한 것은?

```
Sub Procedure( )
Pange("D2:G5")
Select Selection.(A)
End Sub
```

① Clear
② Delete Contents
③ Free Contents
④ Clear Contents

05 다음 밑줄 친 빈칸에 공통으로 들어갈 단어로 가장 적절한 것은?

_____은/는 초고속으로 과학기술 계산을 처리하는 벡터 연산 기구를 갖춘 컴퓨터를 말한다. _____은/는 특정한 정의 없이 그 시대에 가장 빠른 컴퓨터 정도를 의미하지만, 계산 속도가 현재 사용되는 PC보다 수백 ~ 수천 배 빠르고 많은 자료를 오랜 시간 동안 꾸준히 처리할 수 있는 컴퓨터를 _____로/으로 분류한다.
연산 속도가 초고속인 것을 이용하여 자원탐사, 기상예보, 신약 개발, 자동차·비행기·선박의 설계, 원자력 발전소의 안정성 분석, 암 연구, 경제모델 분석 분야에 필수적으로 응용되고 있다. 몇 년 전 미국에서 교통관제에 사용되어 대형 컴퓨터나 중형 컴퓨터로 4.7 ~ 51시간 걸리던 일을 10분 만에 처리하고, 정밀한 자료분석으로 240억 배럴의 석유를 찾아내기도 했으며, 암호 해독에도 사용한다.

① 데스크톱 컴퓨터
② 슈퍼컴퓨터
③ 미니컴퓨터
④ 워크스테이션

01 다음을 참고하여 〈보기〉의 명령을 수행했을 때 출력될 결괏값으로 알맞은 것은?

〈명령어〉

명령어	설명	명령어	설명

i, j, k	변수	if 〈조건문〉:
		　〈수행할 명령1〉
		　〈수행할 명령2〉
		　　⋮
		else:
		　〈수행할 명령A〉
		　〈수행할 명령B〉
		　　⋮
			〈조건문〉이 참일 경우 if문 아래의 명령들을 수행하고, 〈조건문〉이 참이 아닐 경우 else문 아래의 명령들을 수행함

print( )	( )안의 값을 출력함. 단, ' ' 또는 " " 안의 값은 문자 그대로 출력함		
찾는 값 in 변수	변수 안에 찾는 값이 포함되어 있으면 참을 반환하고, 그렇지 않으면 거짓을 반환함		
len( )	( )안의 인수의 길이를 구함. 단, 띄어쓰기도 인수의 길이에 포함됨		
x==y	x와 y가 같음		
x!=y	x와 y가 같지 않음		

〈예시〉

k="무궁화 꽃이 피었습니다."
 	
if '무궁화' in k:
　print('꽃이 피었습니다.')
else:
　print('X')
	결과값〉
	꽃이 피었습니다.

보기

i="동해물과 백두산이 마르고 닳도록"

if '백두산' in i:
　k=len(i)
　k=k + 1
　print(k)
else:
　k=len(i)
　k=k−1
　print(k)

(　　　　　　　　　　　　　　　　)

02 다음 〈보기〉 중 용어와 설명이 바르게 연결되지 않은 것을 모두 고르면?

> **보기**
>
> ㉠ 쿼드러플위칭데이(Quadruple Witching Day) : 주가지수 선물·주가지수 옵션·개별주식 선물·개별주식 옵션 등 네 가지 파생상품 만기일이 겹치는 날이다.
>
> ㉡ 달러인덱스(U.S. Dollar Index) : 경제 규모가 크거나 통화 가치가 안정적인 6개국 통화를 기준으로 미 달러화 가치를 지수화한 것이다.
>
> ㉢ 프롭테크(Proptech) : 저금리 국가의 자금을 빌려(캐리) 고금리 국가의 자산에 투자하는(트레이드) 것을 뜻한다.
>
> ㉣ 프로젝트 파이낸싱(Project Financing) : 금융기관이 사회간접자본 시설을 비롯한 대형 건설 개발 사업을 추진하려는 사업주의 신용이나 물적 담보가 아닌 프로젝트 자체의 경제성 혹은 미래 수익성에 근거하여 대출해주는 금융기법이다.
>
> ㉤ 스크루플레이션(Screwflation) : 경기가 침체되는 상황에서 물가가 상승하는 상태를 의미하며 그 특징상 자본주의 시장경제에서의 최대 경계 사태이기도 하다.
>
> ㉥ 레버리지(Leverage) : 가계의 총소비지출에서 전·월세 비용이나 주택 관련 대출 상환금, 세금, 보험 등 주거비가 차지하는 비중을 뜻한다.

(   )

정답 및 해설 p.064

01 | NCS 직업기초능력

01 다음은 IBK기업은행에서 발급되고 있는 BLISS.7카드의 혜택 변경 전·후 대비 자료이다. 이에 대한 설명으로 옳지 않은 것은?

〈변경 전·후 대비〉

• 대상 상품 : BLISS.7카드
• 변경 일자 : 2021년 9월 2일
• 변경 내용 : 브랜드 스파 할인서비스 제휴처 중 '본 에스티스' 매장명 변경

구분	변경 전	변경 후
제휴처명	Von Estis 논현점	Von Estis 한남점
전화번호	02-515-5864	02-794-5864
위치	서울 서초구	서울 용산구
운영시간	평일 09:00 ~ 21:00 토요일 09:00 ~ 18:00 일요일, 공휴일 휴무	평일 10:00 ~ 21:30 토요일 10:00 ~ 18:00 일요일, 공휴일 휴무
내용	20% 할인(상시)	20% 할인(상시)

※ 본 변경사항은 신규 고객 및 기존 고객에게 동일하게 적용됨

---

① 매장명 변경과 함께 할인 서비스가 종류가 추가되었다.
② 운영시간 내에만 방문하면 언제든지 할인을 받을 수 있다.
③ 2021년 9월 4일 구매자와 2021년 8월 13일 구매자는 서로 다른 매장에서 이용해야 한다.
④ 기존 고객도 할인 서비스 제휴처가 동일하게 적용된다.

02 다음은 퇴직공직자 취업제한제도에 대한 자료이다. 이에 대한 내용으로 적절하지 않은 것은?

〈퇴직공직자 취업제한제도〉

☐ 도입목적

　퇴직공직자와 업체 간의 유착관계 차단, 퇴직 전 근무했던 기관에 영향력 행사 방지를 통해 공무집행의 공정성과 공직윤리 확립

☐ 제도개요

- 제한대상 및 기간 : 취업심사대상 퇴직공직자, 퇴직 후 3년간
- 제한조건 : 퇴직 전 5년 동안 소속하였던 부서(고위공직자는 소속기관)와 취업예정기관 간의 밀접한 업무관련성*

　*업무관련성 : 재정보조, 인·허가, 검사·감사, 조세부과, 계약, 감독, 사건수사 등

- 취업심사대상기관

　① 자본금 10억 원&외형거래액 100억 원 이상 영리사기업체

　② 외형거래액 100억 원 이상 법무법인 등, 회계법인, 외국법자문법률사무소, 합작법무법인

　③ 외형거래액 50억 원 이상 세무법인

　④ 취업이 제한되는 사기업체가 가입하고 있는 협회

　⑤ 공공기관의 운영에 관한 법률 제5조 제3항 제1호 가목에 해당하는 시장형 공기업

　⑥ 안전감독, 인허가 규제, 조달업무 수행 공직유관단체

　⑦ 초·중등교육법, 고등교육법 제2조에 따른 학교를 설립·경영하는 학교법인과 학교법인이 설립·경영하는 사립학교

　⑧ 의료법 제3조의3에 따른 종합병원과 종합병원을 개설한 법인

　⑨ 사회복지사업법 제2조 제3호에 따른 기본재산이 100억 원 이상인 사회복지법인과 사회복지시설을 운영하는 사회복지법인 이외의 비영리법인

　⑩ 방산·식품·의약품 등 특정분야 사기업체와 법인·단체 등

☐ 업무처리

　① 취업심사대상자*가

　　*(2020.6.3 이전 퇴직공직자) 재산등록의무자였던 공무원 및 공직유관단체의 임직원

　　*(2020.6.4 이후 퇴직공직자) 법 제3조제1항 제1호~제12호 및 영 제31조 제1항의 취업대상자

　② 취업심사대상기관에 취업을 하려는 경우

　③ 퇴직 전 5년간 소속하였던 부서(고위공직자는 소속기관)의 업무와 밀접한 관련성 여부 심사·결정

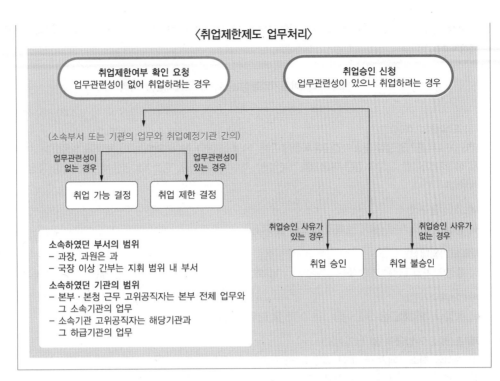

〈취업제한제도 업무처리〉

취업제한여부 확인 요청
업무관련성이 없어 취업하려는 경우

취업승인 신청
업무관련성이 있으나 취업하려는 경우

(소속부서 또는 기관의 업무와 취업예정기관 간의)

업무관련성이
없는 경우

업무관련성이
있는 경우

취업 가능 결정

취업 제한 결정

취업승인 사유가
있는 경우

취업승인 사유가
없는 경우

취업 승인

취업 불승인

소속하였던 부서의 범위
– 과장, 과원은 과
– 국장 이상 간부는 지휘 범위 내 부서

소속하였던 기관의 범위
– 본부·본청 근무 고위공직자는 본부 전체 업무와
  그 소속기관의 업무
– 소속기관 고위공직자는 해당기관과
  그 하급기관의 업무

① 공직자가 퇴직 후 4년이 지나고 업무관련성이 없는 곳에 취업한 경우에는 적용되지 않는다.

② 국세청에서 2019 ~ 2021년 동안 근무한 공직자가 2021년에 퇴직하여 외형거래액이 200억 원인 세무법인에 취업할 경우 취업심사대상자가 된다.

③ 업무관련성이 없는 외형거래액이 25억 원인 세무법인에 취업하려는 퇴직공직자는 취업심사대상 자이다.

④ 업무관련성이 없는 자본금 10억 원 & 외형거래액이 80억 원인 영리사기업체에 취업하려는 퇴직 공직자는 취업심사대상자가 아니다.

※ 다음은 IBK ALL바른기업통장(중소기업금융채권) 특약에 대한 자료이다. 이어지는 질문에 답하시오.
[3~4]

「IBK ALL바른기업통장(중소기업금융채권)」 특약

2021. 6. 30. 제정

제1조(약관의 적용)
IBK ALL바른기업통장(중소기업금융채권) (이하 '이 통장'이라 한다) 거래는 이 특약을 적용하며, 이 특약에서 정하지 아니한 사항의 경우 예금거래기본약관, 거치식예금약관, 중소기업금융채권등록필증(통장) 약관을 적용합니다.

제2조(상품구성)
이 통장은 중소기업금융채권(복리채)으로 합니다.

제3조(가입대상)
이 통장의 가입대상은 법인 또는 고유번호나 납세번호가 있는 임의단체로 합니다. 개인은 가입이 불가합니다.

제4조(계약기간)
이 통장의 계약기간은 1년 이상 3년 이하(월 단위)로 합니다.

제5조(최소 가입금액 및 납입한도)
① 계좌당 최소 1백만 원 이상 최대 50억 원으로 합니다.
② 은행에서 운용할 수 있는 신규한도 소진 시에는 가입이 제한될 수 있습니다.

제6조(고시금리)
이 통장은 가입일 당시 영업점 및 은행 홈페이지에 게시한 고시금리를 적용합니다.

제7조(우대금리)
이 통장은 계약기간 동안 아래 조건을 충족하고 만기해지하는 경우 해당 우대금리를 제공합니다. 단, 우대금리의 합은 최고 연 0.3%p를 초과할 수 없습니다.

구분	주요 내용	우대금리
ESG	가. (ESG 서약) ESG 경영 실천서약 참여	0.1%p
	나. (ESG 인증 보유) • 환경경영 : ISO14001(환경경영시스템) 등 국제환경규격(ISO14000시리즈), ISO50001 (에너지경영시스템) 인증 • 녹색인증 : 녹색기술·녹색기술제품·녹색전문기업 • 책임경영 : ISO26000(사회책임경영시스템) • 사회적기업 : 고용노동부 인증 기업	한 가지 이상 충족 시 0.1%p
	다. (ESG 캠페인 참여) K-RE100(재생에너지 사용), K-EV100(무공해차 전환)	
	라. (일자리 창출) 고용인원 증가 기업 • 고용보험 가입자 명단 제출 필요, 미제출시 인정 안 됨	0.1%p
비대면	마. (비대면 채널우대) 인터넷뱅킹, i-One뱅크 등 비대면채널을 통해 동 상품 가입	0.2%p

03 다음 〈보기〉의 A ~ D 중 IBK ALL바른통장을 가입할 수 있는 대상자로 가장 적절한 사람은?

> **보기**
> • A : 1억 원을 예금하려고 하는 직장인이자 개인인 김◇◇씨
> • B : 개인사업자이면서 첫 가입액을 800,000원으로 예금하는 최◆◆
> • C : 납세번호가 없는 임의단체인 ▽▽단체
> • D : 2년 6개월간 5억 원을 예금하려고 하는 주식회사 ◇◇법인

① A   ② B

③ C   ④ D

04 다음 중 IBK ALL바른통장의 약관에 따라 가장 높은 우대금리 혜택을 받고 있는 기업은?

구분	ESG 경영 실천서약 참여	인증 보유	고용노동부 인증	일자리 창출 관련
(주)백두	ESG 실천서약 참여 ○	ISO14001 (환경경영시스템) 인증 ○	사회적기업 (고용노동부 인증 기업)	고용인원 증가 기업
(주)한라	ESG 실천서약 참여 ○	ISO14001 (환경경영시스템) 인증 ○	사회적기업 (고용노동부 미인증 기업)	고용인원 증가 기업 (고용보험 가입자 명단 미제출)
(주)태백	ESG 실천서약 참여 ○	ISO11001 (협력비즈니스시스템) 인증 ○	사회적기업 (고용노동부 미인증 기업)	고용인원 증가 기업
(주)관악	ESG 실천서약 참여 ×	ISO26000 (사회책임경영시스템) 인증 ○	일반기업	고용인원 증가 기업

① (주)백두   ② (주)한라

③ (주)태백   ④ (주)관악

※ 다음은 IBK기업은행의 유연근무 현황을 나타낸 자료이다. 이어지는 질문에 답하시오. [5~6]

〈IBK 유연근무 현황〉

(단위 : 명)

구분				2016년	2017년	2018년		2019년		2020년	
						남	여	남	여	남	여
시간선택제	채용	정규직(일반)	인원수	0	0	0	0	0	0	0	0
			전일제 환산	0	0	0	0	0	0	0	0
		정규직(무기)	인원수	30	0	1	56	22	162	17	88
			전일제 환산	15	0	0.5	28	11	81	8.5	44
		비정규직	인원수	0	0	31	64	0	0	0	0
			전일제 환산	0	0	15.5	32	0	0	0	0
		합계	인원수	30	0	32	120	22	162	17	88
			전일제 환산	15	0	16	60	11	81	8.5	44
	전환	정규직(일반)	인원수	13	11	0	37	0	55	0	57
			전일제 환산	8.75	8	0	27.75	0	41.25	0	42.3
		정규직(무기)	인원수	37	21	0	61	0	122	0	127
			전일제 환산	26	15.25	0	45.5	0	91	0	94.7
		비정규직	인원수	0	0	0	0	0	1	0	0
			전일제 환산	0	0	0	0	0	0.75	0	0
		합계	인원수	50	32	0	98	0	178	0	184
			전일제 환산	34.75	23.25	0	73.25	0	133	0	137
탄력근무제	전체	시차출퇴근형	인원수	20	688	862	947	771	970	971	1,001
		근무시간선택형	인원수	10	0	0	0	0	0	0	0
		집약근무형	인원수	0	0	0	0	0	0	0	0
		탄력근무형	인원수	0	0	48	12	91	37	69	32
		선택근무형	인원수	0	0	119	54	227	108	384	162
		재량근무형	인원수	0	0	0	0	0	0	0	0

- 시간선택제, 탄력근무제, 원격근무제 대상 : 정규직(일반정규직, 무기계약직), 비정규직
- 시간선택제(채용) : 주 35시간 이하 시간 근무로 실시기간과 상관없음
- 시간선택제(전환) : 주 35시간 이하 시간 근무로 실시기간 1개월 이상
- 전일제 환산은 8시간/일 기준으로 환산된 수치
- 탄력근무제, 원격근무제의 종류
  - 시차출퇴근형 : 주 5일 근무, 1일 8시간 근무, 출퇴근시간 자율 조정
  - 근무시간선택형 : 주 5일 근무, 주 40시간 유지, 1일 8시간에 구애받지 않고 근무시간 자율 조정
  - 집약근무형 : 주 3.5~4일 근무, 주 40시간 유지, 1일 8시간에 구애받지 않음
  - 재량근무형 : 출퇴근 의무없이 일정한 과제 수행으로 주 40시간 인정
  - 재택근무형 : 사무실이 아닌 자택에서 근무
  - 스마트워크근무형 : 스마트워크센터 등 별도 사무실에서 근무

05 2018 ~ 2020년 채용 정규직(무기) 인원 중 여성 인원이 차지하는 비율은 약 몇 %인가?(단, 소수점 첫째 자리에서 반올림한다)

① 88%
② 73%
③ 60%
④ 51%

06 다음 중 위 자료에 대한 설명으로 옳은 것은?

① 시간선택제(채용) 근로자 수가 시간선택제(전환) 근로자 수보다 많았던 연도는 모두 3개년이다.
② 시차출퇴근형 근무자는 2018년보다 2019년에 더 많았다.
③ 주 3.5 ~ 4일 근무, 주 40시간 유지, 1일 8시간에 구애받지 않는 근무제 인원은 제시된 기간 동안 전년 대비 항상 증가했다.
④ 2019년에는 2018년보다 시간선택제(채용) 근로자가 더 많았다.

07 다음은 재정사업 심층평가와 관련된 내용이다. 이를 읽고 추론할 수 있는 내용으로 가장 적절한 것은?

〈재정사업 심층평가〉

☐ 도입배경 및 연혁

재정사업자율평가가 리뷰방식에 근거한 부처별 자체평가에 기초하고 있어 개별사업이나 사업군의 심층적인 평가에 한계가 있다는 지적과, 주요 재정사업의 성과측정이 미비하여 주요 재정사업의 성과를 심층 분석평가하여 재정운용에 반영하기 위해 2005년 시험평가를 시작으로 2006년 도입

- 2006년 ~ 2009년 개별사업에 대한 심층평가 진행
- 2010년 사업군에 대한 심층평가*로 전환
  * 사업군 심층평가 : 정책목적 · 대상 등이 유사한 다수의 사업을 사업군으로 묶어 정책적 타당성을 포함한 성과평가를 실시하고, 재정운용 성과를 제고하기 위한 종합적 개선방안 도출
- 2014년 KDI에서 한국조세재정연구원으로 총괄기관 변경

☐ 목적

- 재정사업 추진성과 점검 및 분석을 통해 지출효율화방안을 마련하여 향후 재정운용의 성과 제고
- 예산편성 및 기금운용계획의 수립, 재정사업의 집행 및 성과관리, 재정운용 관련 제도개선 등에 활용

☐ 주요평가요소

- 적절성(Relevance) : 사업은 정부의 역할로서 적절한가? 사업수행방식은 적절히 설계되어 있는가?
- 효과성(Effectiveness) : 사업의 결과로서 사업의 특정목표 및 일반목표가 달성되었는가?
- 효율성(Efficiency) : 여러 투입이 얼마나 경제적으로 사용되어 산출 및 중간결과로 전환되었는가?
- 효용성(Utility) : 사업의 결과 실제로 사업에 대한 수요가 얼마나 충족되었는가?
- 지속가능성(Sustainability) : 사업이 중단되었을 때 사업으로 인한 긍정적인 변화가 얼마나 오랫동안 지속될 수 있을 것인가?

☐ 평가절차

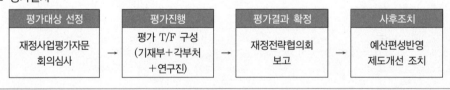

---

① 사업군에 대한 심층평가 방법에서 KDI로 총괄기관이 변경됨에 따라 개별사업에 대한 심층평가로 진행되었다.

② A사업에 200억 원의 예산이 투입되었지만 A사업의 목표가 달성되지 않을 경우 효용성이 낮다고 볼 수 있다.

③ 2006년 이전까지 부처별 재정사업에 대한 자체평가에는 주요 재정사업의 성과가 재정운용에 적절하게 반영되지 않았다.

④ 재정전략협의회에 보고가 된 이후에 평가 T/F가 구성되어 제도개선 조치가 이루어진다.

다음은 IBK기업은행의 대출상품과 그에 따른 이자율에 대한 자료이다. 서울시에서는 직장인들의 금융부담을 덜어주기 위해 대출금에 대한 이자를 지원하기로 하였는데, 1인당 부담가능 이자비용이 서울시 이자 지원금을 초과하는 (주)시대 직원을 모두 고르면?

〈상품별 이자율〉

(단위 : %)

대출상품	이자율
A대출상품	1.0
B대출상품	2.0
C대출상품	1.5
D대출상품	2.5

〈(주)시대 직원의 대출상품 신청 현황 및 서울 대출액 이자 지원금〉

(단위 : 만 원)

구분	대출상품	대출액	서울시 이자 지원금
김주임	A대출	1,000	2
이과장	A대출	5,000	11
	B대출	4,000	
박대리	B대출	1,000	8
	D대출	2,000	
오과장	A대출	4,000	10
	D대출	2,000	
주부장	C대출	5,000	15
	D대출	4,000	

※ 1인당 평균 이자비용 : 10만 원

※ 1인당 부담가능 이자비용 = $\dfrac{\text{(상품별 대출액} \times \text{상품별 이자율)의 총합}}{\text{1인당 평균 이자비용}}$

① 김주임, 주부장
② 박대리, 오과장
③ 김주임, 박대리
④ 이과장, 주부장

09 K사에 근무하는 L사원은 인사부 담당자이다. 사원 명부를 확인하다 과거에 근무하였던 동명이인인 세 사람을 발견하였는데, 전임자의 실수로 입사 연도와 퇴사 연도가 잘못 분류되어 있었다. L사원이 과거 급여이체내역을 통해 다음과 같이 사원 명부를 수정하였다면, 이 세 사람이 함께 근무했던 기간으로 옳은 것은?

〈K사 사원 명부〉

• 김주미 1 : 2009년 6월에 입사하여 2018년 6월 25일에 퇴사하였다.
• 김주미 2 : 총 8년을 근속하였고, 출산으로 인한 육아 휴직을 1년간 실시하였고, 복귀 후 6개월 후에 퇴사하였다.
• 김주미 3 : 총 3년을 근속하였고, 2021년 5월 25일에 퇴사하였다.
1) 육아휴직 후 복귀일은 매월 1일이다.
2) 퇴사일은 매월 25일이다.
3) 급여일은 매월 25일이다.
4) 근무시작일은 모두 1일부터 시작하였으며, 근속기간 중 휴직 혹은 병가는 없었다.

이체확인서			
이체일시 2021-08-25 17:32:34			
보내는분	기업은행 회계부	받는분	김주미 2
출금계좌	423-****-23213	입금은행 / 입금계좌	◇◇은행(414493394)
수수료	0 원	이체금액	1,930,342
내 통장 표시내용	8월 급여	받는분 통장 표시내용	–
이체확인서			
이체일시 2021-07-25 16:12:24			
보내는분	기업은행 회계부	받는분	김주미 2
출금계좌	423-****-23213	입금은행 / 입금계좌	◇◇은행(414493394)
수수료	0 원	이체금액	1,930,342
내 통장 표시내용	7월 급여	받는분 통장 표시내용	–

※ 이체확인서는 김주미 2의 퇴사 전 2개월 간의 급여 이체자료임

① 2016년 6월 1일 ~ 6월 25일
② 2017년 1월 1일 ~ 1월 25일
③ 2018년 1월 1일 ~ 1월 31일
④ 2018년 6월 1일 ~ 6월 25일

※ 다음은 IBK기업은행 A지점과 B지점의 상품별 월 수익을 정리한 자료이다. 이어지는 질문에 답하시오.
[10~11]

〈상품별 월 수익〉

(단위 : 억 원)

구분		B지점			
	상품	예·적금	펀드	대출	보험
A지점	예·적금	(3, 5)	(4, 5)	(4, 7)	(6, 5)
	펀드	(2, 6)	(2, 2)	(9, 5)	(1, 2)
	대출	(6, 4)	(8, 6)	(3, 5)	(8, 4)
	보험	(3, 5)	(2, 5)	(4, 6)	(7, 3)

※ 괄호 안의 숫자는 A지점과 B지점이 금융상품으로 얻는 월 수익을 의미함
　예 A지점이 예금 상품을 판매하고 B지점이 펀드 상품을 판매했을 때, A지점의 월 수익 4억 원이고 B지점의 월 수익은
　　 5억 원임

〈분기별 소비자 선호 상품〉

구분	1분기	2분기	3분기	4분기
선호 상품	보험	대출	펀드	예·적금

※ 소비자가 선호하는 상품을 판매하면 월 수익은 10% 증가함

10 A지점의 4분기 금융상품 정보를 알 수 없다고 할 때, B지점이 4분기 기대수익의 평균을 가장 크게 하려면 다음 중 어떤 종류의 상품을 판매해야 하는가?

① 예·적금
② 펀드
③ 대출
④ 보험

11 A지점과 B지점이 소비자의 선호 상품을 재조사한 결과 3분기에 소비자들은 기존의 펀드와 더불어 예·적금을 둘 다 선호하는 것으로 나타났다. 이 경우, A지점과 B지점의 3분기 기대수익 차이가 가장 작은 경우는 언제인가?

　　　　A지점　　　　B지점
① 예·적금　　　대출
②　펀드　　　　펀드
③　보험　　　　대출
④　대출　　　예·적금

※ 다음은 입찰업체와 관련된 자료이다. 이어지는 질문에 답하시오. [12~13]

〈계약이행성실도〉

(단위 : 점)

심사항목	평가요소	배점한도	등급	평점
가. 납품지연	지체일수	-2.0	A. 최근 6개월 이내에 조달청(또는 자체 공동전산망을 활용하여 정보를 공유하는 국가기관 및 소속기관)과의 계약이행과정에서 지체상금 부과를 받은 자 - 지체일수 75일 이상 - 지체일수 60일 이상 75일 미만 - 지체일수 45일 이상 60일 미만 - 지체일수 30일 이상 45일 미만 - 지체일수 15일 이상 30일 미만 - 지체일수 1일 이상 15일 미만 단, 여러 건의 지체상금이 중복 부과된 경우의 지체일수 계산은 합산한 기간으로 한다.	-2.0 -1.75 -1.5 -1.0 -0.5 -0.25
나. 불공정 하도급 거래	하도급법 위반정도		A. 최근 1년 이내에 공정거래위원장으로부터 하도급 상습 법 위반자로 통보받은 자	-2.0
다. 부정당업자 제재	부정당업자로 제재받은 총제재기간		A. 최근 2년 이내 부정당업자 제재를 받은 자로서 부정당업자 제재기간 종료일이 입찰공고일로부터 2년 이내에 포함된 전체 부정당업자 제재 건의 총제재기간에 따라 - 총제재기간 1년 6개월 이상인 경우 - 총제재기간 1년 이상~1년 6개월 미만인 경우 - 총제재기간 6개월 이상~1년 미만인 경우 - 총제재기간 1개월 이상~6개월 미만인 경우	-2.0 -1.5 -1.0 -0.5

〈입찰업체 평가요소 현황〉

구분	계약이행성실도 심사항목		
입찰업체	가	나	다
A시스템	지체일수 55일	-	총제재기간 8개월
B시스템	지체일수 10일	-	-
C시스템	-	과거 3년 전 상습위반자로 통보받음	총제재기간 150일
D시스템	지체일수 31일	-	총제재기간 7개월

〈입찰업체 입찰액〉

입찰업체	입찰액
A시스템	58,620,000원
B시스템	55,500,000원
C시스템	60,000,000원
D시스템	60,000,000원

12 IBK기업은행은 최근 내부 소프트웨어 사용권계약과 관련한 입찰공고를 실시하였고, 총 4곳의 업체가 입찰에 참여하였다. 낙찰을 위한 최소 입찰액이 55,800,000원일 때, 다음 중 입찰에 낙찰된 회사로 옳은 것은?(단, 평점 감점이 가장 적은 곳에 낙찰된다)

① A시스템　　　　　　　　　　　　② B시스템
③ C시스템　　　　　　　　　　　　④ D시스템

13 다음의 추가적인 기타사항이 공시되었을 때, 기타사항의 내용을 잘못 이해하고 있는 사람은?

〈기타사항〉

■ 입찰참가등록
　– 마감일시 : 2021.08.02(월), 15:00
　– 제출처 : (주)IBK시스템 통합구매부(충무로 본사 12F) 직접방문 제출
■ 낙찰자 선정방법
　– 예정가격 이하로서 낙찰하한율 이상 최저가격으로 입찰(역경매)한 자 순으로 계약이행 심사하여 종합평점 88점 이상인 자를 낙찰자로 결정
　　※ 낙찰하한율 : 공고문 내 참조
　– 동일가격으로 입찰한 자가 2인 이상일 경우 이행심사에 따른 평가결과 최고점수를 받은 자를 낙찰자로 결정하며, 평가결과 점수도 동일한 경우 추첨하여 낙찰자 결정
　– 이행심사 대상자로 통보받은 회사는 통보를 받은 날부터 7일 이내에 이행심사 서류를 서면으로 제출하여야 하며, 통보가 없을 경우에는 선정에서 제외됨
■ 낙찰발표일
　– 발표일 : 2021.08.16(월), 15:00
■ 제출서류 : 제출서류 목록표(첨부파일)에 따름
■ 제품(정품)공급 및 기술지원 확약서 제출(낙찰자에 해당)
　– 낙찰 후 낙찰일로부터 7일 이내 제출하여야 함
　– 기한 내 미제출 시, 낙찰취소 및 재공고하며 해당자는 입찰참여가 제한될 수 있음
■ 기타
　– 본 공고는 당사 사정에 따라 변경되거나 취소될 수 있음
　– 참여사는 당사 전자구매시스템(http://epro.ibksystem.co.kr)에 회원가입을 완료하여야 함
■ 문의처 : 총무부 신○○ 과장(02-123-4234, san33333@ibksystem.co.kr)

① 김대리 : 접수는 우편 또는 온라인으로는 지원이 안 되네.
② 이주임 : 낙찰 후 관련 서류는 8월 23일 14:50에 제출하면 되겠군.
③ 박과장 : 동일한 점수를 가진 업체가 발생할 경우 재입찰을 통해 낙찰이 진행될 예정이군.
④ 주사원 : 별도의 전자구매시스템 추가가입이 필요하군.

※ IBK기업은행은 상반기 체육대회를 실시하기로 하였고, 복리후생 차원에서 아래의 기준에 따라 티셔츠를 맞추려고 한다. 이어지는 질문에 답하시오. **[14~15]**

〈수량별 티셔츠 개별 단가〉

(단위 : 원)

구분	500명 이상	500명 미만
로고 앞면	8,000	10,000
로고 앞면+뒷면	12,000	15,000

※ 고급 원단으로 제작할 경우 정가의 10% 가격 추가

14 티셔츠는 1인당 2벌씩 제공하기로 하였으며, 고급 원단을 이용하여 티셔츠 앞면에만 로고를 넣기로 하였다. 제작비용이 11,792,000원 소요되었을 때, 상반기 체육대회에 참석하는 직원은 총 몇 명인가?

① 467명
② 536명
③ 600명
④ 670명

15 이번 체육대회에는 체험형 인턴들이 참여하게 되어, 체험형 인턴에게도 티셔츠를 제공하려고 한다. 체험형 인턴에게 지급하는 티셔츠는 고급원단에 양면 로고가 넣어져 있는 티셔츠를 특별 제작하여 1인당 1벌씩 제공하려고 한다. 체험형 인턴 티셔츠 개별단가는 16,500원이고 총비용이 1,864,500원 소요되었다면, 체험형 인턴은 총 몇 명인가?

① 86명
② 97명
③ 113명
④ 121명

※ IBK기업은행 본사는 직원 복지를 위해 커피머신기를 구매하려고 계획하고 있으며, 다음은 커피머신기에 대한 견적 및 정보를 나타낸 자료이다. 이어지는 질문에 답하시오. [16~17]

〈커피머신 견적 및 정보〉

구분	N커피머신	M커피머신	I커피머신	L커피머신
제조사	미국 N회사	중국 M회사	이탈리아 I회사	이탈리아 L회사
가격	101,000원	81,600원	168,000원	180,800원
단위당 커피캡슐 가격	496원	427원	830원	655원
주요 특징	타사제품 호환가능	타사제품 호환가능	타사제품 호환불가	타사제품 호환불가
	약간 연한 맛	약간 연한 맛	풍부하고 진한 맛	풍부하고 진한 맛
	2년 A/S 보장	A/S 보장 ×	3년 A/S 보장	3년 A/S 보장
	우유 스팀 가능	우유 스팀 불가	우유 스팀 가능	우유 스팀 가능
	세척용이성 中(무난)	세척용이성 下(쉬움)	세척용이성 中(무난)	세척용이성 高(어려움)

16 커피머신 구매를 담당하고 있는 K주임은 사내 설문조사를 통해 팀별 커피머신 선호도를 조사하였다. 이를 참고하였을 때, 팀별로 구매할 커피머신을 바르게 나열한 것은?

〈커피머신 선호도〉

평가요인 \ 팀	운영1팀	운영2팀	운영3팀	운영지원팀	경영지원팀
맛 선호도	진한 맛 선호	연한 맛 선호	연한 맛 선호	진한 맛 선호	연한 맛 선호
우유 스팀 여부	필요	불필요	불필요	필요	필요
세척용이성 선호도	상관없음	下	상관없음	中 이하	상관없음
커피캡슐 가격	600 ~ 700원	400 ~ 500원	300 ~ 450원	800 ~ 900원	450 ~ 550원
타사제품 호환여부	상관없음	필요	필요	상관없음	필요

	운영1팀	운영2팀	운영3팀	운영지원팀	경영지원팀
①	L커피머신	M커피머신	M커피머신	I커피머신	N커피머신
②	M커피머신	M커피머신	N커피머신	I커피머신	L커피머신
③	M커피머신	L커피머신	M커피머신	I커피머신	N커피머신
④	N커피머신	I커피머신	M커피머신	L커피머신	I커피머신

17 16번에서와 같이 팀별로 커피머신을 구매 후 한 달간 사용하였을 때, 운영지원팀이 구매한 커피머신의 총 비용을 계산하였더니 716,000원으로 계산되었다. 운영지원팀에서 사용한 커피캡슐은 몇 개인가?(단, 커피머신 가격과 배송료가 포함된 비용으로 배송료는 50,000원이다)

① 540개 ② 560개
③ 580개 ④ 600개

| 금융일반 - 객관식 |

01 다음 중 브룸(Vroom)의 기대 이론에 대한 설명으로 옳지 않은 것은?

① 기대감(Expectancy)이란 사람들이 자신의 노력이 실제로 1차적 결과를 가져오게 할 것이라고 믿는 정도를 의미한다.

② 유의성(Valence)은 직무 결과에 대해 개인이 느끼는 가치를 의미한다.

③ 동기부여의 강도는 기대감, 수단성, 유의성의 곱으로 계산된다.

④ 수단성(Instrumentality)이란 개인이 특정한 행위를 달성함으로써 그에 따라 얻어지는 2차적 결과물들 각각에 대하여 갖는 욕구를 의미한다.

02 다음의 자료를 보았을 때, (주)시대의 2021년말 연결재무재표에 계상되는 영업권은 얼마인가?

제조업을 영위하는 (주)시대는 2021년 1월 1일 (주)고시의 의결권 있는 보통주식 70%를 ₩200,000에 취득하여 지배력을 획득하였다. 취득일 현재 (주)고시의 요약재무상태표는 다음과 같다.

〈요약재무상태표〉

(주)고시			2021. 1. 1 현재		(단위 : ₩)
계정과목	장부금액	공정가치	계정과목	장부금액	공정가치
현금	60,000	60,000	부채	190,000	190,000
재고자산	80,000	100,000	자본금	150,000	
유형자산	240,000	300,000	이익잉여금	40,000	
	380,000			380,000	

〈추가자료〉

• (주)고시의 재고자산은 2021년 중에 모두 판매되었다.

• (주)고시의 유형자산은 본사건물이며, 취득일 현재 잔존내용연수는 7년이고 잔존가치 없이 정액법으로 감가상각한다.

• 취득일 현재 (주)고시의 요약재무상태표에 표시된 자산과 부채 외에 추가적으로 식별가능한 자산과 부채는 없으며, 영업권 손상은 고려하지 않는다.

---

① ₩9,000

② ₩10,000

③ ₩11,000

④ ₩12,000

03 다음의 자료를 보고 (주)시대의 2019년 당기순이익과 2020년 당기순이익을 순서대로 나열한 것은?

(주)시대는 2019년 초에 설립되었다. 2021년 초 회계담당자에 의해 중요한 오류가 발견되었으며, 이에 따른 내용은 아래와 같다.

〈추가자료〉

(1) 매년 말 매출채권에 대한 대손충당금이 과소 계상되었으며, 금액은 2019년 말 ₩4,000, 2020년 말 ₩5,000이다.

(2) 2019년 중 취득한 유형자산의 감가상각비가 과대 계상되었으며, 금액은 2019년 ₩1,000, 2020년 ₩3,000, 2021년 ₩3,000이다.

(3) 매년 말 미지급급여가 과대 계상되었으며, 금액은 2019년 말 ₩3,000, 2020년 말 ₩2,000, 2021년 말 ₩4,000이다.

위 오류수정 전 각 회계기간의 당기순이익과 기말 재무상태표 이익잉여금은 다음과 같다.

구분	당기순이익	기말 이익잉여금
2019년	₩12,000	₩12,000
2020년	₩20,000	₩12,000

① ₩12,000, ₩12,000

② ₩20,000, ₩21,000

③ ₩12,000, ₩20,000

④ ₩12,000, ₩21,000

04 제조업을 영위하고 있는 (주)시대는 2019년 초 기계장치를 ₩1,000,000에 구입하였고, 기말에 재평가모형으로 평가하기로 하였다. 감가상각방법은 정액법이며 내용연수는 5년, 잔존가치는 없다. 2019년 말 기계장치의 공정가치는 ₩1,000,000이였으며, 2020년말 공정가치는 ₩680,000이였다. (주)시대는 재평가잉여금은 자산을 사용함에 따라 이익잉여금으로 대체하기로 하였을 때, 이에 대한 설명으로 옳지 않은 것은?(단, 공정가치의 하락은 자산손상과 무관하다)

① 2019년도 감가상각비는 ₩200,000이다.

② 2020년도 감가상각비는 ₩250,000이다.

③ 2021년 초 재평가잉여금의 잔액은 ₩200,000이다.

④ 동 거래로 인한 2020년 말 이익잉여금으로 대체할 재평가잉여금은 ₩50,000이다.

05 축산업을 운영하고 있는 (주)고시는 최근 (주)시대로부터 농장을 구입하면서 5년 동안 매년 말 ₩10,000씩 지급하기로 하였다. (주)고시의 내재이자율 및 복구충당부채의 할인율은 연 10%이다. 농장의 내용연수는 5년이고 잔존가치는 없으며, 정액법으로 감가상각 한다. 농장의 내용연수 종료 후 주변 환경을 원상회복하는 조건으로 허가받아 취득한 것이며, 내용연수 종료시점의 원상회복 비용은 ₩2,000으로 추정된다. (주)고시는 농장의 내용연수 종료와 동시에 원상회복을 위한 복구 공사를 하였으며, 복구비용은 ₩1,700을 지출하였다. 다음 중 해당 거래에 대한 설명으로 옳지 않은 것은?(단, 5년 단일금액 10%의 현재가치는 0.6, 5년 정상연금 10%의 현재가치는 3.7이다)

① 농장의 취득원가는 ₩38,200이다.
② 농장의 2016년 감가상각비는 ₩7,640이다.
③ 농장의 2017년 복구충당부채 증가액은 ₩120이다.
④ 농장의 2020년 복구충당부채환입액은 ₩300이다.

06 다음의 자료를 통해 (주)시대의 2020년 포괄손익계산서에서 인식할 매출원가는?

□ 기초재고자산 : ₩50,000
□ 당기매입액 : ₩40,000
□ 재고자산평가충당금(기초) : 0
(주)시대는 재고감모손실과 재고자산평가손실을 매출원가에 포함한다.

상품	장부재고	실지재고	단위당 원가	단위당 순실현원가
수험서	500개	400개	₩10	₩11
간행물	300개	200개	₩20	₩18

① ₩81,400
② ₩82,400
③ ₩83,400
④ ₩84,400

07 (주)시대는 15,000주의 주식을 보유 중이다. 다른 조건이 일정할 때, 현재 주당 가격은 2,000원이며, (주)시대는 보유 주식의 가격변동위험을 헤지하기 위하여 선물계약을 이용하려고 한다. 선물계약의 1계약 당 거래단위는 30주이며, 주식과격과 선물가격의 상관계수는 0.6이다. 주식가격과 선물가격의 변동을 측정한 결과 그 표준편차는 각각 200원, 250원일 때, 최소분산헤지를 위한 선물계약으로 옳은 것은?

① 240주 매도   ② 240주 매수

③ 180주 매도   ④ 180주 매수

08 다른 조건이 일정할 때, 아래의 자료를 기초로 기초자산의 가격이 1,000원 하락할 경우의 콜옵션 가격으로 옳은 것은?

- 기초자산의 현재가격 : 10,000원
- 콜옵션의 현재가격 : 3,000원
- 콜옵션 델타 : 0.6

① 1,500원   ② 1,800원

③ 2,400원   ④ 2,700원

09 다음은 (주)시대의 매출과 관련된 자료이다. 자료를 활용했을 때 (주)시대의 당좌비율(Q)은 얼마인가?(단, 1년은 360일이고 회전율은 매출액에 대하여 계산한다)

매출채권	200억 원
유동부채	140억 원
유동비율	200%
재고자산회전율	18회
매출채권회수기간	40일

① 1   ② $\dfrac{4}{6}$

③ $\dfrac{9}{7}$ ④ $\dfrac{17}{12}$

10 다른 조건이 일정할 때, 다음 자료를 이용하여 시대은행의 부채 듀레이션(D_L)을 구하면?(단, 시장 가치 기준을 사용한다)

〈시대은행〉

자산	금액	듀레이션	부채·자본	금액	듀레이션
현금	1,200억 원	2년	고객예금	1,400억 원	2.0억 원
고객대출	800억 원	1.2년	발행사채	400억 원	3.5억 원
회사채	800억 원	6.0년	자기자본	1,000억 원	-

① 4.5   ② 3.5

③ 2.5   ④ 1.5

11 다른 조건이 일정할 때, 다음 자료를 이용하여 포트폴리오 A의 베타와 시장포트폴리오의 상관계수의 합을 구하면?(단, CAPM이 성립한다고 가정한다)

시장포트폴리오의 기대수익률	25%
시장포트폴리오의 표준편차	20%
무위험자산의 수익률	5%
효율적 포트폴리오 A의 기대수익률	15%

① 0.5   ② 1.0

③ 1.2   ④ 1.5

12 다음 중 소득분배에 대한 설명으로 옳지 않은 것은?

① A국의 소득분배가 완전히 균등할 경우 십분위분배율은 2이다.

② B국의 소득분포가 제1오분위 10%, 제2오분위 12%, 제3오분위 14%, 제4오분위 20%, 제5오분위 44%로 주어졌을 때의 B국의 십분위분배율은 0.75이다.

③ C국은 국민의 50%는 소득 100을 균등하게 가지고 있고 나머지 50%는 소득이 없을 경우 지니계수는 0.5이다.

④ 십분위분배율은 값이 클수록 소득분배가 평등하다.

13 A국의 지급준비금(Z)이 10, 현금통화(C)가 80, 예금통화(D)가 100이라고 할 때, 본원통화가 11만큼 증가하였을 경우 A국의 통화량은 얼마만큼 증가하는가?(단, 현금통화비율과 지급준비율은 일정하다)

① 5   ② 11

③ 17   ④ 22

14 출판업을 운영하고 있는 (주)시대는 중고책 시장을 진출하려고 한다. 이에 중고책 시장에서 차지하는 중고책 품질의 등급별 비중과 구매자의 유보가격을 조사하였더니 다음과 같았다. 소비자는 구입하려는 중고책의 등급을 알 수 없으며, (주)시대는 중고책의 등급을 정확히 알고 있고, 거래로 인한 이익을 모두 갖는다고 가정할 때 시장에서 거래되는 중고책의 등급으로 옳은 것은?(단, 가격 단위는 생략한다)

〈중고책 등급별 비중 및 유보가격〉

등급	A급	B급	C급
시장에서 차지하는 등급별 비중	30%	30%	40%
구매자 유보가격	4	5	5
(주)시대 유보가격	4	7	3

① A급   ② A급, B급

③ A급, C급   ④ B급, C급

15 다음은 두 기업 (주)시대와 (주)고시의 비용함수를 나타낸 자료이다. (주)시대와 (주)고시가 생산물 시장에서 꾸르노경쟁을 하고 있을 때, 적절하지 않은 것은?

- 두 기업의 수요함수 $q=20-p$
- (주)시대의 비용함수 $c_1=6q_1$
- (주)고시의 비용함수 $c_2=12q_2$

(단, p는 시장가격, q는 시장생산량, q_1, q_2는 (주)시대와 (주)고시의 생산량이다)

① 꾸르노경쟁 시 시장 전체 생산량은 6이다.
② 만약 (주)시대가 독점기업이면 시장생산량은 4이다.
③ 만약 (주)시대가 독점기업이면 가격은 13이다.
④ 만약 두 기업이 완전경쟁기업으로 행동한다면 시장생산량은 14이다.

16 다음은 시대대학의 금융동아리가 최근 시사금융용어에 대하여 대화이다. 대화 중 그 개념에 대해 잘못 말하고 있는 사람은?

지애 : 최근들어 블록체인 기술을 기반으로 개인간 프로토콜을 정해 거래하는 생태계가 만들어지면서, 탈중앙화와 탈독점화를 통해 사용자 간의 주도적 거래가 가능한 프로토콜 경제(Protocol Economy)가 화두야.

민수 : 맞아! 더불어 금융자산을 대신 보관 및 관리해주는 서비스를 의미하는 커스터디(Custody)에 대한 관심도 높아지고 있는데 최근 들어 은행들이 수익다각화를 위해서 서비스를 준비하고 있더라고.

진형 : 그런데, 최근들어 가상화폐가 단순한 가격 급락이 아닌 가상화폐 시장에 투자된 자금 자체가 빠져나가는 크립토 윈터(Crypto Winter) 현상이 발생하고 있던데?

래준 : 맞아. 이러다가 점점 모든 자산 가격이 하락하는 에브리씽 랠리(Everything Rally) 현상이 벌어질 수도 있어.

① 지애
② 민수
③ 진형
④ 래준

17 (주)시대는 다음의 A주식과 B주식을 이용하여 포트폴리오를 구성하려고 한다. 두 주식 간의 상관계수는 0.5이며, 두 주식의 기대수익률은 각각 20%와 50%이고 표준편차는 20%와 40%일 때, 최소분산포트폴리오(MVP)를 구성하는 A주식의 투자비율은?(단, CAPM이 성립한다고 가정하며, 주식에 대한 공매 제한은 없다)

① 100% ② 90%

③ 80% ④ 50%

18 다음은 A주식과 B주식의 1년 후 수익률에 관한 확률자료이다. A주식 60%와 B주식 40%로 구성된 포트폴리오의 기대수익률은?(단, CAPM이 성립한다고 가정한다)

A주식 수익률 / B주식 수익률	10%	20%	40%	합계
15%	0.2	0.3	0.1	0.6
40%	0.2	0.1	0.1	0.4
합계	0.4	0.4	0.2	1.0

① 22% ② 20%

③ 18% ④ 16%

19 다음 〈보기〉에서 설명하고 있는 A로 가장 적절한 것은?

보기

최근 세계적인 부호들이 자발적인 기부가 이어지고 있다. 국내외 기업 부호들이 A에 참여한다고 밝히면서 세간의 관심을 끌고 있으며, A에 참여하기 위해서는 자산이 10억 달러 이상이면서 재산의 절반 이상을 사회에 기부한다고 약속해야 한다.

① 피봇팅(Pivoting)
② 이퓨얼(E-fuel)
③ 그린워싱(Greenwashing)
④ 더기빙플레지(The Giving Pledge)

20 다음의 자료를 이용하여 A주식에 100원을 6개월간 투자한다고 할 때, 평균기준 VaR와 절대손실 기준의 VaR를 95%의 신뢰수준에서 구하여 나온 두 값을 순서대로 서로 차감한 값은?(단, $30\% \times \sqrt{0.5} = 21\%$로 계산하고, 평균기준 VaR는 소수점 첫째 자리에서 반올림한다)

구분	기대수익률	표준편차
A주식	10%	30%
B주식	20%	40%
상관계수(ρ_{AB})	0.2	

정규분포를 따르는 확률변수가 평균(μ)에서 각 표준편차(σ) 범위 내에 포함될 확률은 다음과 같다.
$\text{Prob}(\mu \pm 1 \times \sigma) = 68.3\%$
$\text{Prob}(\mu \pm 1.65 \times \sigma) = 90.0\%$
$\text{Prob}(\mu \pm 1.96 \times \sigma) = 95.0\%$
$\text{Prob}(\mu \pm 2 \times \sigma) = 95.4\%$
$\text{Prob}(\mu \pm 2.33 \times \sigma) = 98.0\%$
$\text{Prob}(\mu \pm 3 \times \sigma) = 99.7\%$

① 4　　　　　　　② 5

③ 6　　　　　　　④ 7

01 (주)시대의 기능통화는 원화이며, 달러화 대비 원화의 환율이 다음과 같다. (주)시대가 2021년 10월 1일 미국으로부터 재고자산 $2,000을 매입하여, 2021년 12월 31일 현재 보유하고 있다. (주)시대는 재고자산을 취득원가와 순실현가능가치 중 낮은 가격으로 측정한다. 2021년 12월 31일 현재 외화표시 재고자산의 순실현가능가치가 $1,800일 경우 (주)시대가 기능통화 재무제표에 표시할 재고자산의 장부금액은 얼마인가?

일자	환율
2021. 10. 1	₩1,200/$
2021. 12.31	₩1,250/$
2022. 3. 1	₩1,220/$

(₩   )

02 다음은 A국의 기대인플레이션율과 자연실업률, 필립스 곡선, 오쿤의 법칙을 나타낸 자료이다. 자료를 통하여 A국의 실제 실업률과 실제 인플레이션을 합한 값을 구하면?

- 기대인플레이션율 : 2.24%
- 자연실업률 : 5%
- 필립스 곡선 : $\pi = E(\pi) - 0.4(u - u^n)$
- 오쿤의 법칙 : $u - u^n = -0.2(Y - \overline{Y})$
  (단, u : 실업률, u^n : 자연실업률, Y : 성장률, $\overline{Y}$: 잠재성장률, π : 인플레이션율, $E(\pi)$: 기대인플레이션율)
- 성장률은 잠재성장률보다 2%p 높음

(   )

03 다른 조건이 일정할 때, 다음 자료를 통해 (주)시대의 균형 선물가격(F_o)을 계산하고 차익거래여부 (가능, 불가능)를 판단하면?

> - (주)시대의 현재 주가 : 50,000원
> - (주)시대를 기초자산으로 한 시장에서 거래되는 만기 6개월인 선물가격 : 55,000원
> - 무위험이자율 : 연 10%
> (단, (주)시대는 앞으로 6개월 간 배당을 지급하지 않으며, 현물 및 선물의 거래에 따른 거래비용은 없으며, 무위험이자율로 대출과 차입이 가능하다고 가정한다)

① 가능	② 불가능

(　　　　　　　　　　　　　　　)

04 다음 빈칸에 들어갈 용어로 알맞은 것을 〈보기〉에서 순서대로 고르면?

> - (A)는 상품(재화)의 거래나 서비스(용역)의 제공과정에서 얻어지는 부가가치(이윤)에 대하여 과세하는 세금이며, 사업자가 납부하는 (A)는 매출세액에서 매입세액을 차감하여 계산한다. 따라서 (A)는 물건 값에 포함되어 있기 때문에 실지로는 최종소비자가 부담한다.
> - 정부는 (B)을 과세형평 제고 및 소득재분배 기능 강화를 위해 2021. 1.1 이후 발생하는 소득분부터 (B)을 변경적용하기로 하였다. 이를 통해 세수 증가 효과는 내년에만 3,969억 원, 2021 ~2025년은 3조 9,045억 원으로 예상된다.

보기

㉠ 법인세	㉡ 소득세
㉢ 부가가치세	㉣ 재산세
㉤ 최고세율	㉥ 적정세율
㉦ 누진세율	㉧ 비례세율
㉨ 한계세율	㉩ 종가세율

(A :　　　　　, B :　　　　　)

05 다른 조건이 일정할 때, 교과서 시장은 완전경쟁시장이며 교과서 시장에서 장기균형 가격과 장기균형 하에서의 개별기업의 수를 합한 값은 얼마인가?

- 개별기업의 장기평균비용곡선

$$AC = 100 + q_i^2 - 10q_i$$

- 교과서 시장수요

$$Q = 39,000 - 500P$$

(단, 각 개별기업의 장기평균비용곡선은 동일하며, q_i는 개별 기업의 생산량, Q는 시장수요량, P는 시장가격)

(개)

01 다음 중 NoSQL의 특징으로 적절하지 않은 것은?

① 대용량 데이터 처리

② 유연한 스키마 사용

③ 낮은 가용성 제공

④ 필요한 만큼의 무결성

02 〈보기〉는 소프트웨어 개발방법론에 사용되는 분석, 설계 도구에 대한 설명이다. 다음 중 ㉠ ~ ㉢에 들어갈 내용을 바르게 나열한 것은?

> **보기**
> • 시스템 분석을 위하여 구조적 방법론에서는 ___㉠___ 다이어그램(Diagram)이, 객체지향 방법론에서는 ___㉡___ 다이어그램이 널리 사용된다.
> • 시스템 설계를 위하여 구조적 방법론에서는 구조도(Sructured Chart), 객체지향 방법론에서는 ___㉢___ 다이어그램 등이 널리 사용된다.

	㉠	㉡	㉢
①	시퀀스	데이터흐름	유스케이스
②	시퀀스	유스케이스	데이터흐름
③	데이터흐름	시퀀스	유스케이스
④	데이터흐름	유스케이스	시퀀스

03 데이터베이스에서는 데이터 처리 연산 수행 시 각종 이상 현상이 발생할 수 있다. 다음 중 이때 발생 가능한 이상현상을 가리키는 현상은?

> 어떤 정보를 수정하고자 할 때, 동일한 내용을 여러 건의 데이터에서 반복 수정해야 하는 현상

① 삽입이상　　　　　　　② 삭제이상
③ 갱신이상　　　　　　　④ 복제이상

04 선입선출(FIFO) 교체 알고리즘을 사용하고 참조하는 페이지 번호의 순서는 다음과 같다. 할당된 페이지 프레임의 수가 4개이고, 이들 페이지 프레임은 모두 비어있다고 가정할 경우 몇 회의 페이지 부재가 발생하는가?

> 0 1 2 3 0 1 4 0 1 2 3 4

① 10회　　　　　　　② 9회
③ 8회　　　　　　　④ 7회

05 다음 중 인사 테이블에서 입사연도 열을 오름차순으로 정렬하여 모든 데이터를 검색하는 SQL 명령은?

① SORT * FROM 인사 WHERE 입사년도 DESC;
② SELECT * FROM 인사 WHERE 입사년도 DESC;
③ SELECT 인사 ORDER BY ASC 입사년도=오름차순;
④ SELECT * FROM 인사 ORDER BY 입사년도 ASC;

| 디지털 - 주관식 |

01 다음 빈칸에 들어갈 용어로 알맞은 것을 〈보기〉에서 순서대로 고르면?

> (A)은/는 분실한 스마트폰 등 정보기기 내의 정보를 원격으로 삭제하거나 그 기기를 사용할 수 없도록 하는 기술을 말하고, (B)은/는 운영 체제나 응용 소프트웨어를 설치하지 않아도 구입 후 전원을 켜면 바로 사용할 수 있는 정보 기기를 말한다.

보기

ⓐ 어플라이언스(Appliance)   ⓑ 킬 스위치(Kill Switch)
ⓒ 플랫폼(Platform)   ⓓ 프록시(Proxy)
ⓔ 펌웨어(Firmware)   ⓕ 임베디드 시스템(Embedded System)
ⓖ 게이트웨이(Gateway)

(A :　　　, B :　　　)

02 다음 프로그램의 실행 결과는?

```
#include <stdio.h>
void main() {
  int arr[5]={16, 12, 17, 48, 85};
  int i, j, temp=0;

  for (i=0; i<5; i++) {
    for (j=i+1; j<5; j++) {
      if (arr[i]>arr[j]) {
        temp=arr[i];
        arr[i]=arr[j];
        arr[j]=temp;
      }
    }
  }
  printf ("%dWn",arr[2]);
}
```

(　　　　　　　　　　　　)

정답 및 해설 p.076

01 NCS 직업기초능력

01 I사는 추계 체육대회 사은품으로 전 직원에게 보조배터리를 제공하기로 하였다. 보조배터리는 다음 선정기준에 따라 업체를 선정하여 매입한다고 할 때, I사가 보조배터리를 구입할 업체는?

<후보 업체 사전조사 결과>

(단위 : 점)

업체	고속충전 지원여부	디자인 선호도	용량	가격
A	지원	6	1	1
B	지원	4	2	2
C	미지원	4	2	5
D	지원	3	5	3

<선정기준>

• I사는 전 직원들을 대상으로 후보 업체들에 대한 사전조사를 진행했다.
• 제품 디자인에 대한 선호도 점수는 I사 직원들이 10점 만점으로 부여한 점수의 평균값이다.
• 용량 점수와 가격 점수는 10점 만점으로 하며 용량은 클수록, 가격은 낮을수록 높은 점수를 부여한다.
• 디자인 선호도 점수와 용량 점수, 가격 점수를 1 : 1 : 2의 가중치로 합산하여 1차 점수를 산정하고, 1차 점수가 높은 후보 업체 3개를 선정한다.
• 1차에 선정된 후보 업체 중 고속충전을 지원하는 업체는 가점 2점을 부여하여 2차 점수를 산정한다.
• 2차 점수가 가장 높은 업체를 최종 선정한다. 만약 점수가 동일하다면 가격 점수가 가장 높은 업체를 최종 선정한다.

① A업체
② B업체
③ C업체
④ D업체

※ 다음은 IBK 근로자우대 전세대출에 대한 자료이다. 이어지는 질문에 답하시오. [2~3]

<IBK 근로자우대 전세대출>

1. 상품요약
   1) 상품특징 : 임차보증금을 지원받고자 하는 고객 또는 임차보증금을 활용하여 생활안정자금을 지원받고자 하는 고객을 위한 전세대출 상품
   2) 상품내용 : 신규임차자금, 생활안정자금
   3) 계약기간 : 6개월 이상 3년 이내
   4) 이자 계산 방법 : 1년을 365일로 보고 1일 단위로 계산

2. 대출 정보
   1) 대출한도 : 임차보증금의 70% 이내에서 최대 1억 원
   2) 대출금리
      • 고정금리 : 최저 연 2.814% ~ 최고 연 3.349%
      • 변동금리 : 최저 연 2.492% ~ 최고 연 3.028%

      ※ 대출금리는 산출일 이후 시장금리 및 대출 조건(기간, 금액)에 따라 추후 변동 가능
   3) 대출대상 : 급여소득자로 아래의 조건에 모두 해당하는 고객
      • 부동산중개업소를 통해 주택임대차계약을 체결하고 임차보증금의 5% 이상을 계약금으로 지급한 경우
      • 주택임대차보호법상 임차인의 대항요건(입주 및 주민등록 전입)과 확정일자를 갖추어 우선변제권을 확보하거나 확보할 수 있는 고객
      • 연간 부담하는 대출이자(전 금융기관)가 연 소득의 20% 이내인 고객
      • 아래에 해당하는 경우에는 대출대상에서 제외됩니다.
        − 대출신청일 현재 당행 및 타 금융기관에 전세자금 대출을 보유한 고객
        − 외국인 및 재외국민
        − 임대인(주택소유자)이 외국인, 해외거주자, 미성년자 또는 법인
   4) 상환방식 : 일시 상환, 원금균등분할 상환
   5) 중도상환수수료
      • 고정금리대출 : 상환금액×0.8%×{(3년−대출경과일수)÷3년}
      • 변동금리대출 : 상환금액×0.5%×{(3년−대출경과일수)÷3년}

      ※ 대출실행 3년 이후 전액 면제
   6) 부대비용
      • 인지세 : 인지세법에 따라 대출 약정 시 납부하는 세금으로 대출금액에 따라 세액이 차등 적용되며, 은행과 고객이 각각 50%씩 부담

5천만 원 이하	5천만 원 초과 1억 원 이하	1억 원 초과 10억 원 이하	10억 원 초과
비과세	7만 원	15만 원	35만 원

      • 질권설정통지 비용 : 3만 원

7) 필요서류
  • 재직 및 소득 입증서류
  • 확정일자가 있는 임대차 계약서 원본, 계약금영수증
  • 신분증, 주민등록등본
  • 기타 따로 정한 서류 등(별도로 받는 서류에 대한 자세한 내용은 영업점에 확인)
8) 연체이자(지연배상금) : 여신이자율에 연체가산금리 연 3%를 더하여 적용(단, 최고 지연배상금률은 연 11%)

3. 유의사항
  1) 본 상품은 임차보증금에 대해 질권설정이 필요하므로 임대인이 보증금에 대한 질권설정을 동의하지 않을 경우 대출 취급이 불가합니다.
  2) 고객님의 신용도와 당행 심사기준에 따라 대출 여부 및 한도가 결정됩니다(신용도가 7등급 이하인 경우 대출이 불가합니다).
  3) 대출원금 납입이 지연되거나 만기 시 원금을 상환하지 않는 경우 연체이자가 부과됩니다.
  4) 상품가입 시 반드시 핵심 설명서를 받아 확인하시기 바랍니다.
  5) 은행거래와 관련하여 이의가 있을 때에는 IBK 기업은행의 분쟁처리기구에 해결을 요구하거나 금융분쟁조정위원회 등을 통하여 분쟁조정을 신청할 수 있습니다.
  6) 대출 문의 : 고객센터(☎1588-2588) 및 기업은행 전국 영업점

02 다음 중 IBK 근로자우대 전세대출 상품에 대한 설명으로 옳은 것은?

① 임대인이 미성년자인 경우 가족관계증명서가 필요하다.
② 법인 소유의 주택에 대한 임차보증금은 70% 이내에서 대출이 가능하다.
③ 사전에 신용도를 확인할 경우 6등급 이상의 신용도를 갖추어야 한다.
④ 임대인이 보증금에 대한 질권설정에 동의하지 않더라도 대출이 가능하다.

03 다음 중 IBK 근로자우대 전세대출에 따라 대출을 받을 때 부대비용을 바르게 납부한 사람은?

① 2억 원의 대출을 받아 인지세로 15만 원을 납부한 A씨
② 1억 원의 대출을 받아 인지세로 7만 원을 납부한 B씨
③ 1억 원의 대출을 받아 인지세로 3만 5천 원을 납부한 C씨
④ 1억 원의 대출을 받아 질권설정통지 비용으로 1만 5천 원을 납부한 D씨

04 다음 예금거래기본약관에 대한 설명으로 적절하지 않은 것은?

〈예금거래기본약관〉

예금거래기본약관(이하 '약관'이라 한다)은 중소기업은행(이하 '은행'이라 한다)과 예금주가 서로 믿음을 바탕으로 예금거래를 빠르고 틀림없이 처리하는 한편, 서로의 이해관계를 합리적으로 조정하기 위하여 기본적이고 일반적인 사항을 정한 것이다. 은행은 이 약관을 영업점에 놓아두고, 예금주는 영업시간 중 언제든지 이 약관을 볼 수 있고 또한 그 교부를 청구할 수 있다.

제20조 예금의 비밀보장
① 은행은 금융실명거래 및 비밀보장에 관한 법률 등 법령에서 정한 경우를 제외하고는 예금주의 거래내용에 대한 자료나 정보를 남에게 제공하지 않는다.
② 은행은 예금주가 전산 통신기기 등으로 무통장 입금(송금 포함), 예금 잔액 등에 관한 정보의 제공을 요청한 때에는 명의인, 계좌번호, 비밀번호가 맞으면 그 요청자를 본인으로 여겨 입금인, 입금액, 예금 잔액 등에 관한 정보를 제공할 수 있으며, 이로 인하여 금융거래 정보누설 등으로 예금주에 손해가 생겨도 그 책임을 지지 않는다.

제21조 약관의 변경
① 은행은 약관을 변경하고자 할 때에는 변경약관 시행일 1개월 전에 한 달간 영업점과 인터넷 홈페이지에 게시하여 예금주에 알린다. 다만, 법령의 개정이나 제도의 개선 등으로 인하여 긴급히 약관을 변경한 때에는 즉시 이를 게시 또는 공고하여야 한다.
② 약관변경의 내용이 예금주에 불리한 경우에는 변경약관 시행일 1개월 전에 다음 각호의 방법으로 예금주에게 알린다.
  1. 제1항에 의한 게시
  2. 2개 이상의 일간신문에 공고
  3. 예금주가 신고한 전자우편(E-mail)에 의한 통지
  4. 현금자동지급기 / 현금자동입출금기 설치장소에 게시
  5. 거래통장에 표기
  6. 인터넷뱅킹 가입 고객의 경우에는 인터넷뱅킹 초기화면에 게시
③ 예금주는 제1항 및 제2항의 고지 후 변경약관 시행일 전 영업일까지 서면에 의한 통지로 계약을 해지할 수 있으며, 이 기간 내에 예금주의 서면에 의한 이의가 은행에 도달하지 않으면 이를 승인한 것으로 본다.

제22조 약관적용의 순서
① 은행과 예금주 사이에 개별적으로 합의한 사항이 약관 조항과 다를 때에는 그 합의사항을 약관에 우선하여 적용한다.
② 이 약관에 정한 사항과 입출금이 자유로운 예금 약관 또는 거치식, 적립식 예금 약관에서 정한 사항이 다를 때는 입출금이 자유로운 예금 약관이나 거치식, 적립식 예금 약관을 먼저 적용한다.

제24조 이의제기
예금주는 은행거래와 관련하여 이의가 있을 때 거래 은행의 분쟁 처리기구에 해결을 요구하거나 금융 분쟁 조정위원회 등을 통해 분쟁 조정을 신청할 수 있다.

① 영업점에 방문한 고객은 예금거래기본약관을 요청하여 받아 갈 수 있다.

② 고객이 텔레뱅킹을 통해 예금 잔액 조회를 요청할 경우 은행은 명의인, 계좌번호, 비밀번호를 확인한다.

③ 고객이 동의하지 않는다면 은행은 예금거래기본약관의 내용을 변경할 수 없다.

④ 은행과 고객이 개별적으로 합의한 사항은 예금거래기본약관에 우선하여 적용될 수 있다.

05 다음 글의 내용으로 적절하지 않은 것은?

> 가계를 대상으로 주택담보대출, 신용대출 및 카드, 할부금융 등의 다양한 소비자금융을 제공하는 독일의 금융기관은 상업은행부터 저축은행, 협동조합은행까지 다양하다. 그러나 전통적인 겸영은행 체제 아래 독일의 상업은행들은 상대적으로 수익률이 높은 투자금융에 주력하고 있어 소비자금융의 비중이 작은 편이다. 반면, 특별법에 의해 설립된 저축은행과 협동조합은행은 서민 대중과 지역 중소기업과의 거래가 많아 지역 밀착형 소비자금융기관으로서의 성격을 지닌다.
> 최근 경기침체를 벗어나기 위한 유럽연합(EU)의 저금리 정책으로 독일 은행 기관의 예금금리는 없거나 낮은 편이다. 그럼에도 불구하고 계좌 유지와 계좌이체 등의 은행 서비스를 이용하기 위해서는 적지 않은 연간 수수료를 지불해야 하므로 독일의 개인 저축률은 그리 높지 않다. 그러나 주거래은행 제도를 통해 개인도 연간 수수료만 지불하면 계좌이체와 송금에 대한 개별 수수료를 지불하지 않아도 되므로 주거래은행에 대한 충성도가 높은 편이다.
> 독일에서는 은행 인가를 받은 금융기관만이 영리 목적의 금전 대부 또는 대출을 영위할 수 있다. 즉, 독일의 대부업체는 은행법에 근거하므로 대부업법에 근거한 우리나라 제3금융권의 대부업체에 견줄만한 여신 전문 금융기관은 존재하지 않는다. 이는 양국의 금리 상한규제를 동일한 사업자에 대한 영업행위규제로 비교하기 어렵다는 주장을 뒷받침한다.
> 독일은 1967년 이자 및 할부금융 여신과 소액대출에 관한 규정이 폐지된 이래로 사적자치의 원칙에 따라 자유롭게 이루어진 이자율에 대한 입법적 규제가 존재하지 않으며, 상업은행의 대출 이자율은 유럽연합(EU)의 저금리 정책으로 매우 낮은 편이다. 그러나 다른 나라와 마찬가지로 신용카드를 이용한 현금 대출이나 할부금융 여신의 이자율은 상대적으로 높은 편이다.

① 독일에서는 상대적으로 소비자금융보다 투자금융의 수익률이 높다.

② 독일에서는 주거래은행에 대한 개인의 충성도가 높으나, 저축률은 높지 않다.

③ 독일에서는 주거래은행 제도를 통해 이체·송금 시 개별 수수료가 부과되지 않는다.

④ 독일의 저축은행은 우리나라 제3금융권의 대부업체와 역할이 유사하다.

※ 다음은 퇴직연금제도에 대한 자료이다. 이어지는 질문에 답하시오. [6~7]

퇴직연금은 급여와 기여금의 결정 방식에 따라 DC형(확정기여형) 퇴직연금과 DB형(확정급여형) 퇴직연금으로 분류된다.

■ DB형 퇴직연금

DB형 퇴직연금은 근로자가 퇴직 시에 받게 될 퇴직급여가 근무 기간과 평균임금에 의해 사전적으로 확정되어 있는 제도로, 지급에 필요한 비용은 사용자가 부담한다. 사용자는 적립금을 직접 운용하므로 운용 결과에 따라 사용자가 납입해야 할 부담금 수준이 변동될 수 있다. 또한 임금인상률, 퇴직률, 운용수익률 등 연금액 산정의 기초가 되는 가정에 변화가 있는 경우에도 사용자가 그 위험을 부담한다. 현재 DB형 퇴직연금의 경우 계속 근로기간 1년에 대하여 30일분의 평균임금을 지급하도록 되어 있으므로 일반적인 연금액은 다음과 같다.

예 I사에서 5년 근무한 A씨의 30일분 평균임금이 다음과 같을 때,

1년 차	2년 차	3년 차	4년 차	5년 차
100만 원	105만 원	110만 원	116만 원	122만 원

퇴직 시 DB형 퇴직연금으로 122×5=610만 원을 받는다.

■ DC형 퇴직연금

DC형 퇴직연금은 사용자의 기여금이 사전에 확정된 연금제도로, 퇴직급여는 근로자의 퇴직 시까지 누적된 적립금에 따라 결정된다. 현재 사용자는 매년 근로자 연간 임금총액의 1/12 이상을 부담금으로 납부하게 되어 있으며, 사용자가 개별 계좌에 정기적으로 납입하면 근로자가 이를 직접 운용한다. 즉, 근로자의 적립금 운용 결과에 따라 퇴직 후의 연금 수령액이 증가 또는 감소하게 되므로 결과적으로 적립금 운용과 관련한 위험을 근로자가 부담하게 된다. 근로자는 사용자가 납입한 부담금과 운용 손익을 퇴직급여로 지급받는다. 일반적으로 DC형 퇴직연금에 가입한 근로자가 퇴직할 때 받을 수 있는 연금액은 다음과 같다.

예 I사에서 5년 근무한 A씨의 평균임금이 다음과 같을 때,

1년 차	2년 차	3년 차	4년 차	5년 차
100만 원	105만 원	110만 원	116만 원	122만 원

퇴직 시 DC형 퇴직연금으로 $(100+105+110+116+122)+\alpha=553$만 원$+\alpha$를 받는다(단, α는 매년 운용성과 누적 합계).

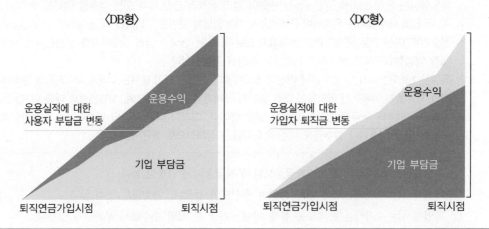

〈DB형〉

운용실적에 대한 사용자 부담금 변동
운용수익
기업 부담금
퇴직연금가입시점
퇴직시점

〈DC형〉

운용실적에 대한 가입자 퇴직금 변동
운용수익
기업 부담금
퇴직연금가입시점
퇴직시점

06 다음 위 자료에 대한 설명으로 옳지 않은 것은?

① DB형 퇴직연금의 경우 적립금 운용 결과에 따라 사용자가 납부해야 할 부담금액이 달라질 수 있다.

② DB형 퇴직연금의 경우 투자수익률에 따라 근로자가 받게 되는 퇴직연금액이 달라질 수 있다.

③ DC형 퇴직연금의 경우 적립금 운용 결과에 따라 근로자가 받게 되는 퇴직연금액이 달라질 수 있다.

④ DC형 퇴직연금의 경우 적립금 운용 결과와 관계없이 사용자가 납부해야 할 부담금액은 달라지지 않는다.

PART 2 기출복원문제

07 A씨는 I사에 근무한 지 10년 차에 접어들었다. A씨는 자신이 DB형 퇴직연금으로 받는 경우와 DC형 퇴직연금으로 받는 경우의 금액을 계산해 보려고 한다. A씨의 월평균 임금 정보가 다음과 같을 때, 두 연금의 계산식으로 가장 적절한 것은?

<A씨의 월평균 임금 정보>

(단위 : 만 원)

1년 차	2년 차	3년 차	4년 차	5년 차	6년 차	7년 차	8년 차	9년 차	10년 차
450	500	550	600	650	700	750	800	850	900

※ A씨의 월평균 임금 정보는 계속근로기간 1년에 대하여 30일분의 평균임금을 나타냄

	DB형 퇴직연금	DC형 퇴직연금
①	$450+500+550+600+\cdots+900$	$(450+500+550+600+\cdots+850+900)\pm$ 운용수익
②	$450+500+550+600+\cdots+900$	$900\times10\pm$ 운용수익
③	900×10	$(450+500+550+600+\cdots+850+900)\pm$ 운용수익
④	900×10	$(450+500+550+600+\cdots+850+900)\pm$ 고정금리 수익

※ 다음은 IBK기업은행의 '개인 VIP CLASS'에 대한 자료이다. 이어지는 질문에 답하시오. [8~10]

<개인 VIP CLASS>

기업은행의 모든 거래 실적을 종합 평가하여 선정된 VIP회원에게 등급별로 다양하고 특별한 서비스를 제공하는 제도

• 평가방법
 3개월간의 총수신(예금 등), 총여신(대출), 외환 거래의 기본실적과 입출금 예금, 적립식(적금 등), 거치식(정기예금 등), 수익증권(펀드 등), 퇴직연금, 신용카드 등 10개 항목의 추가 실적 충족 여부를 합산하여 포인트를 산출합니다.

• 개인 VIP CLASS 등급

다이아몬드	플래티넘	골드	실버	패밀리
30,000P 이상	15,000P 이상	5,000P 이상	2,000P 이상	700P 이상

※ 등급 유효기간은 매 분기말 실적을 기준으로 연 4회 정기 평가 후 3개월 동안 적용됨

• 가족 우대 제도
 플래티넘과 다이아몬드 등급의 고객에게만 제공되며, 고객의 등급에 따라 거래실적이 부족한 배우자 및 자녀에게도 골드 등급을 부여하는 제도입니다.

VIP 등급	가족 우대	우대 혜택
다이아몬드	배우자, 자녀	골드 등급
플래티넘	배우자	골드 등급

• VIP 혜택
 – 수수료 면제

수수료 항목	다이아몬드	플래티넘	골드	실버	패밀리
인터넷(스마트폰 앱), 텔레뱅킹 이용 시 발생 수수료	○	○	○	○	10회/월
SMART 현금카드 발급 수수료	○	○	○	○	50% 감면
통장(증서) 재발행 수수료	○	○	○	○	○
제증명서 발급 장당 초과 수수료	○	○	○	○	○
납부(타행) 자동이체 수수료	○	○	○	○	–
수탁어음 보관 수수료	○	○	○	○	–
당행 ATM 타행 송금 수수료	○	○	○	10회/월	–
타행 온라인 송금 수수료	○	○	–	–	–
OTP 발생기 발급 수수료	○	○	–	–	–
문자(SMS) 통지 서비스 수수료	○	○	–	–	–
타행 ATM 현금 출금 수수료	○	–	–	–	–
주요 외화환전(송금) 우대율	70%	70%	60%	50%	
외화송금 수수료	○	○	50% 감면	30% 감면	–

※ 주요 외화환전(송금) 우대 적용 통화는 USD, JPY, EUR 등이며, 실제 창구에서 외국 통화 매입·매도 시 또는 해외 직접 송금 건에 한해 우대 적용됨
 – 무보증 VIP 신용대출 한도

다이아몬드	플래티넘	골드	실버	패밀리
5천만 원	3천만 원	2천만 원	1천만 원	–

- 특화 서비스

서비스 종류	다이아몬드	플래티넘	골드	실버	패밀리
WIN CLASS룸 이용	○	○	○	–	–
자산 관리 서비스	○	○	○	–	–
세무 상담 서비스	○	○	–	–	–
부동산 컨설팅 서비스	○	○	–	–	–
문화예술 고객 초청 행사	○	○	–	–	–
금융소득종합과세(증여) 신고 대행	○	–	–	–	–
VIP CLASS 전용 콜센터	○	–	–	–	–
경조사 서비스	○	–	–	–	–

※ 경조사 서비스는 직계가족(본인 및 배우자)에 한해 관련 서류 확인 후 연간 1회 제공됨

08 다음 중 A와 B의 등급이 바르게 연결된 것은?

> 기업은행을 이용 중인 A는 무보증 신용대출로 2,800만 원을 대출받은 후 은행에서 무료로 제공하
> 는 부동산 컨설팅 서비스를 이용하여 상가 건물을 구입하기로 결정하였다. 계약금을 지급하기 위해
> 기업은행의 ATM기를 찾아보았으나, 멀리 떨어져 있는 관계로 가까이에 위치한 타 은행의 ATM기
> 에서 수수료를 물고 출금하게 되었다.
> B는 A의 남편으로 B 역시 기업은행을 이용 중이다. B는 미국 출장을 위해 환전을 하려 하는데, 등
> 급의 우대율 혜택을 살펴보니 자신보다 A가 환전을 신청할 경우 더 높은 우대율을 적용받을 수 있다
> 는 것을 알게 되었다.

	A	B
①	다이아몬드	플래티넘
②	다이아몬드	골드
③	플래티넘	골드
④	플래티넘	실버

09 다음 〈보기〉 중 실버 등급의 고객과 패밀리 등급의 고객 모두에게 동일하게 적용되는 혜택을 모두
고르면?

> **보기**
> ㄱ. 통장 재발행 수수료 면제
> ㄴ. SMART 현금카드 발급 수수료 전액 면제
> ㄷ. 제증명서 발급 장당 초과 수수료 면제
> ㄹ. 외화송금 수수료 감면
> ㅁ. 당행 ATM 타행 송금 수수료 면제

① ㄱ, ㄴ
② ㄱ, ㄷ
③ ㄱ, ㄷ, ㄹ
④ ㄱ, ㄷ, ㅁ

10 다음 ㉠~㉣ 중 고객의 문의에 대한 직원의 답변으로 적절하지 않은 것은?

> 고객 : 제가 i-ONE Bank 앱에서 지난 분기말 실적 등급 포인트를 확인해 보니까 12,500포인트던데 혹시 현재 제 등급과 그에 따른 혜택을 알 수 있을까요?
>
> 직원 : 네, 고객님. 확인 결과 이번 정기 평가에서 12,500포인트 산출되어 ㉠ 골드 등급이 적용되며, 3개월간 등급에 따른 혜택을 받아보실 수 있습니다. 고객님께서는 ㉡ 앱이나 텔레뱅킹 이용 시 발생하는 각종 수수료를 면제받으실 수 있으며, 계좌 입출금 내역 등을 알려주는 ㉢ 문자 통지 서비스를 수수료 없이 무료로 이용하실 수 있습니다. 또한 ㉣ 무보증 VIP 신용 대출의 경우에는 최대한도 2천만 원까지 적용되며, 저희 은행의 자산관리서비스도 무료로 받아보실 수 있습니다. 이외에도 다양한 혜택이 제공되므로 보다 자세한 사항은 은행 홈페이지를 참고해 주시기 바랍니다.

① ㉠

② ㉡

③ ㉢

④ ㉣

※ 다음은 창고 A에서 출발한 물품이 게이트 X, Y, Z를 거쳐 창고 B에 이른 후, 각 지점 U, V, W로 이동하는 사이의 이동경로를 나타낸 자료이다. 이어지는 질문에 답하시오. [11~12]

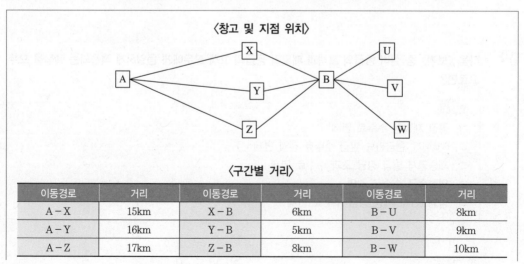

〈창고 및 지점 위치〉

〈구간별 거리〉

이동경로	거리	이동경로	거리	이동경로	거리
A - X	15km	X - B	6km	B - U	8km
A - Y	16km	Y - B	5km	B - V	9km
A - Z	17km	Z - B	8km	B - W	10km

〈게이트별 및 창고 통행료〉

게이트	통행료
X	35,000원
Y	40,000원
Z	50,000원
B	30,000원

〈수송 정보〉

• 모든 상품은 창고 A에서 출발하여 게이트 X, Y, Z 중 하나를 거쳐 창고 B에 이른 후, 지점 U, V, W 중 한 곳으로 수송된다.
• 상품을 운송하는 화물차량은 모든 구간에서 시속 50km로 이동한다.
• 창고 A에서 출발한 물품이 어느 한 지점에 도착하기까지 소요되는 통행료와 유류비를 합하여 수송비를 도출한다.
• 유류비는 1,000원/1km이다.

11 다음 경로 중 창고 A에서 지점 U, V, W 중 한 곳으로 상품을 수송할 때, 수송비가 가장 적게 소모되는 경우는?

① 게이트 X를 지나 지점 U로 수송
② 게이트 Y를 지나 지점 U로 수송
③ 게이트 Y를 지나 지점 V로 수송
④ 게이트 Z를 지나 지점 V로 수송

12 다음 경로 중 창고 A에서 지점 U, V, W 중 한 곳으로 상품을 수송할 때, 최단 시간이 소요되는 경우는?

① 게이트 X를 지나 지점 U로 수송
② 게이트 X를 지나 지점 W로 수송
③ 게이트 Y를 지나 지점 W로 수송
④ 게이트 Z를 지나 지점 V로 수송

※ 다음은 I사의 성과급 지급 제도에 대한 자료이다. 이어지는 질문에 답하시오. [13~14]

〈성과급 지급 제도〉

- 성과급 지급액=직급별 기본급×성과급 지급비율
- 성과급 지급비율의 평가등급은 평가점수 구간에 따라 결정된다.
- 평가점수는 100점 만점으로 산정되며 다음과 같은 비율과 가중치로 결정된다.
  각 항목별 점수는 항목별 만점에 등급에 따른 가중치를 곱하여 산출한다.
  - 항목별 만점

실적	난이도평가	중요도평가	신속성	총점
30	20	30	20	100

  - 각 항목에 대한 등급별 가중치

구분	실적	난이도평가	중요도평가	신속성
1	1	1	1	1
2	0.8	0.8	0.8	0.8
3	0.6	0.6	0.6	0.6
4	0.4	0.4	0.4	0.4

- 직급별 기본급
  직급별로 다음의 기본급을 지급한다.

(단위 : 천 원)

직급	사원	주임	대리	과장	차장	팀장	부장
기본급	2,000	2,200	2,800	3,500	3,800	4,200	5,500

- 성과평가 결과에 따른 성과급 지급비율

평가등급	평가점수 구간	성과급 지급비율
A	85점 이상	0.8
B	75점 이상 85점 미만	0.6
C	65점 이상 75점 미만	0.4
D	55점 이상 65점 미만	0.2
E	55점 미만	0

〈I사 해외사업팀 팀원들의 개인 성과평가 등급〉

구분	실적	난이도평가	중요도평가	신속성
김사원	1	3	2	1
최주임	2	2	3	4
박대리	4	1	2	2
임과장	3	1	1	4
장차장	3	4	1	3

13 I사의 성과급 지급 제도에 따를 때, I사 해외사업팀의 팀원들이 가장 많이 부여받을 평가등급은?

① A등급   ② B등급
③ C등급   ④ D등급

14 I사 해외사업팀의 팀원들 중 최대성과급 수령액과 최저성과급 수령액 간의 차이는?

① 910,000원   ② 1,050,000원
③ 1,100,000원   ④ 1,220,000원

※ 다음은 택배 상품의 상차 과정에 대한 자료이다. 이어지는 질문에 답하시오. [15~17]

〈택배 상품 상차 과정〉

모든 상품은 다음의 과정을 거친다.

> 바코드 인식 → 무게 측정 → 상품 분류 → 이동(컨베이어 벨트)
> → 태그 부착 → 최종바코드 부여 → 상차 대기 → 상차

※ 앞의 상품이 최종바코드를 부여받으면 즉시 그 다음 상품의 바코드 인식이 시작됨

- 바코드 인식 과정
  기존 상품에 붙어 있는 바코드를 인식하는 과정으로 모든 상품에 동일하게 2분이 소요된다.

- 무게 측정
  각 상품의 무게를 측정하는 과정으로 모든 상품에 동일하게 5분이 소요된다.

- 상품 분류
  상품들을 포장을 포함한 무게에 따라 분류하며, 무게측정에 따라 분류 시간은 다음과 같이 소요된다.

구분	1kg 미만	1kg 이상 5kg 미만	5kg 이상 20kg 미만	20kg 이상 30kg 미만	30kg 이상
소요시간	2분	3분	5분	7분	10분

- 컨베이어 벨트 이동
  분류된 상품은 포장을 포함한 무게에 따라 서로 다른 컨베이어 벨트로 이동하며, 각 무게에 따른 이동시간은 다음과 같다.

구분	1kg 미만	1kg 이상 5kg 미만	5kg 이상 20kg 미만	20kg 이상 30kg 미만	30kg 이상
소요시간	9분	17분	3분	5분	12분

- 태그 부착
  취급주의품(냉장 및 냉동 보관 필요, 파손주의, 고가상품)에 해당되는 상품에 태그를 부착하는 과정으로 3분이 소요된다.

- 최종바코드 부여
  최종적으로 바코드를 부여하는 과정으로 모든 상품에 동일하게 4분이 소요된다.

- 상차 대기
  최종바코드를 부여받은 상품부터 순서대로 상차되며 모든 상품에 동일하게 3분이 소요된다.

15 다음은 L상품에 대한 정보이다. L상품이 1개가 상차되었을 때 소요된 시간으로 옳은 것은?

〈L상품〉

- L상품은 동계의류이다.
- 상품의 무게는 1.1kg, 포장의 무게는 700g이다.
- 냉장 및 냉동 보관을 할 필요는 없다.
- 고가의 제품이다.

① 28분
② 37분
③ 39분
④ 44분

16 다음 상품들이 연속으로 상차된다고 할 때, 이 상품들을 모두 상차하는 데 소요되는 시간으로 옳은 것은?

〈상품 묶음〉

상품명	품목	상품 무게	포장 무게	비고
A	자전거	15kg	8kg	파손주의
B	노트북	1.1kg	500g	파손주의
C	의자	3.2kg	1kg	고가상품
D	책	400g	100g	–
E	장갑	200g	50g	–

① 128분
② 133분
③ 138분
④ 141분

17 K상품에 대한 정보는 다음과 같으며, 상품 분류에 소요되는 시간이 〈보기〉와 같이 변경되었다고 할 때, K상품 5개가 상차되기까지 소요되는 시간으로 옳은 것은?

〈K상품〉

• K상품은 수산품이다.
• 상품의 무게는 18.6kg, 포장의 무게는 1.5kg이다.
• 상시 냉동보관이 필요하다.

보기

• 상품 분류 소요 시간

구분	1kg 미만	1kg 이상 5kg 미만	5kg 이상 15kg 미만	15kg 이상 40kg 미만	40kg 이상
소요시간	5분	6분	8분	11분	12분

① 144분
② 151분
③ 153분
④ 162분

※ 다음은 결재규정에 대한 자료이다. 이어지는 질문에 답하시오. [18~19]

<결재규정>

제1조
결재를 받으려는 업무에 대하여 최고결재권자(대표이사) 포함 이하 직책자의 결재를 받아야 한다.

제2조(전결)
① 전결이라 함은 회사의 경영활동이나 관리활동을 수행함에 있어 의사결정이나 판단을 요하는 일에 대하여 최고결재권자의 결재를 생략하고, 자신의 책임하에 최종적으로 의사결정이나 판단을 하는 행위를 말한다.
② 전결사항에 관해서도 위임받은 자를 포함한 이하 직책자의 결재를 받아야 한다.

제3조(전결사항)
① 개발부서 부장·차장·과장 등의 위임전결사항은 아래와 같다.

직무 내용		대표이사	위임전결권자		
			부장	차장	과장
정보화 운영	정보화기기 운용		○		
	전산망 신규연결 및 조회 업무				○
	전산장비도입 심의	○			
프로그램 개발	프로그램 및 시스템 개발 계획		○		
	분석설계 및 프로그램 작성관계			○	
	자료조회 활용 및 전산자료 통계			○	
	사용자 ID 등록 및 해제				○
통신 관리	통신 시설물 통합에 관한 계획 수립	○			
	통신장비 시설·장비 점검 및 정비		○		
	중요피해사항 보고	○			
	경미피해사항 보고		○		

② 차장은 정보화 운영의 부장 전결사항을 전결할 수 있다.
③ 대표이사는 특히 필요하다고 인정하는 사항과 전결권자를 판단하기 어려운 사항에 대하여 따로 전결권자를 지정하여 처리하게 할 수 있다.

제4조(전결권자의 책임)
이 규정에 의하여 전결한 사항에 대하여는 그 전결권자가 대표이사에 대하여 책임을 진다.

제5조(보고)
전결권자가 전결로써 처리할 예정이거나 전결 처리한 사항 중 중요하다고 인정되는 사항은 즉시 그 내용을 사전 또는 사후에 전결권자의 차상급자에게 보고하여야 한다.

제6조(전결 위반 여부 확인)
문서심사관은 이 규정의 전결구분에 의한 결재의 여부와 합의여부를 확인하여 위반사항이 있을 때에는 그 문서를 처리할 부서로 하여금 시정 조치하도록 하여야 한다.

18 개발부에 근무 중인 박대리가 다음과 같이 통신 시설물 통합 계획서를 결재받으려 할 때, 가장 적절한 것은?

통신 시설물 통합 계획서		결재	담당	과장	차장	부장	대표
작성자	소속		직위			성명	
	개발부		대리			박 ○○ (인)	
...							

① 박대리는 대표이사의 결재를 받지 않는다.
② 박대리는 부장의 결재만 받는다.
③ 박대리는 5명의 결재 라인을 거쳐야 한다.
④ 박대리는 차장의 전결을 받은 후 즉시 부장에게 보고해야 한다.

19 개발부에 근무 중인 김사원은 정보화기기 운용 현황에 관한 보고서의 최종 결재를 받기 위해 개발부의 강부장을 찾아갔으나, 강부장은 해외 출장으로 인해 자리를 비운 상태였다. 금일 내로 보고서의 결재를 받아야 할 때, 김사원이 최종 결재를 받아야 할 사람은?

① 개발부서 과장
② 개발부서 차장
③ 대표이사
④ 문서심사관

| 금융영업 – 객관식 |

01 다음 중 자료 1과 자료 2의 상황에 가장 적절한 것은?

> [자료 1]
> 평소 대형 SUV 차량에 관심이 많았던 형진은 신차 구매에 앞서 현대자동차의 팰리세이드와 기아자
> 동차의 모하비 등 비슷한 크기의 다양한 차종들 사이에서 망설이고 있었다. 그러던 어느 날, 군대
> 동기 우성이 출시와 동시에 구매한 2020년식 팰리세이드를 출고 받아 현재 상당히 만족해하고 있다
> 는 소식을 들었다. 우성의 소식을 들은 형진은 팰리세이드를 구매하기로 마음먹었다.

> [자료 2]
> 자동차 업계에 따르면 지난달 현대자동차는 국내 시장에서 지난해 같은 기간보다 6.4% 증가한 5만
> 3,406대를 팔았다. 반면, 기아자동차는 판매량이 10.2% 줄어든 3만 2,222대를 기록했다. 현대자
> 동차의 판매량을 이끈 것은 그랜저(7,720대)와 싼타페(7,023대)에 새로 출시된 대형 SUV 팰리세
> 이드(5,769대)가 더해졌기 때문이다. 이 세 모델만 해도 전체 판매량의 38%에 달한다.

① 펭귄 효과   ② 디드로 효과
③ 스놉 효과   ④ 베블런 효과

02 소주 가격이 인상됨에 따라 맥주의 수요가 감소하고 와인의 수요는 증가했을 때, 옳지 않은 것은?
① 맥주와 와인은 대체재 관계이다.
② 소주와 맥주는 보완재 관계이다.
③ 맥주 시장의 생산자잉여는 감소한다.
④ 와인의 가격은 상승한다.

03 다음 기사를 읽고 N사가 활용한 마케팅 전략은?

> N사의 새우깡과 감자깡, 양파깡, 고구마깡, 옥수수깡 등 깡 스낵 5종의 연간 매출액이 1,000억 원을 돌파했다. 깡 스낵 5종의 연간 매출액이 1,000억 원을 돌파한 것은 이번이 처음이다. 연중 계속되고 있는 깡 열풍에 신상품 옥수수깡의 인기가 더해져 신기록을 이룬 것이라는 평가가 나온다. 역대 최대 매출의 1등 공신은 새우깡이다. 스낵시장에서 깡 열풍을 일으킨 새우깡의 매출은 전년 대비 12% 성장해 810억 원의 매출을 달성했다. N사는 가수 비의 깡 열풍에 따라 비를 광고 모델로 섭외했다. 새우깡에서 출발한 소비자들의 관심이 다른 깡 스낵으로 번지면서 깡 스낵 4종의 한 달 매출액이 100억 원을 돌파하기도 했다.
> N사 관계자는 "오랜 기간 N사를 대표해온 장수 스낵 제품들이 다시금 큰 사랑을 받고 있다."면서 "반짝 이슈로 끝나지 않도록 젊은 감각의 마케팅 활동을 지속해 폭넓은 사랑을 받을 수 있도록 할 계획"이라고 말했다.

① 넛지 마케팅　　　　　　　　　② 비대면 마케팅
③ 밈 마케팅　　　　　　　　　　④ 전환적 마케팅

04 어느 중고차 시장에 대한 다음 자료를 참고할 때, 이 중고차 시장의 균형에 대한 설명으로 옳은 것은?

> • 총 1,000대의 자동차 매물 중 70%는 성능이 좋은 자동차, 30%는 성능이 나쁜 자동차이다.
> • 판매자는 모든 자동차의 품질에 대한 정확한 정보를 가지고 있다.
> • 구매자는 모든 자동차의 품질에 대한 정확한 정보는 모르지만, 전체 매물 중 성능이 좋은 차와 성능이 나쁜 차의 비율은 알고 있다.
> • 판매자의 최소요구금액과 구매자의 최대지불용의액은 다음과 같으며, 이 정보는 판매자와 구매자가 모두 가지고 있다.
>
> | 유형 | 판매자의 최소요구금액 | 구매자의 최대지불용의액 |
> | --- | --- | --- |
> | 성능이 좋은 차 | 1,400만 원 | 1,500만 원 |
> | 성능이 나쁜 차 | 1,000만 원 | 800만 원 |

① 성능이 좋은 차는 1,400만 원과 1,500만 원 사이에서 거래된다.
② 성능이 나쁜 차는 800만 원과 1,000만 원 사이에서 거래된다.
③ 모든 자동차는 1,280만 원에 거래된다.
④ 모든 자동차는 거래되지 않는다.

05 다음 〈보기〉 중 그래프에 대한 설명으로 옳지 않은 것을 모두 고르면?

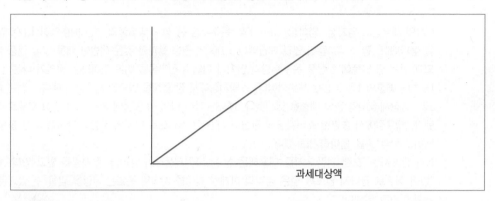

과세대상액

가. 세로축이 세율이라면 우리나라 현행 부가가치세(VAT)가 이에 해당한다.
나. 세로축이 세액이라면 우리나라 현행 법인세가 이에 해당한다.
다. 세로축이 세액이라면 조세부담의 역진성이 나타난다고 볼 수 있다.
라. 세로축이 세액이라면 모든 과세대상에 동일한 세율이 적용된다.

① 가
② 가, 나
③ 나, 다
④ 다, 라

06 다음 중 케인스의 화폐 수요이론에 대한 설명으로 옳지 않은 것은?

① 화폐 수요를 거래적 동기, 예비적 동기, 투기적 동기로 분류하였다.
② 거래적 동기의 화폐 수요는 소득에 비례하여 커진다.
③ 이자율이 낮아지면 투기적 동기에 의한 화폐 수요가 커진다.
④ 이자율이 최저인 상태에서는 구축 효과가 극대화된다.

07 다음 중 사적 재화(사용재)와 공공재에 대한 설명으로 옳은 것은?

① 민간이 생산하는 재화를 사용재, 정부가 생산하는 재화를 공공재라고 한다.
② 교육 서비스는 긍정적 외부효과를 가지므로 공공재에 해당한다.
③ 대표적 공공재인 국방이나 치안 서비스는 비배제성과 경합성을 갖는다.
④ 공공재의 비배제성은 시장실패의 원인이 된다.

08   다음 〈보기〉 중 공급곡선상의 A, B, C, D에 대한 설명으로 옳은 것을 모두 고르면?

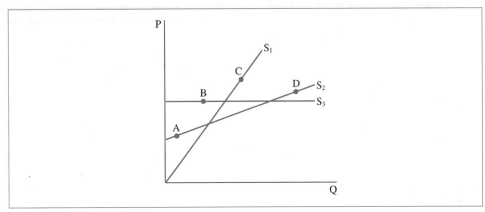

> **보기**
>
> 가.   A의 가격탄력성은 1보다 작다.
> 나.   B의 가격탄력성은 1이다.
> 다.   C의 가격탄력성은 1보다 크다.
> 라.   D의 가격탄력성은 A의 가격탄력성보다 작다.
> 마.   각 점의 가격탄력성은 C – D – A – B 순으로 커진다.

① 가, 나   ② 나, 다
③ 다, 라   ④ 라, 마

09   다음 중 밑줄 친 빈칸에 들어갈 말로 가장 적절한 것은?

> "코로나19 여파로 글로벌 공급망의 붕괴를 경험하면서 기업들은 이제 비용이 낮은 곳이 아닌 안전
> 하고 안정적인 공급망을 선호하게 되었습니다. 이로 인해 GVC(글로벌가치사슬)는 지역별 시장으로
> 재편될 것입니다."
> 대외경제정책연구원(KIEP)의 한 연구위원은 코로나19와 관련된 강의의 강연자로 나서 코로나19
> 이후 _____이/가 전 세계적으로 확산될 것이라고 전망했다. 그는 "경제적 비용에는 기회비
> 용과 위험비용이 포함된다. 한 번의 공급망 붕괴로 많은 추가 비용이 발생하는 걸 고려하면 효율성
> 을 생각해야 한다. 결국 비용 측면에서도 안전한 곳이 더 효율적이다."고 강조했다. 이어 "효율성이
> 다시 정의되는 것은 공급망이 새롭게 구축되는 상황과 연계되고 있다."며, "과거엔 전 세계에 제품
> 을 공급할 수 있는 단일 생산기지를 만들었던 기업들이 이제는 GVC의 지역화로 인해 각 시장에
> 근접한 공급망을 만들어야 하는 상황이 됐다."고 말했다.

① 오프쇼어링   ② 리쇼어링
③ 니어쇼어링   ④ 3자 물류

10 (주)서울의 작년 매출액은 ₩3,000, 공헌이익률은 60%, 영업레버리지도(DOL)는 1.8이었다. 올해 매출이 50% 증가하였다면, (주)서울의 올해 영업이익은?(단, 올해 제품의 가격 및 원가구조는 작년과 동일하다)

① ₩1,600
② ₩1,800
③ ₩1,900
④ ₩2,400

11 x1년 초, (주)대한은 (주)민국의 지분 100%를 ₩540,000에 취득 및 인수하는 사업결합을 하였다. 주어진 (주)민국의 요약재무상태표에 근거하여 (주)대한이 사업결합으로 인식하는 영업권을 구하면?(단, 합병 관련 수수료는 ₩4,000이 발생하였다)

<table>
<tr><th colspan="7">요약재무상태표</th></tr>
<tr><td>(주)민국</td><td></td><td></td><td>x1년 1월 1일 현재</td><td></td><td colspan="2">(단위 : 원)</td></tr>
<tr><td></td><td>장부금액</td><td>공정가치</td><td></td><td>장부금액</td><td>공정가치</td></tr>
<tr><td>현금 등</td><td>120,000</td><td>120,000</td><td>부채</td><td>310,000</td><td>310,000</td></tr>
<tr><td>재고자산</td><td>200,000</td><td>180,000</td><td></td><td></td><td></td></tr>
<tr><td>건물</td><td>300,000</td><td>330,000</td><td>자본금</td><td>300,000</td><td>–</td></tr>
<tr><td>토지</td><td>150,000</td><td>200,000</td><td>이익잉여금</td><td>160,000</td><td>–</td></tr>
<tr><td>자산총계</td><td>770,000</td><td></td><td>부채·자본총계</td><td>770,000</td><td></td></tr>
</table>

① ₩16,000
② ₩20,000
③ ₩24,000
④ ₩40,000

12 (주)시대의 자산은 현금 ₩1,000, 재고자산 ₩5,000, 토지 ₩6,000으로 구성되어 있다. 자기자본은 ₩4,000이라고 할 때, (주)시대의 부채비율과 유동비율을 각각 구하면?[단, (주)시대는 비유동부채를 보유하고 있지 않다]

	부채비율	유동비율
①	0.5	0.5
②	0.5	0.75
③	1	0.5
④	2	0.75

13 (주)한국은 당기에 영업을 개시하였다. 다음 자료를 참고하여 (주)한국의 당기 공헌이익을 구하면?

[자료 1] (주)한국의 외부보고 목적 손익계산서의 일부

매출액	₩25,000
매출원가	₩13,500
매출총이익	₩11,500
판매관리비	₩8,000
영업이익	₩3,500

[자료 2] (주)한국의 생산 및 판매현황 자료의 일부

제품 판매량	500단위
제품 단위당 판매가격	₩500
기말 제품재고	0단위
고정제조간접원가	₩3,500
고정판매관리비	₩5,000

① ₩3,500

② ₩8,500

③ ₩11,500

④ ₩12,000

14 다음 뉴스를 보고 암호화폐 시장에 관심을 갖게 된 친구들이 대화를 나눌 때, 블록체인 또는 암호화폐에 대해 잘못 이야기하고 있는 사람은?

[앵커]

미국이 세계 최초로 결제수단으로서 퍼블릭 블록체인과 스테이블 코인의 사용을 전격 허용했습니다. 앞으로 미국 제도권 금융시장에서 블록체인 기반의 코인을 공식적인 결제수단으로 사용할 수 있게 됐습니다. ○○○ 기자의 보도입니다.

[기자]

미국 정부가 퍼블릭 블록체인과 스테이블 코인을 송금 등의 결제 인프라로 사용하는 것을 허용하는 가이드라인을 전격 발표했습니다. 미국 재무부 통화감독청 OCC는 "국립은행과 연방저축협회는 허가된 결제 업무를 처리하기 위해 독자적인 노드 검증 네트워크(INVN・블록체인)를 가동할 수 있으며, 스테이블 코인을 활용할 수 있다."고 공식 발표했습니다.

이에 미국 은행과 금융시장은 블록체인 기반의 스테이블 코인을 중요한 결제수단으로 사용할 수 있게 됐습니다. 또한 은행이 스테이블 코인을 직접 발행할 수도 있습니다. 스테이블 코인은 달러화 등 기존 화폐에 고정 가치로 발행되는 암호화폐로, 통상 1코인이 1달러의 가치를 갖도록 설계됩니다. 테더 코인을 비롯해 HUSD, PAX, GUSD, USDC 등이 대표적인 스테이블 코인입니다. 미국 정부가 은행과 금융시장에 블록체인 기반의 스테이블 코인 사용을 전격 허용하면서 스테이블 코인 발행 시 가장 많이 활용되는 이더리움에 대한 가격 상승도 전망됩니다.

OCC는 법률을 준수하는 활동일 경우 퍼블릭 블록체인을 통해 검증, 저장, 기록, 처리할 수 있으며 송금 과정에서 스테이블 코인을 법정화폐로, 법정화폐에서 스테이블 코인으로 전환할 수 있게 된다고 설명했습니다. 지급인은 중앙화 시스템을 사용하기보다 달러를 스테이블 코인으로 전환해 수취인에게 이체할 수 있고, 수취인은 받은 스테이블 코인을 달러로 전환할 수 있습니다.

OCC는 "블록체인 네트워크는 더 저렴하고 빠르고 효율적인 결제 방안으로 해외 송금 비용을 덜어줄 수 있다."며 "거래 검증에 필요한 노드 수가 많기 때문에 다른 결제 네트워크보다 복원력이 크고 정보 조작이 제한된다."라고 강조했습니다.

---

① 명은 : 동일한 암호화폐 가격이 미국의 거래소에서보다 한국의 거래소에서 더 싸게 거래되는 상황을 '김치 프리미엄'이 있다고 표현해.

② 미주 : 블록체인에 기록되는 내용은 해시함수를 통해 암호화되어 저장되므로 신뢰성이 높다는 장점이 있어.

③ 지수 : 기존의 금융거래 시스템은 은행 등의 중간 매개자를 필요로 했지만, 블록체인 시스템에서는 중간 매개자가 필요하지 않아.

④ 예인 : 이더리움은 블록체인 기술을 이용하여 거래뿐 아니라 다양한 계약을 관리할 수 있게 했다는 점에서 '블록체인 2.0'이라고 불리지.

15 다음 중 오픈뱅킹에 대한 설명으로 옳지 않은 것은?

① 하나의 앱으로 여러 은행의 계좌를 관리할 수 있는 서비스이다.

② 증권사나 우체국 등 은행이 아닌 금융기관도 참여하고 있다.

③ 타행 이체 시 수수료가 높은 편이라는 단점이 있다.

④ 오픈뱅킹 이용 시 은행별로 추가 금리 혜택을 제공하기도 한다.

16 A, B 두 명의 구성원으로 이루어진 경제에서 각자의 후생을 U_A, U_B로 나타내면 사회후생함수는 다음과 같다. 그래프에 대한 설명으로 옳지 않은 것은?

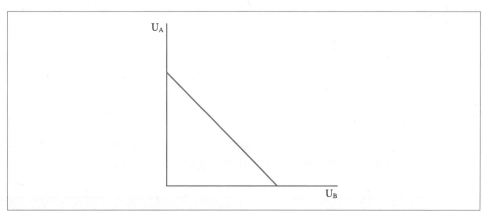

① 사회후생은 소득분배와 무관하게 결정된다.

② '최대 다수의 최대 행복'이라는 말로 대표된다.

③ 두 사람의 소득을 합한 후 반씩 나누어 가지면 사회후생은 증가한다.

④ 한계효용이 체감한다면 각자의 한계효용이 동일할 때 후생극대화가 달성된다.

01 (주)신촌의 20x1년 법인세비용 차감전 순이익은 ₩500,000이다. 다음 자료를 반영하여 20x1년 (주)신촌의 영업활동 순현금흐름을 구하면?

(1) 법인세비용	₩100,000
(2) 감가상각비	₩20,000
(3) 이자비용	₩4,000
(4) 사채상환손실	₩15,000
(5) 재고자산평가손실	₩6,000
(6) 미지급법인세의 증가	₩5,000
(7) 미지급이자의 감소	₩1,000
(8) 매출채권의 증가	₩40,000
(9) 재고자산의 증가	₩30,000
(10) 매입채무의 증가	₩25,000

(₩   )

02 X재와 Y재만을 생산하는 어느 국가의 재화 가격과 생산량이 다음과 같다. 2x19년을 기준연도로 할 때, 2x20년의 GDP 디플레이터는 기준연도에 비하여 몇 % 증가하였는가?

연도	X재		Y재	
	가격	생산량	가격	생산량
2x19년	10	20	20	40
2x20년	20	20	25	40

(%)

03 소득(W)으로 표시한 김씨의 효용함수가 $U(W) = \sqrt{W}$ 일 때, 다음 투자안 A, B, C를 김씨가 선호하는 순서대로 나열하고, 투자안 A의 위험프리미엄을 구하면?(단, 호황이 될 확률과 불황이 될 확률은 각각 50%이다)

투자안	호황 시 소득	불황 시 소득
A	900	100
B	1,600	81
C	625	625

(,   )

04 투자안 A ~ E를 회수기간법에 따라 평가하고자 한다. 각 투자안은 현재 시점에서 100억 원을 투자하여 개시할 수 있다. 제시된 현금흐름을 기초로 하여 어느 투자안을 선택할 것인지 밝히고, 선택한 투자안의 회수기간을 구하면?

투자안	현금흐름(원)						
	1년 후	2년 후	3년 후	4년 후	5년 후	6년 후	7년 후
A	+10억	+10억	+10억	+20억	+20억	+30억	+30억
B	+50억	−40억	+30억	0	+50억	0	+20억
C	0	0	0	0	0	+50억	+50억
D	+10억	+20억	+20억	+20억	+20억	+40억	+40억
E	+5억	+15억	+25억	+50억	+50억	+10억	+10억

(,   년)

01 기억 장치 분할 방법 중 하나인 페이징(Paging) 기법에 대한 설명으로 적절하지 않은 것은?

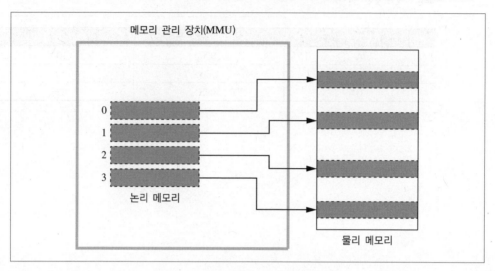

① 페이징 기법에서는 주소 변환을 위한 페이지 맵 테이블이 필요하다.

② 프로그램을 일정한 크기로 나눈 단위를 페이지라고 한다.

③ 페이지 크기가 작을수록 페이지 테이블 크기가 커진다.

④ 페이징 기법에서 내부 단편화는 발생하지 않으나 외부 단편화는 발생할 수 있다.

02 다음 중 페이징(Paging) 기법에서 페이지 크기에 대한 설명으로 적절하지 않은 것은?

① 페이지 크기가 작을수록 페이지 테이블 크기가 커진다.

② 페이지 크기가 작을수록 입/출력 전송이 효율적이다.

③ 페이지 크기가 작을수록 내부 단편화로 인한 낭비공간이 줄어든다.

④ 페이지 크기가 작을 경우 전체 맵핑 속도가 빨라진다.

03 다음 중 3-way Handshaking 기법에 대한 설명으로 적절하지 않은 것은?

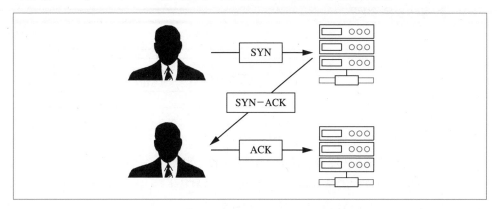

① Client는 Server에 연결하기 위해서 접속요청 패킷을 전송한다.

② Server는 접속 요청에 대한 수락을 위해 정의응답 패킷을 전송한다.

③ 정의응답을 받은 Client는 Server에 확인응답을 전송한다.

④ 신뢰성보다는 속도에 중점을 둔 기법이다.

04 다음 중 데이터베이스 뷰(View)에 대한 설명으로 적절하지 않은 것은?

① 독립적인 인덱스를 가질 수 있다.

② 뷰는 사용자에게 접근이 허용된 자료만을 제한적으로 보여주기 위해 하나 이상의 기본 테이블로 부터 유도된 이름을 가지는 가상 테이블이다.

③ 뷰는 저장장치 내에 물리적으로 존재하지 않지만 사용자에게 있는 것처럼 간주된다.

④ 뷰는 데이터 보정작업, 처리과정 시험 등 임시적인 작업을 위한 용도로 활용된다.

05 다음은 ICMP(Internet Control Message Protocol) 패킷의 헤더 구조이다. 이 구조에 대한 설명 중 옳지 않은 것은?

32bits			
8	8	8	8
Type	Code	ICMP Checksum	
Data			

① Type은 ICMP의 메시지를 구별하는 데 사용된다.

② TCP 프로토콜을 이용하여 ICMP 메시지를 전달한다.

③ ICMP Checksum으로 ICMP의 변조 여부를 판단한다.

④ Code는 메시지 내용의 추가 정보가 기입된다.

06 CPU 스케줄링 기법 중 하나인 SJF(Shortest Job First scheduling) 기법에서 작업 도착시간과 CPU 사용시간이 다음과 같을 때, 모든 작업들의 평균 대기시간은?

작업	도착시간	CPU 사용시간
A	0	23
B	3	25
C	8	10

① 10 ② 15

③ 25 ④ 35

07 다음 중 랜섬웨어(Ransomware) 공격에 대한 설명으로 옳지 않은 것은?

① 랜섬웨어 예방을 위해서는 랜섬웨어가 생기기 전의 오래된 윈도우가 효과적이므로 오래된 운영체계로 변경하도록 한다.

② 랜섬웨어 예방법으로는 컴퓨터를 켜기 전에 랜선을 뽑아 두거나 와이파이를 꺼두는 방법이 효과적이다.

③ 랜섬웨어에 걸렸을 경우 컴퓨터 포맷은 가능하나 파일을 열거나 복구하기가 힘들다.

④ 랜섬웨어는 이메일, 웹사이트, P2P 서비스 등을 통해 주로 퍼진다.

08 다음 분산 서비스 거부(DDoS, Distributed Denial of Service) 공격에 대한 설명으로 옳지 않은 것은?

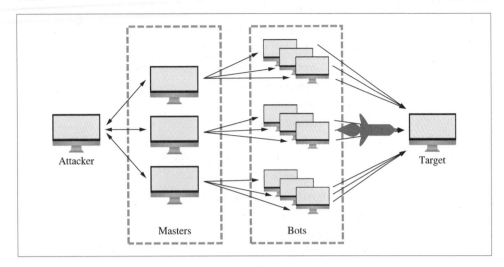

① DDoS 공격의 목적은 시스템을 악의적으로 공격해 해당 시스템의 자원을 부족하게 하여 원래 의도된 용도로 사용하지 못하게 하는 공격이다.

② DDos 공격을 예방하기 위해 주기적인 바이러스 백신 업데이트를 진행한다.

③ DDoS 공격의 방법 중 대역폭 공격은 한정되어 있는 대역폭을 선점하기 위해 엄청나게 큰 파일을 업로드 하여 네트워크 대역폭을 잡아먹는 공격이다.

④ SYN Flooding 공격은 존재하지 않는 클라이언트가 서버별로 한정되어 있는 접속 가능한 공간에 접속한 것처럼 속여, 다른 사용자가 서버의 서비스를 제공받지 못하게 하는 공격기법이다.

09 다음 중 악성코드의 일종인 트로이 목마(Trojan Horse)에 대한 설명으로 옳지 않은 것은?

① 정상적인 유틸리티 프로그램에 내장되어 배포 될 수 있다.

② 자기 복제 능력과 감염 능력이 있다.

③ 트로이 목마 피해를 예방하기 위해 최신 바이러스 백신 상태를 유지한다.

④ 개인정보 유출이나 자료 파괴 같은 피해를 입을 수 있다.

10 다음 Java 프로그램의 실행 결과로 옳은 것은?

```java
public class TestException {
    public static void main(String[] args) {
        try {
            method1();
            System.out.println(6);
        } catch (Exception e) {
            System.out.println(7);
        }
    }

    static void method1() throws Exception {
        try {
            method2();
        } catch (NullPointerException e) {
            System.out.println(2);
            throw e;
        } catch (RuntimeException e) {
            System.out.println(3);
            throw e;
        } catch (Exception e) {
            System.out.println(4);
        }
        System.out.println(5);
    }

    static void method2() {
        throw new RuntimeException();
    }
}
```

① 2, 6   ② 2, 6, 7

③ 3, 7   ④ 3, 4, 7

01 다음 〈보기〉에서 Java 프로그램의 실행 결과로 옳은 것은?

```java
public class B extends A {
    int a=20;
    public B() {
        System.out.print("다");
    }
    public B(int x) {
        System.out.print("라");
    }
}
```

```java
public class A {
    int a=10;
    public A() {
        System.out.print("가");
    }
    public A(int x) {
        System.out.print("나");
    }

    public static void main(String[] a) {
        B b1=new B();
        A b2=new B(1);
        System.out.print(b1.a+b2.a);
    }
}
```

> **보기**
>
> ⓐ 다라30 　　ⓑ 다라40 　　ⓒ 가나 30 　　ⓓ 가라 40
> ⓔ 가다가라30 　ⓕ 가다가라40 　ⓖ 가나다라 30 　ⓗ 가나다라 40

(　　　　　　　　　　　　)

02 다음 프로그램을 실행하면 [2]로 결과가 나오도록 작성하려고 한다. 〈보기〉에서 빈칸에 들어갈 알맞은 명령어를 순서대로 나열한 것은?

```c
#include <stdio.h>
main()
{
        int num=2;

            [ ㉠ ] (num)              {
            [ ㉡ ] 1:
                printf("1\n");
                break;

            [ ㉡ ] 2:
                printf("2\n");
                break;

            [ ㉡ ] 3:
                printf("3\n");
                break;
        default:
                printf("1, 2, 3 중에서 하나를 입력해 주세요.");
                break;
        }
}
```

보기

ⓐ if	ⓑ case	ⓒ else	ⓓ for
ⓔ switch	ⓕ break	ⓖ return	ⓗ int

(㉠ :   , ㉡ :   )

03 다음 프로그램의 실행 결과는?

```c
#include <stdio.h>
void main() {
    int arr[5]={16, 12, 17, 48, 85};
    int i, j, temp=0;

    for (i=0; i<5; i++) {
        for (j=i+1; j<5; j++) {
            if (arr[i]>arr[j]) {
                temp=arr[i];
                arr[i]=arr[j];
                arr[j]=temp;
            }
        }
    }
    printf ("%d\n", arr[2]);
}
```

(   )

정답 및 해설 p.090

01   NCS 직업기초능력

01   다음 글의 내용으로 적절하지 않은 것은?

> 초음파 진단 장치는 인체 내부를 들여다보기 위해 소리를 사용한다. 일반적인 소리는 사람의 귀로 감지할 수 있지만, 초음파는 진동수가 20,000Hz가 넘어서 사람의 귀로 들을 수 없는 소리이다. 인체를 진단하는 도구로 초음파를 사용하게 된 것은 그것이 짧은 파장을 가지므로 투과성이 강하고 직진성이 탁월할 뿐 아니라 미세한 구조까지 자세하게 볼 수 있게 해 주기 때문이다.
>
> 이 진단 장치에는 초음파를 만들어 내고 감지하기 위한 압전(壓電) 변환기라는 특수한 장치가 있다. 압전 변환기의 핵심 부품인 압전 소자는 압력을 받으면 전기를 발생시키는데 이것을 압전 효과라고 한다. 초음파를 압전 소자에 가해 주면 압전 소자에 미치는 공기의 압력이 변하면서 압전 효과로 인해 고주파 교류가 발생한다. 역으로 높은 진동수의 교류 전압을 압전 소자에 걸어 주면 압전 소자가 주기적으로 신축하면서 초음파를 발생시키는데, 이를 역압전 효과라고 한다. 이렇게 압전 소자는 압전 변환기에서 초음파를 발생시키고, 반사되어 돌아오는 초음파를 감지하는 중요한 역할을 담당한다. 즉, 압전 변환기는 마이크와 스피커의 역할을 모두 하는 셈이다.
>
> 검사하고자 하는 인체 부위에 압전 변환기를 접촉시킬 때에는 그 부위에 젤리를 발라 준다. 이는 압전 변환기와 피부 사이에 공기층을 없애 반사로 인한 음파의 손실을 최소화하기 위한 것이다. 압전 변환기에서 나온 초음파는 상이한 생체 조직을 각기 다른 속력으로 통과하며, 각 조직 사이의 경계 부위를 지날 때에는 부분적으로 반사된다. 반사되어 압전 변환기로 돌아오는 초음파의 세기는 통과한 조직의 밀도와 두께가 클수록 약해진다. 이렇게 각 조직이나 기관에서 다층적으로 반사된 초음파는 수신 모드로 전환된 압전 변환기에서 시간차를 두고 각기 다른 세기의 교류 전기 신호를 발생시킨다. 컴퓨터는 이 전기 신호들의 세기와 지체 시간을 분석하여 모니터 화면에 영상을 만들어 낸다.
>
> 돌고래는 빛이 들어오지 않는 깊은 바닷속에서, 박쥐는 칠흑같이 어두운 동굴 속에서 초음파를 발생시키고 사물에서 반사되어 돌아오는 음파를 감지해서 대상이나 장애물의 형태와 위치를 인지한다. 초음파 진단 장치는 이러한 동물들의 놀라운 능력을 모방한 생체 모방 기술의 쾌거이다.

① 일반적으로 인간은 20,000Hz를 초과하는 진동수의 소리를 들을 수 없다.

② 투과성과 직진성이 뛰어난 초음파는 일정한 속력으로 인체 내부의 조직을 통과한다.

③ 압전 변환기와 피부 사이의 공기층은 초음파를 손실시킨다.

④ 통과한 조직의 밀도와 두께가 작을수록 돌아오는 초음파의 세기는 강해진다.

02 다음 문단을 논리적 순서대로 바르게 나열한 것은?

(가) 다만 각자에게 느껴지는 감각질이 뒤집혀 있을 뿐이고 경험을 할 때 겉으로 드러난 행동과 하는 말은 똑같다. 예컨대 그 사람은 신호등이 있는 건널목에서 똑같이 초록 불일 때 건너고 빨간 불일 때는 멈추며, 초록 불을 보고 똑같이 "초록 불이네."라고 말한다. 그러나 그는 자신의 감각질이 뒤집혀 있는지 전혀 모른다. 감각질은 순전히 사적이며 다른 사람의 감각질과 같은지를 확인할 수 있는 방법이 없기 때문이다.

(나) 그래서 어떤 입력이 들어올 때 어떤 출력을 내보낸다는 기능적·인과적 역할로써 정신을 정의하는 기능론이 각광을 받게 되었다. 기능론에서는 정신이 물질에 의해 구현되므로 그 둘이 별개의 것은 아니라고 주장한다는 점에서 이원론과 다르면서도, 정신의 인과적 역할이 뇌의 신경 세포에서든 로봇의 실리콘 칩에서든 어떤 물질에서도 구현될 수 있음을 보여 준다는 점에서 동일론의 문제점을 해결할 수 있기 때문이다.

(다) 심신 문제는 정신과 물질의 관계에 대해 묻는 오래된 철학적 문제이다. 정신 상태와 물질 상태는 별개의 것이라고 주장하는 이원론이 오랫동안 널리 받아들여졌으나, 신경 과학이 발달한 현대에는 그 둘은 동일하다는 동일론이 더 많은 지지를 받고 있다. 그러나 똑같은 정신 상태라고 하더라도 사람마다 그 물질 상태가 다를 수 있고, 인간과 정신 상태는 같지만 물질 상태는 다른 로봇이 등장한다면 동일론에서는 그것을 설명할 수 없다는 문제가 생긴다.

(라) 그래도 정신 상태가 물질 상태와 다른 무엇이 있다고 생각하는 이원론에서는 '나'가 어떤 주관적인 경험을 할 때 다른 사람에게 그 경험을 보여줄 수는 없지만 나는 분명히 경험하는 그 느낌에 주목한다. 잘 익은 토마토를 봤을 때의 빨간색의 느낌, 시디신 자두를 먹었을 때의 신 느낌, 꼬집힐 때의 아픈 느낌이 그런 예이다. 이런 질적이고 주관적인 감각 경험, 곧 현상적인 감각 경험을 철학자들은 '감각질'이라고 부른다. 이 감각질이 뒤집혔다고 가정하는 사고 실험을 통해 기능론에 대한 비판이 제기된다. 나에게 빨강으로 보이는 것이 어떤 사람에게는 초록으로 보이고 나에게 초록으로 보이는 것이 그에게는 빨강으로 보인다는 사고 실험이 그것이다.

---

① (가) - (나) - (다) - (라)

② (나) - (다) - (가) - (라)

③ (다) - (가) - (라) - (나)

④ (다) - (나) - (라) - (가)

03 다음은 I은행의 개인형퇴직연금(IRP) 약관의 일부이다. 약관의 내용을 잘못 이해한 사람은?

〈개인형퇴직연금(IRP) 약관〉

제7조(적립금 운용방법의 제시 및 운용방법별 정보의 제공)

① 회사는 적립금 운용방법을 제시함에 있어서 다음 각호의 요건을 갖춘 운용방법을 제시하여야 합니다.
　　1. 운용방법에 관한 정보의 취득과 이해가 쉬울 것
　　2. 운용방법 간의 변경이 쉬울 것
　　3. 적립금 운용결과의 평가방법과 절차가 투명할 것
　　4. 적립금의 중장기 안정적 운용을 위하여 분산투자 등 시행령이 정하는 운용방법 및 기준 등에 따를 것

② 회사는 다음 각호의 운용방법 중 적합한 운용방법을 가입자에게 제시합니다.
　　1. 예·적금, 최저보증이율 등의 형태로 원리금의 지급을 보장하는 보험계약, 환매조건부 매수 계약, 파생결합사채(원금보장형), 발행어음, 표지어음
　　2. 국채증권, 한국은행통화안정증권 및 기타 정부보증채권
　　3. 지방채증권
　　4. 투자적격 특수채(한국은행통화안정증권은 제외) 및 사채권
　　5. 투자적격 해외채권
　　6. 투자적격 기업어음증권
　　7. 투자적격 주택저당증권 및 학자금대출증권
　　8. 상장주식 및 국내 상장 증권예탁증권(주식을 근거로 발행되어 유가증권시장 또는 코스닥시장에 상장된 것)
　　9. 해외 상장주식
　　10. 집합투자증권 등(실적배당형 보험을 포함)
　　11. 파생결합증권

③ 회사는 제2항에서 제시한 운용방법에 해당하는 상품 중 계약체결일부터 매 반기 1회 이상 원리금보장상품을 포함한 위험과 수익구조가 서로 다른 3가지 이상의 운용상품을 가입자에게 제시합니다.

④ 가입자는 회사가 제시한 운용방법 중 하나 이상을 선택하여 운용지시를 할 수 있으며, 회사가 제시하는 운용방법을 다른 운용방법(제2항 각호에서 정한 운용방법에 한합니다)으로 변경하거나 추가해 줄 것을 요청할 수 있습니다.

⑤ 회사가 제공하는 적립금 운용방법에 대한 정보는 다음 각호와 같습니다.
　　1. 이익의 예상 및 손실 가능성에 관한 사항
　　2. 운용방법에 관한 과거 3년간(과거운용기간이 3년이 안 되는 경우에는 해당 기간)의 이익 또는 손실 관련 실적
　　3. 운용방법을 선택 또는 변경한 경우에 발생하는 비용 및 그 부담 방법에 대한 정보
　　4. 예금자보호법에 의한 보호 대상이 되는지에 관한 정보
　　5. 기타 가입자가 운용지시를 하기 위하여 필요한 정보 등

⑥ 적립금 운용방법 및 운용방법별 정보제공은 대면, 서면 또는 회사와 가입자의 협의에 의해 적당하다고 인정되는 기타의 방법(e-mail, 전자문서, Web 등)으로 통지합니다.

① A : 회사는 이해하기 쉬우면서도 다른 방법으로 변경하기 쉬운 적립금 운용방법을 제시해야 하는군.

② B : 회사가 주식을 운용방법으로 제시하려면 유가증권시장이나 코스닥시장에 상장된 주식을 제시해야 해.

③ C : 회사는 가입자에게 3가지 이상의 운용방법을 제시할 수 있는데, 이때 반드시 원리금보장상품이 포함되어야 해.

④ D : 가입자는 회사가 제시한 운용방법 내에서 자유롭게 선택할 수 있으나, 회사가 제시하지 않은 운용방법이라면 이를 선택할 수 없어.

04 한별이는 회사 근처에 이사를 하고 처음으로 수도세 고지서를 받은 결과, 한 달 동안 사용한 수도량의 요금이 17,000원이었다. 다음 수도 사용요금 요율표를 참고할 때, 한별이가 한 달 동안 사용한 수도량은?(단, 구간 누적요금을 적용한다)

〈수도 사용요금 요율표〉

(단위 : 원)

구분	사용구분(m³)	m³당 단가
수도	0 ~ 30 이하	300
	30 초과 ~ 50 이하	500
	50 초과	700
기본료		2,000

① 22m³

② 32m³

③ 42m³

④ 52m³

05 다음은 8 이하의 자연수를 문자로 표현했으며, +, −, ×, ÷로 이루어진 식이다. 주어진 〈조건〉을 참고하여 〈보기〉를 계산한 값으로 가능한 것은?(단, ㄱ<ㄴ<ㄷ<ㄹ이다)

조건

• 5★7♠4♥10♣5=4

• ㄱ★ㄷ=ㄹ

• ㄴ♥ㄹ=28

보기

ㄹ♠ㄴ♣ㄱ

① 4

② 5

③ 6

④ 7

06 A씨는 환차익을 볼 수 있는 외화예금통장을 1년 전에 가입하여 달러 외화예금통장에 2,000달러, 유로 외화예금통장은 1,500유로를 예치했다. 현재 만기가 도래하여 예금을 모두 원화로 교환한다고 할 때, 어느 외화예금이 다른 예금에 비해 얼마 더 이익인가?(단, 외화예금의 이자율은 연 3%이며, 단리예금을 적용한다)

<달러 및 유로 환율>

구분		USD(원/달러)	EUR(원/유로)
개설 날짜	2019년 7월 2일	1,170	1,320
만기 날짜	2020년 7월 2일(현재)	1,200	1,360

※ 모든 수수료와 이자세는 제외함
※ 차익은 만기 시 받는 금액에서 처음 예치금을 제외한 원화금액임

① 달러 예금, 10,800원 ② 유로 예금, 10,600원
③ 달러 예금, 10,600원 ④ 유로 예금, 10,500원

07 I사에서는 원가가 같은 주요품목 A, B를 생산하고 있다. A제품의 정가는 원가의 25%를 붙여 192개를 팔았고, B제품은 A제품의 정가보다 10% 저렴한 가격으로 960개를 판매하여 이번 달 총 매출액이 6,600만 원이었다. A제품 400개의 원가는 총 얼마인가?

① 2,000만 원 ② 2,100만 원
③ 2,200만 원 ④ 2,300만 원

08 제시된 명제가 모두 참일 때, 빈칸에 들어갈 명제로 가장 적절한 것은?

- 삶의 목표가 분명한 사람은 편안한 삶을 산다.
- 적극적인 사람은 삶의 목표가 분명하다.
그리므로 _____

① 적극적인 사람이 편안한 삶을 산다.
② 편안한 삶을 사는 사람은 적극적인 사람이다.
③ 삶의 목표가 분명한 사람은 적극적인 사람이다.
④ 적극적이지 않은 사람은 삶의 목표가 분명하지 않다.

09 I은행 인사팀의 A사원, B대리, C팀장, D주임과 홍보팀의 E사원, F팀장은 신입사원 채용시험 진행을 위해 회의실에 모였다. A~F가 〈조건〉에 따라 원형 테이블에 앉는다고 할 때, 항상 옳은 것은?

> **조건**
> • 홍보팀의 E사원과 F팀장은 서로 나란히 앉지 않는다.
> • 채용시험의 총괄을 맡은 인사팀의 C팀장은 홍보팀 F팀장과 마주 앉는다.
> • B대리와 C팀장은 서로 사이가 좋지 않아 나란히 앉지 않는다.
> • D주임은 C팀장 왼쪽에 앉아 회의록을 작성한다.

① E사원은 D주임과 마주 앉는다.
② D주임은 B대리와 마주 앉는다.
③ B대리는 D주임 옆자리에 앉는다.
④ A사원은 F팀장과 나란히 앉지 않는다.

10 B회사에서는 사원들의 업무효율을 위하여 오래된 책상을 교체해 주려고 한다. 다음은 부서별 책상 현황과 책상 교체 조건을 나타낸 자료이다. 다음 중 부서별로 〈조건〉에 따라 교체할 책상의 개수로 바르게 짝지어진 것은?

〈부서별 책상 현황〉

(단위 : 개)

구입날짜	E부서	F부서	G부서	H부서
2014.02.17.	15	8	5	12
2015.08.01.	10	8	12	0
2018.07.30.	5	2	0	3

※ 부서별 책상의 개수와 인원은 같음

> **조건**
> • 구입한 지 5년 이상인 책상을 대상으로 교체할 예정이다.
> • 기존 책상과 교체할 책상의 개수 비율은 전체의 10 : 90 또는 20 : 80이다.
> • 각 부서별 기존 책상의 수는 전체 책상 수의 10%를 넘지 않는다.
> • 오늘은 2020년 8월 15일이다.
> • 기존 책상은 교체하지 않은 책상을 말한다.

	E부서	F부서	G부서	H부서
①	25개	17개	12개	10개
②	23개	10개	8개	15개
③	22개	12개	16개	12개
④	22개	14개	16개	12개

11 I회사에서 부사장님이 해외출장에서 귀국하는 날짜가 정해져 8월 5일 이후에 워크숍 날짜를 다시 정하기로 하였다. 부서별 과장 이상의 직급인 직원들이 모두 참석하는 날짜로 정한다고 할 때, 다음 중 적절한 기간은 언제인가?

〈8월 일정표〉

월	화	수	목	금	토	일
						1
2 부사장 귀국	3 차장 이상 오후 회의	4	5 부사장 외부 일정	6 부사장 외부 일정	7 부사장 외부 일정	8
9	10 B부서 과장 연차	11	12	13	14	15
16	17 B부서 부장 연차	18	19	20 A, C부서 전체 회식	21	22
23	24	25	26 C부서 차장 외부 출장	27 A부서 차장 외부 출장	28	29
30	31 부사장 외부 일정					

※ 일정에 제시되지 않은 임직원은 워크숍에 참석할 수 있음

조건

• 워크숍에 참석하는 부서는 A, B, C부서이다.
• A부서는 과장 2명과 차장 1명, B부서와 C부서는 각각 과장 1명, 차장 1명, 부장 1명이 있다.
• 회사 일정이 있는 날과 회식 전날에는 불가능하다.
• 워크숍은 1박 2일 일정이며, 일요일은 제외한다.
• 부사장과 부장이 모두 참석할 수 있는 날짜로 정한다.
• B부서와 C부서의 과장은 워크숍에 참여하지 않는다.

① 8월 6 ～ 7일   ② 8월 9 ～ 10일
③ 8월 14 ～ 15일   ④ 8월 18 ～ 19일

12 I은행에서는 단합대회로 여행을 계획하고 있다. A대리는 숙소를 정하기 위해 사원들의 의견을 종합하여 후보지 3곳을 준비하였다. 다음 정보에 부합하는 숙소를 정할 때, 단합대회에 드는 총비용은 얼마인가?

〈펜션 세부사항〉

구분	소요시간	수영장	래프팅 할인	체크인	체크아웃
하늘 펜션	2시간	무료 이용	없음	오후 2시	오후 12시
러블리 펜션	1시간 30분	없음	10%(5인 이상)	오후 12시	오후 1시
쿠키 펜션	1시간 20분	유료 이용	10%	오후 3시	오후 1시

※ 수영장 이용 시 인원 상관없이 비용은 만 원임

〈펜션 요금표〉

(단위 : 천 원)

구분	1박 요금 (수용인원)	1인 추가 시 추가요금	바비큐 이용 (1인당)	래프팅 (1인당)	조식 (1인당)
하늘 펜션	120(4명)	15	10	22	6
러블리 펜션	100(3명)	15	9	25	5
쿠키 펜션	150(4명)	12	7	20	5

〈정보〉

- 단합대회 참석인원은 7명이다.
- 총비용의 차이가 2만 원 이하이면 수영장이 있는 곳으로 정한다.
- 조식은 5명만 신청하며, 나머지 항목은 전원이 이용할 것이다.
- 소요시간은 회사로부터 펜션까지 가는 시간이며, 회사에서 출발 시간은 오후 12시 30분에 출발하여 바로 체크인할 것이다.
- 단합대회 총비용은 펜션 요금표의 모든 항목에 해당하는 금액의 합이다.

① 405,500원　　　　　　　　　② 419,000원

③ 425,500원　　　　　　　　　④ 429,000원

13 I사는 직원들의 문화생활을 위해 매달 티켓을 준비하여 신청을 받는다. 인사부서에서 선정한 이 달의 문화생활은 다음과 같고, 마지막 주 수요일 오후 업무시간에 모든 직원들이 하나의 문화생활을 참여한다고 할 때, 이번 달 티켓 구매에 필요한 예산은?

〈부서별 문화생활 신청현황〉

(단위 : 명)

구분	연극 '지하철 1호선'	영화 '강철비'	음악회 '차이코프스키'	미술관 '마네·모네'
A부서	5	6	4	0
B부서	1	8	4	0
C부서	0	3	0	1
D부서	4	2	3	1
E부서	3	2	0	1
F부서	1	5	2	1

〈문화생활 정보〉

구분	연극 '지하철 1호선'	영화 '강철비'	음악회 '차이코프스키'	미술관 '마네·모네'
정원	20명	30명	10명	30명
1인당 금액	20,000원	12,000원	50,000원	13,000원
기타 사항	단체 10명 이상 총금액의 15% 할인	마지막 주 수요일은 1인당 50% 할인	–	단체 10명 이상 총금액의 20% 할인

※ 정원이 초과된 문화생활은 정원이 초과되지 않은 것으로 다시 신청함
※ 정원이 초과된 인원은 1인당 금액이 비싼 문화생활 순으로 남은 정원을 모두 채움

① 920,600원
② 958,600원
③ 997,000원
④ 1,096,000원

14 다음은 국내 금융기관에 대한 SWOT 분석 자료이다. 이를 바탕으로 SWOT 전략을 세운다고 할 때, 〈보기〉 중 분석 결과에 대응하는 전략과 그 내용이 바르게 연결된 것을 모두 고르면?

국내 대부분의 예금과 대출을 국내 은행이 차지하고 있을 정도로 국내 금융기관에 대한 우리나라 국민들의 충성도는 높은 편이다. 또한 국내 금융기관은 철저한 신용 리스크 관리로 해외 금융기관과 비교해 자산건전성 지표가 매우 우수한 편이다. 시장 리스크 관리도 해외 선진 금융기관 수준에 도달한 것으로 평가받는다. 국내 금융기관은 외환위기와 글로벌 금융위기 등을 거치며 꾸준히 자산건전성을 강화해왔기 때문이다.

그러나 은행과 이자 이익에 수익이 편중돼 있다는 점은 국내 금융기관의 가장 큰 약점이 된다. 대부분 예금과 대출 거래 중심의 영업구조로 되어 있기 때문이다. 취약한 해외 비즈니스도 문제로 들 수 있다. 최근 동남아 시장을 중심으로 해외 진출에 박차를 가하고 있지만, 아직은 눈에 띄는 성과가 많지 않은 상황이다.

많은 어려움에도 불구하고 국내 금융기관의 발전 가능성은 아직 무궁무진하다. 우선 해외 시장으로 눈을 돌리면 다양한 기회가 열려있다. 전 세계 신용·단기 자금 확대, 글로벌 무역 회복세로 국내 금융기관의 해외 진출 여건은 양호한 편이다. 따라서 해외 시장 개척을 통해 어떻게 신규 수익원을 확보하느냐가 성장의 새로운 기회로 작용할 전망이다. IT 기술 발달에 따른 핀테크의 등장도 새로운 기회가 될 수 있다. 국내의 발달된 인터넷과 모바일뱅킹 서비스, IT 인프라를 활용한 새로운 수익 창출 가능성이 열려 있는 것이다.

역설적으로 핀테크의 등장은 오히려 국내 금융기관의 발목을 잡을 수 있다. 블록체인 기술에 기반한 암호화폐, 간편결제와 송금, 로보어드바이저, 인터넷 은행, P2P 대출 등 다양한 핀테크 분야의 새로운 서비스들이 기존 금융 서비스의 대체재로서 출현하고 있기 때문이다. 금융시장 개방에 따른 글로벌 금융기관과의 경쟁 심화도 넘어야 할 산이다. 특히 중국 은행을 비롯한 중국 금융이 급성장하고 있어 이에 대한 대비책 마련이 시급하다.

보기

㉠ SO전략 : 높은 국내 시장점유율을 기반으로 국내 핀테크 사업에 진출한다.
㉡ WO전략 : 위기관리 역량을 강화하여 해외 금융시장에 진출한다.
㉢ ST전략 : 해외 금융기관과 비교해 우수한 자산건전성을 강조하여 글로벌 금융기관과의 경쟁에서 우위를 차지한다.
㉣ WT전략 : 해외 비즈니스 역량을 강화하여 해외 금융시장에 진출한다.

① ㉠, ㉡
② ㉠, ㉢
③ ㉡, ㉣
④ ㉡, ㉢

| 객관식 |

01 투기과열지구의 LTV(주택담보대출비율)에 따라 9억 원의 주택을 담보로 대출 가능한 금액은 최대 3억 6천만 원이며, 9억 원 초과 ~ 15억 원 이하인 금액에 대해서는 LTV가 절반으로 감소한다. 다음 중 14억 원의 주택을 매입할 때 대출 가능한 최대 금액은?

① 0원
② 2억 8천만 원
③ 4억 6천만 원
④ 5억 6천만 원

02 다음 빈칸에 들어갈 용어로 가장 적절한 것은?

> _____ 납부 대상에 제조업이 포함될 가능성이 커졌다. _____는 특정 국가 내 고정사업장 유무와 관계없이 매출이 발생하는 글로벌 IT기업에 세금을 부과하기 위해 고안된 조세이다. OECD는 _____를 안건으로 프랑스에서 회의를 개최하였고, 국가별 _____ 배분 방식인 '이익분할법'을 집중적으로 다루었다. _____ 범위에 제조업을 넣는 방안을 두고도 치열한 논쟁을 벌였다. 미국 제조회사 연합, 유럽 제조회사 연합, 석유회사 연합이 반대 전선을 구축하였지만, 존재감을 드러내지 못한 것으로 알려졌다.
> OECD는 다국적 기업의 해외 자회사, 관계사가 위치한 국가들이 초과 수익에 대한 과세권을 나누어 갖도록 하였다. 이 과정에서 국가 간 힘의 논리가 작용할 수 있다는 우려도 나왔다. _____는 미국을 비롯하여 소비 시장이 큰 지역일수록 세수 확보가 유리하도록 설계됐기 때문이다.

① 버핏세
② 디지털세
③ IT세
④ 간접세

03 다음 밑줄 친 빈칸에 들어갈 용어로 가장 적절한 것은?

> HDC현대산업개발은 지난해 미래에셋대우와 손잡고 아시아나항공 인수를 위한 주식매매계약(SPA)을 체결했다. 최근 코로나19로 인해 아시아나항공의 실적이 급락할 것으로 예상되면서 HDC현대산업개발은 인수자금 2조 5,000억 원뿐만 아니라 아시아나항공의 부채까지도 걱정할 위기에 처했다. 신용평가기관들은 아시아나항공뿐만 아니라 HDC현대산업개발까지 신용등급 하향 검토 대상에 올리고 있다.
>
> HDC현대산업개발의 주가는 아시아나항공의 인수를 확정 짓던 지난해에 비해 35.9% 하락하였다. 아시아나항공의 2019년 연결기준 매출액은 전년보다 3.0%가량 줄었지만, 영업이익과 당기순이익은 각각 −4,437억 원, −8,179억 원으로 적자 폭이 급속도로 커졌다. 올해는 코로나19의 확산으로 아시아나항공의 실적 또한 급강하할 것으로 예상된다. 시장은 M&A 세계에서의 _____ 가 HDC현대산업개발에도 적용될지 예의주시하는 모습이다.

① 승자의 축복 ② 승자의 저주
③ 패자의 저주 ④ 패자의 축복

04 다음 BCG 매트릭스의 (D)에 들어갈 용어로 가장 적절한 것은?

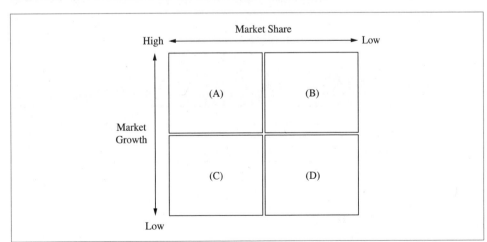

① Star 사업 ② Cash Cow 사업
③ Question Mark 사업 ④ Dog 사업

05 다음 밑줄 친 빈칸에 들어갈 용어로 가장 적절한 것은?

> 해외의 한 보안 기업이 신용카드 정보를 비롯하여 개인정보를 훔치는 새로운 안드로이드 뱅킹
> _____ 악성코드 '블랙락(Black Rock)'을 발견하였다. 현재 블랙락은 구글 가짜 업데이트를
> 위장해 유포되고 있으며, 장치에 서비스 접근 권한을 요청하여 감염된 스마트폰에 사이버 공격을
> 할 수 있다.
> 신용카드 번호 등 개인의 재무 정보를 목표로 하는 기존 _____와 달리 블랙락은 SNS 등의
> 비재무 앱을 대상으로 개인정보를 탈취한다. 전문가들은 블랙락이 비대면의 코로나19 상황을 악용
> 하려는 것 같다고 판단했다.

① 바이러스   ② 웜
③ 트로이목마   ④ 혹스

06 A국의 2018년 명목GDP는 100억 원이었고, 2019년 명목GDP는 150억 원이었다. 기준연도인 2018년의 GDP디플레이터가 100이고, 2019년 GDP디플레이터는 120인 경우, 2019년의 전년 대비 실질GDP 증가율은?

① 10%   ② 15%
③ 20%   ④ 25%

07 다음은 사과와 오렌지만을 생산하는 경제의 연도별 생산 현황이다. 2018년을 기준 연도로 할 때, 2020년의 GDP디플레이터(A)와 물가상승률(B)은 얼마인가?(단, 물가상승률은 GDP디플레이터를 이용하여 구하고, GDP디플레이터는 소수점 첫째 자리, 물가상승률은 소수점 셋째 자리에서 반올림한다)

〈연도별 생산 현황〉

구분	사과		오렌지	
	가격(원)	생산량(개)	가격(원)	생산량(개)
2018년	50	100	90	40
2019년	60	120	100	60
2020년	70	140	110	80

	A	B
①	46	40.90%
②	116	24.56%
③	116	12.93%
④	131	12.93%

08 중국과 인도 근로자 한 사람의 시간당 의복과 자동차 생산량은 다음과 같다. 리카도(D. Ricardo)의 비교우위이론에 따를 때, 양국은 어떤 제품을 수출하는가?

구분	중국	인도
의복(벌)	40	30
자동차(대)	20	10

	중국	인도
①	의복	자동차
②	자동차	의복
③	의복과 자동차	수출하지 않음
④	수출하지 않음	자동차와 의복

09 다음 중 리카도의 대등정리가 성립할 때, 가장 적절한 것은?

① 조세징수보다 국채발행이 더 효과적인 재원조달방식이다.

② 정부가 발행한 국채는 민간의 순자산을 증가시키지 않는다.

③ 조세감면으로 발생한 재정적자를 국채발행을 통해 보전하면 이자율이 상승한다.

④ 조세감면으로 재정적자가 발생하면 민간의 저축이 감소한다.

10 다음 중 독점적 경쟁시장에 대한 특징으로 적절하지 않은 것은?

① 독점적 경쟁시장은 진입과 퇴거가 대체로 자유로우므로 각 기업은 장기에 정상이윤만을 얻는다.

② 독점적 경쟁의 장기균형은 장기평균비용곡선의 최소점보다 왼쪽에서 이루어지므로 최적생산규모에 비해 생산을 더 적게 한다.

③ 독점적 경쟁기업이 직면하는 수요곡선이 탄력적일수록 초과설비규모는 크다.

④ 독점적 경쟁시장의 장기균형은 독점시장에서와 같이 가격이 한계비용을 초과한다.

01 다음 글의 밑줄 친 빈칸에 들어갈 용어로 가장 적절한 것을 〈보기〉에서 고르면?

> 뉴욕의 증시가 코로나 사태를 맞아 1987년 이후 최악의 블랙먼데이를 재현했다. 3월 16일 미국의 대표적인 주가지수인 다우지수, S&P지수, 나스닥지수가 약 12% 하락하며 최악의 하락세를 맞이했고, 증시는 개장과 동시에 폭락세로 서킷브레이커가 발동되었다. 이에 미국의 경제학자 S교수는 "미국의 증시는 14개월간 끝도 없이 치솟았고, 올해 들어서도 지나친 상승세를 보였다. 이렇게 거품이 낀 주식 시장에 코로나19 쇼크는 전형적인 _____가 되었다."라고 말하며 미래 경제 전망이 암울하다고 평가했다.

보기

ⓐ 골디락스(Goldilocks)   ⓑ 스탬피드 현상
ⓒ 덤핑(Dumping)   ⓓ AES
ⓔ 어닝 쇼크(Earning Shock)   ⓕ 어닝 서프라이즈(Earning Surprise)
ⓖ 코요테 모멘트(Coyote Moment)   ⓗ 아폴로 신드롬

(   )

02 주식회사 K기업의 2019년 상품매출액은 1,000,000원이며, 매출총이익률은 25%이다. 2019년의 기초상품재고액이 40,000원이고 당기의 상품매입액이 800,000원이라고 할 때, 2019년 말의 재무상태표에 표시될 기말상품재고액은?

(원)

03 주식회사 B기업은 2019년 1월 1일 액면금액 1,200,000원, 만기 3년의 사채를 유효이자율 연 12%를 적용하여 1,163,000원에 발행하였다. 2019년 12월 31일 장부금액이 1,194,560원이라면 이 사채의 표시이자율은?

(%)

04 블랙 (A)은/는 도저히 일어날 것 같지 않았던 일이 일어나 엄청난 충격과 파급 효과를 가져오는 현상을 뜻하며, 회색 (B)은/는 개연성이 높고, 파급력이 큼에도 사람들이 간과함을 뜻하는 현상을 지칭하는 용어이다. 다음 〈보기〉에서 A, B에 들어갈 단어를 순서대로 고르면?

보기			
㉠ 스완	㉡ 호크	㉢ 까마귀	㉣ 오리
㉤ 치킨	㉥ 코끼리	㉦ 코뿔소	㉧ 말
㉨ 늑대	㉩ 당나귀		

(   )

정답 및 해설 p.097

01   NCS 직업기초능력

※ I사에서 특허 관련 업무를 담당하고 있는 B씨는 주요 약관을 요약하여 정리하고 고객 질문에 응대하는 역할을 한다. 이어지는 질문에 답하시오. [1~2]

〈주요 약관〉

1. 특허 침해죄
   ① 특허권을 침해한 자는 7년 이하의 징역 또는 1억 원 이하의 벌금에 처한다.
   ② 제1항의 죄는 고소가 있어야 한다.
2. 위증죄
   이 법의 규정에 의하여 선서한 증인·감정인 또는 통역인이 특허심판원에 대하여 허위의 진술·감정 또는 통역을 한 때는 5년 이하의 징역 또는 1천만 원 이하의 벌금에 처한다.
3. 사위행위의 죄
   사위(詐僞)* 기타 부정한 행위로써 특허청으로부터 특허의 등록이나 특허권의 존속기간의 연장등록을 받은 자 또는 특허심판원의 심결을 받은 자는 3년 이하의 징역 또는 2천만 원 이하의 벌금에 처한다.
4. 양벌규정
   법인의 대표자나 법인 또는 개인의 대리인, 사용인, 그 밖의 종업원이 그 법인 또는 개인의 업무에 관하여 특허침해죄, 사위행위의 죄의 어느 하나에 해당하는 위반행위를 하면 그 행위자를 벌하는 외에 그 법인에게는 다음 각 호의 어느 하나에 해당하는 벌금형을, 그 개인에게는 해당 조문의 벌금형을 과(科)한다. 다만 법인 또는 개인이 그 위반행위를 방지하기 위하여 해당 업무에 관하여 상당한 주의와 감독을 게을리하지 아니한 경우에는 그러하지 아니하다.
   ① 특허 침해죄의 경우 : 3억 원 이하의 벌금
   ② 사위행위죄의 경우 : 6천만 원 이하의 벌금

* 사위(詐僞) : 양심(良心)을 속이어 거짓을 꾸밈

01 B씨는 주요 약관을 바탕으로 다음과 같이 작성된 질문에 응대했다. 답변 내용 중 적절하지 않은 것은?

Q&A 게시판
Q. 특허권을 침해당한 것 같은데 어떻게 해야 처벌이 가능한가요?
A. ① 특허 침해죄로 처벌하기 위해서는 고소가 있어야 합니다.
Q. 사위행위로써 특허심판원의 심결을 받은 경우 처벌 규정이 어떻게 되나요?
A. ② 3년 이하의 징역 또는 2천만 원 이하의 벌금에 처해집니다.
Q. 제 발명품을 특허무효사유라고 선서한 감정인의 내용이 허위임이 밝혀졌습니다. 어떻게 처벌이 가능한가요?
A. ③ 감정인의 처벌을 위해서는 고소의 절차를 거쳐야 합니다.
Q. 법인의 대표자로서 특허 침해죄 행위로 고소를 당하고, 벌금까지 내야 한다고 하는데 벌금이 어느 정도인가요?
A. ④ 양벌규정에 의해 특허 침해죄의 경우 3억 원 이하의 벌금에 처해집니다.

02 B씨는 다음과 같은 상황이 발생해 주요 약관을 찾아보려고 한다. 다음 상황에 적용되는 약관 조항은?

당해 심판에서 선서한 감정인 병은 갑의 발명품이 특허무효사유에 해당한다는 내용의 감정을 하였다. 그 후 당해 감정이 허위임이 밝혀지고 달리 특허무효사유가 없음을 이유로 특허심판원은 갑에 대한 특허권의 부여는 유효라고 심결하였다.

① 특허 침해죄
② 위증죄
③ 사위행위죄
④ 양벌규정

※ 김대리는 I은행의 새로운 적금 상품인 직장인기둥적금에 가입하고자 한다. 적금 상품에 대한 정보는 다음과 같다. 이어지는 질문에 답하시오. **[3~4]**

〈직장인기둥적금 상품정보〉

• 상품명 : 직장인기둥적금
• 가입자 : 실명의 개인(본인)
• 가입기간 : 24개월 이상 48개월 이하
• 가입금액 : 매월 1일 150,000원 이상 220,000원 이하 납입
• 적용금리 : 기본금리(연 2.1%)+우대금리(최대 연 0.8%p)
• 저축방법 : 정기적립식
• 이자지급방식 : 만기일시지급, 단리식

〈금리 우대 사항〉

• I은행 적금상품 신규 고객 : 연 0.2%p
• 월 납입액 180,000원 이상 : 연 0.1%p
• 가입기간 30개월 이상 : 연 0.2%p
• 직장인기둥적금 가입 시점에 I은행 주택청약종합저축 보유 고객 : 연 0.3%p

---

03 김대리는 다음과 같이 직장인기둥적금에 가입하고자 한다. 김대리는 I은행의 적금상품에 가입한 적이 없고, 주택청약종합저축도 보유하고 있지 않다고 할 때, 김대리가 해당적금 상품 만기 시 지급받을 이자액으로 가장 적절한 것은?

〈김대리의 직장인기둥적금 가입계획〉

• 가입자 : 김대리
• 가입기간 : 32개월
• 가입금액 : 월 175,000원

---

① 158,950원
② 177,100원
③ 181,400원
④ 192,500원

04 김대리는 적금상품 가입을 위해 준비하던 중, 자신이 5년 전에 I은행의 든든희망적금에 가입했던 사실을 알게 되었다. 이에 따라 김대리가 다음과 같이 계획을 수정하여 직장인기둥적금에 가입한다고 할 때, 김대리가 적용받을 금리와 만기 시에 지급받는 만기환급금으로 가장 적절한 것은?

〈김대리의 직장인기둥적금 가입계획(수정)〉

- 가입자 : 김대리
- 가입기간 : 24개월
- 가입금액 : 월 200,000원
- 직장인기둥적금에 가입하기 전날 I은행 주택청약종합저축에 가입

	금리	만기환급금
①	2.5%	4,790,200원
②	2.5%	4,925,000원
③	2.4%	4,980,500원
④	2.4%	5,120,000원

※ 다음은 A~G지점 간 경로와 구간별 거리를 나타낸 자료이다. A지점으로 출장을 나온 K사원이 업무를 마치고 사무실이 있는 G지점으로 운전해 돌아가려고 할 때, 이어지는 질문에 답하시오. [5~6]

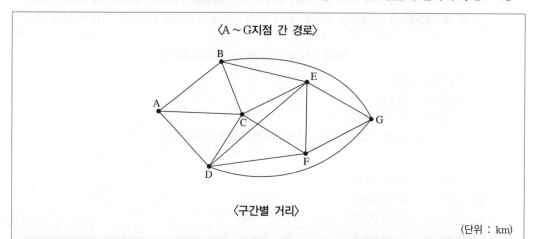

〈A~G지점 간 경로〉

〈구간별 거리〉

(단위 : km)

구분	A	B	C	D	E	F	G
A	–	52	108	51	–	–	–
B	52	–	53	–	66	–	128
C	108	53	–	56	53	55	–
D	51	–	56	–	62	69	129
E	–	66	53	62	–	59	58
F	–	–	55	69	59	–	54
G	–	128	–	129	58	54	–

※ 지점과 지점 사이 경로가 없는 경우 '–'로 표시함

05 K사원이 갈 수 있는 최단거리는?(단, 모든 지점을 거칠 필요는 없다)

① 159km   ② 163km
③ 167km   ④ 171km

06 K사원은 최단거리를 확인한 후 출발하려 했으나, C지점에 출장을 갔던 H대리가 픽업을 요청해 C지점에 들러 H대리를 태우고 사무실로 돌아가려고 한다. 이때, C지점을 거치지 않았을 때의 최단거리와 C지점을 거쳤을 때의 최단거리의 차는?

① 41km   ② 43km
③ 45km   ④ 47km

07 A ~ F 여섯 명이 일렬로 된 6개의 좌석에 앉아 있다. 좌석은 왼쪽부터 1번으로 시작하는 번호가 매겨져 있다. 그들이 앉은 자리는 다음과 같다고 한다. C가 4번에 앉았을 때 항상 옳은 것은?

> • D와 E는 사이에 세 명을 두고 있다.
> • A와 F는 인접할 수 없다.
> • D는 F보다 왼쪽에 있다.
> • F는 C보다 왼쪽에 있다.

① A는 C보다 오른쪽에 앉아 있다.
② F는 3번에 앉아 있다.
③ E는 A보다 왼쪽에 앉아 있다.
④ E는 C보다 오른쪽에 앉아 있다.

08 백화점에서 함께 쇼핑을 한 A ~ D는 일정 금액 이상 구매 시 추첨을 통해 경품을 제공하는 백화점 이벤트에 응모하였다. 얼마 후 당첨자가 발표되었고, A ~ D 중 1명이 1등에 당첨되었다. 다음 A ~ D의 대화에서 1명이 거짓말을 한다고 할 때, 1등 당첨자는 누구인가?

> • A : C는 1등이 아닌 3등에 당첨됐어.
> • B : D가 1등에 당첨됐고, 나는 2등에 당첨됐어.
> • C : A가 1등에 당첨됐어.
> • D : C의 말은 거짓이야.

① A   ② B
③ C   ④ D

01 다음 글과 관련 있는 용어로 가장 적절한 것은?

> 영국 정부가 온라인 업체를 대상으로 세금을 부과하는 것을 검토 중에 있다. 해먼드 영국 재무장관은 ○○○뉴스와의 인터뷰에서 "영국은 주요 선진국 중에서도 온라인 쇼핑의 비율이 가장 높다."라고 하면서 "하이 스트리트(영국의 쇼핑거리) 경쟁자들보다 전통적으로 세금을 덜 낸 온라인 업체들에 대한 새로운 과세제도 도입을 고려 중"이라고 밝혔다. 한편, 온·오프라인 소매업자들의 공정한 경쟁을 도모해야 한다는 목소리는 국내에서도 커지고 있다. 정보통신산업진흥원 관계자는 "온·오프라인 소매 업체의 상생을 위한 제도를 마련해야 할 필요가 있으며, 오프라인 매장 지원을 위한 영국의 전자상거래 과세 정책에 주목해야 할 필요가 있다."라고 전했다.

① 구글세   ② 아마존세

③ 애플세   ④ 퀄컴세

02 다음 필립스 곡선 위에 있는 점들 가운데 가장 큰 명목GDP를 나타내고 있는 것은?

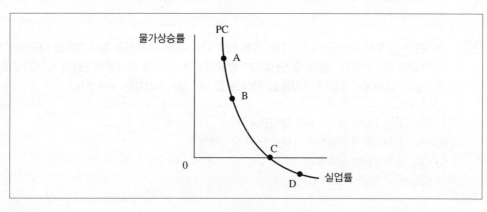

① A   ② B

③ C   ④ D

03 다음 사례를 게임 이론을 통해 설명할 때 가장 적절한 것은?

> 동종업계 경쟁업체이자 신생기업인 A기업과 B기업의 대표는 사석에서 만나, 두 회사 모두 보유한
> 자본금이 많지 않으니 광고나 마케팅에 크게 투자하지 말자며 합의를 보았다. 그러나 두 대표 모두
> 속으로는 상대 회사를 불신하고 있었고, 자신을 방심하게 만든 후 공격적인 마케팅으로 자신의 회사
> 에 큰 타격을 줄 것이라고 판단했다. 결국 A기업과 B기업은 마케팅에 투자를 점점 늘리기 시작했
> 고, 이는 결국 과도한 판촉 경쟁으로 이어져 두 기업은 모두 크게 손해를 보게 되었다.

① 한쪽이 이익을 보는 만큼 다른 한쪽이 반드시 손해를 본다.
② 공통 이익이 존재하지 않기 때문에 협력 관계가 발생할 가능성이 극히 낮다.
③ 팃포탯(Tit For Tat) 전략을 통해 상황을 타개할 수 있다.
④ 이러한 현상을 막기 위해 리니언시 제도가 운영되고 있다.

04 다음은 재화 (가), (나), (다)가 있는 시장에서 (가)의 수요량이 증가했을 때 (나), (다)의 결과이다.
이 결과를 보고 이해한 것으로 적절하지 않은 것은?

구분	(나)	(다)
수요	감소	증가
가격	하락	상승

① 지훈 : (가)의 가격은 감소했을 거야.
② 소미 : (나)는 (가)의 대체재, (다)는 (가)의 보완재에 해당돼.
③ 형섭 : (다)의 거래량은 증가했을 거야.
④ 세정 : (가)와 (나)의 관계에서 수요의 교차탄력성은 0보다 작아.

05 다음 〈보기〉의 마케팅 사례 중 성격이 같은 것을 모두 고르면?

> 보기
> ㉠ A화장품업체는 파워블로거에게 제품을 무료로 제공하고 리뷰를 블로그에 포스팅해 달라고 요청
>   하였다.
> ㉡ B방송사는 스포츠 경기 중계방송 전후에 자사 계열사의 광고를 내보냈다.
> ㉢ C비영리단체에서는 아프리카 빈민층 어린이들에게 장난감이 든 비누를 주어 손을 씻게 하였다.
> ㉣ D패스트푸드점은 "어린이 여러분, 일주일에 한 번만 먹으러 오세요!"라는 광고문구를 사용했다.
> ㉤ E중국집에서는 요일별로 '오늘의 메뉴'를 정하여 할인판매하고 있다.

① ㉠, ㉡   ② ㉢, ㉣
③ ㉠, ㉢, ㉣   ④ ㉢, ㉤

11 2019년 상반기 기출복원문제

정답 및 해설 p.101

01 NCS 직업기초능력

※ 다음 글을 읽고 이어지는 질문에 답하시오. [1~2]

가격의 변화가 인간의 주관성에 좌우되지 않고 객관적인 근거를 갖는다는 가설이 정통 경제 이론의 핵심이다. 이러한 정통 경제 이론의 입장에서 증권시장을 설명하는 기본 모델은 주가가 기업의 내재적 가치를 반영한다는 가설로부터 출발한다. 기본 모델에서는 기업이 존재하는 동안 이익을 창출할 수 있는 역량, 즉 기업의 내재적 가치를 자본의 가격으로 본다. 기업가는 이 내재적 가치를 보고 투자를 결정한다. 그런데 투자를 통해 거두어들일 수 있는 총 이익, 즉 기본 가치를 측정하는 일은 매우 어렵다. 따라서 이익의 크기를 예측할 때 신뢰할 만한 계산과 정확한 판단이 중요하다.

증권시장은 바로 이 기본 가치에 대해 믿을 만한 예측을 제시할 수 있기 때문에 사회적 유용성을 갖는다. 증권시장은 주가를 통해 경제계에 필요한 정보를 제공하며 자본의 효율적인 배분을 가능하게 한다. 즉, 투자를 유익한 방향으로 유도해 자본이라는 소중한 자원을 낭비하지 않도록 만들어 경제 전체의 효율성까지 높여 준다. 이런 측면에서 볼 때 증권시장은 실물경제의 충실한 반영일 뿐 어떤 자율성도 갖지 않는다.

이러한 기본 모델의 관점은 대단히 논리적이지만 증권시장을 효율적으로 운영하는 방법에 대한 적절한 분석까지 제공하지는 못한다. 증권시장에서 주식의 가격과 그 기업의 기본 가치가 현격하게 차이가 나는 '투기적 거품 현상'이 발생하는 것을 볼 수 있는데, 이러한 현상은 기본 모델로는 설명할 수 없다. 실제로 증권시장에 종사하는 관계자들은 기본 모델이 이러한 가격 변화를 설명해 주지 못하기 때문에 무엇보다 증권시장 자체에 관심을 기울이고 증권시장을 절대적인 기준으로 삼는다.

여기에서 우리는 자기참조 모델을 생각해 볼 수 있다. 자기참조 모델의 중심 내용은 '사람들은 기업의 미래 가치를 읽을 목적으로 실물경제보다 증권시장에 주목하며 증권시장의 여론 변화를 예측하는 데 초점을 맞춘다.'는 것이다. 기본 모델에서 가격은 증권시장 밖의 객관적인 기준인 기본 가치를 근거로 하여 결정되지만, 자기참조 모델에서 가격은 증권시장에 참여한 사람들의 여론에 의해 결정된다. 따라서 투자자들은 증권시장 밖의 객관적인 기준을 분석하기보다는 다른 사람들의 생각을 꿰뚫어 보려고 안간힘을 다할 뿐이다. 기본 가치를 분석했을 때는 주가가 상승할 객관적인 근거가 없어도 투자자들은 증권시장의 여론에 따라 주식을 사는 것이 합리적이라고 생각한다. 이러한 이상한 합리성을 '모방'이라고 한다. 이런 모방 때문에 주가가 변덕스러운 등락을 보이기 쉽다.

그런데 하나의 의견이 투자자 전체의 관심을 꾸준히 끌 수 있는 기준적 해석으로 부각되면 이 '모방'도 안정을 유지할 수 있다. 모방을 통해서 합리적이라 인정되는 다수의 비전인 '묵계'가 제시되어 객관적 기준의 결여라는 단점을 극복한다.

따라서 사람들은 묵계를 통해 미래를 예측하고, 증권시장은 이러한 묵계를 조성하고 유지해 가면서 단순한 실물경제의 반영이 아닌 경제를 자율적으로 평가할 힘을 가질 수 있다.

01   다음 중 윗글의 논지 전개 방식으로 가장 적절한 것은?

① 기업과 증권시장의 관계를 분석하고 있다.

② 증권시장의 개념을 단계적으로 규명하고 있다.

③ 사례 분석을 통해 정통 경제 이론의 한계를 지적하고 있다.

④ 주가 변화의 원리를 중심으로 다른 관점을 대비하고 있다.

02   다음 중 윗글의 내용으로 적절하지 않은 것은?

① 증권시장은 객관적인 기준이 인간의 주관성보다 합리적임을 입증한다.

② 정통 경제 이론에서는 가격의 변화가 객관적인 근거를 갖는다고 본다.

③ 기본 모델의 관점은 주가가 자본의 효율적인 배분을 가능하게 한다고 본다.

④ 증권시장의 여론을 모방하려는 경향으로 인해 주가가 변덕스러운 등락을 보이기도 한다.

03 다음은 2019년 1월 전년 대비 지역별·용도지역별 지가변동률을 나타낸 자료이다. 이에 대한 설명으로 옳은 것은?

<2019년 1월 전년 대비 지역별·용도지역별 지가변동률>

(단위 : %)

지역별 \ 용도지역별	평균	주거지역	상업지역	공업지역	보전관리지역	농림지역
전국	3.14	3.53	3.01	1.88	2.06	2.39
서울특별시	3.88	3.95	3.34	5.3	0	0
부산광역시	3.79	4.38	5.28	−0.18	0	0
대구광역시	3.87	5	3.65	−0.97	0	1.4
인천광역시	3.39	3.64	3.37	3.35	2.78	2.82
광주광역시	4.29	4.59	3	1.6	1.92	6.45
대전광역시	2.38	2.84	1.68	1.09	1.28	0
울산광역시	1.01	1.46	1.16	−0.22	2.42	1.08
세종특별자치시	4.55	3.83	3.39	4.44	6.26	2.44
경기도	3.23	3.47	2.38	2.36	2.1	3.04
강원도	2.54	2.97	2.13	1.84	1.23	2.49
충청북도	2.08	1.64	1.64	2.06	1.53	1.8
충청남도	1.34	1.88	1.06	0.64	0.87	1.38
전라북도	2.23	2.21	1.83	−0.42	2.88	2.75
전라남도	3.61	4.02	3.14	3.12	3.52	3.57
경상북도	2.06	2.15	1.73	0.21	2.05	2.24
경상남도	0.8	0.22	0.67	−1.61	1.77	1.45
제주특별자치도	2.21	1.67	1.67	0.09	1.61	0

① 전년 대비 공업지역 지가가 감소한 지역의 농림지역 지가는 전년 대비 증가하였다.

② 전라북도의 상업지역의 지가변동률은 충청북도의 주거지역의 지가변동률보다 30% 이상 높다.

③ 대구광역시의 공업지역 지가변동률과 경상남도의 보전관리지역 지가변동률의 차이는 1.59%p 이다.

④ 보전관리지역 지가변동률 대비 농림지역 지가변동률의 비율은 경기도보다 강원도가 높다.

04 I은행 대전의 ○○지점에 근무하는 C계장은 내일 오전 10시에 목포로 출장을 갈 예정이다. 출장 당일 오후 1시에 미팅이 예정되어 있어 늦지 않게 도착하고자 한다. 주어진 교통편을 고려하였을 때, 다음 중 C계장이 선택할 가장 적절한 경로는?(단, 1인당 출장지원 교통비 한도는 5만 원이며, 도보 이동에 따른 소요 시간은 고려하지 않는다)

- ○○지점에서 대전역까지 비용

구분	소요시간	비용	비고
버스	30분	2,000원	–
택시	15분	6,000원	–

- 교통수단별 이용정보

구분	열차	출발시각	소요시간	비용	비고
직통	새마을호	10:00 / 10:50	2시간 10분	28,000원	–
직통	무궁화	10:20 / 10:40 10:50 / 11:00	2시간 40분	16,000원	–
환승	KTX	10:10 / 10:50	20분	6,000원	환승 10분 소요
	KTX	–	1시간 20분	34,000원	
환승	KTX	10:00 / 10:30	1시간	20,000원	환승 10분 소요
	새마을호	–	1시간	14,000원	

- 목포역에서 미팅장소까지 비용

구분	소요시간	비용	비고
버스	40분	2,000원	–
택시	20분	9,000원	–

① 버스 – 새마을호(직통) – 버스
② 택시 – 무궁화(직통) – 택시
③ 버스 – KTX / KTX(환승) – 택시
④ 택시 – KTX / 새마을호(환승) – 택시

05 작곡가 A ~ D 네 명은 각각 피아노, 바이올린, 트럼펫, 플루트를 연주하고 피아노를 연주하는 사람은 재즈를, 트럼펫과 바이올린을 연주하는 사람은 클래식을, 플루트를 연주하는 사람은 재즈와 클래식 모두를 연주한다. A ~ D 중 한 사람만 진실을 이야기했을 때, 다음 〈보기〉 중 옳은 것을 모두 고르면?(단, 악기는 종류의 중복 없이 한 사람당 한 악기만 연주할 수 있다)

- A : 나는 피아노를 연주하지 않고, D는 트럼펫을 연주해.
- B : A는 플루트를 연주하지 않고, 나는 바이올린을 연주해.
- C : B는 피아노를 연주하고, D는 바이올린을 연주해.
- D : A는 플루트를 연주하고, C는 트럼펫을 연주하지 않아.

보기

㉠ A는 재즈를, C는 클래식을 연주한다.
㉡ B는 클래식을 연주한다.
㉢ C는 재즈와 클래식을 모두 연주한다.

① ㉠   ② ㉡
③ ㉠, ㉡   ④ ㉡, ㉢

06 I은행은 다음 달 조합원의 날 행사를 위해 담당 역할을 배정하려고 한다. 행사를 위한 역할에는 '홍보', '구매', '기획', '섭외', '예산' 총 다섯 가지가 있다. A ~ E 다섯 명 중 한 명만 거짓을 말할 때, 바르게 추론한 것은?

- A : 저는 '홍보'를 담당하고 있고, C는 참을 말하고 있어요.
- B : 저는 숫자를 다뤄야 하는 '예산'과는 거리가 멀어서, 이 역할은 피해서 배정받았죠.
- C : 저는 친화력이 좋아서 '섭외'를 배정해 주셨어요.
- D : 저는 '구매'를 담당하고, C는 '기획'을 담당하고 있어요.
- E : 저는 '예산'을 담당하고 있어요.

① A는 홍보를 담당하고 있다.
② B는 예산을 담당한다.
③ C는 섭외를 담당하지 않는다.
④ D는 섭외를 담당한다.

01 다음 중 물가 상승과 실질 임금의 감소 등으로 인해 중산층의 가처분 소득이 줄어드는 현상을 나타
내는 용어는?

① 그린슈트 ② 소프트패치

③ 러프패치 ④ 스크루플레이션

02 다음 글에서 설명하는 정책의 명칭으로 가장 적절한 것은?

> 새로운 제품이나 서비스가 출시될 때 일정 기간 동안 기존의 규제를 면제·유예해 주는 정책

① 샌드박스(Sandbox)

② 태그 얼롱(Tag Along)

③ 프리패키지(Prepackage)

④ 마일드 스톤(Mild Stone)

03 다음 중 부도가 발생하여 채권이나 대출 원리금을 돌려받지 못할 위험에 대비한 신용파생상품을
지칭한 용어는?

① DTI ② LTV

③ TRS ④ CDS

04 다음 글에서 설명하는 경제 개념으로 가장 적절한 것은?

> 세율을 올린다고 해서 반드시 세금이 많이 걷히는 것은 아니다. 세율이 높은 경우, 일할 인센티브가
> 위축되어 돈벌기 대신에 여가를 선택하게 되고, 따라서 과세할 소득이 감소하고 세수가 줄어드는
> 결과를 낳는다.

① 래퍼 곡선 ② 로렌츠 곡선

③ 쿠즈네츠 곡선 ④ 필립스 곡선

05 다음 중 기업의 가치가 10억 달러를 넘는 비상장 스타트업 기업을 이르는 용어는?

① 엔젤 기업   ② 데카콘 기업
③ 좀비 기업   ④ 유니콘 기업

06 다음 중 부동산을 담보로 주택저당증권(MBS; Mortgage Backed Securities)을 발행하여 장기주택자금을 대출해 주는 제도는?

① 역모기지론   ② 모기지론
③ 부채담보부증권   ④ 대환대출

07 현재 대한민국 대법원의 대법원장을 제외한 대법관 수는 총 몇 명인가?

① 10명   ② 11명
③ 12명   ④ 13명

08 다음 중 파이브 아이즈(Five Eyes)에 포함되는 국가가 아닌 것은?

① 미국   ② 뉴질랜드
③ 프랑스   ④ 캐나다

09 다음 중 순수 국내 기술로 독자 개발한 한국형 인공태양의 명칭은?

① KSUN
② KSTAR
③ KSOLAR
④ KPLANET

10 다음 중 환율 상승의 결과로 볼 수 없는 것은?

① 인플레이션
② 외환시세 상승
③ 수출수요 증가
④ 국제수지 악화

11 다음 중 인공지능 프로그램이 다양한 데이터를 통해 인간의 가르침 없이도 스스로 학습할 수 있도록 한, 인공신경망 기반 기술을 뜻하는 용어는?

① 딥 러닝
② 머신 러닝
③ 딥 마인드
④ 빅데이터

12 2018년 하반기 기출복원문제

정답 및 해설 p.106

01 NCS 직업기초능력

01 지우네 가족은 명절을 맞아 주말에 할머니 댁을 가기로 하였다. 편하게 자가용을 이용하고 싶었지만 자동차 부품이 망가져 하는 수 없이 지우네 가족은 대중교통 또는 비행기를 이용하기로 상의하고 교통편 금액을 알아보는 중이다. 다음은 교통편에 따른 금액 및 세부사항을 나타낸 자료이다. 자료를 보고 〈조건〉에 맞는 교통편을 고를 때, 교통편과 그에 따라 지불해야 할 총교통비는 얼마인가?

〈교통편별 비용 및 세부사항〉

구분	왕복 금액	편도 시간	집과의 거리	비고
비행기	119,000원	45분	1.2km	3인 이상 총금액 3% 할인
E열차	134,000원	2시간 11분	0.6km	4인 가족 총금액 5% 할인
P버스	116,000원	2시간 25분	1.0km	–
K버스	120,000원	3시간 02분	1.3km	1,000원씩 할인 프로모션

※ 걸리는 시간은 편도기준이며, 집과의 거리는 집에서 교통편까지 거리임

조건

- 지우네 가족은 성인 4명이다.
- 집에서 교통편까지의 거리는 1.25km 이내여야 한다.
- 계획한 총교통비는 50만 원 이하이다.
- 왕복 시간은 5시간 이하여야 한다.
- 가장 저렴한 교통편을 이용한다.

	교통편	총교통비
①	비행기	461,720원
②	비행기	461,620원
③	E열차	461,720원
④	P버스	464,000원

02 다음은 노동의 수요 공급곡선을 나타낸 그래프이다. 그래프를 참고하여 최저임금이 W_1에서 W_2가 되었을 때, 비자발적 실업자 수는 몇 명인가?

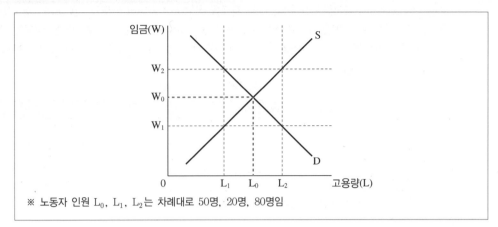

※ 노동자 인원 L_0, L_1, L_2는 차례대로 50명, 20명, 80명임

① 30명 ② 60명
③ 70명 ④ 100명

03 다음은 우리나라에서 3년 동안 생산한 의류 가격과 생산량을 나타낸 자료이다. 우리나라에서 다음과 같이 의류만 생산했다고 할 때, 2017년 명목GDP와 2017년 기준 2018년 GDP 디플레이터는 각각 얼마인가?(단, 소수점 둘째 자리에서 반올림한다)

〈의류 생산량 및 가격〉

(단위 : 벌, 원)

구분	원피스	가격	티셔츠	가격	바지	가격
2016년	300	120,000	500	23,000	490	34,000
2017년	400	124,000	450	24,000	380	38,000
2018년	250	132,000	480	22,000	500	41,000

※ 가격은 한 벌 가격임

	2017년 명목GDP	2018년 GDP 디플레이터
①	73,840,000원	102.1%
②	73,840,000원	103.2%
③	74,840,000원	103.2%
④	74,840,000원	104.1%

04 I기업의 차대리는 여름휴가를 맞아 가족끼리 태국 여행을 가기로 하였다. 차대리는 남편과 함께 비즈니스석 또는 이코노미석으로 타기 원하며, 한국에서 출발 시각은 점심식사를 한 후 오후 1시 30분부터 오후 5시 사이였으면 한다. 다음 자료를 참고하여 차대리 부부가 7월 또는 8월 여행으로 원하는 여행상품을 선택할 때, 한국에서 비행기 출발 시각은 언제이며, 총금액은 얼마인가?(단, 가장 저렴한 상품을 고르고, 출발 시각은 선택한 여행상품에서 제일 이른 시각으로 선택한다)

〈여행사별 태국여행 상품〉

구분	상품 금액	기간	좌석
A여행사	345,000원		이코노미, 비즈니스
B여행사	300,000원	2박 3일	이코노미, 퍼스트 클래스
C여행사	382,000원		비즈니스, 퍼스트 클래스
D여행사	366,000원		이코노미, 비즈니스

※ 상품 금액은 이코노미석일 때의 금액이며, 비즈니스석으로 바꾸면 상품 금액의 3배, 퍼스트 클래스는 4배의 금액임
※ 이코노미석과 비즈니스석이 해당 여행사에 모두 있을 시, 이코노미석 상품으로 선택함

〈여행사별 출국 날짜 및 출발 시각〉

구분	출국 날짜	출발 시각
A여행사	7월 1일 ~ 8월 31일(매주 월, 수, 토)	오전 10시, 오전 11시, 오후 3시, 오후 4시 30분
B여행사	6월 22일 ~ 9월 25일(매주 목, 금)	오후 5시 20분, 오후 7시 15분
C여행사	8월 1일 ~ 9월 14일(매주 수요일)	오전 9시, 오전 11시, 오후 7시, 오후 8시 30분
D여행사	6월 10일 ~ 8월 22일(매주 화, 수, 일)	오전 5시, 오전 8시, 오후 2시, 오후 4시 30분

〈여행사별 할인 혜택〉

구분	할인 혜택
A여행사	출국 한 달 전까지 예약 시 10% 할인
B여행사	3인 이상 예약 시 자녀(초등학생) 1명 반값(초등생 없을 시 성인 한 명 20% 할인)
C여행사	4인 이상 예약 시 동반 어린이 무료
D여행사	2인 이상 예약 시 상품 금액 5만 원씩 할인

	출발 시각	총금액
①	오후 2시	621,000원
②	오후 2시	632,000원
③	오후 3시	621,000원
④	오후 3시	632,000원

05 가 ~ 마의 학생들은 영어, 수학, 국어, 체육 수업 중 두 개의 수업을 듣는다고 할 때, 마 학생이 듣는 수업으로 가장 적절한 것은?

> • 가와 나 학생은 영어 수업만 같이 듣는다.
> • 나 학생은 다, 마 학생과 수학 수업을 함께 듣는다.
> • 다 학생은 라 학생과 체육 수업을 함께 듣는다.
> • 가는 라, 마 학생과 어떤 수업도 같이 듣지 않는다.

① 영어, 수학　　　　　　　　　　② 영어, 국어
③ 영어, 체육　　　　　　　　　　④ 수학, 체육

06 A ~ E 5명은 각각 월요일 ~ 금요일 중 하루씩 돌아가며 당직을 선다. 이 중 2명이 거짓말을 하고 있다고 할 때, 이번 주 수요일에 당직을 서는 사람은 누구인가?

> • A : 이번 주 화요일은 내가 당직이야.
> • B : 나는 수요일 당직이 아니야. D가 이번 주 수요일 당직이야.
> • C : 나와 D는 이번 주 수요일 당직이 아니야.
> • D : B는 이번 주 목요일 당직이고, C는 다음날인 금요일 당직이야.
> • E : 나는 이번 주 월요일 당직이야. 그리고 C의 말은 모두 사실이야.

① A　　　　　　　　　　② B
③ C　　　　　　　　　　④ D

07 체육 수업으로 인해 한 학급의 학생들이 모두 교실을 비운 사이 도난 사고가 발생했다. 담임 선생님은 체육 수업에 참여하지 않은 A ~ E 5명과 상담을 진행하였고, 이들은 다음과 같이 진술하였다. 이 중 2명의 학생은 거짓말을 하고 있으며, 그중 1명의 학생이 범인이라고 할 때, 범인은 누구인가?

> • A : 저는 그 시간에 교실에 간 적이 없어요. 저는 머리가 아파 양호실에 누워있었어요.
> • B : A의 말은 사실이에요. 제가 넘어져서 양호실에 갔었는데, A가 누워있는 것을 봤어요.
> • C : 저는 정말 범인이 아니에요. A가 범인이에요.
> • D : B의 말은 모두 거짓이에요. B는 양호실에 가지 않았어요.
> • E : 사실 저는 C가 다른 학생의 가방을 열어 물건을 훔치는 것을 봤어요.

① A　　　　　　　　　　② B
③ C　　　　　　　　　　④ D

01 다음 중 크리스마스 다음 날인 12월 26일, 미국과 유럽에서 연말 재고를 없애기 위해 파격적 할인 가로 제품을 판매하는 날을 가리키는 말로 가장 적절한 것은?

① 데모데이   ② 박싱데이

③ 블랙먼데이   ④ 블랙프라이데이

02 이 곡선은 프린스턴 대학의 교수 앨런 크루거가 소개한 것으로 소득불평등과 세대 간 계층이동성의 상관관계를 보여준다. 다음 중 계층 상승의 상징으로 여겨지는 소설의 주인공 이름을 붙인 이 곡선의 이름으로 가장 적절한 것은?

① 엥겔곡선   ② 로렌츠곡선

③ 올리버곡선   ④ 개츠비곡선

03 다음 중 1979년부터 1992년 사이에 태어난 20 ~ 30대 계층으로 베이비붐 세대의 자녀세대를 이르는 말로 가장 적절한 것은?

① 네플세대   ② 에코세대

③ 인턴세대   ④ 단카이세대

04 다음 중 패스트 패션으로도 불리며, 대량 생산을 통해 비교적 저렴한 가격에 최신 유행을 반영한 상품을 빠르게 공급하여 상품회전율이 빠른 패션 브랜드를 일컫는 말로 가장 적절한 것은?

① SPA브랜드   ② 글로벌브랜드

③ 내셔널브랜드   ④ 저네릭브랜드

05 다음 중 부동산 가격이 상승하면서 주택의 유무 또는 집값의 차이가 계층 격차로 이어지는 현상을 일컫는 용어로 가장 적절한 것은?

① 하우스디바이드   ② 디지털디바이드

③ 트리핀딜레마   ④ 투키디데스 함정

06 다음 중 하나의 물건을 구입한 후 그 물건에 어울릴만한 다른 물건을 계속 구매하여 또 다른 소비로 이어지는 현상을 일컫는 말로 가장 적절한 것은?

① 언더독 효과

② 분수 효과

③ 디드로 효과

④ 마태 효과

※ 다음 〈보기〉를 참고하여 이어지는 질문에 답하시오. [7~8]

> 보기
>
> ㉠ 보험회사에서 사고 또는 발병 발생 확률을 근거로 보험료를 산정하면 사고 발생 확률이 높은 사람만 보험에 가입하게 되므로 보험회사는 가입 대상자에게 건강진단서를 미리 요구하여 이와 같은 문제를 해결하려 한다.
> ㉡ 보험 가입자가 보험을 믿고 사고 예방 노력을 소홀히 하여 사고 발생 확률이 높아지자 보험회사는 사고발생 시 보험 가입자에게 피해 금액의 일부를 부담하도록 하였다.

07 다음 중 〈보기〉의 ㉠과 ㉡에 나타난 문제 현상이 바르게 연결된 것은?

	㉠	㉡
①	역선택	도덕적 해이
②	역선택	역차별
③	도덕적 해이	역선택
④	도덕적 해이	역차별

08 다음 중 〈보기〉의 ㉠과 ㉡에 나타난 문제의 해결 방안으로 바르게 연결된 것은?

	㉠	㉡
①	유도설계	선별
②	신호발송	선별
③	신호발송	유도설계
④	선별	유도설계

09 다음 사례에 나타난 현상을 나타내는 말이 바르게 연결된 것은?

> ㉠ 유행에 뒤떨어지거나 소외되지 않기 위해서 최근 유행하는 특정 브랜드의 상품을 구매한다.
> ㉡ 주로 한정판으로 제작되는 '리미티드 에디션' 상품에 관심을 갖는다.

	㉠	㉡
①	밴드왜건 효과	스놉 효과
②	밴드왜건 효과	전시 효과
③	베블런 효과	스놉 효과
④	베블런 효과	전시 효과

10 다음 중 이익잉여금과 자본잉여금을 합한 것으로 많은 사람들이 '기업 내부에 쌓아둔 현금'으로 오해하고 있으나, 상당 부분은 이미 투자 등의 경영활동에 사용되고 있는 회사 자본의 일부분을 이르는 말로 가장 적절한 것은?

① 이익준비금
② 임의적립금
③ 사내유보금
④ 자본준비금

11 다음 사례에 대한 설명으로 가장 적절한 것은?

> 맞벌이 부부인 A씨와 B씨는 회사 일이 바빠 대부분의 식료품을 온라인으로 주문한다. 이들은 온라인 사이트에서 판매하는 제품의 금액이 오르든 말든 별로 상관하지 않고 구매하는 편이다.

① 가격탄력성이 높다.
② 가격탄력성이 낮다.
③ 소득탄력성이 높다.
④ 소득탄력성이 낮다.

12 다음 중 주식 투자자가 주식 담보대출 등을 위해 한국예탁결제원에 예탁된 주식을 인출한 뒤 본인 이름으로 명의를 고치지 않아 예탁결제원이 대신 수령한 배당금이나 주식 등을 말하는 휴면주식의 공식 표현으로 가장 적절한 것은?

① 공매도
② 자본준비금
③ 실기주과실
④ 의무보호예수금

13 다음 중 물자 수급을 원활하게 하기 위해 특정 물품에 기본세율에서 40%를 감한 비율의 범위 내에서 관세를 부과하는 제도는?

① 긴급관세　　　　　　　　　　② 할당관세
③ 상계관세　　　　　　　　　　④ 조정관세

14 다음 빈칸에 들어갈 내용이 바르게 연결된 것은?

> 한국은행은 _____ ㉠ _____에 있어서 명시적인 ____ ㉡ ____를 설정하지 않고, 일정기간 또는 장기적으로 달성해야 할 목표치를 미리 정하고 이에 따른 통화정책을 운영한다.

	㉠	㉡
①	통화량목표제	최종목표
②	통화량목표제	중간목표
③	물가안정목표제	최종목표
④	물가안정목표제	중간목표

15 다음 중 '현금 없는 사회'의 결과로 보기 어려운 것은?

① 정부 재정수입 증가　　　　　② 마이너스 금리 적용
③ 금융기관 신용창출 증가　　　④ 불필요한 거래비용 감소

16 다음 중 IPO의 뜻으로 가장 적절한 것은?

① 기업공개　　　　　　　　　　② 유상증자
③ 주식발행　　　　　　　　　　④ 채권발행

17 다음 중 GDP에 포함되지 않는 것은?

① 국내 기업의 주택 구매
② 국내 기업의 주식 구매
③ 국내 기업의 공장 신설
④ 해외 기업의 국내에서 제품 생산

18 다음 중 신종자본증권의 특성으로 가장 적절한 것은?

① 신용등급과 관계없이 발행이 가능하다.
② 만기 시 재연장이 불가능하다.
③ 안정적인 자금 운용이 가능하다.
④ 자본조달 비용이 일반 회사채보다 낮다.

19 다음 중 로봇의 보험 상담 업무 대행, 블록체인을 이용한 안전 결제 시스템 등 IT 기술을 활용한 혁신적 보험 서비스를 의미하는 용어는?

① 사이버테크
② I-테크
③ 블랙테크
④ 인슈어테크

20 다음 중 가상화폐 제작자가 특정 가상화폐를 소유한 사람에게 새로운 코인을 무료로 배분하는 것을 의미하는 용어는?

① 가상화폐공개
② 에어드롭
③ 스냅샷
④ 이더리움

21 다음 중 인공지능이 인간지능을 넘어서는 기점을 의미하는 용어는?

① 세렌디피티
② 싱귤래리티
③ 어모털리티
④ 리니어리티

22 다음 중 소상공인들의 카드 결제 수수료 부담을 없애기 위해 도입된 제도로 은행이 소비자의 계좌에서 판매자의 계좌로 바로 현금을 이체하는 방식의 계좌이체 시스템은?

① 제로페이
② 스마트페이
③ 페이백
④ 유비페이

23 다음 중 국내에서는 전면 금지되고 있는 것으로, 기업들이 목적, 규모, 계획 등을 공개한 후 신규 가상화폐를 발행하여 투자자들로부터 사업 자금을 모집하는 방식은?

① IPO
② ICO
③ DAICO
④ KYC

24 다음 중 전원이 꺼져도 저장된 정보가 사라지지 않으며, 대용량화에 유리하고 쓰기 속도가 빨라 휴대기기 등에서 주로 사용되는 메모리 반도체는?

① SRAM
② 노어플래시
③ 낸드플래시
④ DRAM

25 다음 중 공장에 ICT 기술을 융합시켜 분리된 공정을 연결해 어디서든 시스템을 제어하고, 데이터를 활용해 생산성을 혁신적으로 높여주는 지능형 공장을 의미하는 용어는?

① 인터넷 원격공장
② 공장 자동화
③ CIM
④ 스마트팩토리

26 다음 중 경제 분야에서 기업 가치가 100억 달러 이상의 신생벤처기업을 의미하는 용어는?

① 보나콘
② 헥토콘
③ 유니콘
④ 데카콘

27 다음 중 강도가 세고 열전도성이 높을 뿐만 아니라 빠른 전자 이동성과 신축성으로 인해 구부릴 수 있는 디스플레이나 초고속 반도체 등에 활용될 수 있는 신소재는?

① 탄소나노튜브
② 풀러렌
③ 그래핀
④ 에어로젤

28 A는 이벤트에 당첨되었다는 메시지 내 인터넷 주소에 접속한 후 얼마 지나지 않아 한 게임 앱에서 사이버머니가 결제되었다는 문자를 받았다. 다음 중 A가 당한 금융사기 수법으로 가장 적절한 것은?

① 스피어피싱
② 스미싱
③ 스캠
④ 파밍

29 다음 중 온라인이 오프라인으로 옮겨온다는 뜻으로 온라인 고객을 모아 오프라인으로 데려오는 마케팅 방식을 가리키는 말은?

① STP   ② MOT
③ O2O   ④ O4O

30 다음 중 특정 인프라에 종속되지 않는 개방형 클라우드 플랫폼으로, 한국 정부가 개발한 이 클라우드 플랫폼의 이름은?

① SAP   ② PaaS-TA
③ SaaS-TA   ④ Open PaaS

31 다음 중 계산대와 계산원을 인공지능, 머신 러닝, 컴퓨터 비전 등의 첨단기술이 대신하고 있는 세계 최초의 무인 매장 이름은?

① 리테일테크   ② 샘스클럽 나우
③ 허마   ④ 아마존 고

32 다음 중 가상화폐를 기존 화폐로 환전하려는 수요가 일시적으로 몰리는 상황을 의미하는 용어는?

① 뱅크런   ② 마진콜
③ 펀드런   ④ 코인런

33 다음 중 2011 ~ 2015년에 태어나 스마트폰을 사용해 영상을 즐기거나 AI 스피커를 통해 음악을 듣는 등 어려서부터 진보된 기술을 경험하며 자라는 세대를 일컫는 말은?

① 단카이세대   ② 에코세대
③ 알파세대   ④ 네플세대

PART

주요 금융권 NCS
기출복원문제

정답 및 해설 p.114

| 하나은행

01   다음을 읽고 빈칸 ㉠과 ㉡에 들어갈 내용으로 가장 적절한 것을 고르면?

> 유럽연합을 시작으로 '탄소국경세'가 도입되면서 우리나라 역시 ESG 경영을 피할 수 없는 상황이
> 되었다. 특히 철강, 알루미늄, 비료, 전기, 시멘트, 수소제품 등 이 6개 품목을 생산하는 기업은 당
> 장 내년부터 탄소배출량 보고 의무가 생김은 물론 제품 생산 과정의 탄소 배출량에 따라 단계적 관
> 세까지 부과된다. 하지만 중소기업 입장에서는 당장의 탄소배출량 측정 단계부터가 난관이다.
> 최근 중소기업을 대상으로 ESG 경영에 대한 관심도를 조사한 설문 결과에 따르면 응답자 중 90%
> 이상이 _____㉠_____ 하지만 ESG 경영에 대해 실제로 준비한 정도를 조사해보니 5점
> 만점에 _____㉡_____ 이에 대해 응답자들이 언급한 주된 이유는 부족한 전문인력, 정
> 보 및 예산 문제였다. 실제로 대부분의 중소기업들은 ESG 경영에 대한 법률과 가이드라인 확인에
> 고충을 겪고 있다.

	㉠	㉡
①	관심 있다는 반응을 보였다.	2.7점 수준에 머물렀다.
②	관심 있다는 반응을 보였다.	4.7점 수준에 도달했다.
③	관심 없다는 반응을 보였다.	2.7점 수준에 머물렀다.
④	관심 없다는 반응을 보였다.	4.7점 수준에 도달했다.

02 다음 글에서 법학자 A의 견해로 가장 적절한 것은?

> 명예는 세 종류가 있다. 첫째는 인간으로서의 존엄성에 근거한 고유한 인격적 가치를 의미하는 내적
> 명예이며, 둘째는 실제 이 사람이 가진 사회적·경제적 지위에 대한 사회적 평판을 의미하는 외적
> 명예, 셋째는 인격적 가치에 대한 자신의 주관적 평가 내지는 감정으로서의 명예감정이다.
> 악성 댓글, 즉 악플에 의한 인터넷상의 명예훼손이 통상적 명예훼손보다 더 심하기 때문에 통상의
> 명예훼손행위에 비해서 인터넷상의 명예훼손행위를 가중해서 처벌해야 한다는 주장이 일고 있다.
> 이에 대해 법학자 A는 다음과 같이 주장하였다.
> 인터넷 기사 등에 악플이 달린다고 해서 즉시 악플 대상자의 인격적 가치에 대한 평가가 하락하는
> 것은 아니므로, 내적 명예가 그만큼 더 많이 침해되는 것으로 보기 어렵다. 또한, 만약 악플 대상자
> 의 외적 명예가 침해되었다고 하더라도 이는 악플에 의한 것이 아니라 악플을 유발한 기사에 의한
> 것으로 보아야 한다. 오히려 악플로 인해 침해되는 것은 명예감정이라고 보는 것이 마땅하다. 다만
> 인터넷상의 명예훼손행위는 그 특성상 해당 악플의 내용이 인터넷 곳곳에 퍼져 있을 수 있어 명예감
> 정의 훼손 정도가 피해자의 정보수집량에 좌우될 수 있다는 점을 간과해서는 안될 것이다. 구태여
> 자신에 대한 부정적 평가를 모을 필요가 없음에도 부지런히 수집·확인하여 명예감정의 훼손을 자
> 초한 피해자에 대해서 국가가 보호해줄 필요성이 없다는 점에서 명예감정을 보호해야 할 법익으로
> 삼기 어렵다. 따라서 인터넷상의 명예훼손이 통상적 명예훼손보다 더 심하다고 보기 어렵다.

① 기사가 아니라 악플로 인해서 악플 피해자의 외적 명예가 침해된다.

② 악플 피해자의 명예감정의 훼손 정도는 피해자의 정보수집 행동에 영향을 받는다.

③ 인터넷상의 명예훼손행위를 통상적 명예훼손행위에 비해 가중해서 처벌하여야 한다.

④ 인터넷상의 명예훼손행위의 가중처벌 여부의 판단에서 세 종류의 명예는 모두 보호하여야 할
    법익이다.

03 다음 글의 표제와 부제로 가장 적절한 것은?

검무는 칼을 들고 춘다고 해서 '칼춤'이라고 부르기도 하며, '황창랑무(黃倡郎舞)'라고도 한다. 검무의 역사적 기록은 『동경잡기(東京雜記)』의 「풍속조(風俗條)」에 나타난다. 신라의 소년 황창랑은 나라를 위하여 백제 왕궁에 들어가 왕 앞에서 칼춤을 추다 왕을 죽이고 자신도 잡혀서 죽는다. 신라 사람들이 이러한 그의 충절을 추모하여 그의 모습을 본뜬 가면을 만들어 쓰고 그가 추던 춤을 따라 춘 것에서 검무가 시작되었다고 한다. 이처럼 민간에서 시작된 검무는 고려 시대를 거쳐 조선 시대로 이어지며, 궁중으로까지 전해진다. 이때 가면이 사라지는 형식적 변화가 함께 일어난다.

조선 시대 민간의 검무는 기생을 중심으로 전승되었으며, 재인들과 광대들의 판놀이로까지 이어졌다. 조선 후기에는 각 지방까지 전파되었는데, 진주검무와 통영검무가 그 대표적인 예이다. 한편 궁중의 검무는 주로 궁중의 연회 때에 추는 춤으로 전해졌으며, 후기에 정착된 순조 때의 형식이 중요 무형문화재로 지정되어 현재까지 보존되고 있다.

궁중에서 추어지던 검무의 구성은 다음과 같다. 전립을 쓰고 전복을 입은 4명의 무희가 쌍을 이루어 바닥에 놓여진 단검(短劍)을 어르는 동작부터 시작한다. 그 후 칼을 주우면서 춤이 이어지고, 화려한 춤사위로 검을 빠르게 돌리는 연풍대(筵風擡)로 마무리한다.

검무의 절정인 연풍대는 조선 시대 풍속화가 신윤복의 「쌍검대무(雙劍對舞)」에서 잘 드러난다. 그림 속의 두 무용수를 통해 춤의 회전 동작을 예상할 수 있다. 즉, 이 장면에는 오른쪽에 선 무희의 자세에서 시작해 왼쪽 무희의 자세로 회전하는 동작이 나타나 있다. 이렇게 무희들이 쌍을 이루어 좌우로 이동하면서 원을 그리며 팽이처럼 빙빙 도는 동작을 연풍대라 한다. 이 명칭은 대자리를 걷어 내는 바람처럼 날렵하게 움직이는 모습에서 비롯한 것이다.

오늘날의 검무는 검술의 정밀한 무예 동작보다 부드러운 곡선을 그리는 춤 형태로만 남아 있다. 칼을 쓰는 살벌함은 사라졌지만 민첩하면서도 유연한 동작으로 그 아름다움을 표출하고 있는 것이다. 검무는 신라 시대부터 면면히 이어지는 고유한 문화이자 예술미가 살아 있는 몇 안 되는 소중한 우리의 전통 유산이다.

① 무예 동작과 아름다움의 조화 – 연풍대의 의미를 중심으로
② 신라 황창랑의 의기와 춤 – 검무의 유래와 발생을 중심으로
③ 무희의 칼끝에서 펼쳐지는 바람 – 검무의 예술적 가치를 중심으로
④ 역사 속에 흐르는 검빛·춤빛 – 검무의 변천 과정과 구성을 중심으로

04 다음 글에 대한 반론으로 가장 적절한 것은?

> 어떤 모델이든지 상품의 특성에 적합한 이미지를 갖는 인물이어야 광고 효과가 제대로 나타날 수
> 있다. 예를 들어, 자동차, 카메라, 공기 청정기, 치약과 같은 상품의 경우에는 자체의 성능이나 효능
> 이 중요하므로 대체로 전문성과 신뢰성을 갖춘 모델이 적합하다. 이와 달리 상품이 주는 감성적인
> 느낌이 중요한 보석, 초콜릿, 여행 등과 같은 상품은 매력성과 친근성을 갖춘 모델이 잘 어울린다.
> 그런데 유명인이 그들의 이미지에 상관없이 여러 유형의 상품 광고에 출연하면 모델의 이미지와 상
> 품의 특성이 어울리지 않는 경우가 많아 광고 효과가 나타나지 않을 수 있다.
> 유명인의 중복 출연이 소비자가 모델을 상품과 연결시켜 기억하기 어렵게 한다는 점도 광고 효과에
> 부정적인 영향을 미친다. 유명인의 이미지가 여러 상품으로 분산되면 광고 모델과 상품 간의 결합력
> 이 약해질 것이다. 이는 유명인 광고 모델의 긍정적인 이미지를 광고 상품에 전이하여 얻을 수 있는
> 광고 효과를 기대하기 어렵게 만든다.
> 또한 유명인의 중복 광고 출연은 광고 메시지에 대한 신뢰를 구축하기 힘들다. 유명인 광고 모델이
> 여러 광고에 중복하여 출연하면, 그 모델이 경제적인 이익만을 추구한다는 이미지가 소비자에게 강
> 하게 각인된다. 그러면 소비자들은 유명인 광고 모델의 진실성을 의심하게 되어 광고 메시지가 객관
> 성을 결여하고 있다고 생각하게 될 것이다.
> 유명인 모델의 광고 효과를 높이기 위해서는 유명인이 자신과 잘 어울리는 한 상품의 광고에만 지속적
> 으로 나오는 것이 좋다. 이렇게 할 경우 상품의 인지도가 높아지고, 상품을 기억하기 쉬워지며, 광고
> 메시지에 대한 신뢰도가 제고된다. 유명인의 유명세가 상품에 전이되고 소비자가 유명인이 진실하다
> 고 믿게 되기 때문이다.

① 광고 효과를 높이기 위해서는 제품의 이미지와 맞는 모델을 골라야 한다.
② 사람들은 특정 인물이 광고에 출연한 것만으로 브랜드를 선택하는 경향이 있다.
③ 연예인이 여러 광고의 모델일 경우 소비자들은 광고 브랜드에 대한 신뢰를 잃게 된다.
④ 유명 연예인이 많은 광고에 출연하게 되면 소비자들은 모델과 상품 간의 연관성을 찾지 못한다.

※ 다음은 비-REM수면과 REM수면에 대한 글이다. 이어지는 질문에 답하시오. [5~6]

수면은 피로가 누적된 심신을 회복하기 위해 주기적으로 잠을 자는 상태를 의미한다. 수면은 '비-REM수면'과 급속한 안구 운동을 동반하는 'REM(Rapid Eye Movement)수면'이 교대로 나타난다. 일반적으로 비-REM수면 이후 REM수면이 진행된다. 비-REM수면은 4단계로 진행되면서 깊은 잠에 빠져들게 되는 수면이다. 이러한 수면의 양상은 수면 단계에 따라 달리 측정되는 뇌파로 살펴볼 수 있다. (가)

먼저 막 잠이 들기 시작하는 1단계 수면 상태에서 뇌는 '세타파'를 내보낸다. 세타파란 옅은 잠을 자는 상태에서 나타나는 뇌파로, 이때는 언제든 깰 수 있을 정도의 수면 상태이다. 이 단계는 각성 상태에서 수면으로 넘어가는 과도기적 상태로 뇌파가 각성 상태보다 서서히 느려진다.

2단계 수면에서는 세타파 사이사이에 '수면방추'와 'K-복합체'라는 독특한 뇌파의 모습이 보인다. 수면방추는 세타파 중간마다 마치 실이 감겨 있는 것처럼 촘촘한 파동의 모습인데, 분당 2 ~ 5번 정도 나타나며 수면을 유지시켜 주는 역할을 한다. K-복합체는 2단계 수면에서 나타나는데, 세타파 사이사이에 아래위로 갑자기 삐죽하게 솟아오르는 모습을 보인다. 실험에 의하면 K-복합체는 수면 중 갑작스러운 소음이 날 때 활성화된다. (나)

깊은 수면의 단계로 진행되면 뇌파 가운데 가장 느리고 진폭이 큰 '델타파'가 나타난다. 3단계와 4단계는 '델타파'의 비중에 따라 구별된다. 보통 델타파의 비중이 20 ~ 50%일 때는 3단계로, 50%를 넘어서 더 깊은 수면에 빠지는 상태가 되면 4단계로 본다. 때문에 4단계 수면은 '서파수면(Slow-wave-sleep)'으로도 알려져 있다. (다)

서파수면은 대뇌의 대사율과 혈류량이 각성 수준의 75%까지 감소되는 깊은 잠의 상태이고, REM수면은 잠에 빠져 있음에도 정신 활동이 이루어지는 상태이다. 때문에 서파수면 상태에 있는 사람을 깨우면 정신을 못 차리고 비틀거리며 혼란스러워 하고, REM수면 상태의 사람을 깨우면 금세 각성 상태로 돌아온다. (라)

자극에 반응을 하지 않을 정도의 비-REM수면은 온전한 휴식을 통해 진정한 심신의 회복을 가져다준다. 자면서도 정신 활동이 이루어지는 REM수면은 인간의 뇌의 활동이나 학습에도 도움을 준다. 비-REM수면이든 REM수면이든 문제가 생기면 인간의 활동은 영향을 받게 된다.

05 다음 중 윗글의 주된 내용 전개 방식으로 가장 적절한 것은?

① 현상의 과정을 단계별로 나누어 설명하고 있다.
② 현상에 대한 다양한 관점을 비교·분석하고 있다.
③ 구체적인 사례를 통해 관련 현상을 설명하고 있다.
④ 새로운 시각으로 현상을 분석하는 이론을 소개하고 있다.

06 다음 중 〈보기〉의 문장이 들어갈 위치로 가장 적절한 곳은?

> 보기
>
> 이를 통해 이것은 잠자는 사람이 깨는 것을 방지해 주는 역할을 하여 깊은 수면을 유도함을 알 수 있다.

① (가)　　　　　　　　　　　② (나)
③ (다)　　　　　　　　　　　④ (라)

07 고등학생 8명이 래프팅을 하러 여행을 떠났다. 보트는 3명, 5명씩 두 팀으로 나눠 타기로 했다. 이때 8명 중 반장과 부반장은 서로 다른 팀이 된다고 할 때, 8명이 두 팀으로 나눠 타는 경우의 수는?(단, 반장과 부반장은 각각 1명이다)

① 15가지   ② 18가지

③ 30가지   ④ 32가지

08 A가 혼자 컴퓨터 조립을 하면 2시간이 걸리고, B가 혼자 컴퓨터 조립을 하면 3시간이 걸린다. 먼저 A가 혼자 컴퓨터를 조립하다가 중간에 일이 생겨 나머지를 B가 완성하는 데, 걸린 시간은 총 2시간 15분이었다. 이때, A가 혼자 일한 시간은?

① 1시간 25분   ② 1시간 30분

③ 1시간 35분   ④ 1시간 40분

09 다음 그림과 같이 어떤 원기둥의 지름과 높이가 각각 10cm일 때, 이 원기둥의 부피는?

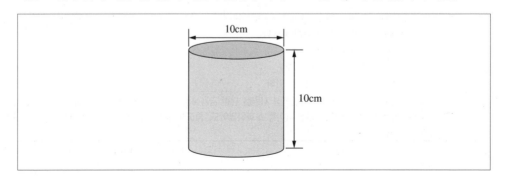

① $100\pi\,\text{cm}^3$ ② $250\pi\,\text{cm}^3$

③ $500\pi\,\text{cm}^3$ ④ $1,000\pi\,\text{cm}^3$

※ 다음은 H은행의 청년도약계좌의 상품설명서와 A씨의 가입 정보이다. 이어지는 질문에 답하시오.
[10~11]

<H은행 청년도약계좌>

구분	내용		
가입대상	• 가입일 현재 만 19세 이상 만 34세 이하인 자(병적증명서를 통해 병역 의무를 이행한 기록이 확인되는 경우, 현재 연령에서 병역을 이행한 기간을 최대 6년 제외한다) • 개인소득이 다음 기준을 만족하는 자(단, 육아휴직급여, 육아휴직수당, 병사 봉급을 제외한 비과세소득을 제외한다) – 직전년도 총급여액이 7,500만 원 이하인 자 – 직전 과세기간의 종합소득과세표준에 합산되는 종합소득금액이 6,300만 원 이하인 자 • 가입일 현재 직전 과세기간의 가구소득이 직전년도 기준중위소득의 250% 이하인 자 • 가입일이 속한 과세기간의 직전 3개 과세기간 중 1회 이상 금융소득종합과세대상자에 해당하지 않는 자		
가입기간	• 5년		
가입금액	• 1천 원 이상 70만 원 이하(1천 원 단위)		
적립한도	• 매월 1천 원 이상 70만 원 이하(1천 원 단위) • 연 840만 원 이하(가입일 기준으로 1년)		
이자지급방법	• 만기일시지급식, 단리식	적립방법	• 자유적립식
기본금리	• 연 4.5%(세전)		
우대금리	• 최대 연 1.5%p(세전) {우대표}		
비고	• 본 상품은 청년의 중장기 자산형성 지원을 위한 금융상품으로 비과세 혜택을 제공하는 적립식 상품이다. • 본 상품에 가입 후 만기 전에 나이를 초과하였어도, 중도해지하지 않았다면 가입일 당시 나이를 기준으로 금리를 적용한다.		

우대항목	우대금리	내용
급여(가맹점대금) 이체	연 0.6%p	해당 예금 가입 후 만기 전전월말 기준, 본인 명의 H은행 입출금통장을 통해 36회 이상 급여 입금 또는 가맹점(결제) 대금 입금 실적 보유(건당 50만 원 이상, 월 1회 인정)
카드 결제	연 0.2%p	해당 예금 가입 후 만기 전전월말 기준, 본인 명의 H은행 입출금통장을 통해 36회 이상 월 10만 원 이상의 H은행 카드 결제 실적 보유(신용/체크카드)
목돈마련 응원	연 0.1%p	해당 예금 가입일로부터 직전 1년간 적금 또는 예금 상품을 미보유한 경우(청년희망적금, 청년내일저축계좌, 청년도약계좌, 주택청약종합저축 예외)
마케팅 동의	연 0.1%p	해당 예금 가입 전 H은행 상품, 서비스 마케팅 동의 항목을 모두 동의한 경우
소득 플러스	최대 연 0.5%p	해당 예금 가입신청 및 가입 후 1년 주기로 심사한 개인소득금액의 소득요건 충족* 횟수에 따라 우대금리 제공 1회 : 0.1%p, 2회 : 0.2%p, 3회 : 0.3%p, 4회 : 0.4%p, 5회 : 0.5%p

*소득요건 충족 기준은 다음과 같다.
  – 총급여 2,400만 원 이하
  – 종합소득 1,600만 원 이하
  – 연말정산소득 1,600만 원 이하

> 〈A씨 청년도약계좌 가입 정보〉

- 가입일 기준 만 36세이다.
- 부사관으로서 3년간 복무한 병역 의무 이행 기록이 있다.
- 가입일 직전 과세기간의 종합소득과세표준 합산 종합소득금액은 연 6,000만 원이다.
- 가입일 직전 과세기간의 가구소득이 직전년도 기준중위소득의 200%이며, 가입일 기준 전체 과세기간 동안 금융소득종합과세대상자에 해당된 기록이 존재하지 않았다.
- 만기일까지 H은행 입출금통장에 월 150만 원 이상의 급여가 들어올 것이다.
- 만기일까지 H은행 신용카드로 월 15만 원 이상 고정 지출이 있을 예정이다.
- 가입일 기준 H은행의 K적금 상품에 가입 중이다.
- H은행 상품·서비스 마케팅 동의 항목에 동의하지 않은 항목이 있다.
- 가입일 당시 총급여는 연 2,300만 원이며, 매년 100만 원씩 증가할 예정이다.

10 A씨의 청년도약계좌 가입 정보를 근거로 할 때, 만기일에 적용받는 금리는?

① 연 4.5% ② 연 5.5%
③ 연 6% ④ 가입할 수 없다.

11 A씨가 이달 초에 청년도약계좌에 가입하면서 500,000원을 납입한 후 매월 초 500,000원씩 납입할 때, 가입 정보에 따라 만기일에 A씨가 받을 수 있는 원리금은?

① 30,000,000원 ② 33,431,250원
③ 34,193,750원 ④ 34,575,000원

12 다음은 각 국가의 환율 및 미화환산율에 대한 자료이다. 이에 대한 설명으로 옳지 않은 것은?(단, 소수점 셋째 자리에서 반올림한다)

〈국가별 환율 및 미화환산율〉

구분	매매기준가(원)	구입 가격(원)	판매 가격(원)	미화환산율
미국(USD)	1,377	1,401.10	1,352.90	1.00
일본(100엔)	878.67	894.05	863.29	0.64
중국(CNY)	189.7	199.19	180.22	( )
영국(GBP)	1,721.94	1,755.86	1,688.02	1.25
호주(AUD)	( )	918.58	883.08	0.65

※ (구입 가격)=(매매기준가)×[1+(환전수수료)]
　 (판매 가격)=(매매기준가)×[1−(환전수수료)]

① 중국의 미화환산율은 0.14이다.

② 호주의 매매기준가는 895.05원이다.

③ 미국과 일본의 구입할 때의 환전수수료는 같다.

④ 판매할 때의 환전수수료가 가장 적은 국가는 중국이다.

13 H은행에 입행한 신입행원 A ~ E 5명은 각각 2개 항목의 물품을 신청하였다. 5명의 신입행원 중 2명의 진술이 거짓일 때, 다음 중 신청 행원과 신청 물품이 바르게 연결된 것은?

신입행원이 신청한 항목은 4개이며, 항목별 신청 행원의 수는 다음과 같다.
- 필기구 : 2명
- 의자 : 3명
- 복사용지 : 2명
- 사무용 전자제품 : 3명

- A : 나는 필기구를 신청하였고, E는 거짓말을 하고 있다.
- B : 나는 의자를 신청하지 않았고, D는 진실을 말하고 있다.
- C : 나는 의자를 신청하지 않았고, E는 진실을 말하고 있다.
- D : 나는 필기구와 사무용 전자제품을 신청하였다.
- E : 나는 복사용지를 신청하였고, B와 D는 거짓말을 하고 있다.

① A − 복사용지　　　　　　② B − 사무용 전자제품
③ C − 필기구　　　　　　　④ E − 필기구

14 다음은 H호텔의 객실 이용료에 대한 자료이다. 〈조건〉에 맞는 객실을 이용하려고 할 때, 지불해야 하는 총금액은?

<H호텔 객실 이용료>

구분		A객실	B객실	C객실
기준인원 / 최대인원		2인 / 4인	4인 / 6인	4인 / 6인
객실 크기		$55m^2$	$74m^2$	$85m^2$
조식		미포함	기준인원만 포함	기준인원만 포함
개별 수영장	미온수	추가금액 없음	추가금액 없음	추가금액 없음
	온수	추가금액 1박당 30,000원	추가금액 1박당 50,000원	추가금액 1박당 70,000원
비고		2박 이상 이용 시 • 미온수 무료 • 온수 50% 할인	2박 이상 이용 시 • 미온수 무료 • 온수 50% 할인 • 객실요금 5% 할인	2박 이상 이용 시 • 미온수 무료 • 온수 50% 할인 • 객실요금 10% 할인
객실요금(1박)		250,000원	350,000원	500,000원

※ 기준인원에서 1인 추가 시 1박당 2만 원 추가요금 발생
　오후 1시 이후 퇴실 시 1박 객실요금의 50% 추가요금 발생
　개별 수영장 온도 : 미온수(27℃), 온수(32℃)

조건

• 5인이 머무를 수 있어야 한다.
• 객실 전체 크기는 $80m^2$ 이상이어야 한다.
• 30℃ 이상의 개별 수영장 이용이 가능하여야 한다.
• 5월 20일 오후 4시에 입실하여 5월 22일 오후 5시에 퇴실한다.

① 1,235,000원
② 1,260,000원
③ 1,270,000원
④ 1,305,000원

15 다음은 A섬유회사에 대한 SWOT 분석 자료이다. 이에 따른 대응 전략으로 적절한 것을 〈보기〉에서 모두 고르면?

• 첨단 신소재 관련 특허 다수 보유	• 신규 생산 설비 투자 미흡 • 브랜드의 인지도 부족
S 강점	**W 약점**
O 기회	**T 위협**
• 고기능성 제품에 대한 수요 증가 • 정부 주도의 문화 콘텐츠 사업 지원	• 중저가 의류용 제품의 공급 과잉 • 저임금의 개발도상국과 경쟁 심화

보기

ㄱ. SO전략으로 첨단 신소재를 적용한 고기능성 제품을 개발한다.
ㄴ. ST전략으로 첨단 신소재 관련 특허를 개발도상국의 경쟁업체에 무상 이전한다.
ㄷ. WO전략으로 문화 콘텐츠와 디자인을 접목한 신규 브랜드 개발을 통해 적극적 마케팅을 한다.
ㄹ. WT전략으로 기존 설비에 대한 재투자를 통해 대량생산 체제로 전환한다.

① ㄱ, ㄴ
② ㄱ, ㄷ
③ ㄴ, ㄷ
④ ㄴ, ㄹ

| 지역농협 6급(70문항)

16 다음 글에 대한 추론으로 가장 적절한 것은?

> 고령화는 인구 중 65세 이상 노인의 비율이 증가하는 현상을 의미한다. 한 사회의 모든 인구 중 65세 이상의 인구 비율이 7% 이상이면 고령화 사회, 14% 이상이면 고령 사회, 20% 이상이면 초고령 사회로 구분된다.
>
> 압축적인 사회 발전을 이룬 한국은 서구사회에서 100여 년에 걸쳐 진행된 고령화를 유례없이 빠른 속도로 경험하고 있으며, 저출산 문제와 맞물려 세계에서 가장 빠르게 고령화가 진행되고 있다. 2023년 기준 65세 이상 인구는 전체 인구의 18.4%를 차지하고 있으며, 2025년에는 20.6%로 초고령 사회에 진입할 것으로 전망되고 있다. 이와 같이 급속한 고령화로 인해 노동력 감소, 경제 성장 둔화, 사회 복지 비용 증가 등 여러 사회 문제가 발생할 것으로 예상된다.
>
> 고령화는 여러 나라에서 일반적으로 발생하고 있으며 세계 각국은 고령화로 인한 사회 문제를 해결하기 위해 다양한 노력을 기울이고 있다. 유럽에서 이탈리아에 이어 두 번째로 초고령 사회에 진입한 독일은 2011년부터 노인에 대한 직접적인 지원 정책 외에도 교육, 고용, 도시개발 등의 과제까지 포괄적으로 고려하는 인구전략을 실시하고 있으며, 노인의 생활상, 주기, 디지털화 등 다방면의 주제에 대한 노인보고서를 작성하여 노인 정책의 기본 방향 및 관련 지식 확산에 힘쓰고 있다.
>
> 베이비붐 세대의 본격적인 은퇴와 지속적인 출산율 감소로 급속도로 초고령 사회가 된 핀란드의 경우 노후소득보장 정책, 국가연금제도, 고령자 고용정책 등 다양한 노인복지 정책을 실시하고 있다. 우리나라와 가장 비슷한 양상을 보이는 일본은 2017년 기준 고령화율이 27%를 넘기는 초고령 사회이다. 사회보장급부비의 폭발적인 증가로 인해 일본은 고령화 대응 정부 기본계획으로서 고령사회대책 대강을 실시하여 취업과 소득, 건강과 복지, 학습과 사회참가 등을 기본시책으로 삼아 노인이 계속해서 일할 수 있는 환경을 조성하는 등 다양한 대응책을 실시하고 있다.
>
> 이처럼 고령화는 전 세계적인 현상이며 각국은 이를 해결하기 위한 다양한 정책과 전략을 도입하고 있다. 우리나라의 경우 독일, 핀란드, 일본 등 고령화가 높은 수준으로 진행된 국가의 정책을 참고할 기회가 있으므로 각국의 고령화 대응정책에 대한 면밀한 연구를 통해 고령화 대응책 마련에 기초자료로 활용하면 추후에 발생할 사회 문제들을 완화하고 해소할 수 있을 것이다.

① 고령화의 직접적인 원인은 수명 증가와 저출산이다.
② 고령화는 모든 국가에서 공통적으로 발생하는 현상이다.
③ 각국 고령화 대응 정책의 기본은 고령화 비율의 감소이다.
④ 독일의 주요 고령화 대응 정책은 노인에 대한 금전적 지원이다.
⑤ 1억 명의 인구 중 65세 이상 인구가 1,500만 명이라면 고령화 사회에 해당한다.

CHAPTER 01 2024년 주요 금융권 NCS 기출복원문제 • **299**

17 다음 글의 내용으로 가장 적절한 것은?

건강식품, 필수 영양소 등 많은 사람들이 건강과 웰빙에 대해 관심을 가지게 되면서 식품, 영양이라는 단어는 많은 곳에서 쓰이고 있다. 식품과 영양은 밀접한 관계의 단어로서 비슷한 의미로 사용되곤 하는데, 이 두 개념은 서로 다른 의미와 역할을 가지고 있다.

먼저 식품은 우리가 먹고 마시는 모든 것을 의미한다. 과일, 채소, 고기 등 자연 상태의 음식뿐만 아니라 빵, 치즈, 소스 등 가공된 음식까지 포함한다. 식품은 우리의 생명을 유지하고 건강을 증진시키기 위해 필요한 영양소를 제공하는데, 과일과 채소는 비타민과 무기질이 풍부하며, 고기와 유제품은 단백질과 칼슘을 제공한다. 이러한 영양소는 신체의 성장과 발달, 에너지 생산, 세포 복구 및 유지에 필수적이다.

반면, 영양은 식품을 섭취한 후, 우리 몸이 그 식품에서 영양소를 흡수하고 사용하는 과정을 의미한다. 영양소는 탄수화물, 단백질, 지방, 비타민, 무기질 등으로 구성되며, 이들은 각각 신체의 다양한 기능을 지원한다. 예를 들어, 탄수화물은 에너지를 제공하고, 단백질은 근육과 조직을 형성하며, 지방은 세포막을 구성하고 비타민의 흡수를 돕는다. 또한 비타민과 무기질은 신체의 대사 과정과 면역 기능을 지원한다.

식품과 영양의 차이점을 살펴보면, 먼저 식품은 우리가 섭취하는 구체적인 물질을 의미하며, 영양은 그 물질이 우리 몸에서 어떻게 사용되는지를 설명한다. 또한 식품은 물리적 형태를 가지고 있지만, 영양은 생리학적·생화학적 과정에 초점을 맞춘다. 마지막으로 식품은 다양한 형태와 맛을 가지고 있지만, 영양은 신체의 필수적인 요구를 충족시키는 데 중점을 둔다.

식품과 영양은 상호작용을 통해 우리의 건강에 중요한 영향을 미친다. 균형 잡힌 식단은 다양한 식품을 포함하여 모든 필수 영양소를 제공함으로써 최적의 건강을 유지하는 데 도움이 된다. 반면, 영양 결핍이나 과잉은 건강 문제를 초래할 수 있다. 예를 들어, 비타민 C 결핍은 괴혈병을 유발할 수 있으며, 과도한 지방 섭취는 비만과 심혈관 질환의 위험을 증가시킬 수 있다.

따라서 건강한 식습관을 유지하기 위해서는 식품과 영양에 대한 이해와 함께 다양한 식품을 섭취하여 모든 필수 영양소를 균형 있게 섭취해야 한다. 또한, 가공식품과 당분이 많은 식품의 섭취를 줄이고, 신선한 과일과 채소, 단백질이 풍부한 음식을 선택하는 것이 중요하다. 이러한 식습관은 건강을 증진시키고, 질병을 예방하는 데 도움이 된다.

① 영양은 먹고 마시는 모든 것을 의미한다.
② 식품은 인간이 섭취하는 구체적인 물질을 의미한다.
③ 영양의 과잉은 일반적으로 건강에 문제가 되지 않는다.
④ 비타민 C의 결핍은 비만과 심혈관 질환의 위험을 증가시킨다.
⑤ 에너지를 만들고, 면역력을 높이는 것은 식품으로 설명할 수 있다.

18 다음 제시된 단어에서 공통으로 연상할 수 있는 단어로 가장 적절한 것은?

• 꿀벌   • 수액
• 항생제   • 알레르기

① 독침   ② 땅콩
③ 벌목   ④ 프로폴리스
⑤ 미네랄

19 다음 중 빈칸 ㉠에 들어갈 한자성어로 가장 적절한 것은?

한 치 앞도 못 내다보는 이 오리무중 같은 시국에 충신과 역신이 뒤바뀌기가   ㉠   (이)라는 걸 이곳 벼슬아치들이 모르겠소?

① 장광설(長廣舌)   ② 유분수(有分數)
③ 등한시(等閑視)   ④ 도외시(度外視)
⑤ 여반장(如反掌)

20 다음 중 A씨의 행동과 가장 적합한 한자성어는?

A씨는 매일 아침 사과를 먹는다. A씨는 어느 날 심한 감기에 걸리게 되는데, 감기에 걸린 이유가 자신의 건강이 나빠서이며, 건강이 나빠진 이유는 매일 아침에 사과를 먹었기 때문이라고 생각하였다. 이후 A씨는 아침에 사과를 먹으면 심한 감기에 걸릴 수 있다고 사람들에게 주장하기 시작했다.

① 아전인수(我田引水)   ② 견강부회(牽強附會)
③ 지록위마(指鹿爲馬)   ④ 사필귀정(事必歸正)

21 다음 제시된 문단을 읽고, 이어질 문단을 논리적 순서대로 바르게 나열한 것은?

협동조합운동은 19세기 중엽 영국에서 처음 일어났다. 1844년에 발족한 로치데일 공정선구자 협동 조합(Rochidale Society of Equitable Pioneers)이 근대 협동조합의 효시이다. 자본주의의 성립ㆍ발달 과정에서 발생한 빈부의 격차ㆍ실업ㆍ저임금 등 사회문제를 해결하기 위해 등장한 것이다. 10여 년 후에는 프랑스와 독일에서도 협동조합운동이 일어났다.

(가) 실로 협동조합운동이 이 같은 정치적 색채를 띤 것은 세계 협동조합역사상 찾아보기 드문 일이었는데, 이 때문에 또한 일제의 탄압이 따를 수밖에 없었다. 따라서 이 운동은 1930년대 초반 조선총독부가 벌인 농촌진흥운동이 시작될 무렵 자연 소멸되거나 강제 해산되고 말았다.

(나) 우리나라의 협동조합운동은 서유럽에 비해 약 80년 뒤져서 시작되었다. 1910년대의 금융조합이나 1920년대의 산업조합은 일제 총독부가 한국을 식민지로 지배ㆍ통치하기 위한 경제적 보조기관으로 설립한 것이기 때문에 엄밀한 의미에서 협동조합이라고 규정하기에는 이론이 없지 않다.

(다) 이 민간 협동조합은 전통적 협동조직인 계와 향약을 바탕으로 한 우리 농민ㆍ노동자ㆍ지식인ㆍ일반 서민 대중이 주체가 되어 자발적으로 소비조합과 신용조합을 조직함으로써 경제적 자력갱생운동을 벌이는 한편, 계몽활동을 병행함으로써 민족의식 고취와 조국해방을 염원하였다.

(라) 영국의 초기 협동조합이 주로 노동자의 생활상태 개선을 위한 소비조합형태로 출발하였다면, 미처 자본주의가 확립되지 못한 프랑스에서는 산업혁명을 치르기 위해 중소 수공업을 근대적 공장제공업으로 개편하기 위한 생산조합 설립부터 착수하였다. 한편, 독일에서는 도시산업과 농촌농업의 생산력 증대에 무엇보다 시급한 것은 고리채를 추방하고 이자율이 낮은 자금을 공급하는 데 있다고 판단하고 신용조합을 결성ㆍ보급하는 데서 출발하였다.

(마) 오히려 1920년대 중반, 우리 한민족에 의해 전개된 조선물산장려운동ㆍ외화배척운동ㆍ납세거부운동ㆍ소작쟁의ㆍ민립대학설립운동 등과 함께 일어난 민간 협동조합운동이야말로 최초의 진정한 협동조합운동이었다고 평가해야 옳을 것이다.

① (다) - (라) - (가) - (나) - (마)
② (다) - (라) - (가) - (마) - (나)
③ (라) - (나) - (가) - (다) - (마)
④ (라) - (나) - (마) - (다) - (가)

22 다음은 1,100명을 대상으로 실시한 설문조사 응답자의 거주지역 및 성별 비율에 대한 자료이다. 인천에 사는 응답자 중 여성의 비율이 전체 응답자 중 여성의 비율과 같을 때, 전체 응답자 중 대구에 사는 여성은 몇 명인가?

〈응답자의 거주지역 및 성별 비율〉

구분	서울	경기	인천	부산	광주	대구	대전	울산	기타	계
남성	0.18	0.17		0.03	0.05		0.02	0.04	0.02	0.6
여성	0.07	0.03		0.07	0.05	( )	0.03	0.01	0.08	0.4
계		0.2		0.1	0.1	0.05	0.05	0.05	0.1	1

① 20명 ② 22명
③ 24명 ④ 26명
⑤ 28명

23 연이율 2.4%가 적용되는 만기 2년 단리 적금 상품에 만기 때까지 매월 초 80만 원씩 납입하였을 때 만기 시 받는 이자와 연이율 2.4%가 적용되는 만기 2년 월복리 적금 상품에 만기 때까지 매월 초 100만 원씩 납입하였을 때 만기 시 받는 이자의 차이는?(단, $1.002^{24} = 1.0491$로 계산하며, 이자 소득에 대한 세금은 고려하지 않는다)

① 107,900원 ② 119,100원
③ 128,600원 ④ 135,700원
⑤ 143,500원

24 욕조에 물을 채우는 데 A관은 30분, B관은 40분이 걸리고, 가득 채운 물을 배수하는 데는 20분이 걸린다. A관과 B관을 동시에 틀고, 동시에 배수를 할 때, 욕조에 물이 가득 채워질 때까지 걸리는 시간은?

① 60분 ② 80분
③ 100분 ④ 120분

〈체크카드별 혜택〉

구분	혜택
A체크카드	• 전월 실적에 따라 온라인 및 오프라인 결제 할인 제공 (단위 : 원)<table><tr><td>전월 실적 / 구분</td><td>300,000 ~ 499,999</td><td>500,000 ~</td></tr><tr><td>모바일 페이[1]</td><td>3,000</td><td>6,000</td></tr><tr><td>카페 및 미용용품[2]</td><td>3,000</td><td>6,000</td></tr><tr><td>OTT 서비스[3]</td><td colspan="2">1,000</td></tr></table>1) 모바일 페이로 온라인 결제 시 3% 할인 제공 2) 카페 및 미용용품 오프라인 결제 시 4% 할인 제공 3) OTT서비스 결제 시 5% 할인 제공
H체크카드	• 전월 실적에 따라 온라인 및 오프라인 결제 할인 제공 (단위 : 원)<table><tr><td>전월 실적 / 구분</td><td>200,000 ~ 399,999</td><td>400,000 ~ 599,999</td><td>600,000 ~ 999,999</td><td>1,000,000 ~</td></tr><tr><td>온라인[1]</td><td>4,000</td><td>8,000</td><td>15,000</td><td>25,000</td></tr><tr><td>오프라인[2]</td><td>3,000</td><td>5,000</td><td>7,000</td><td>10,000</td></tr><tr><td>총할인 한도</td><td>7,000</td><td>13,000</td><td>22,000</td><td>35,000</td></tr></table>1) 온라인 쇼핑몰, 온라인 서점, 어학시험, 배달앱 5% 및 C영화관 2,000원 적용 2) 카페 20%, 대중교통 10%, 편의점 5%, 통신비 자동납부 2,500원 적용

K체크카드	• 전월 실적에 따라 모빌리티 서비스 할인 제공
	   – 대중교통 10%
	   – 카쉐어링 서비스 5%
	   – 전기차 충전 5%
	
	(단위 : 원)<table><tr><td>전월 실적</td><td>200,000 ~ 799,999</td><td>800,000 ~</td></tr><tr><td>할인 한도</td><td>3,000</td><td>5,000</td></tr></table>• 전월 실적 200,000원 이상일 때 결제 시 캐시백 제공
	   – 이동통신 요금 5%(월 최대 3,000원)
	   – 카페(월 최대 2,000원)
	   – 편의점 5%(최대 1,000원)

M체크카드	• 전월 실적 100,000원 이상일 때 다음과 같은 혜택 제공<table><tr><td>항목</td><td>내용</td></tr><tr><td>일반 할인</td><td>– 전월 실적 100,000 ~ 299,999원 : 0.2% 적용 – 전월 실적 300,000 ~ 999,999원 : 0.3% 적용 – 전월 실적 1,000,000원 이상 : 0.5% 적용</td></tr><tr><td>주유 할인</td><td>– 리터당 40원 할인(일 최대 2회, 월 최대 6회)</td></tr><tr><td>가맹점</td><td>– 마트 : 2% 할인(월 최대 10,000원)</td></tr></table>
N체크카드	• 전월 실적 조건 없이 사용금액의 0.2% 할인 제공

- A씨는 매월 500,000원을 사용한다.
- A씨는 자가용 차를 이용하지 않고, 대중교통을 이용한다.
- A씨는 카페를 이용하지 않는다.

25 A씨에게 월 할인 금액이 가장 많은 체크카드를 추천하고자 할 때, 추천해 줄 수 있는 카드로 가장 적절한 것은?(단, A씨가 이용하지 않는 혜택까지 포함하며, M체크카드의 주유 할인은 리터당 1,600원의 100,000원어치 월 1회 주유로 가정한다)

① A체크카드　　　　　　　　　　　　② H체크카드

③ K체크카드　　　　　　　　　　　　④ M체크카드

⑤ N체크카드

26 A씨는 K체크카드를 이용하기로 하였다. 매월 대중교통으로 사용하는 비용이 120,000원이고, 이동통신 요금이 100,000원일 때, A씨가 편의점 할인 혜택을 포함하여 받는 월 할인 금액은 최대 얼마인가?

① 7,000원　　　　　　　　　　　　　② 9,000원

③ 17,000원　　　　　　　　　　　　④ 18,000원

⑤ 19,000원

27 A기업은 N은행에서 기업희망론을 통해 대출을 받았다. 다음과 같은 조건일 때, A기업이 내야 하는 마지막 달의 비용은 얼마인가?(단, 조건 외의 경우는 고려하지 않는다)

〈기업희망론〉

- 가입대상 : 기업
- 대출기간 : 1년 이내
- 대출한도 : 5천만 원 이내
- 대출금리 : 고정
- 상환방법 : 만기일시상환(대출 기간 중에는 이자만 지불하다가 만기일에 대출 전액을 상환하는 방식)
- 중도상환 : 수수료 없음
- 만기경과 후 기한의 이익상실에 대한 안내
  만기일 경과 후 대출금액을 전액 상환하지 않은 경우 은행여신거래 기본약관 제7조에 따라 기한의 이익이 상실되어 대출잔액에 대한 지연배상금이 부과됩니다.

조건

A기업은 대출기간과 대출한도를 최대로 하였으며, 가입할 당시 금리는 연 3%였다. 중도상환은 하지 않았으며, 만기일을 모두 채워 일시상환을 하였다.

① 50,125,000원　　　　　　　② 50,145,000원
③ 51,520,000원　　　　　　　④ 51,535,000원

28 국제영화제 행사에 참석한 N씨는 A, B, C, D, E, F영화를 다음 〈조건〉에 맞춰 5월 1일부터 5월 6일까지 하루에 한 편씩 보려고 한다. 다음 중 항상 옳은 것은?

조건

- F영화는 3일과 4일 중 하루만 상영된다.
- D영화는 C영화가 상영된 날 이틀 후에 상영된다.
- B영화는 C, D영화보다 먼저 상영된다.
- 첫째 날 B영화를 본다면, 5일에 반드시 A영화를 본다.

① A영화는 C영화보다 먼저 상영될 수 없다.
② C영화는 E영화보다 먼저 상영된다.
③ D영화는 5일이나 폐막작으로 상영될 수 없다.
④ B영화는 1일 또는 2일에 상영된다.
⑤ E영화는 개막작이나 폐막작으로 상영된다.

29 다음은 일부가 지워진 영수증이다. 이 영수증에서 상품 전체 구매 금액과 부가세액을 합한 합계 금액은?(단, 부가세액은 상품 전체 구매 금액의 10%이다)

상품명	단가	수량	금액
아메리카노	2,000원	3	6,000원
카페라테	3,000원	2	6,00
에스프레소	2,500원	1	2,5
생과일주스	4,000원	2	8
조각케이크	6,000원	4	
부가세액			
합계			

① 46,750원   ② 49,500원

③ 51,150원   ④ 52,250원

30 지난밤 N금은방에서 절도 사건이 발생하였다. 용의자 A ~ E를 조사한 결과 범인은 모두 2명이었다. 다음의 대화에서 범인 2명 중 1명만 거짓으로 진술하고, 나머지 4명은 진실로 진술하였을 때, 범인은 누구인가?

- A : D는 범인이 아니에요.
- B : A는 거짓말을 하고 있어요.
- C : A는 확실히 범인이 아니에요.
- D : E는 확실히 범인이에요.
- E : C의 말은 사실이에요.

① A, C   ② B, D

③ B, E   ④ C, E

정답 및 해설 p.121

❘ 하나은행

01 다음 글의 주제로 가장 적절한 것은?

> 시중은행 대출 금리가 가파르게 증가하자 경매에 넘어간 부동산이 2010년대 하락장 수준으로 증가하고 있다. 이는 대출금리의 인상으로 인한 이자 부담 가중으로 주택담보대출을 상환하지 못하는 경우와 이로 인한 부동산 경기 침체로 집값이 하락해 세입자의 보증금을 상환하지 못하는 경우가 대부분이다.
> 법원에 따르면 임의경매가 신청된 부동산은 2014년 10월 이후 최대치를, 강제경매가 신청된 부동산은 2020년 3월 이후 가장 많은 수치를 보이고 있다. 특히 이들 대부분은 집값 급등 시기에 대출을 받아 내 집을 마련한 이른바 '영끌족'이다. 하지만 이들이 계속된 고금리에 이자를 부담하기 어려워 집을 처분하려고 해도, 부동산 경기 침체로 인해 집을 사려는 사람이 없어 처분조차도 어려운 상황이다.
> 실제로 서울부동산정보광장에 따르면 지난 4월 3,000건을 상회하던 거래량이 지난달인 10월에는 1,923건으로 하락한 반면, 매물은 늘어나는데 거래가 줄면서 계속 매물이 쌓여 현재 매물은 올해 초 대비 50% 이상 증가했다.

① 대출금리 인상으로 무너지는 내 집 마련
② 대출금리 인상으로 집을 사지 못하는 사람들
③ 대출금리 인상으로 인해 늘어난 부동산 선택지
④ 대출금리 인상으로 활발해진 부동산 경매시장

02 다음 글의 내용으로 가장 적절한 것은?

중국에서는 기원전 8 ~ 7세기 이후 주나라에서부터 청동전이 유통되었다. 이후 진시황이 중국을 통일하면서 화폐를 통일해 가운데 네모난 구멍이 뚫린 원형 청동 엽전이 등장했고, 이후 중국 통화의 주축으로 자리 잡았다. 하지만 엽전은 가치가 낮고 금화와 은화는 아직 주조되지 않았기 때문에 고액 거래를 위해서는 지폐가 필요했다. 결국 11세기경 송나라에서 최초의 법정 지폐인 교자(交子)가 발행되었다. 13세기 원나라에서는 강력한 국가 권력을 통해 엽전을 억제하고 교초(交鈔)라는 지폐를 유일한 공식 통화로 삼아 재정 문제를 해결했다.

아시아와 유럽에서 지폐의 등장과 발달 과정은 달랐다. 우선 유럽에서는 금화가 비교적 자유롭게 사용되어 대중들 사이에서 널리 유통되었다. 반면에 아시아의 통치자들은 금의 아름다움과 금이 상징하는 권력을 즐겼다는 점에서는 서구인들과 같았지만, 비천한 사람들이 화폐로 사용하기에는 금이 너무 소중하다고 여겼다. 대중들 사이에서 유통되도록 금을 방출하면 권력이 약화된다고 본 것이다. 대신에 일찍부터 지폐가 널리 통용되었다.

마르코 폴로는 쿠빌라이 칸이 모든 거래를 지폐로 이루어지게 하는 것을 보고 깊은 인상을 받았다. 사실상 종잇조각에 불과한 지폐가 그렇게 널리 통용되었던 이유는 무엇 때문일까? 칸이 만든 지폐에 찍힌 그의 도장은 금이나 은과 같은 권위가 있었다. 이것은 지폐의 가치를 확립하고 유지하는 데 국가 권력이 핵심 요소라는 사실을 보여준다.

유럽의 지폐는 그 초기 형태가 민간에서 발행한 어음이었으나, 아시아의 지폐는 처음부터 국가가 발행권을 갖고 있었다. 금속 주화와는 달리 내재적 가치가 없는 지폐가 화폐로 받아들여지고 사용되기 위해서는 신뢰가 필수적이다. 중국은 강력한 왕권이 이 신뢰를 담보할 수 있었지만, 유럽에서 지폐가 사람들의 신뢰를 얻기까지는 그보다 오랜 시간과 성숙된 환경이 필요했다. 유럽의 왕들은 종이에 마음대로 숫자를 적어 놓고 화폐로 사용하라고 강제할 수 없었다. 그래서 서로 잘 아는 일부 동업자들끼리 신뢰를 바탕으로 자체 지폐를 만들어 사용해야 했다. 하지만 민간에서 발행한 지폐는 신뢰 확보가 쉽지 않아 주기적으로 금융 위기를 초래했다. 정부가 나서기까지는 오랜 시간이 걸렸고, 17 ~ 18세기에 지폐의 법정화와 중앙은행의 설립이 이루어졌다. 중앙은행은 금을 보관하고 이를 바탕으로 금 태환(兌換)을 보장하는 증서를 발행해 화폐로 사용하기 시작했고, 그것이 오늘날의 지폐로 이어졌다.

① 유럽에서 금화의 대중적 확산은 지폐가 널리 통용되는 결정적인 계기가 되었다.
② 유럽에서는 민간 거래의 신뢰를 기반으로 지폐가 중국에 비해 일찍부터 통용되었다.
③ 중국에서 청동으로 만든 최초의 화폐는 네모난 구멍이 뚫린 원형 엽전의 형태였다.
④ 중국에서 지폐 거래의 신뢰를 확보할 수 있었던 것은 강력한 국가 권력이 있었기 때문이다.

※ 다음 글의 내용으로 적절하지 않은 것을 고르시오. [3~4]

| 하나은행

03

많은 사람들은 소비에 대한 경제적 결정을 내리기 전에 가격과 품질을 고려한다. 하지만 이러한 결정은 때로 소비자가 인식하지 못한 다른 요소에 의해 영향을 받는다. 바로 마케팅과 광고의 효과이다. 광고는 제품이나 서비스에 대한 정보를 전달하는 데 사용되는 매개체로 소비자의 구매 결정에 큰 영향을 끼친다.

마케팅 회사들은 광고를 통해 제품을 매력적으로 보이도록 디자인하고, 여러 가지 특징들을 강조하여 소비자들이 해당 제품을 원하도록 만든다. 예를 들어 소비자가 직면한 문제에 대해 자사의 제품이 효과적인 해결책이라고 제시하거나, 유니크한 디자인, 고급 소재 등을 사용한다고 강조하는 것이다. 이렇게 광고는 소비자들에게 제품에 대한 긍정적인 이미지를 형성하게 하여 구매 욕구를 자극해 제품의 판매량을 증가시킨다.

그러므로 현명한 소비를 하기 위해서는 광고에 의해 형성된 이미지에 속지 않고, 실제 제품의 가치와 품질을 충분히 검토해야 한다. 소비를 함에 있어 광고에만 의존한다면 실제로는 자신에게 필요하지 않은 제품이나 서비스를 마치 꼭 필요한 것처럼 착각하여 제품이나 서비스를 구매하게 될 수도 있다. 따라서 경제적인 결정을 내리기 전에 광고 외에도 가격, 품질, 필요성 등 다양한 요소를 종합적으로 고려해야 한다.

① 판매자는 광고를 통해 자사 제품의 긍정적인 이미지를 만들어 낼 수 있다.
② 광고는 현명한 소비를 함에 있어서 전혀 도움이 되지 않는다.
③ 자신에게 꼭 필요한 물건인지 파악하는 것은 현명하게 소비하는 것이다.
④ 광고는 소비자의 구매 결정에 큰 영향을 미친다.

04

『논어』 가운데 해석상 가장 많은 논란을 일으킨 구절은 '극기복례(克己復禮)'이다. 이 구절을 달리 해석하는 A학파와 B학파는 문장의 구절을 구분하는 것부터 다른 견해를 가지고 있다. A학파는 '극기'와 '복례'를 하나의 독립된 구절로 구분한다. 그들에 따르면, '극'과 '복'은 서술어이고, '기'와 '예'는 목적어이다. 이에 반해 B학파는 '극'을 서술어로 보고 '기복례'는 목적어구로 본다. 두 학파가 동일한 구절을 이와 같이 서로 다르게 구분하는 이유는 '극'과 '기' 그리고 '예'에 대한 이해가 다르기 때문이다.

A학파는 천리(天理)가 선천적으로 마음에 내재해 있다는 심성론에 따라 이 구절을 해석한다. 그들은 '극'은 '싸워서 이기다.'로, '복'은 '회복하다.'로 이해한다. 그리고 '기'는 '몸으로 인한 개인적 욕망'으로 '예'는 '천리에 따라 행위하는 것'으로 규정한다. 따라서 '극기'는 '몸의 개인적 욕망을 극복하다.'로 해석하고, '복례'는 '천리에 따라 행위하는 본래 모습을 회복하다.'로 해석한다.

이와 달리 B학파는 심성론에 따라 해석하지 않고 예를 중심으로 해석한다. 이들은 '극'을 '능숙하다.'로, '기'는 '몸'으로 이해한다. 또 '복'을 '한 번 했던 동작을 거듭하여 실천하다.'로 풀이한다. 그리고 예에 대한 인식도 달라서 '예'를 천리가 아닌 '본받아야 할 행위'로 이해한다. 예를 들면, 제사에 참여하여 어른들의 행위를 모방하면서 자신의 역할을 수행하는 것이 이에 해당한다. 따라서 이들의 해석에 따르면, '기복례'는 '몸이 본받아야 할 행위를 거듭 실행함'이 되고, '극'과 연결하여 해석하면 '몸이 본받아야 할 행위를 거듭 실행하여 능숙하게 되다.'가 된다.

두 학파가 동일한 구절을 달리 해석하는 또 다른 이유는 그들이 지향하는 철학적 관심이 다르기 때문이다. A학파는 '극기'를 '사욕의 제거'로 해석하면서, 용례상으로나 구문론상으로 "왜 꼭 그렇게 해석해야만 하는가?"라는 질문에 답하는 대신 자신들의 철학적 체계에 따른 해석을 고수한다. 그들의 관심은 악의 문제를 어떻게 설명할 것인가라는 문제에 집중되고 있다. B학파는 '극기복례'에 사용된 문자 하나하나의 용례를 추적하여 A학파의 해석이 『논어』가 만들어졌을 당시의 유가 사상과 거리가 있다는 것을 밝히려 한다. 그들은 욕망의 제거가 아닌 '모범적 행위의 창안'이라는 맥락에서 유가의 정통성을 찾으려 한다.

① A학파는 '기'를 극복의 대상으로 삼고, 천리를 행위의 기준으로 삼을 것이다.
② A학파에 의하면 '예'의 실천은 태어날 때부터 마음에 갖추고 있는 원리에 따라 이루어질 것이다.
③ B학파는 마음의 본래 모습을 회복함으로써 악을 제거하려 할 것이다.
④ B학파는 '기'를 숙련 행위의 주체로 이해하며, 선인의 행위를 모범으로 삼을 것이다.

※ 다음 글을 읽고 이어지는 질문에 답하시오. [5~6]

'GDP(국내총생산)'는 국민경제 전체의 생산 수준을 파악할 수 있는 지표로, 한 나라 안에서 일정 기간 새로 생산된 최종 생산물의 가치를 모두 합산한 것이다. GDP를 계산할 때는 총생산물의 가치에서 중간 생산물의 가치를 빼며, 그 결과는 최종 생산물 가치의 총합과 동일하다. 다만, GDP를 산출할 때는 그해에 새로 생산된 재화와 서비스 중 화폐로 매매된 것만 계산에 포함하고, 화폐로 매매되지 않은 것은 포함하지 않는다. 그런데 상품 판매 가격은 물가 변동에 따라 오르내리기 때문에 GDP를 집계 당시의 상품 판매 가격으로 산출하면 그 결과는 물가 변동의 영향을 그대로 받는다. 올해에 작년과 똑같은 수준으로 재화를 생산하고 판매했더라도 올해 물가 변동에 따라 상품 판매 가격이 크게 올랐다면 올해 GDP는 가격 상승분만큼 부풀려져 작년 GDP보다 커진다. 이런 까닭으로 올해 GDP가 작년 GDP보다 커졌다 하더라도 생산 수준이 작년보다 실질적으로 올랐다고 볼 수는 없다. 심지어 GDP가 작년보다 커졌더라도 실질적으로 생산 수준이 떨어졌을 수도 있다.

그래서 실질적인 생산 수준을 판단할 수 있는 GDP를 산출할 필요가 있다. 그렇게 하려면 먼저 어느 해를 기준 시점으로 정해 놓고, 산출하고자 하는 해의 가격을 기준 시점의 물가 수준으로 환산해 GDP를 산출하면 된다. 기준 시점의 물가 수준으로 환산해 산출한 GDP를 '실질 GDP'라고 하고, 기준 시점의 물가 수준으로 환산하지 않은 GDP를 실질 GDP와 구분하기 위해 '명목 GDP'라고 부르기도 한다. 예를 들어 기준 시점을 1995년으로 하여 2000년의 실질 GDP를 생각해 보자. 1995년에는 물가 수준이 100, 명목 GDP는 3천 원이었으며, 2000년 물가 수준은 200, 명목 GDP는 6천 원이라고 가정하자. 이 경우 명목 GDP는 3천 원에서 6천 원으로 늘었지만, 물가 수준 역시 두 배로 올랐으므로 결국 실질 GDP는 동일하다.

경제가 실질적으로 얼마나 성장했는지 알려면 실질 GDP의 추이를 보는 것이 효과적이므로 실질 GDP는 경제성장률을 나타내는 공식 경제지표로 활용되고 있다. 금년도의 경제성장률은 아래와 같은 식으로 산출할 수 있다.

$$[경제성장률(\%)] = \frac{(금년도\ 실질\ GDP) - (전년도\ 실질\ GDP)}{(전년도\ 실질\ GDP)} \times 100$$

GDP만큼 중요한 경제지표에는 'GNI(국민총소득)'라는 것도 있다. GNI는 GDP에 외국과 거래하는 교역 조건의 변화로 생기는 실질적 무역 손익을 합산해 집계한다. 그렇다면 ㉠ GDP가 있는데도 GNI를 따로 만들어 쓰는 이유는 무엇일까? 만약 수입 상품 단가가 수출 상품 단가보다 올라 대외 교역 조건이 나빠지면 전보다 많은 재화를 생산·수출하고도 제품·부품 수입 비용이 증가하여 무역 손실이 발생할 수도 있다. 이때 GDP는 무역 손실에 따른 실질 소득의 감소를 제대로 반영하지 못하기 때문에 GNI가 필요한 것이다. 결국 GDP가 국민경제의 크기와 생산 능력을 나타내는 데 중점을 두는 지표라면, GNI는 국민경제의 소득 수준과 소비 능력을 나타내는 데 중점을 두는 지표라고 할 수 있다.

05 윗글의 내용으로 적절하지 않은 것은?

① GDP는 최종 생산물 가치의 총합으로 계산할 수 있다.

② 화폐로 매매되지 않은 것은 GDP 계산에 넣지 않는다.

③ 새로 생산된 재화와 서비스만이 GDP 계산의 대상이 된다.

④ GDP는 총생산물 가치에 중간 생산물 가치를 더하여 산출한다.

06 윗글의 밑줄 친 ㉠에 대한 대답으로 가장 적절한 것은?

① 생산한 재화의 총량을 정확히 측정하기 위해

② 생산한 재화의 수출량을 정확히 측정하기 위해

③ 국가 간의 물가 수준의 차이를 정확히 재기 위해

④ 무역 손익에 따른 실질 소득의 증감을 정확히 재기 위해

07 다음 문장을 읽고, 이어질 문단을 논리적 순서대로 바르게 나열한 것은?

> 케인즈 학파에서는 시장에서 임금이나 물가 등의 가격 변수가 완전히 탄력적으로 작용하지는 않기 때문에 경기적 실업은 자연스럽게 해소될 수 없다고 주장한다.

> (가) 그래서 경기 침체에 의해 물가가 하락하더라도 화폐환상현상으로 인해 노동자들은 명목임금의 하락을 받아들이지 않게 되고, 결국 명목임금은 경기적 실업이 발생하기 이전의 수준과 비슷하게 유지된다. 이는 기업에서 노동의 수요량을 늘리지 못하는 결과로 이어지게 되고 실업은 지속된다. 따라서 케인즈 학파에서는 정부가 정책을 통해 노동의 수요를 늘리는 등의 경기적 실업을 감소시킬 수 있는 적극적인 역할을 해야 한다고 주장한다.
> (나) 이에 대해 케인즈 학파에서는 여러 가지 이유를 제시하는데 그중 하나가 화폐환상현상이다. 화폐환상현상이란 경기 침체로 인해 물가가 하락하고 이에 영향을 받아 명목임금이 하락하였을 때의 실질임금이 명목임금의 하락 이전과 동일하다는 것을 노동자가 인식하지 못하는 현상을 의미한다.
> (다) 즉, 명목임금이 변하지 않은 상태에서 경기 침체로 인한 물가 하락으로 실질임금이 상승하더라도, 고전학파에서 말하는 것처럼 명목임금이 탄력적으로 하락하는 현상은 일어나기 어렵다고 본 것이다.

① (가) – (나) – (다)　　　　　　② (가) – (다) – (나)
③ (다) – (가) – (나)　　　　　　④ (다) – (나) – (가)

08 A고객은 H은행 정기예금을 만기 납입했다. 정기예금의 조건이 다음과 같을 때, A고객이 만기 시 수령할 이자는 얼마인가?(단, 소수점 첫째 자리에서 반올림한다)

> ▲ 상품명 : H은행 정기예금
> ▲ 가입자 : 본인
> ▲ 계약기간 : 6개월
> ▲ 저축방법 : 거치식
> ▲ 저축금액 : 1,000만 원
> ▲ 이자지급방식 : 만기일시지급, 단리식
> ▲ 기본금리 : 연 0.1%
> ▲ 우대금리 : 최대 연 0.3%p
> ▲ 기타사항 : 우대금리를 최대로 받는다.

① 10,000원　　　　　　② 15,000원
③ 18,000원　　　　　　④ 20,000원

09 10명이 앉을 수 있는 원형 탁자에 국문학과 2명, 영문학과 2명, 수학과 2명, 전자과 2명, 회화과 2명이 앉고자 한다. 과가 같은 학생끼리 마주보도록 앉는 경우의 수는?

① 330가지　　　　　　　　　　② 348가지

③ 366가지　　　　　　　　　　④ 384가지

10 K씨는 저가항공을 이용하여 비수기에 제주도 출장을 가려고 한다. 1인 기준으로 작년에 비해 비행기 왕복 요금은 20% 내렸고, 1박 숙박비는 15% 올라서 올해의 비행기 왕복 요금과 1박 숙박비 합계는 작년보다 10% 증가한 금액인 308,000원이라고 한다. 이때, 1인 기준으로 올해의 비행기 왕복 요금은?

① 31,000원　　　　　　　　　　② 32,000원

③ 33,000원　　　　　　　　　　④ 34,000원

11 어떤 미생물이 다음과 같은 규칙으로 분열한다고 한다. 6월 7일에 미생물 3마리가 분열을 시작한다면, 이 미생물이 30억 마리가 되는 날은?

〈미생물 개체 수 변화〉

(단위 : 마리)

구분	6월 7일	6월 10일	6월 13일	6월 16일	6월 19일
개체 수	3	30	300	3,000	30,000

① 7월 1일　　　　　　　　　　② 7월 4일

③ 7월 7일　　　　　　　　　　④ 7월 10일

12 K씨는 올 겨울에 해외여행을 가고자 한다. 여행사에서 운영하는 여행패키지 상품의 가격이 다음과 같을 때, 〈조건〉에 따라 가장 저렴하게 이용할 수 있는 여행패키지 가격은?

〈여행패키지 상품별 비용〉

구분	출발일	도착일	가격	비고
A	12.30	1.7	1,800,000원	–
B	1.4	1.30	2,100,000원	M멤버십 보유 시 30% 할인 Z카드 이용 시 25% 할인
C	1.15	1.22	1,600,000원	Z카드 이용 시 20% 할인
D	1.10	1.20	1,750,000원	M멤버십 보유 시 20% 할인 Z카드 이용 시 10% 할인
E	1.25	2.2	1,500,000원	M멤버십 보유 시 20% 할인
F	1.4	1.9	1,500,000원	M멤버십 보유 시 5% 할인 Z카드 이용 시 10% 할인

※ 중·고등학생은 청소년으로, 만 5세 이상 및 초등학생은 어린이로 티켓 가격을 책정함

조건

• 출발일과 도착일 모두 1월 이내여야 한다.
• 여행 기간은 15일 이내여야 한다.
• K씨는 M멤버십을 보유하고 있다.
• K씨는 Z카드를 갖고 있지 않다.

① 1,500,000원
② 1,487,500원
③ 1,400,000원
④ 1,372,500원

13 김대리는 이번 휴가에 여행을 갈 장소를 고르고 있다. 각 관광 코스에 대한 정보가 다음과 같을 때, 〈조건〉에 따라 김대리가 선택하기에 가장 적절한 관광 코스는?

구분	A코스	B코스	C코스	D코스
기간	3박 4일	2박 3일	4박 5일	4박 5일
비용	245,000원	175,000원	401,000원	332,000원
경유지	3곳	2곳	5곳	5곳
참여인원	25명	18명	31명	28명
할인	K카드로 결제 시 5% 할인	–	I카드로 결제 시 귀가셔틀버스 무료 제공	I카드로 결제 시 10% 할인
비고	공항 내 수화물 보관서비스 제공	–	경유지별 수화물 운송서비스 제공	–

〈A ~ D 관광 코스〉

조건
• 휴가 기간에 맞추어 4일 이상 관광하되 5일을 초과하지 않아야 한다.
• 비용은 결제금액이 30만 원을 초과하지 않아야 한다.
• 모든 비용은 I카드로 결제한다.
• 참여 인원이 30명을 넘지 않는 코스를 선호한다.
• 되도록 경유지가 많은 코스를 고른다.

① A코스   ② B코스
③ C코스   ④ D코스

14 김대리는 현재 소비 습관에 따른 혜택 금액이 가장 큰 신용카드를 새로 신청하고자 한다. 김대리의 결제부문별 결제정보 및 신용카드별 혜택이 다음과 같을 때, 김대리가 신청하기에 가장 적절한 신용카드는?

〈김대리 결제정보〉

구분	결제금액	비고
외식	540,000원	T사 페이 결제 350,000원
쇼핑	290,000원	N사 페이 결제 150,000원
공과금	150,000원	자동이체
문화생활	95,000원	–
유류비	135,000원	–
총결제액	1,210,000원	1개 신용카드로 전체 금액을 결제함

〈신용카드별 혜택〉

구분	A카드	B카드	C카드	D카드
할인 부문	외식	쇼핑	공과금	유류비
이용실적별 할인 혜택	– 50만 원 이상 : 할인 부문 결제액의 10% 할인 – 100만 원 이상 : 할인 부문 결제액의 15% 할인			총결제액의 3% 할인
추가 혜택정보	페이 결제분에 대한 할인은 미적용	N사 페이 결제 시 5% 추가 할인	자동이체 설정 시 3% 추가 할인	–
월간 할인한도	28,000원	25,000원	–	30,000원

※ 이용실적은 총결제액을 기준으로 산정함

① A카드 ② B카드
③ C카드 ④ D카드

15 A공사에 근무하는 김대리는 국내 자율주행자동차 산업에 대한 SWOT 분석 결과에 따라 국내 자율주행자동차 산업 발달을 위한 방안을 고안하는 중이다. 김대리가 SWOT 분석에 의한 경영전략에 따라 판단하였다고 할 때, SWOT 분석에 의한 경영전략에 맞춘 판단으로 적절하지 않은 것을 〈보기〉에서 모두 고르면?

〈국내 자율주행자동차 산업에 대한 SWOT 분석 결과〉

구분	분석 결과
강점(Strength)	• 민간 자율주행기술 R&D지원을 위한 대규모 예산 확보 • 국내외에서 우수한 평가를 받는 국내 자동차기업 존재
약점(Weakness)	• 국내 민간기업의 자율주행기술 투자 미비 • 기술적 안전성 확보 미비
기회(Opportunity)	• 국가의 지속적 자율주행자동차 R&D 지원법안 본회의 통과 • 완성도 있는 자율주행기술을 갖춘 외국 기업들의 등장
위협(Threat)	• 자율주행차에 대한 국민들의 심리적 거부감 • 자율주행차에 대한 국가의 과도한 규제

〈SWOT 분석에 의한 경영전략〉

• SO전략 : 기회를 이용해 강점을 활용하는 전략
• ST전략 : 강점을 활용하여 위협을 최소화하거나 극복하는 전략
• WO전략 : 기회를 활용하여 약점을 보완하는 전략
• WT전략 : 약점을 최소화하고 위협을 회피하는 전략

> **보기**
>
> ㄱ. 자율주행기술 수준이 우수한 외국 기업과의 기술이전협약을 통해 국내 우수 자동차기업들의 자율주행기술 연구 및 상용화 수준을 향상시키려는 전략은 SO전략에 해당한다.
> ㄴ. 민간의 자율주행기술 R&D를 적극 지원하여 자율주행기술의 안전성을 높이려는 전략은 ST전략에 해당한다.
> ㄷ. 자율주행자동차 R&D를 지원하는 법률을 토대로 국내 기업의 기술개발을 적극 지원하여 안전성을 확보하려는 전략은 WO전략에 해당한다.
> ㄹ. 자율주행기술개발에 대한 국내기업의 투자가 부족하므로 국가기관이 주도하여 기술개발을 추진하는 전략은 WT전략에 해당한다.

① ㄱ, ㄴ   ② ㄱ, ㄷ
③ ㄴ, ㄷ   ④ ㄴ, ㄹ

16 올해 H은행에 입사한 신입사원 갑 ~ 기 6명에 대한 정보와 이들이 배치될 부서에 대한 정보가 다음과 같을 때, 각 부서에 배치될 신입사원이 잘못 연결된 것은?

- 신입사원들은 서로 다른 부서에 배치되며, 배치되지 않는 신입사원은 없다.
- 신입사원들의 정보가 부서별 요구사항을 충족할 시 해당 부서에 배치된다.
- 신입사원들에 대한 정보는 다음과 같다.

직원명	전공	학위	인턴 경험	업무 역량		
				데이터분석	재무분석	제2외국어
갑	경영	학사	1회	×	×	○
을	인문	석사	–	○	×	×
병	공학	학사	1회	×	○	×
정	사회	학사	2회	×	○	○
무	공학	학사	–	○	×	×
기	경영	박사	–	×	○	×

- 부서별 신입사원 요구사항은 다음과 같다.

부서명	요구사항
총무부	경영 전공자, 인턴 경험 보유
투자전략부	재무분석 가능, 석사 이상
인사부	인턴 등 조직 경험 1회 이상
대외협력부	제2외국어 가능자
품질관리부	석사 이상, 데이터분석 역량 보유
기술개발부	데이터분석 가능자

	부서	신입사원
①	투자전략부	기
②	대외협력부	갑
③	품질관리부	을
④	기술개발부	무

17 A ~ H 8명은 함께 여행을 가기로 하였다. 다음 〈조건〉에 따라 호텔의 방을 배정받는다고 할 때, 옳지 않은 것은?

조건

- A ~ H는 모두 하나씩 서로 다른 방을 배정받는다.
- 방이 상하로 이웃하고 있다는 것은 단면도상 방들이 위아래로 붙어있는 것을 의미한다.
- A, C, G는 호텔의 왼쪽 방을 배정받는다.
- B는 F의 위층 방을 배정받는다.
- A는 다리를 다쳐 가장 낮은 층을 배정받는다.
- F는 호텔의 오른쪽 방을 배정받는다.
- D는 G와 같은 층의 방을 배정받는다.
- 객실 번호가 적혀 있지 않은 곳은 이미 예약이 되어 방 배정이 불가능한 방이다.

〈호텔 단면도〉

	왼쪽	가운데	오른쪽
5층	501		503
4층	401		
3층			303
2층		202	203
1층	101	102	

① B와 F가 배정받은 방은 서로 상하로 이웃하고 있다.
② E는 호텔의 가운데에 위치한 방을 배정받는다.
③ C는 4층에 위치한 방을 배정받는다.
④ E는 H보다 높은 층을 배정받는다.

18 H은행 인재연수부 김과장은 사내 연수 중 조별과제의 발표 일정을 수립하고자 한다. 다음 〈조건〉에 따라 각 조의 발표 날짜를 정한다고 할 때, B조가 발표할 날짜는?

조건

- 조별과제 발표를 수행할 조는 A조, B조, C조이다.
- 조별과제의 발표는 연수 시간에 이루어지며, 연수는 매주 화요일부터 금요일까지 진행된다.
- 달력에는 공휴일 및 창립기념일이 기록되어 있으며, 해당 일은 연수가 진행되지 않는다.
- 각 조는 3일간 발표를 수행한다.
- 조별 발표는 A조 → C조 → B조 순으로 진행되며, 각 조는 앞 순서 조의 마지막 발표일 이후, 가능한 한 가장 빠른 일자에 발표를 시작한다.
- 특정 조의 발표가 끝난 날의 다음 날에는 어느 조도 발표를 할 수 없다.
- 각 조의 발표는 3일간 연속하여 하는 것이 원칙이나, 마지막 날의 발표는 연속하지 않게 별도로 할 수 있다. 다만, 이 경우에도 가능한 한 가장 빠른 일자에 마지막 날의 발표를 하여야 한다.

〈5월 달력〉

일	월	화	수	목	금	토
	1	2	3	4	5 어린이날	6
7	8	9 A조 발표	10 A조 발표	11 A조 발표	12	13
14	15	16	17 창립기념일	18	19	20
21	22	23	24	25	26	27 석가탄신일
28	29 대체공휴일	30	31			

① 18 ~ 19, 22일 ② 22 ~ 24일

③ 24 ~ 26일 ④ 25 ~ 26, 30일

19 기태는 N은행의 적금 상품에 가입하여 2019년 1월 초부터 2022년 4월 초까지 매월 초에 일정한 금액을 적립한 후 2022년 4월 말에 2,211만 원을 지급받기로 하였다. 월이율 0.5%의 복리로 계산할 때, 매월 적립해야 하는 금액은 얼마인가?(단, $1.005^{40} = 1.22$로 계산한다)

① 35만 원   ② 40만 원

③ 45만 원   ④ 50만 원

⑤ 55만 원

20 어느 유료 주차장의 요금이 다음과 같을 때, 이 주차장에 주차를 하고 5,000원 이하의 주차 요금을 지불하려고 한다. 가능한 최대 주차 시간은?

> • 30분 이내인 경우에는 기본요금 1,500원을 낸다.
> • 30분을 초과한 경우에는 10분마다 500원이 추가 된다.

① 100분   ② 110분

③ 120분   ④ 130분

⑤ 140분

21 다음은 은행별 적금 보험 상품에 대한 안내이다. A은행에서 3년 말에 받는 적립금과 B은행에서 2년 말에 받는 적립금을 비교할 때 어떤 은행에서 얼마 더 많은 금액을 받을 수 있는가?(단, $1.001^{36} = 1.04$, $1.002^{24} = 1.05$로 계산한다)

구분	상품
A은행	매월 초에 5만 원씩 월이율 0.1%의 복리로 3년 동안 적립
B은행	매월 초에 10만 원씩 월이율 0.2%의 복리로 2년 동안 적립

① A은행, 503,000원   ② B은행, 503,000원

③ A은행, 403,000원   ④ B은행, 403,000원

⑤ A은행, 303,000원

22 어느 학교의 작년의 전체 학생 수는 2,000명이었다. 올해는 작년에 비하여 남학생은 5% 감소하고, 여학생은 5% 증가하여 전체적으로 14명이 줄었다. 이 학교의 작년 여학생 수는?

① 820명   ② 830명

③ 840명   ④ 850명

⑤ 860명

23 A ~ G 7명은 모두 사원, 대리, 과장, 차장, 팀장, 부부장, 부장 중 하나의 직급에 해당하며, 이 중 동일한 직급인 직원은 없다. A ~ G가 원형 테이블에 〈조건〉과 같이 앉아 있을 때, 다음 중 직급이 사원인 사람과 대리인 사람이 바르게 연결된 것은?

> **조건**
> • A의 왼쪽에는 부장이, 오른쪽에는 차장이 앉아 있다.
> • E는 사원과 이웃하여 앉지 않았다.
> • B는 부장과 이웃하여 앉아 있다.
> • C의 직급은 차장이다.
> • G는 차장과 과장 사이에 앉아 있다.
> • D는 A와 이웃하여 앉아 있다.
> • 사원은 부장, 대리와 이웃하여 앉아 있다.

	사원	대리
①	A	F
②	B	E
③	B	F
④	D	E
⑤	D	G

24 다음 중 짝지어진 단어 사이의 관계가 나머지와 다른 하나는?

① 밀집 – 산재 ② 좌시 – 방관

③ 훼방 – 협조 ④ 방만 – 절연

⑤ 옹색 – 윤택

25 다음 제시된 단어에서 공통으로 연상할 수 있는 단어는?

갤런, 배럴, 온스

① 무게 ② 부피

③ 온도 ④ 압력

⑤ 넓이

26 다음 밑줄 친 빈칸에 들어갈 한자성어로 가장 적절한 것은?

> 최근 1명의 사망자와 1명의 부상자를 낸 ○○교 붕괴사고에 대한 뒤늦은 사태파악이 이루어지고 있다. 지반 약화 또는 불법·부실 시공이 있었는지 파악 중이지만, 30년도 더 된 자료와 당시 관계자의 진술을 확보하는 데 어려움을 겪는 것으로 알려졌다.
>
> 즉, 어떤 건물이든지 기초를 튼튼히 하기 위하여 지질을 검사하고, 지반부터 다져야 한다. 만약 _____한다면 오래가지 못할 것이며, 완성되기도 전에 무너질 수 있다.

① 혼정신성 ② 표리부동

③ 철저성침 ④ 격화소양

⑤ 사상누각

※ 다음은 NH진짜사나이(군간부)적금 상품 설명과 24개월 만기로 신청한 간부 A ~ D의 NH농협은행 금융거래 실적에 대한 자료이다. 이어지는 질문에 답하시오. [27~28]

〈NH진짜사나이(군간부)적금〉

상품특징 : 군간부 및 간부후보생 급여실적 및 교차거래에 따른 우대금리 제공 적립식 상품
가입대상 : 군간부(장교, 부사관, 군의관, 법무관 등) 및 간부후보생(사관생도 등)과 복무 중인 병역법 제5조
　　　　　 제3항 나목의 보충역(사회복무요원 제외) 대상(1인 1계좌)
가입기간 : 12개월 이상 24개월 이내(월 단위)
가입금액 : 초입금 / 매회 1만 원 이상, 매월 50만 원 이하(1인당) 금액을 만기일 전까지 자유 적립
상품과목 : 자유로우대적금
적립방법 : 자유적립식
금리안내 : 기본 연 3.1%, 자유로우대적금 가입기간별 금리
우대금리 : 1. 최고 3.7%p(우대조건을 충족하는 경우 만기해지 시 적용)
　　　　　 2. 「상품우대알림」 서비스 신청 대상 상품

세부조건	우대금리(%p)	상품우대알림
이 적금 가입기간 중 만기 전전월까지 "6개월 이상" 농협은행에 급여 이체 시	3.00	급여연금
가입 월부터 만기 전전월까지 기간 중 은행에서 발급한 NH농협 개인 신용카드 · 체크카드(채움) 월 평균 20만 원 이상 이용 시	0.20	카드이용
만기일 전전월 말 기준으로 농협은행의 주택청약종합저축(청약저축 및 청년우대형 포함) 가입 시	0.20	수신가입
만기일 전전월 말 기준으로 농협은행의 적립식(임의식)펀드 중 1개 이상 가입 시	0.10	수신가입
만기일 전전월 말 기준으로 농협은행의 대출 실적 보유 시	0.20	대출거래

〈간부 A ~ D의 NH농협은행 금융거래 실적〉

A	• 월 30만 원 적립 • 2021년 1월부터 2022년 12월까지 농협은행에 급여 입금 내역 존재 • 2022년 1월부터 2022년 12월까지 NH농협 개인신용카드 및 체크카드(채움) 월 평균 50만 원 사용 • NH농협은행의 주책청약종합저축 미가입 • NH농협은행의 적립식 펀드 미가입 • 2022년 12월 NH농협은행 대출 실적 보유
B	• 월 50만 원 적립 • 2021년 1월부터 2022년 12월까지 농협은행에 급여 입금 내역 없음 • 2021년 1월부터 2022년 12월까지 NH농협 개인신용카드 및 체크카드(채움) 사용 내역 없음 • 2022년 12월 NH농협은행의 주책청약종합저축 가입 • NH농협은행의 적립식 펀드 미가입 • NH농협은행 대출 실적 미보유
C	• 월 20만 원 적립 • 2022년 9월부터 2022년 12월까지 농협은행에 급여 입금 내역 존재 • 2021년 1월부터 2022년 12월까지 NH농협 개인신용카드 및 체크카드(채움) 월 70만 원 사용 • 2022년 6월 NH농협은행의 주책청약종합저축 가입 • 2022년 12월 NH농협은행의 적립식 펀드 가입 • 2021년 8월 NH농협은행 대출 실적 보유

D	• 월 40만 원 적립 • 2022년 1월부터 2022년 12월까지 농협은행에 급여 입금 내역 존재 • 2021년 1월부터 2022년 12월까지 NH농협 개인신용카드 및 체크카드(채움) 월 평균 15만 원 사용 • 2021년 3월 NH농협은행의 주택청약종합저축 가입 • 2021년 6월 NH농협은행의 적립식 펀드 가입 • 2021년 3월 NH농협은행 대출 실적 보유

┃ 지역농협 6급(70문항)

27 간부 A ~ D의 적금 가입일이 2021년 1월 1일로 모두 같을 때, 2023년 1월 1일에 받는 월 이자 금액이 적은 사람부터 순서대로 나열한 것은?

① C − A − D − B

② C − B − A − D

③ C − B − D − A

④ C − D − A − B

⑤ C − D − B − A

┃ 지역농협 6급(70문항)

28 간부 A ~ D의 만기 원리합계 금액이 바르게 나열된 것은?(단, 근삿값은 주어진 표를 따르고 소수점 셋째 자리에서 반올림하며, 이자는 월말에 발생한다)

$(1+0.031/12)^{24}$	1.064	$(1+0.062/12)^{24}$	1.131
$(1+0.033/12)^{24}$	1.068	$(1+0.063/12)^{24}$	1.133
$(1+0.036/12)^{24}$	1.075	$(1+0.066/12)^{24}$	1.141
$(1+0.037/12)^{24}$	1.077	$(1+0.068/12)^{24}$	1.145

	A	B	C	D
①	723.67만 원	1,206.38만 원	480.64만 원	970.15만 원
②	731.65만 원	1,224.68만 원	492.13만 원	1,017.25만 원
③	763.99만 원	1,241.91만 원	501만 원	1,031.09만 원
④	765.36만 원	1,237.2만 원	497.76만 원	1,023.36만 원
⑤	781.61만 원	1,295.94만 원	501.15만 원	1,051.66만 원

PART 3

주요 금융권 NCS 기출복원문제

29 다음 글을 읽고 추론한 내용으로 적절하지 않은 것은?

> 우리는 도시화, 산업화, 고도성장 과정에서 우리 경제의 뒷방살이 신세로 전락한 한국 농업의 새로운 가치에 주목해야 한다. 농업은 경제적 효율성이 뒤처져서 사라져야 할 사양 산업이 아니다. 전 지구적인 기후 변화와 식량 및 에너지 등 자원 위기에 대응하여 나라와 생명을 살릴 미래 산업으로서 농업의 전략적 가치가 크게 부각되고 있다. 농본주의의 가치를 앞세우고 농업 르네상스 시대의 재연을 통해 우리 경제가 당면한 불확실성의 터널을 벗어나야 한다.
>
> 우리는 왜 이런 주장을 하는가? 농업은 자원 순환적이고 환경 친화적인 산업이기 때문이다. 땅의 생산력에 기초해서 한계적 노동력을 고용하는 지연(地緣) 산업인 동시에 식량과 에너지를 생산하는 원천적인 생명 산업이기 때문이다. 물질적인 부의 극대화를 위해서 한 지역의 자원을 개발하여 이용한 뒤에 효용 가치가 떨어지면 다른 곳으로 이동하는 유목민적 태도가 오늘날 위기를 낳고 키워 왔는지 모른다. 급변하는 시대의 흐름에 부응하지 못하는 구시대의 경제 패러다임으로는 오늘날의 역사에 동승하기 어렵다. 이런 맥락에서 지키고 가꾸어 후손에게 넘겨주는 문화적 지속성을 존중하는 농업의 가치가 새롭게 조명받는 이유에 주목할 만하다. 과학 기술의 눈부신 발전성과를 수용하여 새로운 상품과 시장을 창출할 수 있는 녹색성장 산업으로서 농업의 잠재적 가치가 중시되고 있는 것이다.

① 산업화를 위한 국가의 정책 추진 과정에서 농업은 소외되어 왔다.
② 농업의 성장을 위해서는 먼저 과학 기술의 문제점을 성찰해야 한다.
③ 지나친 경제적 효율성 추구로 세계는 현재 자원 위기에 처해 있다.
④ 자원 순환적·환경 친화적 산업의 가치가 부각되고 있다.
⑤ 기존의 경제 패러다임으로는 미래 사회에 적응할 수 없다.

30 다음 글에 나타난 '라이헨바흐의 논증'을 평가 · 비판한 내용으로 적절하지 않은 것은?

귀납은 현대 논리학에서 연역이 아닌 모든 추론, 즉 전제가 결론을 개연적으로 뒷받침하는 모든 추론을 가리킨다. 귀납은 기존의 정보나 관찰 증거 등을 근거로 새로운 사실을 추가하는 지식 확장적 특성을 지닌다. 이 특성으로 인해 귀납은 근대 과학 발전의 방법적 토대가 되었지만, 한편으로 귀납 자체의 논리적 한계를 지적하는 문제들에 부딪히기도 한다.

먼저 흄은 과거의 경험을 근거로 미래를 예측하는 귀납이 정당한 추론이 되려면 미래의 세계가 과거에 우리가 경험해 온 세계와 동일하다는 자연의 일양성(一樣性), 곧 한결같음이 가정되어야 한다고 보았다. 그런데 자연의 일양성은 선험적으로 알 수 있는 것이 아니라 경험에 기대어야 알 수 있는 것이다. 즉, "귀납이 정당한 추론이다."라는 주장은 "자연은 일양적이다."라는 다른 지식을 전제로 하는데, 그 지식은 다시 귀납에 의해 정당화되어야 하는 경험적 지식이므로 귀납의 정당화는 순환 논리에 빠져 버린다는 것이다. 이것이 귀납의 정당화 문제이다.

귀납의 정당화 문제로부터 과학의 방법인 귀납을 옹호하기 위해 라이헨바흐는 이 문제에 대해 현실적 구제책을 제시한다. 라이헨바흐는 자연이 일양적일 수도 있고 그렇지 않을 수도 있음을 전제한다. 먼저 자연이 일양적일 경우, 그는 지금까지의 우리의 경험에 따라 귀납이 점술술이나 예언 등의 다른 방법보다 성공적인 방법이라고 판단한다. 자연이 일양적이지 않다면, 어떤 방법도 체계적으로 미래 예측에 계속해서 성공할 수 없다는 논리적 판단을 통해 귀납은 최소한 다른 방법보다 나쁘지 않은 추론이라고 확언한다. 결국 자연이 일양적인지 그렇지 않은지 알 수 없는 상황에서는 귀납을 사용하는 것이 옳은 선택이라는 라이헨바흐의 논증은 귀납의 정당화 문제를 현실적 차원에서 해소하려는 시도로 볼 수 있다.

① 귀납이 지닌 논리적 허점을 완전히 극복한 것은 아니라는 비판의 여지가 있다.
② 귀납을 과학의 방법으로 사용할 수 있음을 지지하려는 목적에서 시도하였다는 데 의미가 있다.
③ 귀납과 다른 방법을 비교하기 위해 경험적 판단과 논리적 판단을 모두 활용한 것이 특징이다.
④ 귀납과 견주어 미래 예측에 더 성공적인 방법이 없다는 판단을 근거로 귀납의 가치를 보여 주고 있다.
⑤ 귀납이 현실적으로 옳은 추론 방법임을 밝히기 위해 자연의 일양성이 선험적 지식임을 증명한 데 의의가 있다.

31 다음 문단을 논리적 순서대로 바르게 나열한 것은?

> (가) 애그테크는 농업 산업의 생산성과 효율성을 높이고, 자원 사용을 최적화하며, 작물의 품질과 수량을 향상시키는 것을 목표로 한다. 다양한 기술을 활용하여 농작물 재배, 가축 사육, 작물 보호, 수확 및 포장 등 농업에 관련한 모든 단계에서 다양한 첨단 기술이 적용된다.
>
> (나) 애그테크는 농업의 효율화, 자동화 등을 위해 다양한 기술을 활용한다. 첫째, 센서 기술을 통해 토양 상태, 기후 조건, 작물 성장 등을 모니터링한다. 이를 통해 작물의 생장 상태를 실시간으로 파악하고 작물에 필요한 물과 비료의 양을 조절할 수 있다. 둘째, 드론과 로봇기술을 통해 농지 상태를 파악하고 작물을 자동으로 식별하여 수확할 수 있다. 이를 통해 농업에 필요한 인력을 절감하고 생산성을 높일 수 있다. 셋째, 센서나 로봇으로 수집한 데이터를 분석하는 빅데이터 분석 기술을 통해 작물의 성장 패턴, 질병 예측, 수확 시기 등 최적의 정보를 얻을 수 있다. 이를 통해 농부는 더 효과적으로 작물을 관리하고 의사 결정을 내릴 수 있다. 넷째, 수직 농장, 수경 재배, 조직 배양 등 혁신적인 재배 기술을 통해 더 많은 작물을 작은 공간에서 생산하고 최적의 자원을 투입하여 낭비를 막을 수 있다. 마지막으로 생명공학 및 유전자 기술을 통해 작물의 생산성, 내구성 등을 개선할 수 있다. 이를 통해 수확량을 증대시키고, 재해에 대한 저항력을 향상시킬 수 있다.
>
> (다) 농협경제연구소는 2023년 주목해야 할 농업·농촌 이슈 중의 하나로 "애그테크(Ag-tech)의 성장"을 선정하였다. 애그테크는 농업(Agriculture)과 기술(Technology)의 융합을 뜻하는 것으로 정보기술(ICT), 생명과학, 로봇공학, 센서 기술 등 다양한 기술을 농업 분야에 적용하는 기술이다.
>
> (라) UN 식량농업기구(FAO)는 2050년에는 세계 인구가 90억 명으로 급증하여 식량부족현상이 일어날 수 있다고 경고한다. 농업에 종사하는 사람은 점점 적어지고 있으므로 애그테크는 자동화, 최적화, 효율화를 통해 급증하는 인구에 식량을 제공하고, 환경 문제를 해결하는 등 미래 사회를 위해 반드시 필요한 기술이다.

① (나) - (가) - (다) - (라)
② (나) - (다) - (가) - (라)
③ (다) - (가) - (나) - (라)
④ (다) - (나) - (가) - (라)
⑤ (다) - (라) - (가) - (나)

32 다음 글에서 〈보기〉의 문단이 들어갈 위치로 가장 적절한 곳은?

농림축산식품부는 농업·농촌의 공익기능 증진과 농업인의 소득 안정을 위해 '공익직불제'를 시행하고 있다. 공익직불제는 농업활동을 통해 환경보전, 농촌 공동체 유지, 먹거리 안전 등 공익을 창출할 수 있도록 농업인에게 보조금을 지원하는 제도이다.

(가) 공익직불제는 기존 직불제의 한계점을 해결하기 위해 시행되었다. 먼저 모든 작물을 대상으로 동일금액을 지급하여 작물 간의 형평성을 제고하고 쌀 중심의 농정 패러다임을 전환하도록 유도하였다. 또한 경영규모가 작을수록 높은 단가를 적용하는 등 중·소규모 농가에 대한 소득안정기능을 강화하여 농가 간 형평성을 제고하였다. 마지막으로 다양한 준수사항을 설정하여 농업인의 공익 준수의무를 강화하였다.

(나) 직불금을 받는 농업인은 공익을 위해 다음의 준수사항을 실천해야 한다. 첫째, 농지의 형상 및 기능을 유지하는 등 생태계 보전을 위해 노력해야 한다. 둘째, 농약 안전사용기준이나 농산물 출하제한 명령 등을 준수하여 먹거리 안전을 실현해야 한다. 셋째, 마을 공동체 활동 참여 등 공동체 활성화에 이바지해야 한다. 넷째, 영농일지 작성, 농업 증진 교육 이수 등 영농활동을 준수해야 한다. 다섯째, 화학비료, 하천·지하수 이용 기준을 준수하는 등 환경보호에 힘써야 한다. 이러한 준수사항을 위반할 경우 직불금의 총액이 감액될 수 있다.

(다) 공익직불제는 실제 농사를 짓는 농업인이 직불금을 받을 수 있도록 규정되어 있다. 위조, 거짓 신청, 농지분할, 무단점유 등 부정수급을 막기 위하여 사업신청정보 통합관리 시스템으로 직불금 자격요건 검증 및 심사를 강화하고 있으며, 특별사법경찰관·명예감시원 등을 통해 관리·감독을 시행하고 있다. 이를 위반한 경우 부당이익금 전액이 환수되며, 최대 5배까지 제재부가금이 부과된다. 이 밖에도 부정수급 적발을 위해 신고포상금제도도 운영하고 있다.

(라) 2023년 현재 공익직불제는 시행 4년 차를 맞아 더욱 다양한 농업인에게 폭넓은 혜택을 제공할 수 있도록 확대되었다. 공익직불제는 부정수급 관련 문제나, 제도 사각지대 등 여러 문제점이 아직 존재하지만 점차 개선 중에 있으며 농업의 다원적 기능과 공익적 역할을 유도하는 데 많은 도움을 주고 있다.

〈보기〉

2004년 WTO 재협상 이후 수입쌀이 값싼 가격에 들어오면서 정부는 농가 피해보전을 위해 쌀 소득보전 직불제를 도입하여 농가소득안정과 규모화 및 생산구조 효율화에 기여하였다. 그러나 이는 쌀의 과잉공급을 초래하였고 다른 작물을 재배하는 소규모 농가에 대한 소득안전망 기능 미흡 등 다양한 문제점이 있었다.

① (가)　　　　　　　　　　　② (나)

③ (다)　　　　　　　　　　　④ (라)

33 다음 글의 내용으로 적절하지 않은 것은?

생각만으로도 따뜻해지는 나의 고향에 힘을 보태주기 위한 고향사랑기부제가 2023년 1월 1일부터 행정안전부 주재로 시작되었다. 고향사랑기부제는 개인이 주소지 이외의 지방자치단체에 일정 금액을 기부하면 세액공제와 함께 답례품을 받는 제도이다. 행정안전부는 「고향사랑 기부금에 관한 법률」 및 같은 법 시행령, 지자체 조례에 따라 고향사랑기부제를 시행하고 있다.

기부금 한도는 개인당 연간 500만 원으로 주민등록상 주소지를 제외한 모든 지자체에 기부할 수 있다. 기부금액 10만 원 이하는 전액 세액공제가 되며, 10만 원 초과 시에는 16.5%를 공제받을 수 있다. 또 기부자에게는 기부금액의 30% 이내에 해당하는 답례품이 제공된다. 예를 들어 10만 원을 기부하면 세액공제 10만 원, 답례품 3만 원을 합해 13만 원의 혜택을 돌려받을 수 있다. 100만 원을 기부하면 54만 8,500원(세액공제 24만 8,500원, 답례품 30만 원)의 혜택을 받게 된다.

답례품은 해당 지역에서 생산되는 지역특산품 등으로, 지자체 간 과도한 경쟁이 일어나지 않도록 개인별 기부금 총액의 30% 이내로 정해져있다. 지자체는 답례품 및 답례품 공급업체의 공정한 선정을 위해 답례품선정위원회를 운영하여 농·축·수산물, 가공식품, 생활용품, 관광·서비스, 지역 상품권 등 2,000여 종의 답례품을 선정하여 기부자에게 증정하고 있다.

각 지자체는 정부 광고매체를 활용해 모금할 수 있다. 다만 법령에서는 개별적인 전화·서신, 호별 방문, 향우회·동창회 등 사적 모임을 통한 모금의 강요나 권유·독려, 지자체가 주최·주관·후원하는 행사에 참석·방문해 적극적으로 권유·독려하는 방법을 금지하고 있으며 이를 위반했을 경우에는 최대 8개월까지 기부금 모금이 제한되고, 지자체의 모금이 제한된 경우에는 해당 기관의 누리집 등을 통해 알려야 한다.

고향사랑기부제는 국내에서는 올해 처음 시행된 제도로 모인 기부금은 지자체를 통해 주민복리 증진과 지역활성화에 사용된다. 지자체는 기부금으로 조성된 고향사랑기금을 투명하게 사용할 수 있도록 지방기금법에 따라 관리·운용하고 있으며, 여기서 기부금의 모집·운용 등에 쓸 수 있는 기금의 범위는 전년도 기부금의 15% 이내이다.

행정안전부는 기부자가 쉽고 편리하게 해당 제도를 이용할 수 있도록 원스톱 정보시스템인 '고향사랑e음'을 구축하여 운용하고 있다. 기부자는 고향사랑e음에서 전국 243개 지자체에 편리하게 기부할 수 있고, 국세청 연말정산시스템과 연계하여 자동으로 세액공제 혜택을 받을 수 있다. 또한 기부자가 원하는 시기에 원하는 답례품을 선택할 수 있도록 기부금의 30%를 포인트로 적립해 준다. '고향사랑e음' 시스템 외에도 전국 5,900여 개 농협 창구를 직접 방문해 기부할 수도 있다. 창구를 이용할 경우 본인 신분증(주민등록증·운전면허증 등)을 가지고 농협 근무시간(오전 9시 ~ 오후 3시 30분)에 방문해 현장에서 기부할 수 있다. 기부금액에 따른 답례품 선택 등도 안내받을 수 있다.

① 온라인 이외에도 은행에 방문하여 현장에서 기부할 수 있다.
② 고향사랑e음을 통해 기부하면 자동으로 세액공제 혜택을 받을 수 있다.
③ 기부금 모금 독려는 지자체가 주관하는 지방행사에서 가능하다.
④ 고향사랑e음을 통해 기부자는 답례품을 자신이 원하는 시기에 원하는 물건으로 받을 수 있다.

34 다음 글의 제목으로 가장 적절한 것은?

> 새마을금고중앙회는 대포통장 근절을 통해 보이스피싱 예방에 성과를 거두고 있다고 밝혔다.
> 대포통장은 명의자와 사용자가 일치하지 않는 통장으로, 대부분 금융사기에 이용된다. 보이스피싱
> 의 경우도 피해자로부터 입금을 받는 계좌로 대포통장을 이용한다. 따라서 대포통장 근절은 보이스
> 피싱 예방의 중요한 수단으로 여겨진다.
> 새마을금고는 요구불통장 발급전용 창구 개설, 발급전담자 지정, 금융거래목적확인 절차 강화, 현
> 금IC카드 발급요건 강화, 고액현금 인출 사전예방 문진표 징구 등을 통해 대포통장 근절에 적극 나
> 서고 있다.
> 그 결과 새마을금고의 대포통장 비율은 눈에 띄게 줄었다. 지난 5년간 전(全) 금융기관 대포통장 대비
> 새마을금고의 대포통장 비율은 2018년 11.7%, 2019년 9.0%, 2020년 5.6%, 2021년 3.7%, 2022년
> 4.3%로 크게 감소했고, 발생 건수 또한 2018년 6,002건에서 2022년 1,272건으로 감소했다.
> 한편 새마을금고중앙회는 피해·사기계좌에 대한 모니터링을 통해 자금 인출 전 계좌의 출금을 막
> 아 피해를 예방하고 금융사기를 차단하고 있다고 전했다. 이러한 모니터링을 통한 예방 계좌 수는
> 2020년 644건, 2021년 761건, 2022년 1,402건으로 지속적으로 증가했고, 예방 금액은 지난 3년
> 간 총 132억에 달한다고 한다.
> 새마을금고중앙회 관계자는 "적극적인 대포통장 근절로 보이스피싱 예방과 고객 보호에 최선을 다
> 하겠다."라고 밝혔다.

① 대포통장, 보이스피싱의 대표적 수단
② 새마을금고중앙회의 보이스피싱 예방 성과
③ 새마을금고중앙회, 금융사기 피해자 지원
④ 사기계좌에 대한 지속적 모니터링 촉구

※ 다음은 스마트시티 프로젝트에 대한 기사이다. 이어지는 질문에 답하시오. [35~36]

미래 성장동력이자 4차 산업혁명의 신산업 플랫폼인 '스마트시티' 분야에 대해 국가 차원의 체계적인 기술개발 투자가 이뤄진다. 국토교통부는 대통령 주재 제2차 과학기술 전략회의에서 9대 국가전략 프로젝트 중 하나로 '세계 선도형 스마트시티 구축사업'이 최종 선정됐다고 밝혔다. 또한 이를 통해 우리의 강점인 도시개발 경험과 우수한 ICT를 연계한 핵심기술을 개발하고 맞춤형 실증모델을 구축하게 되면 글로벌 기술 우위를 확보하는 한편, 전 세계적으로 크게 확대되고 있는 스마트시티 시장을 선점할 수 있는 계기가 될 것으로 내다보았다.

이번 스마트시티 프로젝트의 핵심 과제는 개별 인프라 연계를 통한 요소기술 고도화, 도시 빅데이터 통합관리·공개를 통한 서비스 질 향상, R&D(연구개발) 국내 실증 및 해외 진출 기반 강화 등이다. 주요 연구과제(안)로는 현행 개별 빌딩 위주의 에너지 관리시스템을 주변 시설물로 확대·연계하는 시스템 개발로 에너지 관리 효율을 향상시키고, 교통사고·범죄·응급의료 등 도시 내 각종 위험에 대한 위기대응 통합 솔루션을 개발하며, 물·에너지의 효율적 사용을 위한 실시간 양방향 계측(AMI) 통합관리 시스템 등을 개발하는 것이다. 또한 현행 텍스트 중심의 행정서비스를 공간정보를 연계한 클라우드 기반의 입체적 행정서비스로 전환하는 공간정보행정시스템 연계 등이 추진될 것으로 보인다. 그리고 현재 개별 분야별로 단절된 도시 관리 데이터를 상호 연계해 빅데이터로 통합·관리하는 시스템을 구축하고 이를 공공부문 도시관리 의사결정 과정에 활용하는 한편, 일반 시민, 기업 등에도 원활히 공개하는 기술을 개발한다.

공공 분야에서는 교통정체, 사고 등 도시 내 각종 상황을 실시간으로 감지·분석하고 도시 빅데이터에 기반해 의사결정 전 과정을 지원하는 '지능형 통합 의사결정 시스템'을 개발해 공공서비스 질을 향상시킬 방침이다. 민간 차원에서는 일반 시민, 기업 등이 도시 관리 데이터를 쉽게 활용할 수 있도록 개방형 운영체계 기술을 개발하고 정보 공개를 통해 민간의 다양한 수요자 맞춤형 생활편의 서비스 개발을 유도하여 스마트시티 관련 신산업 생태계를 조성한다.

아울러 R&D 성과물이 시민들의 도시 생활에 실제 활용될 수 있도록 실증 연구도 보다 내실화한다. 도시 유형별로 인프라 연계 등 R&D 결과를 풀 패키지로 실증하는 신도시형과 서비스 솔루션 중심의 기존도시형으로 각각 차별화하고 이를 실증에 적합한 인프라 등이 구축된 지자체에 적용해 국내 스마트시티를 더욱 고도화할 계획이다.

이와 함께 R&D를 통해 개발된 기술과 기존 기술을 결합해 해외국가 수준별 맞춤형 '해외 진출 표준 모델'을 마련하고 이를 바탕으로 대상국과의 R&D 공동투자, 도시개발 사업 공동참여 등 다각적인 해외 진출 방안도 모색할 예정이다.

이번 스마트시티 프로젝트가 차질 없이 수행되면 우선 도시 개별 인프라 간 연계·통합 등으로 상호 시너지가 발생해 각종 도시 관리 효율성이 15% 이상 향상될 것으로 전망된다. 분야별로는 전기료·수도료 및 에너지 사용 최대 20% 절감, 교통정체 최대 15% 해소, 이산화탄소 최대 15% 감축이 예상된다.

또한 글로벌 요소기술 우위 확보, 민간 참여 활성화를 통해 스마트시티 관련 고부가가치 신산업 생태계가 조성될 것으로 전망된다. 개방형 운영체계 구축 등으로 오픈 스트리트 맵, 스마트 로지스틱스 등 민간의 다양한 스마트 솔루션이 개발되고 일자리 창출 및 국내 경제 활성화에 기여할 수 있을 것으로 예상된다.

아울러 R&D를 통한 스마트시티 기술력 제고 및 해외 진출 확대로 전체 해외건설 수주에서 차지하는 도시개발 분야의 비중이 현재 약 10%에서 2025년 30% 수준까지 높아져 스마트시티가 우리나라의 새로운 성장동력으로 대두될 것으로 전망된다.

35 윗글의 제목으로 가장 적절한 것은?

① 스마트시티 프로젝트의 필요성과 한계

② 현 상황을 통해 살펴본 스마트시티 프로젝트의 미래

③ 스마트시티 프로젝트의 과제와 기대효과

④ 해외 사례 연구를 통해 살펴본 스마트시티 프로젝트

36 다음 중 윗글을 읽고 스마트시티 프로젝트를 이해한 내용으로 적절하지 않은 것은?

① 스마트시티 프로젝트는 도시 내의 여러 가지 위험에 대한 위기대응에도 효과적일 것이다.

② 공공 분야에서는 도시 빅데이터에 기반해 의사결정과정을 지원하는 시스템을 개발할 계획이다.

③ 스마트시티 프로젝트로 도시 관리 효율성이 15% 이상 향상될 것으로 전망된다.

④ 국내 경제 활성화를 위한 다양한 스마트 솔루션 개발로 일자리는 줄어들 전망이다.

37 다음 글을 읽고 알 수 있는 내용으로 적절하지 않은 것은?

경찰청 국가수사본부(사이버수사국)는 2021년 5월 19일 오스트리아 빈에서 개최된 '제30회 유엔 범죄예방 및 형사사법위원회'*정기회의에 온라인으로 참석해, 가상자산 추적과 국제형사사법공조 등을 통해 '갠드크랩' 금품요구 악성 프로그램 유포사범을 국내 최초로 검거한 수사 사례를 발표했다.

경찰은 루마니아 · 필리핀 · 미국 등 10개국과 공조하며 2년간의 수사를 통해 경찰관서 등을 사칭하며 '출석통지서'를 위장한 갠드크랩 금품요구 악성 프로그램을 유포한 피의자들을 검거하였다. 이에 유엔 마약 · 범죄 사무소에서 고도화된 사이버범죄인 랜섬웨어 사건을 가상자산추적 및 국제공조를 통하여 성공적으로 해결한 한국경찰의 수사를 모범사례로 선정하여, 정기회의에서의 발표를 요청한 것이다.

이 사건을 직접 수사한 발표자 조재영 경사는 금품요구 악성 프로그램 유포사건의 착수 경위와 범행수법, 사건 해결을 위한 수사 시 착안사항 등을 설명하였다. 특히 최근 사이버범죄에서 범행수익금이 가상자산으로 전달되는 특성상 국가 간 신속하고도 긴밀한 공조수사의 중요함을 강조하였다.

조재영 경사는 인터넷진흥원에서 침해사고를 담당하던 중 경찰의 경력직 특별채용에 지원해 2013년 사이버수사관이 되었으며, 지하웹(다크웹)에서 운영되던 아동성착취물 공유사이트 '웰컴투비디오'의 운영자를 검거하였다. 이렇게 검거한 수사사례를 2018년 태국에서 개최된 유엔 마약 · 범죄 사무소, 동남아시아 가상자산 실무자 회의에서 발표한 경력도 있다.

경찰청 관계자는 "이번 유엔 발표를 통해 한국 경찰의 사이버수사 역량을 전 세계 수사기관에 알리는 좋은 기회가 되었다. 앞으로도 한국 경찰의 첨단 사이버 수사기법과 적극적인 국제공조를 통해 금품요구 악성 프로그램 · 디도스(DDoS) 등 최신 사이버범죄를 신속하게 해결하여 국민의 피해를 최소화하겠다."라고 강조하였다.

* 유엔 마약 · 범죄 사무소(UNODC: UN Office on Drugs and Crime)가 운영하는 위원회로, 범죄예방 및 사법분야에서 UN의 활동을 안내하는 정기회의를 매년 5월 오스트리아 빈에서 개최

① 한국 경찰은 해외 10개국과 공조하여 2년간 사이버 범죄를 수사하였다.

② 유엔 마약 · 범죄 사무소에서는 선제적으로 한국경찰에 정기회의에서의 발표를 요청하였다.

③ 한국 경찰은 사이버 성범죄 유포사범을 검거한 일로 유엔 정기회의를 통해 사이버수사 역량을 알리게 되었다.

④ 사이버범죄 해결을 위한 국제공조는 앞으로도 지속적으로 이루어질 것이다.

38 S사 기획팀은 신입사원 입사로 인해 자리 배치를 바꾸려고 한다. 자리 배치표와 〈조건〉을 참고하였을 때, 배치된 자리와 직원의 연결로 옳은 것은?

〈자리 배치표〉

출입문				
1 – 신입사원	2	3	4	5
6	7	8 – A사원	9	10

• 기획팀 기존 팀원 : A사원, B부장, C대리, D과장, E차장, F대리, G과장

조건

• B부장은 출입문과 가장 먼 자리에 앉는다.
• C대리와 D과장은 마주보고 앉는다.
• E차장은 B부장과 마주보거나 B부장의 옆자리에 앉는다.
• C대리는 A사원 옆자리에 앉는다.
• E차장 옆자리에는 아무도 앉지 않는다.
• F대리와 마주보는 자리에는 아무도 앉지 않는다.
• D과장과 G과장은 옆자리 또는 마주보고 앉지 않는다.
• 빈자리는 2자리이며 옆자리 또는 마주보는 자리이다.

① 2 – G과장
② 3 – B부장
③ 5 – E차장
④ 6 – F대리

39 A씨는 화씨온도를 사용하는 미국에 제품을 수출하기 위해 보관방법의 내용을 영어로 번역하려고 한다. 보관방법 설명서 중 밑줄 친 부분의 온도를 화씨온도로 환산한 것은?

〈보관방법〉

본 제품은 수분, 열에 의한 영향에 민감하므로 열원이나 직사 광선을 피해 서늘한 곳에 보관하십시오. 온도 <u>30℃</u> 이상, 상대습도 75% 이상에서는 제품이 변형될 수 있습니다. 어린이 손에 닿지 않는 곳에 보관하십시오.

※ $℃ = \dfrac{5}{9}(℉ - 32)$

① 85℉
② 86℉
③ 87℉
④ 88℉

40 A고객은 S은행의 주택담보대출을 중도상환하고 대출금액을 정산하려고 한다. 〈조건〉이 다음과 같을 때, A고객의 중도상환수수료는 얼마인가?

> **조건**
> - 상품명 : S은행 주택담보대출
> - 가입자 : 본인
> - 대출금액 : 15,000만 원
> - 대출기간 : 4년
> - 가입기간 : 2년
> - 대출이율 : 5.0%
> - 중도상환금액 : 8,000만 원
> - 중도상환수수료율 : 2.5%
> - 중도상환수수료 : 중도상환금액×중도상환수수료율×잔여기간÷대출기간

① 950,000원 ② 1,000,000원
③ 1,200,000원 ④ 1,250,000원

41 서로 다른 2개의 주사위 A, B를 동시에 던졌을 때, 나온 눈의 곱이 홀수일 확률은?

① $\dfrac{1}{4}$ ② $\dfrac{1}{5}$

③ $\dfrac{1}{6}$ ④ $\dfrac{1}{8}$

42 B주임과 C과장은 S은행으로부터 만기환급금 안내를 받았다. 각각 가입한 상품의 정보가 다음과 같을 때, B주임과 C과장이 받을 만기환급금은?[단, $(1.02)^{\frac{1}{12}}=1.001$, $(1.02)^{\frac{25}{12}}=1.04$로 계산한다]

〈상품 정보〉

◎ B주임
- 상품명 : S은행 함께 적금
- 가입자 : 본인
- 가입기간 : 36개월
- 가입금액 : 매월 초 300,000원 납입
- 적용 금리 : 연 2.4%
- 저축방법 : 정기적립식, 비과세
- 이자지급방식 : 만기일시지급, 단리식

◎ C과장
- 상품명 : S은행 목돈 만들기 적금
- 가입자 : 본인
- 가입기간 : 24개월
- 가입금액 : 매월 초 250,000원 납입
- 적용 금리 : 연 2.0%
- 저축방법 : 정기적립식, 비과세
- 이자지급방식 : 만기일시지급, 복리식

	B주임	C과장
①	11,199,600원	9,750,000원
②	11,208,400원	9,475,000원
③	11,106,300원	9,685,000원
④	11,488,200원	9,895,500원

43 A씨는 출국하기 전 인천국제공항의 S은행에서 달러 및 유로 환전 신청을 하였다. 다음 정보를 참고할 때, A씨가 내야 할 총환전 수수료는 얼마인가?

〈정보〉

- 신청 금액 : 미화 660달러, EUR 550유로
- 환전 우대율 : 미화 70%, EUR 50%
- 신청 날짜 : 2023. 02. 01.
- 장소 : S은행 인천국제공항지점
- 환율 고시표

구분	현금	
	매수	매도
원/달러	1,300	1,100
원/100엔	1,120	1,080
원/유로	1,520	1,450

- 환전 수수료=(매수 매도 차액)×(1-우대율)×(환전금액)

① 56,650원   ② 57,250원

③ 58,150원   ④ 58,850원

※ 다음 중 밑줄 친 부분의 맞춤법이 적절하지 않은 것을 고르시오. [44~45]

44 ① 그는 목이 <u>메어</u> 한동안 말을 잇지 못했다.

② 어제는 종일 아이를 <u>치다꺼리</u>하느라 잠시도 쉬지 못했다.

③ <u>왠일</u>로 선물까지 준비했는지 모르겠다.

④ 노루가 나타난 것은 나무꾼이 도끼로 나무를 <u>베고</u> 있을 때였다.

45 ① 바리스타<u>로서</u> 자부심을 가지고 커피를 내렸다.

② 어제는 <u>왠지</u> 피곤한 하루였다.

③ 용감한 시민의 제보로 진실이 <u>드러났다</u>.

④ 점심을 먹은 뒤 바로 <u>설겆이</u>를 했다.

46 다음 글을 읽고 〈보기〉에 대한 독자의 반응으로 적절하지 않은 것은?

(가) 복제 양 돌리의 탄생을 계기로 복제 인간의 탄생 가능성이 제기되면서, 인간 복제는 윤리적으로 매우 잘못된 일이므로 이를 엄격하게 금지해야 한다는 의견이 대두하기 시작하였다. 지금까지 동물 복제의 실험 과정에서 알려진 여러 부작용을 생각할 때, 인간의 체세포를 복제해서 새로운 생명이 태어나게 하는 것은 엄격하게 규제해야 한다는 데는 이론(異論)이 있을 수 없다. 그렇다면 과학자들은 왜 굳이 인간의 배아를 복제하려고 노력하는 것일까?

인간 배아 연구를 통해 세포의 분화 과정에 관한 신비를 풀 수만 있다면 인간의 노화 현상을 규명할 수 있을 뿐만 아니라, 현대의 난치병인 암의 발생 원인을 밝혀낼 수도 있기 때문이다. 인간이 건강한 삶을 오랫동안 누리게 하는 것이 의학의 목적이라면 의학 본연의 목적에 맞게 연구를 수행하는 한편, 그 목적에서 벗어나지 않도록 감시하는 것이 과학자의 의무이다.

어떤 사람들은 인간 배아 연구의 윤리적인 문제를 제기하기도 한다. 하지만 인간 배아 연구는 일반적으로 수정 후 14일까지만 가능하도록 허용하고 있다. 14일 이후에는 장기 형성이 시작되기 때문이다. 결국, 이때까지의 인간 배아 연구는 윤리적으로 전혀 문제가 되지 않는 것이다. 많은 사람이 걱정하듯이 이 연구가 복제 인간을 만들어 내는 방향으로 가지는 않을 것이기에 인간 배아 복제 연구는 허용되어야 한다.

(나) 최근 영국 정부가 연내 의회에 제출키로 한 치료 목적의 인간 배아 복제 허용 계획에 대해 즉각적으로 반응하는 것은 어찌 보면 호들갑일 수도 있다. 그것은 무엇보다 이번 인간 배아 복제 기술이 개체로서의 인간을 복제하는 것은 아니기 때문이다. 그럼에도 불구하고, 이 문제가 지금 세계적으로 큰 반향을 불러일으키고 있는 이유는 그 기술의 잠재적 위험 때문이다.

인간 배아 복제 연구를 반대하는 가장 큰 이유는 배아 역시 생명을 가진 잠재적인 인간이기 때문에 이를 연구 재료로 삼아서는 안 된다는 것이다. 이것을 허용했을 경우 생명 경시 풍조가 만연할 것이 분명하다. 또한 인간 배아 복제의 연구는 질병 치료를 목적으로 하더라도 지금까지 발전해 온 과학 기술의 속성상 인간 개체 복제로 이어질 가능성이 매우 높다.

이 일을 우려하는 또 하나의 이유는 인간 배아 복제 기술이 상업적인 가치를 가지게 될 때, 과학자들이 기업가들의 유혹에 쉽게 흔들릴 수 있다는 것이다. 그 결과, 기업가들이 장차 이 기술을 장악하게 되고, 이를 상업적으로 이용하게 될 때 초래되는 부작용들은 우리가 우려하는 정도를 넘어설 수 있다.

결국, 생명 복제와 관련한 기술 문제는 단순한 과학이나 의학 차원의 문제가 아니다. 그것은 중대한 사회 문제인 동시에 인류의 미래를 결정짓는 문제이다. 그런데도 많은 사람이 이 문제를 과학자의 문제로만 생각하고 있다. 인류의 미래를 생각한다면 생명 복제 기술과 그 개발 정책에 대해 일반인들도 관심을 두고 감시해야 한다.

> **보기**
>
> 과학기술부 생명윤리자문위원회가 발표한 생명윤리기본법 시안(試案)은 수정 순간부터 인간 생명이 시작된다는 것을 전제로 하고 있기에, 인간 개체 복제와 체세포 핵 이식 방식의 인간 배아 복제를 금지한다는 내용을 담고 있다.

① 생명 공학 분야의 국가 경쟁력이 강화될 거야.

② 정부는 배아 복제가 윤리적으로 문제가 있다고 생각하는군.

③ 과학의 연구 활동 분야에 제한을 두겠다는 것이군.

④ 앞으로 복제 기술 연구에 대한 정부의 통제가 심해지겠어.

47 다음 글의 주제로 가장 적절한 것은?

새마을금고는 사업자 고객 대상 모바일 앱 서비스 'MG더뱅킹기업'을 신규 출시한다고 밝혔다. MG더뱅킹기업은 개인 사업자 및 법인 고객 대상 모바일 앱으로서, 새마을금고 자체 최초의 기업용 스마트뱅킹 서비스이다. 기존 기업 인터넷뱅킹 사용자들의 요구 사항을 적극 반영하여 약 1년에 걸쳐 신규 구축했다.

새마을금고는 '편리하게 또 안전하게'라는 방향성하에 앱을 출시했으며, 신규 출시되는 MG더뱅킹기업의 주요 특징은 직관적인 UI/UX, 모바일 결재함, 간편인증, 비대면센터 등이다.

UI/UX는 사용자 관점에서 직관적인 디자인을 추구했다. 사업자 유형별 맞춤형 메인 화면을 구성했으며, 이체 등 주요 메뉴에서 페이지 이동 없이 단일 화면에서 완결할 수 있다. 또한 다양한 색상 및 아이콘을 사용하여 편의성을 강화했다.

기업의 내부통제를 지원하기 위한 모바일 결재함을 제공한다. 사업체 내 다수의 사용자가 금융업무 이용 시 결재 요청 및 승인을 통해 거래를 완결하는 서비스로서 앱을 통한 결재 처리 및 조회가 가능하다.

개인사업자 대상 간편인증과 비대면센터도 제공한다. 1일 1,000만 원 이하의 소액 이체 거래에 대하여 추가 인증 절차를 배제한 '간편패스'를 도입했으며 간편 로그인 및 간편 출금 등이 가능하다. 또한 비대면센터를 통하여 디지털 OTP 발급 및 예적금 상품 개설 등이 가능하다.

박차훈 새마을금고중앙회장은 "기존의 개인용 MG더뱅킹에 금번 출시되는 사업자용 MG더뱅킹기업으로 새마을금고의 비대면 채널이 다각화될 것으로 기대되며, 새마을금고의 모든 개인 및 기업 고객을 위한 맞춤형 서비스를 제공할 계획"이라고 전했다.

새마을금고는 2021년 개인 고객 대상 MG더뱅킹 앱 리뉴얼 출시, 2022년 기업 고객 대상 MG더뱅킹기업 앱 신규 출시 등 비대면 서비스를 확대하고 있으며, 향후 개인뱅킹 전면 재구축, 마이데이터 서비스 등 지속적인 디지털 혁신 사업을 추진할 예정이다.

① 모바일 앱 서비스 "MG더뱅킹기업"에 대한 고객평가
② 새마을금고 모바일 앱 서비스의 종류
③ 모바일 앱 서비스 "MG더뱅킹기업"의 출시
④ 모바일 앱 서비스의 보안 규정

48 다음 글을 이해한 내용으로 가장 적절한 것은?

> 기준금리는 중앙은행이 경제를 조절하고 통화정책을 시행하기 위해 설정하는 핵심적인 금리이다. 중앙은행은 경제의 안정과 성장을 도모하기 위해 노력하며, 기준금리는 이를 위한 주요한 도구로 사용된다.
>
> 기준금리는 경제의 주요 지표와 금융시장의 조건 등을 고려하여 결정된다. 주로 인플레이션, 경제성장, 고용상황 등과 같은 경제 지표를 분석하고, 금융시장의 유동성과 안정성을 고려하여 중앙은행이 적절한 수준의 기준금리를 결정한다. 이를 통해 중앙은행은 경기 변동에 따른 위험을 완화하고 금융시장의 원활한 운영을 돕는 역할을 수행한다.
>
> 또한 기준금리는 주로 중앙은행이 자금공급 및 대출을 조절하여 경제의 동향을 조절하기 위해 설정된다. 일반적으로 경제가 성장하고 인플레이션이 심해지면 중앙은행은 기준금리를 인상시켜 자금을 제한하고 대출을 어렵게 만든다. 이는 소비와 투자를 저하시키는 효과를 가지며, 경기 과열을 억제하는 역할을 한다.
>
> 반대로 경제가 침체되면 중앙은행은 기준금리를 낮춰 자금을 유동성 있게 공급하고 대출을 유도한다. 이는 경기 활성화와 경제 확장을 촉진하며 기업과 개인의 대출 활동을 유도하여 경제에 활력을 불어넣는 효과를 가진다.
>
> 중앙은행은 기준금리를 결정할 때 정책 목표와 관련된 다양한 요소를 고려한다. 대표적으로 인플레이션 목표율, 경제 성장률, 고용률, 외환 시장 상황, 금융시장 안정성 등 다양한 요인이 있으며 국제 경제 상황과 금융시장의 변동성, 정책 변화의 시너지 효과 등도 고려한다.
>
> 기준금리는 중앙은행의 중요한 정책 수단으로서, 정부와 기업, 개인들의 경제 활동에 직간접적인 영향을 준다. 따라서 중앙은행은 신중하고 적절한 기준금리 조정을 통해 경제의 안정과 균형을 유지하려는 노력을 계속해야 한다. 이를 위해 경제 지표와 금융시장의 변동을 면밀히 관찰하고, 정책 목표에 맞는 조치를 취하며, 투명한 커뮤니케이션을 통해 경제 주체들에게 예측 가능한 환경을 제공해야 한다.

① 경기가 과열될 경우 중앙은행은 기준금리를 인하한다.
② 중앙은행이 기준금리를 인상하면 개인과 기업의 소비와 투자가 촉진된다.
③ 기준금리는 경기 변동에 따른 위험을 완화하는 장치이다.
④ 기준금리 설정에서 가장 중요한 요인은 국제 경제 상황이다.

49 다음 제시된 협상 대화에 들어갈 대답으로 가장 적절한 말을 한 사람을 〈보기〉에서 고르면?

> S사 : 안녕하세요. 다름이 아니라 현재 단가로는 더 이상 귀사에 납품하는 것이 어려울 것 같아
> 자재의 단가를 조금 올리고 싶어서요. 이에 대해 어떻게 생각하시나요?
>
> 대답 : _____

보기

A : 지난달 자재의 불량률이 너무 높은데 단가를 더 낮춰야 할 것 같습니다.

B : 저희도 이 정도 가격은 꼭 받아야 해서요. 단가를 지금 이상 드리는 것은 불가능합니다.

C : 불량률을 3% 아래로 낮춰서 납품해 주시면 단가를 조금 올리도록 하겠습니다.

D : 단가를 올리면 저희 쪽에서 주문하는 수량이 줄어들 텐데. 귀사에서 괜찮을까요?

---

① A   ② B

③ C   ④ D

50

(가) 근대에 접어들어 모든 사물이 생명력을 갖지 않는 일종의 기계라는 견해가 강조되면서, 아리스 토텔레스의 목적론은 비과학적이라는 이유로 많은 비판에 직면한다.

(나) 대표적인 근대 사상가인 갈릴레이는 목적론적 설명이 과학적 설명으로 사용될 수 없다고 주장 했고, 베이컨은 목적에 대한 탐구가 과학에 무익하다고 평가했으며, 스피노자는 목적론이 자연 에 대한 이해를 왜곡한다고 비판했다.

(다) 일부 현대 학자들은 근대 사상가들이 당시 과학에 기초한 기계론적 모형이 더 설득력이 있다는 일종의 교조적 믿음에 의존했을 뿐, 아리스토텔레스의 목적론을 거부할 충분한 근거를 제시하 지 못했다고 비판한다.

(라) 이들의 비판은 목적론이 인간 이외의 자연물도 이성을 갖는 것으로 의인화한다는 것이다. 그러 나 이런 비판과는 달리 아리스토텔레스는 자연물을 생물과 무생물로, 생물을 식물・동물・인 간으로 나누고, 인간만이 이성을 지닌다고 생각했다.

① (가) - (나) - (라) - (다)   ② (가) - (라) - (나) - (다)
③ (나) - (다) - (라) - (가)   ④ (나) - (라) - (다) - (가)

51

(가) 이와 같이 임베디드 금융의 개선을 위해서는 효과적인 보안 시스템과 프라이버시 보호 방안을 도입하여 사용자의 개인정보를 안전하게 관리하는 것이 필요하다. 또한 디지털 기기의 접근성 을 개선하고 사용자들이 편리하게 이용할 수 있는 환경을 조성해야 한다.

(나) 임베디드 금융은 기업과 소비자 모두에게 이점을 제공한다. 기업은 제품과 서비스에 금융 기능 을 통합함으로써 자사 플랫폼 의존도를 높이고, 수집한 고객의 정보를 통해 매출을 증대시킬 수 있으며, 고객들에게 편리한 금융 서비스를 제공할 수 있다. 소비자의 경우는 모바일 앱을 통해 간편하게 금융 거래를 할 수 있고, 스마트기기 하나만으로 다양한 금융 상품에 접근할 수 있어 편의성과 접근성이 크게 향상된다.

(다) 그러나 임베디드 금융은 개인정보 보호와 안전성에 대한 관리가 필요하다. 사용자의 금융 데이 터와 개인정보가 디지털 플랫폼이나 기기에 저장되므로 해킹이나 데이터 유출과 같은 사고가 발생할 수 있다. 이는 사용자의 프라이버시 침해와 금융 거래 안전성에 대한 심각한 위협이 될 수 있다. 또한 모든 사람들이 안정적인 인터넷 연결과 임베디드 금융이 포함된 최신 기기를 보유하고 있지는 않기 때문에 디지털 기기에 익숙하지 않은 사람들은 임베디드 금융 서비스를 제공받는 데 제한을 받을 수 있다.

(라) 임베디드 금융은 비금융 기업이 자신의 플랫폼이나 디지털 기기에 금융 서비스를 탑재하는 것 을 뜻한다. 삼성페이나 애플페이 같은 결제 서비스부터 대출이나 보험까지 임베디드 금융은 제품과 서비스에 금융 기능을 통합하여 사용자에게 편의성과 접근성을 높여준다.

① (나) - (가) - (다) - (라)   ② (나) - (라) - (다) - (가)
③ (라) - (가) - (나) - (다)   ④ (라) - (나) - (다) - (가)

52 다음 글을 읽고 추론한 내용으로 적절하지 않은 것은?

〈MG스마트알림서비스〉

• MG스마트알림서비스란?
  입출금거래내역은 물론 금융정보, MG체크카드, 공제까지 원하는 정보를 적시에 무료로 제공하는
  스마트기기 전용 알림서비스입니다.
• 대상고객
  개인고객(1인당 1대의 스마트기기에서만 이용 가능합니다)
• MG스마트알림 주요 서비스
  1. 입출금 알림
     등록하신 입출금이 자유로운 예금에 대해 입출금 내역을 알려드립니다. 다양한 선택을 통해
     고객님이 원하는 시간 및 금액 알림 등을 선택하실 수 있습니다.
     ※ 입출금 알림서비스에 계좌를 미등록하신 경우에는 입출금 알림을 제외한 기타 알림서비스만 제공됨
  2. 금융안내 알림
     새마을금고 금융서비스에 관련된 각종 안내를 확인하실 수 있습니다.
     – 회원알림 : 새마을금고의 회원들에게 알려드리는 유용한 정보
     – 수신알림 : 예금, 적금 및 각종 수신상품에 대한 안내
     – 여신알림 : 대출 업무 및 상품에 대한 안내
     – 자동이체알림 : 자동이체 설정과 관련된 알림
     – 전자금융알림 : 전자금융서비스와 관련된 알림
  3. 체크카드 알림
     MG체크카드 승인 및 취소 내역, 캐쉬백 알림 등 카드 이용에 대해 알려드립니다.
  4. 공제 알림
     – 공제료 자동이체
     – 공제 계약안내, 만기예정 등 공제 업무 관련 알림
• 준수 및 유의사항
  1. MG스마트알림서비스에 가입하신 경우에도, 긴급한 내용이나 필수 전송사항은 SMS로 전송될
     수 있습니다.
  2. 고객님의 위치 및 데이터 이용 상황에 따라 지연 또는 미수신 현상이 발생할 수 있습니다.
  3. 고객님이 앱을 삭제하신 경우에는 알림메시지를 수신할 수 없습니다. 앱 삭제 후 연속적인 알
     림메시지 미수신 결과가 발생하는 경우 MG스마트알림서비스는 일시정지 상태로 전환됩니다.
     앱을 재설치하시어 본인인증하시면 다시 알림메시지 수신이 가능합니다.
  4. 스마트폰 분실 시에는 새마을금고 인터넷뱅킹 또는 영업점을 통해 서비스 해지를 하시기 바랍니다.
  5. 스마트폰 변경 시에는 구 스마트폰의 앱은 삭제해 주시고, 변경된 스마트폰에 앱을 설치하시어
     재가입을 해주십시오.

---

① 영업섬에 방문하지 않더라도 MG스마트알림서비스를 해지할 수 있다.
② MG스마트알림서비스는 다양한 스마트기기에서 동기화된 알림을 받을 수 있다.
③ 특정 지역에서는 알림서비스를 받지 못할 수 있다.
④ MG스마트알림서비스는 일정 시간에만 알림을 받을 수 있도록 설정할 수 있다.

53 500개의 상자를 접는 데 갑은 5일, 을은 13일이 소요된다. 2,500개 상자 접기를 갑과 을이 같이 일을 시작하여 중간에 을이 그만두고, 갑이 혼자서 남은 상자를 다 접었다고 한다. 총소요 시간이 20일이었을 때, 갑과 을이 같이 일을 한 날은 며칠인가?

① 12일

② 13일

③ 14일

④ 15일

54 다음은 사거리 신호등에 대한 정보이다. 오전 8시 정각에 좌회전 신호가 켜졌다면, 오전 9시 정각의 신호로 옳은 것은?

- 정지 신호는 1분 10초 동안 켜진다.
- 좌회전 신호는 20초 동안 켜진다.
- 직진 신호는 1분 40초 동안 켜진다.
- 정지 신호 다음에 좌회전 신호, 좌회전 신호 다음에 직진 신호, 직진 신호 다음에 정지 신호가 켜진다.
- 세 가지 신호는 계속 반복된다.

① 정지 신호가 켜진다.

② 좌회전 신호가 켜진다.

③ 직진 신호가 켜진다.

④ 정지 신호가 켜져 있다.

55 서로 다른 2개의 주사위를 동시에 던질 때, 나오는 눈의 수의 곱이 4의 배수일 확률은?

① $\frac{1}{6}$

② $\frac{2}{9}$

③ $\frac{5}{18}$

④ $\frac{5}{12}$

56 혜영이가 자전거를 타고 300m를 달리는 동안 지훈이는 자전거를 타고 400m를 달린다고 한다. 두 사람이 둘레가 1,800m인 원 모양의 연못 둘레를 같은 지점에서 같은 방향으로 동시에 출발하여 15분 후 처음으로 만날 때 혜영이와 지훈이가 이동한 거리의 합은?

① 7,200m

② 8,800m

③ 9,400m

④ 12,600m

57 다음은 M금고의 2023년도 3・4분기 전체 민원 건수 및 해결률을 나타낸 자료이다. 2023년 4분기 금융 해결 건수는 전분기의 $\frac{5}{7}$ 이다. 2023년 4분기 서비스 해결 건수가 97건이고, 2023년 3분기 총 건수 해결률이 (다)라고 할 때, (가)+(나)+(다)의 값으로 옳은 것은?(단, 건수 및 해결률은 소수점 첫째 자리에서 반올림한다)

〈M금고 2023년도 3・4분기 민원 해결 건수〉

(단위 : 건, %)

구분		민원 건수	
		2023년 3분기	2023년 4분기
금융	전체 민원 건수	102	72
	해결률	96	(가)
서비스	전체 민원 건수	20	(나)
	해결률	100	(가)

※ 총 건수=(금융 건수)+(서비스 건수)
※ 해결률은 민원 건수 중 해결된 건수의 비율임

① 290

② 292

③ 294

④ 296

58 A팀과 B팀은 보안등급 상에 해당하는 문서를 나누어 보관하고 있다. 이에 따라 두 팀은 보안을 위해 다음과 같은 규칙에 따라 각 팀의 비밀번호를 지정하였다. 다음 중 A팀과 B팀에 들어갈 수 있는 암호배열은?

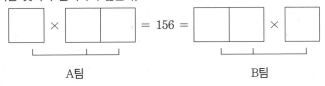

〈규칙〉

· 1 ∼ 9까지의 숫자로 (한 자리 수)×(두 자리 수)=(세 자리 수)=(두 자리 수)×(한 자리 수) 형식의 비밀번호로 구성한다.
· 가운데에 들어갈 세 자리 수의 숫자는 156이며 숫자는 중복 사용할 수 없다. 즉, 각 팀의 비밀번호에 1, 5, 6이란 숫자가 들어가지 않는다.

| | × | | = 156 = | | × |

A팀   B팀

① 27   ② 29

③ 37   ④ 39

59 다음 중 브레인스토밍 진행방법에 대한 설명으로 적절하지 않은 것은?

① 구성원들이 다양한 의견을 개진하도록 진행할 수 있는 리더를 선출한다.
② 구성원이 서로 얼굴을 볼 수 있도록 좌석을 배치한다.
③ 논의 주제를 구체적이고 명확하게 정의한다.
④ 단일 분야의 8 ∼ 10명 정도의 사람들로 구성한다.

60 다음 글에서 말하는 '문제점'에 대해 바르게 이야기한 사람은 누구인가?

문제란 목표와 현실 간의 차이이다. 한마디로 목표는 '어떻게 되었으면 좋겠는가?'라는 전망을 말하고, 현 상황은 '어떻게 되어 있는가?'라는 상태를 말한다. 여기서 차이는 목표와 현재 상황이 어긋났음을 의미한다. 문제점이란 '무엇 때문에 목표와 어긋났는가?'라는 질문에 대한 답변이다. 다시 말하면 문제점은 문제가 아니라 원인이다.

① 지혜 : 매출 목표를 100억 원으로 정했지만, 60억 원밖에 달성하지 못했어.
② 미란 : 교육 훈련 시간이 부족해서 인력의 조기전력화가 불가능해졌어.
③ 건우 : 공사 착공 후 13개월이 지났는데도 진척률이 95%밖에 안 돼.
④ 경현 : 태블릿 PC 생산 목표를 4만 대에서 3만 대로 줄일 수밖에 없었어.

"나는 보물을 찾아 나선 모험가야."

새로운 세계는 텅 빈 시장의 모습을 하고 그의 눈앞에 있었다.

하지만 그는 이 광장이 삶의 활기로 가득 차 있던 순간을 이미 보았고, 그 살아 숨 쉬던 광경을 결코 잊지 않을 것이었다. 그는 단검을 떠올렸다. 잠시 바라보기만 하는 데에도 너무도 비싼 대가를 치러야 했지만, 그것은 그가 그때까지 한 번도 본 적이 없는 물건이었다. 그 순간 그는 깨달았다. 이 세상은 도둑에게 가진 것을 몽땅 털린 불행한 피해자의 눈으로도 볼 수 있지만, 보물을 찾아 나선 모험가의 눈으로도 볼 수 있다는 사실을.

-파울로 코엘료의 「연금술사」 중-

교육은 우리 자신의 무지를 점차 발견해 가는 과정이다.

– 윌 듀란트 –

앞선 정보 제공! 도서 업데이트

언제, 왜 업데이트될까?

도서의 학습 효율을 높이기 위해 자료를 추가로 제공할 때!
공기업 · 대기업 필기시험에 변동사항 발생 시 정보 공유를 위해!
공기업 · 대기업 채용 및 시험 관련 중요 이슈가 생겼을 때!

01 시대에듀 도서
www.sdedu.co.kr/book
홈페이지 접속

02 상단 카테고리
「도서업데이트」
클릭

03 해당
기업명으로
검색

참고자료, 시험 개정사항 등 정보 제공으로 학습효율을 높여 드립니다.

2024 하반기 All-New

기출이
답이다

IBK
기업
은행

7개년 기출복원문제 ✚ 기출유형분석
✚ 무료NCS특강

편저 | SDC(Sidae Data Center)

SDC

SDC는 시대에듀 데이터 센터의 약자로
약 30만 개의 NCS·적성 문제 데이터를 바탕으로
최신출제경향을 반영하여 문제를 출제합니다.

정답 및 해설

합격의 모든 것

NCS 핵심이론
및 대표유형
무료 PDF

[합격시대]
온라인 모의고사
무료쿠폰

시대에듀

PART II

기출복원문제
정답 및 해설

01 2024년 상반기 기출복원문제

01 NCS 직업기초능력

01	02	03	04	05	06	07	08	09	10	11	12	13	14	15	16	17	18	19	20
③	②	③	④	④	④	③	③	①	②	②	③	②	③	①	②	④	④	③	④
21	22	23																	
②	③	④																	

01 정답 ③

물품 선적일 및 수령일로부터 최대 90일 이내에 대출 실행이 가능하며 그 기간은 최대 180일이다.

오답분석

① 유동성이란 기업이 시장에서 필요한 자금을 공급할 수 있는 정도를 말한다. 따라서 첫 번째 문단의 '수출 중소기업이 자산이나 채권을 손해 없이 현금화할 수 있도록 지원하기 위해 해당 상품을 도입'했다는 내용을 통해 확인할 수 있다.
② 두 번째 문단의 '단일의 보증서로 수출채권을 매입할 수 있어'라는 내용을 통해 알 수 있다.
④ 기업은 한국무역보험공사에서 공개한 보증 한도 내용을 통해 대략적인 예상 한도를 파악할 수 있다.

02 정답 ②

해당 상품은 계좌 개설일로부터 최대 3년까지만 가입금액에 따라 이자가 차등 지급된다.

오답분석

① 생애 최초 창업이 아닌 해당 창업을 개시한 지 1년 이내인 사업자에 한해 가입 가능한 상품이다.
③ '가입대상' 항목에 따르면 사업자번호별 1개 계좌만 가입이 가능하다고 하였다. 따라서 한 사업자가 여러 개의 사업자번호를 가지고 있다면, 그 개수에 맞는 계좌 수만큼 가입이 가능하다.
④ 5백만 원을 초과하는 금액에 대해서는 기본이자율인 연 0.1%의 금리가 적용된다.

03 정답 ③

제시문의 첫 번째 문단은 '글로벌 최저한세 제도'에 대해 언급하고 있다. 그러므로 다음 이어질 내용으로 가장 적절한 문단은 글로벌 최저한세 제도에 대해 설명하는 (다) 문단이며, 구체적으로 해당 제도가 적용되는 대상이 누구인지를 제시하는 (가) 문단이 그 다음으로 이어져야 한다. 마지막으로 이 제도의 예외사항을 언급하는 (나) 문단이 가장 마지막에 오는 것이 적절하다.

04 정답 ④

마지막 문단에 따르면, 전체 은행권의 계약 취소 환불액 중 49.3%가 인터넷 전문은행 3사에서 발생한 것이므로 전체 취소 환불액 중 절반 미만이다.

오답분석

① 청약철회권은 금융사의 상품 중 예금성 상품을 제외한 모든 상품에 적용되는 권한이다.
② 두 번째 문단에서 '소비자들이 금융사들로부터 해당 상품에 대한 충분한 설명이나 정보를 제공받지 못해 뒤늦게 계약을 취소한 것으로 판단되고 있다.'는 내용을 통해 유추할 수 있다.
③ 세 번째 문단의 '3년 3개월 동안의 청약철회 신청은 모두 받아들여졌다.'라는 내용을 통해 유추할 수 있다.

05 정답 ④

교육시스템 항목을 보면 부서자체교육은 분기별 1회, 집합교육은 반기별 1회를 받는다고 되어있으며, 그 외 교육은 수시로 진행된다고 하였다. 따라서 법위반 가능성이 높은 부서 임직원이 연간 받는 정기 교육 횟수는 부서자체교육 4회와 집합교육 2회로 총 6회이다.

오답분석

① 자사의 거래조건을 협력회사가 원하지 않을 경우 거래를 강제하지 않아야 할 뿐, 협력회사가 원하는 방향으로 거래조건을 수정할 필요는 없다.
② 고객 입장에서 혼란을 줄 수 있는 정보는 기재를 하지 않는 것이 아닌 바르게 전달할 수 있도록 기재하여야 한다.
③ 경쟁사 고객을 자사의 상품을 이용하도록 유인하는 것은 가능하나, 부당한 방법을 사용해서는 안 된다.

06 정답 ④

교육시스템에 따르면 실무관련 의문점이 발생 시에는 상담을 통해 처리방향을 지도받는 것이 적절하나, 공정거래 위반이 의심될 때에는 집합교육을 통해 처리방향을 지도받아야 한다.

오답분석

① 협력회사에 대한 원칙의 두 번째 항목에 따르면, 협력회사에 부당하게 유리 또는 불리한 취급을 하거나 경제상 이익을 요구하지 않는다고 하였으므로 제시문과 일치하는 내용이다.
② 협력회사에 대한 원칙의 네 번째 항목에 따르면, 협력회사의 기술, 지적재산권을 부당하게 요구하거나 침해하지 않는다고 하였으므로 제시문과 일치하는 내용이다.
③ 경쟁사에 대한 원칙의 세 번째 항목에 따르면, 담합하지 않는다고 하였으므로 제시문과 일치하는 내용이다.

07 정답 ③

C는 자녀가 없는 예비신혼부부이므로 신혼부부 I·II 유형에서 우선순위 2순위에 해당된다.

오답분석

① A는 만 6세 이하 자녀가 있는 한부모가족이므로 모든 유형에서 우선순위 1순위에 해당된다.
② B는 고령자이므로 기존주택 유형에서 우선순위 1순위에 해당된다.
④ D는 만 6세 이하 자녀가 있는 혼인가구이므로 신혼부부 I·II 유형에서 우선순위 3순위에 해당된다.

08 정답 ③

제시된 정보에서 총자산가액은 자산기준인 2억 4,100만 원을 초과하였으므로 신청자격이 주어지지 않는다.

오답분석

① 한부모가족이 아니더라도 다양한 신청자격이 존재한다.
② 월평균소득은 4인 가구 월평균소득의 50% 기준인 4,124,234원 이하이므로 기존주택 유형의 2순위 기준은 갖추어졌다.
④ 자동차를 보유하지 않았다면 해당 항목은 자산 산정에서 제외한다고 하였다.

09 정답 ①

2월 16일에 A~D가 근무한 시간은 각각 다음과 같다.
- A : $(40\times2)-(7+10+9+8+10+6+5+8+7)=80-70=10$시간
- B : $(40\times2)-(5+6+7+7+9+12+10+10+9)=80-75=5$시간
- C : $(40\times2)-(8+7+7+7+11+10+9+10+5)=80-74=6$시간
- D : $(40\times2)-(6+6+10+9+8+7+8+6+9)=80-69=11$시간

따라서 2월 16일에 근무 시간이 두 번째로 긴 사람은 A이다.

10 정답 ②

E의 근무시간은 9시간이므로 오전 11시부터 오후 1시까지, 오후 2시부터 오후 9시까지 근무해야 한다. 이때, 오후 6시를 초과하여 근무한 시간은 3시간이고, E의 통상시급은 $\{275+20+(144\div12)\}\div209\fallingdotseq14,689$원이다.

따라서 E가 받게 되는 초과근무수당은 $14,689\times1.5\times3\fallingdotseq66,101$원이다.

11 정답 ②

판매 차량의 항목별 점수를 산정하면 다음과 같다.

(단위 : 점)

구분	연비	가격	배기가스 배출량	고객만족도	승차감	합계
L	18.4	$20-0.1\times\dfrac{3,900-2,000}{100}=18.1$	$20-0.2\times(151-100)=9.8$	12.5	15	73.8
R	20	$20-0.1\times\dfrac{4,000-2,000}{100}=18$	$20-0.2\times(132-100)=13.6$	20	12.5	84.1
S	17.6	$20-0.1\times\dfrac{3,700-2,000}{100}=18.3$	20	15	20	90.9
T	13.9	20	$20-0.2\times(182-100)=3.6$	10	7.5	55

따라서 합산 점수가 높은 순서대로 나열하면 S-R-L-T이다.

12 정답 ③

수정한 산정 방식으로 항목별 점수를 산정하면 다음과 같다.

(단위 : 점)

구분	연비	배기가스 배출량	고객만족도	승차감	합계
L	$18.4\times2=36.8$	$20-0.2\times(151-100)=9.8$	7	25	78.6
R	40	$20-0.2\times(132-100)=13.6$	10	22.5	86.1
S	$17.6\times2=35.2$	20	8	30	93.2
T	$13.9\times2=27.8$	$20-0.2\times(182-100)=3.6$	6	17.5	54.9

따라서 A씨가 구입해야 하는 차량은 S모델이다.

13 정답 ②

버스별 이동경로에 따른 이동거리는 다음과 같다.
- A4876 : $16+8+4+8=36$km
- A5013 : $8+12+4+8=32$km
- B3679 : $8+8+4+8=28$km
- B8005 : $12+4+4+8=28$km

따라서 가장 짧은 이동거리는 B3679버스 또는 B8005버스를 탈 때이고, 거리는 28km이다.

14 정답 ③

버스명	기본운임	이동거리	추가비용	이동경비
A4876	2,000원	36km	$500 \times (36-25) = 5,500$원	$2,000+5,500 = 7,500$원
A5013	3,000원	32km	$1,000 \times (32-30) = 2,000$원	$3,000+2,000 = 5,000$원
B3679	3,000원	28km	$1,000 \times (28-25) = 3,000$원	$3,000+3,000 = 6,000$원
B8005	4,000원	28km	$500 \times (28-25) = 1,500$원	$4,000+1,500 = 5,500$원

따라서 가장 적은 이동경비는 A5013버스를 탈 때이고, 비용은 5,000원이다.

15 정답 ①

버스별 이동경로에 따른 이동시간은 다음과 같다.
- A4876 : $28+12+8+12 = 60$분
- A5013 : $18+22+10+12 = 62$분
- B3679 : $18+20+8+20 = 66$분
- B8005 : $28+12+8+20 = 68$분

따라서 이동시간이 가장 짧은 버스는 A48760다.

16 정답 ②

기본운임은 같으므로 각 과일의 수확한 총무게와 운반 거리에 따른 추가 운임을 비교한다. 각 과일의 추가 운임은 다음과 같다.

구분	사과	귤	배	토마토
총무게	$0.25 \times 2,000$ $=500$kg$=0.5$t	$0.005 \times 700,000$ $=3,500$kg$=3.5$t	$0.75 \times 4,000$ $=3,000$kg$=3$t	$0.2 \times 7,500$ $=1,500$kg$=1.5$t
추가 운임	0원	120,000원	100,000원	40,000원
운반 거리	75km	30km	40km	60km
추가 운임	60,000원	10,000원	20,000원	40,000원
총운임	60,000원	$120,000+10,000$ $=130,000$원	$100,000+20,000$ $=120,000$원	$40,000+40,000$ $=80,000$원

따라서 총운임이 가장 많은 과일은 귤이다.

17 정답 ④

O사 직원의 근속연수에 따른 우대금리는 다음과 같다.

직원	근속연수	우대금리	직원	근속연수	우대금리
A	4년	$0.5+1=1.5$%p	G	8년	$0.8+1=1.8$%p
B	17년	$1.2+1=2.2$%p	H	8년	$0.8+1=1.8$%p
C	9년	$0.8+1=1.8$%p	I	20년	$1.2+1=2.2$%p
D	25년	$1.2+1=2.2$%p	J	1년	$0.5+1=1.5$%p
E	3년	$0.5+1=1.5$%p	K	13년	$1+1=2$%p
F	1년	$0.5+1=1.5$%p	L	12년	$1+1=2$%p

따라서 만기 시 평균 적용 금리는 $3.5 + \dfrac{1.5+2.2+1.8+2.2+1.5+1.5+1.8+1.8+2.2+1.5+2+2}{12} \fallingdotseq 3.5 + 1.83 = 5.33\%$ 이다.

18 정답 ④

2019 ~ 2023년의 연도별 인터넷뱅킹 대출 이용 실적 건수당 대출 금액은 다음과 같다.

- 2019년 : $\dfrac{487}{0.1}=4,870$억 원/만 건
- 2020년 : $\dfrac{1,137}{0.3}=3,790$억 원/만 건
- 2021년 : $\dfrac{1,768}{0.5}=3,536$억 원/만 건
- 2022년 : $\dfrac{2,394}{0.7}=3,420$억 원/만 건
- 2023년 : $\dfrac{2,763}{0.9}=3,070$억 원/만 건

따라서 2020 ~ 2023년 동안 전년 대비 인터넷뱅킹 대출 이용 실적 건수당 대출 금액은 매년 감소하였다.

오답분석

① 2020 ~ 2023년 동안 전체 인터넷뱅킹 이용 실적은 매년 증가하였고, 전체 인터넷뱅킹 이용 금액 또한 매년 증가하였다.

② 2019 ~ 2023년 동안 전체 인터넷뱅킹 이용 실적과 모바일뱅킹 이용 실적의 관계는 다음과 같다.

- 2019년 : $248\times0.7=173.6<177$
- 2020년 : $260\times0.7=182<190$
- 2021년 : $278\times0.7=194.6<214$
- 2022년 : $300\times0.7=210<238$
- 2023년 : $334\times0.7=233.8<272$

따라서 2019 ~ 2023년 동안 전체 인터넷뱅킹 이용 실적 중 모바일뱅킹 이용 실적은 매년 70% 이상이었다.

③ 2019 ~ 2023년 동안 전체 인터넷뱅킹 이용 금액과 모바일뱅킹 이용 금액의 관계는 다음과 같다.

- 2019년 : $96,164\times0.3=28,849.2>19,330$
- 2020년 : $121,535\times0.3=36,460.5>27,710$
- 2021년 : $167,213\times0.3=50,163.9>40,633$
- 2022년 : $171,762\times0.3=51,528.6>44,658$
- 2023년 : $197,914\times0.3=59,374.2>57,395$

따라서 2019 ~ 2023년 동안 전체 인터넷뱅킹 이용 금액 중 모바일뱅킹 이용 금액은 매년 30% 미만이었다.

19 정답 ③

월별 엔/위안 값은 월별 (중국의 1위안 환율)÷(일본의 1엔 환율)으로 계산한다.

- 2023년 7월 : (188원/위안)÷(9.27원/엔)≒20.3엔/위안
- 2023년 8월 : (191원/위안)÷(9.3원/엔)≒20.5엔/위안
- 2023년 9월 : (192원/위안)÷(9.19원/엔)≒20.9엔/위안
- 2023년 10월 : (193원/위안)÷(9.2원/엔)≒21엔/위안
- 2023년 11월 : (190원/위안)÷(8.88원/엔)≒21.4엔/위안
- 2023년 12월 : (192원/위안)÷(9.23원/엔)≒20.8엔/위안

따라서 2023년 7 ~ 12월 동안 위안화 대비 엔화는 항상 20엔/위안 이상이다.

오답분석

① 2023년 8 ~ 12월 동안 미국의 전월 대비 환율의 증감 추이는 '증가 – 증가 – 증가 – 감소 – 감소'이다.

② 2023년 8 ~ 12월 동안 중국의 전월 대비 환율의 증감 추이는 '증가 – 증가 – 증가 – 감소 – 증가'이고, 일본의 선월 대비 환율은 '증가 – 감소 – 증가 – 감소 – 증가'이다.

④ 각 국가의 2023년 7월 대비 12월의 환율 증가율은 다음과 같다.

- 미국 : $\frac{1,329 - 1,308}{1,308} \times 100 ≒ 1.6\%$

- 중국 : $\frac{192 - 188}{188} \times 100 ≒ 2.1\%$

- 일본 : $\frac{9.23 - 9.27}{9.27} \times 100 ≒ -0.4\%$

따라서 2023년 7월 대비 12월의 환율 증가율이 가장 큰 국가는 중국이다.

20 정답 ④

가장 앞 4자리 수가 '2024'이고 거래 정지 계좌가 아닌 출금 가능 계좌이다. 따라서 4번 알림창이 출력된다.

21 정답 ②

가장 앞 4자리 수가 '2024'이고 휴면 계좌이므로 2번 알림창이 출력된다.

22 정답 ③

1일 누적 한도 6,000,000원을 초과하지 않았고, 출금 금액이 10,000원 이하이므로 2번 알림창이 출력된다.

23 정답 ④

1일 누적 한도 6,000,000원을 초과하지 않았고, 출금 금액이 10,000원 초과 1,000,000원 이하이므로 3번 알림창이 출력된다.

| 금융일반 - 객관식 |

01	02	03	04	05	06	07	08	09	10	11	12	13	14	15					
①	③	①	①	②	②	①	②	④	①	④	②	②	②	③					

01 정답 ①

공유자원은 소비에 대해 경합성이 있으나 배제가 불가능한 자원으로, 깨끗한 물은 사용하기 위해 경합성이 있으나 없으면 살 수 없어 배제가 불가능하다.

오답분석

② 소방 서비스는 배제가 가능하며, 소비에 있어서 경합성이 없는 자연독점 자원에 해당된다.
③ 의류는 배제가 가능하나, 소비에 있어서 경합성이 있는 사유재에 해당된다.
④ 치안은 배제가 불가능하며, 소비에 있어서 경합성이 없는 공공재에 해당된다.

02 정답 ③

우월전략 균형(내쉬균형)이 항상 파레토 최적의 상태를 나타내는 것은 아니다. 물론 우월전략 이외의 전략을 선택하는 것은 비합리적이기 때문에 선택하지 않는 것이 바람직하나, 죄수의 딜레마와 같이 파레토 비효율적인 상황에서 참가자가 서로 협력할 경우 최선의 이익을 가져다주는 경우도 존재한다.

03 정답 ①

매출원가는 기초재고액에 당기순매입액을 더한 값에서 기말재고액을 차감하여 구한다. 따라서 매출원가는 $2,000+1,000-2,000$ $=1,000$만 원이다.

04 정답 ①

다각화전략은 신규시장에 신제품을 출시하여 시장을 개척하는 전략으로 가장 적극적인 성장지향 전략이라 할 수 있다.

오답분석

② 시장침투전략 : 기존시장에서 기존제품으로 매출액을 확대하는 전략으로 가장 보수적인 성장전략이다.
③ 신제품 개발전략 : 기존시장에서 신제품을 출시하는 전략으로 기존제품을 개량하거나 새로운 수요를 창출하는 성장전략이다.
④ 신시장 개척전략 : 신규시장에서 기존제품을 출시하는 전략으로 판매시장을 다변화하여 새로운 고객수요를 확보하는 성장전략이다.

05 정답 ②

내쉬균형에서는 2인 게임에서 서로 상대의 최선반응을 최선반응으로 대응할 경우, 양쪽의 전략 모두 유지된다.

오답분석

③ 참가자 한 쪽이 선택을 조정할 경우, 내쉬균형이 아닌 새로운 균형이 형성되어 다시 새로운 전략을 수립하게 된다.
④ 대표적인 예가 죄수의 딜레마이다. 죄수의 딜레마에서는 내쉬균형이 참가자 모두에게 손해를 입힐 수도 있다.

06 정답 ②

시장개발 전략을 통해 제품 및 서비스의 가격을 시장에서 수용할 수 있는 합리적인 가격으로 설정함으로써 비용을 절감할 수 있다.

오답분석

① 설문조사, 고객 맞춤형 관계형성 등을 통해 고객 충성도를 높일 수 있다.

③ 제품홍보, 유통 등을 통해 소비자 수요를 확대하여 수익을 증대시킬 수 있다.

④ 마케팅 계획, 고객관리 계획 등을 수립하여 홍보에 활용함으로써 효율성을 높일 수 있다.

07 정답 ①

적합성 원칙은 금융기관이 일반투자자에게 투자 권유 시 일반투자자의 재산목적, 재산상황, 투자경험 등에 비추어 그 일반투자자에게 적합하지 아니하다고 인정되는 투자권유를 해서는 안된다는 것이다.

오답분석

② 적정성 원칙 : 소비자가 자발적으로 구매하려는 상품이 소비자에게 부적절할 경우 소비자에게 해당 내용을 고지해야 하는 원칙이다.

③ 청약철회 원칙 : 계약 후 일정 기간 내 소비자가 청약을 철회할 수 있는 권리가 있다는 원칙이다.

④ 설명 의무 원칙 : 새로운 계약을 권유하거나 고객이 요청할 때 고객에게 해당 상품의 내용을 설명하고 이에 대해 고객이 이해했음을 확인 받는 원칙이다.

08 정답 ②

공유지의 비극이란 유한한 공유자원을 무분별하게 사용하여 결국 고갈되는 문제가 발생하는 것을 의미한다.

오답분석

③ 공유자원의 비배제성

④ 공유자원의 경합성

09 정답 ④

수요의 변화로 인해 시장 균형점이 이동하는 경우에는 소득의 변화, 대체재 가격의 변화, 인구의 변화, 선호심리의 변화 등이 해당된다. 반면 원자재 가격의 변화는 공급의 변화로 인해 시장 균형점이 이동하는 경우이다. 이외에도 생산비용의 변화, 임금의 변화 등이 해당된다.

10 정답 ①

순현재가치가 0보다 크면 수익성이 있다고 볼 수 있다.

11 정답 ④

자산관리계좌(CMA)는 증권사가 투자자로부터 예탁금을 받아 안정성이 높은 국공채나 기업어음(CP), 양도성예금증서(CD), 환매조건부채권(RP) 등의 단기성 금융상품에 투자하여 수익을 내는 금융상품이다.

오답분석

① ELD : 주가 연계형 예금 상품으로 은행에서 발행하며 원금이 보장되면서 주가지수나 주식가격에 연동하여 금리가 결정되는 상품이다.

② ELW : 특정 기초자산(주가지수, 종목 등)을 사전에 정한 미래의 시기에 미리 정한 가격으로 사거나 팔 수 있는 권리를 갖는 증권이다.

③ ISA : 하나의 계좌에서 예·적금, 펀드, ELS 등 다양한 금융상품을 운용할 수 있으며, 비과세 혜택 등을 받을 수 있는 상품이다.

12 정답 ②

채권자는 사채를 주식으로 전환하기 이전으로 주주가 아니기 때문에 주주총회에 참석해서 의결권 등을 행사할 수 없다.

오답분석

① 채권자(투자자)에게 전환권을 부여하기 때문에 일반적으로 일반사채보다 표면이자율이 낮다.
③ 전환된 사채금액만큼 자본금이 증가하기 때문에 재무구조개선 효과가 있다.
④ 전환사채는 사채를 주식으로 전환할 수 있는 권리가 부여된 회사채이다.

13 정답 ②

자사주를 소각하게 되면 경영권 방어, 자금 확보 등에 불리한 영향을 미칠 수 있다.

오답분석

① 자사주 매입, 자사주 소각, 배당 확대 등은 대표적인 주주환원 정책이다.
③ 자사주를 소각하면 그만큼 자본금이 줄어들어 부채비율이 높아지게 된다.
④ 자사주를 소각하면 주식수가 그만큼 줄어들게 되어 기존 주주의 지분가치가 그만큼 상승한다.

14 정답 ②

유상증자를 실시하면 주식수가 늘어나게 되어 주당순이익(순이익÷주식 수)이 감소한다.

오답분석

① 자본금이 늘어나기 때문에 자산(부채+자본)도 증가한다.
③ 자기자본이 늘어나기 때문에 자기자본 이익률(순이익÷자기자본)은 감소한다.
④ 유상증자를 통해 신규자금이 들어옴에 따라 자본금 및 자본잉여금이 증가한다.

15 정답 ③

PER은 주가를 EPS로 나눈 값이다. 따라서 동종업계 평균 PER에 EPS를 곱하면 A기업의 적정주가를 산출할 수 있다. EPS(주당순이익)는 당기순이익을 주식수로 나눈 값이므로, A기업의 EPS는 300원이 된다. 따라서 $300 \times 12 = 3,600$원이 A기업의 적정주가라 할 수 있다.

| 금융일반 - 주관식 |

01	02	03		
4,500,000	㉠, ㉡, ㉣	㉠, ㉢, ㉣		

01 정답 4,500,000

영업이익은 영업수익에서 소요된 모든 비용을 공제하고 벌어들인 이익을 의미한다. 반면, 영업수익은 기업이 판매를 통해 벌어들인 총수입을 의미한다. 따라서 오렌지 및 사과의 판매량에 톤당 가격을 곱한 금액이 영업수익이므로 (1,000,000×2)+(2,500,000× 1)=4,500,000원이다.

02 정답 ㉠, ㉡, ㉣

오답분석

㉢ 화폐수요는 이자율과 산출량에 의해 결정된다는 것은 유동성 선호이론에 대한 설명이다.

03 정답 ㉠, ㉢, ㉣

㉢ 비교우위론은 국가 간 생산요소의 이동이 없고, 운송비용을 고려하지 않아 비현실적인 한계가 있다.
㉣ 비교우위에 있는 상품을 특화하여 교역할 경우 모든 국가가 이익을 발생시킬 수 있어 많은 국가들이 자유무역을 선택하는 계기가 되었다.

오답분석

㉡ 한 나라의 모든 재화가 절대우위에 있는 경우 무역의 발생을 설명할 수 없는 한계가 있는 것은 아담 스미스의 절대우위론에 대한 설명이다.

| 디지털 - 객관식 |

01	02	03	04	05	06	07			
①	①	②	①	①	④	③			

01　정답　①

SVM은 최적 파라미터를 찾는 과정을 거치므로 적합한 모형을 찾고 구축하는 시간이 다소 긴 편이다.

02　정답　①

HRN 스케줄링 방식은 비선점 방식으로 이루어진다.

03　정답　②

우선순위가 높은 프로세스를 빠르게 처리할 수 있는 방식은 선점형 스케줄링 방식이다.

04　정답　①

2NF를 만족해야 하는 것은 제3정규형으로, 제3정규형은 2NF를 만족하면서 이행 종속성을 제거하는 것을 목적으로 한다.

05　정답　①

자연어 이해(NLU ; Natural Language Understanding)는 기계가 단어나 문장의 형태를 인식하여 분석하고 처리하는 자연어 처리(NLP ; Natural Language Processing)를 넘어 자연어의 문맥과 의미를 인식하도록 하는 것으로 자연어 이해가 더욱 고차원적 처리 과정이다.

06　정답　④

전체 모집단을 여러 군집으로 나눈 후 일부 군집을 무작위로 선택하고, 선택한 군집에서 다시 일부를 무작위로 선택하는 방법은 클러스터 샘플링이다. 유층 샘플링은 모집단을 속성에 따라 분류하고, 분류한 집단에서 임의로 고르는 방법이다.

07　정답　③

대용량의 자료로부터 정보를 요약하고 미래에 대한 예측을 목표로 유용한 지식을 추출하는 방법은 데이터 마이닝이다. 통계분석은 어떤 현상을 종합적으로 한눈에 알아보기 쉽게 일정한 체계에 따라 숫자, 표, 그림의 형태로 나타낸 것이다.

| 디지털 - 주관식 |

01	02			
104	7			

01 정답 104

id	code	address
1	76	Seoul
2	99	Incheon
3	104	NULL
4	178	Busan
5	NULL	Daegu
6	285	Jeju

제시된 쿼리문은 Users Table에서 address값이 NULL인 code를 구하는 쿼리문이다. 따라서 address값이 NULL인 code는 104 이다.

02 정답 7

제시된 Java 프로그램은 'scan.nextInt();' 명령어에 의해 입력한 수를 정수로 받은 후 coins 배열의 (n−1)번째 수를 나누었을 때의 나머지를 n번째 수로 나누었을 때의 몫의 합을 더하는 프로그램이다. 따라서 1,450을 500으로 나누었을 때의 몫은 2, 450을 100으로 나누었을 때의 몫은 4, 50을 50으로 나누었을 때의 몫은 7이므로 출력되는 값은 7이다.

CHAPTER

02 2023년 하반기 기출복원문제

01 NCS 직업기초능력

| 금융일반 |

01	02	03	04	05	06	07	08	09	
③	④	③	②	③	③	②	④	③	

01 정답 ③

지로 / 공과금 자동이체 우대금리 조건을 보면 반드시 본인 명의의 입출금식 통장에서 지로 / 공과금 자동이체 실적이 3개월 이상이 어야 하므로 ③은 적절하지 않다.

오답분석

① 매월 납입한도는 100만 원 이하이고 계약기간은 1년제이므로 신규 금액을 제외한 최대 납입 가능 금액은 $100 \times 12 = 1,200$만 원이다.

② 에너지 절감 우대금리 적용을 위해 '아파트아이'에 회원가입을 해야 하며, 주소변경 시 아파트아이에서 주소변경을 완료해야 하므로 해당 사이트의 계정이 필요하다.

④ 최대 이율을 적용받는 사람의 금리는 약정이율에 우대금리를 더한 값인 $3.0 + 4.0 = 7.0\%$이다. 하지만 중도해지 시에는 우대금리 가 적용되지 않으므로 납입기간 50%를 경과하고 중도해지할 경우 적용받는 금리는 $3.0 \times 0.4 = 1.2\%$이다. 따라서 중도해지 시 적용받는 금리는 이전보다 $7.0 - 1.2 = 5.8\%$p 적다.

02 정답 ④

먼저 A고객이 적용받는 우대금리를 계산하면 다음과 같다.

• 적금가입월(22.5)부터 10개월 동안(23.2 이내) 적금가입월의 전기사용량(kWh) 대비 월별 전기사용량(kWh)이 절감된 횟수는 22년 6월, 9월, 10월과 23년 2월로 총 4회이므로 적용되는 우대금리는 연 1.0%p이다.

• 최초거래고객 우대금리 요건을 만족하므로 적용되는 우대금리는 1.0%p이다.

• 지로 / 공과금 자동이체 우대금리 요건을 만족하므로 적용되는 우대금리는 1.0%p이다.

그러므로 A고객이 적용받는 우대금리는 총 3%p이고 A고객은 만기 해지하였으므로 계약기간 동안 적용되는 금리는 약정이율에 우대금리를 더한 값인 $3 + 3 = 6\%$이다.

납입금액에 따른 이자를 계산하면 다음과 같다.

• 최초 납입금액 : $30만 \times 6\% = 18,000$원

• 추가 납입금액 : $70만 \times 6\% \times \dfrac{6}{12} = 21,000$원

• 만기후이자 : $100만 \times 3\% \times 30\% \times \dfrac{6}{12} = 4,500$원(만기 후 6개월에 해지)

따라서 A고객이 지급받을 이자는 $18,000 + 21,000 + 4,500 = 43,500$원이다.

03 정답 ③

지하철을 이용한 소요 시간을 계산하면 다음과 같다.
• 자택에서 인근 지하철역까지 도보로 가는 데 걸리는 시간 : 3분
• 지하철역에서 환승역까지 가는 데 걸리는 시간 : 2×2=4분
• 환승하는 데 걸리는 시간 : 2분
• 환승역에서 사무실 인근 지하철역까지 가는 데 걸리는 시간 : 2×4=8분
• 인근 지하철역에서 사무실까지 도보로 가는 데 걸리는 시간 : 2분
따라서 김대리가 지하철을 타고 집에서부터 사무실까지 출근할 때 걸리는 시간은 3+4+2+8+2=19분이다.

04 정답 ②

이동 수단별 편도 이동시간을 계산하면 다음과 같다.
• 버스의 편도 이동시간 : 1+(4×4)+3=20분
• 지하철의 편도 이동시간 : 3+(2×2)+2+(2×4)+2=19분
• 자가용의 이동시간 : 19+2=21분
따라서 자택에서 사무실까지의 편도 이동 시간이 가장 짧은 이동수단을 순서대로 바르게 나열하면 지하철 – 버스 – 자가용이다.

05 정답 ③

정규근로시간 외에 초과근무가 있는 날의 시간외근무시간을 구하여 표로 정리하면 다음과 같다.

근무 요일	초과근무시간			1시간 공제
	조기출근	야근	합계	
1~15일	–	–	–	770분
18일(월)	–	70분	70분	10분
20일(수)	60분	20분	80분	20분
21일(목)	30분	70분	100분	40분
25일(월)	60분	90분	150분	90분
26일(화)	30분	160분	190분	130분
27일(수)	30분	100분	130분	70분
합계	–	–	–	1,130분

∴ 1,130분=18시간 50분
따라서 월 단위 계산 시 1시간 미만은 절사하므로 시간외근무수당은 7,000원×18시간=126,000원이다.

06 정답 ③

• CBP-WK4A-P31-B0803 : 배터리 형태 중 WK는 없는 형태이다.
• PBP-DK1E-P21-A8B12 : 고속충전 규격 중 P21은 없는 규격이다.
• NBP-LC3B-P31-B3230 : 생산날짜의 2월은 30일이 없다.
• CNP-LW4E-P20-A7A29 : 제품분류 중 CNP는 없는 분류이다.
따라서 보기에서 시리얼넘버가 잘못 부여된 제품은 모두 4개이다.

07　정답 ②

고객이 설명한 제품 정보를 정리하면 다음과 같다.
- 설치형 : PBP
- 도킹형 : DK
- 20,000mAH 이상 : 2
- 60W 이상 : B
- USB-PD3.0 : P30
- 2022년 10월 12일 : B2012

따라서 S주임이 데이터베이스에 검색할 시리얼번호는 PBP-DK2B-P30-B2012이다.

08　정답 ④

A ~ M은행을 서로 비교할 때, C은행은 2022년도 매출액의 순위와 영업이익의 순위가 8위로 같음을 알 수 있으므로 ④는 옳은 설명이다.

오답분석

① 2022년 대비 2023년에 매출 순위가 올라간 은행은 A ~ I은행으로 총 9곳이다.
② A은행을 제외하고 2022년 대비 2023년에 매출액이 가장 많이 오른 은행은 H은행이다.
③ 영업이익이 마이너스인 은행 수는 2023년 2곳(E, I은행), 2022년 2곳(I, L은행)으로 같다.

09　정답 ③

제시된 I은행의 상품 정보에 따라 만기환급금을 계산하면 다음과 같다.

$$30\times40+30\times\frac{40\times41}{2}\times\frac{0.03}{12}=1,261.5$$

따라서 B주임이 안내받을 만기환급금은 1,261.5만 원이다.

| 02 | 디지털

01 정답 ③

'우대금리' 항목에 기재된 레저업종 카드사용 실적인정 기준 중 3번째 조건에 따르면 당일자, 당일가맹점 사용실적은 건수는 최대 1회, 금액은 최대금액 1건이 인정된다고 하였다. 그러므로 당일에 동일 가맹점에서 나눠서 결정하더라도 그 횟수는 1회만 반영되고, 그 금액도 가장 큰 금액 1건만 반영된다. 따라서 한 번에 결제하는 것이 우대금리 적용에 더 유리하므로 ③은 옳지 않은 설명이다.

오답분석

① 제시된 상품에서 적용 가능한 최대금리는 계약기간이 최대이며 우대금리를 만족한 $3.65+2.4=6.05\%$이고 최저금리는 계약기 간이 최소이며 우대금리를 적용받지 못한 3.40%이다. 따라서 만기해지 시 상품에서 적용 가능한 최고금리와 최저금리의 차이는 $6.05-3.40=2.65\mathrm{p}$이다.

② '우대금리' 항목에 따르면 금액 조건은 온누리상품권 구매금액과 레저업종 카드사용금액 모두 포함되는 반면, 건수 조건에는 레저업종 카드사용 건수만 포함된다. 따라서 우대금리 적용에 있어서는 온누리상품권을 구입하는 것보다는 레저업종에 카드를 사용하는 것이 더 유리하다.

④ 계약기간별 만기 후 1개월 이내 해지 시 적용되는 만기후이율과 6개월 초과 후 적용되는 이율을 표로 정리하면 다음과 같다.

구분	만기후이율		이율 차
	1개월 이내 해지	6개월 초과 해지	
1년제	$3.4\times0.5=1.7\%$	$3.4\times0.2=0.68\%$	$1.7-0.68=1.02\mathrm{p}$
2년제	$3.5\times0.5=1.75\%$	$3.5\times0.2=0.7\%$	$1.75-0.7=1.05\mathrm{p}$
3년제	$3.65\times0.5=1.825\%$	$3.65\times0.2=0.73\%$	$1.825-0.73=1.095\mathrm{p}$

따라서 제시된 자료와 일치하는 설명이다.

02 정답 ④

A고객의 계약기간은 2년이므로 적용되는 약정이율은 3.50%이다. 우대금리 적용을 위해 금액 조건을 계산하면 다음과 같다.
- 매 짝수 월 초 30만 원 헬스클럽 결제 : $30\times12=360$만 원
- 매월 초 20만 원 골프연습장 결제 : $20\times24=480$만 원
- 매 연말 본인 명의 온누리상품권 100만 원 구매 : 200만 원 인정
- 매 연초 가족 명의 온누리상품권 100만 원 구매 : 본인 명의가 아니므로 불인정
- 매년 3, 6, 9, 12월 월말 수영장 이용료 30만 원 결제 : $30\times8=240$만 원

총 이용금액은 1,280만 원이고, 이를 평균하여 계산하면 월 결제금액은 $1,280\div24\fallingdotseq53.3$만 원이므로 우대금리는 $1.70\mathrm{p}$가 적용된다.

납입금액별 금리는 다음과 같다.

- 최초 납입금액 : $50만\times(3.5+1.7)\%\times\dfrac{24}{12}=52,000$원

- 추가 납입금액(21.8.1) : $100만\times(3.5+1.7)\%\times\dfrac{12}{12}=52,000$원

- 추가 납입금액(22.2.1) : $100만\times(3.5+1.7)\%\times\dfrac{6}{12}=26,000$원

- 만기후금리 : $250만\times(3.5\times0.3)\%\times\dfrac{3}{12}=6,562.5$원

따라서 A고객이 지급받을 총 금리에서 10원 미만을 절사하면 136,560원이다.

03 정답 ③

제시된 조건에 따라 등급별 임금 합계 및 임금 총액을 계산하여 표로 정리하면 다음과 같다.

인력 등급	초급	중급	특급
기본임금 총계	$45,000 \times 5 \times 8 \times (10+2)$ $=21,600,000$원	$70,000 \times 3 \times 8 \times (10+2)$ $=20,160,000$원	$95,000 \times 2 \times 8 \times (10+2)$ $=18,240,000$원
초과근무수당 총계	$(45,000 \times 1.5) \times 1 \times 4$ $=270,000$원	$(70,000 \times 1.5) \times 2 \times 4$ $=840,000$원	$(95,000 \times 1.7) \times 1 \times 4$ $=646,000$원
소계	$21,600,000+270,000$ $=21,870,000$원	$20,160,000+840,000$ $=21,000,000$원	$18,240,000+646,000$ $=18,886,000$원
임금 총액	$21,870,000+21,000,000+18,886,000=61,756,000$원		

따라서 I사가 2주 동안 근무한 근로자들에게 지급해야 할 임금의 총액은 61,756,000원이다.

04 정답 ④

사원코드의 마지막 2자리는 직위코드로 10 ~ 19, 30 ~ 39, 50 ~ 59, 60 ~ 69, 70 ~ 79, 90 ~ 99뿐이므로 바르게 연결되지 않은 것은 ④이다.

05 정답 ④

고객지원팀으로 부서이동을 하므로 앞자리는 'c'로 변경된다. 부서이동의 경우 입사연월은 변동이 없으므로 그다음 자리인 '0803'은 변동이 없다. 그다음 두 자리는 무작위 난수이고 마지막 두 자리는 직위 정보로 과장 직위에는 변동이 없으므로 60 ~ 69 중 한 수이다.

따라서 이 모든 조건에 부합하는 A과장이 새로 발급받을 사원코드는 'c08031062'이다.

오답분석

① t08030666 : 부서코드가 옳지 않다.
② t23080369 : 부서코드가 옳지 않고 부서이동의 경우 입사연월이 변동이 없다.
③ c08036719 : 마지막 두 자리 코드 '19'는 사원 직위의 코드이다.

06 정답 ④

규정에 따르면 여비를 운임·숙박비·식비·일비로 구분하고 있으며 이를 정리하면 다음과 같다.
- 운임 : 철도·선박·항공운임에 대해서만 지급한다고 규정하고 있으므로, 버스 또는 택시요금에 대해서는 지급하지 않는다. 따라서 철도운임만 지급되며 일반실 기준으로 실비로 지급하므로 여비는 43,000+43,000=86,000원이다.
- 숙박비 : 1박당 실비로 지급하되, 그 상한액은 40,000원이다. 그러나 출장기간이 2일 이상인 경우에는 출장기간 전체의 총액 한도 내에서 실비로 지급한다고 하였으므로, 3일간의 숙박비는 총 120,000원 내에서 실비가 지급된다. 따라서 B과장이 지출한 숙박비 45,000+30,000+35,000=110,000원 모두 여비로 지급된다.
- 식비 : 1일당 20,000원으로 여행일수에 따라 지급된다. 총 4일이므로 80,000원이 지급된다.
- 일비 : 1인당 20,000원으로 여행일수에 따라 지급된다. 총 4일이므로 80,000원이 지급된다.

따라서 B과장이 정산받은 여비의 총액은 86,000+110,000+80,000+80,000=356,000원이다.

07 정답 ③

- 5월 3일 지인에게 1,000만 원을 달러로 송금

  1,000만 원÷1,140.20=8,770달러(∵ 소수점 절사, 환전수수료 없음)
- 5월 20일 지인으로부터 투자수익률 10%와 원금을 받음

  8,770×(1+0.1)=9,647달러
- 5월 20일 환전함

  9,647×1,191.50≒11,494,400원(∵ 소수점 절사, 환전수수료 없음)

따라서 I씨의 원화 기준 원금 대비 투자수익률은 $\dfrac{11,494,400-10,000,000}{10,000,000}\times100≒15\%$이다.

02 직무수행능력

| 금융일반 – 객관식 |

01	02	03	04	05	06	07	08	09	10	11	12	13	14	15	16	17	18	19	20
②	①	④	①	③	③	②	②	③	④	④	②	④	④	④	②	①	①	③	④

01 정답 ②

우리나라는 통계청이 CPI를 조사한다. 한국은행은 5년에 한 번씩 소비자물가지수 산출에 필요한 물품을 선정하는 역할을 하므로 ②는 옳지 않은 설명이다.

오답분석
① 소비자물가지수(CPI)는 소비자가 구입하는 상품이나 서비스의 가격변동을 나타내는 지수로 변동률의 변화를 토대로 인플레이션을 측정할 수 있다.
③ 소비자들은 물가가 상승하면 상대적으로 가격이 상승한 재화의 소비를 줄이는데 CPI는 이를 반영하지 못하는 한계가 있어 물가상승을 과대평가하게 된다.
④ GDP디플레이터는 소비자물가지수와 함께 한국은행이 통화정책을 결정하는 기초지수가 되며, 명목 GDP를 실질 GDP로 나눈 후 100을 곱한 값으로 구한다.

02 정답 ①

투자의 이자율탄력성이 클수록 IS곡선의 기울기는 완만해지므로 구축효과로 인해 재정정책의 효과는 작아지므로 ①은 옳은 설명이다.

오답분석
② 투자의 이자율탄력성이 작으면 IS곡선의 기울기가 가팔라져 금융정책의 효과는 작아진다.
③ 화폐수요의 이자율탄력성이 클수록 LM곡선의 기울기가 완만해져 재정정책의 효과는 커진다.
④ 화폐수요의 이자율탄력성이 작을수록 LM곡선의 기울기가 가팔라져 금융정책의 효과는 커진다.

03 정답 ④

랜덤워크 이론이란 주식 가격의 변화는 서로 독립적이므로 과거의 주식 가격 변화 움직임이나 시장 전체의 변화가 미래의 가격 변화를 추측할 수 없음을 의미한다. 따라서 랜덤워크 이론에 대한 설명은 ④가 옳다.

오답분석
① 기본적 분석에 대한 설명이다.
②·③ 기술적 분석에 대한 설명이다.

04 정답 ①

묶어팔기는 여러 가지 제품을 하나로 결합하여 판매하는 전략으로 제품 간 음의 상관관계로 인해 소비자의 지불의사금액 차이가 줄어들어 더 많은 제품을 판매할 수 있는 판매전략이다. 묶어팔기 판매전략은 고객의 수요가 상이하고, 고객의 수요에 대한 정보를 사전적으로 파악할 수 없으며, 기업이 다른 제품도 팔고 있는 것을 전제로 한다. 하지만 제품의 수량은 묶어팔기 판매전략의 전제조건과 관계가 없으므로 ①은 이에 해당되지 않는다.

05 정답 ③

외부성이 존재하더라도 재산권이 명확하면 누구에게 귀속되는지와 관계없이 협상을 통한 효율적인 자원배분이 가능하므로 ③이 옳은 설명이다.

오답분석
① 자원에 대한 재산권이 확립된 경우 재산권이 누구에게 귀속되는지와 관계없이 가장 효율적인 방법으로 사용할 수 있다.
② 협상을 할 때 비용이 존재하지 않는 것으로 가정한다.
④ 소유권 귀속에 따른 소득효과는 발생하지 않는 것으로 가정한다.

06 정답 ③

공유자원은 경합성이 있는 반면, 배제성이 작거나 없다. 따라서 ③은 옳지 않은 설명이다.

07 정답 ②

투자부동산은 처분 전까지 유형자산으로 적용하므로 ②는 옳지 않은 설명이다.

08 정답 ②

유형자산의 장부가액을 재평가모형으로 계산하면, 재평가일의 공정가액에서 감가상각누계액과 손상차손누계액을 차감하면 된다. 반면 취득원가는 장부가액을 원가모형으로 계산할 때 필요한 항목이다. 따라서 ②가 필요하지 않은 항목이다.

09 정답 ③

고든의 성장모형은 기업의 이익 및 배당이 매년 일정한 성장률로 성장한다고 가정할 때 기업(주식)의 이론적 가치를 구하기 위한 모형이다. 이때 요구수익률은 일정하나 성장률보다 크다고 가정하므로 ③은 옳지 않다.

10 정답 ④

통화의 유동성 지표에는 본원통화, 협의통화, 광의통화, 금융기관유동성, 광의유동성 등이 있으며, 시중통화는 유동성 지표에 해당하지 않는다.

11　정답　④

인덱스펀드는 환매시기를 전문가가 아닌 투자자 개인이 정하는 경우가 많아 전문지식이 부족할 경우 환매 리스크가 높다고 할 수 있다. 따라서 ④는 인덱스펀드의 장점으로 볼 수 없다.

오답분석

① 인덱스펀드는 주가지수를 추종하므로, 손실이 주가지수 하락분만큼으로 제한된다.
② 빈번한 매매나 펀드 운용 인력에 대한 비용 등을 최소화하기 때문에 수수료가 저렴하다.
③ 금융 관련 지식이 있는 투자자 누구라도 선호도에 따라 종목을 구성할 수 있다.

12　정답　②

시장의 평균 임금수준보다 높은 임금을 유지할 경우 유능한 인력 확보가 가능해져 노동시장의 역선택을 예방할 수 있으므로 ②는 옳지 않은 설명이다.

13　정답　④

빅맥지수는 1986년 영국의 이코노미스트지에서 처음 사용되었으므로 ④는 옳지 않은 설명이다.

14　정답　④

연방준비은행은 연방정부의 지분이 없는 100% 사립은행으로 미국 정부로부터 철저히 독립성을 보장받는다. 따라서 ④는 옳지 않은 설명이다.

15　정답　④

취업자와 실업자의 수가 변하지 않는 균형 노동시장 상태에서의 실업률은 자연실업률이다. 필립스 곡선은 실제실업률에서 자연실업률을 차감한 값을 적용하여 구할 수 있으므로 ④는 옳지 않은 설명이다.

16　정답　②

변동환율제도하에서는 경상수지 적자가 발생할 경우, 통화의 평가절하를 통해 경상수지 적자를 만회할 수 있으므로 ②는 옳지 않은 설명이다.

오답분석

① 변동환율제도는 자국의 통화 가치가 외국환시장에 따라 변화하는 환율제도를 의미한다.
③ 통화의 가격이 자동적으로 조절되기 때문에 경제 상황에 따른 변동성을 줄일 수 있는 장점이 있으나, 고정환율제도에 비해 확실성과 예측성이 떨어진다는 단점도 존재한다.
④ 관리변동환율제도는 고정환율제와 변동환율제의 중간 형태로 중앙은행이 필요 시마다 외환시장에 개입하는 환율제도이다.

17　정답　①

밴드웨건 효과는 다수의 소비자 또는 유행을 따라 상품을 구입하는 현상을 의미하며, 미국 서부 개척 당시 금을 찾아 나서는 행렬을 뒤따르는 사람들의 모습을 비유적으로 명명한 것이다. 대표적으로 기업의 적극적인 마케팅 전략, 특정 상품에 대한 매진 현상 등이 이에 해당한다. 반면 자신을 타인과 구분된 존재로 인식하고 타인이 많이 소비하는 재화 및 상품의 소비를 중단하거나 줄이는 현상은 스놉효과이다. 따라서 ①은 옳지 않은 설명이다.

18   정답 ①

원자재 가격이 상승하면 생산비용이 증가되기 때문에 기업은 공급(생산)을 줄이게 된다. 따라서 총공급곡선은 좌측으로 이동하므로 ①은 옳지 않은 설명이다.

오답분석

② 신기술이 개발되면 같은 노동 및 자본으로 더 많은 생산이 가능해져 총공급곡선이 우측으로 이동한다.

③ 자연실업률이 하락하면 노동공급량이 증가하여 인건비 부담이 완화되므로 총공급곡선이 우측으로 이동한다.

④ 기대인플레이션이 하락하면 명목임금 비용의 하락으로 인해 총공급곡선이 우측으로 이동한다.

19   정답 ③

통화승수는 통화량을 본원통화로 나눈 값으로 중앙은행이 본원통화 1원을 공급할 때, 창출되는 통화량을 나타내는 지표이다. 통화승수는 민간부문의 현금보유비율과 은행의 지급준비율에 의해 결정된다. a를 민간의 현금보유비율, b를 지급준비율이라고 할 때, 통화승수는 다음과 같다.

$$통화승수 = \frac{통화량}{본원통화} = \frac{1}{a+b(1-a)}$$

따라서 통화승수를 계산할 때 필요하지 않은 항목은 ③이다.

20   정답 ④

자국 통화의 평가절하를 통해 무역수지를 개선하려면 수출증가량과 수입감소량의 합이 평가절하 폭보다 커야 한다. 평가절하 폭보다 작을 경우 J커브 효과가 나타난다. 따라서 ④는 옳지 않은 설명이다.

| 금융일반 - 주관식 |

01	02			
3	㉠, ㉢, ㉤			

01   정답 3

S운수의 마을버스는 공공재이다. 공공재의 시장수요함수는 각 수요함수의 합이므로 $P=(8-Q)+(6-2Q)=14-3Q$이며, 한계비용(MC)과 가격(P)이 같아지는 수준에서 최적 생산량(운행대수)이 결정되므로 $14-3Q=5 \rightarrow Q=3$이다. 따라서 마을버스의 최적 운행대수는 3대이다.

02   정답 ㉠, ㉢, ㉤

총수요는 (가계소비)+(기업투자)+(정부지출)+(수출)-(수입)으로 구할 수 있다. 보기에서 2021년의 총수요는 75,000원, 2022년의 총수요는 78,000원으로 전년 대비 총수요가 3,000원 증가했음을 알 수 있다. 따라서 총수요곡선은 우측으로 이동하며, 총수요량(X축)은 증가하고, 물가수준(Y축)은 상승한다.

| 디지털 - 객관식 |

01	02	03	04	
③	③	④	②	

01 정답 ③

블록체인에 일단 기록·저장된 정보를 수정하는 것은 매우 까다롭다. 또한 시간이 경과할수록 거래 기록이 계속 쌓이므로 블록체인 원장은 매우 방대한 규모의 저장 공간이 필요하게 된다. 최악의 경우에 저장 공간이 부족하다면 처리 속도가 느려지고 원장에 접근해 다운로드하는 일이 불가능해질 수도 있다. 따라서 ③은 옳지 않은 설명이다.

오답분석

① 개방형 블록체인은 모든 거래 정보를 블록 단위로 기록해 모든 구성원(Peer)에게 전송하고, 블록의 유효성이 확보될 경우 이 새 블록을 기존의 블록에 추가 연결해 보관하는 방식의 알고리즘을 뜻한다. 즉, 거래 정보가 기록되는 원장(Ledger)을 모든 구성원이 각자 분산 보관하고, 신규 거래가 이루어질 때 암호 방식으로 장부를 똑같이 갱신(Update)함으로써 익명성과 함께 강력한 보안성을 갖춘 디지털 분산원장이라 할 수 있다.

② 퍼블릭 블록체인은 모두에게 개방돼 누구나 참여 가능한 개방형으로 통상적인 블록체인을 가리키고, 프라이빗 블록체인은 기관 (기업)이 운영하며 사전에 허가받은 사람만 사용할 수 있는 폐쇄형이다. 퍼블릭 블록체인은 트랜잭션 내역이 모두에게 공개되어 네트워크에 참여한 모든 노드(Node)가 이를 검증하고 거래를 승인함으로써 신뢰도가 높지만, 모든 참여자의 거래 기록을 남기고 이를 공유하느라 처리 속도가 상대적으로 느리다. 반면에 프라이빗 블록체인은 승인받은 노드(Node)만 거래에 참여하고 다른 노드의 검증을 구할 필요가 없기에 처리 속도가 빠르지만, 서비스 제공자에게 의존해야 하기에 퍼블릭 블록체인에 비해 신뢰성에 한계가 있다.

④ 블록체인은 중앙기관이나 중개기관의 개입이 필요하지 않기 때문에 거래비용을 획기적으로 낮출 수 있다. 또한 디지털 환경에서 이루어지는 주식 거래, 각종 계약 체결, 송금, 자금이체 등 활용범위가 매우 넓고 잠재력 또한 크다. 따라서 디지털 전환(DT)을 추진하는 대부분의 금융기관들은 블록체인 기술을 적극 수용하고 있다.

02 정답 ③

㉠ 비선점형 스케줄링은 프로세스에 이미 할당된 CPU를 강제로 빼앗을 수 없고 사용이 끝날 때까지 기다려야 한다. 정해진 순서대로 처리된다는 공평성이 있으며, 다음에 어떠한 프로세스가 있다 해도 응답 시간을 예상할 수 있다. 반면 선점형 스케줄링은 CPU를 할당받지 않은 프로세스가 CPU를 할당받은 프로세스를 강제로 중지함으로써 CPU를 빼앗을 수 있으며, 빠른 응답 시간을 요구하는 시스템에 주로 쓰인다.

㉡ HRN(Highest Response-ratio Next) 방식은 실행 시간이 긴 프로세스에 불리한 SJF 방식을 보완하기 위한 방식으로, 대기 시간과 실행 시간을 이용하는 방식이다. 즉, 대기 시간과 CPU 사용 시간(실행 시간)을 고려해 스케줄링 한다. 우선순위를 계산해 그 숫자가 가장 높은 것부터 낮은 순서로 우선순위를 부여하며 $\left[\dfrac{\text{대기 시간}+\text{실행(서비스) 시간}}{\text{실행(서비스) 시간}}\right]$, SJF 방식에 비해 기아 (Starvation) 현상이 완화되지만 여전히 공평성에 위배된다는 한계가 있다.

㉢ SRT(Shortest Remaining Time) 방식은 SJF 방식과 RR 방식을 혼합해 선점 형태로 변경한 것으로, 현재 실행 중인 프로세스의 남은 시간과 준비 상태 큐에 새로 도착한 프로세스의 실행 시간을 비교해 가장 짧은 실행 시간을 요구하는 프로세스에 CPU를 할당한다. 남은 처리 시간이 더 짧은 프로세스가 준비 상태 큐에 들어오면 그 프로세스가 바로 선점된다. 그러나 남은 실행 시간을 주기적으로 계산해야 하고, 남은 시간이 적은 프로세스와 문맥 교환(Context Switch)을 해야 하기에 다소 효율적이지 못하며, 프로세스의 종료 시간을 예측하기 어렵다는 단점이 있다.

㉣ 다단계 큐(Multi-level Queue) 방식에 대한 설명이다. 다단계 큐 방식은 우선순위에 따라 다단계로 나뉘어 있어 프로세스가 큐에 삽입되면 우선순위가 결정된다. 다만 우선순위가 높은 상위 큐 프로세스의 작업이 끝나기 전에는 하위 큐 프로세스의 작업이 불가능하다. 반면 다단계 피드백 큐(MFQ; Multi-level Feedback Queue) 방식은 FCFS(FIFO) 방식과 RR 방식을 혼합한 것으로, 다단계 큐 방식과 달리 특정 그룹의 준비 상태 큐에 들어간 프로세스가 다른 준비 상태 큐로 이동할 수 있다. 우선순위를 가진 여러 단계의 준비 큐를 사용하며, 새 프로세스가 큐잉 네트워크에 들어올 때는 CPU를 차지할 때까지 큐에서 FCFS(FIFO) 형태로 이동하고, 작업이 끝나거나 CPU를 넘겨주는 경우에는 그 작업이 큐잉 네트워크를 떠나게 된다. 새로운 프로세스는 높은 우선순위를 가지고 프로세스의 실행 시간이 길어질수록 점점 우선순위가 낮은 큐로 이동하고 마지막 단계의 큐에서는 프로세스가 완성될 때까지 RR 방식으로 순환된다.

ⓛ FCFS(First Come First Service) 또는 FIFO(First In First Out) 방식은 모든 프로세스의 우선순위가 동일하며, 프로세스가 실행되면 그 프로세스가 끝나야 다음 프로세스를 실행할 수 있다. 다만 처리 시간이 긴 프로세스가 CPU를 차지하면 다른 프로세스는 기다려야 하기에 시스템의 효율성이 떨어질 수 있다.

ⓒ SJF(Shortest Job First) 방식은 프로세스가 준비 상태 큐에 도착하는 시점을 기준으로 프로세스들 중에서 실행 시간이 가장 짧은 프로세스에 먼저 CPU를 할당하는 방식이다. 그러나 작업 시간이 긴 프로세스가 계속 연기되며 실행되지 않는 기아(Starvation) 상태(무한 연기)가 발생할 수 있다.

ⓗ RR(Round Robin) 방식은 FCFS 알고리즘을 선점 형태로 변형한 방식이다. FCFS 방식처럼 준비 상태 큐에 먼저 들어온 프로세스에 먼저 CPU를 할당하지만, 각 프로세스는 시간 할당량(Time Slice, CPU를 사용할 수 있는 최대 시간) 동안만 실행한 후 실행이 완료되지 않으면 다음 프로세스에 CPU를 넘겨주고 준비 상태 큐의 가장 뒤로 배치되어 대기하게 된다. 각 프로세스는 같은 크기의 동일한 CPU 시간을 할당받고 선입선출에 의해 수행된다. 다만 할당 시간이 짧아지면 문맥 교환으로 인한 오버헤드가 자주 발생되어 작업을 신속히 처리하기 어렵다.

03 　정답　 ④

ⓒ 속성(Attribute)은 개체가 갖는 세부 정보(개체를 구성하는 요소)로서, 개체의 성질을 나타내는 더 이상 쪼갤 수 없는 정보의 단위이자 의미 있는 데이터의 가장 작은 논리적 단위를 가리킨다. ERD에서의 속성은 파일 구조에서의 '필드(Field)'에 대응되고, 개체는 '레코드(Record)'에 대응된다.

ⓜ ERD에서 개체는 사각형으로, 속성은 타원으로, 관계는 마름모로 표현한다. 예컨대 어느 회사의 직원이 관리하는 서비스, 수행하는 과제를 ERD로 작성하면 다음과 같다.

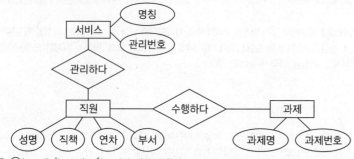

ⓗ ○는 0개, |는 1개, ≮는 여러 개를 뜻한다.

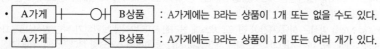

오답분석

ⓐ ERD는 데이터베이스 구조를 모델링할 때 이를 구성하는 고유한 특성을 갖는 개체(Entity)의 속성(Attribute)과 이들 사이의 논리 관계(Relationship)의 집합을 네트워크 형태의 시각적 구조로 나타낸 도식(Diagram)을 뜻한다. 이러한 RD를 통해 데이터베이스의 전체 구조를 계획하고 개체·속성·관계를 규정함으로써 효과적인 데이터베이스를 설계할 수 있다. 또한 ERD를 통해 데이터베이스에 발생한 특정 문제와 관련된 개체와 관계를 확인하고 원인을 찾아 해결안을 마련할 수 있다. 아울러 ERD를 통해 데이터베이스의 구조와 기능을 문서화해 기록해 두면 향후 시스템을 유지·보수·업데이트할 때 참고할 수 있다.

ⓛ 개체(Entity)는 의미 있는 정보의 단위로서, 파일 처리 시스템에서는 1건의 자료를 구성하는 레코드에 해당된다. 개체는 다른 개체와 구별되는 이름이 있고, 각 개체는 1개 이상의 속성(고유한 특성이나 상태)을 갖는다. 예컨대 '대학생'이라는 개체는 '이름, 전공, 학번' 등의 속성(Attribute)을 갖는다.

ⓔ 관계(Relationship)는 개체 간의 의미 있는 연관성을 가리킨다. 예컨대 '학생'과 '과목'이라는 개체는 '수강'이라는 관계로 연결될 수 있다.

04 정답 ②

분류 모델의 예측 정확성을 평가할 때 사용하는 혼동행렬은 둘 이상의 그룹으로 분류하는 알고리즘의 수행 능력을 평가하기 위해 분류 결과를 시각화한 표를 뜻한다. 혼동행렬을 통해 분류 모델이 어떤 클래스를 더 잘 예측하는지, 오류(Error)가 어느 클래스에서 더 많이 발생하는지 등을 파악할 수 있다. 이러한 정보를 토대로 분류 모델의 성능을 평가하고 개선할 수 있다. 제시된 자료는 위암 여부를 검사하는 자료이므로 '긍정(Positive, 양성)'은 위암 발병을, '부정(Negative, 음성)'은 위암이 아님(정상)을 의미한다. 문제에서 제시된 내용을 토대로 진양성(TP), 위음성(FN), 위양성(FP), 진음성(TN) 등과 합계를 표로 정리하면 다음과 같다.

예측값 실젯값	위암환자가 맞을 것이다 (Positive)	위암 환자가 아닐 것이다 (Negative)	합계
위암 환자가 맞다 (Positive)	400명(TP)	100명(FN)	500명
위암 환자가 아니다 (Negative)	600명(FP)	900명(TN)	1,500명
합계	1,000명	1,000명	2,000명

㉠ 정확도는 예측한 전체 건수 중에서 사실에 적중한 것의 비율이므로, 정확도를 계산하는 식은 '(진양성+진음성)÷(진양성+위양성+진음성+위음성) → (TP+TN)÷(TP+FP+TN+FN)'이다. 정확도가 높을수록 현실에 부합한 비율이 높은 것이므로 활용도가 높다고 평가할 수 있다. 계산식에 따라 정확도를 구하면 $\frac{400+900}{400+600+900+100}=\frac{1,300}{2,000}=0.65$이다.

㉡ 정밀도는 양성이라고 예측한 것 중에서 적중한 비율이므로, 정밀도를 계산하는 식은 '진양성÷(진양성+위양성) → TP÷(TP+FP)'이다. 정밀도가 높을수록 긍정적인 예측이 적중한 비율이 높다는 뜻으로 안정성이 높다고 평가할 수 있다. 계산식에 따라 정밀도를 구하면 $\frac{400}{400+600}=\frac{400}{1,000}=0.4$이다.

㉢ 재현율은 실제로 양성일 때 예측 결과도 양성인 비율이므로, 재현율을 계산하는 식은 '진양성÷(진양성+위음성) → TP÷(TP+FN)'이다. 재현율이 높을수록 현실이 긍정일 때 그 예측이 제대로 잘 이루어지고 있다고 평가할 수 있다. 계산식에 따라 재현율을 구하면 $\frac{400}{400+100}=\frac{400}{500}=0.8$이다. 즉, 실제 위암 환자를 위암 환자로 옳게 진단한 비율이 80%이므로 예측력을 신뢰할 수 있다고 평가할 수 있다.

㉣ 특이도는 음성을 대상으로 예측한 것 중에서 적중한 비율이므로, 특이도를 계산하는 식은 '진음성÷(진음성+위양성) → TN÷(TN+FP)'이다. 특이도가 높을수록 현실이 부정일 때 그 예측이 제대로 잘 이루어지고 있다고 평가할 수 있다. 계산식에 따라 특이도를 구하면 $\frac{900}{900+600}=\frac{900}{1,500}=0.6$이다.

01	02			
©, @, @	⊙, ⓒ, @			

01 정답 ©, @, @

© 응집력의 정도를 기준으로 강한 것에서 약한 것으로 응집도의 순서를 나열하면 '기능적(함수적) 응집도>순차적 응집도>통신적 (교환적) 응집도>절차적 응집도>시간적(일시적) 응집도>논리적 응집도>우연적 응집도'이다.

@ 결합력의 정도를 기준으로 강한 것에서 약한 것으로 결합도의 순서를 나열하면 '내용 결합도>공통 결합도>외부 결합도>제어 결합도>스탬프 결합도>데이터 결합도'이다.

@ 결합도는 낮을수록, 응집도는 높을수록 모듈의 독립성이 커진다. 모듈 간에는 관련이 적을수록(결합도가 낮을수록) 상호 의존성 이 작아져 모듈의 독립성이 높아진다. 또한 관계가 밀접할수록(응집도가 높을수록) 독립성이 높아진다. 독립성이 높은 모듈일수 록 오류를 발견·해결할 수 있고, 수정할 때 다른 모듈에 대한 영향(부작용)을 최소화할 수 있다. 따라서 모듈의 독립성을 높여 품질을 높이려면 결합도는 낮게, 응집도는 높게, 모듈의 크기는 작게 설계해야 한다.

오답분석

⊙·ⓒ 목적이 같은 기능끼리 하나의 모듈로 모아 응집력을 높이면 비슷한 기능을 수행함으로 인해 기능에 변화가 발생했을 때 유지·보수·수정이 상대적으로 수월해지며, 해당 모듈을 재사용할 수 있는 가능성도 커진다. 이와 같은 이치로 모듈 사이의 결합도는 낮은 것이 바람직한데, 이는 모듈 사이의 의존도(결합도)가 높으면 특정 모듈을 수정했을 때 다른 모듈도 직접적인 영향을 받아 예상하지 못한 부작용을 초래하기 쉽기 때문이다. 즉, 응집도가 높을수록, 결합도가 낮을수록 독립성이 향상되어 유지·보수와 재사용이 용이해지는 등 모듈의 품질이 좋아진다.

02 정답 ⊙, ⓒ, @

⊙ 리눅스는 1991년 리누스 토르발스가 중대형 컴퓨터에서만 사용 가능하던 유닉스를 기반으로 어셈블리어로 개발해 개인용 컴퓨 터에서도 사용 가능한 운영체제로서, 프로그램 소스 코드를 무료로 공개했기 때문에 사용자는 자신이 원하는 대로 특정 기능을 추가할 수 있다.

ⓒ 전 세계적으로 수백만 명 이상의 프로그래머들이 리눅스 개발자 그룹에 참여하고 있으며, '다수를 위한 공개'라는 원칙에 따라 지속적인 개발과 향상이 이루어지고 있다.

@ 리눅스는 유닉스를 기반으로 만들어졌기에 유닉스와 대부분 호환이 가능하다. 리눅스는 인터넷 프로토콜(TCP/IP)을 적극 지원 하는 등 네트워크 작업에 매우 유용하다. 또한 각종 주변기기에 따라, 사용하는 시스템의 특성에 따라 소스를 변경할 수 있으므로 다양한 변종이 등장하고 있다. 리눅스는 데스크톱의 용도 외에도 웹서버, 클라우드 컴퓨팅, 모바일 기기, 임베디드 기기, 사물인 터넷 디바이스 등 다양한 분야에서 활용되고 있다.

오답분석

© 커널은 리눅스 운영체제의 핵심으로, 하드웨어를 제어하는 기능을 한다. 다른 운영체제와 마찬가지로 운영체제가 제공하는 메모 리나 하드디스크 등의 디바이스 관리 및 프로세스에 대한 제어, 네트워크 연결 및 설정 관리, 파일 시스템 할당 등의 역할을 한다. 또한 셸(Shell)은 커널과 사용자를 연결하는 인터페이스로서, 사용자 명령을 해석하고 실행하기 위한 도구이다

@ 리눅스는 CLI뿐만 아니라 윈도우(Windows)처럼 GUI(Graphical User Interface)에서도 작동한다. 여기서 CLI는 도스나 명령 프롬프트처럼 사용자가 문자를 입력해 컴퓨터에 명령을 내리는 방식으로, 자원을 적게 차지하면서도 안정적이고 빠르다. 그러나 CLI를 능숙히 다루려면 명령어 암기, 스크립트 학습 등 오랜 교육이 필요하다는 점에서 숙련된 기술을 갖추어야 한다는 단점이 있다.

01 NCS 직업기초능력

| 금융일반 |

01	02	03	04	05	06	07	08	09	
③	③	①	③	③	②	③	④	①	

01 정답 ③

우선 처음 제시된 문단은 I은행의 긍정적인 행보에 대해 다루고 있는 반면, (가), (다), (라)는 I은행의 부정적인 내용에 대해 서술하고 있다. 또 (나)에서는 제시된 문단에서 언급한 'ESG'에 대해 설명하고 있으므로 제시된 문단 뒤에 이어질 문단으로 가장 적절하다. 다음으로 (가), (다), (라) 문단을 시작하는 접속사를 살펴보면, (가)의 '하지만'은 뒤에 이어질 내용이 이전과는 반대되는 내용이 될 것임을 유추할 수 있고, (다)의 '게다가'와 (라)의 '특히'는 이전의 내용과 비슷한 맥락의 글이 이어질 것임을 유추할 수 있다. 따라서 (나) 뒤에 이어질 문단으로 가장 적절한 것은 (가)이다. 마지막으로 (다)와 (라)를 살펴보면, (다)에서 언급한 해당 사건이 (라)에서 설명하는 '대규모 환매 중단'임을 짐작할 수 있으므로, (라) – (다) 순으로 나열하는 것이 가장 적절하다.

02 정답 ③

1석7조통장은 별도의 우대금리가 없는 상품으로, 계약기간에 따라 정해진 약정이율에 대해서만 적용되는 상품이다. 따라서 ③은 옳은 설명이다.

오답분석

① 해당 상품의 계약기간은 6개월 이상 3년 이하이나, 상품혜택 제공기간은 통장 가입일로부터 1년이므로 상품의 계약기간에 따라 상품혜택을 제공받는 기간이 그보다 길 수도, 짧을 수도 있다.

② 해당 상품은 만기자동해지서비스를 신청한 계좌에 한해 제공하고 있다. 따라서 별도의 신청이 없으면 만기 후 해지 절차가 필요하다.

④ 1석7조통장의 만기후이율은 그 기간에 따라 작아짐을 알 수 있으나, 만기후금리는 그 이율이 적용받는 기간에 따라 상이하다.

03 정답 ①

해당 상품은 개인사업자 및 외국인 비거주자를 제외한 실명등록한 개인을 대상으로 제공되는 상품으로 부모급여 또는 아동수당을 6개월 이상 입금받거나, 자사에서 주택청약종합저축에 신규 가입할 경우 추가적인 우대금리를 제공받을 수 있는 상품이므로 ①은 적절하지 않다.

오답분석

② 가입방법은 대면방식인 '영업점 방문'과 비대면방식인 '텔레마킹', 'i – ONE뱅크' 앱을 통해서만 진행되고 있다.

③ 가입 가능한 금액이 월 최소 1만 원에서 최대 50만 원이므로 연간 최소 12만 원에서 최대 600만 원까지 가입이 가능한 상품이다.

④ 적금 가입자 기준 가족관계 확인서류를 지참하고 영업점에 방문하여 가족등록을 할 수 있으며, 계약기간 중 충족된 실적을 합산하여 우대금리를 제공한다.

04 정답 ③

월 급여가 300만 원을 초과하더라도 해당 상품에 가입에는 제한이 없으나, 우대금리가 아닌 고시금리의 적용을 받게 되므로 ③은 옳은 설명이다.

오답분석

① 우대금리는 세전 연 3.0%이므로 실질적으로 지급받을 수 있는 최대 연 이자는 9만 원보다 적다.
② 월 급여가 50만 원 미만이어도 해당 상품을 이용할 수는 있으나 우대혜택을 제공받을 수 없다.
④ 제시문의 상품내용에 따르면, 해당 상품의 최초 가입일부터 익월 말까지는 실적조건의 충족 여부에 관계없이 우대혜택 중 수수료 면제 혜택만을 제공받을 수 있다.

05 정답 ③

파일 이름에 주어진 규칙을 적용하여 암호를 구하면 다음과 같다.

1. 비밀번호 중 첫 번째 자리에는 파일 이름의 첫 문자가 한글일 경우 @, 영어일 경우 #, 숫자일 경우 *로 특수문자를 입력한다.
   • 2022매운전골Cset3인기준recipe8 → *
2. 두 번째 자리에는 파일 이름의 총 자리 개수를 입력한다.
   • 2022매운전골Cset3인기준recipe8 → *23
3. 세 번째 자리부터는 파일 이름 내에 숫자를 순서대로 입력한다. 숫자가 없을 경우 0을 두 번 입력한다.
   • 2022매운전골Cset3인기준recipe8 → *23202238
4. 그 다음 자리에는 파일 이름 중 한글이 있을 경우 초성만 순서대로 입력한다. 없다면 입력하지 않는다.
   • 2022매운전골Cset3인기준recipe8 → *23202238ㅁㅇㅈㄱㅇㄱㅈ
5. 그 다음 자리에는 파일 이름 중 영어가 있다면 뒤에 덧붙여 순서대로 입력하되, a, e, i, o, u만 'a=1, e=2, I=3, o=4, u=5'로 변형하여 입력한다(대문자 · 소문자 구분 없이 모두 소문자로 입력한다).
   • 2022매운전골Cset3인기준recipe8 → *23202238ㅁㅇㅈㄱㅇㄱㅈcs2tr2c3p2

따라서 주어진 파일 이름의 암호는 '*23202238ㅁㅇㅈㄱㅇㄱㅈcs2tr2c3p2'이다.

06 정답 ②

가입일 기준으로 급여계좌 및 급여 여부, 신용카드 및 체크카드 실적이 12개월간 유지될 때의 A ~ D의 우대금리를 계산하면 다음과 같다.

• A : 0.3+0.5=0.8%
• B : 0.3+0.5+0.2=1%
• C : 0.3+0.3+0.2=0.8%
• D : 계좌 압류 상태이므로 이자 지급 제한을 받는다.

따라서 B의 우대금리가 가장 높다.

정답 ③

제시된 조건에 따라 요일별 사내교육을 받을 수 없는 직원을 표로 정리하면 다음과 같다.

월요일		화요일		수요일		목요일		금요일	
A	~~V~~	~~A~~	V	~~A~~	~~V~~	~~A~~	~~V~~	~~A~~	~~V~~
~~B~~	W	B	~~W~~	~~B~~	~~W~~	~~B~~	~~W~~	~~B~~	~~W~~
~~C~~	~~X~~	~~C~~	~~X~~	~~C~~	~~X~~	C	X	~~C~~	~~X~~
~~D~~	~~Y~~	~~D~~	~~Y~~	D	~~Y~~	~~D~~	~~Y~~	~~D~~	Y
~~E~~	~~Z~~	~~E~~	~~Z~~	~~E~~	Z	~~E~~	~~Z~~	E	~~Z~~

A는 화요일에 연차휴가이고 수요일 ~ 금요일에 출장업무가 있으므로 월요일에 사내교육에 참석해야 한다.
B는 월요일에 은행업무, 수요일 ~ 금요일에 출장업무가 있으므로 화요일에 사내교육에 참석해야 한다.
E는 금요일에 사내교육에 참석하기로 하였다.
W는 월요일에 사내교육에 참석하기로 하였다.
X는 월요일 ~ 수요일에 출장업무, 금요일에 은행업무가 있으므로 목요일에 사내교육에 참석해야 한다.
Y는 월요일 ~ 수요일에 출장업무, 목요일에 연차휴가이므로 금요일에 사내교육에 참석해야 한다.
각 팀당 1명씩 참석할 수 있고 V는 수요일에 은행업무가 있으므로 화요일에 사내교육에 참석해야 한다.
Z는 남은 요일이 수요일뿐이므로 수요일에 사내교육에 참석해야 한다.
한편 D, X는 같은 날에 사내교육에 참석할 수 없으므로 C와 X는 같은 목요일에 사내교육에 참석해야 하고 D, Z는 수요일에 사내교육에 참석해야 한다.
따라서 직원들은 (A, W), (B, V), (D, Z), (C, X), (E, Y) 순으로 월요일 ~ 금요일에 사내교육에 참석해야 한다.

08 **정답** ④

국민총소득(GNI)은 명목 GDP와 국외 순수취 요소 소득의 합이므로 국외 순수취 요소 소득은 국민총소득(GNI)과 명목 GDP의 차이다.
• 2022년 1분기 : 515,495.5−509,565.8=5,929.7십억 원
• 2022년 2분기 : 542,408.3−540,700.8=1,707.5십억 원
• 2022년 3분기 : 555,165.9−546,304.5=8,861.4십억 원
따라서 국외 순수취 요소 소득은 감소하였다 증가하였으므로 ④는 옳지 않은 설명이다.

오답분석
① 모든 분기에서 서비스업의 명목 GDP가 가장 높다.
② 제조업의 명목 GDP는 증가 추세이고 명목 GDP는 당해 생산된 재화의 단위 가격과 생산량의 곱이므로 생산량이 감소하였다면 재화의 단위 가격은 증가하여야 한다.
③ 건설업의 명목 GDP는 증가하였다 감소하였고 명목 GDP는 당해 생산된 재화의 단위 가격과 생산량의 곱이므로 생산 단가가 일정하다면 생산량은 증가하였다 감소하여야 한다.

09 **정답** ①

농림어업의 명목 GDP는 증가하였다 감소하였으나 그 폭은 증가폭이 더 크다.
따라서 2022년 2분기에서 3분기로 감소할 때 기울기는 2022년 1분기에서 2분기로 증가할 때의 기울기보다 작아야 하므로 그래프로 변환하였을 때 적절하지 않은 것은 ①이다.

| 디지털 |

01	02	03	04	05	06	07			
③	④	①	①	④	④	④			

01　정답 ③

제2항 제1호에 따라 이자를 지급하여야 할 때부터 1개월간 지체할 경우에는 기한전의 채무변제 의무가 발생한다. 이에 따라 고객은 '대출 잔액 전부'와 기존 대출 전액이 아닌 '현재 남아있는 대출 잔액에 대한 연체료'도 함께 납부하여야 한다. 따라서 ④는 A직원의 대답으로 적절하지 않다.

오답분석

① 제1항 제1호에 따라 가압류가 개시되더라도 담보재산이 존재하는 채무의 경우에는 채권회수에 중대한 지장이 있는 때에만 가압류의 사유로 기한의 이익을 상실하므로 기한전의 채무변제 의무는 지지 않아도 된다.
② 제1항 제3호에 따라 채무불이행자명부 등재의 '신청'만으로도 기한전의 채무변제 의무가 생겨 은행에 대한 모든 채무는 기한과 관계없이 즉시 갚아야 할 의무가 발생한다.
④ 제2항에 따라 은행은 기한의 이익 상실 7영업일 전까지 기한전의 채무변제 의무에 대한 내용을 고객에게 서면 통지하여야 하지만, 불가피하게 기한의 이익 상실 7영업일 전까지 통지하지 않은 경우에는 고객은 실제로 고객에게 통지가 도달한 날부터 7영업일이 경과한 날에 기한의 이익을 상실하게 되어 기한전의 채무변제 의무가 발생하게 된다.

02　정답 ④

'중도해지이율'과 '만기후이율'을 보면, 가입일 또는 만기일 당시의 계약기간별 고시금리에 대해서만 적용하고 있음을 알 수 있으므로 ④는 옳지 않은 설명이다.

오답분석

① 1인당 3계좌까지 가입이 가능하고, 적립금액은 최대 월 20만 원이므로 1인당 최대 적립 금액은 월 60만 원이다.
② 가입대상에서 개인사업자 및 외국인비거주자만 제외되므로 국내에 거주 중인 외국인은 가입이 가능하다.
③ 12개월 약정이율에 모든 우대금리를 더하면 적용받을 수 있는 최고금리는 $3.85+1.0+0.5=5.35\%$이다.

03　정답 ①

'상업용 부동산 전반 통합 서비스'는 기업인터넷뱅킹 홈페이지를 통해 제공받는 비대면 서비스이므로 ①이 가장 적절하다.

오답분석

② '상업용 부동산 전반 통합 서비스'는 IBK기업은행 이용 고객 중 기업고객에 한해 제공되는 서비스이다.
③ '상업용 부동산 전반 통합 서비스'는 고객이 사이트 내에 정보를 보고 매물을 선택하는 것이 아닌, 원하는 조건을 사이트 내에 입력하면 상담원이 그 조건에 맞는 맞춤 서비스를 제공하는 방식으로 진행된다.
④ '상업용 부동산 전반 통합 서비스'로 업무공간을 임대할 경우, 임차인이 부담하는 중개 수수료에 한해 면제 혜택을 받을 수 있다.

04　정답 ①

음료의 종류별로 부족한 팀 수를 구하면 다음과 같다.
• 이온음료 : 총무팀(1팀)
• 탄산음료 : 총무팀, 개발팀, 홍보팀, 고객지원팀(4팀)
• 에너지음료 : 개발팀, 홍보팀, 고객지원팀(3팀)
• 캔 커피 : 총무팀, 개발팀, 영업팀, 홍보팀, 고객지원팀(5팀)
음료 구매 시 각 음료의 최소 구비 수량의 1.5배를 구매해야 하므로 이온음료는 9캔, 탄산음료는 18캔, 에너지음료는 15캔, 캔 커피는 45캔씩 구매해야 한다. 그러므로 구매해야 하는 전체 음료의 수는 다음과 같다.

- 이온음료 : $9 \times 1 = 9$캔
- 탄산음료 : $18 \times 4 = 72$캔
- 에너지음료 : $15 \times 3 = 45$캔
- 캔 커피 : $45 \times 5 = 225$캔

따라서 음료는 정해진 묶음으로만 판매하므로 이온음료는 12캔, 탄산음료는 72캔, 에너지음료는 48캔, 캔 커피는 240캔을 구매해야 한다.

05 정답 ④

오답분석

① KCB 점수와 NICE 점수 모두 기준 점수 미달이다.
② 신청일 기준 재직상태가 아니다.
③ 당행에 본인 명의의 휴대폰 번호가 등록되어 있지 않다.

06 정답 ④

고산지대에 근무하는 공무원이 한 분기에 23일 이내인 14일간 저지대에서 가족동반으로 요양을 할 때 8번 지급 사유에 따라 발생한 비용 전액을 국외여비로 지급받을 수 있다.

오답분석

① 4번 지급 사유에 따라 발생한 비용의 일부만 국외여비로 받을 수 있다.
② 2번 지급 사유에 따라 발생한 비용의 일부만 국외여비로 받을 수 있다.
③ 6번 지급 사유에 따라 발생한 비용의 일부만 국외여비로 받을 수 있다.

07 정답 ④

- K주임
  - 12세 이상 가족 구성원의 가족 국외여비 : $(700{,}000 \times 2 + 20{,}000 \times 2) \times \frac{2}{3} = 960{,}000$원
  - 12세 미만 가족 구성원의 가족 국외여비 : $(0 \times 2 + 20{,}000 \times 2) \times \frac{1}{3} ≒ 13{,}333$원 ≒ 20,000원

따라서 K주임이 지급받을 총 국외여비는 $960{,}000 + 20{,}000 = 980{,}000$원이므로 바르게 연결되지 않은 것은 ④이다.

오답분석

- H부장
  - 12세 이상 가족 구성원의 가족 국외여비 : $\{(900{,}000 + 900{,}000 + (900{,}000 \times 0.8) + 15{,}000 + 15{,}000\} \times \frac{2}{3} = 1{,}700{,}000$원
  - 12세 미만 가족 구성원의 가족 국외여비 : $\{(900{,}000 \times 0.8) + 0\} \times \frac{1}{3} = 240{,}000$원

  따라서 H부장이 지급받을 총 국외여비는 $1{,}700{,}000 + 240{,}000 = 1{,}940{,}000$원이다.
- J과장
  - 12세 이상 가족 구성원의 가족 국외여비 : $1{,}200{,}000 \times 4 \times \frac{2}{3} = 3{,}200{,}000$원
  - 12세 미만 가족 구성원의 가족 국외여비 : 0원

  따라서 J과장이 지급받을 총 국외여비는 3,200,000원이다.
- L대리
  - 12세 이상 가족 구성원의 가족 국외여비 : $750{,}000 \times 2 \times \frac{2}{3} = 1{,}000{,}000$원
  - 12세 미만 가족 구성원의 가족 국외여비 : 0원

  따라서 L대리가 지급받을 총 국외여비는 1,000,000원이다.

| 금융일반 - 객관식 |

01	02	03	04	05	06	07	08	09	10	11	12	13	14	15	16	17	18	19	20
③	④	②	②	②	③	④	①	③	③	①	②	④	③	②	②	②	②	①	④

01　정답 ③

마이클 포터의 5포스 모델의 5가지 요소는 산업 내 경쟁, 구매자의 구매력, 공급자의 교섭력, 신규진입자의 위협, 대체재의 위협이다. 따라서 5가지 요소에 해당하지 않는 것은 ③이다.

02　정답 ④

A기업의 주가와 B기업의 주가가 동일하므로 A기업은 신주 2,000,000주를 발행하여 B기업 주주에게 지급하고 B기업을 합병한다. 이에 따라 합병 이후 총 주식수는 5,000,000주이며 주가는 다음과 같다.
1,000억 원[=(A기업의 가치 600억 원)+(B기업의 가치 400억 원)]÷5,000,000주=20,000원
따라서 합병한 이후의 PER은 (주가)÷(주당순이익)이므로 20,000원÷1,600원=12.5이다.

03　정답 ②

재무구조 개선을 목적으로 유상증자를 한 경우는 기업의 재무상태가 좋지 않다는 의미로 받아들여져 주가에 부정적인 영향을 미치므로 ②는 옳지 않은 설명이다.

오답분석

①·③ 신규 사업 진출이나 생산능력 확대를 목적으로 유상증자를 한 경우는 기업의 미래성장에 대한 기대감으로 주가에 긍정적인 영향을 미친다.
④ 무상증자는 대개 주가에 긍정적인 영향으로 작용한다. 다만, 주가상승이 단기에 미칠 수 있고 변동성이 커질 수 있다.

04　정답 ②

주당 100원의 현금배당을 실시했으므로, 10,000,000주×100원=10억 원을 배당금으로 사용한다.
따라서 A기업의 배당 이후 PER은 20,000원÷200원(=20억 원÷10,000,000주)=100이다.

05　정답 ②

배당성향이 낮아지면 사내유보율이 높아지고 이로 인해 무상증자 등 자본금 확충 가능성이 증가하므로 ②는 옳지 않은 설명이다.

오답분석

① 배당성향은 (배당금)÷(순이익) 또는 1-(사내유보율)로 구한다.
③ 지나친 배당은 기업 재무 상태에 부담이 될 수 있다.
④ 배당금은 순이익에서 지급되므로 순이익이 커질수록 배당성향은 높아지게 된다.

06　정답 ③

주당 배당금을 구하는 식은 (배당수익률)×(주가)이다.
따라서 A기업의 주당 배당금은 10%×20,000원=2,000원이다.

07 정답 ④

신주배정 기준일 14일 전에 신주발행 공고를 진행하므로 ④는 옳지 않은 설명이다.

오답분석

① 유상증자는 새로 주식을 발행하여 대상의 구분 없이 해당 주식을 팔아 자금을 확보할 수 있다.
② 주주배정은 기존 주주, 일반공모는 불특정다수의 일반 투자자, 제3자배정은 특정인 또는 기관을 대상으로 한다.
③ 유상증자를 하면 발행주식수가 늘어나게 되고 그만큼 주당순이익이 낮아지게 된다.

08 정답 ①

A기업의 변동 전 자본금과 변동 후 자본금을 구하면 다음과 같다.
• 변동 전 : (액면가)×(발행주식수) → 500원×10,000,000주=50억 원
• 변동 후 : 50억 원+(5,000,000주×2,000원)=150억 원

09 정답 ③

기업가치 대비 공모가가 높게 정해지면 매도물량이 늘어날 수 있어 주가에 부정적 요인으로 작용하므로 ③이 가장 적절하다.

오답분석

① 수요예측 경쟁률이 높은 것은 그만큼 해당 기업에 대한 기대가 높은 것으로 주가에 긍정적 요인으로 작용한다.
② 주식시장의 우호적인 분위기는 개별종목의 주가에 긍정적 요인으로 작용한다.
④ 최대주주의 지분율이 높아 유통주식수가 많지 않으면 주가의 변동성이 커질 수 있다.

10 정답 ③

비체계적 위험은 포트폴리오 구성을 통해 제거 가능한 위험으로 성과평가 지표로 볼 수 없다.

11 정답 ①

A가 소유한 휴대폰의 현행원가는 현재시점에서 휴대폰 판매원이 지급할 40만 원으로 볼 수 있다.

12 정답 ②

엥겔지수는 가계 소비지출에서 차지하는 식비의 비율을 의미하며, 가계 소비지출은 소비함수[(독립적인 소비지출)+{(한계소비성향)×(가처분소득)}]로 계산할 수 있다. 각각의 숫자를 대입하면 100만 원+(0.6×300만 원)=280만 원이 소비지출이 되고, 이 중 식비가 70만 원이므로, 엥겔지수는 70만 원÷280만 원=0.25이다.

13 정답 ④

가장 효율적인 투자안은 $\left[\text{가중평균자본비용(WACC)}=\dfrac{\text{자기자본비용}\times\text{자기자본}+\text{타인자본비용}\times\text{타인자본}\times(1-\text{법인세율})}{\text{자기자본}+\text{타인자본}}\right]$이 가장 낮은 투자안이다. 법인세율은 동일하다고 하였으므로 $\left[\dfrac{\text{자기자본비용}\times\text{자기자본}+\text{타인자본비용}\times\text{타인자본}}{\text{자기자본}+\text{타인자본}}\right]$이 가장 낮은 투자안이 가장 효율적인 투자안이다.

• A투자안 : $\dfrac{100\times200+200\times200}{200+200}=\dfrac{60,000}{400}=150$
• B투자안 : $\dfrac{200\times300+100\times200}{300+200}=\dfrac{80,000}{500}=160$

- C투자안 : $\dfrac{200 \times 200 + 100 \times 300}{200 + 300} = \dfrac{70,000}{500} = 140$

- D투자안 : $\dfrac{100 \times 300 + 100 \times 200}{300 + 200} = \dfrac{50,000}{500} = 100$

따라서 D투자안이 가장 효율적이다.

14 　정답　 ③

위험 프리미엄(Risk Premium)은 투자자가 위험한 투자를 선택할 때 받을 수 있는 추가적인 수익을 의미하며 기댓값에서 확실성등가를 뺀 값이다.

15 　정답　 ②

투자자가 장기채권을 보유하기 위해서는 단기채권보다 프리미엄을 더 얹어야 하므로 ②는 옳지 않은 설명이다.

　오답분석　

① 기간에 따라 장기이자율, 단기이자율 모두 함께 변동한다.
③ 수익률곡선은 대개 우상향하는 모습을 나타내나, 향후 단기이자율이 급격히 하락할 것으로 예상되는 경우 우하향하는 모습을 나타낸다.

16 　정답　 ②

　오답분석　

① 국제회계기준은 회사별 상황에 따라 대손충당금 적립률을 합리적으로 결정하도록 하고 있다.
③ · ④ 대손상각비에 대한 설명이다.

17 　정답　 ②

　오답분석　

ⓒ 역사적원가는 취득 이후 자산가치가 변동하여도 취득 당시의 금액으로 계속 기록한다.
ⓔ 공정가치는 가격을 직접 관측하거나, 다른 가치평가방법을 사용하여 추정할 수 있다.

18 　정답　 ②

의료 서비스는 많은 지식이 필요하기 때문에 지식과 비용을 교환하는 측면에서 교환가치의 사례로 볼 수 있다.

　오답분석　

① 가방의 사용가치에 대한 설명이다.
③ 노트북의 성능이 좋기 때문에 회사에서 많이 사용되어 사용가치가 크다.
④ 물은 인간에게 필수적인 자원이므로 그만큼 사용가치가 매우 크다고 할 수 있다.

19 　정답　 ①

재고자산의 감모손실을 구하는 식은 [(장부재고수량)−(실제재고수량)]×(장부상 단가)이다.
따라서 재고자산의 감모손실은 (4,000−2,000)×5,000원=1,000만 원이다.

20 　정답　 ④

재고자산 평가 방법은 선입선출법, 후입선출법, 평균법, 개별법이 있으며, 순이익조정은 재고자산 평가와 관계가 없다.

| 금융일반 – 주관식 |

01	02			
500,000	㉠, ㉡			

01 정답 500,000

화재손실액은 [(기초재고액)+(매입액)−(매출원가)]×(손실비율)이므로 [1,100,000+700,000−(1,000,000×0.8)]×50%=500,000원이다.

02 정답 ㉠, ㉡

- A : ㉠ 대손충당금은 회수불능채권을 비용처리하기 위해 설정하는 회계 계정으로 대출부실 등 리스크에 대비하는 목적을 가진다.
- B : ㉡ 소비자물가지수는 소비자 관점에서의 상품 및 서비스 가격 변동을 측정하여 인플레이션 변동을 측정하는 지수로 기준금리 결정에 중요한 영향을 미친다.

| 디지털 – 객관식 |

01	02	03	04	
④	④	③	①	

01 정답 ④

1부터 100까지의 값을 변수 x에 저장한다. 1, 2, 3, … 에서 초기값은 1이고, 최종값은 100이며, 증분값은 1씩 증가시키면 된다. 즉, 1부터 100까지를 덧셈하려면 99단계를 반복 수행해야 하므로 결과는 5050이 된다.

02 정답 ④

테이블에서 튜플의 삭제 명령은 DELETE로 'DELETE FROM 삭제할 자료의 테이블 명 WHERE 조건'과 같은 형식으로 사용한다.

03 정답 ③

MRU(Most Recently Used)는 사용 빈도가 가장 많은 페이지를 교체하는 게 아니라, 가장 최근에 연산이 끝난 블록을 버퍼에서 버리는 알고리즘이다.

04 정답 ①

SUMIFS 함수는 주어진 조건에 의해 지정된 셀들의 합을 구하는 함수로, 「=SUMIFS(합계범위, 조건범위, 조건 값)」으로 구성된다. 여기서 '조건 값'으로 숫자가 아닌 텍스트를 직접 입력할 경우에는 반드시 큰따옴표를 이용해야 한다. 즉, 「=SUMIFS(F2:F9,D2:D9, "남")」으로 입력해야 한다.

| 디지털 – 주관식 |

01	02			
㉡	6.7			

01 정답 ㉡

비선점형 스케줄링은 이미 사용되고 있는 CPU의 사용이 끝날 때까지 기다리는 스케줄링 기법으로, 응답시간을 예측할 수 있고 일괄처리방식이 적합하며 모든 프로세스의 요구에 대해서 공정하다.

02 정답 6.7

정해진 시간 안에 어떤 사건이 일어날 횟수에 대한 기댓값을 λ라 할 때 그 사건이 n회 일어날 확률은 $f(n;\lambda) = \dfrac{e^{-\lambda}\lambda^n}{n!}$ 이다. 여기서 λ는 기댓값으로 주어진 뽑기를 이항확률 분포함수로 나타내면 $B(50,\ 0.05)$이므로 기댓값은 $50 \times 0.05 = 2.5$이다. 따라서 구하고자 하는 확률은 $\dfrac{e^{-2.5} \times 2.5^5}{5!} \times 100 \fallingdotseq 6.7\%$이다.

주어진 조건을 이항확률 분포함수를 이용하여 추정하면 $_{50}C_5 \left(\dfrac{1}{20}\right)^5 \left(\dfrac{19}{20}\right)^{45} \fallingdotseq 0.066 = 6.6\%$로 포아송 확률 분포함수를 이용하여 추정한 확률과 매우 근사하다. 이는 시행횟수가 많을수록 이항분포 확률함수가 포아송 확률 분포함수로 수렴하기 때문이다.

01 NCS 직업기초능력

| 금융일반 |

01	02	03	04	05	06				
②	③	③	④	③	③				

01 정답 ②

중도해지 시 받을 수 있는 중도해지이율은 36개월 미만으로 2.5%×0.6=1.5%이다.

따라서 B과장이 받을 중도해지 환급금은 $15,000,000 \times \left(1+0.015 \times \dfrac{30}{12}\right) = 15,562,500$원이다.

02 정답 ③

서비스 정식 개시 후 정보 추출 방식이 스크린 스크레이핑 방식에서 API 방식으로 변경됨에 따라 마이데이터 사업자의 중간 개입 없이 사용자가 직접 어플리케이션 상에서 금융데이터를 불러올 수 있게 되었으므로 박대리가 마이데이터에 대한 설명을 바르게 이해하였다.

오답분석

① 저장공간을 개인 디바이스로 옮기는 서비스는 아니다.
② 마이데이터 서비스 이후에도 금융기관의 정보를 마이데이터 업체가 관리하려면 소비자의 요청이 있어야 한다.
④ 신용거래 외에 단순 입출금 거래내역도 포함된다.

03 정답 ③

부동산 서비스는 부동산 114에서 제공하는 청약, 시세 정보를 자산관리 앱에서 편리하게 조회할 수 있는 서비스로 소비자의 정보를 요청하여 조회하는 서비스는 아니다.

오답분석

①·② 은행, 보험, 증권, 카드사의 정보를 한데 통합하여 조회하는 과정에서 API를 활용한다.
④ 서비스 이용을 위해 KCB의 신용점수를 불러오게 된다.

04 정답 ④

친환경 차량을 이용하고 있거나 노후 경유차 저감장치 부착을 이행한 경우에는 별도의 서류를 제출해야 하지만, 대중교통 이용 우대금리를 적용받기 위해서는 IBK기업은행 입출금 계좌에 연결된 교통카드를 사용하면 별도의 서류 제출이 필요하지 않다. 따라서 ④는 옳은 설명이다.

오답분석

① 친환경 차량을 보유하지 않더라도, 노후 경유차 저감장치 부착을 이행하고 있거나, 대중교통을 이용하고 있으면 우대금리를 적용받을 수 있다.
② 계약금액을 1,000만 원 이상으로 가입한 경우에 한해서만 제공되는 혜택이다.
③ 만기 후에는 기본금리가 아닌 만기 후 이율이 적용된다.

05 정답 ③

C씨는 본인이 사용하는 교통카드의 결제계좌를 IBK기업은행의 입출금 계좌에 연결해두는 것으로 우대금리를 적용받을 수 있다.

오답분석

① A씨는 개인사업자로 본 상품 가입대상이 아니다.
② B씨가 이용하는 전기차의 소유주는 본인이 아니고, 운전 또한 본인이 직접하지도 않으므로 본인 명의의 자동차등록증이나 보험 가입증서를 발급받을 수 없다.
④ 노후 경유차 폐차는 계약기간 이전의 일이며, 현재 친환경 차량을 이용하고 있지 않으므로 우대금리 적용 대상이 아니다.

06 정답 ③

공부방 운영자의 인터뷰 내용에서 원격 결제를 활용하면 아이들이 실물 카드를 가지고 오지 않아도 부모가 원격으로 결제를 할 수 있다는 내용이 있으므로 ③이 가장 적절하다.

오답분석

① 회원가입 후 전화인증이 필요하다.
② 법정 카드수수료는 사업자가 지불해야 한다.
④ 다양한 결제 수단을 활용할 수 있다는 내용은 있으나, 결제 수단의 제한이 없는지의 여부는 본문의 내용만으로는 확인이 불가하다.

| 디지털 |

01	02	03	04	05	06				
①	②	②	②	④	①				

01 정답 ①

기업여신 자동심사 시스템은 심사 담당자 개개인의 능력에 의존하지 않도록 하는 시스템이므로 ①은 적절하지 않다.

오답분석

② 미래 성장성을 반영하여 채무상환능력을 평가한다.
③ 기업들은 표준화된 심사기준을 적용받는다.
④ 기술보증기금 등 공공기관의 기술가치평가 결과를 참조하지 않아도 시스템 자체적으로 기술평가를 진행하여 반영하게 된다.

02 정답 ②

i-ONE Bank를 통한 가입 시에는 국민건강보험공단의 재직 정보를 통해 우대금리 적용대상 여부를 판단한다. 따라서 ②는 적절하지 않다.

오답분석

① 납입금액의 상한이 월 20만 원이므로 가입기간 동안 저축할 수 있는 최대 금액은 240만 원이다.
③ 가입기간 내내 동의를 유지하였더라도 만기일 전일까지 유지하지 않으면 우대금리 적용 자격이 소멸한다.
④ 만기 후 1개월 이내에는 만기일 기준 고시금리의 50%를 적용하지만, 1개월이 지나면 만기일 기준 고시금리의 30%만을 적용한다.

03 정답 ②

이 상품의 기본금리는 연 3.2%이며, A씨는 직장인이므로 우대금리 0.3%p를 적용받는다. 또한 급여이체 실적과 카드 이용실적이 모두 만족되므로 주거래 우대금리인 0.7%p를 모두 적용받으나, 마이데이터 동의는 하지 않아 이에 대한 0.5%p의 우대금리는 받지 못한다.

따라서 A씨에게 적용되는 최종 금리는 3.2+0.3+0.7=4.2%이므로, A씨가 만기해지 시점에서 받게 되는 이자는 10만 원$\times\dfrac{0.042}{12}$

$\times\dfrac{12(12+1)}{2}$=27,300원이다.

04 정답 ②

대출한도는 최근 1년 이내 투자유치금액의 50% 수준이며, 창업 3년 이내 기업은 100%까지 대출을 받을 수 있으므로 ②가 가장 적절하다.

오답분석

① 추천을 받은 기업들이 주요 대상이라는 언급은 있으나, 대출실행의 필요조건이라는 언급은 없다.
③ 정부지원금은 펀드 총액의 10%이다.
④ 일반대출과 신주인수권부사채를 결합한 대출로, 신주인수권부사채 발행액에 대해서는 0% 금리가 적용되나, 일반대출은 일정한 금리를 지불해야 한다.

05 정답 ④

제시문에 글로벌 금융기관, 국내 시중은행들의 실험 진행 또는 참여 관련 내용이 있으므로 ④가 가장 적절하다.

오답분석

① 실물 화폐를 대체하는 것으로 동일한 액면가라면 동일한 가치를 갖는다.
② 블록체인, 분산원장기술 등 민간 암호화폐의 저장기술들을 유사하게 활용한다.
③ 현금을 은행에 입금하는 것은 현금의 보관장소를 변경하는 것이며, 은행에 보관되어 있는 현금을 CBDC라고 부르지는 않는다.

06 정답 ①

제3조에 따르면 실명의 개인은 최대 3계좌까지 가입이 가능하지만, 개인사업자는 제외된다. 따라서 ①은 옳지 않은 설명이다.

오답분석

② 제5조에 따르면 1천 원 단위로 월 1만 원 ~ 20만 원까지 가능하므로 55,000원을 적립방식으로 가입이 가능하다.
③ 제8조 1호, 2호에서 각각 1.0%p, 0.5%p의 우대금리를 적용받을 수 있다.
④ 제11조에 따르면 질권설정 또는 압류 등 출금제한이 등록된 계좌는 자동해지가 불가하다.

| 금융일반 - 객관식 |

01	02	03	04	05	06	07	08	09	10	11	12	13						
④	④	③	③	①	①	③	③	②	④	①	②	③						

01 　정답　④

증권회사의 상품인 유가증권과 부동산 매매기업이 정상적 영업과정에서 판매를 목적으로 취득한 토지·건물 등은 재고자산으로 처리된다. 따라서 ④는 옳은 설명이다.

오답분석

① · ② 선입선출법의 경우에는 계속기록법을 적용하든 실지재고조사법을 적용하든 기말재고자산, 매출원가, 매출총이익 모두 동일한 결과가 나온다.
③ 매입운임은 매입원가에 포함한다.

02 　정답　④

포괄손익계산서에 특별손익항목은 없으므로 ④는 옳지 않은 설명이다.

03 　정답　③

가중치를 장부가치 기준의 구성 비율이 아닌 시장가치 기준의 구성 비율로 하는 이유는 주주와 채권자의 현재 청구권에 대한 요구수익률을 측정하기 위해서이므로 ③은 옳지 않은 설명이다.

04 　정답　③

ABC 재고관리는 재고품목을 가치나 상대적 중요도에 따라 차별화하여 관리하며 재고품목을 연간 사용금액에 따라 A등급, B등급, C등급으로 나눈다. 따라서 ③은 옳은 설명이다.
• A등급 : 상위 15% 정도, 연간 사용금액이 가장 큰 항목, 아주 엄격한 재고 통제
• B등급 : 35% 정도, 연간 사용금액이 중간인 항목, 중간 정도의 재고 통제
• C등급 : 50% 정도, 연간 사용금액이 작은 항목, 느슨한 재고 통제

오답분석

① A등급에는 재고가치가 높은 품목들이 속한다.
② A등급 품목은 로트 크기를 작게 유지한다.
④ ABC 등급 분석을 위해 파레토(Pareto) 법칙을 활용한다.

05 　정답　①

ㄱ. 이자수익자산 유용수익에서 이자비용부채 조달 비용을 뺀 값은 이자자산순수익이다. 이자자산순수익을 이자수익자산의 평잔으로 나누면 NIM이 도출된다.
ㄴ. 국내경제의 침체가 장기화되면 기업들의 부실리스크가 증가하여 대출이자수익 및 대출상환가능성이 하락하므로 NIM은 악화될 가능성이 높다.

ㄷ. NIM은 은행 등 금융기관이 자산을 운용하여 낸 수익에서 조달비용을 차감해 운용자산 총액으로 나눈 수치로 금융기관의 수익력을 나타내는 지표이다.

ㄹ. 중앙은행이 기준금리를 인하하면, 이로 인해 시장금리도 하락하여 시중은행들의 예금이자수익이 하락하기 때문에 NIM도 악화된다.

06 정답 ①

유동비율＝(유동자산÷유동부채)×100＝(100÷50)×100＝200%이므로 ①은 적절하지 않다.

② 당좌비율＝(당좌자산÷유동부채)×100＝(유동자산－재고자산)÷유동부채×100＝80÷50×100＝160%

③ 자기자본비율＝(자기자본÷총자산)×100＝(100÷200)×100＝50%

④ 총자산순이익률(ROA)＝(당기순이익÷총자산)×100＝(10÷200)×100＝5%

부채비율＝(부채÷자기자본)×100＝(100÷100)×100＝100%

07 정답 ③

제시된 두 사례는 이미 포진해 있는 수많은 경쟁자들과 치열한 경쟁을 해야 하는 레드오션 속에서 발상의 전환을 통하여 퍼플오션을 창출한 사례이다. 기존 인기 상품에 새로운 아이디어나 기술 등을 접목함으로써 경쟁자가 거의 없고 무한한 가능성을 지닌 미개척시장을 창출하였다. 따라서 공통으로 나타난 전략은 ③이 가장 적절하다.

① 레드오션(Red Ocean) : 이미 잘 알려져 있어서 경쟁이 매우 치열한 특정 산업 내의 기존 시장을 의미한다. 산업의 경계가 이미 정의되어 있으며, 경쟁자의 수도 많으므로 같은 목표와 같은 고객을 두고 치열한 경쟁을 하게 된다.

② 블루오션(Blue Ocean) : 현재 존재하지 않거나 알려져 있지 않아 경쟁자가 없는 유망한 시장을 나타내는 말로, 시장 수요가 경쟁이 아니라 창조에 의해 얻어지며 아직 시도된 적이 없는 광범위하고 깊은 잠재력을 가진 시장을 비유하는 표현이다.

④ 그린오션(Green Ocean) : 최근 세계 각국이 환경 규제를 강화함에 따라 환경 분야에서 시장을 창출하자는 새로운 경영 패러다임에 의해 생겨났다. 친환경에 핵심 가치를 두고 환경·에너지·기후변화 문제 해결에 기여하는 '저탄소 녹색경영'을 통해 새로운 시장과 부가가치를 창출하는 기업들이 해당한다.

08 정답 ③

금융시장에서는 경제 상황에 따라 매, 비둘기, 올빼미, 오리 등이 등장한다. 경기가 과열 조짐을 보이면 시중에 풀려 있는 통화를 거둬들여 물가를 안정시키자고 주장하며 금리 인상에 찬성하는 통화 긴축파를 매파로 지칭하고, 반대로 경기 부양을 위해 시중에 돈을 풀어야 한다고 주장하며 금리 인하에 찬성하는 통화 완화파를 비둘기파로 지칭한다. 이 밖에도 상황에 따라 금리 인상 또는 인하를 주장하는 중립파인 올빼미파와 임기가 곧 끝나는 금융통화위원을 지칭하는 오리파가 있다. 오리파는 마치 뒤뚱거리며 걷는 오리처럼 남은 임기 동안 정책에 별다른 관심이 없고, 일관성도 없는 이들을 비유하기도 한다. 따라서 빈칸에 들어갈 내용으로 A는 비둘기, B는 매가 가장 적절하다.

09 정답 ②

전자상거래 업계의 과다 경쟁으로 인해 물품 가격의 하락이 발생하였고, 이로 인해 결국 국가의 전체 물가 상승이 억제되었다. 이러한 상황을 대표적인 전자상거래 업체인 아마존닷컴의 이름을 딴 '아마존 효과'라고 부른다.

① 구글 효과 : 구글이 인터넷과 IT·미디어 산업, 나아가 우리 개개인의 삶에까지 미치고 있는 영향력을 의미한다.

③ 플라이휠 효과 : 아마존의 창업자가 제시한 저비용 구조를 동력으로 한 경영전략으로, 기업의 성장을 일련의 순환과정으로 인식하여 개선된 고객 경험과 고객 증가가 판매자·상품군을 늘리는 선순환을 만든다는 것을 의미한다.

④ 블랙스완 효과 : 관찰과 경험에 의존한 예측을 벗어나 예기치 못한 극단적 상황이 일어나는 것을 의미한다.

10 정답 ④

타임마케팅(Time Marketing)은 개인이 평등하게 가지고 있는 시간이라는 자산에 제한을 두거나 특별함을 더해주는 방법이다.
즉, 타임마케팅이란 소비자의 시간을 점유함으로써 그들 스스로 제품과 서비스에 시간을 투자하도록 만드는 방식의 마케팅이다.
예를 들어 주말에 30% 할인을 해주거나 어떤 요일에는 쿠폰을 제공하는 등의 방식으로 소비자의 마음을 열고 매출을 올릴 수
있는 마케팅 방식이라고 볼 수 있다. 롯데리아나 맥도날드나 같은 유명 패스트푸드점에 가면 모닝세트, 런치세트 등을 볼 수 있는데
이것들이 사실 타임마케팅의 일환이다. 아침이나 점심시간에 고객이 적은 현상을 고려하여 제한된 시간 동안 합리적인 가격과
구성품을 판매하여 고객의 아침, 점심을 점유하는 것이다. 따라서 밑줄 친 부분에 해당하는 마케팅 전략으로 ④가 가장 적절하다.

11 정답 ①

먼저 x1년의 매출총이익을 구하기 위해 매출원가(기초재고＋당기매입－기말재고)를 구할 때, 당기 매입액은 매입에누리나 환출
등을 차감한 순금액으로 반영하므로 매출원가는 100,000＋(280,000－0)－110,000＝270,000이다.
매출총이익(매출액－매출원가)을 계산함에 있어 매출액 역시 매출에누리나 환입 등을 차감한 순금액으로 반영하므로 x1년의 매출
총이익은 (400,000－40,000)－270,000＝90,000원이며, 매출총이익률(매출총이익÷매출액)은 90,000÷360,000＝25%(매출
원가율 75%)이다. x1년의 매출총이익률이 x2년에도 동일한 경우 x2년의 매출원가는 x2년의 순매출액에 매출원가율 75%를 곱한
금액이므로 (500,000－20,000)×0.75＝360,000원이다.
따라서 x2년의 기말재고자산 가액은 110,000＋(400,000－10,000)－360,000＝140,000원이다.

12 정답 ②

오답분석

① 사이드카(Side Car) : 선물시장이 급변할 경우 현물시장에 대한 영향을 최소화함으로써 현물시장을 안정적으로 운용하기 위한
   관리제도이다.
③ 트레이딩칼라(Trading Collar) : 주식시장 급변에 따른 지수 변동성 확대로 시장의 불안 정도가 높아질 때 발효되는 시장 조치를
   말한다.
④ 서킷브레이커(Circuit Breaker) : 주식시장에서 주가가 급등 또는 급락하는 경우 주식매매를 일시 정지하는 제도이다.

13 정답 ③

정수/정수의 결과를 실수값으로 바르게 표현하기 위해서는 실수형(float, double)으로 형변환을 해야 한다.

| 금융일반 - 주관식 |

01	02	03	04	05
ⓒ	1,050	ⓒ, ⓔ, ⓗ, ⓞ	ⓔ, ⓜ	4,920

01   정답 ⓒ

OTP(One Time Password)는 무작위로 생성되는 난수의 일회용 패스워드를 이용하는 사용자 인증 방식이다. 로그인할 때마다 일회성 패스워드를 생성하기 때문에 동일한 패스워드를 반복사용함으로써 발생하는 보안상의 취약점을 극복할 수 있다.

02   정답 1,050

2022년 인식할 기타포괄이익은 $(20주 \times 240) - (20주 \times 180 + 150) = 1,050$이다.

03   정답 ⓒ, ⓔ, ⓗ, ⓞ

경제변수는 유량과 저량으로 구분된다. 유량변수는 GDP · 국제수지 · 생산 · 소득 · 소비 · 저축 등과 같이 '일정 기간' 동안 측정하는 변수이며, 저량변수는 외환보유액 · 통화량 · 인구 · 부(Wealth) · 자산(Asset) · 부채(Debt) 등과 같이 '일정 시점'에 측정하는 변수이다.

04   정답 ⓔ, ⓜ

달러 수요가 상승하고, 상대적으로 원화가치가 하락하는 경우에 환율이 상승한다. 미국 투자자가 국내 주식을 매각하려 하거나, 국내 기업이 미국에 공장을 설립하려 할 때 달러 수요가 증가한다.

오답분석

ⓐ 국내 실질이자율이 상승하면, 원화로 표시된 금융자산의 수요가 증가하므로 달러의 국내 유입이 증가하고 달러가치 및 환율은 하락한다.
ⓑ 미국인들의 소득이 증가하면, 한국산 수출품에 대한 수요가 증가하여 달러 유입이 증가하고 환율은 하락한다.
ⓒ 국내 물가수준이 하락하여 수출품 가격이 하락하면, 수출품에 대한 수요가 증가하므로 환율이 하락한다.

05   정답 4,920

원가율 산정은 $\dfrac{\text{원가기준 판매가능액(기초재고+당기매입액)}}{\text{매출가격기준 판매가능액(매가기초재고+매가당기매입액)}} = \dfrac{1,800+6,400}{2,000+8,000} = 82\%$이므로 가중판매한 매출액은 6,000원이다.

매출가격으로 표시된 재고자산을 구하면 다음과 같다.
• 매출가격기준 판매가능액-가중판매한 매출액 : $(2,000+8,000)-6,000=4,000$
• 기말재고자산 산출 : $4,000 \times 82\% = 3,280$원
(매출원가)+(기말재고)=(기초재고)+(매입원가)이므로 매출원가는 $1,800+6,400-3,280=4,920$원이다.

| 디지털 - 객관식 |

01	02	03	04	05
④	④	②	①	②

01 정답 ④

LRU 알고리즘은 최근에 가장 오랫동안 사용하지 않은 페이지를 교체하는 기법이다. 각 페이지마다 계수기나 스택을 두어 현시점에서 가장 오랫동안 사용하지 않은, 즉 가장 오래 전에 사용된 페이지를 교체한다. 가장 최근에 사용한 페이지가 스택(후입선출구조)의 top에 위치하게 되고 나머지는 bottom 쪽으로 이동한다. 내부적으로 삽입(push)과 삭제(pop) 동작이 이루어진다. 이를 표로 정리하면 다음과 같다.

삽입	1	2	3	4	5	3	4	2	5	4	6	7	2	4
top				4	5	3	4	2	5	4	6	7	2	4
↑			3	3	4	5	3	4	2	5	4	6	7	2
		2	2	2	3	4	5	3	4	2	5	4	6	7
bottom	1	1	1	1	2	2	2	5	3	3	2	5	4	6

마지막으로 삽입된 데이터는 top에 위치하고 1 ~ 4까지는 그대로 입력되며 5를 삽입하기 위해서 가장 오래 전에 사용한 1을 교체한다. 4까지 입력된 상태에서 4, 3, 2, 1을 순서대로 출력하고 2, 3, 4, 5를 입력한다. 스택 구조는 후입선출구조로 가장 마지막에 입력된 데이터가 가장 먼저 출력된다. top은 스택의 포인터로 삽입과 삭제가 이루어지는 곳을 말하며 초기상태는 top과 bottom이 동일한 위치(0에 위치)이며 top 포인터를 1 증가시킨 후 데이터를 삽입할 수 있다. 따라서 최종 스택의 내용으로 옳은 것은 ④이다.

02 정답 ④

데이터베이스에서 알 수 없는 값, 할당할 수 없는 값, 적용할 수 없는 값 등을 표시할 때 널(Null)을 사용한다. 0이나 공백과는 다른 의미이다.

03 정답 ②

DISTINCT는 중복행을 제외하고 검색하라는 명령이므로 ②가 적절하다.

04 정답 ①

제시된 알고리즘은 입력받은 수 N의 모든 약수를 출력하고 종료하는 순서도이다. '반복 L=1, N, 1'의 의미는 'L은 초기값 1에서 시작하며 N이 될 때까지 반복된다.'이다.
예를 들어 N=10이라면, '반복 L=1, 10, 1'처럼 표현될 수 있고, 의미는 'L은 1에서 시작하여 10이 될 때까지 반복된다.'이다. 그러면 L=1, 2, 5, 10일 때 mod(N, L)=0이고, L=3, 4, 6, 7, 8, 9일 때 mod(N, L)≠0이므로 출력되는 L값은 1, 2, 5, 10이다. 따라서 알고리즘이 N회 반복되는 동안 L은 N의 약수일 때만 출력되므로 L이 출력되는 횟수는 N과 같거나 작으므로 ①은 적절하지 않다.

오답분석

② 1을 제외한 모든 양의 정수는 약수의 개수가 2개 이상이다. 따라서 N=1일 경우에는 '1'만 출력되고, 나머지 수는 최소 2개 이상 출력된다.
③ N이 1보다 클 때, 출력된 L값의 합의 최솟값은 (N+1)이므로 항상 N보다 크다.
④ mod(N, L)는 N을 L로 나눴을 때의 나머지를 구하는 함수이다.

05 정답 ②

출발지와 목적지의 IP 주소를 속여 공격하는 것은 Land Attack에 대한 설명이므로 ②는 적절하지 않다.

> **Exploit 공격**
> 컴퓨터의 소프트웨어나 하드웨어 및 컴퓨터 관련 전자 제품의 버그, 보안 취약점 등 설계상 결함을 이용해 공격자의 의도된 동작을 수행하도록 만들어진 절차나 일련의 명령, 스크립트, 프로그램 또는 특정한 데이터 조각을 말하며, 이러한 것들을 사용한 공격 행위를 이른다.

| 디지털 - 주관식 |

01	02			
ⓒ, ⓔ	0			

01 정답 ⓒ, ⓔ

TCP는 연결형 서비스를 제공, 스트림 위주의 전달(패킷 단위), 신뢰성 있는 경로를 확립하고 메시지 전송을 감독한다. 패킷의 분실, 손상, 지연이나 순서가 틀린 것 등이 발생할 때 투명성이 보장되는 통신을 제공한다.

> **UDP**
> 비연결형 서비스를 제공, 고속의 안정성 있는 전송 매체를 사용하며 신뢰성보다는 속도가 중요시되는 네트워크에서 사용된다.

02 정답 0

C의 초기값이 0이기 때문에 몇 번을 곱해도 C는 0이다.

05 2022년 상반기 기출복원문제

01 NCS 직업기초능력

01	02	03	04	05	06	07	08	09	10	11	12	13	14	15					
④	③	②	③	③	②	④	②	③	④	①	①	④	③	③					

01 　정답　 ④

제시문은 인공신경망에 대해 설명하는 글이므로 '앞으로 인공신경망을 활용할 수 있는 분야는 어떤 것들이 있을까?'란 질문이 가장 적절하다.

오답분석

① 기본 단위는 퍼셉트론으로, 이미 제시되어 있다.
② 퍼셉트론이 0 아니면 1의 출력값을 도출하는 방식은 이미 지문에 제시되어 있다.
③ 퍼셉트론을 층으로 배치하여 복잡한 판단을 내릴 수 있다고 언급되어 있다.

02 　정답　 ③

사회적 약자에 대한 채용 혜택을 살펴보면, 먼저 채용인원 수 측면에서는 상반기가 65명, 하반기가 120명이므로 하반기에 더 중점을 두었음을 알 수 있다. 또한 사회적 약자에 대한 범위 역시 상반기에는 장애인과 국가유공자에 대해서만 혜택을 부여했지만, 하반기에서는 이에 더 나아가 고졸 및 국가유공자, 한부모가정, 북한이탈주민까지 범위를 더 넓혔다. 따라서 하반기가 상반기에 비해 사회적 가치 실현에 더 중점을 두었음을 알 수 있으므로 ③은 적절하지 않다.

오답분석

① 전체 채용인원은 상반기가 458명, 하반기가 465명이고, 일반 채용인원은 상반기가 393명, 하반기가 345명이다.
② 국가유공자 채용인원은 상반기와 하반기 모두 동일하게 50명이다.
④ 상반기 보도자료에서 '근무조건을 모집 지역 5년 이상 근무하는 것으로 하여 지원자 본인은 생활권을 고려하여 지원해야 할 것으로 보인다.'고 했으며, 하반기 보도자료에서도 '근무조건 또한 모집지역 내에서 5년 이상 근무하는 것으로 이 역시 상반기와 동일하다.'고 했으므로 하반기 지원 역시 상반기처럼 본인의 생활권을 고려하여 지원해야 할 것이라고 볼 수 있다.

03 　정답　 ②

보기의 의뢰인이 이용하고 있는 방식은 이벤트 동기화 방식 OTP이다. 그러므로 비동기화 방식 OTP를 추천해야 하며, 비동기화 방식은 OTP 발생기와 인증 서버 사이에 동기화된 값이 없다. 따라서 의뢰인이 사용하면 좋을 기술 유형과 그 기술에 대한 설명이 바르게 연결된 것은 ②이다.

오답분석

① 이벤트 동기화 방식에 대한 설명이다.
③·④ 의뢰인이 사용하는 방식이 이벤트 동기화이기 때문에, 이벤트 동기화를 추천하는 것은 적절하지 않다.

04 정답 ③

(나)에서는 리츠의 여러 가지 장점을 나열하였을 뿐 단점에 관해서는 언급하고 있지 않으므로 (나)에는 리츠의 장·단점(ㄷ)이 아닌 리츠의 장점이 와야 하므로 ③은 적절하지 않다.

오답분석

(가)에서는 리츠의 의미를 설명하며 우리나라에 리츠가 도입된 배경에 대해 이야기하고 있으므로 (가)에는 ㄱ과 ㄴ 모두 적절하다. 또한 (다)에서는 리츠의 세 가지 유형에 대해 설명하며, 유형별 특징을 표로 정리하여 비교하고 있으므로 (다)에는 ㄹ이 적절하다.

05 정답 ③

조건에 맞는 기본금리, 조객별 우대금리, 주거래 우대금리가 적용되므로 ③이 가장 적절하다.

오답분석

① 실명의 개인이면 가입이 가능하다.
② 가입 기간은 1년, 2년, 3년으로 월단위 가입은 불가능하다.
④ 자녀의 경우 주민등록등본, 가족관계증명서도 제출해야 한다.

06 정답 ②

• 3년 만기이므로 기본금리는 2.7%이다.
• 장기거래 고객 및 재예치 고객에 해당하지만 고객별 우대금리는 최고 0.1%이다.
• 6개의 주거래 실적조건 중 2개 이상 충족하지 못했다.
따라서 만기 시 A씨의 적용 금리는 $2.7+0.1=2.8$%이다.

07 정답 ④

㉠ • 2021년 한국 금융소득 상위 1% 인원 : 354천 명
　• 2012년 한국 금융소득 상위 1% 인원 : 160천 명

　→ $\dfrac{354}{160} ≒ 2.2$배

따라서 2021년은 2012년에 대비 2.2배 증가하였다.

㉡ • 2021년 한국 가계 전체 금융자산 : $\dfrac{2,100}{0.58} ≒ 3,620.7$

　• 2012년 한국 가계 전체 금융자산 : $\dfrac{1,100}{0.53} ≒ 2,075.5$

　→ $\dfrac{3,620.7}{2,075.5} ≒ 1.7$배

따라서 2021년은 2012년에 대비 1.7배 증가하였다.

㉢ • 2021년 한국 금융자산 상위 1% : 2,100조 원
　• 2012년 한국 금융자산 상위 1% : 1,100조 원

　→ $\dfrac{2,100}{1,100} ≒ 1.9$배

따라서 1.9배 증가는 ㉡에서 구한 1.7배 증가보다 크므로 더 많은 비율로 증가하였다.

08 정답 ②

ㄱ. 총계를 보면 금융자금이 계속해서 상승함을 알 수 있다.
ㄷ. GDP 대비 부동산 금융자금의 규모는 101.2%이다.

오답분석

ㄴ. 2016년 부동산 금융자금은 $\frac{1,797}{1.097} \fallingdotseq 1,638$으로, 약 1,638조 원이다.

ㄹ. 주어진 자료로는 알 수 없다.

09 정답 ③

리스크 관리 능력의 부족은 기업 내부환경의 약점 요인에 해당한다. 위협은 외부환경 요인에 해당하므로 위협 요인에는 회사 내부를 제외한 외부에서 비롯되는 요인이 들어가야 하므로 ③은 적절하지 않다.

SWOT 분석
기업의 내부환경과 외부환경을 분석하여 강점(Strength), 약점(Weakness), 기회(Opportunity), 위협(Threat) 요인을 규정하고, 이를 토대로 경영전략을 수립하는 기법
• 강점(Strength) : 내부환경(자사 경영자원)의 강점
• 약점(Weakness) : 내부환경(자사 경영자원)의 약점
• 기회(Opportunity) : 외부환경(경쟁, 고객, 거시적 환경)에서 비롯된 기회
• 위협(Threat) : 외부환경(경쟁, 고객, 거시적 환경)에서 비롯된 위협

10 정답 ④

세레나데&봄의 제전은 55% 할인된 가격인 27,000원에서 10%가 티켓 수수료로 추가된다고 했으니 2,700원을 더한 29,700원이 총 결제가격이다. 티켓판매 수량이 1,200장이므로 총수익은 29,700×1,200=35,640,000원이므로 ④는 적절하지 않다.

오답분석

① 판매자료에 티켓이 모두 50% 이상 할인율을 가지고 있어 할인율이 크다는 생각을 할 수 있다.
② 티켓판매가 부진해 소셜커머스에서 반값 이상의 할인을 한다는 생각은 충분히 할 수 있는 생각이다.
③ 백조의 호수의 경우 2월 5일 ~ 2월 10일까지 6일이라는 가장 짧은 기간 동안 티켓을 판매했지만 1,787장으로 가장 높은 판매량을 기록하고 있다. 설 연휴와 더불어 휴일에 티켓 수요가 늘 것을 예상해 일정을 짧게 잡아 단기간에 빠르게 판매량을 높인 것을 유추할 수 있다.

11 정답 ①

지불한 70만 원 중 40만 원을 현금결제 하였으므로 40만 원에 대해서 현금영수증의 발급 의무가 발생하고, 이에 따른 현금영수증 미발급으로 인한 과태료와 신고 포상금을 계산하면 다음과 같다.
• 과태료 : 40만×0.5=20만 원
• 신고 포상금 : 20만×0.2=4만 원
따라서 부동산중개인의 현금영수증 미발급으로 인한 신고 포상금은 4만 원이다.

12 정답 ①

문제의 업주는 B씨가 현금영수증 발급을 원하지 않아서 지정코드로 자진 발급했고, 이러한 경우는 현금영수증 발급으로 인정하므로 현금영수증 발급 의무 위반은 발생하지 않았다. 따라서 B씨는 신고 포상금을 받을 수 없다.

13 정답 ④

A와 B사원은 모두 6급이므로 국내여비 정액표에 따라 다군에 속하므로 A와 B사원의 국내 출장여비를 구하면 다음과 같다.
• 교통비 왕복 총액(2인)=105,200원
• 일비=2인×2만 원×3일=120,000원
• 식비=2인×2만 원×3일=120,000원
• 숙박비
  − 첫째 날 : 2명 이상이 공동 숙박하고, 기준금액(남원시, 5만 원)을 넘었으므로 5만 원
  − 둘째 날 : 2명 이상이 공동 숙박하고, 기준금액(5만 원) 이하로 지출했으므로, '4−나'를 적용하면 $\left(2-\dfrac{40,000}{50,000}\right)\times 20,000\times 2$인
    =48,000원
따라서 A와 B사원이 받을 국내 출장여비 총액은 105,200+120,000+120,000+50,000+48,000=443,200원이다.

14 정답 ③

K씨가 A정류장에서 06번 버스를 타고 K정류장에서 05번 버스로 환승을 하게 되면, 탑승까지 2분 50초, 버스를 타고 K정류장까지 4분이 걸리고, 05번을 기다리는 6분 15초, 마지막으로 N정류장까지 가는 3분을 더하면 2분 50초+4분+6분 15초+3분=16분 5초가 소요된다. 따라서 K씨가 가장 빠르게 도착 지점에 도달할 수 있는 방법으로 ③이 적절하다.

오답분석

① A정류장에서 03번 버스를 타고 계속 끝까지 탑승하고 간다.
  → 탑승까지 10분 30초, 버스를 타고 N정류장까지 7정류장을 이동하므로 7분이 걸려서 총 17분 30초가 소요된다.
② A정류장에서 01번 버스를 타고 D정류장에서 06번 버스로 환승을 한다.
  → 탑승까지 3분 20초, 버스를 타고 D정류장까지 3분이 걸리고, 06번을 기다리는 5분 50초, 마지막으로 N정류장까지 가는 4분을 더하면 3분 20초+3분+5분 50초+4분=16분 10초가 소요된다.
④ A정류장에서 04번 버스를 타고 D정류장에서 03번 버스로 환승을 한다.
  → 탑승까지 5분 5초, 버스를 타고 D정류장까지 3분이 걸리고, 03번을 기다리는 13분 30초, 마지막으로 N정류장까지 가는 4분을 더하면 5분 5초+3분+13분 30초+4분=25분 35초가 소요된다.

15 정답 ③

오답분석

• B : 사장 직속으로 4개의 본부가 있다는 설명은 옳지만, 인사를 전담하고 있는 본부는 없으므로 옳지 않다.
• C : 감사실이 분리되어 있다는 설명은 옳지만, 사장 직속이 아니므로 옳지 않다.

| 금융일반 – 객관식 |

01	02	03	04	05	06	07	08	09	10	11	12	13	14	15				
③	③	①	④	④	③	③	②	①	④	③	②	②	③	①				

01 　정답 　③

기대수익률을 구하면 다음과 같다.
$(0.1×0.2)+(0.2×0.15)+(0.3×0.1)+(0.4×0.05)=0.02+0.03+0.03+0.02=0.1$
따라서 기대수익률은 10%이다.

02 　정답 　③

기초자산의 가격이 권리행사가격보다 높아질 가능성이 커질수록 콜옵션 가격이 높아진다. 따라서 콜옵션은 기초자산의 가격이 높을수록 유리하므로 ③은 옳지 않은 설명이다.

03 　정답 　①

재무상태표 등식은 '자산=부채+자본'이므로 ①은 옳지 않은 설명이다.

04 　정답 　④

가중평균자본비용(WACC)을 구하면 다음과 같다.
$WACC=(자기자본이 \ 차지하는 \ 비중)+(타인자본이 \ 차지하는 \ 비중)=\left(\frac{300}{500}×0.2\right)+\left(\frac{200}{500}×0.1\right)=0.16$
따라서 (주)I기업 총자산의 가중평균자본비용(WACC)은 16%이다.

05 　정답 　④

영업활동으로 인한 현금흐름계산방법에는 간접법과 직접법이 있는데, 기업회계기준에서는 둘 다 인정하고 있으므로 ④는 옳지 않은 설명이다.

06 　정답 　③

주가수익비율(PER)을 계산하는 방식은 주가÷주당순이익(EPS)이므로 ③은 적절하지 않다.

07 　정답 　③

당기순이익을 계산하면 다음과 같다.
• 자산=자본+부채
• 자본=자본금+자본잉여금+이익잉여금(당기순이익 포함)
유상증자를 하면 자본금과 자본잉여금이 증가하고 이익이 늘어나면 이익잉여금이 증가한다. 주식배당을 하면 이익잉여금이 줄어든 만큼 자본금이 증가하므로 자본은 불변한다. 단, 현금배당을 하면 이익잉여금은 감소하게 된다.
• 1,500억 원=800억 원+당기순이익+500억 원
따라서 (주)I의 당기순이익은 200억 원이다.

08 　정답 ②

어떤 상품이 정상재인 경우 이 재화의 수요가 증가하면 수요곡선 자체를 오른쪽으로 이동시켜 재화의 가격이 상승하면서 동시에 거래량이 증가한다. 소비자의 소득 증가, 대체재의 가격 상승, 보완재의 가격 하락, 미래 재화가격 상승 예상, 소비자의 선호 증가 등이 수요를 증가시키는 요인이 될 수 있다. 한편, 생산기술의 진보, 생산요소의 가격 하락, 생산자의 수 증가, 조세 감소 등은 공급의 증가요인으로 공급곡선을 오른쪽으로 이동시킨다.

09 　정답 ①

금융시장이 불안하면 기존에 국내에 유입돼 있던 외화가 유출될 것으로 예상할 수 있다. 외화가 유출될 때는 투자가가 기존에 원화로 환전하여 투자했던 돈을 다시 외화로 바꾸어 유출하는 것이므로, 외화 수요는 증가하게 된다. 외화 가격 이외의 요인으로 인한 외화 수요 증가이므로 외화의 수요곡선 자체가 우측으로 이동하게 되며 외화거래량은 증가, 가격은 상승하게 될 것으로 예상할 수 있다. 따라서 바르게 연결된 것은 ①이다.

10 　정답 ④

스태그플레이션이란 경기가 불황임에도 불구하고 물가가 상승하는 현상을 말한다. 즉, 공급충격으로 인한 비용인상 인플레이션이 지속될 경우 인플레이션과 실업이 동시에 발생한다. 하지만 공급충격은 지속적으로 발생하는 것은 아니므로 지속적인 비용인상 인플레이션은 불가능하다.

인플레이션의 종류

구분	개념
하이퍼인플레이션	물가상승이 1년에 수백에서 수천 퍼센트를 기록하는 인플레이션
애그플레이션	농업(Agriculture)과 인플레이션(Inflation)이 결합된 단어로서 농산물의 부족으로 인한 농산물 가격의 급등으로 야기되는 인플레이션
에코플레이션	환경(Ecology)과 인플레이션(Inflation)의 합성어로 환경적 요인에 의해 야기되는 인플레이션
차이나플레이션	중국(China)과 인플레이션(Inflation)의 합성어로 중국의 경제 성장으로 인해 야기되는 인플레이션

11 　정답 ③

오답분석

ㄴ. 구매력 평가설에 의하면 빅맥 1개의 가격은 미국에서 5달러, 한국에서는 5,200원이므로 원화의 대미 달러 환율은 1,040원이다.

ㄷ. $(실질환율) = \dfrac{(명목환율) \times (외국물가)}{(자국물가)} = \dfrac{1,300 \times 6,500}{5,200} = 1,625원$

12 　정답 ②

B기업의 광고 여부에 관계없이 A기업은 광고를 하는 것이 우월전략이다. 또한 A기업의 광고 여부에 관계없이 B기업도 광고를 하는 것이 우월전략이다. 두 기업이 모두 광고를 하는 것이 우월전략이므로 우월전략균형에서 두 기업의 이윤은 (55, 75)이다. 우월전략균형은 내쉬균형에 포함되므로 내쉬균형에서의 A기업의 이윤은 55이고, B기업의 이윤은 75이다.

13 　정답 ②

배출권 가격에 따른 경우를 구하면 다음과 같다.
• 배출권 가격이 50만 원 이상일 경우 : B공장과 C공장 모두 감축비용보다 비싸기 때문에 구매하지 않는다.
• 배출권 가격이 40 ~ 50만 원 일 경우 : B공장은 감축비용보다 비싸기 때문에 구매하지 않는다.
• 배출권 가격이 30 ~ 40만 원 일 경우 : A공장뿐만 아니라 B공장 또한 판매하려고 한다.
• 배출권 가격이 20만 원 이하일 경우 : 시장에 오염배출권을 판매하려는 공장이 존재하지 않는다.
따라서 A공장이 B공장과 C공장에게 오염배출권을 각각 10단위와 20단위씩 판매하면 이때의 가격은 20만 원에서 30만 원 사이에 형성된다.

14 정답 ③

듀레이션(Duration)은 투자자금의 평균 회수 기간으로 채권 만기가 길어지면 증가하는 반면, 채권의 수익률, 이자 지급 빈도, 표면 금리가 높아지면 감소한다.

오답분석

① 컨벡시티(Convexity) : 듀레이션을 미분한 값으로, 듀레이션과 함께 사용되어 금리변화에 따른 채권가격변동을 아주 적은 오차와 함께 거의 정확하게 계산할 수 있다.
② 채권 스프레드 : 특정 등급인 회사채의 수익률에서 3년 만기 국고채의 수익률을 제외한 수치이다.
④ 이표채(Coupon Bond) : 액면가로 채권을 발행하고, 표면이율에 따라 연간 지급해야 하는 이자를 일정 기간 나누어 지급하는 채권이다.

15 정답 ①

포트폴리오 구성 종목 수가 증가할수록 비체계적 위험은 감소하지만, 체계적 위험은 감소하지 않으므로 ①은 옳지 않은 설명이다.

| 금융일반 - 주관식 |

01	02	03	04	
ㄴ, ㄹ	라, 바	10	1,500	

01 정답 ㄴ, ㄹ

ㄴ. 초코기업이 1만 원을 인수 가격으로 제시하면 파이기업은 자사 가치가 0원이거나 1만 원일 경우에만 인수에 동의하고, 2만 원일 경우에는 동의하지 않는다. 따라서 초코기업이 제시한 인수 금액이 1만 원일 때 인수 확률은 $\frac{1}{3}+\frac{1}{3}=\frac{2}{3}$ 이다.

ㄹ. 초코기업이 제시한 인수 금액이 1만 원인 경우 초코기업의 기대 이득은 다음과 같다.

$$\frac{1}{3}\times(0\times1.5-1)+\frac{1}{3}\times(1\times1.5-1)=-\frac{1}{6}\text{만 원}$$

그러므로 인수 금액이 1만 원인 경우 초코기업의 기대이득은 음(−)임을 알 수 있다.
이와 같은 방법으로 인수 금액이 2만 원인 경우 초코기업의 기대이득을 구하면 다음과 같다.

$$\frac{1}{3}\times(0\times1.5-2)+\frac{1}{3}\times(1\times1.5-2)+\frac{1}{3}\times(2\times1.5-2)=-\frac{1}{2}\text{만 원}$$

마찬가지로 초코기업이 1만 원, 2만 원을 인수 금액으로 제시하는 경우 기대이득은 음(−)이 됨을 확인할 수 있다.
따라서 초코기업은 파이기업의 실제 가치와 상관없이 0원을 인수 금액으로 제시하는 것이 합리적이다.

오답분석

ㄱ. 파이기업은 초코기업이 제시한 인수 금액이 자사의 실제 가치보다 크거나 같을 때 인수에 동의한다. 초코기업이 제시한 인수 금액이 1만 원이라면 파이기업은 자사의 실제 가치보다 1만 원이 크거나 같을 때 인수에 동의할 것이므로 파이기업의 실제 가치가 2만 원이라면 인수는 성사되지 않는다.

ㄷ. ㄹ의 해설에 따라 초코기업이 제시한 인수 금액이 1만 원인 경우 초코기업의 기대이득은 $-\frac{1}{6}$ 만 원이다.

02 정답 라, 바

금융자산의 종류와 금융부채의 종류를 표로 정리하면 다음과 같다.

금융자산	금융부채
• 현금 • 다른 기업의 지분상품(지분증권) • 거래상대방에게서 현금 등 금융자산을 수취할 계약상 권리 • 잠재적으로 유리한 조건으로 거래상대방과 금융부채를 교환하기로 한 계약상 권리 • 수취할 자기 지분 상품의 수량이 변동가능한 비파생상품계약	• 매입채무 • 미지급금 • 차입금 • 사채 • 부채의 정의를 충족하는 확정계약의무가 있는 현금이나 그 밖의 금융자산으로 결제되는 부채

따라서 금융자산에 해당하는 계정은 현금, 타사의 지분증권이다.

03 정답 10

공공재의 시장수요곡선은 각각의 수요곡선의 합이다. 그러므로 K시 공공재의 시장수요곡선 $P=(10-Q)+(10-0.5Q)=20-1.5Q$이다. 한계비용 $MC=5$이므로 $20-1.5Q=5$이다.

따라서 $Q=10$이다.

04 정답 1,500

법정지불준비율이 0.2이므로 예금통화승수는 0.2의 역수인 $\dfrac{1}{0.2}=5$이다.

따라서 요구불예금의 크기는 지불준비금 $300 \times 5 = 1,500$만 원이 된다.

| 디지털 - 객관식 |

01	02	03	04	05
②	③	①	④	①

01 정답 ②

인터럽트 사이클은 프로그램 계수 장치에 저장된 현재의 주소가 특정 영역에 보관되었다가 다시 장애가 발생했던 지점으로 되돌아가는 주기이다. 내·외적인 여러 요인에 의해 컴퓨터 시스템에 인터럽트가 발생하면, 실행 중인 프로그램을 특정 장소에 보관하고 인터럽트를 처리하기 위한 서비스 프로그램을 수행하게 되는데, 이러한 일련의 과정을 인터럽트 사이클이라고 하며 실행 사이클의 마지막에서 시작된다. 따라서 ②는 옳지 않은 설명이다.

02 정답 ③

DMA에 대한 설명으로 DMA가 메모리 접근을 하기 위해서는 사이클 스틸(Cycle Steal)을 해야 한다. 따라서 ③은 옳지 않은 설명이다.

> **사이클 스틸(Cycle Steal)**
> 입출력 채널과 주기억 사이의 데이터 전송 방식의 하나로 보통은 중앙 처리 장치가 주기억을 사용하고 있는데, 입출력 시에는 채널로부터 주기억으로의 접근 요구가 있을 수 있다. 이때 양자의 접근이 경합하면 채널로부터의 요구를 우선하게 하여, 채널이 중앙 처리 장치의 기억 사이클을 빼앗는 형태로 처리하게 한다.

03 　정답　①

RAID는 여러 대의 하드디스크가 있을 때 동일한 데이터를 다른 위치에 중복해서 저장하는 기술로, 하드디스크의 모음뿐만 아니라 자동으로 복제해 백업 정책을 구현한다. 따라서 ①은 옳지 않은 설명이다.

04 　정답　④

채널은 정보의 발생원으로부터 수요처에 이르는 선로와 장비들을 포함하는 기능적인 접속 회로로, CPU와는 독립적으로 작동하여 입출력을 완료한다. 따라서 ④는 옳지 않은 설명이다.

05 　정답　①

캐시메모리는 CPU와 주기억장치 사이의 속도 차이를 줄이기 위한 고속 메모리로 주기억장치보다 소용량으로 구성되며, 주로 SRAM을 사용하므로 ①은 옳은 설명이다.

| 디지털 - 주관식 |

01	02			
0100	LOOK			

01 　정답　0100

논리 회로를 논리식으로 바꾸면 A'·B이다. 이때, A의 값이 1010이면, A'은 각 자릿수가 반대로 변환하여 출력되므로 0101이다. A'(0101)과 B(1110)의 AND는 그대로 풀이하면 입력 신호가 모두 1일 때만 1이 출력되므로 각 자릿수끼리 대응시키면 A'·B는 0100이다. 따라서 0101 AND 1110=0100이다.

02 　정답　LOOK

LOOK은 SCAN 기법을 사용하되 진행 방향의 마지막 요청을 서비스한 후 그 방향의 끝으로 이동하는 것이 아니라 방향을 바꾸어 역방향으로 진행하는 기법이다.

06 2021년 하반기 기출복원문제

01 NCS 직업기초능력

01	02	03	04	05	06	07	08	09	10	11	12	13	14	15					
④	④	③	③	④	③	①	④	④	③	②	①	④	①	④					

01 　정답　④

정기적립식은 월 1만 원 이상, 자유적립식은 월 1만 원부터 2천만 원 이내에서 가입 가능하므로 ④가 가장 적절하다.

오답분석

① 3년 만기 상품은 최대 연 2.6% 금리를 제공받는다.
② 정기적립식은 최소 잔액 1만 원을 유지하면 분할 해지가 가능하다.
③ 자유적립식은 만기 시 1년 단위로 최고 9회까지 자동 연장할 수 있다.

02 　정답　④

새로운 여신심사 가이드라인으로 인해 대출심사가 까다로워진 것은 신문 기사에서 확인할 수 있다. 그러나 '은행권에서는 무작정 대출받기가 어려워지는 것은 아니라고 설명하면서, 실수요자들이 대출받기 어려워지는 부작용은 발생하지 않을 것'이라는 부분을 참고했을 때 Q대리는 기사의 내용을 정확하게 이해한 것이라고 볼 수 없다.

03 　정답　③

현행 상법에는 회사의 최소 자본금에 대한 제한이 없다. 따라서 ③은 적절하지 않다.

오답분석

① 주식회사는 주식을 통해 자본을 조달한다.
② 1주의 액면주식을 두 명 이상이 나누어 양도할 수 없으므로 나눌 수 없고, 100원 이상으로 설정하여야 한다.
④ 주식회사설립 시 수권주식총수 중 얼마 정도를 발행할지 정하고 발행된 주식은 모두 인수되어야 한다.

04 　정답　③

총재, 부총재를 포함한 모든 금융통화위원은 총재가 아닌 대통령이 임명하므로 ③은 옳지 않다.

오답분석

① 마지막 문단에 따르면 면밀한 검토가 필요한 사안에 대해서는 본회의 외에 별도 심의위원회가 구성되어 검토한다.
② 한국은행 총재는 금융통화위원회 의장을 겸임한다.
④ 정기회는 의장이 필요하다고 인정하거나, 금융통화위원 최소 2인의 요구가 있을 때 개최된다.

05 정답 ④

마지막 11번째 자리는 체크기호로 난수이다. 따라서 432번째 개설된 당좌예금이므로 ④는 적절하지 않다.

06 정답 ③

자료를 통해 알 수 있으므로 ③은 옳은 설명이다.

오답분석
① 월간 최고한도는 5,000만 원이다.
② 매월 세 번째 일요일 00:00 ~ 06:00에는 체크카드 이용이 제한될 수 있다.
④ 외국인의 경우 보증금 3만 원이 필요하다.

07 정답 ①

기업은행 체크카드 후불교통 이용대금 출금일은 15일+3영업일, 말일+3영업일이다. 9월 16일부터 말일(30일)까지 사용한 이용대금은 개천절인 공휴일을 제외하여 10월 4일에 출금되며, 10월 1일부터 10월 15일까지 사용한 이용대금은 10월 18일에 출금된다.

08 정답 ④

제시된 자료를 응용하여 6월물 달러 선물의 손익을 산출할 수 있다. 즉, 선물거래의 경우 $(1,280-1,250) \times 100 = 3,000$만 원의 이익을 얻는 것을 알 수 있으나 6월의 환율을 알 수 없기 때문에 추가 이익이 발생한다고 확신하기는 어렵다. 따라서 박대리의 언급은 적절하지 않다.

09 정답 ④

대리와 이사장은 등급이 2급 이상 차이 나기 때문에 A대리는 이사장과 같은 등급의 호텔과 객실에서 묵을 수 있다.

오답분석
① 비행기 요금은 실비이기 때문에 변동이 있을 수 있다.
② 숙박비 5만 원, 교통비 2만 원, 일비 6만 원, 식비 4만 원으로 17만 원이다.
③ 같은 조건이라면 이사장과 이사는 출장비가 같다.

10 정답 ③

차장은 4급으로 숙박비가 1일 50,000만 원이 지원되고, 부장은 3급으로 1일 80,000원의 숙박비가 지원된다. 출장 기간이 9박 10일이므로 총 9일 동안 호텔에서 숙박하는데 차장의 9일간 숙박비는 450,000원이고, 부장의 9일간 숙박비는 720,000원이다. 따라서 차장의 호텔을 업그레이드 할 때, 원래 묵을 수 있는 숙박비보다 $720,000-450,000=270,000$원 이득이다.

11 정답 ②

신청 번호 구성 순으로 정리하면 다음과 같다.
• 임대주택 구분 : 대학생 전형(11)
• 임대주택 신청연도 : 2019년(19)
• 입주신청일 : 10월 10일(1010)
• 임대기간 : 3년(RT3)
• 공급면적 : 30m^2(E)
• 신청자 월평균소득 대비 비율 : 100% 이하(VE)
따라서 신청자의 신청 번호는 '11191010RT3EVE'이다.

12 정답 ①

신청 번호 구성 순으로 정리하면 다음과 같다.

• 임대주택 구분 : 만 65세 이상 고령자 전형(30)
• 임대주택 신청연도 : 2018년(18)
• 입주신청일 : 5월 17일(0517)
• 임대기간 : 5년(RT5)
• 공급면적 : 23m²(B)
• 신청자 월평균소득 대비 비율 : 65%(GH)

따라서 A씨의 신청 번호는 '30180517RT5BGH'이다.

13 정답 ④

임대주택 신청자 신청 번호 구성 순으로 조건에 해당되지 않는 신청자를 지우면 다음과 같다.
1. 대학생 전형(11)과 사회초년생 전형(12)에 해당하는 신청자를 지운다.

11180502RT4NGH	21191212RT0EQW	22201228RT2EVE	12190124RT2BQW
30150822RT2EFL	21160214RT2XCR	11160727RT0NCR	22150227RT2BFL
30171124RT2BQW	30180317RT3NGH	11200319RT3EVE	22200630RT2XQW
30190516RT2BCR	21180405RT3EVE	21190628RT2XGH	12200728RT5NVE

2. 신청연도가 2017년 이전인 신청자는 지운다.

11180502RT4NGH	21191212RT0EQW	22201228RT2EVE	12190124RT2BQW
30150822RT2EFL	21160214RT2XCR	11160727RT0NCR	22150227RT2BFL
30171124RT2BQW	30180317RT3NGH	11200319RT3EVE	22200630RT2XQW
30190516RT2BCR	21180405RT3EVE	21190628RT2XGH	12200728RT5NVE

3. 입주신청일에 대한 언급은 없으므로 제외한다.
4. 6개월간 임대료 면제 혜택 대상이려면 임대기간이 2년 이상이어야 하므로 임대기간이 2년 미만인 RT0인 신청자는 지운다.

11180502RT4NGH	21191212RT0EQW	22201228RT2EVE	12190124RT2BQW
30150822RT2EFL	21160214RT2XCR	11160727RT0NCR	22150227RT2BFL
30171124RT2BQW	30180317RT3NGH	11200319RT3EVE	22200630RT2XQW
30190516RT2BCR	21180405RT3EVE	21190628RT2XGH	12200728RT5NVE

5. 월평균소득 대비 비율이 120% 이하에 해당하지 않는 신청자(CR, FL)는 지운다.

11180502RT4NGH	21191212RT0EQW	22201228RT2EVE	12190124RT2BQW
30150822RT2EFL	21160214RT2XCR	11160727RT0NCR	22150227RT2BFL
30171124RT2BQW	30180317RT3NGH	11200319RT3EVE	22200630RT2XQW
30190516RT2BCR	21180405RT3EVE	21190628RT2XGH	12200728RT5NVE

따라서 임대료 면제 혜택을 받을 수 있는 신청자는 모두 5명이다.

14 정답 ①

{월세×12(개월)/(전세 보증금−월세 보증금)}×100=6%가 되어야 한다.
월세를 x원으로 하여 주어진 금액을 대입하고 계산하면 다음과 같다.

$(x×12)/(1억 원−1천만 원)×100=6$

$$\frac{12x}{900,000}=6 \rightarrow x=\frac{900,000×6}{12}$$

∴ $x=450,000$

따라서 세입자가 지불해야 할 월 임대료는 450,000원이다.

15 　정답 ④

수인이가 베트남 현금 1,670만 동을 환전하기 위해 수수료를 제외한 한국 돈은 1,670만 동×483원/만 동=806,610원이다. 우대사항에서 50만 원 이상 환전 시 70만 원까지 수수료가 0.4%로 낮아진다. 70만 원의 수수료는 0.4%가 적용되고 나머지는 0.5%가 적용되어 총 수수료를 구하면 $700,000×0.004+(806,610-700,000)×0.005=2,800+533.05≒3,330$원이다. 따라서 수수료와 수인이가 원하는 금액을 환전하기 위해서 필요한 총 금액은 806,610+3,330=809,940원임을 알 수 있다.

02 　직무수행능력

| 금융일반 - 객관식 |

01	02	03	04	05	06	07	08	09	10	11	12	13	14	15					
③	③	④	④	③	②	④	③	③	④	④	②	③	③	②					

01 　정답 ③

유동성 위험은 투자자의 입장에서 어떤 유가증권을 가치 손실을 입지 않고 쉽게 사고 팔 수 있는 능력의 여부를 말한다. 즉, 자산의 유동성이 부족하여 일시적인 자금 부족으로 대외 지급에 문제가 생길 가능성을 의미한다.

오답분석
① 재투자수익률 위험은 이자율의 변동에 따라 재투자수익률이 변동함으로 인해 발생하는 불확실성의 위험을 의미한다.
② 수의상환가격이란 채권이 발행자의 선택에 따라 만기 이전에 채권발행 시 정해진 가격으로 상환되는 경우의 상환가격을 의미하는데, 발행회사가 금리 수준을 하락한 경우 수의상환가격으로 채권을 매입하고 낮은 수익률로 또 다른 채권을 발행하면 투자자들 입장에서는 투자 손실이 발생하기 쉽다.

02 　정답 ③

양적 평가 요소는 재무비율 평가 항목으로 구성된 안정성, 수익성, 활동성, 생산성, 성장성 등이 있고, 질적 평가 요소는 시장점유율, 진입장벽, 경영자의 경영능력, 은행거래 신뢰도, 광고활동, 시장규모, 신용위험 등이 있다. 따라서 양적 평가 요소에 해당하는 것은 ③이다.

03 　정답 ④

옵션의 현재가격(=옵션프리미엄)은 내재가치와 시간가치로 구성된다. 내재가치는 '옵션을 지금 당장 행사할 경우의 가치'를 의미하고, 시간가치는 '기초자산의 가격이 시간이 흐름에 따라 유리하게 변동할 가능성의 가치'를 의미한다. 콜옵션은 '기초자산을 만기에 행사가로 살 수 있는 권리'에 해당하므로 제시된 상황에서 행사가 365.00의 콜옵션이 가지는 내재가치는 5이다. 행사가 365.00인 콜옵션의 가격이 8.50으로 형성되어 있으므로 시간가치는 8.50-5=3.50이다. 따라서 ④는 옳지 않은 설명이다.

오답분석
① 외가격 옵션이란 '지금 당장 행사할 경우 불리한 상태'에 있는 옵션을 말한다. 기초자산의 가격이 370.00이므로 행사가가 375.00 또는 372.50인 콜옵션은 모두 외가격 옵션에 해당한다. 외가격 상태에 있는 옵션의 경우 내재가치는 0이다.
② 풋옵션은 '기초자산을 만기에 행사가에 팔 수 있는 권리'에 해당한다. 따라서 기초자산 가격이 370.00일 때 행사가가 367.50 또는 365.00인 풋옵션은 지금 당장 행사를 가정하면 불리하다. 즉, 외가격 상태이다.
③ 기초자산 가격과 행사가가 동일한 등가격 옵션이다. 등가격 옵션을 지금 당장 행사할 경우의 내재가치는 0이다.

04 　정답 ④

- 창고 실사재고 : ₩200,000
- 선적지인도조건의 매입 : 기말현재 선적된 상태이므로 ₩50,000을 (주)서울의 재고자산에 포함한다.
- 도착지인도조건의 판매 : 기말현재 아직 도착하지 않았으므로 ₩40,000을 (주)서울의 재고자산에 포함한다.
- 시송품 : 기말현재 구입의사를 표시하지 않은 3명분의 ₩60,000(=₩20,000×3명)을 (주)서울의 재고자산에 포함한다.
- 미인도청구 판매 : 고객에게 상품의 통제권이 있으므로, 해당 상품을 ㈜서울의 자산으로 인식하지 않는다. ₩30,000을 (주)서울의 실사재고 ₩200,000에서 차감한다.

따라서 재고자산 가액은 200,000+50,000+40,000+60,000−30,000＝₩320,000이다.

기말재고자산의 귀속 여부

구분	인도조건	매출자	매입자
미착상품	선적지인도조건	재고자산 ×	재고자산 ○
	도착지인도소건	재고자산 ○	재고자산 ×
시송품	소비자가 매입의사를 표시하기 전까지는 판매자의 재고자산		
미인도청구 판매	재고자산 ×		

05 　정답 ③

제시문은 '사회적 태만' 현상에 대해 설명하고 있다. 사회적 태만을 방지하기 위해서는 구성원 개개인이 집단의 목표에 직접적으로 동기를 가질 수 있게 하는 것이 좋다. 성과 배분의 의사결정을 할 때에도, 집단관리자가 모든 결정 권한을 가지기보다는 구성원 전체가 자율적으로 결정하는 것이 사회적 태만을 극복할 수 있는 방안이 된다. 따라서 ③은 적절하지 않다.

오답분석

① · ② · ④ 집단 크기의 최적화, 업무의 개인별 할당, 개인별 평가점수의 공개 등은 모두 사회적 태만을 최소화할 수 있는 방법 들이다.

06 　정답 ②

가. 인코텀즈를 제정하는 국제상업회의소는 민간조직이다. 따라서 인코텀즈는 국제법의 효력을 지니지는 않으며, 무역거래의 관습 들을 명문화시켜놓은 '자치적 관습입법'에 해당한다.

나. 인코텀즈는 국제상업회의소가 10년마다 개정한다. 가장 최근의 개정은 '인코텀즈 2020'으로, 2020년 1월 1일부터 적용되고 있다.

오답분석

다. 인코텀즈가 무역거래의 모든 것을 다루지는 않는다. 인코텀즈는 무역 거래의 당사자인 매도인(셀러)과 매수인(바이어) 간의 의무 에 대하여만 다룬다.

라. 최근 들어 국제 거래에 있어 점차 국경의 중요도가 낮아지는 추세로, 국제 거래와 국내 거래의 차이가 희미해지고 있다. 순수한 국내 거래에서도 인코텀즈가 사용되기도 한다.

07 　정답 ④

부가가치율＝$\dfrac{\text{매출액}-\text{매입액}}{\text{매출액}}$×100이므로 계산하면 다음과 같다.

$\dfrac{2,000-700}{2,000}$×100＝65

따라서 (주)A의 부가가치율은 65%이다.

08 정답 ③

- A : '유동비율$=\dfrac{\text{유동자산}}{\text{유동부채}}\times100$'로 계산되고 이는 유동성 비율의 대표적인 비율이다.
- B : '자기자본수익률(ROE)=(1+부채비율)×총자본순이익률'로 계산되며, 투자된 자기자본의 효율적 이용도를 측정한다.

09 정답 ③

제시된 기사는 온라인상거래기업인 C사가 콘텐츠 스트리밍 서비스 사업에 새롭게 진출하였다는 내용이다. 이는 기존 사업과 관련 없는 새로운 분야로의 진출을 의미하는 '다각화'에 해당한다.

오답분석

① 수직적 통합 : 원재료부터 최종 판매 단계까지 이어지는 기업의 가치사슬을 통합하는 것으로 가치사슬의 근원을 향하여 통합하는 것을 후방 통합, 최종소비자 쪽을 향하여 통합하는 것을 전방 통합이라고 한다.
② 수평적 통합 : 같은 산업을 영위하는 기업과 통합하는 것을 말한다.
④ 기능별 제휴 : 일부 업무 분야에서 기업 간 협조 관계를 체결하는 것을 말한다.

10 정답 ④

우선 시송품 ₩1,500,000 중 매입 의사가 밝혀지지 않은 30%인 ₩450,000은 기말 재고자산에 포함해야 하고, 판매자의 입장에서 도착지 인도조건으로 판매하여 운송 중인 상품의 원가 ₩550,000도 기말 재고자산에 포함해야 한다. 그리고 적송품의 경우 타회사가 판매한 50%를 제외한 ₩500,000은 기말 재고자산에 포함해야 한다. 따라서 재무상태표에 보고될 총 기말 재고자산은 ₩2,500,000이다.

11 정답 ④

자기자본은 재무상태표를 구성하는 요소 중 하나로 우리가 흔히 소유자지분 혹은 주주지분으로 칭한다. 회계적으로는 전체 자산 중 부채를 제외한 나머지 금액이고 주주들 소유이다. 이러한 자기자본의 계정과목으로는 자본금, 자본잉여금, 이익잉여금, 자본조정, 기타포괄손익누계액이 해당한다. 하지만 차입금은 부채계정 중 유동부채에 해당하므로 자기자본에 해당하지 않는다.

12 정답 ②

부채는 유동부채와 비유동부채로 구분할 수 있는데 그 중 비유동부채에는 장기차입금, 임대보증금, 퇴직급여충당부채, 장기미지급금 등이 있다.

13 정답 ③

오답분석

마. 어떤 정책을 실시할 때 정책 실행 시차가 부재한다면 정부정책이 보다 효과적일 가능성이 높다.

14 정답 ③

체계적 표출 빙법은 전체 모집단을 대상으로 무작위로 시작점을 선택 후, 매 n번째 구성요소를 추출하는 방식이므로 ③이 가장 적절하다.

오답분석

① 체계적 표출은 확률 표본추출법의 일종이다. 확률 표본추출법에는 단순무작위 표출, 체계적 표출, 층화 표출, 군집 표출 등이 있고, 비확률 표본추출법에는 편의 표출, 판단 표출, 할당 표출, 눈덩이 표출 등이 있다.
② 조사자의 주관이 개입되어 조사결과의 일반화가 불가능한 방법은 비확률 표본추출법 중 판단 표출에 해당한다.
④ 층화 표출에 대한 설명이다.

15 **정답** ②

표본추출 과정은 모집단을 정의하는 것으로부터 시작된다. 모집단을 결정하였다면, 뒤이어 표본프레임(전체 모집단에서 표본을 추출하기 위해 사용될 목록; 예 전화번호부)을 결정하고, 표본추출방법 및 표본크기를 순차적으로 결정한다.

| 금융일반 – 주관식 |

01	02	03	04	05
110,000	1,500	프리미엄	㉠, ㉢, ㉱, ㉲	㉡, ㉢, ㉣, ㉺

01 **정답** 110,000

'기초재고+당기매입−기말재고=매출원가'라는 원리를 이용한다. 이때, 당기매입은 총매입에서 매입에누리 등을 제외한 순매입액임에 유의한다. 또한 매출액과 매출원가율을 이용하여 매출원가를 구할 수 있는데, 이때 매출액 역시 총매출에서 에누리, 환입 등을 제외한 순매출액이다.

- 순매입=370,000−30,000=340,000원
- 순매출=630,000−20,000−10,000=600,000원
- 매출원가=600,000×80%=480,000원

따라서 250,000+340,000−기말재고=480,000원이므로, (주)한국의 20×1년 기말재고는 ₩110,000이다.

02 **정답** 1,500

정부보조금 2,500원을 수령하여 취득한 것이므로, 취득원가는 10,000−2,500=7,500원이다.

따라서 정액법에 따른 감가상각비는 $\dfrac{7,500-0}{5}=1,500$원이다.

정액법

$$감가상각비=\dfrac{(취득가-잔존가)}{내용연수}$$

03 **정답** 프리미엄

GE/맥킨지 매트릭스는 3×3 형태의 매트릭스이며, Y축 시장매력도와 X축 사업강점에 끼치는 요인을 정리하면 다음과 같다.
- Y축 시장매력도에 영향을 끼치는 요인 : 시장 크기, 시장 성장률, 시장 수익성, 가격, 경쟁 강도, 산업평균 수익률, 리스크, 진입장벽 등
- X축 사업강점에 영향을 끼치는 요인 : 자사의 역량, 브랜드 자산, 시장점유율, 고객충성도, 유통 강점, 생산 능력 등

해당 매트릭스에서 시장 지위를 유지하며 집중 투자를 고려해야 하는 위치는 사업의 강점도 높고 시장 매력도 또한 높은 프리미엄 위치이다. 프리미엄 위치에서는 성장을 위하여 투자를 적극적으로 하며 사업 다각화 전략과 글로벌 시장 진출의 고려, 너무 미래지향적인 전략보다는 적정선에서 타협을 하는 단기적 수익을 수용하는 전략 또한 필요하다.

04 정답 ㉠, ㉣, ㉤, ㉥

마이클 포터의 가치사슬모형에서 부가가치를 추가하는 기본 활동들은 크게 본원적 활동과 지원적 활동으로 구분할 수 있다.
- 본원적 활동(Primary Activities) : 고객에 대한 가치를 창조하는 기업의 제품과 서비스의 생산과 분배에 직접적으로 관련되어 있다. 유입물류, 조업, 산출물류, 판매와 마케팅, 서비스 등이 포함된다.
- 지원적 활동(Support Activities) : 본원적 활동이 가능하도록 지원하는 활동으로 조직의 기반구조(일반관리 및 경영활동), 인적 자원관리(직원 모집, 채용, 훈련), 기술(제품 및 생산 프로세스 개선), 조달(자재구매) 등으로 구성된다.

05 정답 ㉡, ㉢, ㉣, ㉥

예금자보호제도는 금융회사가 파산 등으로 인해 예금 등을 지급하지 못할 경우 공적기관이 예금자에게 예금보험금을 지급하는 공적보험제도다.
예금 지급이 보장되는 금융상품은 부보금융회사가 판매하는 상품 중 만기에 원금 지급이 보장되는 상품이다. 정기예금, 정기적금, 보통예금, 개인이 가입한 보험상품, 퇴직보험 등이 그것이다. 반면에 주택청약종합저축, 금융투자상품, CD, RP, 실적배당형신탁, 은행발행채권 그리고 종금사의 CD, RP, CP 증권사의 선물옵션예수금, 청약자예수금, RP, CMA, ELS, WRAP 및 상호금융권의 저축은행 발행채권(후순위채권)등은 예금보험공사에서 지정한 예금자보호법 미적용 대상에 해당한다.

| 디지털 - 객관식 |

01	02	03	04	05
④	②	④	④	②

01 정답 ④

마이데이터는 개인의 자신의 정보를 관리하여, 자신의 생활에 능동적으로 활용하는 것이다. 따라서 개인의 모든 금융정보도 포함되므로 ④는 적절하지 않다.

02 정답 ②

FIDO(Fast Identity Online)는 빠른 온라인 인증을 뜻하며, 지문 등의 생체 인식을 통해 기존의 ID와 비밀번호를 입력하지 않아도 인증을 할 수 있는 기술이다.

오답분석
① RPA(Robotic Process Automation) : 로봇 프로세스 자동화로 업무에서 반복적으로 하는 것을 로봇 소프트웨어를 활용하여 자동화 하는 기술
③ 오픈API(OPEN Application Programming Interface) : 인터넷을 사용하는 자가 직접 응용 프로그램, 서비스 등을 개발이 가능하도록 공개되어 있는 API
④ Mashup : 웹서비스 업체가 다양한 콘텐츠를 조합하여 새로운 서비스를 만드는 것

03 정답 ④

딥 러닝(Deep Learning)에서 다량의 학습 데이터를 신속하게 반복 학습시키기 위해 GPU를 많이 활용하고 있다. 실제로 GPU를 활용하면서 딥 러닝(Deep Learning)의 성능 또한 크게 향상되었다.

오답분석
① CPU(Central Processing Unit) : 컴퓨터의 두뇌이자 심장부의 역할을 하는 중앙처리장치로, 가장 중요한 곳이다. 다른 모든 장치의 동작을 제어하고, 프로그램 명령을 해독·실행하는 장치, 제어장치, 연산장치 및 내부 기억장치(레지스터)를 합친 것이다.

② AI(Artificial Intelligence) : 컴퓨터에서 인간과 같이 사고하고 학습하고 판단하는 논리적인 방식을 사용하는 인간의 지능을 본 딴 고급 컴퓨터 프로그램이다.

③ HDD(Hard Disk Drive) : 자성체로 코팅된 원판형 알루미늄 기판에 자료를 저장할 수 있도록 만든 보조기억장치의 한 종류이다.

04　정답 ④

• Clear : 전체 지우기
• Clear Contents : 내용만 지우기
• Clear Formats : 서식만 지우기
따라서 [D2:G5] 영역의 내용만 지워야 하므로 ④가 가장 적절하다.

05　정답 ②

슈퍼컴퓨터는 높은 정밀도를 가지고 있어서 정확한 계산을 수행할 때 사용한다. 초당 연산 능력이 30페타플롭스(PFlops)를 넘는 것도 있으며 인공위성 제어, 일기예보, 우주 항공 산업 등에 사용되므로 빈칸에 들어갈 단어로 ②가 가장 적절하다.

오답분석

① 데스크톱 컴퓨터 : 일반적인 개인용 컴퓨터로 가정이나 사무실에서 사용한다.
③ 미니컴퓨터 : 중규모 시스템을 가진 컴퓨터로 학교・연구소 등의 업무 처리나 과학기술 계산에 사용한다.
④ 워크스테이션 : RISC 프로세서를 사용하는 컴퓨터로 네트워크에서 서버 역할을 하며 고성능 그래픽 처리 등에 사용된다.

┃ 디지털 - 주관식 ┃

01	02			
18	ⓒ, ⓓ, ⓗ			

01　정답 18

보기는 i에 '백두산'이 포함되어 있으면 if문 아래의 명령을 수행하고, 그렇지 않으면 else문 아래의 명령을 수행하라는 의미이다. if문에 '백두산'이 포함되어 있으므로 if문 아래의 명령을 수행해야 한다.
그 결과,
k = len(i)　→ 17 (글자 수와 띄어쓰기 수까지 모두 포함)
k = k + 1　→ 18
따라서 결괏값으로 k값인 18이 출력된다.

02　정답 ⓒ, ⓓ, ⓗ

ⓒ 프롭테크(Proptech) : 부동산 자산(Property)과 기술(Technology)의 합성어로, 인공지능(AI), 빅데이터, 블록체인 등 첨단 정보기술(IT)을 결합한 부동산 서비스를 말한다. 2000년대 등장한 인터넷 부동산 시세조회・중개 서비스에서 기술적으로 더 나아갔으며, 부동산 중개, 3차원(3D) 공간 설계, 부동산 크라우드 펀딩, 사물인터넷(IoT) 기반의 건물관리 등이 프롭테크에 해당한다.

ⓓ 스크루플레이션(Screwflation) : 물가 상승과 실질임금 감소 등으로 중산층의 가처분 소득이 줄어드는 현상을 말한다. 돌려 조인다는 뜻의 '스크루(screw)'와 '인플레이션(inflation)'을 합성한 말이다.

ⓗ 레버리지(Leverage) : 레버리지는 "지렛대"라는 의미다. 모자란 돈을 빌려서 투자해 수익률을 극대화하는 투자 방법을 일컫는 것으로 차입금 등 타인자본을 지렛대 삼아 자기자본 이익률을 높이는 것을 레버리지 효과 또는 지렛대 효과라고 한다.

01 NCS 직업기초능력

01	02	03	04	05	06	07	08	09	10	11	12	13	14	15	16	17			
①	③	④	①	①	④	③	④	④	③	②	③	③	④	③	①	④			

01 정답 ①

할인 서비스 종류가 추가되었다는 것은 자료에서 확인할 수 없으므로 ①은 옳지 않은 설명이다.

오답분석

② 20% 할인(상시)이라는 문구를 통해 운영시간 내에만 방문하면 언제든지 할인이 가능하다는 것을 알 수 있다.
③ 9월 2일에는 용산구 매장에서 이용이 가능하며, 그 이전인 8월 13일에는 서초구 매장에서 이용이 가능하다.
④ 변경 내용 아래 기존 고객에게도 동일하게 적용된다고 명시되어 있다.

02 정답 ③

취업심사대상기관을 보면 외형거래액이 50억 원 이상인 세무법인에 취업하려는 경우에는 취업심사대상자에 해당하지만, 25억 원인 경우에는 대상자가 아니므로 ③은 적절하지 않다.

오답분석

① 제도개요를 보면 퇴직 후 3년간 업무관련성이 존재하는 곳에 취업한 경우에는 취업심사대상자가 된다.
② 취업심사대상기관 중 '③ 외형거래액 50억 원 이상 세무법인'에 따라 공직자가 퇴직 후 외형거래액이 200억 원인 세무법인에 재취업할 경우 취업심사대상자에 해당한다.
④ 취업심사대상기관을 보면 자본금 10억 원 & 외형거래액이 100억 원 이상인 영리사기업체에 취업하려는 퇴직공직자가 취업심사대상자이다. 이때 자본금 10억 원과 외형거래액이 100억 원 이상인 두 조건을 모두 충족해야 하므로, 80억 원인 경우에는 조건 중 하나가 일치하지 않기 때문에 취업심사대상자에 해당하지 않는다.

03 정답 ④

2년 6개월간 5억 원을 예금하려고 하는 주식회사 ◇◇법인은 계약 기간, 납입한도, 가입대상을 모두 충족한다. 따라서 가입 대상자로 D가 가장 적절하다.

오답분석

• A : 약관 제3조에 따라 개인은 가입할 수 없는 상품이다.
• B : 약관 제5조 1항에 따라 가입 시 금액은 최소 1백만 원 이상이여야 한다.
• C : 약관 제3조에 따라 납세번호가 없는 임의단체는 가입이 불가능하다.

04 정답 ①

약관에 따라 회사별 우대금리를 표로 정리하면 다음과 같다.

구분	ESG 경영 실천서약 참여	인증 보유	고용노동부 인증	일자리 창출 관련	합계
(주)백두	0.1%p	0.1%p	0.1%p (인증 보유와 겹침)	0.1%p	0.3%p
(주)한라	0.1%p	0.1%p	고용노동부 미인증 기업이므로 혜택 ×	고용인원 증가 기업이지만, 고용보험 가입자 명단 미제출로 인정 안 됨	0.2%p
(주)태백	0.1%p	해당 ISO 인증이 아니므로 혜택 ×	고용노동부 미인증 기업이므로 혜택 ×	0.1%p	0.2%p
(주)관악	실천서약 불참으로 혜택×	0.1%p	일반기업	0.1%p	0.2%p

따라서 (주)백두의 우대금리가 0.3%p로 가장 높은 혜택을 받고 있는 기업이다.

05 정답 ①

2018 ~ 2020년 채용 정규직(무기)인원은 346명이며, 그중 여성 인원은 306명이다.

따라서 $\frac{306}{346} \times 100 ≒ 88\%$이다.

06 정답 ④

2018년과 2019년의 시간선택자(채용) 근로자의 수를 계산하면 다음과 같다.
• 2018년의 시간선택자(채용) 근로자 : 32+120+98=250명
• 2019년의 시간선택자(채용) 근로자 : 22+162+178=362명
따라서 2019년에는 2018년보다 시간선택제(채용) 근로자가 더 많았으므로 ④는 옳은 설명이다.

오답분석
① 시간선택제(채용) 근로자 수가 시간선택제(전환) 근로자 수보다 많았던 연도는 2018년, 2019년도로 2개년이다.
② 시차출퇴근형 근무자의 경우 2018년 1,809명, 2019년 1,741명으로 2019년보다 2018년에 더 많았다.
③ 제시된 근무 형태는 집약근무형으로 2016년부터 2020년까지 근무인원이 0명이었으므로 전년 대비 변함없다.

07 정답 ③

도입배경 및 연혁을 보면 재정사업 심층평가는 주요 재정사업의 성과를 심층 분석평가하여 재정운용에 반영하기 위해 2006년에 도입되었다. 따라서 2006년 이전에는 재정사업의 성과에 대한 평가가 적절하게 반영되지 않았음을 추론할 수 있으므로 ③이 가장 적절하다.

오답분석
① 개별사업에 대한 심층평가(2006 ~ 2009년)에서 사업군에 대한 심층평가(2010년 ~)로 전환되었다.
② A사업에 200억 원의 예산이 투입되었지만, A사업의 목표가 달성되지 않을 경우에는 효용성이 아닌 효과성으로 판단해야 한다.
④ 평가 T/F가 구성되고 난 이후에 재정전략협의회에 보고가 되고, 이후에 제도개선 조치가 이루어진다.

08 정답 ④

(주)시대 직원의 이자 지원금을 계산하면 다음과 같다.
• 김주임 : 1,000×0.01÷10=1
• 박대리 : (1,000×0.02+2,000×0.025)÷10=7
• 주부장 : (5,000×0.015+4,000×0.025)÷10=17.5
• 이과장 : (5,000×0.01+4,000×0.02)÷10=13
• 오과장 : (4,000×0.01+2,000×0.025)÷10=9
따라서 이자 지원금을 초과하는 사람은 이과장과 주부장이다.

09 정답 ④

- 김주미 1은 2009년 6월 1일에 입사하여 2018년 6월 25일에 퇴사하였다.
- 김주미 3은 3년간 근무하였으므로 입사일은 2018년 6월 1일이다.
- 김주미 2는 이체확인서를 통해 2021년 8월까지 근무했다. 육아휴직기간과 복직 후 6개월간 근속하였으므로 2021년 3월에 복직을 하였고, 육아휴직을 1년간 실시하였으므로 2020년 2월부터 2021년 3월까지 육아휴직을 실시하였다.

따라서 세 사람이 함께 근무한 기간은 2018년 6월 1일부터 2018년 6월 25일이다.

10 정답 ③

4분기 기대수익 평균을 계산하면 다음과 같다.

- 예·적금 : $1.1 \times (5+6+4+5) \div 4 = \dfrac{22}{4}$
- 펀드 : $(5+2+6+5) \div 4 = \dfrac{18}{4}$
- 대출 : $(7+5+5+6) \div 4 = \dfrac{23}{4}$
- 보험 : $(5+2+4+3) \div 4 = \dfrac{14}{4}$

따라서 B지점은 기대수익 평균이 가장 큰 대출 상품을 판매해야 한다.

11 정답 ②

3분기의 소비자 선호 상품은 예·적금과 펀드이므로, 해당 상품의 월 수익에 10%를 가산하면 다음과 같다.

구분		B지점			
	상품	예·적금	펀드	대출	보험
A지점	예·적금	(3.3, 5.5)	(4.4, 5.5)	(4, 7)	(6, 5)
	펀드	(2.2, 6.6)	(2.2, 2.2)	(9, 5)	(1, 2)
	대출	(6.6, 4.4)	(8.8, 6.6)	(3, 5)	(8, 4)
	보험	(3.3, 5.5)	(2.2, 5.5)	(4, 6)	(7, 3)

A지점과 B지점의 기대수익 차이를 구하면 다음과 같다.

구분		B지점			
	상품	예·적금	펀드	대출	보험
A지점	예·적금	$\|3.3-5.5\|=2.2$	$\|4.4-5.5\|=1.1$	$\|4-7\|=3$	$\|6-5\|=1$
	펀드	$\|2.2-6.6\|=4.4$	$\|2.2-2.2\|=0$	$\|9-5\|=4$	$\|1-2\|=1$
	대출	$\|6.6-4.4\|=2.2$	$\|8.8-6.6\|=2.2$	$\|3-5\|=2$	$\|8-4\|=4$
	보험	$\|3.3-5.5\|=2.2$	$\|2.2-5.5\|=3.3$	$\|4-6\|=2$	$\|7-3\|=4$

따라서 기대수익의 차이가 가장 작은 경우는 A지점과 B지점 모두 펀드 상품을 판매할 때이다.

12 정답 ③

제시된 자료를 정리하면 다음과 같다.

구분	가	나	다	총점	비고	낙찰
A시스템	−1.5점	−	−1.0점	−2.5점	−	
B시스템	−0.25점	−	−	−0.25점	입찰액 미달로 자격미달	×
C시스템	−	(3년 전의 이력임)	−0.5점	−0.5점	−	낙찰
D시스템	−1.0점	−	−1.0점	−2.0점	−	

따라서 C시스템이 입찰에 낙찰된다.

13 정답 ③

동일한 점수를 가진 업체가 발생할 경우 재입찰이 아닌 추첨으로 낙찰자를 결정해야 하므로 박과장은 기타사항의 내용을 잘못 이해하고 있다.

오답분석
① 접수는 방문접수만 가능하다.
② 발표일인 8월 16일 15시부터 7일 이내 제출이므로 8월 23일 14:50분에 제출하여도 된다.
④ 별도의 전자구매시스템에 회원가입을 완료해야 한다.

14 정답 ④

직원의 수를 x명이라고 하자.
총비용이 11,792,000원 소요되었고, 고급원단에 앞면에만 로고를 사용하였으므로 티셔츠의 개별단가는 8,800원 또는 11,000원이다.
티셔츠가 500벌 이상인 경우와 미만인 경우를 계산하면 다음과 같다.
• 500벌 이상인 경우 : 11,792,000원=8,800원×2벌×x명
∴ $x=670$
• 500벌 미만인 경우 : 11,792,000원=11,000원×2벌×x명
∴ $x=536$
따라서 500벌 미만인 경우에는 500명이 초과하기 때문에 체육대회에 참석하는 직원 수는 총 670명이다.

15 정답 ③

개별 티셔츠 단가가 16,500원이 나올 수 있는 경우는 500명 미만, 앞+뒤 양면 로고일 경우에 가능하다.
따라서 체육대회에 참여하는 체험형 인턴은 1,864,500÷16,500=113명이다.

16 정답 ①

커피머신 선호도와 구매할 커피머신을 표로 정리하면 다음과 같다.

구분	운영1팀	운영2팀	운영3팀	운영지원팀	경영지원팀
맛 선호도	진한 맛 선호	연한 맛 선호	연한 맛 선호	진한 맛 선호	연한 맛 선호
우유 스팀 여부	필요	불필요	불필요	필요	필요
세척용이성 선호도	상관없음	下	상관없음	中 이하	상관없음
커피캡슐 가격	600~700원	400~500원	300~450원	800~900원	450~550원
타사제품 호환여부	상관없음	필요	필요	상관없음	필요
구매하는 커피머신	L커피머신	M커피머신	M커피머신	I커피머신	N커피머신

따라서 팀별로 구매할 커피머신이 바르게 연결된 것은 ①이다.

17 정답 ④

총 비용이 716,000원이므로 배송료 50,000원과 운영지원팀이 구입한 I커피머신 가격 168,000원을 차감하면 498,000원이다.
운영지원팀에서 사용한 커피캡슐의 개수를 x개라고 하면, 단위당 커피캡슐 가격이 830원이므로 다음과 같은 식이 성립한다.
$498,000=x\times830$
∴ $x=600$
따라서 운영지원팀에서 사용한 커피캡슐은 600개이다.

| 금융일반 - 객관식 |

01	02	03	04	05	06	07	08	09	10	11	12	13	14	15	16	17	18	19	20
④	③	④	③	③	②	①	③	③	④	④	②	④	③	②	④	①	①	④	②

01 　정답　④

개인이 특정한 행위를 달성함으로써 그에 따라 얻어지는 2차적 결과물들 각각에 대하여 갖는 욕구는 '유의성'이다.
빅터 브룸(Victor Vroom)은 동기부여에 관해 기대 이론을 적용하여 구성원이 직무에 열심히 하도록 하는 조건에 대해 연구하였다. 그는 세 가지 요인이 동기부여를 결정하며 경영자는 이 요소들을 극대화시켜야 한다고 주장하였으며, 세 가지 요소는 다음과 같다.
• 기대감(Expectancy) : 열심히 일하면 높은 성과를 올릴 것이라고 생각하는 정도를 의미하며 0에서 1의 값을 가진다.
• 수단성(Instrumentality) : 직무 수행의 결과로써 보상이 주어질 것이라고 믿는 정도를 의미하며 −1에서 1의 값을 가진다.
• 유의성(Valence) : 직무 결과에 대해 개인이 느끼는 가치를 의미한다.
그는 동기부여를 세 요소의 곱으로 나타낼 수 있다고 주장했는데 이를 관계식으로 나타내면 다음과 같다.
• 동기부여(Motivational Force)=기대감×수단성×유의성
따라서 ④는 옳지 않은 설명이다.

02 　정답　③

2021년 초 (주)고시의 순자산 공정가치는 ₩190,000(순자산 장부금액)+₩20,000(재고자산 과소)+₩60,000(유형자산 과소)=₩270,000이므로 영업권은 ₩200,000(의결권 있는 보통주식 70% 취득액)−₩270,000×70%=₩11,000이다.

03 　정답　④

• 2019년 당기순이익 : ₩12,000−₩4,000(2019년 대손충당금)+₩1,000(2019년 감가상각비)+₩3,000(2019년 미지급급여)=₩12,000
• 2020년 당기순이익 : ₩20,000+₩4,000(2019년 대손충당금)−₩5,000(2020년 대손충당금)+₩3,000(2020년 감가상각비)−₩3,000(2019년 미지급급여)+₩2,000(2020년 미지급급여)=₩21,000

04 　정답　③

2020년 말 감가상각비를 인식한 후의 (주)시대의 기계장치 장부금액은 ₩750,000이며, 후속측정에 따라 공정가치가 ₩70,000이 하락한 ₩680,000이 되었으므로, 기존에 인식하였던 재평가잉여금을 감소시킨다. 따라서 2020년에 이익잉여금을 대체한 금액(₩50,000)을 차감한 남은 재평가잉여금인 ₩150,000에서 ₩70,000을 차감한 ₩80,000만큼의 재평가잉여금이 존재하므로 ③은 옳지 않은 설명이다.

오답분석

① (주)시대의 2019년 감가상각비(정액법, 내용연수 5년, 잔존가치 0원)
　(₩1,000,000−0)÷5년=₩200,000
② (주)시대의 2020년 감가상각비(정액법, 잔존내용연수 4년, 잔존가치 0원)
　[₩1,000,000(재평가된 금액)−0]÷4년=₩250,000
④ (주)시대는 재평가잉여금을 자산에 사용함에 따라 이익잉여금으로 대체하기 때문에 재평가된 금액에 근거한 감가상각액과 최초 취득원가에 근거한 감가상각액의 차이만큼 이익잉여금으로 대체한다. 따라서 ₩250,000−₩200,000=₩50,000에 해당하는 재평가잉여금을 이익잉여금으로 대체한다.

05 정답 ③

- 2016년 복구충당부채 증가액 : ₩2,000×0.6×10%=₩120
- 2017년 복구충당부채 증가액 : (₩1,200+₩120)×10%=₩132

따라서 2017년 복구충당부채 증가액은 ₩132이므로 ③은 옳지 않은 설명이다.

오답분석

① 2016년 초 농장의 취득원가=₩10,000×3.7(10%, 5년 정상연금 현재가치)+2,000×0.6(10%, 5년 단일금액 현재가치)
  =₩38,200

② 2016년 농장의 감가상각비=(₩37,000−0)÷5년=₩7,640

④ ₩2,000(내용연수 종료시점의 예상 원상회복 비용)−₩1,700(내용연수 종료시점의 실제 원상회복 비용)=₩300

06 정답 ②

- 기말재고자산 : (수험서)400개×Min(₩10,₩11)+(간행물)200개×Min(₩20,₩18)=₩7,600
- 매출원가 : ₩50,000(기초재고자산)+₩40,000(당기매입액)−₩7,600(기말재고자산)=₩82,400

07 정답 ①

$$h(\text{헤지비율})=-\frac{\sigma_S}{\sigma_F}\times\rho_{SF}=-\frac{200(\text{주식가격의 표준편차})}{250(\text{선물가격의 표준편차})}\times0.6=-0.48(\text{헤지비율})$$

$$N(\text{계약수})=h\times\frac{\text{헷지되는 포지션의 크기(수량)}}{\text{선물 1계약의 크기(수량)}}=-0.48\times\frac{15,000\text{주}}{30\text{주}}=-240\text{계약(매도)}$$

08 정답 ③

ΔC(콜옵션 가격변화분)

$=\Delta_c$(콜옵션 델타)$\times\Delta S$(기초자산 가격변화분)

$=0.6\times(-1,000\text{원})=-600\text{원}$

따라서 기초자산 가격 변화를 반영한 콜옵션의 가격은 3,000−600=2,400원이다.

09 정답 ③

- 매출채권회전율=$\frac{360}{40}$=9=$\frac{\text{매출}}{200\text{억}}$ → 매출 : 1,800억

- 재고자산회전율=$\frac{1,800}{\text{재고자산}}$=18회 → 재고자산 : 100억

- 유동비율=$\frac{\text{유동자산}}{140\text{억}}$=200% → 유동자산 : 280억

- 당좌비율=$\frac{280\text{억}-100\text{억}}{140\text{억}}$ → $\frac{180}{140}$ → $\frac{9}{7}$

10 정답 ④

부채 듀레이션은 $2\times\frac{1,400(\text{고객예금})}{2,800(\text{총자산})}+3.5\times\frac{400(\text{발행사채})}{2,800(\text{총자산})}$=1+0.5=1.50이다.

11 정답 ④

1) CAPM이 성립할 때의 포트폴리오 A의 기대수익률이 15%이므로, 다음의 공식을 이용하여 포트폴리오 A의 베타를 구할 수 있다.

$E(R_i) = R_f + [E(R_m) - R_f] \times \beta_A$

$15\% = 5\% + (25\% - 5\%) \times \beta_A$

$\therefore \beta_A$(포트폴리오 A의 베타) = 0.5

2) 효율적 포트폴리오와 시장포트폴리오와의 상관계수는 1이다.

$\therefore$ 0.5(포트폴리오 A의 베타) + 1(시장포트폴리오 상관계수) = 1.5

12 정답 ②

십분위분배율은 하위 40% 소득계층의 소득을 최상위 20%의 소득으로 나누기 때문에$\left(= \dfrac{\text{하위 40\%의 소득점유율}}{\text{상위 20\%의 소득점유율}} \right)$, 완전 균등한

소득분배상태라면 모든 계층이 동일한 소득을 점유하고 있을 것이므로 2의 값을 가지며, 값이 클수록 소득분배가 평등함을 의미한다.
B국의 경우 최하위 40% 소득계층의 비율은 22%이며, 최상위 20% 소득계층의 비율은 44%이므로, B국의 십분위분배율은

$\dfrac{\text{하위 40\%의 소득점유율}}{\text{상위 20\%의 소득점유율}} = \dfrac{0.22}{0.44} = 0.5$이므로 ②는 옳지 않은 설명이다.

오답분석

① · ④ 십분위분배율$\left(1 \leq \dfrac{\text{하위 40\%의 소득점유율}}{\text{상위 20\%의 소득점유율}} \leq 2 \right)$은 값이 클수록 소득분배가 평등하며 0부터 2의 값을 가진다.

③ 지니계수$\left(0 \leq \text{G} \left(= \dfrac{\alpha}{\alpha + \beta} \right) \leq 1 \right)$는 값이 작을수록 소득분배가 평등하며 0부터 1의 값을 가진다. 따라서 C국의 지니계수는

$\dfrac{A}{A + B} = 0.5$이다.

13 정답 ④

현금통화(C) = 80, 예금통화(D) = 100이므로 현금 − 예금비율$\left(\dfrac{C}{D} \right)$은 0.8($k$)이다.

지급준비율은 $\left(\dfrac{Z}{D} \right)$이므로 $\dfrac{10}{100} = 0.1$(z)이다. 통화승수(m)는 $\dfrac{k+1}{k+z}$이므로 A국의 통화승수는 2이다. 본원통화가 11만큼 증가되었을 경우 통화량은 통화승수×본원통화만큼 증가하므로 A국의 통화량은 2×11 = 22만큼 증가한다.

14 정답 ③

역선택 상황에서 정보가 부족한 구매자는 평균품질에 해당하는 가격으로 구매하고자 하기 때문에, 구매자가 중고책에 대해 지불할 용의가 있는 평균가격은 [0.3(A급)×4] + [0.3(B급)×5] + [0.4(C급)×5] = 4.7이다.
따라서 구매자의 유보가격 4.7보다 낮은 A급과 C급만 시장에서 거래가 된다.

15 정답 ②

(주)시대가 독점기업일 경우 한계수입은 $MR=20-2Q$이고, $MC=6$이다. $MR=MC$이므로 $20-2Q=6$이다. 따라서 독점기업일 경우 생산량은 7이 되며, 이때의 가격은 13이므로 ②는 적절하지 않다.

오답분석

① (주)시대의 총수입= $TR_1=p\times q_1=(20-q)\times q_1=20q_1-q_1^2-q_2q_1$

(주)시대의 한계수입= $MR_1=20-2q_1-q_2$ 이며 (주)시대의 한계비용은 6이므로

이윤극대화 조건에 대입해보면 $MR_1=MC_1$, $20-2q_1-q_2=6$, $q_1=\dfrac{14-q_2}{2}$ 이다.

(주)고시의 총수입= $TR_2=p\times q_2=(20-q)\times q_2=20q_2-q_2^2-q_2q_1$

(주)고시의 한계수입= $MR_2=20-q_1-2q_2$ 이며 (주)고시의 한계비용은 12이므로

이윤극대화 조건에 대입해보면 $MR_2=MC_2$, $20-q_1-2q_2=12$, $q_2=\dfrac{8-q_1}{2}$ 이다.

두 기업의 반응곡선을 연립하여 풀면, $q_1=4$, $q_2=2$이므로 시장 전체의 생산량 q는 6임을 알 수 있다.

④ 완전경쟁기업으로 행동한다면 (주)시대와 (주)고시는 가격경쟁만 하게 됨으로 한계비용이 낮은 기업이 장기적으로 가격경쟁의 승자가 된다. 따라서 균형은 $P=MC=6$이 되어 시장가격은 6이 되고 생산량은 14가 된다.

16 정답 ④

에브리씽 랠리(Everything Rally)는 모든 자산 가격이 오르는 현상을 의미한다. 신종 코로나바이러스 감염증으로 인한 글로벌 경기 침체를 극복하기 위한 각국 정부의 경기 부양책에 의해 유동성이 자산시장으로 몰림으로 인해 주식, 부동산, 가상화폐, 원자재 등 모든 자산 가격이 오르게 되었는데, 이러한 현상을 '에브리씽 랠리'라고 한다. 따라서 래준은 에브리씽 랠리의 개념에 대해 잘못 말하고 있다.

오답분석

① 프로토콜 경제(Protocol Economy) : 블록체인 기술을 기반으로 개인 간 프로토콜(약속)을 정해 거래하는 생태계로서 탈중앙화와 탈독점화를 통해 사용자 간의 주도적 거래가 가능한 '공정한 플랫폼 경제'를 의미한다.
② 커스터디(Custody) : 금융자산을 대신 보관 및 관리해주는 서비스를 말하며, 최근 들어 디지털자산 산업이 발달하면서 가상자산에 대한 커스터디 서비스의 영역이 커지고 있다.
③ 크립토 윈터(Crypto Winter) : '가상화폐 겨울'을 의미하는 단어로, 단순히 가격이 급락하는 현상에서 더 나아가 가상화폐 시장에 투자된 자금 자체가 빠져나가 장기간 저조해지는 현상을 의미한다.

17 정답 ①

최소분산포트폴리오(MVP)는 위험이 가장 작은 포트폴리오를 의미한다. A와 B주식으로 구성된 포트폴리오가 존재할 때, A주식에 대한 투자비율은 다음의 식에 의하여 구할 수 있다.

$$w_A=\dfrac{\sigma_B^2-\sigma_{AB}}{\sigma_A^2+\sigma_B^2-2\times\sigma_{AB}}$$

• A주식의 표준편차의 제곱(σ_A^2)=0.2^2=0.04
• B주식의 표준편차의 제곱(σ_B^2)=0.4^2=0.16
• 두 주식의 공분산(σ_{AB})=0.2×0.4×0.5=0.04

따라서 최소분산포트폴리오를 구성하기 위한 A주식의 투자비율은 $w_A=\dfrac{0.16-0.04}{0.04+0.16-2\times0.04}=\dfrac{0.12}{0.12}=1(=100\%)$이다.

18   정답 ①

각 주식의 기대수익률은 수익률과 확률값을 곱하여 계산한다.
- A의 기대수익률 $E(R_A) = 10\% \times 0.4 + 20\% \times 0.4 + 40\% \times 0.2 = 20\%$
- B의 기대수익률 $E(R_B) = 15\% \times 0.6 + 40\% \times 0.4 = 25\%$

각 주식의 기대수익률을 각각의 투자비중에 따라 가중평균하여 포트폴리오의 기대수익률을 계산한다.
따라서 A와 B로 구성된 포트폴리오의 기대수익률 $E(R_P)$은 $0.6 \times 20\% + 0.4 \times 25\% = 22\%$이다.

19   정답 ④

더기빙플레지(The Giving Pledge)란 세계적인 부호들의 자발적 기부 클럽을 말하며, 최근 들어 세계적인 기업가들이 속속히 자신들의 재산을 기부하고 있는 현상이 일어나고 있다.

오답분석

① 피봇팅(Pivoting) : 기존 사업 아이템을 포기하고 방향전환에 나서는 것을 가리키는 표현으로 주로 스타트업 업계에서 자주 쓰이는 표현이다.
② 이퓨얼(E-fuel) : 전기 기반 연료의 약자로 물을 전기 분해해 얻은 수소를 이산화탄소나 질소 등과 결합해 만드는 인공 합성연료이다. 최근 전기 및 수소차가 보편화하기 시작하면서 주목받기 시작한 용어이다.
③ 그린워싱(Greenwashing) : 기업들이 실제로는 친환경적인 경영을 하지 않지만 이를 표방하는 것처럼 브랜드 이미지를 만드는 것을 의미한다.

20   정답 ②

6개월 $E(R_A) = 10\% \times 0.5 = 5\%$

6개월 $\sigma_A = 30\% \times \sqrt{0.5} = 21\%$

평균기준 $VaR = 100원 \times 21\% \times 1.65 = 34.65 ≒ 35원$

절대손실기준 $VaR = 35원 - 100원 \times 5\% = 30원$

따라서 $35 - 30 = 5$이다.

| 금융일반 – 주관식 |

01	02	03	04	05
2,250,000	7	①	㉢, ㉣	300

01 ┃정답┃ 2,250,000

재무제표에 표시할 재고자산의 장부금액은 min[① 취득원가, ② 순실현가능가치]이다.
① 취득원가＝₩1,200×$2,000=₩2,400,0000
② 순실현가능가치＝₩1,250×$1,800=₩2,250,000
따라서 (주)시대의 재고자산의 장부금액은 ₩2,250,000이다.

02 ┃정답┃ 7

① 실제성장률이 잠재성장률보다 2%p 높으므로 $(Y-\overline{Y})=2\%$이다.

이를 오쿤의 법칙에 대입해보면 $u-u^n=-0.2(Y-\overline{Y})=-0.2\times 2\%=-0.4\%$이고 자연실업률이 $u^n=5\%$이므로
$u-u^n=u-5\%=-0.4\%$로부터 실제실업률은 $u=4.6\%$이다.

② 기대인플레이션율이 $E(\pi)=2.24\%$로 주어져 있고 $(u-u^n)=-0.4\%$이므로 필립스 곡선 식에 대입해보면 실제 인플레이션율
은 $\pi=E(\pi)-0.4(u-u^n)=2.24-0.4\times(-0.4)=2.4\%$임을 알 수 있다.

따라서 실제실업률과 실제인플레이션율을 더한 값은 4.6+2.4=7이다.

03 ┃정답┃ ①

균형 선물가격(F_o)은 $(F_o)=50,000\times\left(1+10\%\times\dfrac{6}{12}\right)=52,500$원이다.

균형 선물가격이 시장 선물가격보다 과소평가(＝현재 시장의 선물가격이 과대평가)되어 있으므로, 선물매도를 통해 차익거래가
가능하다.

04 ┃정답┃ ㉢, ㉣

A는 부가가치세이며, B는 최고세율이다.
• 부가가치세 : 상품(재화)의 거래나 서비스(용역)의 제공과정에서 얻어지는 부가가치(이윤)에 대하여 과세하는 세금이며, 사업자가
  납부하는 부가가치세는 매출세액에서 매입세액을 차감하여 계산한다. 따라서 부가가치세는 물건 값에 포함되어 있기 때문에 실제
  로는 최종소비자가 부담한다.
• 최고세율 : 정부는 최고세율을 과세형평 제고 및 소득재분배 기능 강화를 위해 2021. 1.1 이후 발생하는 소득분부터 최고세율을
  변경적용하기로 하였다. 이를 통해 세수 증가 효과는 내년에만 3,969억 원, 2021~2025년은 3조 9,045억 원으로 예상된다.

05 ┃정답┃ 300

완전경쟁기업의 장기균형은 항상 LAC곡선의 최저점에서 달성되므로 LAC의 미분 값이 0이 되는 q가 개별기업의 장기균형 생산

량이 된다. 그러므로 $LAC=100+q_i^2-10q_i$를 미분하면 $\dfrac{dLAC}{dq}=2q_i-10=0$, $q_i=5$가 된다.

q를 LAC에 대입하여 P를 구하면 $P=75$이며, P를 시장수요함수에 대입하여 시장수요량을 구하면 $Q=39,000-500\times 75$
$=1,500$이다.

따라서 교과서 시장의 개별기업의 수는 $\dfrac{Q}{q}=\dfrac{1,500}{5}=300$개이다.

01	02	03	04	05					
③	④	③	①	④					

01 정답 ③

NoSQL은 높은 가용성을 제공하므로 ③은 적절하지 않다.

NoSQL 특징
- 대용량 데이터 처리 : 페타 바이트 수준의 데이터 처리 수용 가능한 느슨한 데이터 구조
- 유연한 스키마 사용 : 정의된 스키마 없이 데이터를 상대적으로 자유롭게 저장
- 저렴한 클러스터 구성 : PC 수준의 상용 하드웨어를 활용 다수 서버를 통한 수평적인 확장 및 데이터 복제 및 분산 저장 기능
- 단순한 CLI : 기존의 관계형 데이터베이스의 SQL과 같은 질의 언어를 제공하지 않음
- 높은 가용성 제공 : 데이터 항목을 클러스터 환경에 자동적으로 분할하여 적재함
- 필요한 만큼의 무결성 : 관계형 DBMS가 논리적 구조 및 ACID의 보장에 초점을 맞춘 반면, NoSQL은 무결성 모두 DBMS에 담당시키기보다 응용에서 일부 처리
- Schema-less : 데이터 모델링을 위한 고정된 데이터 스키마 없이 킷값을 이용해 다양한 형태의 데이터 저장과 접근이 가능한 기능을 이용, 데이터를 저장하는 방식에는 크게 칼럼, 값, 문서, 그래프의 네 가지로 나뉨

02 정답 ④

소프트웨어 개발방법론을 표로 정리하면 다음과 같다.

구분	구조적 방법론	객체지향 방법론
시스템 분석도구	데이터흐름 다이어그램	유스케이스 다이어그램
시스템 설계도구	구조도	시퀀스 다이어그램

따라서 바르게 나열한 것은 ④이다.

03 정답 ③

해당 현상은 갱신이상에 대한 설명이다.

이상현상 종류
- 삽입이상 : 어떤 정보를 삽입하고자 할 때, 원하지 않는 정보까지 함께 삽입해야 하는 현상
- 삭제이상 : 어떤 정보를 삭제하고자 할 때, 필요한 정보까지 삭제되어야 하는 현상
- 갱신이상 : 어떤 정보를 수정하고자 할 때, 동일한 내용을 여러 건의 데이터에서 반복 수정해야 하는 현상

04 　정답 ①

- 페이지 결합(부재)은 참조 페이지가 페이지 프레임에 없을 경우 발생된다. 처음에는 모든 페이지 프레임이 다 비어있으므로 처음 '0, 1, 2, 3' 페이지 적재 시 부재가 발생된다.
- FIFO 방식은 가장 먼저 들어와서 가장 오래 있었던 페이지를 교체하는 방법이다.

참조 페이지	0	1	2	3	0	1	4	0	1	2	3	4
페이지프레임	0	0	0	0	0	0	4	4	4	4	3	3
		1	1	1	1	1	1	0	0	0	0	4
			2	2	2	2	2	2	1	1	1	1
				3	3	3	3	3	3	2	2	2
페이지 부재 발생	○	○	○	○			○	○	○	○	○	○

따라서 참조 페이지 4를 참조할 때에는 0을 제거한 후 4를 가져오게 된다. 이와 같은 방법으로 모든 페이지 요청을 처리하고 나면 총 페이지 부재 발생 횟수는 10회이다.

05 　정답 ④

- ORDER BY : 정렬을 위한 옵션
- ASC : 오름차순 정렬
- DESC : 내림차순 정렬

| 디지털 - 주관식 |

01	02			
ⓒ, ⓐ	16			

01 　정답 ⓒ, ⓐ

A는 킬 스위치(Kill Switch), B는 어플라이언스(Appliance)이다.

오답분석

ⓒ 플랫폼(Platform) : 특정 장치나 시스템 등에서 이를 구성하는 기초가 되는 틀 또는 골격을 지칭하는 용어
ⓓ 프록시(Proxy) : 다른 서버상의 자원을 찾는 클라이언트로부터 요청을 받아 중계하는 서버
ⓔ 펌웨어(Firmware) : 일반적으로 롬에 기록된 하드웨어를 제어하는 마이크로프로그램의 집합
ⓕ 임베디드 시스템(Embedded System) : 특정한 제품이나 솔루션에서 주어진 작업을 수행할 수 있도록 추가로 탑재되는 솔루션이나 시스템
ⓖ 게이트웨이(Gateway) : 프로토콜 변환기의 하나로 프로토콜이 서로 다른 통신망을 접속할 수 있게 해주는 장치

02 　정답 16

해당 프로그램은 오름차순으로 배열 arr을 정렬하는 코드이다. 프로그램을 실행하면 배열 arr은 12, 16, 17, 48, 85로 정렬된다. 따라서 arr[2]의 값은 16이다.

01 NCS 직업기초능력

01	02	03	04	05	06	07	08	09	10	11	12	13	14	15	16	17	18	19	
③	③	③	③	④	②	③	③	②	③	①	①	③	④	②	④	③	③	②	

01 정답 ③

선정기준에 따라 점수를 비교하여 표로 정리하면 다음과 같다.

업체	고속충전 지원여부	디자인 선호도	용량	가격	1차 점수	2차 점수	비고
A	2	6	1	1	9		
B	2	4	2	2	10		
C	0	4	2	5	16	16	선정
D	2	3	5	3	14	16	

따라서 I사는 16점을 받은 업체 중 가격 점수가 가장 높은 C업체에서 보조배터리를 구입할 것이다.

02 정답 ③

유의사항에 따르면 대출 여부 및 한도는 고객의 신용도와 당행 심사기준에 따라 결정되는데, 이때 신용도가 7등급 이하인 경우에는 대출 자체가 불가하므로 신용도는 6등급 이상이어야 하므로 ③이 옳은 설명이다.

오답분석
① 대출대상에 따르면 임대인이 미성년자인 경우 대출대상에서 제외된다.
② 대출대상에 따르면 임대인이 법인인 경우 대출대상에서 제외된다.
④ 유의사항에 따르면 임대인이 보증금에 대한 질권설정을 동의하지 않을 경우 대출 취급이 불가하다.

03 정답 ③

인지세법에 따르면 대출금액이 1억 원 이하인 경우 7만 원의 인지세가 발생하는데, 은행과 고객이 각각 50%씩 부담하므로 C씨는 3만 5천 원의 인지세를 납부한다.

오답분석
① 해당 상품의 대출 한도는 최대 1억 원이므로 적절하지 않다.
② 인지세법에 따르면 대출금액이 1억 원 이하인 경우 7만 원의 인지세가 발생하는데, 은행과 고객이 각각 50%씩 부담하므로 B씨는 3만 5천 원의 인지세를 납부해야 한다.
④ 질권설정통지 비용은 대출 금액과 관계없이 3만 원을 납부해야 한다.

04 정답 ③

제21조 제1항에 따르면 은행은 약관을 변경하고자 할 때 시행일 1개월 전에 고객에게 알려야 하지만, 고객이 내용 변경에 동의하여야 하는 것은 아니므로 ③은 적절하지 않다.

오답분석

① 예금거래기본약관에 따르면 예금주는 영업시간 중 언제든지 약관을 볼 수 있고, 또한 그 교부를 청구할 수 있다.
② 제20조 제2항에 따르면 은행은 예금주가 전산 통신기기 등으로 무통장 입금(송금 포함), 예금 잔액 등에 관한 정보의 제공을 요청한 때에는 명의인, 계좌번호, 비밀번호가 맞으면 그 요청자를 본인으로 여겨 입금인, 입금액, 예금 잔액 등에 관한 정보를 제공할 수 있다.
④ 제22조 제1항에 따르면 은행과 예금주 사이에 개별적으로 합의한 사항이 약관 조항과 다를 때에는 그 합의사항을 약관에 우선하여 적용한다.

05 정답 ④

독일에서는 은행 인가를 받은 금융기관만이 영리 목적의 금전 대부 또는 대출을 영위할 수 있으며, 우리나라 제3금융권의 대부업체에 견줄만한 여신 전문 금융기관은 존재하지 않는다고 하였으므로 독일의 저축은행과 우리나라 제3금융권의 대부업체의 역할이 유사하다고 보기 어렵다. 따라서 ④는 적절하지 않다.

오답분석

① 독일의 상업은행들은 상대적으로 수익률이 높은 투자금융에 주력하고 있어 소비자금융의 비중이 작은 편이다.
② 독일의 개인 저축률은 그리 높지 않지만, 주거래은행 제도로 인해 주거래은행에 대한 충성도는 높은 편이다.
③ 독일의 주거래은행 제도에 따르면 연간 수수료만 지불하면 계좌이체와 송금에 대한 개별 수수료를 지불하지 않아도 된다.

06 정답 ②

DB형 퇴직연금은 퇴직급여가 사전적으로 확정되어 있는 제도이므로 근로자가 받게 되는 퇴직연금액은 변동되지 않는다. 투자수익률에 따라 퇴직연금액이 달라지는 것은 DC형 퇴직연금이므로 ②는 옳지 않은 설명이다.

오답분석

① 퇴직급여가 사전적으로 확정되어 있는 DB형 퇴직연금의 경우 사용자가 적립금을 직접 운용하므로 운용 결과에 따라 사용자가 납입해야 할 부담금 수준이 변동될 수 있다.
③ DC형 퇴직연금의 경우 근로자의 적립금 운용 결과에 따라 퇴직 후의 연금 수령액이 증가 또는 감소할 수 있으므로 근로자가 받게 되는 퇴직연금액이 달라질 수 있다.
④ DC형 퇴직연금의 경우 사용자의 기여금은 사전에 확정되어 있으므로 적립금 운용 결과와 관계없이 사용자가 납부해야 할 부담금 액은 달라지지 않는다.

07 정답 ③

• DB형 퇴직연금
  DB형 퇴직연금은 근무 기간과 평균임금에 의해 확정되어 있는 제도로, 계속 근로기간 1년에 대하여 30일 분의 평균임금을 지급하도록 되어있다.
  따라서 퇴직 시 '평균임금×근속연수'로 구할 수 있고, A씨의 10년 차 DC형 퇴직연금을 구하는 식은 '900×10'이다.

• DC형 퇴직연금
  DC형 퇴직연금은 사용자의 기여금이 사전에 확정된 연금제도로 퇴직급여는 근로자의 퇴직 시까지 누적된 적립금에 따라 결정된다. 현재 사용자는 매년 근로자의 연간 임금총액의 $\frac{1}{12}$ 이상을 납부하며 퇴직 시 사용자 납입금과 운용 수익을 퇴직급여로 받는다.

  따라서 퇴직 시 받을 수 있는 연금액은 '매년 임금총액 × $\frac{1}{12}$ + 운용수익'과 같고, 근속연수 10년 차인 A씨가 받을 수 있는 퇴직금 액은 '(450+500+550+600+ ⋯ +850+900)±운용수익'이다.

08 정답 ③

- A : 무보증 신용대출로 2,800만 원을 대출받고, 부동산 컨설팅 서비스를 무료로 이용하였으므로 A는 플래티넘 또는 다이아몬드 등급에 해당하는 것을 알 수 있다. 그러나 타행 ATM기에서 현금을 출금할 때 수수료 면제 혜택을 받지 못했으므로 '플래티넘' 등급에 해당하는 것을 알 수 있다.
- B : 플래티넘 등급의 A보다 외화환전 우대율이 낮다는 점에서 B는 골드 또는 실버, 패밀리 등급에 해당하는 것을 알 수 있다. 그런데 이때, B의 거래실적이 실버나 패밀리 등급에 해당하더라도 가족 우대 제도에 따라 A의 배우자인 B는 '골드' 등급에 해당하는 것을 알 수 있다.

09 정답 ②

통장 재발행 수수료와 제증명서 발급 장당 초과 수수료는 실버 등급과 패밀리 등급의 고객 모두 동일하게 면제받을 수 있다.

오답분석

ㄴ. SMART 현금카드 발급 수수료의 경우 실버 등급의 고객은 수수료가 전부 면제되지만, 패밀리 등급의 고객은 수수료의 50%만 면제된다.
ㄹ. 외화송금 수수료의 경우 실버 등급의 고객은 30%를 감면받을 수 있지만, 패밀리 등급의 고객은 감면 혜택을 받을 수 없다.
ㅁ. 당행 ATM 타행 송금 수수료의 경우 실버 등급의 고객은 월 10회에 한하여 면제되지만, 패밀리 등급의 고객은 면제 혜택을 받지 못한다.

10 정답 ③

해당 고객의 경우 등급 포인트가 12,500포인트이므로 골드 등급이 적용된다. 이때, VIP 혜택 중 수수료 면제 항목에 따르면 문자 (SMS) 통지 서비스에 대한 수수료 면제는 다이아몬드 등급과 플래티넘 등급에만 적용되므로 골드 등급의 고객은 문자 통지 서비스에 대한 수수료를 면제받지 못한다. 따라서 직원의 답변으로 적절하지 않은 것은 ③이다.

오답분석

㉠ 개인 VIP CLASS 등급에 따르면 5,000포인트 이상 15,000포인트 미만은 골드 등급에 해당하며, 등급 유효기간은 매 분기말 실적을 기준으로 연 4회 정기 평가 후 3개월 동안 적용된다.
㉡ VIP 혜택 중 수수료 면제 항목에 따르면 인터넷(스마트폰 앱), 텔레뱅킹 이용 시 발생하는 수수료의 면제는 패밀리 등급을 제외한 모든 등급에 적용된다. 패밀리 등급의 경우 월 10회로 제한된다.
㉣ VIP 혜택 중 무보증 VIP 신용대출 한도에 따르면 골드 등급의 최대한도는 2천만 원이다.

11 정답 ①

선택지별로 수송비를 계산하여 표로 정리하면 다음과 같다.

	통행료	유류비	수송비
①	35,000+30,000=65,000원	(15+6+8)×1,000=29,000원	94,000원
②	40,000+30,000=70,000원	(16+5+8)×1,000=29,000원	99,000원
③	40,000+30,000=70,000원	(16+5+9)×1,000=30,000원	100,000원
④	50,000+30,000=80,000원	(17+8+9)×1,000=34,000원	114,000원

따라서 가장 수송비가 적게 소모되는 경로는 게이트 X를 지나 지점 U로 수송하는 경우인 ①이다.

12 정답 ①

화물차량은 모든 구간에서 시속 50km로 이동한다. 따라서 1km를 이동하는 데에는 1.2분이 소요된다. 선택지에 제시된 경로의 소요 시간을 구하면 다음과 같다.

① 18+7.2+9.6=34.8분
② 18+7.2+12=37.2분
③ 19.2+6+12=37.2분
④ 20.4+9.6+10.8=40.8분

따라서 최단 시간이 소요되는 경로는 게이트 X를 지나 지점 U로 수송하는 경우인 ①이다.

13 정답 ③

직원들의 항목별 평가등급에 따른 가중치를 반영하여 평가점수 총점을 도출하고, 이를 토대로 성과평가 등급을 부여하여 표로 정리하면 다음과 같다.

구분	실적	난이도평가	중요도평가	신속성	평가점수	등급
김사원	30	12	24	20	86	A
최주임	24	16	18	8	66	C
박대리	12	20	24	16	72	C
임과장	18	20	30	8	76	B
장차장	18	8	30	12	68	C

따라서 가장 많이 부여받을 평가등급은 C등급인 것을 알 수 있다.

14 정답 ④

13번의 해설을 참고하여 팀원들의 평가등급에 따른 지급비율에 기본급을 곱하여 성과급 수령액을 도출하여 표로 정리하면 다음과 같다.

구분	등급	성과급 지급비율	성과급 수령액
김사원	A	0.8	1,600천 원
최주임	C	0.4	880천 원
박대리	C	0.4	1,120천 원
임과장	B	0.6	2,100천 원
장차장	C	0.4	1,520천 원

따라서 최대 성과급 수령액과 최저 성과급 수령액의 격차는 2,100−880=1,220천 원이다.

15 정답 ②

상품과 포장을 포함한 무게는 1.8kg이며, 취급주의품이므로 태그 부착 시간이 소요되는 점을 유의하며 단계별 시간을 도출하여 표로 정리하면 다음과 같다.

바코드 인식	무게 측정	상품 분류	컨베이어 벨트 이동	태그 부착	최종바코드 부여	상차 대기
2분	5분	3분	17분	3분	4분	3분

따라서 L상품 1개가 상차되었을 때의 총 소요 시간은 37분이다.

16 정답 ④

각 상품의 포장을 포함한 무게를 고려하여 과정별 소요 시간을 구하면 다음과 같다.
- A : 2+5+7+5+3+4+3=29분
- B : 2+5+3+17+3+4+3=37분
- C : 2+5+3+17+3+4+3=37분
- D : 2+5+2+9+4+3=25분
- E : 2+5+2+9+4+3=25분

앞 상품의 최종바코드 부여가 시작되면 다음 상품의 바코드 인식이 시작된다.
따라서 상품들을 모두 상차하는데 (29+37+37+25+25)-(3×4)=141분이 소요된다.

17 정답 ③

상품과 포장을 포함한 무게는 20.1kg이다. 또한 취급주의품이므로 태그 부착 시간이 소요되는 점을 유의하며 단계별로 소요되는 시간을 도출하여 표로 정리하면 다음과 같다.

바코드 인식	무게 측정	상품 분류	컨베이어 벨트 이동	태그 부착	최종바코드 부여	상차 대기
2분	5분	11분	5분	3분	4분	3분

개당 소요 시간은 33분이지만, 첫 번째 상품이 최종바코드를 부여받고 나면 즉시 두 번째 상품의 상차과정이 시작된다. 즉, 첫 상품이 최종바코드를 부여받는 시점은 최초로 바코드 인식을 시작한 후 30분이 지난 시점이고, 마지막 상품만 33분 이후에 상품의 상차가 완료된다. 따라서 마지막인 다섯 번째 상품의 상차가 완료되는 시간은 30+30+30+30+33=153분이다.

18 정답 ③

제3조 제1항 위임전결사항에 따르면 통신 시설물 통합에 관한 계획 수립에 대한 위임전결권자는 없으므로 대표이사를 포함한 이하 직책자의 결재를 모두 받아야 한다. 따라서 박대리는 담당자 – 과장 – 차장 – 부장 – 대표이사 5명의 결재 라인을 거쳐야 한다.

19 정답 ②

정보화기기 운용 현황에 관한 보고서의 위임전결권자는 부장이지만, 제3조 제2항에 따르면 차장은 정보화 운영의 부장 전결사항을 전결할 수 있으므로 차장이 이를 전결할 수 있다. 따라서 김사원은 개발부서 차장에게 최종 결재를 받아야 한다.

| 금융영업 – 객관식 |

01	02	03	04	05	06	07	08	09	10	11	12	13	14	15	16			
①	①	③	④	②	④	④	④	③	③	②	④	④	①	③	③			

01 정답 ①

'펭귄 효과'란 여러 마리의 펭귄 무리에서 한 마리의 펭귄이 처음으로 바다에 뛰어들면 그 뒤를 이어 나머지 펭귄들도 바다에 뛰어드는 펭귄의 습성에서 비롯된 용어이다. 소비자가 특정 제품의 구매를 망설이고 있을 때, 지인이나 유명인이 먼저 구매하는 모습을 보고 본인도 선뜻 구매를 결정하게 되는 것으로, 이로 인해 구매가 폭발적으로 증가하게 된다.

오답분석

② 디드로 효과 : 하나의 물건을 갖게 되면 그것에 어울리는 다른 물건을 계속해서 사게 되는 현상을 뜻한다.

③ 스놉 효과 : 어떤 제품의 대중적인 수요가 증가하면 더 이상 그 제품을 구매하려 하지 않고, 희귀한 제품을 구매하고 싶어 하는 현상으로 속물 효과라고도 한다.

④ 베블런 효과 : 제품의 가격이 상승하면 그 제품을 특별한 것으로 생각하여 오히려 수요가 증가하는 현상을 뜻한다.

02 정답 ①

한 재화의 가격 상승 시 다른 재화의 수요가 증가한다면 두 재화는 대체재 관계이다. 소주의 가격이 인상됨에 따라 와인의 수요가 증가하였으므로 소주와 와인은 대체재 관계이다. 그러나 맥주와 와인 사이의 관계는 제시된 상황을 통해서 알 수 없으므로 ①은 옳지 않다.

오답분석

② 한 재화의 가격 상승 시 다른 재화의 수요가 감소한다면 두 재화는 보완재 관계에 해당하므로 소주와 맥주는 보완재 관계이다.

③ 맥주의 수요가 감소하므로 맥주의 수요곡선이 왼쪽으로 이동할 것이다. 따라서 균형가격과 균형거래량이 모두 감소하고, 맥주 시장의 소비자잉여와 생산자잉여도 감소한다.

④ 와인의 수요가 증가하므로 와인의 수요곡선이 오른쪽으로 이동할 것이다. 따라서 균형가격이 상승한다.

03 정답 ③

밈(Meme)이란 특정 세대 또는 사회 내에서 전파되고 유행하는 문화 요소로, 특히 인터넷 커뮤니티를 통해 유행하는 문화 요소를 지칭한다. 이러한 밈을 활용하여 소비자의 관심을 유도하는 마케팅 전략을 '밈 마케팅'이라고 한다.

오답분석

① 넛지 마케팅 : 사람들의 선택에 직접 개입하는 것이 아니라, 개개인의 심리를 이용해 자발적으로 특정한 판단을 내리도록 유도하는 마케팅이다.

② 비대면 마케팅 : 코로나19 사태로 '사회적 거리 두기'가 보편화됨에 따라 인공지능이나 빅데이터 등의 첨단기술을 활용하여 소비자와 직원의 직접적인 접촉을 줄이는 마케팅이다.

④ 전환적 마케팅 : 자사 제품에 대해 소비자가 부정적일 때, 이를 긍정적인 수요로 전환하고자 하는 마케팅 기법이다.

04 정답 ④

구매자는 전체 매물 중 성능이 좋은 차와 성능이 나쁜 차의 비율만 알고 있으므로 임의의 자동차에 대해 차종별 최대지불용의액의 기댓값에 해당하는 금액을 지불하려 할 것이다. 즉, 구매자는 1,500×0.7+800×0.3=1,290만 원을 판매자에게 제시할 것이다. 만약 구매자가 선택한 자동차가 성능이 좋은 차라면, 구매자가 제시한 1,290만 원은 판매자의 최소요구금액인 1,400만 원에 미달하므로 판매자는 거래에 응하지 않는다. 결국 성능이 좋은 차들은 시장에서 퇴출되고 시장에는 성능이 나쁜 차들만 남게 된다. 성능이 나쁜 차에 대해서는 구매자가 800만 원까지 지불할 용의가 있으나, 판매자는 최소 1,000만 원의 금액을 요구하므로 성능이 나쁜 차들조차도 거래가 이루어지지 않으므로 ④가 옳은 설명이다.

05 정답 ②

가. 세로축이 세율이라면 해당 그래프는 과세대상액이 커질수록 세율도 높아지는 누진세를 나타낸다. 우리나라에서 부가가치세 (VAT)는 현재 일률적으로 10%의 세율을 적용하므로 비례세에 해당한다.
나. 세로축이 세액이라면 과세대상액이 커질수록 세액이 일정한 기울기로 커지므로 해당 그래프는 비례세를 나타낸다. 법인세의 경우 누진세율이 적용되므로 과세대상액이 커지면 기울기가 세율구간별로 증가하는 형태로 나타난다.

오답분석
다. 조세부담의 역진성이란 소득이 낮은 자가 소득이 높은 자에 비해 상대적으로 높은 세율을 부담하는 것으로, 비례세의 경우 이론적으로 조세부담의 역진성이 나타난다.
라. 비례세에 해당하므로 모든 과세대상에 동일한 세율이 적용된다.

06 정답 ④

케인스의 화폐 수요이론에 따르면 이자율이 더 이상 낮아질 수 없을 정도로 낮아진 상태를 유동성 함정(Liquidity Trap)이라고 한다. 이자율이 최저인 상태는 채권가격이 최고인 상태를 의미하며, 채권가격이 극도로 높아진 상태에서는 채권을 보유할 유인이 없으므로 개인들은 자산을 현금(화폐)으로만 보유한다. 그러므로 화폐 공급이 증가하여도 이자율의 추가 하락으로 이어지지 못하고 오로지 화폐 수요로 흡수된다. 따라서 화폐 수요의 이자율 탄력성이 무한대가 되어 LM곡선이 수평으로 나타나게 되기 때문에 금융정책의 효과가 전혀 나타나지 않으므로 ④는 옳지 않은 설명이다.

오답분석
①·②·③ 케인스는 화폐 수요를 거래적 동기, 예비적 동기, 투기적 동기로 분류하였고, 거래적 동기와 예비적 동기의 화폐 수요는 소득의 증가함수로, 투기적 동기의 화폐 수요는 이자율의 감소함수로 설명하였다.

07 정답 ④

공공재의 특징 중 하나인 비배제성은 소비에 비용이 들지 않음을 의미하는데, 이로 인해 공공재의 공급 부족으로 귀결되는 무임승차 자의 문제가 발생하기도 한다. 이러한 시장실패에 대응하여 사회적으로 적정한 수준의 공공재 공급을 위해 정부가 개입하게 된다.

오답분석
① 공공재의 생산을 정부가 민간에 위탁할 수도 있으므로 생산의 주체와는 관계없다.
② 교육 서비스가 긍정적 외부효과를 가지는 것은 사실이나, 스타강사의 특강의 경우 배제성과 경합성을 모두 가지므로 공공재가 될 수 없다.
③ 대표적 공공재인 국방이나 치안 서비스는 비배제성과 비경합성을 갖는다.

08 정답 ④

라. 세로축을 지나는 공급곡선 S_2의 경우 가격탄력성은 언제나 1보다 크며, 원점에서 멀어질수록 작아져 1에 점점 가까워진다. 따라서 D의 가격탄력성이 A의 가격탄력성보다 작다.
마. 원점을 지나는 공급곡선 S_1의 경우 가격탄력성은 언제나 1이며, 수평선의 형태인 공급곡선 S_3의 가격탄력성은 무한대(∞)이 다. 따라서 각 점의 가격탄력성을 작은 것부터 나열하면 C-D-A-B의 순서가 된다.

가. A의 가격탄력성은 1보다 크다.
나. B의 가격탄력성은 무한대(∞)이다.
다. C의 가격탄력성은 1이다.

09 정답 ③

니어쇼어링(Nearshoring)이란 이전에 해외로 오프쇼어링했던 활동을 보다 인접한 국가로 옮기는 것을 뜻하므로 니어쇼어링을 통해 소비자 근접성이나 물류비 절감 등을 꾀할 수 있다.

① 오프쇼어링(Offshoring) : 기업의 해외직접투자나 아웃소싱 활동을 모두 포괄하는 개념으로, 국외의 거점기업에 생산활동을 위탁하는 것을 뜻한다.
② 리쇼어링(Reshoring) : 오프쇼어링을 자국 내 생산으로 되돌리는 것을 말한다.
④ 3자 물류(TPL; Third Party Logistics) : 생산 활동이 아닌 물류 업무의 일부 또는 전체를 물류 전문 업체에 위탁하는 것이다.

10 정답 ③

ⅰ) 공헌이익=매출액×공헌이익률
   작년의 공헌이익률이 60%이므로 작년의 공헌이익은 $3,000 \times 0.6 = ₩1,800$이다.
ⅱ) 영업레버리지도(DOL)=공헌이익÷영업이익
   DOL은 영업이익이 매출액 변화 대비 얼마나 변화하는지를 나타내는 지표이다.
   DOL이 1.8이므로 작년의 영업이익은 $₩1,000 \left(= \dfrac{1,800}{1.8} \right)$이다.
ⅲ) 매출액 변화에 따른 영업이익의 변화=기존 영업이익×(1+매출액 변화율×DOL)
   따라서 올해 매출액이 50% 증가하였다면, (주)서울의 올해 영업이익은 $1,000 \times (1+0.5 \times 1.8) = ₩1,900$이다.

11 정답 ②

취득일에 '식별 가능한 취득 자산과 인수 부채의 순액(=순자산)'과 이전대가의 차액을 영업권 또는 염가매수차익으로 인식한다. 영업권은 순자산보다 이전대가가 클 때 인식되고, 염가매수차익은 순자산보다 이전대가가 작을 때 인식된다. 이때, 순자산은 공정가치로 인식하며, 합병수수료 등 취득관련 원가는 영업권이나 염가매수차익에 영향을 미치지 않는다.
• 순자산 공정가치 : $(120,000+180,000+330,000+200,000)-310,000=520,000$
• 영업권 : $540,000-520,000=20,000$
또한 회계처리는 다음과 같다.

(차) 순자산	₩520,000	(대) 현금	₩540,000
영업권	₩20,000		
(차) 합병비용	₩4,000	(대) 현금	₩4,000

12 정답 ④

자산은 부채와 자본의 합이므로 (주)시대의 부채는 총자산가액 ₩12,000에서 자기자본 ₩4,000을 제한 ₩8,000이다. 이때, (주)시대의 비유동부채 가액은 0이므로 ₩8,000의 부채는 모두 유동부채에 해당한다. 자산 중 현금과 재고자산은 유동자산으로 분류되고, 토지는 비유동자산으로 분류되므로 유동자산 가액은 현금과 재고자산 가액의 합계인 ₩6,000이다. 이를 바탕으로 부채비율과 유동비율을 구하면 부채비율은 $8,000 \div 4,000 = 2$이고, 유동비율은 $6,000 \div 8,000 = 0.75$이다.

13 정답 ④

(주)한국은 당기에 영업을 개시하였으므로 기초재고가 없으며, [자료 2]의 기말재고 역시 없으므로 당기 생산한 제품을 당기에 모두 판매하였음을 알 수 있다. 당기에 500단위를 생산 및 판매하였으므로 제품 1단위당 배부되는 고정제조간접원가는 3,500÷ 500=7이다. 즉, 단위당 매출원가 중 ₩7을 제외한 나머지는 변동원가에 해당하며, 판매관리비에서도 고정판매관리비 ₩5,000을 제외한 나머지는 변동판매관리비로 분류된다. 이를 바탕으로 손익계산서를 분석하면 다음과 같다.

[전부원가계산 손익계산서]

매출액	₩25,000 =500단위×₩50
매출원가	₩13,500 =500단위×(₩20+₩7)
매출총이익	₩11,500
판매관리비	₩8,000 =₩3,000+₩5,000
영업이익	₩3,500

단위당 변동제조원가는 ₩20이며, 변동판매관리비는 ₩3,000이므로 이를 판매량인 500단위로 나누면 단위당 변동판매관리비는 ₩6이다. 이를 바탕으로 변동원가계산 손익계산서를 작성하면 다음과 같다.

[변동원가계산 손익계산서]

매출액	₩25,000 =500단위×₩50
변동원가	₩13,000 =500단위×(₩20+₩6)
공헌이익	₩12,000
고정원가	₩8,500 =₩3,500+₩5,000
영업이익	₩3,500

따라서 (주)한국의 공헌이익은 ₩12,000이다.

14 정답 ①

'김치 프리미엄'이란 한국 거래소의 암호화폐 시세가 해외 거래소의 시세보다 높은 상황을 일컫는 말이므로 명은은 암호화폐에 대해 잘못 이야기하고 있다.

오답분석
② 블록에 기록되는 거래내역은 해시함수(다양한 데이터를 고정된 길이의 데이터로 변환하는 함수)에 의해 암호화되어 저장된다.
③ 블록체인 기술은 정보를 모든 참여자가 나누어 저장하므로 중앙 관리자가 필요하지 않다.
④ 가치의 저장 및 전달 기능만을 하는 비트코인과 달리, 이더리움은 블록체인 기술을 이용하여 각종 계약서 등을 위·변조 없이 관리할 수 있는 '스마트 계약' 플랫폼을 개발했다. 이런 점에서 비트코인을 '블록체인 1.0', 이더리움을 '블록체인 2.0'이라고 부른다.

15 정답 ③

오픈뱅킹 서비스 이용 시 타행 이체 수수료가 없거나 매우 저렴하다는 장점이 있으므로 ③은 옳지 않은 설명이다.

오답분석
① 오픈뱅킹이란 하나의 금융 앱을 통해 자신의 여러 계좌를 통합하여 관리하고, 계좌 조회 및 송금을 할 수 있는 서비스를 말한다.
② 오픈뱅킹 서비스 도입 당시에는 은행이나 핀테크 기업들이 주로 참여하였으나, 현재는 증권사나 우체국 등도 참여하고 있다.
④ 고객들이 자사의 앱을 이용하도록 하기 위해 은행들은 추가 금리 혜택 등의 다양한 혜택을 내세워 마케팅을 펼치고 있다.

16 정답 ③

사회후생을 SW라 하면 제시된 사회후생함수는 $SW=U_A+U_B$의 형태로 정의되는데, 이러한 사회후생함수를 공리주의 사회후생함수라고 한다. 공리주의 사회후생함수는 각자 효용의 합에 의해 사회후생이 결정된다는 특징이 있다. 두 사람의 소득을 합한 뒤 다시 절반씩 나누어 가지는 것은 소득의 합에 있어서는 아무 변화가 없으므로 사회후생은 변하지 않으므로 ③은 옳지 않은 설명이다.

① 공리주의 사회후생함수에서 사회후생은 오직 효용의 합의 크기에 의해 결정될 뿐, 소득 배분과는 관계가 없다.
② '최대 다수의 최대 행복'이란 공리주의 철학을 나타내는 말로, 사회 구성원의 행복(사회 구성원의 효용의 합)을 최대로 하는 것이 선이라는 의미이다.
④ 공리주의에서 사회후생은 사회 구성원의 효용의 합에 의해 결정되므로 소득에 대한 한계효용이 높은 사람에게 소득을 주는 것이 사회후생을 극대화하는 방안이다. 한계효용이 체감한다면 두 사람의 한계효용이 동일해지는 지점($MU_A = MU_B$)에서 후생 극대화가 달성된다.

│ 금융영업 – 주관식 │

01	02	03	04	
394,000	40	C - B - A, 100	E, 4.1	

01   정답   394,000

영업활동 순현금흐름을 구하기 위해서는 먼저 법인세비용 차감전 순이익에서 영업활동과 관련이 없는 손익항목을 가감하고, 영업활동과 관련이 있는 자산과 부채항목의 증감을 반영하여 영업에서 창출된 현금을 구해야 한다. 이때, 법인세비용과 영업활동에 해당하는 재고자산평가손실은 고려하지 않는다는 점을 주의한다. 또한 자산과 부채항목에서 미지급법인세의 증가와 미지급이자의 감소 역시 영업활동과 관련이 없으므로 고려하지 않는다.
영업에서 창출된 현금에서 이자 지급액, 이자 수취액, 배당 지급액, 법인세 지급액 등을 가감하여 영업활동 순현금흐름을 구한다. 이자 지급과 관련한 분개는 다음과 같다.

(차) 이자비용	₩4,000	(대) 현금	₩5,000
미지급이자	₩1,000		

법인세 지급과 관련한 분개는 다음과 같다.

(차) 법인세비용	₩100,000	(대) 미지급법인세	₩5,000
		현금	₩95,000

이상의 내용을 반영하여 영업활동 순현금흐름을 구하면 다음과 같다.

법인세비용차감전순이익	₩500,000
감가상각비	₩20,000
이자비용	₩4,000
사채상환손실	₩15,000
매출채권 증가	(₩40,000)
재고자산 증가	(₩30,000)
매입채무 증가	₩25,000
영업에서 창출된 현금	₩494,000
이자 지급액	(₩5,000)
법인세 지급액	₩(95,000)
영업활동 순현금흐름	₩394,000

02 정답 40

기준연도의 명목GDP와 실질GDP가 같으므로 기준연도의 GDP 디플레이터는 100이며, 2x20년의 GDP 디플레이터는 $\frac{명목GDP}{실질GDP} \times$

100에 따라 $\frac{(20 \times 20) + (25 \times 40)}{(10 \times 20) + (20 \times 40)} \times 100 = \frac{1,400}{1,000} \times 100 = 140$이다. 따라서 기준연도인 2x19년에 비해 2x20년의 GDP 디플레이터는 40% 증가하였다.

03 정답 C − B − A, 100

ⅰ) 김씨는 투자안으로부터의 기대효용이 큰 순서에 따라 투자안을 선호한다. 호황과 불황의 확률은 각각 0.5이므로 주어진 효용함수를 토대로 각 투자안의 기대효용을 구하여 표로 정리하면 다음과 같다.

구분	기대효용
A	$\sqrt{900} \times 0.5 + \sqrt{100} \times 0.5 = 20$
B	$\sqrt{1,600} \times 0.5 + \sqrt{81} \times 0.5 = 24.5$
C	$\sqrt{625} \times 0.5 + \sqrt{625} \times 0.5 = 25$

따라서 김씨가 선호하는 순서대로 투자안을 나열하면 C − B − A이다.

ⅱ) 위험프리미엄은 기대소득(E(W))에서 확실성등가(CE)를 차감하여 구한다. 확실성등가란 투자안과 동일한 기대효용을 달성하게 해주는 확실한 금액을 의미한다. 투자안 A의 기대효용은 20이므로 위험프리미엄을 구하면 다음과 같다.

- 투자안 A의 기대소득 : 900×0.5+100×0.5=500
- 투자안 A의 확실성등가 : $20^2 = 400$
- 투자안 A의 위험프리미엄 : 500−400=100

04 정답 E, 4.1

회수기간은 초기 투자 원금을 회수하는 데 걸리는 기간을 의미하므로 회수기간이 짧은 투자안을 선택하는 것이 합리적이다. 투자안 E의 경우 초기 4년 동안 95억 원을 회수하고, 나머지 5억 원은 5년 차에 회수한다. 이때, 5년 차에 유입되는 현금은 총 50억 원이므로 5억 원이 회수되는 기간은 5÷50인 0.1년이라 할 수 있다. 투자안 E의 회수기간은 4.1년으로, A ~ E 중 회수기간이 가장 짧으므로 투자안 E를 선택한다.

오답분석

- 투자안 A : 6년 차에 100억 원이 모두 회수되므로 회수기간은 6년이다.
- 투자안 B : 6년 차까지의 누적 현금 유입을 계산하면, 50−40+30+0+50+0=90억 원이다. 남은 10억 원은 7년 차에 회수되는데, 이때 7년 차에 총 20억 원이 유입되므로 10억은 10÷20인 0.5년 동안 회수가 완료된다. 따라서 회수기간은 6.5년이다.
- 투자안 C : 7년 차에 100억 원이 모두 회수되므로 회수기간은 7년이다.
- 투자안 D : 5년 차까지의 누적 현금 유입을 계산하면, 10+20+20+20+20=90억 원이다. 남은 10억 원은 6년 차에 회수되고, 6년 차에 총 40억 원이 유입되므로 10억 원은 10÷40인 0.25년 동안 회수가 완료된다. 따라서 회수기간은 5.25년이다.

01	02	03	04	05	06	07	08	09	10
④	②	④	①	②	②	①	②	②	③

01 정답 ④

페이징(Paging) 기법은 컴퓨터가 메인 메모리에서 사용하기 위해 2차 기억 장치로부터 데이터를 저장하고 검색하는 메모리 관리 기법이다. 페이징 기법은 외부 단편화를 해결하기 위해 나온 기법이고, 외부 단편화가 발생할 수 있는 기법은 세그멘테이션 (Segmentation) 기법이다. 페이징 기법은 그림과 같이 논리 메모리를 일정한 페이지 크기로 나누어 관리하여, 해당 메모리를 물리메모리에 연속적이지 않게 배치하기 때문에 효율적으로 사용할 수 있어 외부 단편화가 발생하지 않으므로 ④는 적절하지 않다.

02 정답 ②

페이징 기법을 사용하게 되면 레지스터나 메모리에 접근하는 횟수가 증가될 수밖에 없기 때문에 페이지 크기가 작을수록 입/출력 전송이 늘어나게 되므로 비효율적이다. 따라서 ②는 적절하지 않다.

03 정답 ④

3-way Handshaking은 데이터를 전송하기 전에 3방향으로 네트워크(Client/Server)간 송/수신 정보를 교환하여 연결에 대한 확인 이후 데이터 전송을 하는 기법이다. 속도보다는 신뢰성에 중점을 둔 기법으로써 TCP 프로토콜에서 사용된다.
연결 과정은 다음과 같다.
1. Client → Server : SYN(접속요청)
2. Server → Client : SYN / ACK(정의응답)
3. Client → Server : ACK(확인응답)
위의 과정이 완료되면 Client/Server 서로 간의 데이터 송/수신 준비에 이상이 없다는 것을 보장한다.

04 정답 ①

뷰(View)는 데이터베이스에 존재하는 일종의 가상 테이블을 의미하기 때문에 독립적인 인덱스를 가질 수 없다. 즉, 뷰는 저장장치 내에 물리적으로 존재하지 않지만 사용자에게는 있는 것처럼 보인다. 뷰를 생성하면 뷰 정의가 시스템 내에 저장되었다가 생성된 뷰 이름을 질의어에서 사용할 경우 질의어가 실행될 때 뷰에 정의된 기본 테이블로 대체되어 기본 테이블에 대해 실행된다.

05 정답 ②

ICMP 메시지는 터넷 통신 서비스 환경에서 오류에 대한 알림과 관련된 메시지를 전달하는 목적의 프로토콜로 네트워크 계층의 IP프로토콜을 이용하여 전달되며, 메시지의 Type에 따라 각 Data의 메시지 내용이 가변적으로 전달되므로 ②는 옳지 않은 설명이다.

06 정답 ②

SJF(Shortest Job First scheduling) 기법은 준비상태에 대기 중인 작업 중에 CPU 사용시간이 가장 적은 프로세스부터 처리하는 기법이다. 작업 A가 준비상태에 도착했을 때 아무런 작업도 준비상태 큐에 없으므로 곧바로 CPU를 사용하므로 대기시간은 0이다. 작업 A의 CPU 사용시간은 23인데 작업 B의 도착시간은 3, 작업 C의 도착시간은 8이므로 작업 A가 종료되기 전에 작업 B와 작업 C가 준비상태에 도착해 있다. 이때 SJF 스케줄링 기법에 의해 CPU 사용시간이 적은 작업을 먼저 수행하게 되므로 작업 C의 수행이 끝난 후 작업 B가 수행하게 되므로 평균 대기시간은 다음과 같다.
→ 작업 A 대기시간 : 도착 즉시 수행되므로 0
→ 작업 B 대기시간(작업 A의 CPU 사용시간+작업 C의 CPU 사용시간−도착시간) : 23+10−3=30(∵ 작업 A를 수행한 다음 작업 C가 수행된 후 실행)
→ 작업 C 대기시간(작업 A의 CPU 사용시간−도착시간) : 23−8=15(∵ 작업 A의 수행 후 실행)
따라서 모든 작업들의 평균 대기시간은 (0+30+15)÷3=15이다.

07 정답 ①

랜섬웨어는 가장 대표적인 정보 침해 사례 중 하나이다. 몸값을 뜻하는 랜섬(Ransom)과 소프트웨어(Software)가 합쳐진 말로 시스템을 잠그거나 데이터를 암호화하여 사용할 수 없도록 만든 후, 이를 인질로 금전을 요구하는 악성 프로그램을 말한다. 따라서 주기적인 백신 업데이트 및 최신버전의 윈도우와 보안패치를 설치하는 것이 예방에 도움이 되므로 ①은 옳지 않은 설명이다.

08 정답 ②

DDos 공격은 물리적으로 분산된 다수의 컴퓨터를 이용하여 사용자의 시스템에 부하를 일으켜 서비스를 사용하지 못하도록 하는 공격이다. 바이러스 백신 업데이트를 통한 예방 방법은 적절하지 않으며, DDos 공격을 예방하기 위해서는 방화벽, IPS장비도입 등의 구간보안 솔루션을 강화하거나 TCP 연결 테이블 등을 이용하여 메모리를 확장하여 공격에 대비하여야 하므로 ②는 옳지 않은 설명이다.

09 정답 ②

트로이 목마는 컴퓨터 사용자의 자료삭제・정보탈취 등 사이버테러를 목적으로 사용되는 악성 프로그램이다. 사용자 몰래 개인정보 등을 취득하기 위한 목적으로 만들어졌기 때문에 일반적인 바이러스와 달리 다른 파일을 감염시키는 행동을 하지 않는다. 트로이 목마에 걸렸을 때에는 해당 파일만 삭제하면 치료가 가능하므로 ②는 옳지 않은 설명이다.

10 정답 ③

try...catch 문은 실행할 코드블럭({})을 표시하고 예외(Exception)가 발생(Throw)할 경우 응답을 지정할 수 있다. method2()에서 Runtime Exception()을 강제로 발생시켰기 때문에 method1()의 try...catch 문에 의해 Runtime Exception catch 구문이 수행되고, 3을 출력하게 되며, throw 구문으로 인해 main()의 try...catch 문의 Exception catch을 수행하게 되므로 7을 출력하게 된다.

| 디지털 – 주관식 |

01	02	03		
ⓔ	ⓔ, ⓑ	16		

01 정답 ⓔ

해당 문제는 상속과 생성자에 관한 문제이며, 실행 과정은 다음과 같다.

• 실행 과정
  – main( ) 메소드 실행(B생성자 생성)
  – public B( ) 실행해야 하지만 public class B extends A(상속관계) 이므로 public A( ) 먼저 실행, "가" 출력
  – public B( ) 실행, "다" 출력
  – public B(int x) 실행해야 하지만 public class B extends A(상속관계) 이므로 public A( ) 먼저 실행, "가" 출력
  – public B(int x) 실행, "라" 출력
  – main( ) 실행 b1.a=20, b2.a=10 이므로 20+10=30이므로 30 출력 (생성자)

객체의 초기화를 위해 사용하고, 반드시 클래스의 이름과 동일한 이름으로 정의하고, 하나의 클래스는 여러 개의 생성자를 가질 수 있다. (상속)

클래스에서 상속의 의미는 상위클래스에서 선언된 속성과 기능이 하위클래스에 상속됨을 의미한다. 상속관계의 상위 클래스가 있다면 상위 클래스의 생성자가 먼저 수행되며, extends는 상속을 의미한다.

02 정답 ⓔ, ⓑ

switch 문은 주어진 조건 값의 결과에 따라 프로그램이 다른 명령을 수행하도록 하는 조건문이다. switch(조건 값), '값'에는 조건 값이 값일 때 실행하고자 하는 명령문으로 case를 사용한다. 각 case절은 break 키워드를 포함해야 한다. 실행 결과가 '2'가 나오려면 ㉠에는 switch, ㉡에는 case 명령어가 입력되어야 한다.

03 정답 16

해당 프로그램은 오름차순으로 배열 arr을 정렬하는 코드이다. 프로그램을 실행하면 배열 arr은 12, 16, 17, 48, 85로 정렬된다. 따라서 arr[2]의 값은 16이다.

PART 2

기출복원문제 정답 및 해설

01 NCS 직업기초능력

01	02	03	04	05	06	07	08	09	10	11	12	13	14					
②	④	④	③	②	①	①	①	④	④	②	②	③	②					

01   정답 ②

초음파는 파장이 짧아 투과성과 직진성이 뛰어나지만, 상이한 생체 조직을 각기 다른 속력으로 통과한다. 따라서 ②는 적절하지 않다.

오답분석

① 진동수가 20,000Hz를 넘는 초음파는 사람의 귀로 들을 수 없다고 하였으므로 적절한 내용이다.
③ 압전 변환기를 피부에 접촉시킬 때 사이의 공기층에서 반사되는 음파의 손실을 최소화하기 위해 젤리를 바른다는 내용을 통해 알 수 있다.
④ 압전 변환기로 돌아오는 초음파의 세기는 통과한 조직의 밀도와 두께가 클수록 약해지므로 조직의 밀도와 두께가 작을수록 세기는 강해질 것이다.

02   정답 ④

먼저 정신과 물질의 관계에 관한 이원론과 동일론을 언급하며 동일론의 문제점을 이야기하는 (다) 문단이 오는 것이 적절하다. 다음으로는 그러한 동일론의 문제점을 해결할 수 있는 기능론에 관해 설명하는 (나) 문단이 오는 것이 적절하고, 그 뒤를 이어 기능론을 비판하는 이원론의 입장에서 감각질과 관련한 사고 실험에 대해 설명하는 (라) 문단이 오는 것이 적절하다. 마지막으로는 그러한 사고 실험에서 감각질이 뒤집혀도 겉으로 드러난 행동과 말이 똑같은 이유를 설명하는 (가) 문단의 순서로 나열하는 것이 가장 적절하다.

03   정답 ④

제4항에 따르면 가입자는 회사가 제시한 운용방법 중 하나 이상을 선택할 수 있으며, 회사가 제시하는 운용방법을 다른 운용방법으로 변경하거나 추가해 줄 것을 요청할 수 있다. 따라서 회사가 제시하지 않은 운용방법이라도 요청하여 변경하거나 추가할 수 있으므로 D는 약관의 내용을 잘못 이해하고 있다.

오답분석

① 제1항 제1호, 제2호에서 알 수 있다.
② 제2항 제8호에서 알 수 있다.
③ 제3항에서 알 수 있다.

04 정답 ③

한별이가 만약 50m^3의 물을 사용했을 경우 수도요금은 기본료를 제외하고 $30\times300+20\times500=19,000$원이다. 즉, 총요금 (17,000원)보다 많다. 그러므로 사용한 수도량은 30m^3 초과 $\sim50\text{m}^3$ 이하이다. 이때, 30m^3을 초과한 양을 $x\text{m}^3$라고 하자.
$2,000+(30\times300)+(x\times500)=17,000 \rightarrow 500x=17,000-11,000$
$$\therefore x=\frac{6,000}{500}=12$$
따라서 한별이가 한 달 동안 사용한 수도량은 $30+12=42\text{m}^3$임을 알 수 있다.

05 정답 ②

세 번째 식인 ㄴ♥ㄹ=28을 통해 ♥=×이고, ㄴ과 ㄹ이 각각 4와 7인 것을 알 수 있다. 다음으로 두 번째 식인 ㄱ★ㄷ=ㄹ에서 ㄹ=7이고 ㄱ<ㄷ이 되어야 한다. 각 문자는 8 이하인 자연수이므로 ★=＋이고, (ㄱ, ㄷ)은 (1, 6)이나 (2, 5)가 가능하다.
첫 번째 식에서 ♠와 ♣를 제외하고 식을 표현하면 다음과 같다.
$5+7♠4\times10♣5=4$
♠와 ♣의 값으로 가능한 것은 －와 ÷이므로 주어진 식의 값인 4를 얻으려면 ♠=－, ♣=÷가 되는 것이 적절하다.
따라서 보기의 ㄹ♠ㄴ♣ㄱ을 구하면 $7-4\div1=3$ 또는 $7-4\div2=5$가 된다.

06 정답 ①

달러와 유로 외화예금통장의 연이자율은 3%로 1년 후 만기 해지 시 받을 수 있는 이자액은 각각 $2,000\times0.03=60$달러, $1,500\times0.03=45$유로이다. 1년 전 개설할 때와 현재 만기가 도래하여 원금과 이자를 합한 금액을 원화로 바꾸어 금액을 비교하여 표로 정리하면 다음과 같다.

구분		달러 예금통장	유로 예금통장
예치금액	2019년 7월 2일	$1,170\times2,000=2,340,000$원	$1,320\times1,500=1,980,000$원
만기 예금액	2020년 7월 2일(현재)	$1,200\times2,060=2,472,000$원	$1,360\times1,545=2,101,200$원
차익		132,000원	121,200원

따라서 달러 예금이 유로 예금보다 $132,000-121,200=10,800$원 더 이득이다.

07 정답 ①

A, B제품의 원가를 a만 원이라고 하자. A제품의 정가는 $(a\times1.25)$만 원, B제품은 A제품 정가보다 10% 저렴한 가격이므로 $(a\times1.25\times0.9)$만 원이다.
$(a\times1.25)\times192+(a\times1.25\times0.9)\times960=6,600 \rightarrow (a\times1.25)\times(192+0.9\times960)=6,600$
$\rightarrow a\times1.25=\dfrac{6,600}{1,056}=6.25 \rightarrow a=\dfrac{6.25}{1.25}=5$
따라서 A제품의 원가는 5만 원이고 400개의 총원가는 $5\times400=2,000$만 원이다.

08 정답 ①

'삶의 목표가 분명하다.'를 p, '편안한 삶을 산다.'를 q, '적극적이다.'를 r이라고 하면, $p \rightarrow q$, $r \rightarrow p$에 따라 $r \rightarrow p \rightarrow q$임을 알 수 있다.
따라서 빈칸에 들어갈 명제로 $r \rightarrow q$인 ①이 가장 적절하다.

09 　정답　④

원형 테이블에 먼저 기준이 되는 C팀장을 앉히고 나머지를 배치하면, 마지막 조건에 따라 C팀장 왼쪽 자리에는 D주임이 앉아야 한다. 다음으로 두 번째 조건에 따라 C팀장 맞은편에는 F팀장이 앉아야 하며, 첫 번째 조건에 따라 F팀장 바로 옆자리에는 E사원이 앉아야 한다. 이때, E사원은 F팀장의 오른쪽 또는 왼쪽에 모두 앉을 수 있으므로 가능한 경우를 고려하여 정리하면 다음과 같다.

ⅰ) E사원이 F팀장의 왼쪽에 앉았을 때　　　　　　　　　　ⅱ) E사원이 F팀장의 오른쪽에 앉았을 때

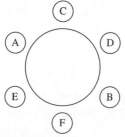　　　　　　　　　　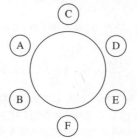

따라서 항상 옳은 것은 ④이다.

10 　정답　④

2014년과 2015년에 구입한 책상은 조건에 제시된 날짜(2020년 8월 15일)를 기준으로 계산하면 5년 이상이다. 부서별로 우선적으로 교체할 책상 개수를 표로 정리하면 다음과 같다.

(단위 : 개)

구분	E부서	F부서	G부서	H부서	합계
5년 이상인 책상	25	16	17	12	70
5년 미만인 책상	5	2	0	3	10
합계	30	18	17	15	80

두 번째 조건에서 기존 책상과 교체할 책상 개수 비율이 $10:90$일 경우 교체할 책상 개수가 $80 \times \dfrac{90}{100} = 72$개이고, 비율이 $20:80$일 때 교체할 책상은 $80 \times \dfrac{80}{100} = 64$개이다. 교체 대상으로 5년 이상인 책상의 개수가 총 70개이므로 교체할 책상은 64개가 된다. 세 번째 조건에서 부서별로 기존 책상이 전체 책상 개수의 10%를 넘지 말아야 하므로 교체하지 않은 책상은 부서별로 $80 \times 0.1 = 8$개 이하이다. 따라서 부서별 교체할 책상 개수 범위를 정리하면 다음과 같다.

구분	E부서	F부서	G부서	H부서
교체할 책상 개수 범위	22개 이상 25개 이하	10개 이상 16개 이하	9개 이상 17개 이하	7개 이상 12개 이하

따라서 교체할 책상의 개수 범위가 이에 속하고, 총 개수가 64개인 선택지는 ④이다.

오답분석

① F부서의 교체할 책상 개수는 범위에 속하지 않는다.
② G부서와 H부서의 교체할 책상 개수는 범위에 속하지 않는다.
③ 모든 부서의 교체할 책상 개수가 범위 안에 있지만 전체 교체할 책상 개수는 $22+12+16+12=62$개이므로 64개보다 적다.

11 　정답　②

8월 10일에 B부서의 과장이 연차이지만 마지막 조건에 따라 B부서와 C부서의 과장은 워크숍에 참여하지 않는다. 따라서 워크숍 기간으로 적절한 기간은 8월 9 ~ 10일이다.

오답분석

① 부사장의 외부 일정으로 불가능하다.
③ 네 번째 조건을 보면 일요일(8월 15일)은 워크숍 일정에 들어갈 수 없다.
④ 8월 19일은 회식 전날이므로 불가능하다.

12 정답 ②

정보의 네 번째 내용을 보면 회사에서 오후 12시 30분에 출발하여 펜션에 도착하여 바로 체크인이 가능한 곳은 하늘 펜션과 러블리 펜션이며, 쿠키 펜션은 체크인 1시간 10분 전(오후 1시 50분)에 도착한다. 하늘 펜션과 러블리 펜션의 항목별 비용을 표로 정리하면 다음과 같다.

(단위 : 천 원)

구분	1박 요금(수용인원)	추가 요금	바비큐 이용요금	래프팅	조식(5명)
하늘 펜션	120(4명)	15×3=45	10×7=70	22×7=154	6×5=30
러블리 펜션	100(3명)	15×4=60	9×7=63	25×7=175	5×5=25

하늘 펜션의 총비용은 120+45+70+154+30=419천 원이고, 러블리 펜션은 5인 이상이 래프팅 이용 시 10% 할인을 적용하여 총비용을 구하면 100+60+63+175×0.9+25=405.5천 원이다. 두 번째 정보에서 총비용의 차이가 2만 원 이하이면 수영장이 있는 곳으로 정한다고 했는데, 하늘 펜션이 러블리 펜션보다 419-405.5=13.5천 원, 13,500원이 더 비싸지만 하늘 펜션에서는 무료로 수영장 이용을 할 수 있다.

따라서 A대리는 하늘 펜션을 예약하고, 단합대회에 드는 총비용은 419,000원이다.

13 정답 ③

각 문화생활에 신청한 직원의 수와 정원을 비교하여 표로 다음과 같다.

(단위 : 명)

구분	연극 '지하철 1호선'	영화 '강철비'	음악회 '차이코프스키'	미술관 '마네·모네'
신청인원	14	26	13	4
정원	20	30	10	30

음악회의 신청인원이 정원 3명을 초과하여 다시 신청을 해야 한다. 자료에서 정원이 초과된 인원은 1인당 금액이 비싼 문화생활 순으로 남은 정원을 채운다고 했으므로 그 순서는 '음악회 - 연극 - 미술관 - 영화' 순이다. 따라서 3명은 정원이 남은 연극을 신청하게 되어 연극의 신청인원은 14+3=17명이 된다.

문화생활 정보의 기타 사항을 보면 연극과 영화는 할인 조건에 해당되므로 할인 적용을 받는다. 따라서 이번 달 문화생활 티켓 구매에 필요한 예산은 (17×20,000×0.85)+(26×12,000×0.5)+(10×50,000)+(4×13,000)=997,000원이다.

14 정답 ②

국내 금융기관에 대한 SWOT 분석 결과를 표로 정리하면 다음과 같다.

강점(Strength)	약점(Weakness)
• 높은 국내 시장 지배력 • 우수한 자산건전성 • 뛰어난 위기관리 역량	• 은행과 이자수익에 편중된 수익구조 • 취약한 해외 비즈니스와 글로벌 경쟁력
기회(Opportunities)	위협(Threats)
• 해외 금융시장 진출 확대 • 기술 발달에 따른 핀테크의 등장 • IT 인프라를 활용한 새로운 수익 창출	• 새로운 금융 서비스의 등장 • 글로벌 금융기관과의 경쟁 심화

㉠ SO전략은 강점을 살려 기회를 포착하는 전략으로, 강점인 국내 시장 점유율을 기반으로 핀테크 사업에 진출하려는 ㉠은 적절한 SO전략으로 볼 수 있다.

㉢ ST전략은 강점을 살려 위협을 회피하는 전략으로, 강점인 우수한 자산건전성을 강조하여 글로벌 금융기관과의 경쟁에서 우위를 차지하려는 ㉢은 적절한 ST전략으로 볼 수 있다.

오답분석

㉡ WO전략은 약점을 강화하여 기회를 포착하는 전략이다. 그러나 위기관리 역량은 이미 국내 금융기관이 지니고 있는 강점에 해당하므로 WO전략으로 적절하지 않다.

㉣ 해외 비즈니스 역량을 강화하여 해외 금융시장에 진출하는 것은 약점을 보완하여 기회를 포착하는 WO전략에 해당한다.

| 객관식 |

01	02	03	04	05	06	07	08	09	10
③	②	②	④	③	④	④	②	②	③

01   정답 ③

9억 원의 주택을 담보로 대출할 때 적용되는 LTV를 a로 가정하면,

$$9억 \times a = 3억 \ 6천만 \ 원 \ \rightarrow \ a = \frac{3억 \ 6천만 \ 원}{9억원} = 0.4이다.$$

그러므로 LTV는 40%이다. 9억 원 초과 ~ 15억 원 이하인 금액에 대해서는 LTV가 절반으로 감소하므로 20%의 LTV가 적용된다. 따라서 14억 원의 주택을 매입할 때 대출 가능한 최대 금액은 9억×0.4+5억×0.2=3억 6천만+1억=4억 6천만 원이다.

02   정답 ②

디지털세는 법인세와는 별도로 온라인·모바일 플랫폼 기업의 자국 내 디지털 매출에 부과하는 세금으로, 빈칸에 공통으로 들어갈 용어는 디지털세이다.

오답분석
① 버핏세 : 워런 버핏이 주장한 부유층 대상의 세금
④ 간접세 : 납세의무자와 조세부담자가 다른 조세

03   정답 ②

'승자의 저주'란 경쟁에서는 이겼지만, 과도한 비용을 치름으로써 후유증을 겪는 상황을 의미한다. 따라서 빈칸에 들어갈 용어로 가장 적절한 것은 ②이다.

04   정답 ④

Market Share(시장 점유율)와 Market Growth(시장 성장성) 모두 낮으므로 빈칸 (D)에 들어갈 용어로 가장 적절한 것은 Dog 사업이다. Dog 사업은 성장성과 수익성이 없는 사업으로 시장에서 철수해야 하는 사양 사업을 의미한다.

오답분석
① Star 사업 : (A), ② Cash Cow 사업 : (C), ③ Question Mark 사업 : (B)

05   정답 ③

트로이목마(Trojan Horse)는 유용한 프로그램인 것처럼 위장하여 사용자들로 하여금 거부감 없이 설치를 유도하는 악성코드이다. 따라서 빈칸에 들어갈 용어로 가장 적절한 것은 ③이다.

오답분석
① 바이러스(Virus) : 파일 속에 숨어다니며 프로그램을 변형하거나 기존의 프로그램의 정상적인 작동을 방해하면서 스스로를 복사하고 다른 컴퓨터를 감염시키는 악성 프로그램이다.
② 웜(Worm) : 네트워크를 통해 자신을 복제하고 전파하는 악성 프로그램이다.
④ 혹스(Hoax) : 메일을 통해 공신력 있는 기관을 사칭하거나 복잡한 기술 용어들을 나열하면서 사용자의 컴퓨터 시스템에 큰 위험이 있음을 경고하는 가짜 바이러스이다.

06 정답 ④

2018년과 2019년의 GDP디플레이터를 계산해 보면 다음과 같다.

- 2018년 GDP디플레이터 : $\dfrac{\text{명목GDP}_{2018}}{\text{실질GDP}_{2018}} \times 100 = \dfrac{100\text{억 원}}{\text{실질GDP}_{2018}} \times 100 = 100 \rightarrow 2018\text{년 실질GDP} = 100$

- 2019년 GDP디플레이터 : $\dfrac{\text{명목GDP}_{2019}}{\text{실질GDP}_{2019}} \times 100 = \dfrac{150\text{억 원}}{\text{실질GDP}_{2019}} \times 100 = 120 \rightarrow 2019\text{년 실질GDP} = 125$

따라서 2019년의 전년 대비 실질GDP 증가율은 $\dfrac{125-100}{100} \times 100 = 25\%$이다.

07 정답 ④

2019년과 2020년의 명목GDP와 실질GDP를 계산해 보면 각각 다음과 같다.
- 명목GDP$_{2019}$: $60 \times 120 + 100 \times 60 = 7,200 + 6,000 = 13,200$
- 실질GDP$_{2019}$: $50 \times 120 + 90 \times 60 = 6,000 + 5,400 = 11,400$
- 명목GDP$_{2020}$: $70 \times 140 + 110 \times 80 = 9,800 + 8,800 = 18,600$
- 실질GDP$_{2020}$: $50 \times 140 + 90 \times 80 = 7,000 + 7,200 = 14,200$

이제 2019년과 2020년의 GDP디플레이터를 계산해 보면 다음과 같다.

- GDP$_{2019}$디플레이터 : $\dfrac{\text{명목GDP}_{2019}}{\text{실질GDP}_{2019}} \times 100 = \dfrac{13,200}{11,400} \times 100 = 115.79 ≒ 116$

- GDP$_{2020}$디플레이터 : $\dfrac{\text{명목GDP}_{2020}}{\text{실질GDP}_{2020}} \times 100 = \dfrac{18,600}{14,200} \times 100 = 130.99 ≒ 131$

그러므로 2020년 물가상승률은 $\dfrac{131-116}{116} \times 100 ≒ 12.93\%$이다. 따라서 A는 131, B는 12.93%이다.

08 정답 ②

중국은 의복과 자동차 생산에 있어 모두 절대우위를 갖는다. 그러나 리카도의 비교우위론에서는 양국 중 어느 한 국가가 절대우위에 있는 경우라도 상대적으로 생산비가 낮은 재화 생산에 특화하여 무역을 한다면 양국 모두 무역으로부터 이익을 얻을 수 있다고 보았다. 이때 생산하는 재화를 결정하는 것은 재화의 국내생산비로 재화 생산의 기회비용을 말한다. 문제에서 주어진 자료를 바탕으로 각 재화 생산의 기회비용을 구하여 표로 정리하면 다음과 같다.

구분	중국의 기회비용	인도의 기회비용
의복(1벌)	자동차 0.5대	자동차 0.33대
자동차(1대)	의복 2벌	의복 3벌

중국은 의복 1벌을 만들기 위해 자동차 0.5대를 포기해야 하나, 인도는 자동차 0.33대를 포기해야 한다. 그리고 중국은 자동차 1대를 만들기 위해 의복 2벌을 포기해야 하나, 인도는 의복 3벌을 포기해야 한다. 따라서 중국은 기회비용이 낮은 자동차 생산에 비교우위를 갖고, 인도는 의복 생산에 대해 비교우위를 갖는다.

09 정답 ②

리카도의 대등정리는 정부지출수준이 일정할 때 정부가 재원조달 방법(조세 또는 채권 등)을 변화시키더라도 민간의 경제활동은 아무런 영향을 받지 않는다는 이론이다. 정부가 세금을 감면하고 이에 따른 재정적자를 국채발행을 통해 정부지출 재원을 조달하는 경기부양정책을 펼치게 되면 정부는 언젠가 늘어난 부채를 갚기 위해 세금을 올려야 하고, 사람들은 이를 예상하여 감세로 인해 늘어난 소득만큼 저축을 늘려 미래의 증세에 대비한다. 따라서 저축에는 변화가 생기지만 소비에는 아무런 변화가 생기지 않는다는 것이고, 실질이자율도 변하지 않게 된다. 이러한 리카도의 대등정리를 바탕으로 배로(Robert Barro)는 재정정책의 무력성을 주장하였다.

10 　정답　③

일반적으로 수요가 탄력적일수록 독점적 경쟁기업이 보유하는 초과설비규모는 작아진다. 독점적 경쟁시장은 진입과 퇴거가 자유로우므로 초과이윤이 발생하면 새로운 기업이 진입하고, 손실이 발생하면 일부 기업이 퇴거하므로 장기에 독점적 경쟁기업은 정상이윤만을 얻는다. 독점적 경쟁의 장기균형은 우하향하는 수요곡선과 장기평균비용곡선이 접하는 점에서 이루어지므로 독점적 경쟁의 장기균형은 장기평균비용곡선의 최소점보다 왼쪽에서 이루어진다. 광고비 지출이 이루어지면 평균비용곡선이 상방으로 이동하지만, 판매량 증가에 따른 생산량 증가로 인해 규모의 경제가 크게 나타나면 장기에는 가격이 광고 이전보다 더 낮아질 수도 있다. 따라서 독점적 경쟁시장에 대한 특징으로 ③은 적절하지 않다.

| 주관식 |

01	02	03	04	
ⓐ	90,000	9	㉠, ⓐ	

01 　정답　ⓐ

코요테 모멘트(Coyote Moment)는 먹잇감을 쫓는 코요테가 정신이 팔려 낭떠러지 쪽으로 뛰어가다 알아차리는 순간 낭떠러지에 떨어지는 것으로, 증권시장에서는 증시의 갑작스러운 붕괴를 의미한다. 따라서 빈칸에 들어갈 용어로 가장 적절한 것은 코요테 모멘트(Coyote Moment)이다.

오답분석

㉠ 골디락스(Goldilocks) : 너무 과열되어 있거나 정체되어 있지 않은 이상적인 경제상황
㉡ 스탬피드 현상 : 사회의 한 부분이 무너지기 시작하면서 거친 항의가 쏟아져 나오고 뒤이어 기물을 파괴하는 과격한 집단행동으로 발전하는 현상
㉢ 덤핑(Dumping) : 경제학에서 동일한 재화를 상이한 시장에 대해 상이한 가격으로 판매하는 것
㉣ AES : 미국에서 표준으로 사용하고 있는 대칭 암호 알고리즘
㉤ 어닝 쇼크(Earning Shock) : 기업이 예상보다 저조한 실적을 발표하여 주가에 영향을 미치는 현상
㉥ 어닝 서프라이즈(Earning Surprise) : 기업의 영업 실적이 시장의 예상보다 높아서 주가가 큰 폭으로 상승하는 것
㉦ 아폴로 신드롬 : 뛰어난 인재들만 모인 집단에서 오히려 저조한 성과가 발생하는 현상

02 　정답　90,000

매출원가는 상품매출액과 매출총이익률을 1에서 제한 값을 곱한 값이 된다.
• 매출원가 : $1,000,000 \times (1 - 25\%) = 750,000$원
• 판매가능상품 : 40,000(기초상품재고액) + 800,000(당기상품매입액) = 840,000원
따라서 840,000(판매가능상품) - 750,000(기말상품재고액)은 90,000원이다.

03 　정답　9

$1,163,000 \times 1.12 - 1,200,000 \times (표시이자율) = 1,194,560$원
→ $1,302,560 - 1,194,560 = 1,200,000 \times (표시이자율) = 108,000$
따라서 표시이자율은 9%이다.

04 　정답　㉠, ⓐ

검은 백조라는 뜻의 블랙 스완(Black Swan)은 극단적으로 예외적이기 때문에 발생 가능성이 거의 없으나, 발생할 경우 큰 규모의 충격과 파급력을 가진 문제를 지칭하는 용어이다. 반면 회색 코뿔소(Gray Rhino)는 개연성이 높아 예측이 가능함에도 대처하지 않는 위험을 지칭하는 용어이다.

01 NCS 직업기초능력

01	02	03	04	05	06	07	08		
③	②	④	②	④	②	④	④		

01 정답 ③

증인·감정인 또는 통역인이 특허심판원에 대하여 허위의 진술·감정 또는 통역을 한 때는 위증죄가 적용되어 5년 이하의 징역 또는 1천만 원 이하의 벌금에 처해진다. 고소가 있어야만 처벌할 수 있는 특허 침해죄와 달리 고소가 없어도 처벌이 가능하므로 ③은 적절하지 않은 답변이다.

02 정답 ②

증인·감정인·통역인의 허위 진술·감정에 대한 처벌은 '위증죄' 조항에 의해 이루어지므로 ②가 적절하다.

03 정답 ④

김대리의 상황과 가입계획에 따르면, 김대리는 기본금리 연 2.1%에 '가입기간 30개월 이상' 우대금리 연 0.2%p와 'I은행 적금상품 신규 고객' 우대금리 연 0.2%p를 적용받아 총 연 2.5%를 적용받는다.

단리식 적금의 이자금액을 계산하는 식인 '(이자)=(월 적금액)$\times n \times \dfrac{n+1}{2} \times \dfrac{r}{12}$ (n : 개월수, r : 이자율)'을 이용하여 김대리가 만기 시 수령하는 이자액을 계산하면 다음과 같다.

$175,000 \times \dfrac{32 \times 33}{2} \times \dfrac{0.025}{12} = 192,500$원

따라서 김대리가 만기에 지급받을 이자액은 192,500원이다.

04 정답 ②

김대리가 수정한 계획에 따르면 김대리는 기본금리 연 2.1%에 '월 납입액 180,000원 이상' 우대금리 연 0.1%p, 'I은행 주택청약종합저축 보유 고객'으로 우대금리 연 0.3%p를 적용받아 총 연 2.5%를 적용받는다.

이에 따라 김대리가 만기 시 수령하는 이자액을 '(이자)=(월 적금액)$\times n \times \dfrac{n+1}{2} \times \dfrac{r}{12}$ (n : 개월수, r : 이자율)'에 따라 계산하면

$200,000 \times \dfrac{24 \times 25}{2} \times \dfrac{0.025}{12} = 125,000$원이고, 김대리의 적립원금은 $200,000 \times 24 = 4,800,000$원이다.

따라서 김대리가 적용받을 금리는 2.5%이고, 만기환급금은 $4,800,000 + 125,000 = 4,925,000$원임을 알 수 있다.

05　정답 ④

각 지점에 (이동경로, 거리의 합)을 표시해 문제를 해결한다.

이때, 다음 그림과 같이 여러 경로가 생기는 경우 거리의 합이 최소가 되는 (이동경로, 거리의 합)을 표시한다.

예

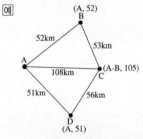

　i) A－B－C 경로 : 52+53=105km

　ii) A－D－C 경로 : 51+56=107km

　iii) A－C 경로 : 108km

각 지점에 (이동경로, 거리의 합)을 표시하면 다음과 같다.

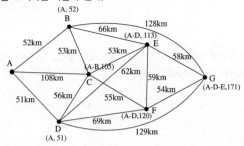

따라서 A지점에서 G지점으로 가는 최단 경로는 D지점, E지점을 거쳐 G지점으로 가는 경로이고, 이때의 거리는 171km이다.

06　정답 ②

C지점을 거쳐야 하므로, C지점을 거치지 않는 경로를 제외한 후 각 지점에 (이동경로, 거리의 합)을 표시하면 다음과 같다.

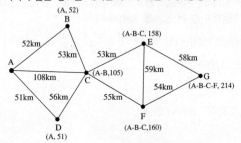

즉, C지점을 거쳐 갈 때의 최단 경로는 'A－B－C－F－G' 경로이고, 최단거리는 52+53+55+54=214km이다.

A지점에서 G지점으로 가는 최단거리는 171km이므로 C지점을 거치지 않았을 때의 최단거리와 C지점을 거쳐 갈 때의 최단거리의 차는 214-171=43km이다.

07 정답 ④

C를 고정시키고, 그 다음 E와 D를 기준으로 시작하여 표로 정리하면 다음과 같다.

구분	1	2	3	4	5	6
경우 1	D	F	B	C	E	A
경우 2	D	B	F	C	E	A
경우 3	A	D	F	C	B	E
경우 4	B	D	F	C	A	E

따라서 항상 옳은 것은 ④이다.

08 정답 ④

단 1명이 거짓말을 하고 있으므로 C와 D 중 1명은 반드시 거짓을 말하고 있다. 즉, C의 말이 거짓일 경우 D의 말은 참이 되며, D의 말이 참일 경우 C의 말은 거짓이 된다.

ⅰ) D의 말이 거짓일 경우

    C와 B의 말이 참이므로 A와 D가 모두 1등이 되므로 모순이다.

ⅱ) C의 말이 거짓일 경우

    A는 1등 당첨자가 되지 않으며, 나머지 진술에 따라 D가 1등 당첨자가 된다.

따라서 C가 거짓을 말하고 있으며, 1등 당첨자는 D이다.

02   직무수행능력

01	02	03	04	05
②	①	③	④	④

01 정답 ②

아마존세는 아마존(Amazon)과 같은 전자상거래 업체에 부과하는 판매세를 말한다. 2008년 뉴욕 주가 최초로 시행한 후 13개 주에서 잇따라 시행하였으며, 이후 영국, 뉴질랜드 등에서도 시행을 검토하였다. 따라서 제시문과 관련 있는 용어로 가장 적절한 것은 ②이다.

오답분석

① 구글세 : 다국적 IT기업에 부과하는 세금으로, '디지털세'라고도 한다.

④ 퀄컴세 : 스마트폰 칩셋 제조업체인 퀄컴 사에 삼성전자, LG전자, 애플 등 국내외 스마트폰 회사들이 지불하는 일종의 특허 사용료를 빗대어 이르는 말이다.

02 정답 ①

일반적으로 물가상승률이 높을수록 명목GDP는 증가하므로 물가상승률이 가장 높은 점을 선택한다. 따라서 가장 큰 명목GDF를 나타낸 것은 ①이다.

03 정답 ③

제시된 사례와 가장 관련 있는 게임 이론 개념은 '죄수의 딜레마'이다. A기업과 B기업 모두 약속대로 마케팅에 적당히 투자하면 양쪽에게 모두 이익이 돌아갈 수 있음에도 불구하고, 상대 기업이 마케팅에 크게 투자하고 자기업이 투자하지 않았을 때 자기업이 막대한 손해를 볼 것이라는 판단 하에 상대 기업을 배반하는 행동을 한 것으로 해석할 수 있다.

한편, '죄수의 딜레마' 상황을 극복하기 위한 효과적인 전략 중 하나로 '팃포탯 전략'이 있다. 팃포탯 전략은 '눈에는 눈, 이에는 이'의 원리를 적용하여 상대가 배반하면 배반, 상대가 협력하면 협력하며 맞대응하는 전략이다. 따라서 가장 적절한 것은 ③이다.

오답분석

①·② 제로섬 게임에 대한 설명이다. 제시된 사례의 A기업과 B기업은 경쟁업체이기는 하지만 한쪽의 이익과 다른 한쪽의 손해를 합쳐서 0이 된다고 할 수는 없고 공통 이익이 존재하지 않는다고 할 수도 없으므로, 제시된 사례를 제로섬 게임으로 보기는 어렵다.

④ 리니언시 제도는 담합에 가담한 기업이 자진 신고를 할 경우 처벌을 경감하거나 면제하는 제도로, 죄수의 딜레마를 막기 위한 것이 아니라 이를 이용하는 제도이다.

04 정답 ④

(가)의 수요량이 증가했을 때, 가격이 하락한 (나)는 (가)의 대체재이고, 수요가 함께 증가한 (다)는 (가)의 보완재이다. 따라서 대체관계에서 수요의 교차탄력성은 0보다 크므로 ④는 적절하지 않다.

오답분석

③ (다)의 수요가 증가하였으므로 거래량도 증가한다.

05 정답 ④

ⓒ·ⓜ 넛지 마케팅(Nudge Marketing)으로 간접적으로 소비자의 변화와 행동을 유도하는 마케팅 기법이다.

오답분석

㉠ 바이럴 마케팅(Viral Marketing) : 블로그, 카페, SNS 등을 통해 특정 기업이나 제품에 대한 정보를 자연스럽게 제공하여 소비자들로 하여금 구매욕구를 느끼도록 유도하는 마케팅 기법
ⓛ 앰부시 마케팅(Ambush Marketing) : 교묘하게 규제를 피하여 해당 행사나 경기의 스폰서인 것처럼 홍보하는 마케팅 기법
ⓔ 디마케팅(Demarketing) : 의도적으로 판매를 줄임으로서 적절한 수요를 창출하고 기업 이미지를 개선시키는 등의 효과를 달성하는 마케팅 기법

01 NCS 직업기초능력

01	02	03	04	05	06				
④	①	④	④	③	①				

01 정답 ④

제시문의 핵심 내용은 '기본 모델'에서는 증권시장에서 주식의 가격이 '기업의 내재적인 가치'라는 객관적인 기준에 근거하여 결정된다고 보지만 '자기참조 모델'에서는 주식의 가격이 증권시장에 참여한 사람들의 여론에 의해, 즉 인간의 주관성에 의해 결정된다고 본다는 것이다. 따라서 제시문은 주가 변화의 원리에 초점을 맞추어 다른 관점들을 대비하고 있으므로 글의 논지 전개 방식으로 가장 적절한 것은 ④이다.

02 정답 ①

글쓴이는 객관적인 기준을 중시하는 기본 모델은 주가 변화를 제대로 설명하지 못하지만, 인간의 주관성을 중시하는 자기참조 모델은 주가 변화를 제대로 설명하고 있다고 보고 있다. 따라서 증권시장의 객관적인 기준이 인간의 주관성보다 합리적임을 보여준다는 진술은 제시문의 내용과 다르므로 ①은 적절하지 않다.

03 정답 ④

보전관리지역 지가변동률 대비 농림지역 지가변동률의 비율은 경기도가 $\frac{3.04}{2.1} \times 100 = 144.8\%$, 강원도가 $\frac{2.49}{1.23} \times 100 = 202.4\%$로 강원도가 더 높으므로 ④는 옳은 설명이다.

오답분석

① 부산광역시의 경우 전년 대비 공업지역의 지가는 감소하였으나, 농림지역 지가는 불변이다.

② 전라북도의 상업지역의 지가변동률은 충청북도의 주거지역의 지가변동률의 $\frac{1.83}{1.64} = 1.12$배이므로 12% 더 높다.

③ 대구광역시의 공업지역 지가변동률과 경상남도의 보전관리지역 지가변동률의 차이는 $|-0.97-1.77| = 2.74\%$p이다.

04 정답 ④

C계장은 목적지까지 3시간 내로 이동하여야 하는데, 택시를 타고 대전역까지 15분, 열차대기 15분, KTX / 새마을호 이동시간 2시간, 환승 10분, 목포역에서 미팅장소까지 택시 20분이 소요되어 총 3시간이 걸리므로 적절하다. 비용 또한 택시 6,000원, KTX 20,000원, 새마을호 14,000원, 택시 9,000원으로 총 49,000원으로 출장지원 교통비 한도 이내이므로 ④가 가장 적절하다.

오답분석

① · ② 이동시간이 3시간이 넘어가므로 적절하지 않다.

③ 이동시간은 3시간 이내이지만, 출장지원 교통비 한도를 넘기 때문에 적절하지 않다.

05 정답 ③

ⅰ) A가 참인 경우

구분	A	B	C	D
피아노	×	×		
바이올린		×		×
트럼펫			○	○
플루트	○/×			

ⅱ) B가 참인 경우

구분	A	B	C	D
피아노	○	×		
바이올린		○		×
트럼펫			○	×
플루트	×			

ⅲ) C가 참인 경우

구분	A	B	C	D
피아노	○	○		
바이올린		×		○
트럼펫			○	×
플루트	○/×			

ⅳ) D가 참인 경우

구분	A	B	C	D
피아노	○	×		
바이올린		×		×
트럼펫			×	×
플루트	○			

따라서 B가 참일 경우 주어진 조건에 따라 A는 피아노, B는 바이올린, C는 트럼펫, D는 플루트를 연주하며, 피아노를 연주하는 A는 재즈, 트럼펫과 바이올린을 연주하는 B와 C는 클래식, 그리고 플루트를 연주하는 D는 클래식과 재즈 모두를 연주한다.

06 정답 ①

C와 D가 모순되는 진술을 하고 있으며 둘 중 한 명이 거짓을 말하고 나머지 한 명이 참인 것을 알 수 있다. 또한 A의 말이 참이므로 C의 말도 참이 되어 D의 말이 거짓이 된다. A는 홍보, C는 섭외, E는 예산을 담당하고 있다. D의 말은 거짓이므로 '구매' 담당은 B가 되며, D는 '기획'을 맡게 되므로 바르게 추론한 것은 ①이다.

01	02	03	04	05	06	07	08	09	10	11									
④	①	④	①	④	②	④	③	②	④	①									

01 정답 ④

스크루플레이션이란 쥐어짜기를 뜻하는 스크루(Screw)와 물가 상승을 뜻하는 인플레이션(Inflation)의 합성어로, 쥐어짤 만큼 일상생활이 어려워지는 상황에서 체감 물가는 올라가는 상황을 말한다.

02 정답 ①

신산업·신기술 분야에 기업들이 참여할 것을 유도하고, 시장 초기에 참여한 기업의 매출 안정성을 확보해 주기 위해 정부는 종종 새로운 산업 분야에서 기존 규제들을 없애거나 규제 신설을 유예하는 정책을 취한다. 이를 규제 샌드박스라 한다. 모래 위에서 자유롭게 놀게 해준다는 의미에서 샌드박스라는 이름이 붙었으며, 특정 지역을 지정해 규제를 푸는 '규제 프리존'보다 더 적극적인 규제 완화 조치이다. 따라서 정책의 명칭으로 가장 적절한 것은 ①이다.

03 정답 ④

신용부도스와프(CDS; Credit Default Swap)는 부도의 위험만 떼어내어 사고파는 신용상품을 말하며, 채무자는 자금을 조달하기 쉽고, 채권자는 일종의 보험료를 지급하면서 채무불이행으로 인한 위험을 방지할 수 있는 것이 장점이다. 따라서 신용파생상품을 지칭한 용어는 ④이다.

오답분석

① 총부채상환비율(DTI; Debt To Income) : 담보대출 시 채무자의 소득으로 얼마나 상환할 수 있는지를 판단하여 대출 한도를 정하는 계산비율이다.
② 주택담보대출비율(LTV; Loan to Value Ratio) : 주택을 담보로 돈을 빌릴 때 인정되는 자산가치의 비율이다.
③ TRS(Total Return Swap) : 주식·채권·상품자산 등의 기초자산의 신용위험과 시장위험을 이전하는 상품이다.

04 정답 ①

래퍼 곡선(Laffer Curve)은 세수와 세율 사이의 역설적 관계를 나타내는 곡선이다. 이 곡선에 따르면 세율이 일정 수준을 넘으면 근로의욕이 감소하므로 세수가 줄어드는 현상이 나타난다. 즉, 세율이 t(X)보다 낮은 상태에서는 세율을 올리면 세수가 늘어나고, 반대로 세율이 t(X)보다 높은 상태에서는 세율을 낮춤으로써 세수를 증대시킬 수 있다. 이 곡선은 1980년대 미국 레이건 행정부의 조세인하정책의 이론적 근거가 되었으며, 이로 인해 미국 정부의 거대한 재정적자 증가를 초래하는 결과를 가져왔다.

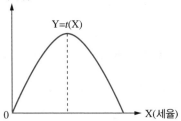

05 정답 ④

유니콘(Unicorn) 기업은 기업가치가 10억 달러 이상이고 설립한 지 10년 이하인 스타트업 기업을 말한다. 스타트업이 상장하기도 전에 기업 가치가 1조 원 이상이 되는 것이 상상 속의 동물 유니콘처럼 비현실적이라는 의미로 사용되었다.

오답분석

② 데카콘(Decacorn) 기업 : 기업 가치가 100억 달러 이상인 신생 스타트업 기업을 가리키는 말로, 유니콘(Unicorn)의 '유니(Uni)'가 1을 뜻한다는 데서 착안하여 10을 뜻하는 접두사인 '데카(deca)'를 corn에 결합한 용어이다.
③ 좀비(Zombie) 기업 : 회생할 가능성이 없음에도 정부나 채권단으로부터 지원을 받아 간신히 파산을 면하고 연명하는 기업을 말한다.

06 정답 ②

모기지론은 주택자금 수요자가 은행을 비롯한 금융기관에서 장기저리자금을 빌리면 은행은 주택을 담보로 주택저당증권을 발행하여, 이를 중개기관에 팔아 대출자금을 회수하는 제도이다. 중개기관은 주택저당증권을 다시 투자자에게 판매하고, 그 대금을 금융기관에 지급하게 된다.

오답분석

① 역모기지론 : 주택을 담보로 금융기관에서 일정 기간 일정 금액을 연금식으로 받는 장기주택저당대출이다.
③ 부채담보부증권 : 회사채나 금융회사의 대출채권 등을 한데 묶어 유동화시킨 신용파생상품이다.
④ 대환대출 : 금융기관에서 대출을 받은 뒤 이전의 대출금이나 연체금을 갚는 제도이다.

07 정답 ④

2019년 기준 대한민국 대법원의 대법원장을 제외한 대법관 수는 총 13명이다.

08 정답 ③

파이브 아이즈(Five Eyes)는 상호 첩보 동맹을 맺고 있는 미국, 영국, 캐나다, 호주, 뉴질랜드 5개국을 가리킨다. 따라서 이에 포함되지 않는 국가는 ③이다.

09 정답 ②

KSTAR는 'Korea Superconducting Tokamak Advanced Research'의 약어로, 한국형 핵융합연구장치를 말한다. 핵융합연구장치를 인공태양이라고도 하는데, 태양이 높은 온도와 압력으로 핵융합을 일으켜 에너지를 만드는 것처럼 지구상에서 중수소와 삼중수소의 핵융합을 통해 에너지를 얻기 때문이다. 1995년부터 2007년까지 국내기술로 KSTAR를 개발하고 2008년 최초로 플라즈마를 발생시켰으며, 2040년 핵융합 상용발전소 건설을 목표로 하고 있다.

10 정답 ④

환율이 상승하는 경우, 수출은 증가하고 수입은 감소하게 되어 국제수지는 개선되므로 환율 상승의 결과로 볼 수 없는 것은 ④이다.

오답분석

① · ③ 수입상품의 가격상승과 수출수요의 증가로 인플레이션이 일어나게 된다.
② 환율이 상승하면 국내 화폐의 가치는 하락하고 외환시세는 상승하게 된다.

11 정답 ①

딥 러닝(Deep Learning)은 인공신경망의 한계를 극복하기 위해 제안된 기계학습 방법으로, 컴퓨터가 다량의 데이터로부터 높은 수준의 추상화 모델을 구축하고, 스스로 인지하고 판단할 수 있도록 한 기술이다.

오답분석

② 머신 러닝(Machine Learning) : 인공지능의 하위 분야로, 컴퓨터가 데이터를 분석하고 학습하는 과정을 거쳐 입력하지 않은 정보에 대해서도 판단하고 결정할 수 있도록 한 것이다. 딥 러닝은 머신 러닝의 하위분야로, 머신 러닝은 인간이 컴퓨터에게 다양한 정보를 가르치고 그 학습 결과에 따라 컴퓨터가 새로운 것을 예측하는 반면, 딥 러닝은 인간의 가르침을 거치지 않아도 스스로 학습하고 미래의 상황을 예측할 수 있다는 차이가 있다.

③ 딥 마인드 : 이세돌 9단과의 바둑 대결에서 승리한 구글의 알파고를 개발한 회사이다.

④ 빅데이터 : 데이터의 양(Volume), 데이터 생성 속도(Velocity), 형태의 다양성(Variety)의 3V로 정의되며, 기존 데이터보다 너무 방대하여 기존의 방법이나 도구로 수집 / 저장 / 분석 등이 어려운 정형 및 비정형 데이터들을 말한다. 과거와 비교하여 데이터의 양은 물론 질과 다양성 측면에서 패러다임의 전환을 의미하며, 혁신과 경쟁력 강화, 생산성 향상을 위한 중요한 원천으로 평가되고 있다.

12 2018년 하반기 기출복원문제

01 NCS 직업기초능력

01	02	03	04	05	06	07			
①	②	④	③	④	②	③			

01 정답 ①

먼저 두 번째 조건에서 교통편과 집과의 거리가 1.25km 이내여야 하므로 K버스는 제외된다. 네 번째 조건에서 나머지 교통편의 왕복시간은 다음과 같이 5시간 이하이다.
• 비행기 : 45분×2=1시간 30분
• E열차 : 2시간 11분×2=4시간 22분
• P버스 : 2시간 25분×2=4시간 50분
또한 각각에 해당하는 총 4인 가족 교통비를 구하면 다음과 같다.
• 비행기 : 119,000원×4명×0.97=461,720원
• E열차 : 134,000원×4명×0.95=509,200원
• P버스 : 116,000원×4명=464,000원
세 번째 조건에서 E열차는 총금액이 50만 원을 초과했으므로 부합하지 않는다. 따라서 비행기와 P버스 중 비행기의 교통비가 가장 저렴하므로 지우네 가족이 이용할 교통편은 비행기이며, 총비용은 461,720원임을 알 수 있다.

02 정답 ②

최저임금이 W_2로 오르면 공급(S)은 늘어나고 수요(D)는 줄어든다. 이는 초과공급이 발생하는 것으로 기업이 필요로 하는 노동자 수는 줄어드는 한편 고용되기를 원하는 사람은 많아지는 것이다. 따라서 W_2를 최저임금으로 할 때, 일을 원하는 사람은 L_2이고, 기업이 고용할 수 있는 사람은 L_1이므로 비자발적 실업자 수는 L_2-L_1=80명−20명=60명임을 알 수 있다.

03 정답 ④

명목GDP는 당해 생산량과 당해 가격을 곱한 값들의 합으로 구할 수 있다.
(2017년 명목GDP)=400벌×124,000원+450벌×24,000원+380벌×38,000원=74,840,000원
GDP 디플레이터는 실질GDP 대비 명목GDP의 비율이다. 또한 실질GDP는 기준 연도의 가격으로 당해 생산량을 곱하여 구한다.
(실질GDP)=250벌×124,000원+480벌×24,000원+500벌×38,000원=61,520,000원
(명목GDP)=250벌×132,000원+480벌×22,000원+500벌×41,000원=64,060,000원
$$(GDP 디플레이터)=\frac{(명목GDP)}{(실질GDP)}\times100=\frac{64,060,000원}{61,520,000원}\times100≒104.1\%$$
따라서 2017년 명목GDP는 74,840,000원이며, 2018년 GDP 디플레이터는 104.1%이다.

04 정답 ③

A ~ D여행사 상품의 출국 날짜는 모두 차대리 부부가 원하는 날짜 7월 또는 8월이 포함되어 있으며, 좌석도 비즈니스석 또는 이코노미석 둘 중에 하나 이상이 모든 여행사에 포함되어 있다. 마지막으로 출발시각을 보면 B여행사와 C여행사는 오후 1시 30분부터 오후 5시 사이에 출발하는 비행기는 없으므로 A여행사와 D여행사 상품 중 차대리가 선택할 이코노미석 여행상품으로 부부가 지불해야 할 금액을 비교하면 다음과 같다.

- A여행사 : 345,000원×2명×0.9=621,000원
- D여행사 : (366,000원−50,000원)×2명=632,000원

따라서 차대리가 남편과 선택할 여행상품은 A여행사의 이코노미석 상품으로 출발 시각은 오후 3시이며, 지불해야 할 총금액은 621,000원이다.

05 정답 ④

주어진 조건을 표로 정리하면 다음과 같다.

구분	가	나	다	라	마
영어	○	○		×	
수학	×	○	○		○
국어					
체육	×		○	○	

각자 두 개의 수업을 들으므로 가 학생이 듣는 수업은 영어와 국어이다. 따라서 마 학생은 이와 겹치지 않는 수학과 체육 수업을 듣게 되므로 ④가 가장 적절하다.

06 정답 ②

A ~ E의 진술에 따르면 C와 E는 반드시 동시에 참 또는 거짓이 되어야 하며, B와 C는 동시에 참이나 거짓이 될 수 없다.

- A와 B가 거짓일 경우
  B의 진술이 거짓이 되므로 이번 주 수요일 당직은 B이다. 그러나 D의 진술에 따르면 B는 목요일 당직이므로 이는 성립하지 않는다.
- B와 D가 거짓인 경우
  B의 진술이 거짓이 되므로 이번 주 수요일 당직은 B이다. 또한 A, E의 진술에 따르면 E는 월요일, A는 화요일에 각각 당직을 선다. 이때 C는 수요일과 금요일에 당직을 서지 않으므로 목요일 당직이 되며, 남은 금요일 당직은 자연스럽게 D가 된다.
- C와 E가 거짓인 경우
  A, B, D의 진술에 따르면 A는 화요일, D는 수요일, B는 목요일, C는 금요일 당직이 되어 남은 월요일 당직은 E가 된다. 그러나 E의 진술이 거짓이므로 이는 성립하지 않는다.

따라서 거짓말을 하는 사람은 B와 D이며, 이번 주 수요일에 당직을 서는 사람은 B이다.

07 정답 ③

B의 진술에 따르면 A가 참이면 B도 참이므로, A와 B는 모두 참을 말하거나 모두 거짓을 말한다. 또한 C와 E의 진술은 서로 모순되므로 둘 중에 한 명의 진술은 참이고, 다른 한 명의 진술은 거짓이 된다. 이때, A와 B의 진술이 모두 거짓일 경우 3명의 진술이 거짓이 되므로 2명의 학생이 거짓을 말한다는 조건에 맞지 않는다. 그러므로 A와 B의 진술은 모두 참이 된다.

- C와 D의 진술이 거짓인 경우
  C와 E의 진술에 따라 범인은 C이다.
- D와 E의 진술이 거짓인 경우
  C의 진술에 따르면 A가 범인이나, A와 B의 진술에 따르면 A는 양호실에 있었으므로 성립하지 않는다.

따라서 범인은 C이다.

01	02	03	04	05	06	07	08	09	10	11	12	13	14	15	16	17	18	19	20
②	④	②	①	①	③	①	④	①	③	②	③	②	④	③	①	②	③	④	②

21	22	23	24	25	26	27	28	29	30	31	32	33							
②	①	②	③	④	④	③	②	③	②	④	④	③							

01 정답 ②

박싱데이(Boxing Day)는 크리스마스 다음 날인 12월 26일을 말하며, 과거 유럽의 영주들은 이날을 휴일로 삼고 하인이나 주민들에게 선물을 주었다. 오늘날에는 미국, 영국 등의 소매점에서 연말 재고를 없애기 위해 대규모 할인 행사를 진행한다.

오답분석
① 데모데이 : 스타트업 회사가 개발한 데모 제품을 투자자에게 공개하는 날로, 주로 어떤 계획을 실시할 예정일 이전에 먼저 행사를 진행하는 말로 사용된다.
③ 블랙먼데이 : 1987년 10월 19일, 미국 뉴욕에서 주가 대폭락이 있었던 날을 가리키는 말로 주식시장이 급락할 때 주로 사용된다.
④ 블랙프라이데이 : 미국에서 11월 넷째 주 목요일 추수감사절 다음날인 금요일을 일컫는 말로 연중 최대의 할인 행사가 시작된다.

02 정답 ④

개츠비곡선은 빈부의 격차가 심했던 미국 대공황시기를 배경으로 하는 소설『위대한 개츠비』의 주인공 이름을 딴 것으로, 경제적 불평등이 심해질수록 사회적·경제적 계층 간 이동이 어려워진다는 것을 보여준다. 따라서 곡선의 이름으로 가장 적절한 것은 ④이다.

03 정답 ②

6·25전쟁 이후 대량 출산으로 태어난 베이비붐 세대의 자녀세대인 에코세대는 대량 출산이라는 사회 현상이 2세들의 출생붐으로 다시 나타나는 것을 메아리(에코) 현상에 빗댄 말이다.

오답분석
① 네플세대 : 네트워크 플레이어의 약자로 통신망 속에서 네트워크 게임을 함께 즐기는 세대를 일컫는 말이다.
③ 인턴세대 : 정규직으로 전환하지 못한 채 인턴 즉, 단기 비정규직으로만 일하는 청년 구직자 세대를 지칭하는 말이다.
④ 단카이세대 : 제2차 세계대전 이후 1947년에서 1949년 사이에 태어난 일본의 베이비붐 세대를 가리키는 말이다.

04 정답 ①

SPA(Speciality retailer of Private label Apparel; 자가상표부착제 유통방식)브랜드는 생산에서 유통까지 걸리는 시간을 최대한 단축하여 저가의 옷을 유행에 맞춰 대량 생산·판매하는 패션 브랜드를 의미한다.

05 정답 ①

하우스디바이드란 주택의 유무 또는 집값의 차이에 따라 계층이 갈리는 현상을 의미한다.

오답분석
② 디지털디바이드 : 경제적·사회적 여건 차에 의한 정보격차를 의미한다.
③ 트리핀딜레마 : 미국이 달러 공급을 중단하면 세계 경제가 위축되고, 그렇다고 달러 공급을 지속하면 달러 가치의 폭락 위험성이 나타나는 진퇴양난의 상황을 의미한다.
④ 투키디데스 함정 : 아테네와 스파르타의 전쟁에서 유래한 말로, 기존 지배세력과 새로 부상하는 세력 간의 대립 상황을 의미한다.

06 정답 ③

디드로 효과는 프랑스의 철학자 드니 디드로의 에세이에서 유래된 것으로, 어떤 물건을 구입한 뒤 이와 어울리는 다른 물건들까지 다 갖추려는 경향을 의미한다.

오답분석

① 언더독 효과 : 사람들이 경쟁에서 약자라고 믿는 주체를 더 응원하고 지지하는 심리 현상을 말한다.
② 분수 효과 : 저소득층의 소득 증가가 경기 활성화로 이어져 고소득층의 소득도 높이게 되는 현상을 말한다.
④ 마태 효과 : '빈익빈 부익부(貧益貧 富益富)'로, 부유한 사람은 점점 더 부유해지고, 가난한 사람은 점점 더 가난해지는 현상을 말한다.

07 정답 ①

역선택이란 정보가 감추어진 상황에서 부족한 정보를 가지고 있는 쪽이 불리한 선택을 하게 되어 경제적 비효율이 발생하는 상황을 의미한다. ㉠의 경우 보험회사가 가입 대상자의 건강 상태나 사고 확률에 대해 자세히 파악하지 못한 것으로 역선택에 해당한다. 도덕적 해이란 감추어진 행동이 문제가 되는 상황에서 정보를 가진 측이 정보를 가지지 못한 측의 이익에 반하는 행동을 취하는 상황을 의미한다. ㉡의 경우 보험 가입자는 자신의 행동을 보험회사가 알 수 없다는 점을 이용하여 사고 예방 노력을 하지 않으므로 도덕적 해이에 해당한다. 따라서 문제 현상이 바르게 연결된 것은 ①이다.

08 정답 ④

㉠에서 정보를 갖지 못한 보험회사는 가입 대상자의 감춰진 특성에 대해 파악하고자 건강진단서를 미리 요구하는 선별의 방법을 통해 문제를 해결하려 한다. ㉡에서 보험회사는 보험 가입자에게 피해 금액의 일부를 부담하게 하여 사고 예방에 노력을 기울일 수 있도록 하는 유도설계의 방법을 통해 문제를 해결하려 한다. 따라서 문제의 해결 방안이 바르게 연결된 것은 ④이다.

오답분석

• 신호발송 : 정보를 가진 측이 자신의 특성을 적극적으로 알리는 것으로 예를 들어 자격증 취득을 위해 높은 교육을 받는 것과 일정기간 무상 수리를 보증하는 품질보증서 발급 등이 있다.

09 정답 ①

ㄱ. 밴드왜건(Band Wagon) 효과 : 유행에 따라 상품을 구입하는 소비 현상을 의미한다.
ㄴ. 스놉(Snob) 효과 : 소비자들은 다수의 소비자들이 구매하지 않는 제품에 호감을 느끼게 되므로 어떤 제품에 대한 소비가 증가하게 되면 그 제품의 수요가 줄어드는 현상을 의미한다.

오답분석

• 베블런 효과 : 가격이 오르는 데도 불구하고 상류층의 과시욕으로 인해 수요가 줄어들지 않고 오히려 증가하는 현상을 의미한다.
• 전시 효과 : 개인의 소비행동이 사회의 소비수준의 영향을 받아 타인의 소비행동을 모방하려는 소비 현상을 의미한다.

10 정답 ③

사내유보금이란 이익잉여금과 자본잉여금을 합한 것으로 회사의 미래를 위해 이익의 일부를 회사 내부에 유보하도록 한 것이다. 사내유보금에는 기계 설비, 특허 등 현금이 아닌 자산들도 포함되며, 대부분은 투자 자금으로 사용된다. 따라서 기업의 사내유보금이 많다고 해서 기업이 현금을 쌓아두고 있는 것은 아니다.

오답분석

① 이익준비금 : 법률에 의하여 회사의 이익 중 일부를 강제로 적립하도록 하는 법정준비금
② 임의적립금 : 회사가 법률의 강제에 의하지 않고 규정이나 결의에 따라 임의로 적립하는 준비금
④ 자본준비금 : 자본거래에서 생기는 자본잉여금을 재원으로 하여 적립되는 준비금

11 정답 ②

가격탄력성이란 소비자가 가격 변화에 얼마나 민감하게 반응하는지를 확인하기 위한 지표로, 제시된 사례에 나타난 부부는 제품의 가격 변화에 둔감하므로 가격탄력성이 낮다는 ②가 사례에 대한 설명으로 가장 적절하다.

오답분석

• 소득탄력성 : 소득이 1% 증가하였을 때 수요는 몇 % 증가하는가를 나타내는 수치

12 정답 ③

실기주과실이란 명의개서를 하지 않은 실기주에 대해 발생한 배당금 혹은 주식을 가리킨다. 따라서 휴면주식의 공식표현으로 가장 적절한 것은 ③이다.

13 정답 ②

할당관세란 수입물품의 일정한 수량을 기준으로 부과하는 관세로 특정 물품을 적극적으로 수입하거나, 반대로 수입을 억제하고자 할때 사용된다.

오답분석

① 긴급관세 : 특정 물품의 수입으로 국내시장이 중대한 피해를 입는다고 판단되는 경우, 특정 물품에 대한 관세를 높게 책정하여 부과하는 관세
③ 상계관세 : 수출국으로부터 장려금이나 보조금을 지원받아 가격경쟁력이 높아진 물품이 수입되어 국내산업이 피해를 입을 경우, 이를 억제하기 위해 부과하는 관세
④ 조정관세 : 지정된 물품의 수입이 급격히 증가하거나 저가 수입으로 국내시장이 교란되거나 산업기반이 붕괴될 우려가 있는 경우, 일시적으로 일정기간 동안 세율을 조정해 부과하는 관세

14 정답 ④

물가안정목표제는 최종목표를 물가안정에 두고 중간목표 없이 통화정책수단을 통해 목표에 도달하려는 방식으로, 한국은행은 1998년 물가안정목표제를 도입하여 국민들에게 물가안정목표를 미리 명시적으로 제시하고 이를 달성하기 위한 다양한 통화정책을 운영하고 있다.

15 정답 ③

현금 없는 사회에서는 전자 정보 처리 시스템화에 따라 모든 거래 내역을 확인할 수 있어 투명하고 효율적인 시장을 형성할 수 있다. 이를 통해 탈세를 사전에 방지할 수 있으므로 정부의 재정수입은 증가하게 될 것이다. 또한 지급결제수단의 차이에 따른 불필요한 거래비용이 감소하며, 은행에 예금하면 오히려 보관비용을 지불해야 하는 마이너스 금리 정책을 효과적으로 적용할 수 있다.
따라서 금융기관의 신용창출은 예금을 통한 현금 유입이 선행되어야 가능하다. 그러나 현금 없는 사회에서 마이너스 금리가 적용되면 오히려 사람들의 예금이 줄어들기 때문에 금융기관의 신용창출도 감소할 것이므로 현금 없는 사회의 결과로 보기 어려운 것은 ③이다.

16 정답 ①

IPO(Initial Public Offering)란 기업이 일정 목적을 가지고 자사의 주식과 경영내용을 공개하는 기업공개를 의미한다.

17 정답 ②

주식을 구매하는 행위는 실질적인 재화 및 서비스와 관계없는 단순 소유권 이전의 금융자산 거래이므로 GDP에 포함되지 않는다.

18 정답 ③

신종자본증권은 주식과 채권의 성격을 동시에 가진 증권으로, 만기가 없거나 만기에 재연장이 가능하여 안정적인 자금 운용이 가능하다. 그러나 자본조달 비용이 일반 회사채보다 높고, 상대적으로 신용등급이 높은 기업만 발행이 가능하며, 채권보다 이자가 높은 단점이 있다.

19 정답 ④

보험(Insurance)과 기술(Technology)의 합성어인 인슈어테크(InsurTech)는 인공지능, 사물인터넷 등의 IT 기술을 적용한 혁신적인 보험 서비스를 의미한다. 보험 상품을 검색하는 고객에게 맞춤형 상품을 추천하고, 보험 상담을 요청하는 고객에게는 로봇이 응대하는 등 다양하게 활용될 수 있다.

20 정답 ②

에어드롭(Airdrop)이란 '공중에서 투하한다.'는 뜻으로, 가상화폐 시장에서 특정 가상화폐를 소유한 사람에게 코인을 무료로 지급하는 것을 의미하며, 주로 신규 코인을 상장시킬 때 이벤트나 마케팅의 한 요소로 사용한다.

21 정답 ②

싱귤래리티(Singularity)는 특이성을 의미하는 영어 단어로, 미래학자이자 발명가인 커즈와일은 인공지능이 인류의 지능을 넘어서는 순간을 싱귤래리티로 정의하였다.

22 정답 ①

제로페이(Zero-pay)란 가맹점이 카드 결제 승인을 받을 때 수수료를 내야 했던 기존 카드 결제방식과 달리 스마트폰 결제 앱을 통해 은행이 소비자의 계좌에서 판매자의 계좌로 현금을 이체하는 계좌이체 방식으로 결제가 이루어져 소상공인들의 카드 결제 수수료 부담을 없애는 결제 시스템이다.

23 정답 ②

ICO란 가상화폐공개(Initial Coin Offering)로, 기업이 필요한 자금을 조달하기 위해 투자자들에게 기업이 발행한 가상화폐를 넘겨주고 투자금을 받는 방식을 의미한다. 기업 설립 후 투자자에게 주식을 공개하고 자본금을 조달하는 기업공개(IPO)와 유사하지만 발행하는 것이 주식이 아닌 가상화폐라는 점이 다르다. 이러한 ICO는 사기 위험과 시장 과열 및 소비자 피해 확대 등의 부작용이 우려된다는 정부의 판단에 따라 국내에서는 모든 형태의 ICO가 금지되고 있다.

24 정답 ③

낸드플래시(Nand Flash)는 전원이 없는 상태에서도 메모리의 정보가 사라지지 않는 플래시 메모리로 정보의 저장과 삭제가 자유로우며, 주로 스마트폰과 같은 휴대기기의 저장 장치로 활용된다.

25 정답 ④

스마트팩토리(Smart Factory)란 ICT 기술이 융합되어 제품을 생산하고 유통하는 전 과정이 자동으로 이루어지는 공장을 의미한다. 공장 내 모든 설비와 장치가 연결되어 실시간으로 모든 공정을 모니터링하고 분석할 수 있다.

26 정답 ④

데카콘(Decacorn)은 머리에 10개의 뿔이 달린 상상 속의 동물을 의미한다. 이러한 데카콘은 경제 분야에서 기업 가치가 100억 달러 이상인 신생벤처기업을 지칭하는 용어로 사용되며, 전 세계적으로 유명한 차량 공유 서비스 '우버', 숙박 공유 서비스 '에어비앤비' 등을 대표적인 데카콘 기업의 예로 들 수 있다.

27 정답 ③

그래핀(Graphene)은 탄소원자로 만들어진 얇은 막으로, 원료로 하는 흑연(Graphite)의 명칭에서 유래되었다. 그래핀은 구리보다 100배 이상 전기가 잘 통하고, 실리콘보다 100배 이상 전자 이동이 빠르다. 또한 강도는 강철보다 200배 이상 강하며, 열전도성은 다이아몬드보다 2배 이상 높으며 신축성도 뛰어나다. 이러한 그래핀은 초고속 반도체, 휘는 디스플레이, 손목에 차는 컴퓨터 등에 활용될 수 있어 꿈의 물질이라고도 불린다.

28 정답 ②

스미싱이란 문자메시지(SMS)와 피싱(Phishing)의 합성어로 스마트폰 문자메시지를 통해 소액결제를 유도하는 사기 수법이다. 주로 A의 사례와 같이 스마트폰 사용자에게 메시지를 보내 특정 사이트로 접속하도록 유도하여 개인정보를 빼내고 획득한 개인정보를 이용해 사이버머니 결제 등 소액결제를 통해 돈을 빼간다.

29 정답 ③

O2O(Online to Offline)란 온라인과 오프라인이 결합하는 현상으로, 온라인과 오프라인 서비스를 서로 연결해 소비자의 구매 활동을 도와주는 새로운 서비스 플랫폼을 말한다. 오프라인 매장에서 상품 정보를 탐색하고 실제로는 가격이 저렴한 온라인 사이트에서 구매하는 쇼루밍(Showrooming) 구매가 대표적인 예이다.

30 정답 ②

파스타(PaaS-TA)는 과학기술정보통신부와 한국정보화진흥원이 함께 개발한 개방형 클라우드 플랫폼으로, 'PaaS에 올라타.' 또는 'PaaS야, 고마워(Thank you).'라는 의미를 지닌다.

31 정답 ④

아마존 고(Amazon Go)는 미국의 기업인 아마존(Amazon)에서 운영하는 세계 최초의 무인 마트로, 계산대와 계산원 없이 인공지능(AI), 머신 러닝, 컴퓨터 비전 등 첨단기술이 활용되고 있어 소비자가 계산대에 줄을 서지 않고도 제품을 구입할 수 있다.

32 정답 ④

코인런(Coin Run)은 가상화폐를 기존 화폐로 바꾸려는 수요가 몰리는 상황을 말하며, 최근 정부의 가상화폐에 대한 강도 높은 규제로 인해 많은 투자자들이 코인런을 우려하기도 했다.

33 정답 ③

알파세대(Generation Alpha)란 2011년 이후 태어나 영·유아 시절부터 인공지능과 스마트폰 등을 경험하며 자란 세대로 디지털 기술 환경에 익숙한 세대를 말한다. 이들은 태어날 때부터 AI 스피커와 대화하면서 동화나 동요를 듣거나 스마트폰을 통해 유튜브와 같은 영상매체를 자주 접해 기계를 친숙한 대상으로 여긴다.

PART III

주요 금융권 NCS
기출복원문제
정답 및 해설

01	02	03	04	05	06	07	08	09	10	11	12	13	14	15	16	17	18	19	20
①	②	④	②	①	②	③	②	②	②	③	④	②	②	②	①	②	④	⑤	②
21	22	23	24	25	26	27	28	29	30										
④	②	②	④	④	①	①	④	③	③										

01 정답 ①

먼저 첫 번째 문단을 보면 당장 내년부터 탄소배출량 보고 의무가 생김에도 중소기업은 그 시작 단계인 탄소배출량 측정조차 어렵다고 하였다. 따라서 ⓒ에 들어갈 내용으로는 ESG 경영에 대해 실제로 준비한 정도가 낮게 표현된 '2.7점 수준에 머물렀다.'가 가장 적절하다. 이때 ⓒ이 포함된 문장이 '하지만'으로 시작되므로, ⓐ에 들어갈 내용은 ⓒ의 내용과는 상반되어야 한다. 따라서 ⓐ에 들어갈 내용은 실제로 준비는 안 되어 있지만, 관심은 있다는 내용의 '관심 있다는 반응을 보였다.'가 들어가는 것이 가장 적절하다.

02 정답 ②

제시문에서 인터넷상의 명예훼손행위는 그 특성상 해당 악플의 내용이 인터넷 곳곳에 퍼져 있을 수 있어 명예감정의 훼손 정도가 피해자의 정보수집량에 좌우될 수 있다고 하였으므로 ②는 적절한 내용이다.

오답분석
① 악플 대상자의 외적 명예가 침해되었다고 하더라도 이는 악플에 의한 것이 아니라 악플을 유발한 기사에 의한 것으로 보아야 한다고 하였으므로 적절하지 않은 내용이다.
③ 인터넷상의 명예훼손이 통상적 명예훼손보다 더 심하다고 보기 어렵다고 하였으므로 적절하지 않은 내용이다.
④ 세 종류의 명예 중 명예감정에 대해서는 구태여 자신에 대한 부정적 평가를 모을 필요가 없음에도 부지런히 수집·확인하여 명예감정의 훼손을 자초한 피해자에 대해서 국가가 보호해줄 필요성이 없다는 점에서 보호해야 할 법익으로 삼기 어렵다고 하였으므로 적절하지 않은 내용이다.

03 정답 ④

제시문은 검무의 정의와 기원, 검무의 변천 과정과 구성, 검무의 문화적 가치를 설명하는 글이다. 따라서 표제와 부제로 ④가 가장 적절하다.

04 정답 ②

제시문은 유명인의 중복 광고 출연으로 인한 부정적인 효과를 설명하고 있다. 따라서 사람들이 항상 유명인과 브랜드 이미지를 연관 짓는 것은 아니며, 오히려 유명인의 출연 자체가 광고 효과를 일으킬 수 있다는 주장을 반박으로 내세울 수 있으므로 ②가 가장 적절하다.

05 정답 ①

제시문에서 비-REM수면의 수면 진행 과정을 측정되는 뇌파에 따라 4단계로 나누어 설명하고 있다. 따라서 글의 전개 방식으로 ①이 가장 적절하다.

06 정답 ②

수면 단계에서 측정되는 뇌파들을 고려할 때 보기의 사람이 잠에서 깨는 것을 방지해 주는 역할을 하여 깊은 수면을 유도하는 '이것'은 (나) 앞에서 설명하는 'K-복합체'임을 알 수 있다. 즉, K-복합체는 수면 중 갑작스러운 소음이 날 때 활성화되어 잠자는 사람이 소음으로 인해 깨는 것을 방지해 준다.

07 정답 ③

반장과 부반장을 서로 다른 팀에 배치하는 경우는 2가지이다. 2명을 제외한 인원을 2명, 4명으로 나누는 경우는 먼저 6명 중 2명을 뽑는 방법과 같으므로 $_6C_2 = \dfrac{6 \times 5}{2} = 15$가지이다.

따라서 보트를 두 팀으로 나눠 타는 경우의 수는 $2 \times 15 = 30$가지이다.

08 정답 ②

전체 일의 양을 1이라고 하면 A, B가 각각 1시간 동안 일할 수 있는 일의 양은 각각 $\dfrac{1}{2}$, $\dfrac{1}{3}$이다.

A 혼자 일하는 시간을 x시간, B 혼자 일하는 시간을 y시간이라고 하자.

$x + y = \dfrac{9}{4} \cdots \text{㉠}$

$\dfrac{1}{2}x + \dfrac{1}{3}y = 1 \cdots \text{㉡}$

㉠, ㉡을 연립하면 $x = \dfrac{3}{2}$, $y = \dfrac{3}{4}$이다.

따라서 A 혼자 일한 시간은 $\dfrac{3}{2}$시간=1시간 30분이다.

09 정답 ②

(기둥의 부피)=(밑면의 넓이)×(높이)에서 밑면이 원이므로 밑면의 넓이는 $\pi \times \left(\dfrac{10}{2}\right)^2 = 2\text{cm}^2$이다.

따라서 원기둥의 부피는 $25\pi \times 10 = 250\pi\,\text{cm}^3$이다.

10 정답 ②

가입일 기준 만 36세이지만, 3년의 병역 의무 이행 기록이 있으므로 해당 기간을 제외하면 $36-3=33$세로 나이 기준에 포함된다. 또한, 개인소득 및 가구소득 등이 가입 기준을 만족하므로 A씨는 청년도약계좌상품에 가입할 수 있다. 이때 월 급여 및 월 지출이 우대금리 지급 기준에 부합하므로 각각 0.6%p, 0.2%p의 우대금리가 적용되고, 소득 플러스 항목은 2회 적용받으므로 0.2%p의 우대금리가 추가로 적용된다.

따라서 A씨가 만기일에 적용받는 금리는 연 $4.5+0.6+0.2+0.2=5.5\%$이다.

11 정답 ③

원금이 a원, 납입기간이 n개월, 연이율이 $r\%$로 단리식일 때 만기 시 이자는 $a\times\dfrac{n(n+1)}{2}\times\dfrac{r}{12}$원이다.

제시된 상품은 납입기간이 5년이고 금리는 연 5.5%가 적용되므로 만기 시 이자는 다음과 같다.

$a\times\dfrac{n(n+1)}{2}\times\dfrac{r}{12}$

$\rightarrow 500,000\times\dfrac{60\times61}{2}\times\dfrac{0.055}{12}=4,193,750$원

따라서 A씨가 만기 시 받을 수 있는 원리금은 $500,000\times60+4,193,750=34,193,750$원이다.

12 정답 ④

(판매 가격)=(매매기준가)×[1-(환전수수료)]이므로

(환전수수료)$=1-\dfrac{\text{(판매 가격)}}{\text{(매매기준가)}}$이다.

그러므로 각 국가의 판매할 때의 환전수수료를 구하면 다음과 같다.

- 미국 : $1-\dfrac{1,352.90}{1,377}\fallingdotseq0.02$

- 일본 : $1-\dfrac{863.29}{878.67}\fallingdotseq0.02$

- 중국 : $1-\dfrac{180.22}{189.7}\fallingdotseq0.05$

- 영국 : $1-\dfrac{1,688.02}{1,721.94}\fallingdotseq0.02$

- 호주 : $1-\dfrac{883.08}{895.05}\fallingdotseq0.01$(∵ 호주의 매매기준가는 $1,377\times0.65=895.05$원이다)

따라서 중국은 판매할 때의 환전수수료가 가장 많은 국가이므로 ④는 옳지 않은 설명이다.

오답분석

① 중국의 미화환산율은 $\dfrac{189.7}{1,377}\fallingdotseq0.14$이다.

② 호주의 매매기준가는 $1,377\times0.65=895.05$원이다.

③ (구입 가격)=(매매기준가)×[1+(환전수수료)]이므로 (환전수수료)$=\dfrac{\text{(구입 가격)}}{\text{(매매기준가)}}-1$이다.

따라서 미국의 구입할 때의 환전수수료는 $\dfrac{1,401.10}{1,377}-1\fallingdotseq0.0175$이고, 일본의 구입할 때의 환전수수료는 $\dfrac{894.05}{878.67}-1\fallingdotseq0.0175$로 서로 같다.

13 정답 ②

A~E의 진술에 따르면 B와 D의 진술은 반드시 동시에 진실 또는 거짓이 되어야 하며, B와 E의 진술은 동시에 진실이나 거짓이 될 수 없다.

- B와 D의 진술이 거짓인 경우
  참이어야 하는 A와 C의 진술이 서로 모순되므로 성립하지 않는다. 따라서 B와 D의 진술은 모두 진실이다.

- B와 D의 진술이 참인 경우
  A, C, E 중에서 1명의 진술은 참, 2명의 진술은 거짓인데, 만약 E가 진실이면 C도 진실이 되어 거짓을 말하는 사람이 1명이 되므로 성립하지 않는다. 따라서 C와 E는 거짓을 말하고, A는 진실을 말한다.

A ~ E의 진술에 따라 정리하면 다음과 같다.

구분	필기구	의자	복사용지	사무용 전자제품
신청 행원	A, D	C		D

의자를 신청한 행원의 수는 3명이므로 필기구와 사무용 전자제품을 신청한 D와 의자를 신청하지 않은 B를 제외한 A, E가 의자를 신청했음을 알 수 있다. 또한, 복사용지를 신청했다는 E의 진술이 거짓이므로 E가 신청한 나머지 항목은 사무용 전자제품이 된다. 이와 함께 남은 항목의 개수에 따라 신청 행원을 배치하면 다음과 같다.

구분	필기구	의자	복사용지	사무용 전자제품
신청 행원	A, D	A, C, E	B, C	B, D, E

따라서 신청 행원과 신청 물품이 바르게 연결된 것은 ②이다.

14 정답 ②

첫 번째, 두 번째 조건을 만족하는 것은 C객실뿐이므로 세 번째, 네 번째 조건에 따라 지불해야 하는 총금액을 계산하면 다음과 같다.
- 기준인원 초과 요금(1인, 2박) : $1 \times 2 \times 20,000 = 40,000$원
- 개별 수영장 온수 요금(2박 이상으로 50% 할인) : $70,000 \times 2 \times 0.5 = 70,000$원
- 객실요금(2박 이상으로 10% 할인) : $500,000 \times 2 \times 0.9 = 900,000$원
- 1시 이후 퇴실 추가요금 : $500,000 \times 0.5 = 250,000$원

따라서 지불해야 하는 총금액은 $40,000 + 70,000 + 900,000 + 250,000 = 1,260,000$원이다.

15 정답 ②

제시된 자료는 SWOT 분석을 통해 A섬유회사의 강점(S), 약점(W), 기회(O), 위기(T) 요인을 분석한 것이다.
SO전략과 WO전략은 발전 방안으로서 적절하다. 하지만 ST전략에서 경쟁업체에 특허 기술을 무상 이전하는 것은 경쟁이 더 심화될 수 있으므로 적절하지 않다. 또한, WT전략에서는 기존 설비에 대한 재투자보다는 수요에 맞게 다양한 제품을 유연하게 생산할 수 있는 신규 설비에 대한 투자가 필요하다.
따라서 A섬유회사에 대한 SWOT 분석 결과, 그 대응 전략으로 적절한 것은 ㄱ, ㄷ이다.

16 정답 ①

고령화는 전체 인구 중 65세 이상 노인의 비율이 증가하는 것이다. 65세 이상 노인이 오래 생존하고, 새로 태어나는 아이가 적어지면 65세 이상 노인의 비율이 상승하게 되므로 수명 증가와 저출산은 고령화의 직접적인 원인이 된다. 따라서 글의 추론으로 가장 적절한 것은 ①이다.

오답분석
② 고령화는 여러 나라에서 일반적으로 발생하고 있다고 하였으나, 모든 나라에서 공통적으로 발생한다고는 서술되지 않았다.
③ 고령화 비율을 감소시키기 위해서는 출산율의 급격한 증가가 필요하다. 그러나 제시된 글에서 각국의 고령화 대응 정책은 노인관련 정책이 대다수이다. 따라서 고령화 비율의 감소보다 고령 인구의 활용 및 복지가 각국 고령화 대응 정책의 기본이라 할 수 있다.
④ 독일의 경우 노인에 대한 직접적인 지원 정책 이외에도 교육, 고용, 도시개발 등 다양한 과제를 포괄적으로 고려하는 인구전략을 실행하고 있다. 따라서 금전적 지원이 주요 대응 정책이라고는 보기 어렵다.
⑤ 1억 명 중 65세 이상 인구가 1,500만 명이라면 고령화 비율은 15%이다. 65세 이상 인구 비율이 전체의 14%를 넘으므로 고령사회에 해당한다.

17 정답 ②

제시문의 두 번째 문단에서 식품은 우리가 먹고 마시는 모든 것을 의미하며, 자연 생태의 음식뿐만 아니라 가공된 음식까지 포함한다고 하였으므로 ②가 가장 적절하다.

오답분석

① 영양은 식품을 섭취한 후, 식품의 영양소를 흡수하고 사용하는 과정이다.
③ 다섯 번째 문단에서 지방의 과잉은 비만과 심혈관 질환의 위험을 증가시킬 수 있다고 하였으므로 적절하지 않은 설명이다.
④ 다섯 번째 문단에서 비타민 C 결핍은 괴혈병을 유발한다고 하였으므로 적절하지 않은 설명이다.
⑤ 에너지를 만들고, 면역력을 높이는 것은 영양소를 흡수하고 사용하는 과정에 해당하므로 영양으로 설명할 수 있다.

18 정답 ④

프로폴리스는 꿀벌이 나무의 싹이나 수액에서 수집한 수지질의 혼합물로 천연 항생제로 널리 알려져 있다. 건강기능식품으로서 인정받고 있지만, 알레르기나 설사 같은 부작용이 동반될 수 있다.

19 정답 ⑤

제시된 글은 어지러운 시국에 충신과 역신이 뒤바뀌기가 매우 쉽다는 것을 뜻하므로 손바닥을 뒤집는 것 같이 일이 매우 쉬움을 이르는 말인 '여반장(如反掌)'이 빈칸 ⊙에 들어갈 가장 적절한 한자성어이다.

오답분석

① 장광설(長廣舌) : 쓸데없이 장황하게 늘어놓는 말
② 유분수(有分數) : 마땅히 지켜야 할 분수가 있음
③ 등한시(等閒視) : 소홀하게 보아 넘김
④ 도외시(度外視) : 상관하지 아니하거나 무시함

20 정답 ②

견강부회(牽强附會)는 이치에 맞지 않는 말을 억지로 끌어 붙여 자기에게 유리하게 함을 의미한다. A씨의 경우 아침에 먹는 사과와 감기의 상관관계가 없음에도 불구하고, 이치에 맞지 않는 주장을 억지로 주장하고 있으므로 가장 적합한 한자성어는 견강부회이다.

오답분석

① 아전인수(我田引水) : 자기 논에 물 대기라는 뜻으로, 자기에게만 이롭게 되도록 생각하거나 행동함을 이르는 말.
③ 지록위마(指鹿爲馬) : 윗사람을 농락하여 권세를 마음대로 함을 이르는 말
④ 사필귀정(事必歸正) : 모든 일은 반드시 바른길로 돌아감을 뜻하는 말

21 정답 ④

제시된 문단은 유럽의 협동조합운동에 대한 내용이고 문단 마지막에 프랑스와 독일의 협동조합운동에 대해 언급하고 있으므로 이어서 배치될 문단은 프랑스와 독일의 협동조합운동을 설명하는 (라) 문단이다. (라) 문단을 제외한 나머지 문단은 우리나라의 협동조합에 대한 내용이므로 서유럽과의 시기 차이를 언급하며 내용을 전개하는 (나) 문단이 다음에 와야 한다. (나) 문단에서 1910 ~ 1920년대 우리나라 협동조합이 일제에 의한 경제적 보조기관이므로 협동조합이라고 규정하기 어렵다고 하였으므로 진정한 협동조합이라고 할 수 있는 민간 협동조합운동에 대한 내용인 (마) 문단이 이어져야 한다. 남은 문단 중 (가) 문단의 경우 정치적 색채를 띤 민간협동조합에 대해 언급하고 있으므로 경제적 자력갱생운동 및 계몽활동에 대해 언급한 (다) 문단 뒤에 와야 적절하다. 따라서 제시된 문단에서 이어질 문단을 논리적 순서대로 나열하면 (라) - (나) - (마) - (다) - (가)이다.

22　정답　②

서울에 사는 응답자의 비율은 $0.18+0.07=0.25$이고, 전체 응답자의 비율의 합은 1이므로 인천에 사는 응답자의 비율은 $1-(0.25+0.2+0.1+0.1+0.05+0.05+0.05+0.1)=0.1$이다.

인천에 사는 응답자 중 여성의 비율은 전체 응답자 중 여성의 비율과 같으므로 전체 응답자 중 인천에 사는 여성의 비율은 $0.1×0.4$ $=0.04$이다. 전체 응답자 중 여성의 비율이 0.4이므로 대구에 사는 여성 응답자의 비율은 $0.4-(0.07+0.03+0.04+0.07+0.05$ $+0.03+0.01+0.08)=0.02$이다.

따라서 전체 응답자 중 대구에 사는 여성의 비율은 0.02이므로 그 인원은 $1,100×0.02=22$명이다.

23　정답　②

• 연이율 2.4%가 적용되는 만기 2년 단리 적금 상품에 만기 때까지 매월 초 80만 원씩 납입하였을 때 받는 이자

$$80×\frac{24×25}{2}×\frac{0.024}{12}=48\text{만 원}$$

• 연이율 2.4%가 적용되는 만기 2년 월복리 적금 상품에 만기 때까지 매월 초 100만 원씩 납입하였을 때 받는 이자

$$100×\frac{\left(1+\frac{0.024}{12}\right)\left\{\left(1+\frac{0.024}{12}\right)^{24}-1\right\}}{\left(1+\frac{0.024}{12}\right)-1}-100×24$$

$$=100×\frac{1.002×(1.002^{24}-1)}{1.002-1}-2,400$$

$$=100×\frac{1.002×0.0491}{0.002}-2,400$$

$$=2,459.91-2,400$$

$$=59.91\text{만 원}$$

따라서 만기 시 받는 이자의 차이는 $59.91-48=11.91$만 원$=119,100$원이다.

24　정답　④

욕조를 가득 채우는 데 필요한 물의 양을 1이라고 하고, A관과 B관을 동시에 틀고 배수를 할 때 욕조가 가득 채워질 때까지 걸리는 시간을 x분이라고 하면, A관에서 1분 동안 나오는 물의 양은 $\frac{1}{30}$, B관에서 1분 동안 나오는 물의 양은 $\frac{1}{40}$이고, 1분 동안 배수되는 양은 $\frac{1}{20}$이므로

$$\left(\frac{1}{30}+\frac{1}{40}-\frac{1}{20}\right)x=1 \rightarrow \frac{1}{120}x=1$$

$$\therefore x=120$$

따라서 A관과 B관을 동시에 틀고, 동시에 배수를 할 때, 욕조에 물이 가득 채워질 때까지 걸리는 시간은 120분이다.

25　정답　④

A씨는 매월 500,000원을 사용하므로 각 체크카드의 전월 실적이 500,000일 때, 최대 할인 금액은 다음과 같다.

• A체크카드 : $6,000+6,000+1,000=13,000$원
• H체크카드 : $13,000$원
• K체크카드 : $3,000+3,000+2,000+1,000=9,000$원
• M체크카드 : $(500,000×0.003)+\left(\frac{100,000}{1,600}×40\right)+10,000=14,000$원
• N체크카드 : $500,000×0.002=1,000$원

따라서 A씨에게 추천할 카드는 M체크카드이다.

26 정답 ①

K체크카드의 대중교통 혜택 금액은 대중교통 요금의 10%이므로 120,000×0.1＝12,000원이지만, 전월 실적에 따른 할인 한도는 3,000원이다. 또한 이동통신 요금 할인 혜택은 5%로 100,000×0.05＝5,000원이지만 월 할인 한도는 최대 3,000원이며, 카페를 이용하지 않으므로 적용되지 않고, 편의점 월 할인 한도는 최대 1,000원이다.

따라서 A씨가 K체크카드를 이용하여 받을 수 있는 월 할인 금액은 최대 3,000＋3,000＋1,000＝7,000원이다.

27 정답 ①

A기업의 대출기간은 1년, 대출금액은 5천만 원, 대출금리는 연 3%이다.

만기일시상환 방식으로 월 이자는 $50,000,000×0.03×\frac{12}{12}÷12＝125,000$원이고, 마지막 달에는 원금과 함께 납입해야 되기 때문에 A기업이 내야 하는 마지막 달의 비용은 50,000,000＋125,000＝50,125,000원이다.

28 정답 ④

주어진 조건을 표로 정리하면 다음과 같다.

구분	1일	2일	3일	4일	5일	6일
경우 1	B	E	F	C	A	D
경우 2	B	C	F	D	A	E
경우 3	A	B	F	C	E	D
경우 4	A	B	C	F	D	E
경우 5	E	B	C	F	D	A
경우 6	E	B	F	C	A	D

따라서 B영화는 어떠한 경우에도 1일 또는 2일에 상영되므로 항상 옳은 것은 ④이다.

오답분석
① 경우 3 또는 4에서 A영화는 C영화보다 먼저 상영된다.
② 경우 1 또는 5, 6에서 C영화는 E영화보다 늦게 상영된다.
③ D영화는 경우 1 또는 3, 6에서 폐막작으로, 경우 4 또는 5에서 5일에 상영된다.
⑤ E영화는 경우 1 또는 3에서 E영화는 개막작이나 폐막작으로 상영되지 않는다.

29 정답 ③

상품 전체 구매 금액은 (2,000×3)＋(3,000×2)＋(2,500×1)＋(4,000×2)＋(6,000×4)＝6,000＋6,000＋2,500＋8,000＋24,000 ＝46,500원이다.

따라서 부가세액은 46,500×0.1＝4,650원이므로 전체 합계 금액은 46,500＋4,650＝51,150원이다.

30 정답 ③

A가 거짓말을 하고 있다는 B의 진술이 참이면 A는 거짓말을 하고 있으므로 범인이지만, A가 범인이 아니라는 C의 진술 또한 거짓이 되므로 모순이 발생한다.

따라서 B는 거짓말을 하는 범인이다. 나머지 4명의 진술은 참이므로 E가 확실히 범인이라는 D의 진술에 의해 범인은 B, E이다.

01	02	03	04	05	06	07	08	09	10	11	12	13	14	15	16	17	18	19	20
①	④	②	③	④	④	④	④	④	②	②	③	④	④	④	②	④	④	④	①
21	22	23	24	25	26	27	28	29	30	31	32	33	34	35	36	37	38	39	40
②	⑤	③	②	②	⑤	②	③	②	⑤	③	①	③	②	③	④	③	③	②	①
41	42	43	44	45	46	47	48	49	50	51	52	53	54	55	56	57	58	59	60
②	①	④	③	④	①	③	③	③	③	①	④	②	②	④	④	④	④	④	②

01 정답 ①

제시문은 대출을 받아 내 집을 마련한 사람들이 대출금리 인상으로 인한 경제적 부담을 감당하지 못하여 집을 처분하려 하나 이 또한 어려워 경매로 넘기는 상황에 대해 설명하고 있다. 따라서 글의 주제로 대출금리 인상으로 내 집 마련이 무너졌다는 ①이 글의 주제로 가장 적절하다.

오답분석

② 마지막 문단에 따르면 대출금리 인상으로 인해 부동산 매수자가 줄어든 것은 맞지만, 제시문의 전체적인 내용은 대출금리 인상으로 집을 사지 못하는 것이 아닌, 대출금리 인상으로 이미 산 집을 포기할 수밖에 없는 상황에 대해 다루고 있다. 따라서 제시문의 주제로는 적절하지 않다.

③ 마지막 문단에 따르면 매도량은 늘어나지만 매수량이 없어 이전보다 고를 수 있는 부동산의 선택지가 늘어난 것은 맞지만, 제시문의 전체적인 내용은 단순히 늘어난 부동산 매물이 아닌 대출금리 인상으로 인해 어쩔 수 없이 시장으로 나온 부동산 매물에 대해 다루고 있으므로 제시문의 주제로는 적절하지 않다.

④ 제시문의 내용으로 볼 때 부동산 경기 침체로 인해 매물로 나온 부동산은 늘어나고 있지만, 매수량은 없어 부동산 경매시장이 활발해졌다고 보긴 어렵다.

02 정답 ④

지폐 거래를 위해서는 신뢰가 필수적인데 중국을 포함한 아시아의 국가들은 처음부터 국가가 발행권을 갖고 있었기 때문에 화폐로 받아들여지고 사용되기 위해 필요한 신뢰를 확보하고 있었다고 할 수 있으므로 ④가 가장 적절하다.

오답분석

① 제시문에 따르면 유럽의 지폐는 동업자들끼리 만든 지폐로 시작하였으나 쉽게 자리잡지 못했고 중앙은행이 금 태환을 보장하면서부터 화폐로 사용되기 시작하였다. 그러나 이것으로 지폐가 널리 통용되었다고 판단하기에는 무리가 있으며 더구나 금화의 대중적인 확산이 그 원인이 되었다는 근거는 찾을 수 없다.

② 제시문은 내재적 가치가 없는 지폐가 화폐로 받아들여지고 사용되기 위해서는 신뢰가 필수적인데 중국은 강력한 왕권이 이 신뢰를 담보할 수 있었지만, 유럽에서는 그보다 오랜 시간과 성숙된 환경이 필요했다고 하고 있다. 결국 유럽에서 지폐의 법정화와 중앙은행의 설립이 이루어진 것은 17 ~ 18세기에 이르러서야 가능했다.

③ 중국에서는 기원전 8 ~ 7세기 이후 주나라에서부터 청동전이 유통되었는데 이후 진시황이 중국을 통일하면서 화폐를 통일해 가운데 네모난 구멍이 뚫린 원형 청동 엽전이 등장하였다고 하였다. 따라서 네모난 구멍이 뚫린 원형 엽전 이전에 청동전이 있었다는 사실을 알 수 있다.

03 정답 ②

광고는 해당 제품이 가진 여러 가지 정보를 담고 있다. 현명한 소비를 하기 위해서 광고에 의존해서는 안 되지만, 기본적인 정보 습득에 있어 전혀 도움이 되지 않는 것은 아니므로 ②는 적절하지 않은 내용이다.

오답분석

① 광고는 제품에 대한 긍정적인 이미지를 형성하여 소비자의 구매 욕구를 자극한다.
③ 현명한 소비를 하기 위해서는 광고에 의해 형성된 이미지에 속지 않고, 가격, 품질, 필요성 등 다양한 요소를 종합적으로 고려해야 한다.
④ 광고는 제품이나 서비스에 대한 정보를 전달하는 데 사용되는 매개체로 소비자의 구매 결정에 큰 영향을 미친다.

04 정답 ③

두 번째 문단에 따르면, 마음의 본래 모습을 회복하여 욕망(악)을 제거하려는 것은 A학파이다. B학파는 이러한 해석이 논어가 만들어졌을 당시의 유가 사상과 거리가 있다고 보고 있으므로 ③은 적절하지 않은 내용이다.

오답분석

① A학파는 '극기'의 의미를 '몸으로 인한 개인적 욕망'인 '기'를 극복하는 것으로 해석하며, '복례'의 의미를 '천리에 따라 행위하는 본래 모습으로의 회복'으로 보고 있어 천리를 행위의 기준으로 삼고 있다. 따라서 적절한 내용이다.
② A학파는 '예'를 '천리에 따라 행위하는 것'으로 규정하고 있으며, 이 '천리'는 태어날 때부터 마음에 내재해 있는 것으로 보고 있다. 따라서 적절한 내용이다.
④ B학파는 '기'를 '몸'으로 보아 숙련 행위의 주체로 이해하였고, '예'를 '본받아야 할 행위'로 이해하며, 제사에 참여하여 어른들의 행위를 모방하듯이 선인의 행위를 모범으로 삼는 것을 추론할 수 있으므로 적절한 내용이다.

05 정답 ④

GDP를 계산할 때는 총생산물의 가치에서 중간 생산물의 가치를 빼야 하므로 ④는 적절하지 않은 내용이다.

오답분석

① GDP는 한 나라 안에서 일정 기간 새로 생산된 최종 생산물의 가치를 모두 합산한 것이다.
② · ③ GDP를 산출할 때는 그해에 새로 생산된 재화와 서비스 중 화폐로 매매된 것만 계산에 포함하고, 화폐로 매매되지 않은 것은 포함하지 않는다.

06 정답 ④

제시문의 마지막 문단에 따르면 GDP는 무역 손실에 따른 실질 소득의 감소를 제대로 반영하지 못하기 때문에 국민경제의 소득 수준과 소비 능력을 나타내는 GNI가 필요하다. 따라서 밑줄 친 ㉠에 대한 대답으로 ④가 가장 적절하다.

07 정답 ④

(다) 문단은 '다시 말하여'라는 뜻의 부사 '즉'으로 시작하여, '경기적 실업은 자연스럽게 해소될 수 없다.'는 주장을 다시 한 번 설명해주는 역할을 하므로 제시문 바로 다음에 위치하는 것이 자연스럽다. 다음으로는 경기적 실업이 자연스럽게 해소될 수 없는 이유 중 하나인 화폐환상현상을 설명하는 (나) 문단이 오는 것이 적절하며, 마지막으로 화폐환상현상으로 인해 실업이 지속되는 것을 설명하고, 정부의 적극적 역할을 해결책으로 제시하는 케인즈 학파의 주장을 이야기하는 (가) 문단이 오는 것이 적절하다. 따라서 (다) – (나) – (가) 순으로 나열하는 것이 가장 적절하다.

08　정답 ④

기본금리는 연 0.1%가 적용되고, 최대 우대금리인 연 0.3%p가 가산된다.
그러므로 만기 시 적용되는 금리는 0.1+0.3=0.4%가 된다.

단, 이자지급방식이 단리식이므로 A고객이 만기 시 수령할 이자는 $10,000,000 \times \dfrac{0.4}{100} \times \dfrac{6}{12} = 20,000$원이다.

09　정답 ④

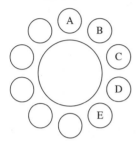

A ~ E에 앉을 수 있는 경우의 수는 각각 10가지, 8가지, 6가지, 4가지, 2가지이고, 회전하여 같아지는 경우는 10가지이다.
따라서 구하고자 하는 경우의 수는 $\dfrac{10 \times 8 \times 6 \times 4 \times 2}{10} = 384$가지이다.

다른 풀이

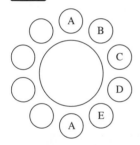

A에 한 과를 고정시키고 남은 과를 B ~ E에 앉히는 경우의 수는 4!=24가지이다. B ~ E에 대하여 자리를 바꿔 앉는 경우의 수는
각각 2가지이므로 $2 \times 2 \times 2 \times 2 = 16$가지이다.
따라서 구하고자 하는 경우의 수는 24×16=384가지이다.

10　정답 ②

작년 비행기 왕복 요금을 x원, 작년 1박 숙박비를 y원이라 하면 다음 식이 성립한다.

$-\dfrac{20}{100}x + \dfrac{15}{100}y = \dfrac{10}{100}(x+y) \cdots ㉠$

$(1 - \dfrac{20}{100})x + (1 + \dfrac{15}{100})y = 308,000 \cdots ㉡$

㉠을 정리하면 $y = 6x \cdots ㉢$
㉡을 정리하면 $16x + 23y = 6,160,000 \cdots ㉣$
㉢을 ㉣에 대입하면
$16x + 138x = 6,160,000$
∴ $x = 40,000$
이를 ㉢에 대입하면 $y = 240,000$이다.

따라서 올해 비행기 왕복 요금은 $40,000 - 40,000 \times \dfrac{20}{100} = 32,000$원이다.

11 정답 ②

미생물은 3일마다 10배씩 증가하고 있다. 그러므로 6월 7일에 미생물 3마리가 분열을 시작하여 30억 마리가 되려면 $30억=3\times10^9$ 이므로 $3\times9=27$일 후이다.

따라서 미생물이 30억 마리가 되는 날은 6월 7일을 기준으로 27일 후인 7월 4일이다.

12 정답 ③

먼저 여행일이 1월 이내이고, 여행 기간이 15일 이내여야 하므로 가능한 여행패키지를 확인하면 C, D, F이다.

- C : Z카드를 갖고 있지 않으므로 가격은 1,600,000원이다.
- D : M멤버십을 보유하고 있고 Z카드는 갖고 있지 않으므로 가격은 $1,750,000\times0.8=1,400,000$원이다.
- F : M멤버십을 보유하고 있고 Z카드는 갖고 있지 않으므로 가격은 $1,500,000\times0.95=1,425,000$원이다.

따라서 가장 저렴하게 이용할 수 있는 여행패키지는 D이고, 그 가격은 1,400,000원이다.

13 정답 ④

먼저 제시된 조건에 따라 선택할 수 없는 관광 코스를 제외할 수 있다.

- 4일 이상 관광하되 5일을 초과하면 안 되므로, 기간이 4일 미만인 B코스를 제외한다.
- 비용이 30만 원을 초과하고, 참여 인원이 30명 초과인 C코스를 제외한다.

한편, D코스를 I카드로 결제할 때의 비용은 10% 할인을 적용받아 $332,000\times0.9=298,800$원으로 30만 원 미만이다.

따라서 김대리는 A코스와 D코스 중 경유지가 더 많은 D코스를 선택하는 것이 가장 적절하다.

14 정답 ④

김대리가 받을 수 있는 신용카드에 따른 할인 혜택 금액은 다음과 같다.

- A카드 : 외식 부문에서 할인을 적용받고, 페이 결제분에 대한 할인은 제외되므로 적용받는 할인 금액은 $540,000-350,000=190,000$원이다. 이때, 총결제액이 100만 원을 초과했으므로 할인율은 15%이다. 따라서 할인 혜택 금액은 $190,000\times0.15=28,500$원으로 할인한도 28,000원을 초과하여 28,000원을 할인받는다.
- B카드 : 쇼핑 부문에서 할인을 적용받고, N사 페이 결제에 대하여 5% 추가 할인이 적용된다. 이때, 총결제액이 100만 원을 초과했으므로 기본으로 적용되는 할인율은 15%이고, N사 페이 결제금액에 적용되는 할인율은 $15+5=20\%$이다. 따라서 할인 혜택 금액은 $150,000\times0.2+(290,000-150,000)\times0.15=30,000+21,000=51,000$원으로 할인한도 25,000원을 초과하여 25,000원을 할인받는다.
- C카드 : 공과금 부문에서 할인을 적용받는다. 이때, 총결제액이 100만 원을 초과했으므로 기본으로 적용되는 할인율은 15%이고 공과금을 자동이체로 설정하였으므로 3% 추가 할인이 적용되므로 할인율은 $15+3=18\%$이다. 따라서 할인 혜택 금액은 $150,000\times0.18=27,000$원이다.
- D카드 : 유류비 부문에서 총결제액의 3%를 할인받는다. 따라서 할인 혜택 금액은 $1,210,000\times0.03=36,300$원으로 할인한도 30,000원을 초과하여 30,000원을 할인받는다.

따라서 김대리는 할인 혜택 금액이 가장 큰 신용카드인 D카드를 신청하는 것이 가장 적절하다.

15 정답 ④

ㄴ. 민간의 자율주행기술 R&D를 지원하여 기술적 안전성을 높이는 전략은 위협을 최소화하는 내용은 포함하지 않고 약점만 보완하는 내용이므로 ST전략이라 할 수 없다.

ㄹ. 국내기업의 자율주행기술 투자가 부족한 약점을 국가기관이 주도로 극복하려는 전략은 약점을 최소화하고 위협을 회피하려는 WT전략의 내용으로 적절하지 않다.

오답분석

ㄱ. 높은 수준의 자율주행기술을 가진 외국 기업과의 기술이전협약 기회를 통해 국내외에서 우수한 평가를 받는 국내 자동차기업이 국내 자율주행자동차 산업의 강점을 강화하는 전략은 SO전략에 해당한다.

ㄷ. 국가가 지속적으로 자율주행차 R&D를 지원하는 법안이 본회의를 통과한 기회를 토대로 기술개발을 지원하여 국내 자율주행자동차 산업의 약점인 기술적 안전성을 확보하려는 전략은 WO전략에 해당한다.

16 　정답　②

부서별로 한 명씩 배치 가능한 신입사원을 살펴보면 다음과 같다.
• 총무부의 경우, 경영 전공자인 갑·기 중 인턴 경험이 있는 갑이 배치된다.
• 투자전략부의 경우, 재무분석이 가능한 병·정·기 중 석사 이상의 학위를 보유한 기가 배치된다.
• 대외협력부의 경우, 제2외국어 가능자인 갑·정 중 총무부로 배치되어야 하는 갑을 제외한 정이 배치된다.
• 품질관리부의 요건을 부합하는 직원은 을뿐이므로 을이 배치된다.
• 나머지 인력인 병·무 중 인턴 경험이 있는 병은 인사부로 배치되며, 데이터분석이 가능한 무는 기술개발부로 배치된다.
위의 내용을 표로 정리하면 다음과 같다.

부서명	직원명
총무부	갑
투자전략부	기
인사부	병
대외협력부	정
품질관리부	을
기술개발부	무

따라서 부서에 배치될 신입사원이 잘못 연결된 것은 ②이다.

17 　정답　④

• 다섯 번째 조건에 따르면, A는 가장 낮은 층인 101호, 102호 중 하나를 배정받는데, 세 번째 조건에 따라 왼쪽 방을 배정받으므로 101호를 배정받는다.
• 세 번째 조건과 일곱 번째 조건에 따르면, G는 D와 같은 층에서 왼쪽 방을 이용해야 하므로, 배정 가능한 방이 2개인 5층을 배정받는다. 따라서 G는 501호, D는 503호를 배정받게 되고, 세 번째 조건에 따라 C는 남은 왼쪽 방인 401호를 배정받게 된다.
• 여섯 번째 조건에 따르면, F는 오른쪽 방을 배정받아야 하며, 네 번째 조건에 따라 B는 F보다 높은 층을 배정받아야 하므로, 303호는 B가, 203호는 F가 배정받는다.
위의 내용을 정리하면 다음과 같다.

	왼쪽	가운데	오른쪽
5층	501 – G		503 – D
4층	401 – C		
3층			303 – B
2층		202	203 – F
1층	101 – A	102	

남은 인원인 E와 H는 102호와 202호에 배정받는다. 그러나 제시된 조건만으로는 이 중 어느 방을 각각 배정받을지는 확정지을 수 없으므로, E는 H보다 높은 층을 배정받을 수도 아닐 수도 있다. 따라서 ④는 옳지 않다.

18 　정답　④

A조의 발표기간 3일 중 마지막 발표는 11일이므로, 다음 순서인 C조는 그다음 날인 12일에 발표를 시작할 수 없다. 또한 그다음 수업일은 화요일인 16일이나, 창립기념일인 17일에는 발표를 할 수 없다. 첫 번째 날과 두 번째 날의 발표는 연속해서 해야 하므로 발표는 18일에 시작하여야 한다. 즉, C조는 18 ~ 19일에 발표를 하고, 마지막 날의 발표를 다음 수업일인 23일에 하게 된다. 따라서 B조는 그다음 날인 24일을 제외하고 가장 빠른 발표가능일인 25 ~ 26일에 발표를 하고, 마지막 발표는 30일에 하게 된다.

19 정답 ④

매월 적립해야 하는 금액을 a원이라 하면 2022년 4월 말에 지급받는 적립 총액은
$(a\times1.005+a\times1.005^2+a\times1.005^3+\cdots+a\times1.005^{40})$만 원이다.

$$a\times1.005+a\times1.005^2+a\times1.005^3+\cdots+a\times1.005^{40}=\frac{a\times1.005\times(1.005^{40}-1)}{1.005-1}=2,211$$

$44.22a=2,211 \to a=50$

따라서 기태가 매월 적립해야 하는 금액은 50만 원이다.

20 정답 ①

총 주차시간이 x분일 때 30분 이후부터 10분마다 500원씩 추가되므로 지불해야 하는 총 주차 요금은
$(1,500+\dfrac{x-30}{10}\times500)$원이다.

이 금액이 5,000원 이하여야 하므로

$(1,500+\dfrac{x-30}{10}\times500)\le5,000$

$50(x-30)\le3,500 \to x\le100$

따라서 최대 100분까지 주차가 가능하다.

21 정답 ②

A은행에서 3년(36개월)간 5만 원씩 적금을 넣는다면 적금의 원리합계는 다음과 같다.

1개월 …… $5(1+1.001)^{36}$
2개월 …… $5(1+1.001)^{35}$
3개월 …… $5(1+1.001)^{34}$
　　　　　　⋮
35개월 …… $5(1+1.001)^2$
36개월 …… $5(1+1.001)$

A은행에서의 적금의 원리합계는

$$S_A=\frac{5(1+1.001)(1.001^{36}-1)}{1.001-1}=\frac{5\times1.001\times(1.04-1)}{0.001}=200.2만 원이다.$$

B은행에서 2년(24개월)간 10만 원씩 적금을 넣는다면 적금의 원리합계는 다음과 같다.

1개월 …… $10(1+1.002)^{24}$
2개월 …… $10(1+1.002)^{23}$
3개월 …… $10(1+1.002)^{22}$
　　　　　　⋮
23개월 …… $10(1+1.002)^2$
24개월 …… $10(1+1.002)$

B은행에서의 적금의 원리합계는

$$S_B=\frac{10(1+1.002)(1.002^{24}-1)}{1.002-1}=\frac{10\times1.002\times(1.05-1)}{0.002}=250.5만 원이다.$$

따라서 B은행에 적금하는 것이 $250.5-200.2=50.3$만 원(503,000원) 더 받을 수 있다.

22 정답 ⑤

작년 여학생 수를 x명이라고 하면, 작년 남학생 수는 $(2,000-x)$명이므로 다음과 같은 식을 세울 수 있다.

$$-\frac{5}{100}(2,000-x)+\frac{5}{100}x=-14$$

양변에 100을 곱하면 다음과 같다.

$$-5(2,000-x)+5x=-1,400 \rightarrow -10,000+5x+5x=-1,400 \rightarrow 10x=8,600$$

$$\therefore \ x=860$$

따라서 작년 여학생의 수는 860명이다.

23 정답 ③

주어진 조건을 토대로 보면, 다음과 같이 정리해 볼 수 있다. 원형 테이블은 회전시켜도 좌석 배치는 동일하므로, 좌석을 1번 ~ 7번으로 번호를 붙이고, A가 1번 좌석에 앉았다고 가정하여 배치하면 다음과 같다.

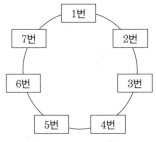

첫 번째 조건에 따라 2번에는 부장이, 7번에는 차장이 앉게 된다.
세 번째 조건에 따라, 부장과 이웃한 자리 중 비어있는 3번 자리에 B가 앉게 된다.
네 번째 조건에 따라 7번에 앉은 사람은 C가 된다.
다섯 번째 조건에 따라, 5번에 과장이 앉게 되고, 과장과 차장 사이인 6번에 G가 앉게 된다.
여섯 번째 조건에 따라, A와 이웃한 자리 중 직원 명이 정해지지 않은 2번, 부장 자리는 D가 앉게 된다.
마지막 조건에 따라, 4번 자리에는 대리, 3번 자리에는 사원이 앉는 것을 알 수 있다. 3번 자리에 앉는 사람은 사원 직급인 B인 것을 알 수 있다.
두 번째 조건에 따라, E는 사원과 이웃하지 않았고 직원 명이 정해지지 않은 5번, 과장 자리에 해당되는 것을 알 수 있다.
이를 정리하면 다음과 같은 좌석 배치가 되며, F는 이 중 유일하게 빈자리인 4번, 대리 자리에 해당된다.

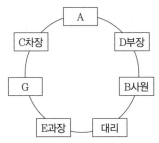

따라서 사원 직급은 B, 대리 직급은 F가 해당되는 것을 도출할 수 있다.

24 정답 ②

참견하지 않고 앉아서 보기만 함을 의미하는 '좌시(坐視)'와 어떤 일에 직접 나서서 관여하지 않고 곁에서 보기만 함을 의미하는 '방관(傍觀)'은 유의 관계이다. 반면, ①·③·④·⑤는 반의 관계이다.

오답분석

① • 밀집(密集) : 빈틈없이 빽빽하게 모임
　 • 산재(散在) : 여기저기 흩어져 있음
③ • 훼방(毁謗) : 남을 헐뜯어 비방함 또는 그런 비방
　 • 협조(協助) : 힘을 보태어 도움
④ • 방만(放漫) : 맺고 끊는 데가 없이 제멋대로 풀어져 있다는 의미인 '방만하다'의 어근
　 • 절연(截然) : 맺고 끊음이 칼로 자르듯이 분명하다는 의미인 '절연하다'의 어근
⑤ • 옹색(壅塞) : 형편이 넉넉하지 못하여 생활에 필요한 것이 없거나 부족함 또는 그런 형편
　 • 윤택(潤澤) : 살림이 넉넉함

25 정답 ②

갤런(gal), 배럴(bbl), 온스(oz)는 '부피'를 나타내는 단위이다.

26 정답 ⑤

'사상누각(沙上樓閣)'은 모래 위에 세워진 누각이라는 뜻으로, 기초가 튼튼하지 못하면 곧 무너지고 만다는 것을 의미한다. 따라서 빈칸에 들어갈 한자성어로 가장 적절한 것은 ⑤이다.

오답분석

① 혼정신성(昏定晨省) : 밤에는 부모의 잠자리를 보아 드리고 이른 아침에는 부모의 안부를 여쭈어 본다는 뜻으로, 부모님께 효성을 다하는 모습을 나타내는 말
② 표리부동(表裏不同) : 겉으로 드러나는 언행과 속으로 가지는 생각이 다르다는 말
③ 철저성침(鐵杵成針) : 철 절굿공이로 바늘을 만든다는 뜻으로, 아주 오래 노력하면 성공한다는 말
④ 격화소양(隔靴搔癢) : 신을 신고 발바닥을 긁는다는 뜻으로, 성에 차지 않거나 철저하지 못한 안타까움을 이르는 말

27 정답 ②

간부 A∼D의 만기 시 월 이자 금액을 구하면 다음과 같다.

• A : $30 \times (0.031 + 0.03 + 0.002) \div 12 = \dfrac{1.89}{12}$ 만 원

• B : $50 \times 0.031 = \dfrac{1.55}{12}$ 만 원

• C : $20 \times (0.031 + 0.002 + 0.002 + 0.002) \div 12 = \dfrac{0.74}{12}$ 만 원

• D : $40 \times (0.031 + 0.03 + 0.002 + 0.001 + 0.002) = \dfrac{2.64}{12}$ 만 원

따라서 월 이자 금액이 가장 적은 사람부터 순서대로 나열하면 C－B－A－D이다.

28　정답 ③

간부 A~D의 만기 시 원리합계를 구하면 다음과 같다.

• A : 매월 30만 원씩 입금하였고 만기 시 연 이율이 6.3%이므로

$$\frac{30\times\left(1+\frac{0.063}{12}\right)\times\left\{\left(1+\frac{0.063}{12}\right)^{24}-1\right\}}{\left(1+\frac{0.063}{12}\right)-1}=\frac{30\times(12+0.063)\times(1.133-1)}{0.063}=763.99\text{만 원}$$

• B : 매월 50만 원씩 입금하였고 만기 시 연 이율이 3.1%이므로

$$\frac{50\times\left(1+\frac{0.031}{12}\right)\times\left\{\left(1+\frac{0.031}{12}\right)^{24}-1\right\}}{\left(1+\frac{0.031}{12}\right)-1}=\frac{50\times(12+0.031)\times(1.064-1)}{0.031}\fallingdotseq1,241.91\text{만 원}$$

• C : 매월 20만 원씩 입금하였고 만기 시 연 이율이 3.7%이므로

$$\frac{20\times\left(1+\frac{0.037}{12}\right)\times\left\{\left(1+\frac{0.037}{12}\right)^{24}-1\right\}}{\left(1+\frac{0.037}{12}\right)-1}=\frac{20\times(12+0.037)\times(1.077-1)}{0.037}\fallingdotseq501\text{만 원}$$

• D : 매월 40만 원씩 입금하였고 만기 시 연 이율이 6.6%이므로

$$\frac{40\times\left(1+\frac{0.066}{12}\right)\times\left\{\left(1+\frac{0.066}{12}\right)^{24}-1\right\}}{\left(1+\frac{0.066}{12}\right)-1}=\frac{40\times(12+0.066)\times(1.141-1)}{0.066}\fallingdotseq1,031.09\text{만 원}$$

29　정답 ②

제시문에 따르면 농업은 과학 기술의 발전성과를 수용하여 새로운 상품과 시장을 창출할 수 있는 잠재적 가치를 가지고 있으므로 농업의 성장을 위해서는 과학 기술의 문제점을 성찰하기보다는 과학 기술을 어떻게 활용할 수 있는지를 고민해 보는 것이 적절하다. 따라서 ②의 과학 기술의 문제점을 성찰해야 한다는 내용은 적절하지 않다.

30　정답 ⑤

제시문의 마지막 문단에 따르면 '라이헨바흐는 자연이 일양적일 수도 있고 그렇지 않을 수도 있음을 전제'하며, '자연이 일양적인지 그렇지 않은지 알 수 없는 상황에서는 귀납을 사용하는 것이 옳은 선택'이라고 한다. 그러나 귀납이 현실적으로 옳은 추론 방법임을 밝히기 위해 자연의 일양성이 선험적 지식임을 증명하고 있는 것은 아니다. 따라서 비판한 내용으로 적절하지 않은 것은 ⑤이다.

오답분석

① 라이헨바흐는 '어떤 방법도 체계적으로 미래 예측에 계속해서 성공할 수 없다는 논리적 판단을 통해 귀납은 최소한 다른 방법보다 나쁘지 않은 추론'이라고 확언한다. 하지만 이것은 귀납의 논리적 허점을 현실적 차원에서 해소하려는 것이며, 논리적 허점을 완전히 극복한 것은 아니라는 점에서 비판의 여지가 있다.

② 라이헨바흐는 '귀납의 정당화 문제로부터 과학의 방법인 귀납을 옹호하기 위해 현실적 구제책'을 제시한다. 이것은 귀납이 과학의 방법으로 사용될 수 있음을 지지하려는 것이다.

③ 라이헨바흐는 '자연이 일양적일 경우, 우리의 경험에 따라 귀납이 점성술이나 예언 등의 다른 방법보다 성공적인 방법이라고 판단'하며, '자연이 일양적이지 않다면, 어떤 방법도 체계적으로 미래 예측에 계속해서 성공할 수 없다는 논리적 판단을 통해 귀납은 최소한 다른 방법보다 나쁘지 않은 추론'이라고 확언한다. 따라서 라이헨바흐가 귀납과 다른 방법을 비교하기 위해 경험적 판단과 논리적 판단을 활용했음을 알 수 있다.

④ 라이헨바흐는 '자연이 일양적인지 그렇지 않은지 알 수 없는 상황에서는 귀납을 사용하는 것이 옳은 선택'이라고 본다. 따라서 라이헨바흐는 귀납과 견주어 미래 예측에 더 성공적인 방법이 없다는 판단을 근거로 귀납의 가치를 보여 주고 있다.

31 정답 ③

제시문은 애그테크의 정의와 효과, 적용되는 기술을 설명하는 글이다. 그러므로 애그테크에 대한 정의인 (다) 문단이 가장 앞으로 와야 하고, 이어서 애그테크의 효과에 대한 (가) 문단이 와야 한다. 이후 애그테크에 적용되는 다양한 기술을 설명한 (나) 문단이 배치되어야 하고, 결론인 (라) 문단이 배치되어야 한다. 따라서 (다) - (가) - (나) - (라) 순으로 나열하는 것이 가장 적절하다.

32 정답 ①

보기는 기존의 쌀 소득보전 직불제의 도입 배경과 한계점에 대한 내용이다. 공익직불제는 쌀 과잉공급 등 기존 직불제의 한계점을 해결하기 위해 시행된 제도이므로 보기의 문단이 들어갈 위치로 가장 적절한 곳은 (가)이다.

33 정답 ③

네 번째 문단에서 각 지자체는 정부 광고매체를 활용해 모금할 수 있지만, 지자체가 주최·주관·후원하는 행사에서 권유·독려를 금지하고 있으며 이를 위반했을 경우 최대 8개월까지 기부금 모금이 제한된다. 따라서 ③은 적절하지 않은 내용이다.

오답분석
① 기부자는 주민등록증·운전면허증 등 신분증을 가지고 농협 근무시간에 방문하여 현장에서 기부할 수 있다.
② 고향사랑e음은 국세청 연말정산시스템과 연계하여 자동으로 세액공제 혜택을 받을 수 있다.
④ 고향사랑e음을 통해 기부 시 기부금의 30%를 포인트로 받아 원하는 시기에 원하는 답례품을 선택할 수 있다.

34 정답 ②

제시문은 새마을금고중앙회가 대포통장 근절을 통해 보이스피싱 예방에 성과를 거두고 있음을 이야기하고, 구체적인 통계 수치를 통해 그에 대한 설명을 하고 있으므로 ②가 글의 주제로 가장 적절하다.

오답분석
① 대포통장이 보이스피싱의 주요한 수단으로 사용되고 있다는 내용은 적절하지만, 전체 내용을 아우르는 제목으로 보기는 어렵다.
③ 새마을금고중앙회가 피해·사기계좌에 대한 모니터링을 통해 보이스피싱 피해를 예방하고 금융사기를 사전에 차단하고 있다는 내용은 제시되어 있지만, 금융사기 피해자를 지원하는 내용은 언급되지 않았다.
④ 사기계좌에 대한 지속적인 모니터링을 촉구하는 내용은 제시되지 않았다.

35 정답 ③

제시문에서는 스마트시티 프로젝트의 핵심 과제와 주요 연구과제, 도시관리 데이터의 빅데이터 시스템 구축, 지능형 통합 의사결정 시스템 등의 과제를 설명하고 있다. 그리고 프로젝트가 차질없이 수행될 경우 발생하는 에너지 절감, 신산업 생태계 조성, 다양한 스마트 솔루션 개발 등의 효과를 설명하는 것으로 볼 때, ③이 제목으로 가장 적절하다.

36 정답 ④

스마트시티 프로젝트로 다양한 스마트 솔루션이 개발되고 이를 통해 일자리 창출 및 국내 경제 활성화에 기여할 수 있을 것으로 예상되므로 ④는 적절하지 않다.

오답분석
① 스마트시티 프로젝트의 과제로는 교통사고, 범죄, 응급의료 등 도시 내 각종 위험에 대한 위기대응 통합 솔루션 개발이 있다.
② 공공 분야에서는 교통정체, 사고 등 도시 내 각종 상황을 실시간으로 감지·분석하고 도시 빅데이터에 기반해 의사결정 전 과정을 지원하는 '지능형 통합 의사결정 시스템'을 개발해 공공서비스 질을 향상시킬 방침이다.
③ 스마트시티 프로젝트가 차질 없이 수행되면 도시 개별 인프라 간 연계·통합 등으로 상호 시너지가 발생해 각종 도시 관리 효율성이 15% 이상 향상될 것으로 전망된다.

37　정답　③

한국 경찰청 국가수사본부 사이버수사국에서 유엔 범죄예방 및 형사사법위원회 정기회의에 참석해 발표한 내용은 금품요구 악성 프로그램 유포사범 검거와 관련된 사례이다. 발표를 담당한 경사가 사이버 성범죄의 가해자를 검거하여 유엔 마약 · 범죄 사무소, 동남아시아 가상자산 실무자 회의에서 발표한 이력이 있다는 내용이 제시되어 있지만 이는 부가적인 설명이므로, 제시문을 읽고 알 수 있는 내용으로 적절하지 않다.

오답분석
① 제시문의 두 번째 문단을 통해 파악할 수 있다.
② 제시문의 첫 번째 문단을 통해 파악할 수 있다.
④ 제시문의 마지막 문단을 통해 파악할 수 있다.

38　정답　③

주어진 조건을 정리하면 다음과 같다.
• 첫 번째 조건 : B부장의 자리는 출입문과 가장 먼 10번 자리에 배치된다.
• 두 번째 조건 : C대리와 D과장은 마주봐야 하므로 2 · 7번 또는 4 · 9번 자리에 앉을 수 있다.
• 세 번째 조건 : E차장은 B부장과 마주보거나 옆자리이므로 5번과 9번에 배치될 수 있지만, 다섯 번째 조건에 따라 옆자리가 비어있어야 하므로 5번 자리에 배치된다.
• 네 번째 조건 : C대리는 A사원 옆자리에 앉아야 하므로 7번과 9번에 배치될 수 있다.
• 다섯 번째 조건 : E차장 옆자리는 공석이므로 4번 자리는 아무도 앉을 수가 없으며 앞선 조건에 따라 C대리는 7번 자리에 앉고, D과장은 2번 자리에 앉아야 한다.
• 일곱 번째 조건 : 과장끼리 마주보거나 나란히 앉을 수 없으므로 G과장은 3번 자리에 앉을 수 없고, 6번과 9번에 앉을 수 있다.
• 여섯 번째 조건 : F대리는 마주보는 자리에 아무도 앉지 않아야 하므로 9번 자리에 배치되어야 하고 G과장은 6번 자리에 앉아야 한다.
따라서 주어진 조건에 맞게 자리배치를 정리하면 다음과 같다.

출입문				
1 – 신입사원	2 – D과장	×	×	5 – E차장
6 – G과장	7 – C대리	8 – A사원	9 – F대리	10 – B부장

39　정답　②

$$℃=\frac{5}{9}(℉-32) \rightarrow ℉=\frac{9}{5}\times℃+32 \rightarrow ℉=\frac{9}{5}\times30+32=86℉$$

40　정답　②

중도상환수수료는 중도상환금액×중도상환수수료율×잔여기간÷대출기간이다.

따라서 A고객의 중도상환수수료는 $80,000,000\times0.025\times\frac{24}{48}=1,000,000$원이다.

41　정답　①

각각의 경우의 수를 구하면 다음과 같다.
• 2개의 주사위를 던지는 경우의 수 : 6×6=36가지
• 나온 눈의 곱이 홀수인 경우(홀수×홀수)의 수 : 3×3=9가지

따라서 주사위의 눈의 곱이 홀수일 확률은 $\frac{9}{36}=\frac{1}{4}$이다.

42 정답 ①

상품 정보에 따라 B주임과 C과장의 만기환급금을 계산하면 다음과 같다.

- B주임 : $30 \times 36 + 30 \times \dfrac{36 \times 37}{2} \times \dfrac{0.024}{12} = 1{,}119.96$만 원

- C과장 : $25 \times \dfrac{(1.02)^{\frac{25}{12}} - (1.02)^{\frac{1}{12}}}{(1.02)^{\frac{1}{12}} - 1} = 25 \times \dfrac{1.04 - 1.001}{0.001} = 975$만 원

43 정답 ④

제시되어 있는 환전 수수료 공식을 A씨가 신청한 달러 및 유로에 적용하면 다음과 같다.
- 달러 : $(1{,}300 - 1{,}100) \times (1 - 0.7) \times 660 = 39{,}600$원
- 유로 : $(1{,}520 - 1{,}450) \times (1 - 0.5) \times 550 = 19{,}250$원
따라서 A씨가 내야 할 총환전 수수료는 $39{,}600 + 19{,}250 = 58{,}850$원이다.

44 정답 ③

'어찌 된'의 뜻을 나타내는 관형사는 '웬'이므로, '어찌 된 일로'라는 함의를 가진 '웬일'이 맞는 말이다.

오답분석
① 메다 : 어떤 감정이 북받쳐 목소리가 잘 나지 않다.
② 치다꺼리 : 남의 자잘한 일을 보살펴서 도와줌
④ 베다 : 날이 있는 연장 따위로 무엇을 끊거나 자르다.

45 정답 ④

먹고 난 뒤의 그릇을 씻어 정리하는 일을 뜻하는 단어는 '설거지'이다.

오답분석
① ~로서 : 지위나 신분 또는 자격을 나타내는 격 조사
② 왠지 : 왜 그런지 모르게. 또는 뚜렷한 이유도 없이
③ 드러나다 : 가려 있거나 보이지 않던 것이 보이게 되다.

46 정답 ①

보기는 결국 쟁점이 되고 있는 두 입장에서 (나)의 손을 들어준 것이다. (나)의 기본 입장은 인간의 배아 연구는 많은 위험성을 내포하고 있기에 반대한다는 것이다. 이러한 입장에 따르면 앞으로 생명 공학 분야의 발전에는 상당한 제약이 따를 것이라 예상할 수 있으므로 ①의 국가 경쟁력이 강화된다는 반응은 적절하지 않다.

47 정답 ③

제시문은 모바일 앱 서비스인 "MG더뱅킹기업"의 출시에 대한 기사로서 앱의 주요 특징과 제공하는 서비스에 대해 간략히 소개하고 있다. 따리서 글의 주제로 ③이 가장 적절하다.

48 정답 ③

중앙은행은 기준금리를 통해 경기 변동에 따른 위험을 완화하고 금융시장의 원활한 운영을 돕는 역할을 수행하므로 ③이 가장 적절하다.

오답분석
① 경제가 성장하고 인플레이션이 심해지면 중앙은행은 기준금리 인상을 통해 소비와 투자를 저하시켜 경기 과열을 억제한다.
② 중앙은행이 기준금리를 인상하면 자금이 제한되고 대출이 어려워지므로 소비와 투자를 저하시킨다.
④ 기준금리 설정 시에는 인플레이션 목표율 경제 성장률 등 다양한 요소를 고려해야 하므로 이 중 어느 하나가 가장 중요한 요인이라고 할 수 없다.

49 정답 ③

C는 S사의 이익과 자사의 이익 모두를 고려하여 서로 원만한 합의점을 찾고 있다. 따라서 가장 바르게 협상한 사람은 C이다.

오답분석
① S사의 협상당사자는 현재 가격에서는 불가능하다고 한계점을 정했지만, A의 대답은 설정한 목표와 한계에서 벗어나는 요구이므로 바르게 협상한 것이 아니다.
② B는 합의점을 찾기보다는 자사의 특정 입장만 고집하고 있다. 따라서 바르게 협상한 것이 아니다.
④ D는 상대방의 상황에 대해서 지나친 염려를 하고 있다. 따라서 바르게 협상한 것이 아니다.

50 정답 ①

제시문은 아리스토텔레스의 목적론에 대한 논쟁을 설명하는 글이다. (가) 근대에 등장한 아리스토텔레스의 목적론에 대한 비판 – (나) 근대 사상가들의 구체적인 비판 – (라) 근대 사상가들의 비판에 대한 반박 – (다) 근대 사상가들의 비판에 대한 현대 학자들의 비판 순으로 나열되는 것이 가장 적절하다.

51 정답 ④

제시문은 임베디드 금융에 대한 정의, 장점 및 단점 그리고 이에 대한 개선 방안을 설명하는 글이다. 따라서 (라) 임베디드 금융의 정의 – (나) 임베디드 금융의 장점 – (다) 임베디드 금융의 단점 – (가) 단점에 대한 개선 방안 순으로 나열되는 것이 가장 적절하다.

52 정답 ②

MG스마트알림서비스는 1인당 1대의 스마트기기에서만 이용이 가능하므로 다양한 스마트기기에서 동기화된 알림을 받을 수 없다. 따라서 추론한 내용으로 적절하지 않은 것은 ②이다.

오답분석
① 준수 및 유의사항의 네 번째 항목을 통해 영업점에 방문하지 않더라도 인터넷뱅킹을 통해 서비스 해지를 할 수 있음을 알 수 있다.
③ 준수 및 유의사항의 두 번째 항목을 통해 사용자의 위치 및 데이터 이용 상황에 따라 지연이나 미수신 현상이 발생할 수 있음을 알 수 있다.
④ 입출금 알림의 다양한 선택을 통해 고객이 원하는 시간 및 금액 알림 등을 선택할 수 있음을 알 수 있다.

53 정답 ②

500개 상자를 접는 일의 양을 1이라고 하면 2,500개의 상자를 접는 일은 5배이므로 5가 된다. 갑이 하루에 할 수 있는 일의 양은 $\frac{1}{5}$, 을은 $\frac{1}{13}$이다. 2,500개 상자를 접는 데 갑과 을이 같이 일한 기간을 x일이라고 가정하고 방정식을 세우면 다음과 같다.

$\left(\frac{1}{5}+\frac{1}{13}\right)x+\frac{1}{5}\times(20-x)=5$

$\rightarrow 18x+13(20-x)=5\times5\times13$

$\rightarrow 18x+260-13x=25\times13$

$\rightarrow 5x=65$

$\therefore x=13$

따라서 갑과 을이 같이 일한 기간은 13일이다.

54 정답 ④

오전 8시에 좌회전 신호가 켜졌으므로 다음 좌회전 신호가 켜질 때까지 20초+100초+70초=190초가 걸린다. 1시간 후인 오전 9시 정각의 신호를 물었으므로 오전 8시부터 $60\times60=3,600$초 후이다. 3,600초=190초×18+180이므로 좌회전, 직진, 정지 신호가 순서대로 18번 반복되고 180초 후에는 정지 신호가 켜져 있을 것이다. 18번 반복 후 남아 있는 180초는 다음과 같다.

180초(남은 시간)−20초(좌회전 신호)−100초(직진 신호)=60초(정지 신호 70초 켜져 있는 중)

55 정답 ④

두 주사위의 눈의 수의 곱을 표로 정리하면 다음과 같다.

구분	1	2	3	4	5	6
1	1	2	3	4	5	6
2	2	4	6	8	10	12
3	3	6	9	12	15	18
4	4	8	12	16	20	24
5	5	10	15	20	25	30
6	6	12	18	24	30	36

4의 배수가 나오는 경우의 수는 모두 15가지이므로 확률은 $\frac{15}{36}=\frac{5}{12}$이다.

56 정답 ④

같은 시간 동안 혜영이와 지훈이의 이동거리의 비가 3 : 4이므로 속력의 비 또한 3 : 4이다.

따라서 혜영이의 속력을 x/min이라 하면 지훈이의 속력은 $\frac{4}{3}x$/min이다.

같은 지점에서 같은 방향으로 동시에 출발하여 다시 만날 때 두 사람의 이동거리의 차이는 1,800m이다.

$\frac{4}{3}x\times15-x\times15=1,800$

$5x=1,800 \rightarrow x=360$

따라서 혜영이가 15분 동안 이동한 거리는 $360\times15=5,400$m이고, 지훈이가 15분 동안 이동한 거리는 $480\times15=7,200$m이므로 두 사람의 이동거리의 합은 12,600m이다.

57 정답 ③

2023년 3분기 전체 민원 건수 중 해결 건수는 $102 \times 0.96 = 98$건이다. 2023년 4분기 금융 해결 건수는 전분기의 $\dfrac{5}{7}$이기 때문에 $98 \times \dfrac{5}{7} = 70$건이다. (가)는 $\dfrac{70}{72} \times 100 = 97.2222 \cdots$로 약 97%이다. 2023년 4분기 서비스 해결 건수가 97건이고, 해결률이 금융 해결률과 같으므로 전체 민원 건수 (나)는 $\dfrac{97}{0.97} = 100$건이다. 2023년 3분기 총 건수 해결률은

$\dfrac{(해결된\ 민원\ 건수의\ 합)}{(전체\ 민원\ 건수의\ 합)} \times 100 = \dfrac{98+20}{102+20} \times 100 = 96.7 \cdots$로 약 97%이다.

따라서 (가)+(나)+(다)=97+100+97=294이다.

58 정답 ④

규칙에 따라 사용할 수 있는 숫자는 1, 5, 6을 제외한 나머지 2, 3, 4, 7, 8, 9의 총 6개이다. (한 자리 수)×(두 자리 수)=156이 되는 수를 알기 위해서는 156의 소인수를 구해보면 된다. 156의 소인수는 3, 2^2, 13으로 여기서 156이 되는 수의 곱 중에 조건을 만족하는 것은 2×78과 4×39이다.

따라서 A팀 또는 B팀에 들어갈 수 있는 암호배열은 39이다.

59 정답 ④

브레인스토밍은 집단 효과를 살려서 아이디어의 연쇄반응을 일으켜 자유분방한 아이디어를 얻고자 하는 것으로, 5 ~ 8명의 다양한 분야의 인원으로 구성하는 것이 적절하다. 따라서 ④는 적절하지 않다.

60 정답 ②

제시문에서 '문제'는 목표와 현실의 차이이고, '문제점'은 목표와 어긋나게 된 원인이 명시되어야 한다. 따라서 '미란'의 이야기에 교육 훈련 시간이 부족했다는 원인이 나와 있으므로 '문제점'을 말했다고 볼 수 있다.

오답분석

① 지혜 : 매출액이 목표에 못 미쳤다는 '문제'를 말한 것이다.
③ 건우 : 현재 상황을 말한 것이다.
④ 경현 : 목표를 정정했다는 사실뿐이다.

"오늘 당신의 노력은 아름다운 꽃의 물이 될 것입니다."

그러나, 이 꽃을 볼 때 사람들은 이 꽃의 아름다움과 향기만을 사랑하고 칭찬하였지, 이 꽃을 그렇게 아름답게 어여쁘게 만들어 주는 병 속의 물은 조금도 생각지 않는 것이 보통입니다.

만일 이 꽃병 속에 들어 있는 물을 죄다 쏟아 버리고 빈 병에다 이 꽃을 꽂아 보십시오.

아무리 아름답고 어여쁜 꽃이기로서니 단 한 송이의 꽃을 피울 수 있으며, 단 한 번이라도 꽃 향기를 날릴 수 있겠습니까?

우리는 여기서 아무리 본바탕이 좋고 아름다운 꽃이라도 보이지 않는 물의 숨은 힘이 없으면 도저히 그 빛과 향기를 자랑할 수 없는 것을 알았습니다.

-방정환의 「우리 뒤에 숨은 힘」 중-

불가능한 일을 해보는 것은 신나는 일이다.

- 월트 디즈니 -

2024 하반기 시대에듀 All-New 기출이 답이다
IBK기업은행 필기시험 7개년 기출 + 무료NCS특강

개정3판1쇄 발행	2024년 09월 20일 (인쇄 2024년 08월 23일)
초 판 발 행	2023년 03월 20일 (인쇄 2023년 02월 21일)
발 행 인	박영일
책 임 편 집	이해욱
편 저	SDC(Sidae Data Center)
편 집 진 행	안희선 · 윤지원
표지디자인	김도연
편집디자인	김경원 · 장성복
발 행 처	(주)시대고시기획
출 판 등 록	제10-1521호
주 소	서울시 마포구 큰우물로 75 [도화동 538 성지 B/D] 9F
전 화	1600-3600
팩 스	02-701-8823
홈 페 이 지	www.sdedu.co.kr
I S B N	979-11-383-7645-7 (13320)
정 가	24,000원